障害者権利条約の実施

障害者権利条約の実施

―― 批准後の日本の課題 ――

長瀬修・川島聡　編

はしがき

　結局のところ，全ての人の権利はどこから始まるのでしょうか。それは，身近でささやかなところ，ごく身近で，あまりにもちっぽけで，どの世界地図でも見つけられないところなのです。でも，そのささやかなところが，一人ひとりにとっては自分の世界です。住んでいるまち，通っている学校や大学，働いている工場，畑，オフィスです。こうした場所で，すべての男性，すべての女性，そしてすべての子どもが，平等な正義や平等な機会，平等な尊厳を差別なく求めています。こうした場所で，権利が意味を持たないなら，他の場所でも意味がほぼありません。関心を持つ市民が身近なところで権利を守るために行動しなければ，大きな世界での進歩を求めても無駄なだけです[1]。

　こう述べたのは，世界人権宣言の起草を行った国連人権委員会の委員長を務め，同宣言の採択に大きな役割を果たしたエレノア・ルーズベルトである[2]。現在の国際的人権保障の枠組みは，第2次世界大戦後の1948年に国連総会で採択された世界人権宣言を緒に構築された。

　この世界人権宣言から発した国際人権の制度化は，人種差別撤廃条約（1965年），社会権規約（1976年），自由権規約（1976年），女性差別撤廃条約（1979年），こどもの権利条約（1989年），移住労働者権利条約（1990年），拷問等禁止条約（1984年），強制失踪条約（2006年）を取り込むものへと成長した。障害者権利条約（2006年）も国際人権のネットワークの一翼を担う。

　障害者権利条約は，締結数は177（欧州連合を含む）となり，国連加盟国で未批准国はブータン，カメルーン，チャド，キルギス，レバノン，ソロモン諸島，セントルシア，トンガ，米国，ウズベキスタン，ボツワナ，赤道ギニア，エリトリア，リヒテンシュタイン，セントクリストファー・ネーヴィス，ソマ

---

[1] Eleanor Roosevelt, 1958, quoted by Amnesty International UK, "What is the Universal Declaration of Human Rights?," at https://www.amnesty.org.uk/universal-declaration-human-rights-UDHR (as of 28 November 2018)（長瀬修訳）．

[2] Mary Ann Glendon, *A World Made New: Eleanor Roosevelt and the Universal Declaration of Human Rights*（Random House, 2002）．

リア，南スーダン，タジキスタン，東チモールの 19 ヶ国のみとなった。

これだけ多くの国が批准した障害者権利条約の実施もまさにルーズベルトの言う「身近」で「ささやかなところ」，「自分の世界」レベルでどれだけの変化が起こせるかにかかっている。

その意味で，私たちは，2016 年 7 月 26 日に神奈川県立津久井やまゆり園で起きたことを忘れることはできない。19 名の知的障害者の「自分の世界」を奪ったこの事件を忘れない。

事件の翌日に，自宅のある横浜から 3 時間をかけて，津久井やまゆり園に出向き 19 本の白菊を手向けた長瀬（編者）も呼びかけ人の一人として加わった事件の被害者の追悼集会には海外からもたくさんのメッセージが寄せられた。

その中には，障害者権利委員会副委員長（当時。現在は委員長）のテレジア・デゲナー（ドイツ）からのメッセージもあった。了解を得て，以下，少し長いが紹介する。これはある意味で，本書の日本の読者へのメッセージともなっているからである。

殺害された方たちのご家族と友人の皆様にお悔やみを申し上げます。また，負傷された皆様にお見舞いを申し上げます。この暗い悲しみの日々に，私の心は皆様と共にあります。

何が殺人者を駆り立てて，日本の障害者の命を奪い，多くの障害者に傷を負わせたのか，私には分かりません。しかし，優生学的な障害者差別イデオロギーがこのヘイトクライムの背景にあったのかもしれません。

このイデオロギーは，障害者には生きる価値がない，そして，障害者は人権の主体ではなく，問題であるという想定に基づいたものです。国家社会主義（ナチズム）がドイツで第 2 次世界大戦によって敗北しても，残念ながらこのイデオロギーは死にませんでした。それは現在でも世界中で存在し，時には明確な，時には曖昧な様々な形で現れます。

障害者権利条約こそが，このイデオロギーへの回答です。そして日本とドイツを含む 160 を超す国連加盟国が「全ての障害者によるあらゆる人権及び基本的自由の完全かつ平等な享有を促進し，保護し，及び確保すること並びに障害者の固有の尊厳の尊重を促進すること」を目的とする，この人権条約を批准しています。日本の障害者刺殺事件は障害者権利条約の実施と障害者に公正な社会づくりに世界中で私たちの力を注ぐことの大切さを私たちに改めて思い起こさせているのです。

デゲナーが2017年から委員長を務める障害者権利委員会は2020年に日本の審査を行う見込みである。2014年に批准した日本政府は，2016年に国家報告を提出している。その日本の審査に向けて，日本障害フォーラム（JDF）と日本弁護士連合会がパラレルレポートと呼ばれる市民社会からの情報提供を行う準備を進めている。本書は，そうした努力とも重なる，いわば，「アカデミックパラレルレポート」を目指すものである。

　今年は世界人権宣言採択から70周年である。その起草と採択に大きな役割を果たしたエレノア・ローズベルトの言葉を冒頭で紹介した。彼女の言葉は市民の役割の大きさを強調する言葉で締めくくられている。

　インクルーシブな社会（共生社会）の実現を目指し，障害者権利条約を活かすためには，障害者をはじめとする市民社会の役割が欠かせない。本書もその取り組みの一環である。私たち研究者は，広く市民社会の一員として編んだ本書が，条約の効果的な実施の一助となることを心より願う。

　本書の構成だが，第Ⅰ部は総論であり，第Ⅱ部は各論として，課題別，主体別，国・地域別それぞれの検討を行った。各分野の専門的で有意義な知見を寄せてくださった執筆者の方々に心から感謝する。なお，テーマに関して個人的な経験の記述があるのは，編者からの要請に基づいている。そして最後になるが，私たちの作業を粘り強く支えてくださった信山社の今井守氏に厚く御礼申し上げる。

2018年11月30日

長瀬修・川島聡

目　次

はしがき(v)

■第Ⅰ部　総　論■

◆第1章◆
批准前の国内法整備
　　　　　　　　　　　　　　　　　　　　矢嶋里絵…5

- Ⅰ　はじめに (5)
- Ⅱ　2011年改正障害者基本法 (6)
- Ⅲ　2012年障害者総合支援法 (12)
- Ⅳ　2013年改正障害者雇用促進法 (16)
- Ⅴ　2013年障害者差別解消法 (25)

◆第2章◆
批准後の障害者政策
　　　　　　　　　　　　　　　　　　　　石川　准…33

- Ⅰ　はじめに (33)
- Ⅱ　権利条約批准以降の障害者政策委員会の活動 (33)
- Ⅲ　締約国審査のためのパラレルレポートに向けて
　　——おわりにかえて (43)

◆第3章◆
障害者権利委員会——報告制度
　　　　　　　　　　　　　　　　　　　　長瀬　修…47

目 次

 Ⅰ はじめに（*47*）
 Ⅱ 障害者権利委員会，締約国による報告，検討（*49*）
 Ⅲ 障害者権利委員会委員
   ――締約国会議での選挙，その構成・活動（*52*）
 Ⅳ 審査の仕組み（*55*）
 Ⅴ 市民社会からの情報提供（*62*）
 Ⅵ 課 題（*69*）
 Ⅶ おわりに（*72*）

◆第 4 章◆
障害者権利委員会――個人通報制度
 ……………………………………………… 川 島　聡 …*79*

 Ⅰ はじめに（*79*）
 Ⅱ 個人通報制度の概観（*81*）
 Ⅲ 個人通報事例の紹介と検討（*83*）
 Ⅳ おわりに（*116*）

■ 第Ⅱ部　各　論 ■

◇ 1　課題別検討 ◇

◆第 5 章◆
差 別 禁 止
 ……………………………………………… 池原毅和 …*127*

 Ⅰ はじめに（*127*）
 Ⅱ 日本型障害者差別禁止法制（*128*）
 Ⅲ 分析と課題（*130*）
 Ⅳ おわりに（*143*）

◆第6章◆
アクセシビリティ
　………………………………………………… 川内美彦 …145

　Ⅰ　はじめに（145）
　Ⅱ　条文の解釈（146）
　Ⅲ　分析と課題（148）
　Ⅳ　おわりに（157）

◆第7章◆
教　育
　………………………………………………… 大谷恭子 …159

　Ⅰ　はじめに（159）
　Ⅱ　インクルーシブ教育と合理的配慮（160）
　Ⅲ　特別支援教育の問題点（166）
　Ⅳ　おわりに（174）

◆第8章◆
労　働
　………………………………………………… 勝又幸子 …175

　Ⅰ　はじめに（175）
　Ⅱ　条文の解釈（177）
　Ⅲ　分析と課題（178）
　Ⅳ　おわりに──障害者と貧困（192）

◆第9章◆
法的能力
　………………………………………………… 上山　泰 …195

　Ⅰ　はじめに（195）

目　次

　　Ⅱ　条文の解釈（*196*）
　　Ⅲ　分析と課題（*207*）
　　Ⅳ　おわりに（*215*）

◆ 第 10 章 ◆
緊 急 事 態
　　　　　　　　　　　　　　　　　立 木 茂 雄 …*219*

　　Ⅰ　は じ め に（*219*）
　　Ⅱ　条文の解釈（*223*）
　　Ⅲ　分析と課題（*227*）
　　Ⅳ　おわりに（*258*）

◆ 第 11 章 ◆
政 治 参 加
　　　　　　　　　　　　　　　　　杉浦ひとみ …*263*

　　Ⅰ　は じ め に（*263*）
　　Ⅱ　条文の解釈（*265*）
　　Ⅲ　分析と課題（*269*）
　　Ⅳ　おわりに（*281*）

◆ 第 12 章 ◆
虐 待 禁 止
　　　　　　　　　　　　　　　　　辻 川 圭 乃 …*283*

　　Ⅰ　は じ め に（*283*）
　　Ⅱ　条文の解釈（*287*）
　　Ⅲ　分析と課題（*290*）
　　Ⅳ　おわりに（*294*）

◆ 第 13 章 ◆
自 立 生 活
　　　　　　………………………………………… 田中恵美子 … *295*

　　Ⅰ　は じ め に （*295*）
　　Ⅱ　条文の解釈 （*299*）
　　Ⅲ　分析と課題 （*301*）
　　Ⅳ　お わ り に （*311*）

◆ 第 14 章 ◆
司法手続の利用の機会
　　　　　　………………………………………… 大胡田　誠 … *313*

　　Ⅰ　は じ め に （*313*）
　　Ⅱ　条文の解釈 （*314*）
　　Ⅲ　分析と課題 （*315*）
　　Ⅳ　お わ り に （*323*）

◆ 第 15 章 ◆
国 際 協 力
　　　　　　………………………………………… 久野研二 … *325*

　　Ⅰ　は じ め に （*325*）
　　Ⅱ　条文の解釈 （*326*）
　　Ⅲ　分析と課題 （*327*）
　　Ⅳ　お わ り に （*338*）

◆ 第 16 章 ◆
障害者参加
　　　　　　………………………………………… 尾上浩二 … *341*

　　Ⅰ　は じ め に （*341*）

目　次

  Ⅱ　条文の解釈 (*342*)
  Ⅲ　分析と課題 (*347*)
  Ⅳ　おわりに (*355*)

◇ 2　主体別検討 ◇

◆ 第17章 ◆
障害女性
……………………………………………… 瀬山紀子 …*359*

  Ⅰ　はじめに (*359*)
  Ⅱ　条文の解釈 (*360*)
  Ⅲ　分析と課題 (*363*)
  Ⅳ　おわりに (*372*)

◆ 第18章 ◆
障害児
……………………………………………… 堀　正嗣 …*375*

  Ⅰ　はじめに (*375*)
  Ⅱ　条文の解釈 (*377*)
  Ⅲ　分析と課題 (*385*)
  Ⅳ　おわりに (*391*)

◆ 第19章 ◆
ろう者
……………………………………………… 大杉　豊 …*393*

  Ⅰ　はじめに (*393*)
  Ⅱ　条文の解釈 (*396*)
  Ⅲ　分析と課題 (*401*)
  Ⅳ　おわりに (*407*)

◇ 3　国・地域別検討 ◇

◆第20章◆
　中　国
　　　　　　　　　　　　　　　　　　　　　　　　小林昌之 … *411*

　Ⅰ　はじめに（*411*）
　Ⅱ　政府報告とパラレルレポート（*412*）
　Ⅲ　審査の過程（*419*）
　Ⅳ　総括所見の分析（*427*）
　Ⅴ　おわりに（*432*）
　〈資料〉中国への総括所見〔長瀬修 訳〕（*434*）

◆第21章◆
　香　港
　　　　　　　　　　　　　　　　　　　　　　　　後藤悠里 … *443*

　Ⅰ　はじめに（*443*）
　Ⅱ　生命，生活，実施体制に関する政府報告とパラレル
　　　レポート（*446*）
　Ⅲ　総括所見，そして総括所見を受けた香港政府の対応と
　　　その課題（*450*）
　Ⅳ　おわりに（*455*）
　〈資料〉香港への総括所見〔城田さち 訳〕（*459*）

◆第22章◆
　韓　国
　　　　　　　　　　　　　　　　　　　　　　　　崔　栄繁 … *465*

　Ⅰ　はじめに（*465*）
　Ⅱ　政府報告とパラレルレポートそして審査の過程（*467*）
　Ⅲ　総括所見（*475*）

xv

目 次

　　Ⅳ　おわりに（477）
　　〈資料〉韓国への総括所見〔崔栄繁 訳〕（480）

◆第23章◆
　　EU
　　　…………………………………………………… 引 馬 知 子 …491

　　Ⅰ　はじめに——多様性の尊重と障害（491）
　　Ⅱ　EUと障害者権利条約の履行に関わる枠組み（493）
　　Ⅲ　EUの報告等とEUに対する審査（501）
　　Ⅳ　おわりに——EUの対応と貢献（508）

『障害者権利条約の実施』

〈執筆者一覧〉（掲載順）

＊は編者

矢嶋 里絵	（やじま・りえ）	首都大学東京人文社会学部教授
石川 准	（いしかわ・じゅん）	静岡県立大学国際関係学部教授，国連障害者権利委員会委員，内閣府障害者政策委員会委員長
＊長瀬 修	（ながせ・おさむ）	立命館大学生存学研究センター教授
＊川島 聡	（かわしま・さとし）	岡山理科大学経営学部准教授
池原 毅和	（いけはら・よしかず）	弁護士
川内 美彦	（かわうち・よしひこ）	東洋大学ライフデザイン学部教授
大谷 恭子	（おおたに・きょうこ）	弁護士
勝又 幸子	（かつまた・ゆきこ）	（一社）ヒューネットアカデミー代表理事
上山 泰	（かみやま・やすし）	新潟大学法学部教授
立木 茂雄	（たつき・しげお）	同志社大学社会学部教授
杉浦ひとみ	（すぎうら・ひとみ）	弁護士
辻川 圭乃	（つじかわ・たまの）	弁護士
田中恵美子	（たなか・えみこ）	東京家政大学人文学部准教授
大胡田 誠	（おおごだ・まこと）	弁護士
久野 研二	（くの・けんじ）	国際協力機構（JICA）・国際協力専門員
尾上 浩二	（おのうえ・こうじ）	DPI 日本会議副議長
瀬山 紀子	（せやま・のりこ）	埼玉県男女共同参画推進センター事業コーディネータ・淑徳大学非常勤講師
堀 正嗣	（ほり・まさつぐ）	熊本学園大学社会福祉学部教授
大杉 豊	（おおすぎ・ゆたか）	筑波技術大学障害者高等教育研究支援センター教授
小林 昌之	（こばやし・まさゆき）	JETRO アジア経済研究所新領域研究センター主任調査研究員
後藤 悠里	（ごとう・ゆり）	福山市立大学都市経営学部英語特任講師
崔 栄繁	（さい・たかのり）	DPI 日本会議議長補佐
引馬 知子	（ひくま・ともこ）	田園調布学園大学人間福祉学部教授
〔翻訳〕城田さち	（しろた・さち）	日英通訳者・「有限会社おふぃすぐすく」代表

〈凡　例〉

1　本書は，次の2〜6については用語の統一をはかっているが，それ以外については各執筆者による表記を最大限尊重した。

2　障害者権利条約の翻訳には公定訳のほかに，民間訳として，川島聡＝長瀬修仮訳「障害のある人の権利に関する条約（2008年5月30日付）」長瀬修・東俊裕・川島聡編著『障害者の権利条約と日本──概要と展望（増補改訂）』（生活書院，2012年）276-333頁がある。これは川島聡＝長瀬修仮訳（2008年5月30日付）などと表記した。

3　原文の漢数字はアラビア数字に変換した。ただし，慣用表現は除く。

4　次の国内法は，略称を用いた。

・障害者虐待防止法：障害者虐待の防止，障害者の養護者に対する支援等に関する法律
・障害者雇用促進法：障害者の雇用の促進等に関する法律
・障害者総合支援法：障害者の日常生活及び社会生活を総合的に支援するための法律
・障害者差別解消法：障害を理由とする差別の解消の推進に関する法律
・精神保健福祉法：精神保健及び精神障害者福祉に関する法律
・ハートビル法：高齢者，身体障害者等が円滑に利用できる特定建築物の建築の促進に関する法律
・交通バリアフリー法：高齢者，身体障害者等の公共交通機関を利用した移動の円滑化の促進に関する法律
・バリアフリー法：高齢者，障害者等の移動等の円滑化の促進に関する法律
・心神喪失者等医療観察法：心神喪失等の状態で重大な他害行為を行った者の医療及び観察等に関する法律

5　日本が締結した次の条約は，公定訳の名称ではなく，略称を用いた。

・社会権規約：経済的，社会的及び文化的権利に関する国際規約
・自由権規約：市民的及び政治的権利に関する国際規約

- 人種差別撤廃条約：あらゆる形態の人種差別の撤廃に関する国際条約
- 女性差別撤廃条約：女子に対するあらゆる形態の差別の撤廃に関する条約
- 子どもの権利条約：児童の権利に関する条約
- 拷問等禁止条約：拷問及び他の残虐な，非人道的な又は品位を傷つける取り扱い又は，刑罰に関する条約
- 障害者権利条約：障害者の権利に関する条約

6　障害分野の国際文書などのうち，次の表記を用いたものがある。

- 障害者権利条約第1回日本政府報告：障害者の権利に関する条約第1回日本政府報告（日本語仮訳），at https://www.mofa.go.jp/mofaj/files/000171085.pdf (as of 10 October 2018)
- 障害者権利条約締約国報告ガイドライン：Committee on the Rights of Persons with Disabilities, *Guidelines on the Treaty-Specific Document to be Submitted by States Parties under Article 35 of the Convention on the Rights of Persons with Disabilities*, CRPD/C/2/3, Annex, 2009（この翻訳として，日本障害フォーラム訳「障害者権利条約第35条第1項に基づき締約国によって提出される，条約が指定する文書に関する指針」がある。http://www.dinf.ne.jp/doc/japanese/rights/rightafter/G0946379jp.html (as of 10 October 2018)）

障害者権利条約の実施

第Ⅰ部
総論

第1章

批准前の国内法整備

矢嶋里絵

I　はじめに

　2011年障害者基本法（以下，「基本法」という。）改正，2012年障害者自立支援法（以下，「自立支援法」という。）改正・障害者総合支援法（以下，「総合支援法」という。）制定，2013年障害者雇用促進法（以下，「雇用促進法」という。）改正及び障害者差別解消法（以下，「差別解消法」という。）制定等，一連の法整備の後，わが国は，2014年1月20日障害者権利条約（Convention on the Rights of Persons with Disabilities，適切な訳語は「障害のある人の権利条約」であるが，本書の「凡例」に沿って，「障害者権利条約」という表現を用いる。）を批准し，同年2月19日国内での発効に至り，2016年6月障害者権利条約第1回日本政府報告を国連に提出している。本稿に課せられた課題は，同報告（2頁）が「国内外から評価する声が聞かれている」と述べる，これら批准前の国内法整備状況[1]について，あらためて検討することである。なお，論点はきわめて多岐にわたるが，紙幅の関係上，総則規定を中心に述べたい。

---

(1)　障害者虐待防止法にかんしては，矢嶋里絵「障がい者法の到達点と求められる新たな視点」日本社会保障法学会編『新・講座社会保障法　地域生活を支える社会福祉』（法律文化社，2013年）182-183頁で，その問題点を指摘したので参照されたい。

II　2011年改正障害者基本法

改正点の概説とそれに関する検討を行う。

1　法の目的 ●●

2011年改正基本法1条は,

> この法律は,全ての国民が,障害の有無にかかわらず,等しく基本的人権を享有するかけがえのない個人として尊重されるものであるとの理念にのつとり,全ての国民が,障害の有無によつて分け隔てられることなく,相互に人格と個性を尊重し合いながら共生する社会を実現するため,障害者の自立及び社会参加の支援等のための施策に関し,基本原則を定め,及び国,地方公共団体等の責務を明らかにするとともに,障害者の自立及び社会参加の支援等のための施策の基本となる事項を定めること等により,障害者の自立及び社会参加の支援等のための施策を総合的かつ計画的に推進することを目的とする。

と定める。

2004年改正法が「障害者の福祉を増進する」ことを目的としたのに対し,2011年改正法は,「全ての国民が,障害の有無にかかわらず,等しく基本的人権を享有するかけがえのない個人として尊重される」ことを理念とし,障害者の自立及び社会参加支援施策の総合的かつ計画的な推進を目的とする。これは,障害者権利条約1条,障がい者制度改革推進会議第二次意見,さらには自立支援法違憲訴訟基本合意文書の趣旨を取りこんだものとして評価[2]されている。ただ,外国籍の障害者は対象外なのか,法律の特徴が曖昧ではないかといった指摘[3]がある。

2　「障害者」の定義 ●●

2011年改正基本法2条1号は,障害者について

---

[2]　DPI日本会議『最初の一歩だ！改正障害者基本法』（解放出版社,2012年）24-25頁,藤岡毅「2011年改正障害者基本法の意義」総合リハビリテーション41巻8号（2013年）715頁。

[3]　大曽根寛「障害者基本法改正に対する原理的評価」ノーマライゼーション362号（2011年）26頁。

身体障害，知的障害，精神障害（発達障害を含む。）その他の心身の機能の障害（以下「障害」と総称する。）がある者であつて，障害及び社会的障壁により継続的に日常生活又は社会生活に相当な制限を受ける状態にあるものをいう。

と定める。

(1) 国連・WHO の「障害」のとらえ方[4]

国際障害者年行動計画（1980年）は，障害を個人と環境との関係としてとらえることが建設的であるとする。そして，WHO 国際生活機能分類（2001年）は，「環境因子」の要素をとりこみ，障害がその人をとりまく環境との関係性から生ずることを一層明確にしている。さらに，障害者権利条約は，障害を障害のある人と周囲の態度・環境の障壁との相互作用によって生まれるものととらえている。これは，「障害を個人の問題としてとらえ，病気・外傷などから直接的に生じるものであり，専門職による個別的な治療という形で医療などの援助を必要とする」医学モデルに対し，「障害を主として社会によって作られた問題とし，障害を社会への完全な統合の問題としてみ，その多くが社会的環境によって作り出されたもの」[5]であり，問題解決は，まさに問題を作り出している社会がこれにあたらなければならないとする，社会モデルに依拠する障害理解である。

(2) 基本法における「障害者」

上記社会モデルの考え方は障害理解の国際的潮流であり，わが国の障害者関係法のうち基本法2条と後述差別解消法2条における障害者及び社会的障壁の定義規定にも反映されていることは明らかである。このように，2011年改正基本法の障害者規定は，社会的障壁との関係で障害をとらえる社会モデルの考え方を基本認識としていること[6]，精神障害に発達障害を含むと条文上明記していること，さらに，条文に明記してはいないが高次脳機能障害は精神障害に，難病に起因する障害はその他の心身の機能の障害に含まれること[7]や，

---

(4) 本稿Ⅱ2(1)(2)は，年金不支給処分取消訴訟矢嶋里絵意見書（2016.2.22 東京地方裁判所提出）に一部加筆した。

(5) 小澤温「障害者福祉と障害概念の意味」仲村優一ほか監修『エンサイクロペディア社会福祉学』（中央法規出版，2007年）1045頁。

(6) 平23.6.15 衆議院内閣委員会議録14号5頁内閣府大臣政務官（当時）園田康博答弁。

(7) 同上会議録4頁園田康博答弁。

「継続的に」の文言に断続的・周期的なものも含めること(8)が確認されている点は評価できる。

とはいえ，これまで問題とされてきた障害3分類（身体・知的・精神）列挙方式は維持したままである。また，「障害及び社会的障壁」（下線，筆者）の文言が障害の範囲を狭めるのでないか(9)といった懸念がある。

(3) 関係法における「障害者」

基本法と同一の「障害者」定義規定を設けているのは，差別解消法2条と障害者虐待防止法（以下，「虐待防止法」という。）2条である。では，その他の関係法はいかに規定しているのだろうか(10)。

まず，身体障害者福祉法4条は「別表に掲げる身体上の障害がある18歳以上の者であつて，都道府県知事から身体障害者手帳の交付を受けた者」を身体障害者と定義し，その別表5号で視覚障害，聴覚又は平衡機能の障害，音声機能・言語機能又はそしゃく機能の障害，肢体不自由，心臓・じん臓若しくは呼吸器又はぼうこう若しくは直腸，小腸，ヒト免疫不全ウイルスによる免疫若しくは肝臓の機能の障害をあげている。こうした規定方法は，障害の「種類」「原因」「永続要件」「程度」による除外(11)を生み出すものであり，法規定構造自体，問題である。つぎに，知的障害者福祉法は，対象者に関する規定がない。これは，法制定時，判定機関が未整備で判定方法・基準が統一・確立されていないこと，法の適用を受けられなくても直ちに不利益・権利侵害とはならないことがその理由とされた(12)。だが，制定からすでに約60年経たにもかかわら

---

(8) 同上会議録6頁内閣府政策統括官（当時）村木厚子答弁。なお，この国会審議を勘案し，長崎県「障害のある人もない人も共に生きる平和な長崎県づくり条例」（平成25年）における「障害のある人」や兵庫県明石市「障害者に対する配慮を促進し誰もが安心して暮らせる共生のまちづくり条例」（平成28年）における「障害者」の定義規定には，いずれも「断続的に」の文言が明記されている。
(9) 瀧澤仁唱「障害者差別禁止法への視点」桃山法学19号（2012年）36頁。
(10) 障害者法制における障害概念については，瀧澤仁唱「新しい障害概念をめぐる課題」日本社会保障法学会編『新・講座社会保障法2 地域生活を支える社会福祉』（法律文化社，2012年）が詳述している。
(11) 佐藤久夫「『障害』と『障害者』をどう理解するか」佐藤久夫・小澤温『障害者福祉の世界』（有斐閣，2016年）36頁。
(12) 厚生省社会局更生課編『精神薄弱者福祉法解説と運用』（新日本法規出版，1960年）28-29頁。

ず，未だ定義規定がないままなのは問題であろう。さらに，精神保健福祉法においては，疾患名が記されており，社会との関係性の中で障害を捉えるという考え方とは一線を画している。さいごに，後述総合支援法の定義規定も，身体障害者福祉法，知的障害者福祉法，精神保健福祉法の定義が基本となっており，上述の指摘はそのままあてはまる。

　要するに，基本法や差別解消法の障害者定義規定が障害の社会モデルに依拠したものであるのに対し，「身体障害者福祉法，精神保健福祉法，発達障害者支援法などの医療・福祉給付系の法律は伝統的な医学モデルに基づいて障害者を定義して」[13]おり，総合支援法もまた同様である。

3　地域社会における共生

2011 年改正基本法 3 条は，

> 第一条に規定する社会の実現は，全ての障害者が，障害者でない者と等しく，基本的人権を享有する個人としてその尊厳が重んぜられ，その尊厳にふさわしい生活を保障される権利を有することを前提としつつ，次に掲げる事項を旨として図られなければならない。
> 一　全て障害者は，社会を構成する一員として社会，経済，文化その他あらゆる分野の活動に参加する機会が確保されること。
> 二　全て障害者は，可能な限り，どこで誰と生活するかについての選択の機会が確保され，地域社会において他の人々と共生することを妨げられないこと。
> 三　全て障害者は，可能な限り，言語（手話を含む。）その他の意思疎通のための手段についての選択の機会が確保されるとともに，情報の取得又は利用のための手段についての選択の機会の拡大が図られること。

と定める。

　このように本条は，基本的人権の享有主体としての個人の尊厳の重視と尊厳にふさわしい生活が保障される権利の存在を前提に，社会・経済・文化活動等への参加の機会の確保，どこで誰と生活するのかの選択の機会の確保と地域社会における共生，意思疎通手段の選択の機会の確保と情報取得・利用手段の選

---

[13]　池原毅和「障害者差別解消法の用語解説」野村茂樹・池原毅和編『Q&A 障害者差別解消法』（生活書院，2016 年）19 頁。

◆第Ⅰ部◆　総　論

択機会の拡大について定めた。
　(1) **参加主体としての障害者の位置づけ**[14]
　2004年改正法3条2項は「すべて障害者は，社会を構成する一員として社会，経済，文化その他あらゆる分野の活動に参加する機会が<u>与えられる</u>」（下線，筆者）と規定しており，本規定は障害者を保護の客体としてのみ捉え社会参加の主体として位置づけていない[15]として批判された。では，2011年改正法はこの点を見直したのかといえば，3条1号は「全て障害者は，…参加する<u>機会が確保されること</u>」（下線，筆者）と定めており，参加主体としての位置づけは依然，曖昧といわざるを得ない。
　(2) **「可能な限り」について**
　2011年改正法3条2号の「可能な限り」という文言について，筆者は以前つぎのように述べた[16]。

> ［河野が論じるように「『地域社会で自立して生活する権利』とは，論理的に本来，自由権と社会権とを不可分に内包する権利」であり，障害者権利条約19条a項の規定する主に自由権の側面たる「居住地およびどこで誰と生活するかを選択する」権利と，同条b項の規定する主に社会権の側面たる「地域生活支援サービスを利用できる」権利の双方が一体的かつ複合的に保障されることが不可欠である[17]。しかるに，2011年改正法は3条2号で，どこで誰と生活するかを選択する機会の確保について定めているものの，「可能な限り」という留保がついている。これでは，選択機会の確保は国や地方公共団体の裁量に委ねられることになってしまい，改正前8条2項の条文である「障害者が，可能な限り，地域において自立した日常生活を営むことができるよう配慮されなければならない」との大きな違いを見出せない[18]。さらに問題なのは，

---

(14) 本稿Ⅱ3(1)は，矢嶋・前掲注(1)170頁に一部加筆した。
(15) 山田耕造「障害者権利条約とわが国の障害者の一般雇用施策関係法の問題点と課題」労働法律旬報1696号（2009年）11頁。
(16) ［ ］内は，矢嶋・前掲注(1)174頁に一部加筆した。
(17) 河野正輝「地域社会における生活の支援」日本社会保障法学会編『新・講座社会保障法2　地域生活を支える社会福祉』（法律文化社，2012年）10-11頁。
(18) 北野誠一・金政玉「法の全体像と『障害者基本法』『障害者差別禁止法』との関係」茨木尚子ほか編著『障害者総合福祉サービス法の展望』（ミネルヴァ書房，2009年）236

2011年改正法3条は障害者の権利を明記しておらず，本条を根拠に支援請求権を行使できない[19]とされている点である。〕

　この「可能な限り」という文言に関しては，国会で「基本的な方向に向けて最大限の努力をするという趣旨」[20]，「この文言がエクスキューズに使われることがあってはならない」[21]という答弁があるが，そもそもこうした懸念を生む文言は削除すべきであろう[22]。

　だがその一方で，理念法たる基本法に具体的場面を想定した「可能な限り」という文言があること自体，具体的責務を読み取る解釈が可能である[23]との指摘は，注目に値する。

4　差別の禁止

2011年改正基本法4条は

> 何人も，障害者に対して，障害を理由として，差別することその他の権利利益を侵害する行為をしてはならない。
> 2　社会的障壁の除去は，それを必要としている障害者が現に存し，かつ，その実施に伴う負担が過重でないときは，それを怠ることによって前項の規定に違反することとならないよう，その実施について必要かつ合理的な配慮がされなければならない。
> 3　国は，第一項の規定に違反する行為の防止に関する啓発及び知識の普及を図るため，当該行為の防止を図るために必要となる情報の収集，整理及び提供を行うものとする。

と定める。

　2004年改正法3条3項「何人も，障害者に対して，障害を理由として，差別することその他の権利利益を侵害する行為をしてはならない」は，差別救済

頁。もっとも，国務大臣（当時）細野豪志は「基本的な方向に向けて最大限努力をする」と答弁している（平23.7.28参議院内閣委員会議録14号15頁）。
(19)　平23.4.18第31回推進会議における企画官（当時）斎藤馨答弁。
(20)　平23.6.15衆議院内閣委員会議録14号7頁，内閣府政策統括官（当時）村木厚子答弁。
(21)　平23.7.28参議院内閣委員会議録14号15頁，内閣府大臣（当時）細野豪志答弁。
(22)　瀧澤・前掲注(9)40頁。
(23)　柴野和善「司法への影響」ノーマライゼーション362号（2011年）41頁。

手続のない理念規定であり,「差別事象に対して予測可能性と差別性判断の根拠を与える行動規範としても裁判規範としても極めて不十分」[24]と批判されてきたが,本改正で2004年改正法3条3項の規定は,2011年改正法4条1項となり,さらに改正法は2項で社会的障壁を除去するための合理的な配慮について,3項で国の責務について定めた。この「合理的『な』配慮」と障害者権利条約の「合理的配慮」との関係については,国会審議で「合理的配慮をしないことが差別であるという障害者権利条約の趣旨を踏まえて,…まさに条約の趣旨を法令上反映した」[25]と答弁されている。

たしかに2011年改正法により条文上,差別禁止は一定強化されたと考えられる。しかし,本改正も,差別や合理的な配慮に関する定義が明記されていない,差別類型の規定がない[26],差別救済の仕組みや手続の定めがない等の点で不十分といわざるを得ない。

III 2012年障害者総合支援法

障害者自立支援法の改正により障害者総合支援法となった。

1 法の目的

総合支援法1条は

> この法律は,障害者基本法の基本的な理念にのっとり,身体障害者福祉法,知的障害者福祉法,精神保健及び精神障害者福祉に関する法律,児童福祉法その他障害者及び障害児の福祉に関する法律と相まって,障害者及び障害児が基本的人権を享有する個人としての尊厳にふさわしい日常生活又は社会生活を営むことができるよう,必要な障害福祉サービスに係る給付,地域生活支援事業その他の支援を総合的に行い,もって障害者及び障害児の福祉の増進を図るとともに,障害の有無にかかわらず国民が相互に人格と個性を尊重し安心して暮らすことのできる地域社会

---

(24) 池原毅和『精神障害法』(三省堂,2011年) 48頁。
(25) 平23.7.28参議院内閣委員会議録14号2頁,内閣府大臣 (当時) 細野豪志答弁。
(26) 第二次意見は,区別・排除・制限が不利益な結果をもたらす目的を有する場合や合理的配慮を提供しない場合に加え,行為者の主観的意図にかかわらず不利益な効果を発生する場合も,差別の定義に含むべきとする。

の実現に寄与することを目的とする。

同1条の2は

> 障害者及び障害児が日常生活又は社会生活を営むための支援は，全ての国民が，障害の有無にかかわらず，等しく基本的人権を享有するかけがえのない個人として尊重されるものであるとの理念にのっとり，全ての国民が，障害の有無によって分け隔てられることなく，相互に人格と個性を尊重し合いながら共生する社会を実現するため，全ての障害者及び障害児が可能な限りその身近な場所において必要な日常生活又は社会生活を営むための支援を受けられることにより社会参加の機会が確保されること及びどこで誰と生活するかについての選択の機会が確保され，地域社会において他の人々と共生することを妨げられないこと並びに障害者及び障害児にとって日常生活又は社会生活を営む上で障壁となるような社会における事物，制度，慣行，観念その他一切のものの除去に資することを旨として，総合的かつ計画的に行わなければならない。

とそれぞれ定める。

法の目指す障害児・者の日常・社会生活の態様について，自立支援法では「自立した」であったのが，総合支援法では「基本的人権を享有する個人としての尊厳にふさわしい」となった。

(1) 自立支援法における「自立」の意味[27]

自立支援法の「自立」の意味をめぐる国会審議をみると，自立の認識に関する質問に対し，尾辻秀久厚生労働大臣（当時）が，経済的なことでなく尊厳を持ち人間らしく生きることであると答弁している[28]。ところが，障害者の自立とは何かという質問に，柳澤伯夫厚生労働大臣（当時）は，所得の稼得を最終目標とすると答えた。これに対し郡和子委員は，そこに至らぬ多数の障害者の存在を指摘して反論している[29]。こうした議論はあるものの，審議を十分尽くすことなく，また，その意味を明らかにすることのないまま法の目的に

---

(27) 本稿Ⅲ1(1)は，矢嶋里絵「障害者関係法における『自立』」菊池馨実編著『自立支援と社会保障』（日本加除出版，2008年）218-219頁に一部加筆した。
(28) 平17.10.21衆議院厚生労働委員会会議録第5号31頁。
(29) 平18.10.27衆議院厚生労働委員会会議録第3号14頁。

「自立」をかかげた「障害者自立支援法」（下線筆者）が制定されたのである。本法における「自立」については，こうした意味の曖昧さだけでなく，能力主義的人間観に基づく(30)，「自立」の意味を豊富化・多元化してきた歴史に逆行する(31)といった批判がある。

(2) 総合支援法の目的規定から削除された「自立」

総合支援法は，総合福祉部会で「たびたび表明された」ところの，「『自立』が『自助』『自己責任・家族責任』と理解されることがあることへの懸念」を払拭するため，また法律名との整合性をとる必要性から，目的規定において「自立」の文言を削除した(32)とされる。だが，基本法，身体障害者福祉法，知的障害者福祉法，精神保健福祉法，発達障害者支援法のいずれも，目的に障害者の「自立」を掲げているのである。これらの法規定との関係について整理が必要であろう。

(3) 能力と「自立」(33)

2005年制定当時の自立支援法1条は「その有する能力及び適性に応じ，自立した日常生活又は社会生活を営むことができるよう」（下線，筆者）と規定していたが，本条文は能力と適性に応じた自立観に立つものであり，基本法の改正経緯（＝自立困難な重度心身障害者の終生保護を定めた1970年心身障害者対策基本法11条は，2004年法改正で削除された）を踏まえていないとして批判されることとなった(34)。その後，「必要な人には必要なサービス量をきちんと支給するという理念が明確となるよう」(35)，2010年自立支援法改正により「その有する能力及び適性に応じ」の文言は削除された。そして，総合支援法でも能力と関連づけた自立の規定はない。というものの，社会福祉法3条は「福祉サービスは，…その有する能力に応じ自立した日常生活を営むことができるように支援する」（下線，筆者）と規定しており，自立支援法改正経緯及び総合支援法規定との整合性に欠ける。

---

(30) 北野誠一「『障害者自立支援法』をどう捉えるのか」自治総研336号（2006年）42頁。

(31) 岩崎晋也「『障害者』の『自立』を支援することの意義は何か」現代福祉研究6号（2006年）72頁。

(32) 佐藤久夫『共生社会を切り開く』（有斐閣，2015年）122-123頁。

(33) 本稿Ⅲ1(3)は，矢嶋・前掲注(1)169頁に一部加筆した。

(34) 北野・前掲注(30)42頁。

(35) 平22.5.28衆議院厚生労働委員会議録24号4頁，加藤勝信議員法案理由説明。

2 「障害者」の定義 ◆ ◆ ◆

総合支援法4条は

> この法律において「障害者」とは，身体障害者福祉法第四条に規定する身体障害者，知的障害者福祉法にいう知的障害者のうち十八歳以上である者及び精神保健及び精神障害者福祉に関する法律第五条に規定する精神障害者（発達障害者支援法第二条第二項に規定する発達障害者を含み，知的障害者福祉法にいう知的障害者を除く。以下「精神障害者」という。）のうち十八歳以上である者並びに治療方法が確立していない疾病その他の特殊の疾病であって政令で定めるものによる障害の程度が厚生労働大臣が定める程度である者であって十八歳以上であるものをいう。

と定める。

　自立支援法は，「障害者」を身体障害者，知的障害者，精神障害者（発達障害者を含む）に限定していたが，総合支援法は，新たに政令で定める一定の難病等を加えた。これにより，一定の難病の人々が手帳を所持しなくてもサービスを受けられるようになったのは，「歴史上初めてのことで，大きな進展」[36]と評される。

　しかし，「谷間の障害」の問題はなお残る。なぜなら，政令に定められていない難病の人々，「中・軽度の聴覚障碍や知的障碍・発達障碍などで障害者手帳のない人々」は，谷間の障害に位置づけられ，ニーズがありながらもサービスを受けることができないのである[37]。この谷間の障害の問題を解決するため，2011年8月30日障がい者制度改革推進会議総合福祉部会「障害者総合福祉法の骨格に関する総合福祉部会の提言」（以下，「骨格提言」という。）は，特定の障害名を例示列挙するのではなく包括的な規定をおく，すなわち基本法2条1項の障害者規定と同じくすることを提言していた。

　だが，成立した総合支援法は，従来と同様，医学モデルに基づく障害者の定義を採用しており，社会モデルに基づく障害者の定義を採用する基本法，差別解消法，虐待防止法のそれとは異なっている。その理由については法の性格の違い，つまり基本法は「理念や施策の基本方針を定める」のに対し，総合支援

---

[36] 佐藤・前掲注(32)127頁。
[37] 同上 127-128頁。

法は「具体的な給付法であるため，支給決定を行う市町村等で客観的に法の対象であることが明らかになる必要があることから，医師の診断等で客観的に対象が区分できる疾病を対象とする」[38]ためと説明される。

しかし，総合支援法の障害者規定も医学モデルから「脱却」し，社会モデルを指向する「普遍的網羅的な制度への転換」[39]が求められる。それは，「障害当事者の生活を支えるサービスを規定している障害者総合支援法が医学モデルであるかぎり，ニーズや生活実態に即した支援，谷間の障害者を生まない制度にはなりえない」[40]からである。

3 課題

障害者権利条約日本政府報告（4頁）では，総合支援法は骨格提言等を踏まえ成立したと記されている。ところが，実のところ総合支援法に骨格提言はほとんど反映されておらず[41]，「障害者自立支援法の部分的な改正に止ま」[42]るものとされる。それは，上述の点をはじめ課題[43]が多い故であろう。

Ⅳ 2013年改正障害者雇用促進法

改正点は，①1条に「雇用の分野における障害者と障害者でない者との均等

---

(38) 障害者福祉研究会編『逐条解説障害者総合支援法』（中央法規，2013年）48頁。
(39) 佐藤・前掲注(32)129頁。
(40) 障害者権利条約第1回日本政府報告に対する「きょうされん」意見。http://www.nginet.or.jp/jdprrp/ (as of 13 December 2016)
(41) 佐藤・前掲注(32)118-121頁。佐藤は，骨格提言と障総法を比較し，障総法が「不十分ながら骨格提言を取り入れた」のは，全60事項のうち2事項に過ぎないとしている。
(42) 中川純・新田秀樹「日本の障害法」菊池馨実ほか編著『障害法』（成文堂，2015年）39頁。
(43) 附則（平成24年6月27日法律第51号）3条は，法施行後3年を目処に検討・措置すべき課題として，常時介護を要する障害者等に対する支援，障害者等の移動の支援，障害者の就労支援その他の障害福祉サービスのあり方，障害支援区分認定を含む支給決定のあり方，意思決定支援のあり方，成年後見制度の利用促進のあり方，手話通訳等を行う者の派遣その他の聴覚，言語機能，音声機能その他の障害のため意思疎通を図ることに支障がある障害者に対する支援のあり方，精神障害者及び高齢障害者支援について，をあげている。

な機会及び待遇の確保並びに障害者がその有する能力を有効に発揮することができるようにするための措置」の文言が追加された，②基本法改正を受け，2条の障害者の定義に発達障害者等が追記された，③障害者に対する差別の禁止及び障害者の均等な機会の確保を図るための措置（合理的な配慮の提供）を，事業規模にかかわらず義務づけた，④職場における差別について紛争解決規定を盛り込んだ，⑤障害者雇用率算定に精神障害者を含めた[44]ことである。

③の事業者の合理的な配慮提供義務が，差別解消法では努力義務に過ぎないのに対し，雇用促進法では法的義務とされる点が特徴といえる。この違いについては，権利条約が職場における合理的な配慮の提供確保について定めていること，障害者の自立・社会参加にとって雇用分野が極めて重要であること，雇用契約において労働者・事業者が継続的関係にあること，労働者が従属的立場にあること[45]，によると説明されている。

1　「障害者」の定義

2013年改正雇用促進法2条は，障害者について

> 身体障害，知的障害，精神障害（発達障害を含む。第六号において同じ。）その他の心身の機能の障害（以下「障害」と総称する。）があるため，長期にわたり，職業生活に相当の制限を受け，又は職業生活を営むことが著しく困難な者をいう。

と定める。

(1) 社会モデル的把握の希薄さ

本法と差別解消法における障害者の定義の異同に関する国会質疑で，「同じ概念」であると答弁されており[46]，また本法と基本法における障害者の定義との関連についても通知で「障害者基本法における障害者の定義を踏まえ」た改正であると明記している[47]。

---

(44)　山口大輔「障害者雇用における差別の禁止及び合理的配慮の提供，精神障害者の雇用義務の法制化」立法と調査344号（2013年）42-45頁。

(45)　平25.5.28参議院厚生労働委員会会議録第9号9頁。厚生労働省職業安定局高齢・障害者雇用対策部長（当時）小川誠答弁。

(46)　同上。

(47)　「障害者の雇用の促進等に関する法律の一部を改正する法律の施行について」（平27.6.16職発0616第1号）

しかし，前述のとおり差別解消法2条は，「身体障害，知的障害，精神障害（発達障害を含む。）その他の心身の機能の障害がある者であって，障害及び<u>社会的障壁</u>により継続的に日常生活又は社会生活に相当な制限を受ける状態にあるものをいう。」（下線，筆者）の文言にみられるとおり，いわゆる社会との関係性の中で障害を捉えるという視点が明確であるのに対し，雇用促進法2条は，「身体障害，知的障害，精神障害（発達障害を含む。）その他の心身の機能の障害があるため，長期にわたり，職業生活に相当の制限を受け，又は職業生活を営むことが著しく困難な者をいう。」としており，社会モデル的な障害の捉え方は希薄と言わざるを得ない。

(2) 所得保障法における「障害者」概念との関係

平成21年度厚生労働省年金局「障害年金受給者実態調査」によれば，国民年金障害基礎年金受給者全体の約4分の1，65歳未満では約3割が仕事についている。

ところで，就労継続を理由に年金不支給とされる場合があるが，果たしてそれは妥当であろうか。筆者は以前，年金不支給処分取消請求訴訟の意見書で，現に稼働していることをもって年金不支給とする処分が妥当ではないと考える理由を，労働権と所得保障を受ける権利の関連から，以下のように述べた[48]。

　[障害者権利条約27条は「締約国は，障害のある人に対し他の者との平等を基礎として，労働についての権利を認める」「この権利には，……障害のある人が自由に選択し又は引き受けた労働を通じて生計を立てる機会についての権利を含む」と定め，また，28条で「締約国は，自己及びその家族の適切（十分）な生活水準……についての並びに生活条件の不断の改善についての障害のある人の権利を認めるものとし，この権利を障害に基づく差別なしに実現することを保障し促進するための適切な措置をとる」[49]とし，障害者の労働についての権利や十分な生活水準を受ける権利は，締約国がこれを保障しなければならないとする。

　わが国においても，日本国憲法は労働権と生存権を保障しており，障害者も当然，その享有主体である。そして，この2つの人権は，決して二者択一のものではない。つまり，「労働と障害年金の双方を，安心し

---

(48) 　［　］内は，矢嶋・前掲注(4)に一部加筆した。
(49) 　川島聡＝長瀬修訳，長瀬修ほか『障害者の権利条約と日本』（生活書院，2012年）。

て，権利として得られなければいけない」(50)のである。

　しかし，「労働を理由に障害年金が支給停止になってしまえば，社会保障としての障害年金と権利としての労働とが，対立する関係になってしまう」(51)。まして，労働している者が障害年金を受け取れないとすると，多くの論者が指摘するところの(52)労働へのインセンティブ阻害や労働抑制につながりかねず，「障害者の社会参加を促進する社会の流れに逆行」(53)することになってしまうのである。

　では，この所得保障給付受給要件たる「障害」と，労働における差別禁止の対象となる「障害」とは，その概念をいかに整理すべきであろうか。これが争点となったのが，アメリカ 1999 年 Cleveland v. Policy Management Systems Corp., 連邦最高裁判決（526 U.S 795）である(54)。これは，脳卒中の発作を起こして失職し，Social Security Disability Insurance（以下，SSDI という。）を受給していた Cleveland が，合理的配慮をしないことは ADA 違反にあたるとして元雇用主を相手に提訴した事案である。最高裁は，ADA は，合理的配慮があれば主要な業務を遂行できる人を有資格の障害者と定義するが，SSDI の給付決定については合理的配慮の可能性を考慮していないし，また申請者がこれについて言及する必要もないこと，主要な職務を遂行している者も SSDI を受給できるし現在働いている者にも 9 か月の試用期間中全額支給されること等を理由として，「ADA 訴訟で合理的配慮があれば職務可能であると主張することと，SSDI の請求でそれがなく職務遂行不可能と主張することは矛盾しない」，すなわち「SSDI の受給は，自動的に ADA の訴訟提起を妨げるものではない」としたのである。本訴訟では，SSDI 給付における障害規定，つまり「死に至るか 12 か月以上継続若しくは継続が予測される身体的・精神的な機能障害により，実質的

---

(50)　青木聖久ほか「精神障害の障害年金における認定審査の現状と課題」日本福祉大学社会福祉論集 132 号（2015 年）26 頁。
(51)　同上 26 頁。
(52)　たとえば，永野仁美『障害者の雇用と所得保障』（信山社，2013 年）261 頁。
(53)　河本純子「障害年金の認定基準と就労の関係」岡山医学会雑誌 122 巻（2010 年）52 頁。
(54)　矢嶋里絵「アメリカの障害者施策」竹前栄治編『障害者政策の国際比較』（明石書店，2002 年）84-85 頁。

収入のある職に従事できないこと」と，ADAにおける有資格障害者の規定すなわち「合理的配慮の有無に関係なく主要な職務を遂行可能なもの」との関連が問題となった。両者は一見相反するようにみられ，実際，本訴訟でも下級審は，「ClevelandはSSDIを受給しており，ADA上の合理的配慮があれば主要な職務を遂行できるという主張を立証することができない」と判示した。しかし，最高裁は，2つの障害概念について理論的整理を行い，同一人における所得保障給付申請と障害者差別の申立ては，必ずしも矛盾するものではないと明言したのである。

　本判決により，社会保障給付を受ける障害者が，ADAに基づく権利主張を妨げられることなく，労働市場に参入できる可能性を広げることになるであろう。

　以上のとおり，本判決の理論的整理は，わが国においても，障害者が合理的な配慮を受けつつ働く権利と，かれらが社会保障給付を受ける権利との関係について考察する際，極めて有益な示唆を与えてくれる。]

2　差別禁止 ● ● ●

差別禁止について，
2013年改正雇用促進法34条は

> 事業主は，労働者の募集及び採用について，障害者に対して，障害者でない者と均等な機会を与えなければならない。

同35条は

> 事業主は，賃金の決定，教育訓練の実施，福利厚生施設の利用その他の待遇について，労働者が障害者であることを理由として，障害者でない者と不当な差別的取扱いをしてはならない。

とそれぞれ定める。
また合理的配慮と過度な負担について，
同36条の2は

> 事業主は，労働者の募集及び採用について，障害者と障害者でない者との均等な機会の確保の支障となつている事情を改善するため，労働者の募集及び採用に当たり障害者からの申出により当該障害者の障害の特性

に配慮した必要な措置を講じなければならない。ただし，事業主に対して過重な負担を及ぼすこととなるときは，この限りでない。

同36条の3は

> 事業主は，障害者である労働者について，障害者でない労働者との均等な待遇の確保又は障害者である労働者の有する能力の有効な発揮の支障となつている事情を改善するため，その雇用する障害者である労働者の障害の特性に配慮した職務の円滑な遂行に必要な施設の整備，援助を行う者の配置その他の必要な措置を講じなければならない。ただし，事業主に対して過重な負担を及ぼすこととなるときは，この限りでない。

同36条の4は

> 事業主は，前二条に規定する措置を講ずるに当たつては，障害者の意向を十分に尊重しなければならない。
> 2　事業主は，前条に規定する措置に関し，その雇用する障害者である労働者からの相談に応じ，適切に対応するために必要な体制の整備その他の雇用管理上必要な措置を講じなければならない。

とそれぞれ定める。

(1) 間接差別について

雇用促進法は，「障害者であることを理由とする」[55]直接差別を禁止するものであり，「外形的には中立の基準，規則，慣行ではあってもそれが適用されることにより結果的には他者に比較し不利益が生じる」[56]間接差別は，禁止される差別に該当しないとされる[57]。この間接差別の例として，車いす利用者がマイカー通勤を希望したところ，マイカー通勤を禁止する就業規則を理由に希望が受け入れられず退職せざるを得ないケースがあげられている[58]。

---

(55) 厚生労働省「障害者雇用促進法に基づく障害者差別禁止・合理的配慮に関するQ＆A第2版」13頁。

(56) この間接差別の定義は，障害者政策委員会差別禁止部会「『障害を理由とする差別の禁止に関する法制』についての差別禁止部会の意見」平24.9.14による。

(57) 長谷川聡「差別禁止と合理的配慮」永野仁美ほか編『概説障害者雇用促進法』（弘文堂，2016年）82頁。厚生労働省・前掲注(55)14頁。

(58) 障害者政策委員会差別禁止部会・前掲注(56)17頁。

◆第Ⅰ部◆　総　論

　間接差別に関する議論をみると，禁止すべき差別に間接差別も含むという労働者代表委員の意見があったが，公益委員及び使用者代表委員から反対意見が出され（平22.4.27労働政策審議会障害者雇用分科会『労働・雇用分野における障害者権利条約への対応の在り方に関する中間的なとりまとめ』），「現段階では，実効性のある『間接差別』の禁止規定を設けることは困難であり，まずは，具体的な相談事例や今後の裁判例の集積などを行い，立法事実としてどのようなものが『間接差別』となるかが明確になる基準や要件を確定することが必要である」（平24.8.3『労働・雇用分野における障害者権利条約への対応の在り方に関する研究会報告書』9頁）とか，「①どのようなものが間接差別に該当するのか明確でないこと，②直接差別に当たらない事案についても合理的配慮の提供で対応が図られると考えられることから，現段階では間接差別の禁止規定を設けることは困難」（「今後の障害者雇用施策の充実強化について」平25.3.14，労働政策審議会雇用分科会意見書）といった意見に基づき，結果として，間接差別は禁止される差別に該当しないことになった。

　たしかに，前述のマイカー通勤を禁止する就業規則については，現行法の枠内でも通勤手段の確保等の「合理的配慮提供義務違反として捕捉可能」[59]とも考えられる。

　とはいえ，障害者政策委員会差別禁止部会「『障害を理由とする差別の禁止に関する法制』についての差別禁止部会の意見」（平24.9.14）が指摘するように，間接差別を，直接差別，関連差別とともに「障害又は障害に関連した事由を理由とする差別類型」（不均等待遇）に位置づけることも可能であろう。前掲雇用分科会意見書の見解に「賛成しかねる」との立場をとる浅倉による「予測不可能性の低さを補うための努力をいかになすべきかを議論すべきであって，はじめから間接差別禁止規定を設けないという結論に至るのは，努力を放棄しているに等しい」し，さらに「重要なことは，差別の事案をいずれの差別事案にあてはめるかではなく……諸外国で違法とされている差別事案を排除することがないような包括的な規定を創設することである」[60]との指摘は，極めて的確である。以上の議論をふまえ，今後一層，間接差別の明示的禁止について検討を深める必要があろう。

---

[59]　富永晃一「改正障害者雇用促進法の障害者差別禁止と合理的配慮提供義務」論究ジュリスト8号（2014年）29頁

[60]　浅倉むつ子『雇用差別禁止法制の展望』（有斐閣，2016年）568-569頁。

(2) 障害者間の差別について

　雇用促進法は「障害者でない者と均等な機会」の付与及び「障害者でない者と不当な差別的取扱い」を禁止し，差別解消法も「障害者でない者と不当な差別的取扱い」（下線，筆者）を禁止している。では，障害者間での差別は許されるのであろうか。

　アメリカでも，身体障害者に比して精神障害者の雇用差別解消にADAは機能していないといわれる[61]。障害者同士の差別を許容することは，新たな障害者の序列化をもたらすおそれがある。これを防ぐには，「障害者でない者と」だけではなく，かれらも含めた「他の者と」均等な機会の付与，「他の者と」不当な差別取扱いの禁止とすることが重要であると考える。

(3) 家族に障害者がいる人に対する差別について

　雇用促進法，差別解消法ともに，対象は障害者本人であり，障害者家族は対象とならない。しかし，アメリカADAは障害者に関わる有資格者に対する差別禁止を条文化しているし，イギリスでも，障害児をもつ親もDDA（Disability Discrimination Act）の適用対象であるとするColeman判決[62]がある。今後わが国でも，障害者家族に対する差別禁止の法整備について本格的検討が求められる。

(4) 合理的な配慮と過重な負担について

ⅰ）障害者からの合理的な配慮提供の申出

　募集・採用時における合理的な配慮の提供は「障害者からの申出」が契機とされ，意思表示が困難な場合には本人の意向を踏まえた第三者による申出も可とされる[63]。申出を合理的な配慮提供義務の要件とすべきかについては検討の余地があり[64]，また，とりわけ意思表示が困難な障害者への合理的な配慮提供の実効性を担保するには，支援者の役割[65]も含め検討すべき課題があろ

---

(61) Kathleen D.Zylan（2000）Mental Disability under the ADA *Cumberland Law Review*, vol.31
(62) 引馬知子「EU均等法と障害のある人・家族・支援者の雇用」労働法律旬報1696号（2009年）43頁。
(63) 厚生労働省・前掲注(55)23頁。
(64) 長谷川珠子「解釈上の問題」永野ほか・前掲注(57)222頁。
(65) たとえば，差別解消のための成年後見人のあり方について論じたものに，「特集障害者差別解消へ向けて成年後見人は何をすべきか」実践成年後見66号（2017年）がある。

う。

ⅱ）合理的な配慮に係る負担

負担は事業主が負うのが原則である。アメリカでも合理的配慮に関する費用は事業主が負担するとしたADA法案は，当初，経済界から反対されたが，この種の反対意見は，障害者が労働市場に参入し納税者へ転換することにより経済的にプラスとなる，配慮は高いコストを要しない等の反論によって退けられた。だが，事業主にのみ負担を負わせることは，結果的に重度障害者・非熟練労働者への影響，障害者の序列化をもたらす懸念があった[66]。そして実際にADAは，合理的配慮の義務化に伴う雇用費用増大や合理的配慮に係る費用負担転嫁により，障害者雇用や賃金にプラス効果をもたらさなかったことから，社会全体での費用負担の重要性が説かれている[67]。この点に関して注目されるのは，「民間事業者等にのみ配慮に係る負担を求めるのではなく，市が支援や助成を行いながら，障害のある人にとって暮らしやすい環境づくりを進めていく」ための具体策として，条例（注(8)参照）8条に基づき，全国で初めて合理的配慮提供の公的財政支援を行った兵庫県明石市の取組である[68]。

ⅲ）過重な負担の判断基準

本法36条の2ただし書き，36条の3ただし書きは，合理的な配慮が過重な負担となる場合，事業主は合理的な配慮提供義務を負わないことを定める。法律自体，過重な負担の判断基準を明らかにしていないが，指針[69]によれば，①事業活動への影響の程度，②実現困難度，③費用・負担の程度，④企業の規模，⑤企業の財政状況，⑥公的支援の有無について総合的に勘案し個別に判断するとされる。この内容は必ずしも明確とは言えず，個々の事例の集積を待つ必要がある。

ⅳ）実効性の確保

差別禁止規定違反の場合，勧告（29条）や企業名公表（30条）を行う男女雇

(66) 矢嶋・前掲注(54)78頁。
(67) 坂本徳仁「障害者差別禁止法の経済効果」生存学研究センター報告16（2011年）。
(68) https://www.city.akashi.lg.jp/fukushi/fu_soumu_ka/sabetsu/seitei.html （as of 13 December 2016）
(69) 「雇用の分野における障害者と障害者でない者との均等な機会若しくは待遇の確保又は障害者である労働者の有する能力の有効な発揮の支障となっている事情を改善するために事業主が講ずべき措置に関する指針」（平27厚生労働省告示第117号）7頁。

用機会均等法に対し，本法は，助言，指導または勧告の規定（36条の6）はあるが，公表規定はない。また，雇用促進法は，雇用率未達成の企業名公表制度（47条）がある一方，差別禁止違反の場合それはないことから「差別禁止は本法全体の位置づけとして従たるものでは」[70]とする浅倉の指摘は首肯できる。「公表規定の創設」は今後に残された課題である[71]。

V　2013年障害者差別解消法

本法制定以前の国内外の動向をみよう。諸外国では，1990年ADAを嚆矢として，1992年オーストラリア Disability Discrimination Act，1993年ニュージーランド Human Rights Act，1995年イギリス Disability Discrimination Act（2010年 Equality Act へ），2007年韓国障害者の差別禁止及び権利救済等に関する法律等，障害者差別禁止関連法制定の動きが広まった。また国内では，差別解消法制定以前に，2006年千葉県をはじめ，2009年北海道，2010年岩手県，2011年さいたま市，熊本県，八王子市，2013年長崎県で，障害者差別禁止に関する条例が，次々と制定されている。

わが国は，2001年9月24日，国連「経済的，社会的及び文化的権利に関する委員会」から障害者差別禁止法制定を勧告されていたが，ようやく2013年，差別解消法を制定した。

1　法の目的
差別解消法1条は

> この法律は，障害者基本法の基本的な理念にのっとり，全ての障害者が，障害者でない者と等しく，基本的人権を享有する個人としてその尊厳が重んぜられ，その尊厳にふさわしい生活を保障される権利を有することを踏まえ，障害を理由とする差別の解消の推進に関する基本的な事項，行政機関等及び事業者における障害を理由とする差別を解消するための措置等を定めることにより，障害を理由とする差別の解消を推進し，もって全ての国民が，障害の有無によって分け隔てられることなく，相

---

(70)　浅倉・前掲注(60)584頁。
(71)　山口・前掲注(44)52頁。

互に人格と個性を尊重し合いながら共生する社会の実現に資することを目的とする。

と定める。

　法の目的は差別の禁止ではなく，差別の解消である。「差別を禁止するとともに，それを社会において実効的に推進するための基本方針や指針の策定等の措置，相談，紛争解決の体制整備等の国や地方公共団体における支援措置についても規定しており，これらを通じて差別のない社会を目指すものであることから」[72]差別解消法としたとされる。この背景には，差別禁止法に対する「障害関係外部からの外圧」と「障害関係内部からの内圧」[73]があったとされる。

2 「障害者」の定義

差別解消法2条は，障害者について

> 身体障害，知的障害，精神障害（発達障害を含む。）その他の心身の機能の障害（以下「障害」と総称する。）がある者であって，障害及び社会的障壁により継続的に日常生活又は社会生活に相当な制限を受ける状態にあるものをいう。

と定める。

　本法の障害者の定義は，基本法の定義にならっている。

　ところで，アメリカADAは障害の範囲を広く捉えているかのようであるが，実は，最高裁が狭く解釈し，これに対する立法府による揺り戻しのごとく，障害の範囲をより広くする2008年法改正が行われた。こうしたアメリカの経験をふまえ，筆者は，差別禁止法の対象となる障害者の定義は，以下の観点から検討すべきであると述べた[74]。それは，第1に，障害者差別に直面する人々を広く保護するという法の目的に鑑みて，包括的な障害規定となっているか，第2に，司法による限定的解釈を回避するため（アメリカのごとく司法解釈の余地をなるべく残さないよう）明確かつ具体的な障害の定義となっているか，第3に，障害認定に当たり緩和手段（たとえば眼鏡やインシュリン等）を考慮するか

---

[72] 障害者差別解消法解説編集委員会編著『概説障害者差別解消法』（法律文化社，2014年）67-68頁。
[73] 平野方昭「障害者差別解消法の意義と課題」実践成年後見66号（2017年）8頁。
[74] 矢嶋・前掲注(1)172頁。

否かを明示しているか(75),第4にADAに規定されている過去に障害を有していた人,障害があるとみなされる人,障害者関係者を差別解消法の対象に含んでいるかであるが,制定法をみるといずれの点についても,積極的に評価することはできない。

3 差別禁止

差別解消法7条は,行政機関等における障害を理由とする差別の禁止について

> 行政機関等は,その事務又は事業を行うに当たり,障害を理由として障害者でない者と不当な差別的取扱いをすることにより,障害者の権利利益を侵害してはならない。
> 2 行政機関等は,その事務又は事業を行うに当たり,障害者から現に社会的障壁の除去を必要としている旨の意思の表明があった場合において,その実施に伴う負担が過重でないときは,障害者の権利利益を侵害することとならないよう,当該障害者の性別,年齢及び障害の状態に応じて,社会的障壁の除去の実施について必要かつ合理的な配慮をしなければならない。

同8条は,事業者における障害を理由とする差別の禁止について

> 事業者は,その事業を行うに当たり,障害を理由として障害者でない者と不当な差別的取扱いをすることにより,障害者の権利利益を侵害してはならない。
> 2 事業者は,その事業を行うに当たり,障害者から現に社会的障壁の除去を必要としている旨の意思の表明があった場合において,その実施に伴う負担が過重でないときは,障害者の権利利益を侵害することとならないよう,当該障害者の性別,年齢及び障害の状態に応じて,社会的障壁の除去の実施について必要かつ合理的な配慮をするように努めなければならない。

と定める。

---

(75) アメリカでは緩和手段を考慮するかにつき裁判所の判断が分かれていたが,緩和手段を考慮する旨の最高裁判決がだされ,それに基づきEEOCは解釈を変更している(矢嶋里絵「ADA成立から10年」週刊社会保障2111号(2000年)24頁)。

◆第Ⅰ部◆　総　論

(1) **不当な差別的取扱いと合理的な配慮について**
　不当な差別的取扱いや，合理的な配慮の不提供を差別としているが，その具体的な定義規定を置いていない。
　この点につき，「障害を理由とする差別の解消の推進に関する基本方針」(平27.2.24) は，不当な差別的取扱いの基本的考え方として，

> <u>正当な理由</u>なく，障害を理由として，財・サービスや各種機会の提供を拒否する又は提供に当たって場所・時間帯などを制限する，障害者でない者に対しては付さない条件を付けることなどにより，障害者の権利利益を侵害することを禁止している。

とし，さらに

> <u>正当な理由</u>に相当するのは，障害者に対して，障害を理由として，財・サービスや各種機会の提供を拒否するなどの取扱いが客観的に見て正当な目的の下に行われたものであり，その目的に照らしてやむを得ないと言える場合である。(第2,2(1)(2))

とする（下線，筆者）。また，同方針は，合理的な配慮についても，

> 障害者の権利利益を侵害することとならないよう，障害者が個々の場面において必要としている社会的障壁を除去するための必要かつ合理的な取組であり，その実施に伴う<u>負担が過重でないもの</u>（第2,3(1)下線，筆者）

であり，過重な負担については，事務・事業への影響の程度，実現可能性の程度，費用・負担の程度，事務・事業規模，財政・財務状況を考慮し，具体的場面・状況に応じ総合的・客観的に判断するとしている（第2，3(2)）。
　この「正当な理由」や「過重な負担」については，拡大解釈とならぬ趣旨の文言を記すべきであるとの要望が障害当事者団体DPIから出された。この要望は方針には反映されなかったが，内閣府対応指針に「具体的な検討をせずに……拡大解釈するなどして法の趣旨を損なうことなく」という文言が盛り込まれたことは，DPIの働きかけによる「大きな成果」と評される[76]。

---

(76) 崔栄繁「2016年4月の施行に向けた障害者差別解消法の動向」賃金と社会保障

しかし指針には法的拘束力が無い。したがって，今後，差別解消法で同趣旨の規定を法文化する必要があろう。

(2) **事業者による合理的な配慮提供の努力義務について**

不当な差別的取扱いは行政機関・事業者双方禁止されるが，合理的な配慮の提供は，行政機関が法的義務であるのに対し，事業者は努力義務にとどまる。このように事業者による合理的な配慮提供を努力義務とした理由は，障害者と相手方の関係及び求められる配慮の多様性にある[77]とされる。

だが，むろん障害者の生活の場は行政機関に関連するところに限られない。社会に広く現存する障害者差別を解消し障害者の社会参加を促進するには，事業者にも合理的な配慮提供の法的義務を課す包括的な差別禁止が必要であろう。思い起こせば，アメリカ1973年リハビリテーション法は，規制対象を連邦政府とその関係機関に限定するものであったが，多様な生活場面におけるアクセス保障のためには，民間も同等に規制することが不可欠であるという民主・共和両党の合意の結果，規制対象を拡大したADAが成立したのであった。なお，わが国の条例では事業者の合理的配慮提供義務を努力義務としないものが多い（千葉県，岩手県，さいたま市，熊本県，長崎県，明石市の各条例）[78]。

政府報告はこの点につき言及していないが，差別解消法附則7条に規定する法施行3年後の見直しの際，事業者による合理的な配慮提供の法的義務化が求められる。

(3) **本人による意思表示について**

差別解消法は，「障害者から現に社会的障壁の除去を必要としている旨の意思の表明があった場合において」，合理的な配慮をしなければならないと定める（7条2項，8条2項）。では，意思の表明がなければ合理的な配慮はしなくてもよいのであろうか。

この点気がかりなのは，障害ゆえに意思表明しにくい知的障害者，病気を隠すことによって「差別意識にさらされることのない『平穏』を守」ろうとする難病の人[79]に対し本規定がいかに作用するかである。

1651号（2016年）8頁10頁。

[77] 障害者差別解消法解説編集委員会・前掲注(72)85頁。

[78] 平27.11.17 第4回明石市仮称障害者差別解消条例検討会資料2-2。https://www.city.akashi.lg.jp/fukushi/fu_soumu_ka/sabetsu/documents/s2-2sk04_normal.pdf（as of 13 December 2016）

前述基本方針では，

> 知的障害や精神障害（発達障害を含む。）等により本人の意思表明が困難な場合には，障害者の家族，介助者等，コミュニケーションを支援する者が本人を補佐して行う意思の表明も含む。なお，意思の表明が困難な障害者が，家族，介助者などを伴っていない場合など，意思の表明がない場合であっても，当然障害者が社会的障壁の除去を必要としていることが明白である場合には，法の趣旨に鑑みれば，当該障害者に対して適切と思われる配慮を提案するために建設的対話を働きかけるなど，自主的な取組に努めることが望ましい。（第2,3(1)ウ）

としている。

　しかし，そもそも意思表明は「合理的配慮の本質から必要とされる要件」ではなく，「意思表明がなかったという理由で合理的配慮義務を免れることはでき」ず，基本方針は「自主的な取組に努めることが望ましいとしているにとどまっていて不十分」[80]といわれる。

　この点，参考になるのが，明石市や新潟市の条例である。明石市条例第3条(5)は，「障害者が現に社会的障壁の除去を必要としていることが<u>認識できる場合</u>」（下線，筆者）には，合理的配慮の発生要件となると規定しており，この「認識できる場合」には，本人から意思の表明があった場合だけでなく，意思の表明はないが合理的に考えて社会的障壁の除去を必要と認められる場合を含むとしている[81]。また，「新潟市障がいのある人もない人も共に生きるまちづくり条例」（第2条(4)ウ）も同様の規定をおいている。これらはいずれも，「真意を表明しづらい」「意思表明が状況的に困難である」障害者の現状を踏まえたものといえる[82]。

(4) 障害者権利条約，差別解消法・条例の認知度について

　合理的配慮の概念は，障害者権利条約でも「国際人権のレベルにおいて差別

---

(79) 青木志帆「『研究の客体』から『権利の主体』へ」賃金と社会保障1625・26号（2015年）50頁。

(80) 池原・前掲注(13)25-26頁。

(81) 明石市条例逐条解説15-16頁。https://www.city.akashi.lg.jp/fukushi/fu_soumu_ka/sabetsu/documents/hairyo_chikujou1.pdf (as of 1 December 2016)

(82) 同上。

概念に新しい枠組みを提供するものであり，極めて画期的」[83]と積極的に評価されているし，わが国の法や条例でも合理的な配慮が求められている。

　ところが，国民の認知度はきわめて低い。平成21年度内閣府「障害を理由とする差別等に関する意識調査」[84]によれば，74.7%が「障害者権利条約を知らない」，合理的な配慮についても75.8%が「知らない」と答えている。つぎに，平成24年度内閣府「障害者に関する世論調査」[85]では，「障害者権利条約を知らない」とする者が81.5%，「差別禁止法案を知らない」とする者が73.8%と高い割合を占めるのに対し，「合理的な配慮を行わないことが差別にあたる場合がある」とする者は46.1%にとどまる。さらに，全国に先駆けて条例を制定した千葉県においても2015年度時点で「条例を知らない」者が69.5%，「差別解消法を知らない」者は78.0%にも上る[86]。差別禁止が定着するには，国民の認知度を高める必要がある。

（2017年1月13日　脱稿）

---

(83) 東俊裕「障害者権利条約における差別禁止と差別の三類型」法律時報81巻4号（2009年）16頁。

(84) http://www8.cao.go.jp/shougai/suishin/tyosa/h21ishiki/pdf/kekka.pdf （as of 6 December 2016）

(85) http://survey.gov-online.go.jp/h24/h24-shougai/index.html （as of 6 December 2016）

(86) 第51回県政に関する世論調査平成27年版。https://www.pref.chiba.lg.jp/kouhou/yoron/yoronchousa/h27-51/yoron51.html （as of 13 December 2016）

第2章

批准後の障害者政策

石川　准

I　はじめに

　本章の主題は国連障害者権利条約（以後権利条約と略記）批准以後の我が国の障害者政策について総論的に論じることであるが，後の章で分野ごとの検討と障害種別ごとの検討，すなわち「課題別検討」と「主体別検討」が詳細になされるので，本章では各論との重複や執筆者間での政策評価の不一致（の可能性）を予め回避して，障害者政策委員会（以後政策委員会と略記）での「第4次障害者基本計画への政策委員会意見」策定作業に焦点を当て，障害者政策への権利条約の効果について示唆する。加えて，来る権利条約第1回審査における市民社会からのパラレルレポートの意義についても私見を述べる。

II　権利条約批准以降の障害者政策委員会の活動

1　障害者政策委員会の所掌事務

　2011（平成23）年の障害者基本法の改正により新たに設置されることとなった障害者政策委員会の所掌事務は，①障害者基本計画の策定にあたって意見を述べる，②障害者基本計画の実施を監視する，の2点である。

・障害者基本法
　（昭和45年5月21日法律第84号）

◆第Ⅰ部◆　総　論

　最終改正：平成23年8月5日法律第90号

（障害者基本計画等）
第11条　政府は，障害者の自立及び社会参加の支援等のための施策の総合的かつ計画的な推進を図るため，障害者のための施策に関する基本的な計画（以下「障害者基本計画」という。）を策定しなければならない。
　4　内閣総理大臣は，関係行政機関の長に協議するとともに，障害者政策委員会の意見を聴いて，障害者基本計画の案を作成し，閣議の決定を求めなければならない。

（障害者政策委員会の設置）
第32条　内閣府に，障害者政策委員会（以下「政策委員会」という。）を置く。
　2　政策委員会は，次に掲げる事務をつかさどる。
一　障害者基本計画に関し，第11条第4項（同条第9項において準用する場合を含む。）に規定する事項を処理すること。
二　前号に規定する事項に関し，調査審議し，必要があると認めるときは，内閣総理大臣又は関係各大臣に対し，意見を述べること。
三　障害者基本計画の実施状況を監視し，必要があると認めるときは，内閣総理大臣又は内閣総理大臣を通じて関係各大臣に勧告すること。
　3　内閣総理大臣又は関係各大臣は，前項第3号の規定による勧告に基づき講じた施策について政策委員会に報告しなければならない。

（政策委員会の組織及び運営）
第33条　政策委員会は，委員30人以内で組織する。
　2　政策委員会の委員は，障害者，障害者の自立及び社会参加に関する事業に従事する者並びに学識経験のある者のうちから，内閣総理大臣が任命する。この場合において，委員の構成については，政策委員会が様々な障害者の意見を聴き障害者の実情を踏まえた調査審議を行うことができることとなるよう，配慮されなければならない。
　3　政策委員会の委員は，非常勤とする。

第34条　政策委員会は，その所掌事務を遂行するため必要があると認めるときは，関係行政機関の長に対し，資料の提出，意見の表明，説明その他必要な協力を求めることができる。
　2　政策委員会は，その所掌事務を遂行するため特に必要があると認めるときは，前項に規定する者以外の者に対しても，必要な協力を依頼することができる。
（引用ここまで）

　ところで，権利条約4条「一般的義務」3および33条「国内における実施及び監視」2，3は以下のように規定している。

・障害者権利条約
　　第4条　一般的義務
　　　3　締約国は，この条約を実施するための法令及び政策の作成及び実施において，並びに障害者に関する問題についての他の意思決定過程において，障害者（障害のある児童を含む。以下この3において同じ。）を代表する団体を通じ，障害者と緊密に協議し，及び障害者を積極的に関与させる。

　　第33条　国内における実施及び監視
　　　2　締約国は，自国の法律上及び行政上の制度に従い，この条約の実施を促進し，保護し，及び監視するための枠組み（適当な場合には，一又は二以上の独立した仕組みを含む。）を自国内において維持し，強化し，指定し，又は設置する。締約国は，このような仕組みを指定し，又は設置する場合には，人権の保護及び促進のための国内機構の地位及び役割に関する原則を考慮に入れる。
　　　3　市民社会（特に，障害者及び障害者を代表する団体）は，監視の過程に十分に関与し，かつ，参加する。

　権利条約の国内実施という観点から政策委員会が所掌する事務を整理すると①障害者基本計画の策定にあたって意見を述べるは権利条約の4条3が求める実施に，②障害者基本計画の実施を監視するは33条2および3が求める実施にそれぞれ該当する。

　ただし，条約を実施するための法令及び政策の実施と障害者に関する問題についての意思決定過程は多岐に及ぶので，政策委員会の活動だけをみても権利条約4条3の国内実施全体を評価することはできない。国連障害者権利委員会（以後権利委員会と略記）からの事前質問事項はどの審査国に対しても，4条3の実施についての包括的な報告を求めている。あらゆる分野の障害者政策，障害者に関連する政策において障害種別や性別等を考慮しつつ障害者の十分な関与が確保される必要がある。政策委員会についても，精神障害者，知的障害者等の委員の不在，女性障害者の委員の不足等，障害の多様性と複合的差別への対応になお課題を残している。また，条約33条2は権利条約の国内実施全体の監視機能の実装を求めている。一方政府は，政策委員会が障害者基本計画の実施の監視を通じて権利条約の国内実施を監視するとしている。しかし，国家機関全体で取り組む条約の実施のなかで，政策委員会が行いうる監視の対象は政府が障害者基本計画の実施という形で取り組む障害者政策に限定されることは押さえておく必要がある。

このような限界はありつつも，政策委員会は，権利条約批准以降，権利条約4条3と33条2，3の国内実施を担っている。とりわけ後者は現時点においては政策委員会だけが担う役割である。

2 障害者基本計画（第4次）の策定に向けた障害者政策委員会意見のとりまとめ ●●●

政策委員会は，第1期：第1回（2012年7月23日）から第12回（2014年4月28日），第2期：第13回（2014年9月1日）から第29回（2016年7月29日），第3期：第30回（2016年10月21日）から第40回（2017年12月20日）（任期途中）合わせて40回の会議を重ねてきた。

政策委員会としては第2期からが権利条約批准以後となるが，第2期では，障害者差別解消法基本方針策定にあたり意見具申，権利条約の国内実施の監視および権利条約に対する第一回政府報告にあたり，監視結果をふまえて意見具申を行った。

第3期の最も重要な所掌事務は，第4次障害者基本計画策定にあたっての意見具申である。2016年12月から2017年12月まで1年をかけ都合10回の会議を開催し，政策委員会は第4次障害者基本計画の政策委員会意見のとりまとめをほぼ完了した。

平成28年12月12日に開催された第31回障害者政策委員会（第3期第2回）では，筆者は委員長としての立場から委員会がこれから作業を行うにあたり，基本計画のありかたと政策委員会の役割について以下の趣旨の考えを表明した。

〈詳しくは内閣府障害者政策委員会（第31回）議事録〈http://www8.cao.go.jp/shougai/suishin/seisaku_iinkai/k_31/gijiroku.html〉参照のこと〉

〈基本計画のありかた〉
○ 障害者権利条約との高い整合性のとれた計画
　第4次障害者基本計画は，障害者権利条約の批准後に初めて策定する基本計画であり，条約との整合性の高い，現行の第3次障害者基本計画から質的な進化を遂げた計画でなければならない。
○ 障害者権利条約の国内実施の監視の強化に資する計画
　政府全体として障害者政策には性，年齢，障害種別等のカテゴリーによって分類された統計データの整備に課題があるという認識を政府報告で示した。また政策委員会は障害者に関する政策の監視・評価に使える水準の統計が，国・地方公共団体ともに不足していると指摘した。

障害者政策のPDCAサイクルを構築し，着実に実行できるような計画としなければならない。そのためには統計データの整備とともに，成果目標を個々の分野ごとに設定する必要がある。
○ 第1回政府報告の権利委員会による審査を見据えた計画
　政府報告書で政府全体および政策委員会が指摘した課題への対策が適切に位置づけられた計画である必要がある。また審査前に中間監視を行うことを想定しておくことも必要である。
〈政策委員会の役割〉
　障害者政策委員会は，障害者権利条約第33条に定める「監視するための枠組み」を担っている。このため，政策委員会では，原則として個々の制度，事業，予算等の細部について個別の検討を行うのではなく，条約の趣旨に立脚した大局的・俯瞰的見地から，障害者施策の大きな方向性やその在り方，課題等について検討を行うことが求められる。ただし権利条約や障害者基本法が求めている政策でありながら，政策の根拠となる制度が未整備である場合や，個別の制度や事業であっても，権利条約が求めている障害当事者参加型のPDCAサイクルを回せていないものについては政策委員会で議論する必要がある。

　政策委員会にはそれまでに4年間の政府と市民社会との架け橋，建設的対話の場としての実績があり，権利条約批准以後は条約の国内実施の監視役割を担う機関となり，それに今回は権利条約批准後の最初の基本計画の策定作業であり，かつ基本計画実施中に権利委員会による審査が実施されるという追い風が重なり，基本計画への政策委員会意見のとりまとめ作業は，内閣府事務局の全面的支援を得つつ，ほぼこの「基本計画のありかた」にそって進むこととなった。
　平成29年12月20日開催の第40回障害者政策委員会時点における「障害者基本計画（第4次）の策定に向けた障害者政策委員会意見」（案）の「Ⅱ 基本的な考え方」には以下の考え方が示されている。なお，「障害者基本計画（第4次）の策定に向けた政策委員会意見」（案）の最終調整は第40回障害者政策委員会において委員長に一任された。そののちパブリックコメントによる修正，与党意見，官邸意見等による修正が加えられ平成30年3月30日に閣議決定された。

〈「障害者基本計画（第4次）の策定に向けた障害者政策委員会意見」（案）「Ⅱ 基本的な考え方」より以下引用〉

3. 各分野に共通する横断的視点

(1) 条約の理念の尊重及び整合性の確保

障害者に係る施策，制度，事業等を策定し，及び実施するに当たっては，条約の理念を尊重するとともに，条約との整合性を確保することが重要である。

「私たちのことを，私たち抜きに決めないで」の考え方の下，「インクルージョン」を推進する観点から，障害者を施策の客体ではなく，必要な支援を受けながら，自らの決定に基づき社会に参加する主体としてとらえるとともに，障害者施策の検討及び評価に当たっては，障害者が意思決定過程に参画することとし，障害者の視点を施策に反映させることが求められる。その際，障害者の社会参加は，障害者の自立にもつながることに留意する。

また，障害者の政策決定過程への参画を促進する観点から，国の審議会等の委員の選任に当たっては，障害者の委員の選任に配慮する。特に，障害者施策を審議する国の審議会等については，障害種別及び性別にも配慮して障害者の委員への選任を行うとともに，「第4次男女共同参画基本計画」（平成27年12月25日閣議決定）の定めるところにより，女性の参画拡大に向けた取組を行うものとする。また，障害者である委員に対する障害特性に応じた適切な情報保障その他の合理的配慮を行う。

(2) 社会のあらゆる場面におけるアクセシビリティの向上

①社会のあらゆる場面におけるアクセシビリティ向上の視点の採用
（省略）
②アクセシビリティ向上に資する新技術の利活用の推進
（第一段落省略）

また，アクセシビリティの向上に資する技術等を含め，中小・ベンチャー企業が行う先進的な技術等については，市場創出が大きな課題となるため，市場創出の呼び水としての初期需要の確保等の観点から，国が需要側の視点に立った施策の充実を図る必要がある。このため，「科学技術基本計画」（平成28年1月22日閣議決定）の定めるところにより，国は，アクセシビリティの向上に資する新技術を含め，公共部門における新技術を用いた製品の調達において，透明性及び公正性の確保を前提に，総合評価落札方式等の技術力を重視する入札制度の一層の活用を促進し，イノベーション創出に貢献し得る中小・ベンチャー企業の入札機会の拡大を図るなどの必要な措置を講ずる。

さらに，アクセシビリティに配慮した機器・サービス等の政府調達を一層推進するため，WTO政府調達協定の適用を受ける調達等を行うに当たっては，WTO政府調達協定等の定めるところにより，適当な場合には，アクセシビリティに関する国際規格が存在するときは当該国際規格に基づいて技術仕様を定める。
（第4段落省略）

(5) 障害のある女性，子供及び高齢者の複合的困難に配慮したきめ細かい支援

条約第6条，第7条等の趣旨を踏まえ，障害のある女性を始め，複合的に困難

な状況に置かれた障害者に対するきめ細かい配慮が求められていることを踏まえて障害者施策を策定し,及び実施する必要がある。

障害のある女性は,障害に加えて女性であることにより,更に複合的に困難な状況に置かれている場合があることから,こうした点も念頭に置いて障害者施策を策定し,及び実施することが重要である。

また,障害のある子供は,成人の障害者とは異なる支援を行う必要性があることに留意する必要がある。

さらに,障害のある高齢者に係る施策については,条約の理念も踏まえつつ,高齢者施策との整合性に留意して実施していく必要がある。

(6) PDCAサイクル等を通じた実効性のある取組の推進

条約第31条,第33条等の趣旨を踏まえ,「証拠に基づく政策立案」の実現に向け,次に掲げるところにより,必要なデータ収集及び統計の充実を図るとともに,障害者施策のPDCAサイクルを構築し,着実に実行する。また,当該サイクル等を通じて施策の不断の見直しを行っていく。

①企画(Plan)

「証拠に基づく政策立案」を実現する観点から,障害当事者や障害当事者を取り巻く社会環境の実態把握を適切に行うため,障害者の性別,年齢,障害種別等の観点に留意しつつ必要なデータ収集や統計の充実を行うことが重要である。

このため,各分野における障害者施策の一義的な責任を負うこととなる各府省は,障害者の状況や障害者施策等に関する情報・データの適切な収集・評価の在り方等を検討するとともに,本基本計画に掲げる施策について具体的な成果目標を設定し,より効果的な施策を企画できるよう努める。本基本計画の着実な推進を図るために策定する各分野における成果目標は,それぞれの分野における具体的施策を,他の分野の施策との連携の下,総合的に実施することにより,政府全体で達成を目指す水準であり,地方公共団体や民間団体等の政府以外の機関・団体等が成果目標に係る項目に直接取り組む場合においては,成果目標は,政府がこれらの機関・団体等に働きかける際に,政府として達成を目指す水準として位置付けられる。

②実施(Do)
(省略)

③評価(Check)

障害者施策の評価に当たっては,障害者が意思決定過程に参画することとし,障害者の視点を施策に反映させることが求められる。また,障害者施策の推進に係る取組の実施状況の継続的なモニタリングを行うことが重要である。

こうした考え方の下,各府省は,数値等に基づき取組の実施状況及びその効果の把握・評価を行う。また,障害者施策の実施に当たり課題や支障が生じている場合は,その円滑な解消に資するよう,具体的な要因について必要な分析を行う。

また,障害者政策委員会は,基本法に基づき,政府全体の見地から本基本計画

◆第Ⅰ部◆　総　論

の実施状況の評価・監視を行う。
　　④見直し（Act）
（省略）

　このように「障害者基本計画（第4次）の策定に向けた障害者政策委員会意見」（案）は作業開始の時点で委員長が示した「基本計画のありかた」にそってぶれることなく，政策委員会，内閣府事務局，さらには各施策担当省庁が建設的対話を重ねながら策定作業を行ってきた。権利条約批准以前の基本計画原案策定作業を知る読者には，往時といまとではずいぶん様変わりしたと感じられるだろう。かくして権利条約は障害者政策の策定過程に確かに効果を及ぼしつつある。

3　障害者政策委員会の監視機能 ●●●

　どの締約国にも，程度の差こそあるものの，権利条約の国内実施の監視には課題がある。日本も政策委員会だけが監視機能を担うのではあまりに荷が重い。基本計画の実施の監視は権利条約の国内監視のサブセットにとどまることは改めて指摘するまでもない。

　我が国が権利条約体に提出した第1回の政府報告本文には，政策委員会が指摘する課題が8項目含まれている。政策委員会においては，2015年5月から，同報告の提出を視野に入れて第3次障害者基本計画の実施状況の監視を行い，同年9月にその結果を文書として取りまとめた。条約の国内実施の監視を第1回政府報告前に行い，委員会の意見のまとめを政府報告に添付するとともに，委員会が重要とみなす課題を本文に加えることができたのは当時としては大きな前進だったが，時間的制約もあり，権利条約の実施の監視報告としては不徹底なものにとどまった。

〈以下，引用〉
　障害者の権利に関する条約

　第1回日本政府報告
　（日本語仮訳）

　第6条　障害のある女子
　　41. なお，本条に関しては，政策委員会より，次のような指摘がなされている。（より詳しくは，付属文書を参照のこと）障害者権利条約第6条「障害のある女子」に対応するため，障害女性の視点からの記述及び統計を充実させるとともに，例えば，福祉施設での同性介助を標準化するなど，女性に重点を置

いた政策立案を推進する必要がある。また，国や地方公共団体の政策を決定する様々な審議会や有識者会議の委員構成については，ポジティブ・アクション ※ の取組が推進されており，政策委員会においても，こうした視点・取組が必要である。男女が，社会の対等な構成員として，自らの意思によって社会のあらゆる分野における活動に参画する機会に係る男女間の格差を改善するため必要な範囲内において，男女のいずれか一方に対し，当該機会を積極的に提供すること

第12条　法律の前にひとしく認められる権利

83．なお，本条に関しては，政策委員会より，次のような指摘がなされている。意思決定の支援及び法的能力の行使を支援する社会的枠組みの構築が急務である。また，成年後見制度のうち，特に代行型の枠組みである後見類型の運用に当たっては，最良の支援を提供しても，なお法的能力の行使が困難な場合に本人の権利と利益を守るための最終手段として利用されるべきものであり，かつ，代理人が本人に代わって意思決定をする場合にも，法の趣旨に則り，できる限り本人の意思を尊重するよう制度運用の改善を図る必要がある。また，家庭裁判所の成年後見人の監督業務の負担の在り方についても課題が共有された。（より詳しくは，付属文書を参照のこと）

第14条　身体の自由及び安全

107．なお，本条に関しては，政策委員会より，次のような指摘がなされている。（より詳しくは，付属文書を参照のこと）精神保健福祉法等の制度と運用については，医療保護入院についての規定である精神保健福祉法第33条の妥当性について再検証をする必要がある。精神科における患者の権利擁護のため家族や医療従事者から独立した権利擁護者の関与が不可欠である。認知症も含め，本人の意思が反映されない入院の減少につなげていくことが大切であり，そのためにも，継続的に調査を実施した上で，最新の正確な統計に基づいて議論を行う必要がある。

第19条　自立した生活及び地域社会への包容

131．なお，本条に関しては，政策委員会より，次のような指摘がなされている。（より詳しくは，付属文書を参照のこと）医療的ケアを必要とする重度障害者等の地域移行の支援については，地域によってサービスの水準や運用に差異があるなどして利用しづらかったり，保護者に過重な負担となったりしている。人間らしく生きるための24時間の医療的ケア保障，介護保障が必要である。また，精神障害者の地域移行の支援については，精神科医療そのものの地域移行が必要である。精神科に入院している人の地域移行を考えるのと同時に，地域にいる精神障害者を訪問してサービスを提供すること等，精神障害者が地域で生活できるような資源を開発することが重要である。

　　第9条施設及びサービス等の利用の容易さ，第21条表現及び意見の自由並びに情報の利用の機会

142. なお，本条に関しては，政策委員会より，次のような指摘がなされている。（より詳しくは，付属文書を参照のこと）情報提供や意思疎通支援をさらに充実することが求められる。様々なメディアや場面において，特に，緊急時の対応，個別性の高いコミュニケーション方法を用いる人たちへの対応，省庁横断的な対応に課題がある。また，障害の多様性に対応したアクセシブルな教材の提供や行政情報のバリアフリー化になお課題があることが指摘された。

第24条　教育

167. なお，本条に関しては，政策委員会より，インクルーシブ教育を推進していくために，我が国が目指すべき到達点に関する議論，また，進捗状況を監視するための指標の開発とデータ収集が必要であるとの指摘があった。また，具体的な課題として，個別の教育支援計画，個別の指導計画の実効性の担保，合理的配慮の充実，本人及び保護者の意思の尊重，特別支援教育支援員の配置や教育的ニーズに応じた教材の提供といった環境の整備などについて問題提起があった。（より詳しくは，付属文書を参照のこと）

第27条　労働及び雇用

181. なお，本条に関しては，政策委員会より，次のような指摘がなされている。（より詳しくは，付属文書を参照のこと）障害者の雇用・就業の推進のためには，障害者や企業に対する支援の更なる充実をはかることや，改正障害者雇用促進法の趣旨や法に基づく「障害者差別禁止指針」及び「合理的配慮指針」等について情報提供し，着実に実施することが重要である。

第31条　統計及び資料の収集

211. なお，本条に関しては，政策委員会より，次のような指摘がなされている。（より詳しくは，付属文書を参照のこと）障害者に関する政策の監視・評価に使える水準の統計が，国・地方公共団体ともに不足しており，日本の人口全体を対象とした調査の実施や男女別統計の実施を徹底すべきである。

12条「法律の前にひとしく認められる権利」，14条「身体の自由及び安全」，19条「自立した生活及び地域社会への包容の実施」，31条「統計及び資料の収集」に関する政策委員会意見は，国内監視機関の所見として概ね頷ける。一方6条「障害のある女子」，9条「施設及びサービス等の利用の容易さ」，21条「表現及び意見の自由並びに情報の利用の機会」，24条「教育」，27条「労働及び雇用」については，いま振り返ると，他にももっと言うべきことがあったように思う。これはひとえに委員長の力不足が原因だが，政策委員会の置かれた構造的制約による面もある。

じつは12条と14条の実施については担当省庁と政策委員会とは見解を異にした。しかし，政府報告に監視役割を担う政策委員会を主語とする段落を入れる以上は，その段落の内容に介入はできないという相互不干渉の原則が侵され

ることはなかった。不十分な指摘は担当省庁との意見の不一致ないし衝突によるものではない。むしろぶつかるほどの指摘が出せないことのほうが問題であった。加えて，9条と21条の実施に対する政策委員会の指摘の弱さは障害者基本計画の実施の監視という所掌事務による制約による面も大きい。我が国の情報アクセシビリティ政策は障害者政策のほぼ空白地帯であり，米国やEUと比べてはっきり見劣りがする。そもそも我が国にはいまだ情報アクセシビリティを進めるための個別根拠法がない。しかし政策委員会の既定の所掌事務の範囲では，このことを公式に指摘し，改善を求めることは所掌事務を逸脱する。差別解消法のみなおしについての指摘がないのも同じ理由による。

III 締約国審査のためのパラレルレポートに向けて ――おわりにかえて

　権利条約権利委員会会議は春と夏におよそ4週間ずつジュネーブの国連欧州本部で開催される。会期は公開の会議と非公開の会議から成る。公開会議は国連のウェブテレビで視聴できる。また自国の審査は傍聴できる。審査対象国との建設的対話は公開で行われる。建設的対話には午後のセッション3時間と，翌日の午前のセッション3時間，合わせて6時間をかける。建設的対話の前に，審査対象国の障害者団体から自分たちの国の障害者施策にはどのような課題があるかを権利委員に訴える非公開の「ブリーフィング」の時間が1時間設けられており，それに総括所見の採択のために3時間かけるため，1国の審査にかける時間は合わせておよそ10時間となる。審査対象国の障害者団体からは審査の前に政府報告に対するパラレルレポートが提出されるが，どの国の障害者団体も審査の直前に直接生の声で訴えかけるブリーフィングを重視している。

　権利委員会は締約国審査に当たってすべての条文の実施状況に関心を持って審査するが，どの委員も最初に注目するのは条約の根幹部分の実施である。すなわち，権利条約に則した差別禁止法が整備され機能しているか（4条（一般的義務）），政策決定と政策実施の監視に障害当事者が十分参加できているか（4条（一般的義務），33条（国内における実施及び監視）），そして，物理的障壁，情報的障壁を解消するためのアクセシビリティ法の整備とアクセシビリティ政策の推進を行っているか（9条（施設及びサービス等の利用の容易さ）），自分が望む暮らし方を選べるための制度と実際の支援が提供されているか（19条（自

立した生活及び地域社会への包容))である。さらには，インクルーシブ教育を積極的に推進しているか（24条（教育）），障害者の働く権利を保障しているか（27条（労働及び雇用）），女性の複合的差別を解消するための施策を促進しているか（6条（障害のある女子）），代行決定から支援付き自己決定へと政策を転換しつつあるか（12条（法律の前にひとしく認められる権利）），司法手続きにおいて合理的配慮が提供されているか（13条（司法手続の利用の機会））にも質問が集中する。

　権利委員会による日本の第1回審査は2020年春の障害者権利委員会第23会期に行われる公算が大きい。すると，事前質問事項は2019年夏の第22会期で作成される。また日本の審査責任者（カントリーラポター）は2019年春の第21会期で決まる。審査責任者は，事前質問事項の原案作成と審査後に採択される総括所見の原案作成を担当する。審査責任者は立候補制なので，日本の審査に関心の高い委員が手を挙げる。なお委員は自国の審査には関与できない。委員は，審査責任者を担当することで，権利委員としての経験を深め，熟練していく。とはいえ，政府報告と事前質問事項への回答を読んで，政府との建設的対話を行うだけでは，権利条約に照らして，その国の障害者政策にどのような深刻な懸念があるのか，どのような改善を求める必要があるのかを，確信を持って判断するのは容易なことではない。どの国の制度も複雑であり，運用と制度には乖離があるからだ。

　そのため，権利委員会は，急所に刺さる総括所見を策定するために，審査対象国の市民社会に質の高いパラレルレポートを求めている。すなわち，条項ごとに，権利条約の国内実施における課題を端的に示し，具体的な改善方法を提案するレポートである。一般に，パラレルレポートは，多様な障害者団体が一堂に会して，作業チームを作り，そこでいっしょに議論し，合意しまとめたものほど信頼性が高い。パラレルレポートは，第22会期障害者権利委員会開催の2～3ヶ月前までに権利委員会（事務局の国連人権高等弁務官事務所）に送付することで，事前質問事項はいっそう的を射たものになる。さらに，審査を受ける締約国は，審査の前に事前質問事項への回答を障害者権利委員会に送付しなければならないが，市民社会も，事前質問事項へのパラレルレポートも提出できるとよい。また総括所見においては改善の動きを1年間継続的に注視する最重要課題を二つ示すことになっている。これをフォローアップと呼ぶ。団体間での合意は簡単ではないだろうが，パラレルレポートのなかで，フォロー

◇第2章◇　批准後の障害者政策〔石川　准〕

アップへの指定を求める課題をいくつかしぼりこむことができれば，また審査対象国との質疑応答（建設的対話）の前の市民社会からの説明（ブリーフィング）で念を押せば，総括所見に反映される可能性は有望である。権利委員会からの総括所見の政策への効果は，市民社会からのパラレルレポートとブリーフィングにかかっているといっても過言ではない。

第3章
障害者権利委員会
――報告制度――

長瀬　修

● ● ● 1　はじめに ● ● ●

　1948年に採択された世界人権宣言は2条1で「すべて人は，人種，皮膚の色，性，言語，宗教，政治上その他の意見，国民的若しくは社会的出身，財産，門地その他の地位又はこれに類するいかなる事由による差別をも受けることなく，この宣言に掲げるすべての権利と自由とを享有することができる」としたが，障害による差別を明確に禁じることはなかった[1]。障害者権利条約は，まさに障害に基づく差別を明示的に禁止する条約であり，1948年の世界人権宣言の欠落を埋めるために策定されたとも言える。

　障害者の人権を守り，障害者差別を禁じる国際条約が1987年と1989年に国連総会で提案されていたことを私が知ったのはうかつにも1990年に入ってからだった。同年5月にフィンランドで開催された，国連障害者の十年（1983年―1992年）の終結に関する専門家会議に出席したDPI（障害者インターナショナル）アジア太平洋ブロック議長の八代英太参議院議員に同行した際だった。愕然とした。そして1987年春から八代の議員秘書であると共にDPIアジア太

---

(1) 世界人権宣言の起草で中心的な役割を果たしたエレノア・ルーズベルトの夫だったフランクリン・デラノ・ルーズベルト（1933年から1945年まで米国大統領）はポリオにより車いすを使用していたが，その事実を米国民の目から隠していたことをギャラファーは明らかにしている。Gallagher, H. G., 1994, *FDR's Splendid Deception: The Moving Story of Roosevelt's Massive Disability-And the Intense Efforts to Conceal It from the Public*, Vandamere Press.

◆第Ⅰ部◆　総　論

平洋ブロック事務局員だったにもかかわらず，こうした極めて重要な国際的動向を把握できていなかった自分を深く恥じた[2]。圧倒的多数の国と同様に，日本政府も条約制定に反対の立場を表明していたのである[3]。今では想像しづらいが，インターネットが普及していない時代でリアルタイムの情報入手が難しかったことを割り引いても完全に後手に回っていた。その反省から，市民社会の立場から障害分野の国際的な政策の方向性を把握しようという思いを抱いた。そうした思いに基づいて起草段階から障害者権利条約の研究に取り組んできた。

　本稿では，その障害者権利条約の国際的モニタリングを担う中心的機関である障害者権利委員会の主要な機能の一つである報告制度の概要と，パラレルレポートなど障害者組織をはじめとする市民社会からの情報提供の役割を中心に記述する。2008年の締約国会議で選出された委員によって構成された障害者権利委員会は，2009年に第1会期を開き，2011年の第5会期に審査，総括所見の採択を開始し，2018年8月，9月に開催された第20会期終了時点で，75の締約国の初回報告の審査を行い，同数の総括所見を採択している[4]。

---

(2)　八代は障害分野の国際的動向と，障害者運動の国際的連帯を重視し，青年海外協力隊員としてのケニアでの活動を終えて帰国したばかりだった私に，2名しかない公費負担の秘書の枠の一つを与えていた。
(3)　UN（1987a）A/C.3/42/SR.18.
(4)　これまでの審査の歩みは本稿末尾の表1「建設的対話と総括所見」を参照。なお，早期に初回審査を受けた締約国を対象にすでに第2回目の報告の審査のサイクルが開始されているが取り上げない。初回審査との主な違いは，締約国は，負担の比較的少ない簡易報告手続き（Simplified reporting procedure）を選択できることである。実際に多くの締約国が選択している。この手続きでは，まず障害者権利委員会が事前質問事項を採択し，締約国による質問への回答が報告と見なされる。委員会は，2017年3月・4月の第17会期において，同手続きに同意したスペイン（初回審査は2011年，以下同），ハンガリー（2012年），ペルー（2012年），エルサルバドル（2013年）に対する事前質問事項を採択し2回目の審査のサイクルを開始している。2019年には，2回目の建設的対話と総括所見の採択も予定されている。なお，同手続きにもとづく事前質問事項は，List of Issues Prior to Reporting（LOIPR）と呼ばれている。

II 障害者権利委員会,締約国による報告,検討

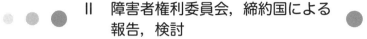

人権条約に含まれる国家報告制度において,総括所見が審査対象国に出されるようになったのは,東西冷戦後の1990年代初頭である。冷戦時代,国連の人権に関する議論は東西対立の枠組みから逃れることは難しかった[5]。審査対象国に初めて勧告(総括所見)[6]を出す決定をしたのは,1990年の社会権規約委員会であり,その後に他の委員会も追随した[7]。それ以前は委員と締約国との「建設的対話」後も「評価」を避けるために,個別の締約国への勧告は出されず,あくまで全締約国向けの「一般的意見」(general comment)が出されていた[8]。障害者権利条約の報告に関する規定は,そうした歴史的経緯の上に築かれている。

障害者権利条約に関する報告の審査(検討)を担う障害者権利委員会については,条約の34条に規定がある。同条3は,「委員会の委員は,個人の資格で職務を遂行するものとし,徳望が高く,かつ,この条約が対象とする分野において能力及び経験を認められた者とする。締約国は,委員の候補者を指名するに当たり,4条3の規定に十分な考慮を払うよう要請される」としている。4条3は,「締約国は,この条約を実施するための法令及び政策の作成及び実施において,並びに障害者に関する問題についての他の意思決定過程において,障害者(障害のある児童を含む。以下この3において同じ。)を代表する団体を通じ,障害者と緊密に協議し,及び障害者を積極的に関与させる」としている。これは,条約交渉中に強調された,障害者の参加を求める「Nothing about us without us」(私たち抜きに私たちのことを決めないで)が条文に反映されたもの

---

(5) 冷戦と米国内での公民権に関する取組の関係がDudziakにより明らかにされている。Mary L. Dudziak, *Cold War Civil Rights: Race and the Image of American Democracy* (Princeton University Press, 2000). なお「合理的配慮」の起源にも冷戦は影響している。長瀬修「合理的配慮——起源,展開,射程」障害学研究13号(2018年)94-107頁。

(6) 総括所見には法的拘束力はない。申惠丰『国際人権法(第2版)』(信山社,2016年),芹田健太郎・薬師寺公夫・坂元茂樹『国際人権法(第2版)』(信山社,2017年)。

(7) Jasper Krommendijk, *The Domestic Impact and Effectiveness of the Process of State Reporting under UN Human Rights Treaties in the Netherlands, New Zealand and Finland* (Intersentia, 2014).

(8) Ibid; 芹田ほか・前掲注(6).

である[9]。アーレーン・カンターは本条約における障害者の参加を「条約によって直接に影響を受ける人々[10]によって大部分が書かれた。国連史上，条約の対象となる者が起草過程でこれだけの主要な役割を果たすよう求められたことはかつてない」としている[11]。

同条4は，「委員会の委員については，締約国が，委員の配分が地理的に衡平に行われること，異なる文明形態及び主要な法体系が代表されること，男女が衡平に代表されること並びに障害のある専門家が参加することを考慮に入れて選出する」としていて，ここでも障害者である専門家の参加が強調されている。

そして，条約35条は締約国による報告について，以下のように規定している。

1　各締約国は，<u>この条約に基づく義務を履行するためにとった措置及びこれらの措置によりもたらされた進歩に関する包括的な報告を</u>，この条約が自国について効力を生じた後2年以内に国際連合事務総長を通じて委員会に提出する。（下線筆者）

2　その後，締約国は，少なくとも四年ごとに，更に委員会が要請するときはいつでも，その後の報告を提出する。

3　委員会は，報告の内容について適用される指針を決定する。

4　委員会に対して包括的な最初の報告を提出した締約国は，その後の報告においては，既に提供した情報を繰り返す必要はない。締約国は，委員会に対する報告を作成するに当たり，公開され，かつ，透明性のある過程において作成することを検討し，及び第4条3の規定に十分な考慮を払うよう要請される。

---

(9)　条約交渉の過程への障害者組織の参加に関しては次を参照。Maya Sabatello and Marianne Schulze, *Human Rights and Disability Advocacy* (University of Pennsylvania Press, 2014).

(10)　「直接に影響を受ける人々」原文は"people directly affected"であり，「当事者」と訳すことも可能だが，日本の障害分野の「当事者」の多義性（例えば，「障害者は障害をもっているだけで，障害当事者となるわけではない…その社会を変革していこうと決意したときに始めて当事者となる」とする中西正司『自立生活運動史』（現代書館，2014年）1頁）に鑑み，使いづらい用語である。

(11)　Arlene S. Kanter, *The Development of Disability Rights Under International Law: From Charity to Human Rights* (Routledge, 2015), pp. 8-9.

5 報告には，この条約に基づく義務の履行の程度に影響を及ぼす要因及び困難を記載することができる。

　まず，1は，締約国が条約実施のためにどのような政策を実施し，その政策実施によってどのような成果がもたらされたかに関する包括的な報告を求めている。端的に言えば，「条約実施のために〇〇を行い，ⅩⅩの効果があった」という形が報告の核心部分でなければならない。

　2は，4年毎の定期報告を求めているが，これは有名無実化しているのが実態である。審査を待つ初回報告が40本以上ある現状があり，第2回以降の国家報告の提出は複数回の統合報告として求められている[12]。例えば，2017年8月に採択された英国の総括所見は，2回・3回・4回報告を統合した次期報告を2023年7月までに提出を求めた[13]。

　3の「障害者権利条約締約国報告ガイドライン」に関して，委員会は，2009年に採択した同指針に加えて，特に2回目以降の審査に向けた新たな指針を2016年に策定している。これは，2011年に開始された審査の結果や，2015年に採択された，持続可能な開発目標（SDGs）を含む持続可能な開発のための2030アジェンダを反映させたものである。実際，初回報告に関する総括所見においても，SDGsへの言及はよく見られるようになっている。

　4においても，前述の障害者の参加を求める規定，4条3への言及があり，締約国が作成する報告作成過程への障害者の参加を求めている。

　同じく36条は報告の検討について次のように規定している。

　1　委員会は，各報告を検討する。委員会は，当該報告について，適当と認める提案及び一般的な性格を有する勧告を行うものとし，これらの提案及び一般的な性格を有する勧告を関係締約国に送付する。当該関係締約国は，委員会に対し，自国が選択する情報を提供することにより回答することができる。委員会は，この条約の実施に関連する追加の情報を当該関係締約国に要請することができる。

　2　いずれかの締約国による報告の提出が著しく遅延している場合には，委員会は，委員会にとって利用可能な信頼し得る情報を基礎として当該締約国に

---

[12] 現時点（2018年秋）における初回審査待機リストは本章末尾の表2「初回審査待機リスト」（2018年9月9日時点）を参照。

[13] Concluding observations on the Initial Report of the United Kingdom of Great Britain and Northern Ireland UN Doc. CRPD/C/GBR/CO/1, 3 October 2017.

おけるこの条約の実施状況を審査することが必要であることについて当該締約国に通報（当該通報には，関連する報告が当該通報の後三箇月以内に行われない場合には審査する旨を含む。）を行うことができる。委員会は，当該締約国がその審査に参加するよう要請する。当該締約国が関連する報告を提出することにより回答する場合には，1の規定を適用する。（3，4，5は略）

　2に基づいて，報告の提出が著しく遅れている場合でも，障害者権利委員会が通報を行った例はまだない。たとえば2018年2月初めまでの初回報告の提出数は110であり[14]，同時点での批准数の176から考えると，2年の締め切り以降，相当の時間が過ぎても初回報告未提出の締約国が3割以上あるのが現状である。こうした報告未提出の締約国の多さからは，「国際人権条約批准への強い圧力と，比較的少ない批准のコストのため，多くの政府は自国内の取り組みを条約の規定に適合させるという意欲も能力を欠いたまま批准する」という指摘も首肯せざるを得ない面がある[15]。

III 障害者権利委員会委員
―― 締約国会議での選挙，その構成・活動

　締約国の報告を検討，審査するのは，障害者権利委員会である。その委員会を構成する18名の委員の国籍は2018年夏現在で，サウジアラビア，ナイジェリア，タイ，チュニジア，ドイツ，日本，ケニア，韓国，デンマーク，ハンガリー，ニュージーランド，ウガンダ，コロンビア，モーリシャス，ロシア，リトアニア，セルビア，中国である。委員は委員会の期間だけ委員会が開催されるスイスのジュネーブに滞在する。居住地からジュネーブへの往復航空券（ビジネスクラス）とジュネーブでの滞在費は国連から支給される。他の人権条約体と同様に委員は無給であり，障害者権利委員会の場合，その職業は障害者組織職員や大学教員が多い。なお委員会事務局は，国連人権高等弁務官事務所（OHCHR）が務めている。

---

(14) Press Release "Committee on the Rights of Persons with Disabilities opens nineteenth session in Geneva," 14 February 2018.

(15) Emilie M. Hafner-Burton and Kiyoteru Tsutsui, "Human Rights in a Globalizing World: the Paradox of Empty Promises" (2005) 110 (5) *American Journal of Sociology*, p. 1402.

◇第3章◇ 障害者権利委員会――報告制度〔長瀬 修〕

　その委員の選挙は障害者権利条約締約国会議において隔年で行われる。障害者権利条約の特徴の一つにこの締約国会議の役割の大きさがある。「締約国は，この条約の実施に関する事項を検討するため，定期的に締約国会議を開催する」（40条）と規定され，おおむね毎年6月に3日間，ニューヨークの国連本部で開催される締約国会議は条約実施に関する新たな課題をテーマとして取り上げてきている。たとえば2017年6月の第10回会期においては，条約実施の第2の10年と障害者組織の完全参加をメインテーマとし，サブテーマとして複合差別や，持続可能な開発目標（SDGs），人道援助，インクルーシブな都市開発を取り上げた。

　偶数年の締約国会議での選挙では，日本の参議院選挙のように毎回半数の委員が改選される。任期は4年間であり，再選は一度だけ可能である。2016年の同会議第9会期の選挙においては9名の枠に18名が立候補した。本書で総論第2章（批准後の障害者政策）を担当している石川准が日本人として初めて，同委員会委員に選出されたこの選挙では知的障害者（ニュージーランドのロバート・マーティン[16]）と手話言語を話すろう者（ロシアのヴァレリー・ニキッチ・ルクレデフ）が当選したことで，委員の障害の多様性が増したことは評価できる。圧倒的に障害者である専門家が多い障害者権利委員会だが，障害の多様性は限られてきた。2018年夏現在，最も多いのは視覚障害の委員であり，7名である。精神障害の委員は過去に複数いたが，現在は不在である。また，同年に選出された委員全員が男性であり，女性の委員は非改選のテレジア・デゲナー（ドイツ：2018年12月末まで委員長）1名しかいなくなってしまったことは衝撃的だった。委員会は，ジェンダーバランスの問題と委員の地域的偏り（「ラテンアメリカ・カリブ海」グループが1名と少ない）についての声明（ステートメント）を2017年4月に表明している[17]。

　委員の多様性とも関連するのがこの委員会の合理的配慮の確保とアクセシビ

---

(16) マーティンに関しては次を参照。John McRae, *Becoming a Person: The Biograhy of Robert Martin*（Craig Potton Publishing, 2014）＝古畑正孝訳『世界を変える知的障害者：ロバート・マーティンの軌跡』（現代書館，2016年）。

(17) CRPD Committee（2017）"Achieving gender balance and equitable geographical representation in the elections of members of the Committee", at http://www.ohchr.org/EN/NewsEvents/Pages/DisplayNews.aspx?NewsID=22244&LangID=E（as of 9 September 2018）.

リティの整備である。委員会では、国際手話と英語の筆記（captioning）が提供されて来たが、初めて知的障害者の委員が選出されて以来、分かりやすい情報提供に関する取り組みが開始されている。例えば、一般的意見4（インクルーシブ教育の権利）についてはイラストを含むEasyread（読みやすい）版と簡単な英語（Plain English）版が作成された。一般的意見5（自立生活の権利）の策定過程では、イラストを含むEasyread版の草案が準備された[18]。

関連して思い起こすのは委員会が最初に開かれた2009年時点当初、事務局である国連人権高等弁務官事務所があるパレ・ウィルソンという建物にアクセシビリティの問題があったため、国際連盟以来の由緒あるパレ・デ・ナシオンにおいて委員会が開催されていたことである。バリアフリー工事の後で、委員会はようやくパレ・ウィルソンで開催されることとなった。現在は、パレ・ウィルソンの会議室の収容能力が低いため、パレ・デ・ナシオンで委員会は開催されている。障害者権利委員会では、障害者である委員のニーズに対応するため、合理的配慮の提供やアクセシビリティ整備が進んできた。これは実際に委員会を機能させるために不可欠である。さらにこうした取り組みを、障害者権利委員会を超えて、国連全体に広げるのが課題である。

委員の選挙は私見では「根本的な矛盾」[19]を抱えている。2015年末から2016年の締約国会議まで石川の選挙活動のため、国連本部に4度同行して痛感したのは、自国の候補者のために締約国がどれだけ資源を投入するのかに当落は大きく影響されていることである。各国政府の投票行動は相互の票の貸し借りから自由ではなく、委員の専門性は二の次にされかねない危険性が常にある。「締約国により指名、選挙される非常勤でほぼ無報酬の委員から構成されており、その専門性や独立性において必ずしも保証されているわけではない」[20]という指摘のとおりである。そうであればこそ、各締約国の障害者組織

---

(18) 障害者権利委員会の一般的意見については、手続規則（rules of procedure）が「委員会は、条約の諸条項および諸規定に基づき、条約のさらなる実施の促進と、締約国による報告義務の履行を援助することを目的として、一般的意見を作成することができる」と規定している（第47段落）、at http://www.dinf.ne.jp/doc/japanese/rights/rightafter/G1349672jp.html（as of 9 September 2018）。障害者権利委員会がこれまでに採択した一般的意見については、本稿末尾の表3「一般的意見」を参照。

(19) 長瀬修「障害者権利条約第9回締約国会議──障害者権利委員会委員選挙2016」ノーマライゼーション422号（2016年）45-47頁。

(20) 阿部浩己・今井直・藤本俊明『国際人権法（第3版）』（日本評論社、2009年）128頁。

をはじめとする市民社会が，委員として活躍できる多様な専門家をそもそも候補者としてどれだけ送り出せるかが鍵となる。

ジェンダーについていえば，例えば2016年の選挙の際には，18名の候補者のうち女性はわずか3名に過ぎなかった。2018年の締約国会議の選挙では9名の当選者のうち，6名が女性となり，2019年からの委員会のジェンダーバランスは，女性6名，男性12名となり，一定程度ながら改善されたことは心強い。

日本についても，将来的に女性委員を送り出して，条約の国際的実施に貢献を継続できるかが課題である。その意味で，石川が委員としての活動について様々な形で積極的に発信を行っているのは後進のためにも貴重である[21]。

IV　審査の仕組み

1　締約国による報告

審査は，締約国による報告の提出をもって開始される。委員会は，2009年に「障害者権利条約締約国報告ガイドライン」（CRPD/C/2/3：以下，報告ガイドライン）を策定，公表している[22]。

この報告ガイドラインは，「締約国は，報告の準備過程を含めた報告過程を，国際的な義務の順守を確保する手段としてだけでなく，より効果的な政策立案と条約実施を目的とした，自国の管轄区域内における人権保護の現状を評価する機会としても見なさなければならない」とし，「したがって，報告の準備過

---

(21) 「国連障害者権利委員会レポート：日本人初のCRPD委員石川准さんに聞くpart1」視覚障害No. 351（2017年）9-18頁；「国連障害者権利委員会レポート：日本人初のCRPD委員石川准さんに聞くpart2」視覚障害No. 352（2017年）9-18頁；「国連障害者権利委員会レポート：日本人初のCRPD委員石川准さんに聞くpart3」視覚障害No. 353（2017年）9-18頁；石川准「CRPD第18会期だよりVol. 1」, at http://ir.u-shizuoka-ken.ac.jp/ishikawa/2017/08/23/news20170823/ (as of 9 September 2018)；同「CRPD第18会期だよりVol. 2」, at http://ir.u-shizuoka-ken.ac.jp/ishikawa/wp-content/uploads/2017/09/CRPD18News02_JunIshikawa.pdf (as of 9 September 2018).

(22) www.dinf.ne.jp/doc/japanese/rights/rightafter/G0946379jp.html (as of 9 September 2018).

程において，各締約国には以下の機会がもたらされる」として次の4つを掲げている[23]。

(a) 国内の法律と政策を，締約国が加盟している関連のある国際人権条約の規定と調和させるためにとられてきた措置を，総合的に見直す機会。

(b) 人権全般の促進に照らして，各条約に定められている権利について，その享有促進の進捗状況を監視する機会。

(c) 各条約の実施に向けた取り組みについて，その問題点と欠陥を明らかにする機会。

(d) これらの目標を達成するための適切な政策を計画し，開発する機会。

ここで述べられているように報告過程，ひいては検討，審査を「機会」すなわちチャンスとして締約国がいかに活用できるかが鍵となる。

同ガイドラインは，報告を①報告する締約国の地理や人口など，人権条約全般に共通する情報を記述するコア・ドキュメント（common core document）と②その条約に関する文書の2部で構成することを求めている。日本の最新のコア・ドキュメント（HRI/CORE/JPN/2012）は2012年に作成されている[24]。通常，政府報告や国家報告と呼ばれるのは，条約の実施状況に関する報告である後者の部分である。

なお，こうしたガイドラインにもかかわらず，コア・ドキュメントに記載されている情報を冒頭で繰り返す締約国もある。初回報告のページ数の制限は60頁であり，あまり一般的な情報でページを費やすと実質的な条約実施に関する情報が少なくなってしまうという問題がある。

2　事前質問事項（List of Issues）と回答　● ● ●

委員会は，建設的対話を含む審査を行う前の会期の前後に開催される事前作業部会において事前質問事項（List of Issues）を採択する[25]。つまり，審査の

---

[23] 国際人権条約の報告制度全般に関して，①初期評価機能，②監視機能，③政策策定機能，④公的精査機能，⑤（定期的）評価機能，⑥課題承認機能，⑦情報交換機能の7つが指摘されている。United Nations, *Manual on Human Rights Reporting under Six Major International Human Rights Treaties* (United Nations, 1997); 申・前掲注(6)。

[24] Common Core Document Forming Part of the Reports of States parties Japan, at http://tbinternet.ohchr.org/_layouts/treatybodyexternal/Download.aspx?symbolno=HRI%2fCORE%2fJPN%2f2012&Lang=en (as of 9 September 2018).

[25] 一部の事前質問事項は会期内に採択される。たとえば，2018年8・9月の第20会期ではイラクの事前質問事項が採択された。

◇第3章◇ 障害者権利委員会──報告制度〔長瀬 修〕

おおむね半年ほど前に採択される。

　事前質問事項は質問リストの形をとっているが，委員会の問題意識を，"Issues"すなわち重要な課題のリストとして提示する役割も大きい。勧告である総括所見に向けて，委員会としての問題意識を建設的対話の前に締約国に予告する意味合いもある。

　この事前質問事項の作成の中心的役割を果たすのが，国別報告者（country rapporteur）を務める委員である。国別報告者は，通常，同じ地域の委員が務める。たとえばアジアの国の審査の場合は，アジアの委員が務める場合が多い。また，言語圏も考慮される。たとえばスペイン語圏の国の場合，スペイン語ができる委員が務めるのが通例である[26]。なお委員会の規定により，各委員は，自国の審査には，一切関与しない[27]。

　事前質問事項は，おおむね5ページ前後で，質問のない条文もある。以下，参考までに，平等及び無差別（5条）に関する韓国の初回審査に向けた事前質問事項を紹介する[28]。

- 4．国家及び地方レベルで，障害者に対する差別的行動，政策，法律を改善し，なくすために取られた方法に関する情報を提示してください。障害者の多様性を考慮した事実上の平等を達成するために取られた積極的な行動について言及してください。
- 5．反差別及び障害者のための救済法の実施についての情報，また，すべての障害種別に対して同等かつ効果的な法的保護が行われたかを保証する方法についての情報を提示してください。
- 6．母子保健法及びその施行令の実施について，「女性又はその配偶者が，胎児に

---

(26) 2017年の台湾を統治する中華民国政府の独自の審査に従事した際に，審査対象国の言語の理解の重要性を感じる機会があった。同政府は，国家報告において「優生保健法」を英語では，"Genetic Health Act"すなわち「遺伝保健法」と訳していた。この訳の不適切さを私が指摘することができたのは，漢字の知識があったからである。

(27) Working Methods of the Committee on the Rights of Persons with Disabilities Adopted at its Fifth Session (11-15 April 2011), at https://tbinternet.ohchr.org/_layouts/treatybodyexternal/Download.aspx?symbolno=CRPD/C/5/4&Lang=en (as of 9 September 2018).

(28) 内閣府「平成26年度障害者の権利に関する条約の包括的な最初の報告の検討プロセスに関する国際調査報告書参考資料4-1　韓国の包括的な最初の報告に関する事前質問事項（部分訳）」，at http://www8.cao.go.jp/shougai/suishin/tyosa/h26kokusai/shiryo_04_01.html (as of 9 September 2018).

高い確率で影響を与える遺伝的障害がある」場合の人工中絶の減少に関する追加的な情報を提示してください。

3 事前質問事項への回答 ● ● ●

政府は委員会が採択した事前質問事項への回答を30ページ以内で，3か月以内に提出するように求められる。現在，報告の提出から審査まで，おおむね4年の待機時間がある。例えば，2018年2月に審査を受けたハイチの初回報告は2014年3月に提出されている。2016年6月に提出された日本の初回報告の審査は2020年が予想されている。こうした4年という長い時間の間には当然，様々な動きや政策変更がありうる。そうした動向を含め，多岐にわたる質問への回答を3か月でまとめて準備するのは，たとえば日本のように，事前質問事項の翻訳，そして回答の翻訳が必要な国の場合，時間的にも厳しい。

事前質問事項への回答を受領した委員会は国別報告者が中心となって，建設的対話の準備と総括所見の起草作業をさらに進める。

4 建設的対話 ● ● ●

障害者権利委員会はジュネーブにおいて締約国と建設的対話（対面審査）を行い，その後，総括所見と呼ばれる勧告を公表する。この6時間の建設的対話は審査過程における唯一の公開での質疑応答（国連テレビでライブ中継されるほか，後日見ることも可能）であるため，審査のハイライトの一つである。反面，報告の提出によって開始されたおおむね4年間の長い審査過程全体を見ると，非常に重要ではあるが，あくまで一つのコンポーネントに過ぎないことも明らかである。

障害者権利委員会の場合，現在はおおむね7か国との建設的対話を一つの会期で行っている（章末表1参照）。そして一つの締約国の対話には6時間が費やされる。国連の会議は，午前10時から午後1時までと午後3時から6時までの2部に分けて通常，開催され，障害者権利委員会の場合，対話は，午後3時から開始され，翌日の午後1時まで，2日間にわたって行われる。

建設的対話においては，議長を務める委員長もしくは副委員長がまず開会を宣言し，次に審査対象国の代表団団長が冒頭発言を20分程度行う。団長は本国から派遣された閣僚の場合もある。代表団の規模は国によってマチマチである。その後，審査で中心的役割を果たす国別報告者が10分程度，審査の重点課題について発言を行う。オープニングでは国内人権機関や，33条に基づく

◇第3章◇ 障害者権利委員会——報告制度〔長瀬　修〕

独立した監視の仕組み（枠組み）が発言を行う場合がある。日本の場合は，国内人権機関がないため，独立した監視の仕組みとして指定されている障害者政策委員会がここで独自の発言を行うことが期待される[29]。

33条までの審査は三つの部分に分けて行われている。各部分はクラスター（cluster）と呼ばれている。第1クラスターは，1条から10条までである。委員は，この10カ条について，自由に質問を行う。質問を希望する委員は多く，一つのクラスターで数十の質問が出されるのが通例である[30]。代表団はその質問を書き留め，クラスターの質問が全部終了した後に設けられる休憩時間（20分程度）中に誰がどの質問に答えるのか，割り振りを行う。そして，再開後に順次，回答を行う。すぐに答えられない場合，翌日に口頭で回答するか，さらに間に合わない場合には，数日以内に書面で回答を求められる場合もある。

政府回答終了後，委員は6時まで，第2クラスターの11条から20条までに関する質問を行う。なお，国連の会議では，職員，特に通訳者の勤務時間の関係で時間管理が厳格である。時間が少しでも延びる場合，議長は，特に通訳者に事前に了解を求めると共に，終了時に謝罪し，謝意を表明するのが通例である。

二日目は，まず冒頭で，第2クラスターに関する質問へ政府が回答を行う。その後，続けて第3クラスター（21条から33条まで）に関する質問を行う。初日の第1クラスターと同様，20分程度の休憩後に，政府が回答を行う。終了直前に，団長が総括の発言，国別報告者がまとめの発言，議長が謝意の表明をそれぞれ行い，建設的対話は終了する。

---

[29] 内閣府による調査は「我が国が今後，包括的な最初の報告の作成とその検討プロセスに臨む際に留意すべき点として，以下が挙げられる」として，「独立した仕組みである障害者政策委員会が国連障害者権利委員会から信頼を得られるよう，独立性を重視した運営を行う」ことを挙げている。内閣府「平成26年度障害者の権利に関する条約の包括的な最初の報告の検討プロセスに関する国際調査報告書（要約版）」, at http://www8.cao.go.jp/shougai/suishin/tyosa/h26kokusai/outline.html (as of 9 September 2018).

[30] 第20会期（2018年8月20日—9月21日）において委員会は新たな方針を導入した。質問が多すぎて，対話となっていないという批判に応えるためである。この方針では，委員は事前にどのクラスターで質問をするかを申告し，準備を行い，審査においては原則として，割り当てられた一つのクラスターだけで質問を行う。希望に応じて事前に指名された委員以外は，時間に余裕がある場合に質問が許可されるという方式である。

◆第Ⅰ部◆　総　論

　この構成では，第2クラスターの部分についてだけは，政府は初日の夕方と，二日目の朝に本国とのやり取りを含め，回答準備のための時間が取れるため，比較的余裕がある。第1クラスターと第3クラスターについては，20分程度の休憩時間内に，質問を整理し，回答を準備する必要があり，時間的な制約は大きい。

　以下，建設的対話の標準的なタイムラインを示す。

「建設的対話のタイムライン」

日程	内容
初日午後（3時—6時）	オープニング：委員長，団長，国別報告者
	第1クラスター（1条—10条）質問
	第1クラスター政府回答
	休憩
	第2クラスター（11条—20条）政府回答
二日目午前（10時—13時）	第2クラスター政府回答
	第3クラスター（21条—33条）質問
	休憩
	第3クラスター政府回答
	クロージング：団長，国別報告者，委員長

　建設的対話の終了後，国別報告者はすでに起草されている総括所見案の最終的修正作業を行い，会期中のクローズドのセッションで，総括所見最終案を他の委員に提案し，採択が行われる。

5　総括所見（最終見解）●●●

　審査の成果として策定される総括所見（Concluding Observations:最終見解とも呼ばれる）は審査のあった会期の最終日に公表される。

　総括所見の，構成はⅠ．序（イントロダクション），Ⅱ．積極的側面，Ⅲ．主要な懸念と勧告事項，Ⅳ．フォローアップである。まず，審査の経緯を簡潔にⅠで記述し，Ⅱで締約国が行った条約実施の肯定的な面に触れる。分量が一番多いのは，Ⅲの懸念と勧告に関する部分で，1条から33条まで基本的に逐条で行う。例外は特に密接に関連している1条から4条までで，この部分は一括

りで懸念事項と勧告が記述される。

　基本的に，懸念と勧告は対の構成となっている。実例として，2012年の中国の初回審査で出された総括所見（CRPD/C/CHN/CO/1）を以下に紹介する。

教育（24条）
35. 委員会は，特別学校数が多いこと及び締約国が特別学校を積極的に発展させていることを懸念する。委員会は現実には特定の機能障害（肢体不自由及び軽度の視覚障害）のある子どもしか普通学校に通うことができず，他のすべての障害の子どもたちは特別学校に就学するか，脱落するかしかないことを憂慮する。
36. 委員会は，インクルージョンが条約の鍵となる概念であり，教育の分野においてはとりわけ遵守されるべきであることを再度，締約国が想起するように求める。これに関連して，委員会はより多くの障害のある子どもが普通学校へ通えることを確保するために，締約国が資源を特別教育システムから普通学校でのインクルーシブ教育促進へと再配分するよう勧告する[31]。

　このように，課題となっている事項を懸念として記述する段落がまずあり，その次の段落で，その懸念への対処を勧告するというスタイルである。なお，2回目以降の審査においては，1回目の総括所見の実施状況がまず中心的課題となることから，実施状況の把握が具体的にできるような勧告内容が望ましい。あまり漠然とした勧告では，検証が難しいためである。

　Ⅳのフォローアップでは，委員会が特に緊急で重要であると見なす事項について，1年以内に書面で報告を求めると共に，2回目以降の報告の提出締め切りを明示する。

　総括所見全体の実例は，障害者権利委員会のウェブサイトに掲載されているものの他，本書で掲載している中国と香港，韓国の総括所見を参考にしてほしい[32]。総括所見の長さは10頁に満たないものがあれば，15頁を越すものもある。近年，長くなる傾向である[33]。

---

(31)　中国の第1回報告に関する総括所見，長瀬修訳，at http://www.dinf.ne.jp/doc/japanese/rights/rightafter/CRPD-C-CHN-CO-1_jp.html（as of 9 September 2018）。
(32)　日本障害協議会（JD）がパラレルレポートや総括所見の翻訳を進めていて，参考になる。「障害者権利条約のパラレルレポート JD 草案と主な国々のパラレポ・総括所見《JD 仮訳》」，at http://www.jdnet.gr.jp/report/17_02/170215.html（as of 9 September 2018）.
(33)　2017年末までに出された OECD（経済協力開発機構）加盟20か国に対する総括所見を佐藤久夫が分析している。「OECD 諸国に出された20の総括所見から」ノーマライ

こうした総括所見には法的拘束力はないが(34)，総括所見や一般的意見などの「条約解釈は，条約の国際的実施措置の運用を委ねられた条約機関がその任務の遂行に伴って示した法解釈として，相応の権威をもつ」とされている(35)。

①報告の提出，②事前質問事項への回答，③委員会との建設的対話という3つのステップを経て採択された総括所見を条約の実施のために活用し，自国の障害政策向上に利用することは，締約国の特権である。

V　市民社会からの情報提供

障害者権利条約は人権条約の中でも国内監視に関する33条を持つことでユニークだとされる(36)。本条約は国内監視に関して障害者組織をはじめとする市民社会の関与と参加を33条3において次のように明確に規定している。

「市民社会（特に，障害者及び障害者を代表する団体）は，監視の過程に十分に関与し，かつ，参加する」(37)

障害者の参加を求める4条3と，この33条3に基づいて，条約の各審査過程において市民社会と障害者組織の参加が可能であり，また，求められている。

以下，市民社会と障害者組織の参加という切り口から審査のそれぞれの過程における参加の形態をたどる。なお，初回審査に関しては，市民社会を含む各アクターがどのように影響を与えたかの詳細な分析が内閣府による調査によって行われている。韓国，スウェーデン，スペイン，オーストラリア，ニュージーランドの5か国である(38)。

ゼーション438号（2018年）26-29頁。なお，障害者権利条約の策定や実施についても貴重な情報を提供してきた同誌（公益財団法人日本障害者リハビリテーション協会刊行）が2018年3月号をもって休刊しているのは，その果たしてきた役割の大きさに鑑みて非常に残念である。一刻も早い復刊を望む。

(34)　申・前掲注(6)，芹田ほか・前掲注(6)。
(35)　申・前掲注(6) 567頁。
(36)　European Commission, *Training on the Inclusion of Persons with Disabilities in EU Development Cooperation* (2012).
(37)　障害者の参加全般に関しては，本書第16章の尾上論文を参照していただきたい。
(38)　内閣府「平成26年度障害者の権利に関する条約の包括的な最初の報告の検討プロセスに関する国際調査報告書」，at http://www8.cao.go.jp/shougai/suishin/tyosa/

◇第3章◇ 障害者権利委員会──報告制度〔長瀬　修〕

① 国家報告の作成への関与

報告ガイドラインは「市民社会，特に，障害のある人および障害のある人を代表する団体（ジェンダーの視点を含む）の，監視の過程と報告の準備への参加を得るためにとられた措置」に関する報告を求めていることに示されるように，障害者組織をはじめとする市民社会の関与が国家報告の作成でまず求められている。

ここで注意が必要なのは，市民社会の参加の形態である。国家報告はあくまで国家の報告であり，市民社会が国家報告の起草自体に携わることは望ましくない。国家報告起草過程においては，あくまで助言やコメントを出したり，協議する役割が求められている[39]。権威主義的な国家の場合，のちに自由な立場でパラレルレポートを提出するフリーハンドを確保しておくために，国家報告起草過程でのコメント提出すら控える障害者組織もある。

なお障害者組織を委員会は，①障害者が構成員の半数以上であり，②障害者が主導している組織であると，「障害者権利委員会の活動への障害者組織と市民社会の参加に関するガイドライン」（以下，「参加ガイドライン」）において定義している[40]。

② パラレルレポート（第1回）の作成

参加ガイドラインは市民社会組織と障害者組織からの書面による情報提供のタイミングをまず「(a)締約国が報告を提出する前または後，「(b)事前質問事項の採択の前」としている[41]。

---

　　h26kokusai/index-w.html（as of 9 September 2018）。

[39]　International Disability Alliance, *Guidance Document: Effective Use of International Human Rights Monitoring Mechanisms to Protect the Rights of Persons with Disabilities* (2010), at http://www.internationaldisabilityalliance.org/resources/guidance-document-parallel-reporting（as of 9 September 2018）.

[40]　CRPD Committee, *Guidelines on the Participation of Disabled Persons Organizations (DPOs) and Civil Society Organizations in the work of the Committee* (2014) ＝「障害者権利委員会の活動への障害者団体（DPO）および市民社会団体の参加に関するガイドライン」JDF仮訳, at www.dinf.ne.jp/doc/japanese/rights/rightafter/guidelines-dpo-cso.html（as of 9 September 2018）。

[41]　OHCHRの障害者権利委員会ウェブサイトでは，市民社会からの情報のうち，事前質問事項の採択前に提出されたものは，(for LOIs)として，掲載されている。事前質問事項採択後の情報は（for the session）として掲載されている。

◆第Ⅰ部◆　総　論

　委員会の審査に大きな影響を及ぼす，パラレルレポートもしくはシャドーレポートと呼ばれる情報提供は，国家報告の提出後になされることが多い。それは国家報告の提出が行われて初めて，委員会の審査過程が始まるからである。

　例外的に報告が未提出の締約国に先駆けて独自の報告を提出することで市民社会，障害者組織側がプレッシャーをかける場合も確かにある。たとえば，国連において障害問題で多くのリーダーシップをとってきたフィリピンは2008年4月に批准（5月発効）を行い，約5年半後の2014年11月に初回報告の提出を行っている。その間，政府による報告提出前の2013年12月にフィリピンの障害者組織と非政府組織の連合体である障害者権利条約連合は独自のパラレルレポートを公表している(42)。

　パラレルレポートをはじめとする市民社会からの情報提供は現在の報告制度にとって不可欠な役割を果たしている。ニュージーランドの初回報告のように弱点を含めた誠実，率直な自国の政策分析が例外的である現状において，障害者組織をはじめとする市民社会からの情報を含む代替的な報告は，締約国の障害者の実情を把握するために不可欠であると言って過言でないだろう。

　人権条約の報告制度において市民社会からの情報提供（パラレルレポートと口頭でのブリーフィング）が公式化されたのは冷戦終結後の1990年代初頭の社会権規約委員会においてであった(43)。そのことを思うと，現在の障害者権利条約の審査においてパラレルレポートが果たしている非常に大きな役割には隔世の感がある。

　パラレルレポートの要素としては，①条約を実施する上での主な課題の提示，②課題毎に関する質問（事前質問事項案），③課題ごとの解決を提示する勧告（総括所見案）がありうる。私は2017年に台湾を統治する中華民国政府の国連システム外の独自の審査に国際審査委員長として携わる機会を得た(44)。事前

---

(42) Philippines Coalition on the CRPD, 2013, Parallel Report 2013, at http://crpdparallelreport.net.ph/wp-content/uploads/2015/01/2013-CRPD-Parallel-Rept-of-Phil-Coalition.pdf (as of 9 September 2018).

(43) Walter Kalin,"Examination of State Reports,"in Helen Keller and Geir Ulfstein (eds.), UN Human Rights Treaty Bodies: Law and Legitimacy (Cambridge University Press, 2012), pp. 16-72.

(44) 長瀬修「台湾（中華民国）の障害者権利条約審査」福祉労働155号（2017年）100-101頁；同「台湾の障害者権利条約審査－パラレルレポートとワークショップ」福祉労働156号（2017年）108-109頁；同「台湾の建設的対話と総括所見　障害者権利条

◇第3章◇　障害者権利委員会——報告制度〔長瀬　修〕

質問事項を作成し，建設的対話を経て総括所見を公表する立場で感じたのは，事前質問事項は，新たな課題を発見するというよりは，国家報告の分析や，市民社会からの情報提供ですでに把握されている条約実施上の政策課題を確認し，総括所見が的外れにならないようにするための役割が大きいことだった。

③　事前質問事項採択前のブリーフィング

事前質問事項の採択前に，当該締約国の障害者組織を含む市民社会は，口頭でのブリーフィングを質疑応答を含めおおむね1時間から1時間半程度行うことが可能である。すでに事前質問事項採択に向けての情報提供として，パラレルレポートが提出されている場合，その中でも特に重要な事項を強調することが必要である。なお，これはプライベートミーティングであり，審査対象国の政府関係者は出席，傍聴共に不可である。市民社会として自由な発言空間を確保するためである。パラレルレポートの提出やジュネーブでのブリーフィングやロビーイングをすることによって政府から報復行為を受ける政治的リスクがある国もあるからである[45]。

審査の流れに位置付けてみよう。たとえば，第20会期（2018年8月27日—9月21日）にて審査対象7か国（アルジェリア，ブルガリア，マルタ，フィリピン，ポーランド，南アフリカ，マケドニア旧ユーゴスラビア共和国）の事前質問事項は，第19会期（2018年2月14日–3月9日）直前に開催された第9回事前作業部会（pre-sessional Working Group）において採択されている。ただ，ブルガリアだけは例外で，一つ前の第8回事前作業部会（2017年9月）において採択されている。1時間半のアルジェリアを例外として，各国のブリーフィング時間は1時間で設定されている[46]。そのため市民社会は，短くて1時間，長

約」福祉労働157号（2017年）110-111頁，同「障害者権利条約中華民国（台湾）初回報告総括所見（上）」福祉労働158号（2017年）142-149頁；同「障害者権利条約中華民国（台湾）初回報告総括所見（中）」福祉労働159号（2018年）154-160頁．

(45)　人権活動に対する報復行為に関する国連総会決議がある。36/21. Cooperation with the United Nations, its Representatives and Mechanisms in the Field of Human Rights (6 October 2017).

(46)　CRPD Committee, 2018, Informative Note on the Participation of Stakeholders in the Nineteenth Session (14 February p.m. – 9 March p.m., 2018) and Ninth Pre-sessional Working Group (12 March a.m. – 16 March p.m., 2018) ,at https://tbinternet.ohchr.org/_layouts/treatybodyexternal/SessionDetails1. aspx? SessionID=1204&Lang=en (as of 9 September 2018).

くて1時間半のブリーフィングに向けて準備を行う必要がある。ブリーフィングは①市民社会からのステートメント，②委員からの質問，③市民社会からの回答の三部で通常，構成される。

　ブリーフィングのために実際にジュネーブに足を運ぶことが難しい場合には，ネット中継によるブリーフィングも可能であるが，国別報告者や他の委員にロビーイングができるので，経費がかかるものの，ジュネーブに人を送る価値はある。

　事前作業部会に出席するのは，委員全員ではなく，当該締約国の審査に中心的役割を果たす国別報告者のみである。たとえば第9回事前作業部会は，アルジェリア，キューバ，マルタ，フィリピン，ポーランド，南アフリカ，マケドニア旧ユーゴスラビア共和国の事前質問事項の採択を行ったので，出席したのは，この7か国の国別報告者を務める委員だけだった。

　なお，国別報告者名が公表されるのは，事前質問事項の採択が行われる会期においてである。つまり，審査の前の会期においてである。しかし，事前質問事項の中心的役割を果たす国別報告者は実際には，少なくとも，審査予定会期の2会期前，すなわち1年前には決定されている。事前質問事項の起草作業をその時点で開始する必要があるためである。したがって，市民社会もその時点で，パラレルレポートの第1弾（for LOIs）が完成していることが望ましい。

　④　事前質問事項への回答（第2回パラレルレポート）[47]

　報告ガイドラインが「(c)締約国が事前質問事項に対する回答を提出した後で，建設的対話の前」としている部分である。締約国は，委員会の手続規則（rules of procedure）によって「簡潔で明確な」回答を30ページ以内で提出するように要請されている。事前質問事項が委員会によって採択，公表された後，市民社会の関心は全面的に総括所見に移る。

　障害者組織をはじめとする市民社会は，事前質問事項の分析を短期間に行い，事前質問事項への回答という形で総括所見案を提出する必要がある。実質的な時間は半年もなく，その短期間に市民社会として，意見をまとめ，日本の場合のように翻訳作業を終えるのは容易ではない。事前質問事項自体を市民社会側が翻訳しなければならない場合もある。

　なお，総括所見は事前質問事項に盛り込まれていない事項に関して触れてい

---

[47] 国連のサイトでは，事前質問事項策定前に提出されるレポートは Info from Civil Society Organizations (for LOIs) として示され，総括所見採択が行われる会期向けのレポートは，Info from Civil Society Organizations (for sessions) として掲載されている。

る例が多くあり，第2回パラレルレポートが事前質問事項だけに対応する必要はない。条約に則った政策実現のために必要な事項は，第2回パラレルレポートに引きつづき掲載することもできる。

　審査の中心的役割を果たす委員である国別報告者に対して，その独立性と中立性に留意しながら，この時期に市民社会が独自の説明の機会を設けることを含め情報提供を綿密に丁寧に行うことは重要である。他国の制度を理解し，適切な勧告を行うことは，専門家にとっても容易な作業ではないからである。審査対象国の市民社会が国別報告者を自国に招聘したり，国際会議の機会をとらえたりして，意見交換の機会を設ける例もある。

　ただ，委員の「独立性と中立性」にも留意する必要がある。障害者権利委員会の手続規則にも盛り込まれている「人権条約機関の委員の独立性及び中立性に関するガイドライン（アディスアベバ・ガイドライン）A/67/222 付録Ⅰ」は主に，政府からの独立性と中立性を課題としているが，市民社会からの情報提供への過剰な依存も指摘されている。障害者権利委員会を含む条約機関が「反政府的なバイアス」を持っていると見なされることは，条約機関そしてそれが策定する総括所見の有用性を低めてしまい，結果として条約の実施に否定的影響をもたらしかねないという指摘である[48]。

　またOHCHRによる委員のハンドブックは，委員が審査対象国を事前に訪問する場合には，記者会見等，メディアへの露出を避け，審査結果の内容を先取りしてしまうことがないように求めている[49]。

⑤　建設的対話前のブリーフィング

　市民社会にとって2回目の機会となる，このブリーフィング（プライベートミーティング）はおおむね1時間から1時間半，設けられている。冒頭で①障害者組織を中心にした市民社会から最重要課題の提示があり，その後，②委員からの質問，③市民社会からの回答という構成で行われる。もちろん，ロビーイングの機会は建設的対話前後の休憩時間や，昼休みにもある。

　国別報告者を務める委員は，審査が行われる会期の前に，国家報告，事前質問事項への回答，障害者組織をはじめとする市民社会からの情報提供をもとに，

---

(48)　Krommendijk, *supra* note 7.
(49)　OHCHR, *Handbook for Human Rights Treaty Body Member*, 2015 at https://www.ohchr.org/Documents/Publications/HR_PUB_15_2_TB% 20Handbook_EN.pdf (as of 9 September 2018).

適宜，事務局である OHCHR の支援も得て，総括所見の草案を作成している。つまり，審査の会期の前の段階で，総括所見の大筋はすでに出来上がっている。しかし，この最終段階でも，新たな課題や，特に重要な問題について総括所見の加筆や修正を求めるロビーイングは効果的であり得る。

なお，障害者権利委員会以外の委員会では，総括所見の草案は委員会の事務局を務める OHCHR のスタッフが作成するのが通例であるが[50]，障害者権利委員会では，国別報告者を務めている委員自らが通常，草案段階から起案している。これは障害者権利委員会の特質の一つである。そのことによって委員の負担が重い反面，委員の主体性がより発揮され，いっそうの専門性の獲得ももたらされているといえる。

以下，日本の審査タイムライン（想定）を参考までに示す。

年・会期	障害者権利委員会	政府	障害者組織を含む市民社会
2019 年春 第 21 会期	○国別報告者決定 ○事前質問事項起草作業開始		○パラレルレポート①（for LOIs）：事前質問事項案を含む ○ロビーイング
2019 年夏 第 22 会期・事前作業部会第 12 会期	○事前質問事項採択 ○国別報告者名公表		○ブリーフィング ○ロビーイング
		○事前質問事項への回答	○パラレルレポート②（for the session）：事前質問事項への回答と総括所見等を含む ○ロビーイング
2020 年春 第 23 会期	○建設的対話 ○総括所見採択	○建設的対話	○ブリーフィング ○ロビーイング
2020 年春以降		○総括所見の実施	○総括所見の実施促進と監視

---

(50) Krommendijk, *supra* note 7.

◇第3章◇ 障害者権利委員会——報告制度〔長瀬 修〕

● ● ● ● Ⅵ 課 題 ● ● ●

　3割以上の締約国が初回報告を未提出という深刻な課題がある[51]。確かに批准後，2年間という締め切りには確かに無理はあり，厳密に守った国は非常にまれである[52]。しかし，数年の遅れではすまない長期の遅れがある。

　女性差別撤廃委員会の例では「2007年1月には，4締約国に対し，20年以上提出が遅れている第1回報告書の提出を督促した」[53]。障害者権利委員会の場合もこうした対応を将来的に迫られる危険性は否定できない。

　非常に早期に批准した締約国の提出状況にも課題がある。たとえば，署名開放日の2008年3月30日に署名を行い同日に批准を行った国の一つであるジャマイカである。条約発効日の関係で初回報告の締め切りは2010年の6月だったが，提出したのは2018年6月だった。締め切りからの遅れは，約8年である[54]。しかし，2008年4月というやはり非常に早期に批准したナミビアの場合は2018年8月末時点でも提出されていない。

　なお，報告の提出を別の角度から考えてみれば，締約国にとって報告を提出し，勧告を受けることは，義務であるのみならず，権利の積極的な行使とも考えられる。審査を健康診断にたとえよう[55]。健康クラブへの自発的入会（条約批准）によって，健康診断の無料受診券が届く。受診（報告の提出）は義務である。そして受診をしなければ，健康（障害政策）の課題は把握されない。受診をしなければ，専門家から耳に痛いこと（勧告）も言われない。実際，入

---

[51]　申・前掲注(6) 522頁は報告書制度全般の運用の課題として，この問題を指摘し，その背景として，「報告書を準備する行政的な能力の不十分さ，もしくは政治的意思の欠如，又はその双方の要因がある」としている。

[52]　中国は初回報告の締め切りを守った。

[53]　阿部ほか・前掲注⑳ 116頁。

[54]　障害者権利委員会の作業方法（Committee on the Rights of Persons with Disabilities, *Working Methods of the Committee on the Rights of Persons with Disabilities*, UN Doc. CRPD/C/5/4 (2011)）の第6段落は，報告は提出順に審査されるとしたうえで，長期にわたって提出が遅延している報告の審査は優先順位が高いと規定している。そのため，ジャマイカのように大幅に遅れた報告は，優先的に審査される可能性がある。

[55]　長瀬修「障害者権利条約実施-批准後の課題」月刊福祉97巻6号（2014年）18-22頁。

会しても受診しない会員も相当数存在している。しかし，だったらそもそもなぜ入会したのか問われる。そして折角，受診して専門家からの助言（総括所見）があっても，その助言を活かすことがなければ，入会そして受診の意味も失われてしまう。（もちろん，特に途上国の場合の「意図的な提出の遅れというよりは，専門の人員や予算の不足といった構造的な問題」[56]によって，報告の提出が遅れてしまっているのは別の問題である。）

　他方，審査までの待機期間の長さの問題も深刻である。現在，報告の提出から審査までおおむね丸4年間待たされる。この間に報告の内容は当然ながら陳腐化してしまう面があることは否めない。日本の場合も，報告の提出を2016年6月に行ったが，審査は，2020年が想定されている。バックログと呼ばれる審査待ちの報告数は初回報告だけで2018年10月時点で40本を越している。

　一方で，報告の提出の遅れの問題があり，他方で，審査の遅れの問題がある。非常に奇妙だが，仮により多くの締約国が迅速に報告を提出するならば，審査の遅れの問題はいっそう悪化するという構造的課題が存在している。つまり，「すべての締約国が締め切りを守れば，システムは崩壊する」のである[57]。

　予算の確保を行い，委員会の会期を長くするという解決策には限界がある。2011年に初めて報告の審査がチュニジアを対象に行われた際に，委員会の会期（第5回）はわずか1週間だった。しかし，待機期間の長さを解消するために，現在の会期はすでに4週間にまで延長されている。第20会期は2018年8月27日から9月21日までである。国別報告者を務める場合には，その翌週の作業部会にも出席する必要がある。審査に当たる委員は専任ではなく，これだけの長期にわたって本業から離れ，ジュネーブに滞在することは大きな負担である。

　こうした構造的課題への対応を含め，人権条約の主に審査体制に関して，「人権条約機関制度の効果的な機能の強化および向上」と題する国連決議A/RES/68/268が2014年4月21日に採択されている。そこでは，締約国と委員会の負担を減らすために，報告等の字数制限が明示されている[58]。

　人権条約全般の建設的対話と総括所見の「質」に関する指摘も多い。建設的

---

(56)　芹田ほか・前掲注(6)。
(57)　Kalin, *supra* note 43, pp. 71-72.
(58)　http://www.unic.or.jp/texts_audiovisual/resolutions_reports/ga/resolutions2/ga_regular_session2/?r=68（as of 9 September 2018）

◇第3章◇　障害者権利委員会——報告制度〔長瀬　修〕

対話の時間的制約もさることながら，政府側との対話が総括所見に反映されていないことや，総括所見が具体性を欠き，曖昧，非現実的，一般的という批判がなされてきた[(59)]。

こうした建設的対話や総括所見の質の担保と密接に関連するのが，委員，特にその選出である。その点で，障害者権利委員会は，先行する他の条約機関とは異なる特徴がある。それは，委員の任期に上限が設けられていることである[(60)]。

任期制限のない他の委員会では，非常に長期にわたって同一個人が委員を務める例が見られる。その場合の利点は，豊富な経験が得られることである。同じ締約国の国別報告者を継続して務める場合には，ある意味で定点観測のように，一つの締約国の取り組みの推移を継続して見られるという利点がある。障害者権利委員会の例を見る限り，2期8年の任期制限は少し短かすぎるきらいがある。

反面，任期制限の欠如は，委員会に新たな活力が新人を通じて注がれる機会を少なくしてしまう。端的には，その委員の締約国，そして地域からは，新たな専門家の選出がなくなる，もしくは減少してしまう弊害がある。たとえば，女子差別撤廃委員会では，20年連続という例すらある[(61)]。

障害者権利委員会の副委員長の一人は，任期制限を積極的にとらえ，同委員会の「長所の一つである。なぜなら，革新的なアイディアを持って，障害者が継続的に人権の前進を追求することが可能な，発展する民主的空間を任期制限は創り出すからである」と述べている[(62)]。任期制限によって障害者権利委員

---

(59)　Krommendjik, *supra* note 7.

(60)　2002年に採択，2006年に発効した拷問等禁止条約選択議定書（OPCAT）は，同議定書によって設置される拷問等防止小委員会委員の任期に上限（再選1回まで）を設けた。これは条約機関としての任期設定の最初の例である。障害者権利条約の直後，2006年12月20日に採択された強制失踪防止条約にも同様の規定がある。http://www.ohchr.org/EN/HRBodies/Pages/ElectionsofTreatyBodiesMembers.aspx (as of 9 September 2018)

(61)　ドイツのMs. Hanna Beate Schöpp-Schilling（1989年-2008年）である。https://www.ohchr.org/Documents/HRBodies/CEDAW/Membership_1982_Present.pdf (as of 9 September 2018).

(62)　Coomara Pyaneandee, A Practical Approach to the United Nations Convention on the Rights of Persons with Disabilities (Routledge, 2019).

会委員を 2 期で終えた委員が，他の委員会の委員に選出された例もある[63]。

任期制限によって，障害者委員会の新陳代謝は強制的に行われる。それによって，経験の蓄積や継続性が失われる面があるのは確かだが，他方では経験の広範な共有が新旧の委員の比較的頻繁な交代によってシステム化されているとも考えられる。そして，そうした経験を障害者権利委員会で積んだ専門家が上述のように，他の委員会で活躍できたなら，それは，障害者の権利が人権の取り組み全体に広がることにもつながる。

VII おわりに

2008 年 5 月の障害者権利条約発効からすでに 10 年が経過した。2018 年 8 月 31 日，開会中の第 20 会期において，委員会の 10 年を祝うセッションが開かれた。そこで委員長のテレジア・デゲナーは非常に限られた発言時間の中で，委員会の成果として次の 4 つを挙げた。

① 委員会は条約が規定している権利とその権利から派生する法的概念に生命を吹き込んだ。具体的には，インクルーシブな平等や法的人格に関してである。
② 委員会は他の人権条約や人権機関に影響を及ぼし，障害者が権利の持ち主であることが認知され始めた。特に，アクセシビリティ，合理的配慮，支援付き意思決定の認識が広まっている。
③ 条約に基づいて，国内における実施および監視の仕組みを初めて導入し，国内人権機関，独立した監視の枠組み，市民社会との対話を実施してきた
④ 国連内においてアクセシビリティと多様性の取り組みの先鞭をつけた。具体的には，ウェブサイトや物理的環境のアクセシビリティ，字幕・筆記と手話言語，分かりやすい表現である[64]。

---

(63) 2009 年から 2016 年まで障害者権利委員会の委員を務めたスペインの Ana Peláez Narváez は，2018 年に女性差別撤廃委員会に最初の女性障害者として選出された。
(64) デゲナーは，委員会の 10 年を振り返って，Marine Uldry と共にレポートを公表した。"Towards Inclusive Equality: 10 Years Committee on the Rights of Persons with Disabilities", at https: //tbinternet.ohchr.org/_layouts/treatybodyexternal/Download.aspx?symbolno=INT/CRPD/INF/20/27621&Lang=en (as of 9 September 2018).

◇第3章◇ 障害者権利委員会——報告制度〔長瀬 修〕

審査制度を含む障害者権利条約の実施，特にその成果に関する研究はまだ始まったばかりである。もちろん，日本のように障害者差別解消法の制定など，障害者権利条約によって障害政策が明らかに推進された好事例もあるが，全貌の把握はまだなされていない。

しかし，確実に言えることは，障害者の問題が人権の問題であるという位置づけが進められていることであり，その推進役となる障害者組織の力量が国際レベルと国内レベルで確実に高まり，政府による認知度を上げてきていることである[65]。それは，"Nothing about us without us" の実現の過程でもある[66]。

条約交渉過程から始まり，実施そして審査過程で国際障害同盟のような強力な国際障害者組織の発展がもたらされた[67]。国際障害同盟の1999年の誕生は，条約の基盤となった障害者の機会均等化に関する基準（1993年）の実施の枠組みと深く関係している。つまり，国際的な障害者のネットワークの形成と強化は，人権問題として障害者問題が位置づけられる歩みと重なっている。

また，各国レベルでも条約交渉そして審査過程で，障害者組織の連帯が強まり，ネットワークが広まってきている。パラレルレポートを共同でまとめる作業自体が，同じ国内でもそれまで距離感のあった組織同士が協力する機会となっている[68]。パラレルレポートに加え，ジュネーブでのブリーフィングも異なる組織が連携する機会となっている。

「ジュネーブでの国連の人権の仕組みは，最も無力で，資金不足で，骨抜きで，紋切り型で，政治に操作された国連の制度」というよく引用される言葉で

---

(65) 人権条約全般の実施過程での市民社会の強化と政府による認知の向上が指摘されている。Kalin, *supra* note 43.

(66) 条約交渉の過程への障害者組織の参加に関しては次を参照。Sabatello and Schulze, *supra* note 9.

(67) 国際障害同盟（International Disability Alliance）は8つの国際的障害者組織と6つの地域的障害者組織から構成され，主に条約そして近年は，持続可能な開発目標（SDGs）の実施に力を注いでいる。アジア太平洋地域からは，太平洋障害フォーラムとアセアン障害フォーラムが加盟している。日本を含む東アジア（北東アジア）からの加盟はなく，空白地帯となっている。

(68) 私自身も各国の障害者組織をはじめとする市民社会を対象にパラレルレポートを作成するためのワークショップのファシリテーターを，モンゴル，台湾，ミャンマー，シンガポール，パラグアイ，香港，ラオスにおいて務める中で，そう実感してきた。シンガポール，香港，ラオスのワークショップは所属する立命館大学生存学研究センターが地元の障害者組織，市民社会と共催で開催した。

代表される，報告制度をはじめとする人権条約への否定的な評価があることを忘れることはできない[69]。私たちの課題は，こうした指摘を踏まえ，障害者組織を含む市民社会，国際社会が多大なエネルギーを注いで策定し，実施に取り組んでいるこの条約を，障害者ひいてはすべての人の人権のために最大限に活用するための努力をすることである。

そして，審査の結果として策定される総括所見は，締約国にとって，条約のいっそうの実施状況を把握するための方向性を示すものであり，物差しである。障害者組織を含む市民社会にとっては総括所見の策定を含む審査過程において，いかに連帯を障害者組織，市民社会として深めるかも大きな課題である。

ジェラルド・クインは条約が，「深いレベルで世界観を表明し，組み込む」ものだとしてし，その世界観が「願わくは，継続的な自己点検の過程を強制し，変化の過程を強く促進してほしい。この変化の過程こそが障害者のように目立たない集団には特に鍵となる」としている[70]。条約の実施の根本は，この「自己点検」に基づく国内実施である。外的存在である障害者権利委員会，そしてその審査が果たす役割は実はさほど大きくない。

なお，日本の場合には，国内実施と自己点検において，条約の実施を監視するための枠組みと指定されている障害者政策委員会の役割が大きい。障害者政策委員会に障害者組織の代表が含まれていることも重要である。

誰に強制されるのでもなく自発的に批准した障害者権利条約を実施する義務を締約国は負っているのであり，障害者権利委員会による審査制度はあくまで実施を推進する仕掛けの一つである。障害者権利条約の実施を通じて障害者をふくむすべての人の人権を守るために，折角の審査制度を最大限有効に活用したい。

---

(69) Peter Uvin, *Human Rights and Development* (Kumarin Press, 2004), p. 140.

(70) Gerard Quinn,"Foreword,"in Gauthier de Beco (ed.), *Article 33 of the UN Convention on the Rights of Persons with Disabilities: National Structures for the Implementation and Monitoring of the Convention* (Martinus Nijhoff Publishers, 2013), vii.

◇第3章◇ 障害者権利委員会——報告制度〔長瀬 修〕

表1 建設的対話と総括所見

会期	年月	審査数カッコ内は総計	審査対象						
5	2011年4月	1	チュニジア						
6	2011年9月	1(2)	スペイン						
7	2012年4月	1(3)	ペルー						
8	2012年9月	3(6)	アルゼンチン	中国(香港・マカオ)	ハンガリー				
9	2013年4月	1(7)	パラグアイ						
10	2013年9月	3(10)	オーストラリア	オーストリア	エルサルバドル				
11	2014年3・4月	3(13)	アゼルバイジャン	コスタリカ	スウェーデン				
12	2014年9・10月	6(19)	ベルギー	デンマーク	エクアドル	メキシコ	ニュージーランド	韓国	
13	2015年3・4月	7(26)	クック諸島	クロアチア	チェコ	ドミニカ共和国	ドイツ	モンゴル	トルクメニスタン
14	2015年8・9月	7(33)	ブラジル	欧州連合(EU)	ガボン	ケニア	モーリシャス	カタール	ウクライナ
15	2016年3・4月	7(40)	チリ	リトアニア	ポルトガル	セルビア	スロバキア	タイ	ウガンダ
16	2016年8・9月	7(47)	ボリビア	コロンビア	エチオピア	グアテマラ	イタリア	アラブ首長国連邦	ウルグアイ

	期間	国数								
17	2017年3・4月	8 (55)	アルメニア	ボスニアヘルツェゴビナ	カナダ	キプロス	ホンジュラス	イラン	ヨルダン	モルドバ
18	2017年8・9月	6 (61)	ラトビア	ルクセンブルク	モンテネグロ	モロッコ	パナマ	英国		
19	2018年2・3月	7 (68)	ハイチ	ネパール	オマーン	ロシア	セイシェル	スロベニア	スーダン	
20	2018年8・9月	7 (75)	ブルガリア	ポーランド	マケドニア旧ユーゴスラビア共和国	マルタ	フィリピン	南アフリカ	アルジェリア	

表2　初回審査待機リスト（2018年9月9日時点）

提出順	締約国名	初回報告提出年月日
1.	キューバ	2014年9月19日
2.	ニカラグア	2015年2月27日
3.	セネガル	2015年3月18日
4.	ルワンダ	2015年4月22日
5.	ノルウェー	2015年6月1日
6.	サウジアラビア	2015年7月1日
7.	トルコ	2015年8月3日
8.	ニジェール	2015年8月13日
9.	バヌアツ	2015年8月13日
10.	イラク	2015年8月17日
11.	クウェート	2015年9月24日
12.	ギリシャ	2015年9月27日
13.	インド	2015年10月30日
14.	ベネズエラ	2015年11月2日
15.	ミャンマー	2015年11月19日

16.	アルバニア	2015 年 12 月 4 日
17.	エストニア	2015 年 12 月 4 日
18.	ジブチ	2016 年 2 月 2 日
19.	フランス	2016 年 5 月 18 日
20.	ラオス	2016 年 5 月 25 日
21.	日本	2016 年 6 月 30 日
22.	スイス	2016 年 7 月 7 日
23.	シンガポール	2016 年 7 月 13 日
24.	ジョージア	2016 年 7 月 19 日
25.	インドネシア	2017 年 1 月 3 日
26.	アンゴラ	2017 年 1 月 26 日
27.	モーリタニア	2017 年 1 月 31 日
28.	アンドラ	2017 年 3 月 30 日
29.	バングラデシュ	2017 年 4 月 18 日
30.	イスラエル	2017 年 5 月 18 日
31.	マラウイ	2017 年 6 月 6 日
32.	カザフスタン	2017 年 6 月 9 日
33.	ザンビア	2017 年 9 月 19 日
34.	バーレーン	2017 年 10 月 12 日
35.	パラオ	2018 年 2 月 2 日
36.	トーゴ	2018 年 3 月 8 日
37.	ツバル	2018 年 3 月 9 日
38.	ベトナム	2018 年 4 月 4 日
39.	ジャマイカ	2018 年 6 月 3 日
40.	ガーナ	2018 年 6 月 5 日
41.	オランダ	2018 年 6 月 13 日

＊ Committee on the Rights of Persons with Disabilities, *20th Session-Annotated Provisional Agenda*, UN Doc. CRPD/C/20/1 (2018) 及び OHCHR ウェブサイト (https://tbinternet.ohchr.org/_layouts/TreatyBodyExternal/SessionsList.aspx?Treaty=CRPD(as of 9 September 2018)) に基づいて長瀬修作成。

◆第Ⅰ部◆ 総 論

表3 一般的意見

番 号	条 文	一般的意見名称	採択年月日
第1号	第12条	法律の前にひとしく認められる権利	2014年4月11日
第2号	第9条	施設及びサービス等の利用の容易さ（アクセシビリティ）	2014年4月11日
第3号	第6条	障害のある女子及び女児	2016年8月16日
第4号	第24条	インクルーシブ教育を受ける権利	2016年8月16日
第5号	第19条	自立生活の権利	2017年8月31日
第6号	第5条	平等及び無差別	2018年3月9日
第7号	第4条3項，第33条3項	条約の実施と監視に関する障害者の参加	2018年9月21日

［謝辞］本稿は，JSPS科研費（18K01981）「東アジアにおける障害者権利条約の実施と市民社会」，（25380717），「障害者の権利条約の実施過程」（共に研究代表者長瀬修）の助成を受けたものである。記して謝す。

第4章

障害者権利委員会
―― 個人通報制度 ――

川島　聡

Ⅰ　はじめに

　障害者権利条約（以下では基本的に「条約」と略記）の概念は，広狭二つの意味で用いられる。狭義の条約は，前文と本文50カ条からなる条約本体を意味する。広義の条約は，狭義の条約とその締約国が自由な選択で締結できる選択議定書（本文18カ条）との総称である。本章では，狭義の意味で「条約」という言葉を用いる。2016年5月時点で，条約の締結数は164に上る。日本は2014年に批准している。89の締結数を数える選択議定書は，日本は未批准である[1]。

　条約の規定の実施を監視する機関として，障害者権利委員会（以下では基本的に「委員会」と略記）がジュネーブに設けられている（条約34条1）。委員会の下で運用される制度としては，報告制度（同35条・36条），個人通報制度（選択議定書1～5条）と調査制度（同6～8条）がある。

　本章では，報告制度（本書第3章の長瀬論文）と調査制度[2]は扱わず，個人

---

(1) Website UN Enable, at http://www.un.org/disabilities/documents/2016/Map/DES-A-Enable_4496R6_May16.jpg (as of 16 May 2016).

(2) 委員会が調査制度を初めて用いたのは英国に対してである。英国への勧告を含む委員会報告として，*Inquiry concerning the United Kingdom of Great Britain and Northern Ireland Carried out by the Committee under Article 6 of the Optional Protocol to the Convention*, UN Doc. CRPD/C/15/R.2/Rev.1 (2016). この委員会報告の結論に強く反対した英国政府の所見として，*Observations by the United Kingdom of Great Britain and Northern Ireland on the Report of the Committee on its Inquiry Carried out under Article*

通報制度[3]に焦点を合わせる。この制度の下で委員会が採択する「見解（views）」は，たしかに法的拘束力を欠くが，「有権解釈」として尊重されるべきものである[4]。そのため，条約の規範内容を理解するうえで，見解の分析・検討は避けて通ることはできない。本章では，委員会が初めて見解を採択した第 7 回会期（2012 年 4 月）から第 15 回会期（2016 年 4 月）までの個人通報事例を紹介し，見解に示された委員会の解釈の特徴の一端を捉えることを目的とする。

なお，本章では，条約の翻訳は公定訳を，選択議定書の翻訳は公定訳が存在しないため川島聡＝長瀬修仮訳（2008 年 5 月 30 日付）を，それぞれ一部変更して用いる。

---

6 of the Optional Protocol, UN Doc. CRPD/C/17/R.3（2017）．調査制度が用いられた他の例として，スペインに対するものがある。Advance Unedited Version, *Inquiry concerning Spain Carried Out by the Committee under Article 6 of the Optional Protocol to the Convention*, UN Doc. CRPD/C/20/3（2018）．

(3) 人権条約の個人通報制度の全体像（日本が個人通報制度を受け入れていない点を含む）については，申惠丰『国際人権法——国際基準のダイナミズムと国内法との協調（第 2 版）』（信山社，2016 年）550-565 頁．*See* also, Marc Limon, *Reform of the UN Human Rights Petitions System*, Universal Rights Group, 2018, at https://www.universal-rights.org/wp-content/uploads/2018/01/URG_Policy_report_Reform_Human_rights_petition_system_22_12_17_digital_use.pdf (as of 13 July 2018). 個人通報制度は，障害者権利条約・自由権規約・社会権規約・女性差別撤廃条約・子どもの権利条約の各選択議定書とともに，人種差別撤廃条約 14 条・拷問等禁止条約 22 条・強制失踪条約 31 条・移住労働者権利条約 77 条に定められている。これらの間には共通点も多いが，基本的に，そのことに本章では逐一言及しない。

(4) 岩沢雄司「自由権規約委員会の規約解釈の法的意義」世界法年報 29 号（2010 年）63 頁は，自由権規約委員会が「規約によって与えられた解釈権限を行使して示した解釈，少なくとも通報で示した解釈は，高い権威が認められてしかるべきであり，『有権（authoritative）解釈』とみなされてよいと考える」というが，このことは障害者権利委員会による解釈にも当然当てはまる。*See* also, Human Rights Committee, *General Comment No. 33, The Obligations of States Parties under the Optional Protocol to the International Covenant on Civil and Political Rights*, UN Doc. CCPR /C/GC/33（2008）, paras. 10 and 13.

II　個人通報制度の概観

個人通報制度の下で，「条約規定の侵害の被害者（victims of a violation）であると主張する当該締約国の管轄の下にある個人若しくは集団」は，委員会に通報することができる。また，個人や集団のために第三者も，委員会に通報することができる。委員会は，通報を受理して検討する権限を有し（選択議定書1条1），非公開会合で通報を審査する（同5条）[5]。

通報の審査は，受理可能性（admissibility）と本案（merit）という2つの段階に分けられる。このうち通報の受理可能性については，とりあえず以下の4点に留意しておくことが必要である。第1に，委員会は，「条約規定の侵害の被害者」でない場合，通報を受理する権限を有しない（同1条1）[6]。

第2に，「委員会は，この議定書の締約国でない条約の締約国についての通報を受理してはならない」（同1条2）。

第3に，委員会は，次の6つのどれかに該当すれば，「通報を受理することができないと判断する」（同2条）。すなわち，(a)匿名の通報，(b)通報提出権の濫用となる通報又は条約規定と両立しない通報，(c)委員会で審査済の通報又は他の国際手続で審査済・審査中の通報，(d)「利用可能なすべての国内的な救済措置（All available domestic remedies）を尽くしていない場合」，(e)「明らかに根拠を欠いている場合又は十分に立証されていない場合（manifestly ill-founded or not sufficiently substantiated）」，(f)関係国について議定書が効力を生ずる前に発生した事実，の6つである。ただし，(d)については，国内救済措置が不当に遅延する場合又は効果的な救済可能性に乏しい場合は，この限りでない。また，(f)については，議定書が効力を生じた日以降も当該事実が継続している場合は，この限りでない。

第4に，委員会は，通報の受理可能性の決定に際しては，通報者（author）[7]又は被害者の法的能力（legal capacity）が通報対象国で認められてい

---

[5] UN Committee on the Rights of Persons with Disabilities (hereinafter CRPD Committee), *Rules of Procedure*, UN Doc. CRPD/C/1/Rev.1 (2016), Rules 59 and 76.

[6] *See, e.g.*, *A.M. v. Australia*, Communication No. 12/2013, UN Doc. CRPD/C/13/D/12/2013.

[7] 「通報者」という訳語につき，近江美保「個人通報制度と調査制度」国際女性の地位

るか否かにかかわらず，当該能力を認める条約12条の基準を準用する[8]。

委員会は，以上の4点などに照らして通報を受理可能であると判断した場合には，本案の審査に進むことになる[9]。そして，委員会は，本案の審査で条約違反を認定したときは，対象国に勧告を行う。この勧告は，本章第III節で取り上げる通報事例のどの勧告を見ても，通報者に関連した勧告[10]と，将来に同様の侵害が発生するのを防止するための全般的な勧告を含んでいる。委員会は，それらの勧告に照らして対象国が講じた措置に関する情報を含む回答を，6カ月以内に委員会に書面で提出することを当該国に求める（選択議定書5条）[11]。また，委員会は，本章第III節で取り上げる通報事例のすべての勧告の中で，基本的に，見解を公用語に翻訳し，アクセシブルな形式で広く普及するよう，対象国に要請している[12]。

委員会は，見解のフォローアップのために，特別報告者又は作業部会を指名する。特別報告者又は作業部会は，フォローアップの活動内容を委員会に定期的に報告する[13]。フォローアップの際に用いられる評価基準は，大別すると次の5段階に分けられる。すなわち，「満足のいく回答／行動（Reply/action satisfactory）」(A)，「部分的に満足のいく回答／行動（Reply/action partially

---

協会編『コンメンタール女性差別撤廃条約』（尚学社，2010年）481頁参照。

(8) *Rules of Procedure, supra* note 5, Rule 68, para. 2.
(9) ちなみに，本章第III節で取り上げる10件の通報事例の見解を見ると，次のことを指摘しうる。すなわち，委員会は，受理可能性に関する検討箇所の冒頭で，「通報に含まれる主張を検討する前に，選択議定書2条及び手続規則の規則65に基づき，通報が選択議定書の下で受理可能であるかどうかを検討しなければならない」と述べる（ただし，グレーニンガー対ドイツ事件（⑤）とユンゲリン対スウェーデン事件（⑥）を除く）。また，委員会は，本案に関する検討箇所の冒頭では，基本的に，「選択議定書5条及び手続規則の規則73パラグラフ1に基づき，すべての情報（all the information）に照らして本通報を検討した」と述べる（ただし，F対オーストリア事件（⑧）以降は，手続規則への言及はない）。
(10) 本章第III節で取り上げる10件の通報事例における通報者に関連する勧告には，条約義務の不履行を救済する義務とともに，通報に要した費用等を通報者に十分に補償する義務への言及がほぼ含まれている。
(11) *Rules of Procedure, supra* note 5, Rule 75, para. 1.
(12) *See also, ibid.*, Annex (Guidelines on Independent Monitoring Frameworks and Their Participation in the Work of the CRPD Committee), para. 26(c).
(13) *Ibid.*, Rule 75, para. 7.

◇第4章◇　障害者権利委員会――個人通報制度〔川島　聡〕

satisfactory)」(B1, B2)，「満足のいかない回答／行動」(C1, C2)，「委員会に協力的ではない」(D1, D2)，「とられた措置は委員会の勧告に反する」(E)，である。

Ⅲ　個人通報事例の紹介と検討

　委員会の第16回会期（2016年8月，9月）が開催される前までに，委員会に寄せられた通報は304件を数える。このうち登録された通報は37件ある。この37件のうち，第7回会期（2012年4月）から第15回会期（2016年4月）までの間に，委員会が最終的な決定を下した通報は13件ある[14]。

　この13件のうち，委員会が受理不可能とした通報は3件，受理可能とした通報は10件である。本章では，このうち後者（10件）を紹介し検討する。基本的に，前者（3件）については取り上げず[15]，第16回会期以降の通報も考察の対象外とする[16]。

---

(14) See, Report of the CRPD Committee on its Sixteenth Session (15 August-2 September 2016), UN Doc. CRPD/C/16/2 (2016), paras. 9-10. この13件を含む，今日までの通報事例の要約・紹介として，International Disability Alliance, *CRPD Committee's Views on Individual Communications under the Optional Protocol*, at http://www.internationaldisabilityalliance.org/crpd-committee-interpretation (as of 22 July 2018).

(15) *Kenneth McAlpine v. United Kingdom*, Communication No. 6/2011, UN Doc. CRPD/C/8/D/6/2011; *S. C. v. Brazil*, Communication No. 10/2013, UN Doc. CRPD/C/12/D/10/2013; *A.M. v. Australia, supra* note 6.

(16) 第16回会期では1件の通報（*Marlon James Noble v. Australia*, Communication No. 7/2012, UN Doc. CRPD/C/16/D/7/2012）が検討され，条約違反が認定された。第17回会期（2017年3月20日～4月12日）では3件の通報（*D.R. v. Australia*, Communication No. 14/2013, UN Doc. CRPD/C/17/D/14/2013; *L.M.L. v. United Kingdom of Great Britain and Northern Ireland*, Communication No. 27/2015, UN Doc. CRPD/C/17/D/27/2015; *D. L. v. Sweden*, Communication No. 31/2015, UN Doc. CRPD/C/17/D/31/2015）が受理不可能とされ，1件の通報の検討が中止された。第18回会期（2017年8月14日～31日）では4件の通報が検討に付された。そのうち，2件の通報（*X. v. the United Republic of Tanzania*, Communication Np. 22/2014, UN Doc. CRPD/C/18/D/22/2014; *Makarov v. Lithuania*, Communication No. 30/2015, UN Doc. CRPD/C/18/D/30/2015）で条約違反が認定され，1件の通報（*O. O. J et al v. Sweden*, Communication No. 28/2015, UN Doc. CRPD/C/18/D/28/2015）は受理不可能とされ，

◆第Ⅰ部◆　総　論

BOX：第7回〜第15回会期において障害者権利委員会が受理可能とした個人通報事例の一覧

	事件名	会期	見解採択日
①	H.M. 対スウェーデン事件	第7回	2012年4月19日
②	シルヴィア・ニュースティ及びペーテル・タカーチュ対ハンガリー事件	第9回	2013年4月16日
③	ゾルト・ブイドショーほか対ハンガリー事件	第10回	2013年9月9日
④	X 対アルゼンチン事件	第11回	2014年4月11日
⑤	リリアーネ・グレーニンガー対ドイツ事件	第11回	2014年4月4日
⑥	マリー=ルイース・ユンゲリン対スウェーデン事件*	第12回	2014年10月2日
⑦	A.F. 対イタリア事件*	第13回	2015年3月27日
⑧	F 対オーストリア事件	第14回	2015年8月21日
⑨	ジェマ・ビーズリー対オーストラリア事件	第15回	2016年4月1日
⑩	マイケル・ロックレイ対オーストラリア事件	第15回	2016年4月1日

　本章で取り上げる10件の通報事例の事件名・会期・見解採択日は，上記のBOX に記したとおりである。この10件のうち，委員会が条約違反を認定した通報は8件（①〜⑤，⑧〜⑩），条約違反を認定しなかった通報は2件（⑥，⑦）である。BOX 内の事件名に＊印が付いているものは条約違反が認定されなかった事例であり，無印は条約違反が認定された事例である。

　なお，本章で事件名に言及する際には，読者の参照の便宜のため，BOX 内の通し番号（①〜⑩）を括弧で付す（例，ニュースティ及びタカーチュ対ハンガリー事件（②））。

1件の通報の検討が中止された。第19回会期（2018年2月14日〜3月9日）では2件の通報（*Given v. Australia*, Communication No. 19/2014, UN Doc. CRPD/C/19/D/19/2014; *Bacher v. Austria*, Communication No. 26/2014, UN Doc. CRPD/C/19/D/26/2014）が検討され，どちらも条約違反が認定された。

◇第4章◇ 障害者権利委員会——個人通報制度〔川島　聡〕

H.M. 対スウェーデン事件（①）[17]

（1）本件の通報者（H.M.）は，エーラス・ダンロス症候群があり，過去8年間，歩いたり立ったりすることができず，座ったり横になったりすること等に難があった。通報者の機能障害の状況は依然として悪化の一途をたどっており，彼女はその進行を抑える唯一のリハビリテーション手段として，水治療法のための室内用プールを自宅に設置しようと試みた。水治療法は，エーラス・ダンロス症候群に効果があるとして専門家の間で推奨されており，通報者の場合は，関節の安定が保たれるようになり，より筋肉がつき，血行がよくなり，痛みが緩和するだろう，とのことであった。ところが，スウェーデン当局は計画建築法に基づきプールの設置許可申請を棄却した。結局，行政最高裁判所においても，通報者の主張は認められなかったため，彼女は委員会に通報した[18]。

（2）委員会は，国内救済完了の要件（選択議定書2条(d)）に関しては，スウェーデンからの反論がなく充足されている，と指摘した。だが，委員会は，条約1条（目的）と2条（定義）は，それらの一般的な性格を踏まえると，原則として他の条文と切り離して単独で主張することはできず，条約の下で保障される他の実体的権利（substantive rights）と併せ読んだ場合にのみ，個人通報の枠組みの中で援用されうると述べて，1条・2条単独の下での通報者の主張は，選択議定書2条(e)（「通報が，明らかに根拠を欠いている場合，又は十分に立証されていない場合」）に基づき受理不可能であるとした。また，委員会は，通報者による条約9条（アクセシビリティ），10条（生命権），14条（身体の自由と安全），20条（移動のしやすさ）の侵害に関する主張については十分に立証されていないので受理することができないとしたが，条約3条（一般原則），4条（一般的義務），5条（平等・無差別），19条（自立生活・社会包摂），25条（健康），26条（リハビリテーション），28条（相当な生活水準・社会保護）の侵害に関する主張については十分に立証されていると判断し受理した（選択議定書2条(e)）[19]。

委員会は，本案の審査では以下のように述べて，条約違反を認定した。すなわち，まず，委員会は，「『障害に基づく差別』とは，障害に基づくあらゆる区別，排除又は制限であって，政治的，経済的，社会的，文化的，市民的その他

---

(17)　*H.M. v. Sweden*, Communication No. 3/2011, UN Doc. CRPD/C/7/D/3/2011.
(18)　*Ibid*., paras. 2.1-2.7.
(19)　*Ibid*., paras. 7.1-7.5.

のあらゆる分野において，他の者との平等を基礎として全ての人権及び基本的自由を認識し，享有し，又は行使することを害し，又は妨げる目的又は効果を有するものをいう」と定める条約2条パラグラフ3第1文を参照したうえで，「中立的な仕方で適用される法律は，それが適用される諸個人の特有な状況が考慮に入れられない場合には，差別的効果（discriminatory effect）をもつことがある。この条約の下で保障される権利の享受に関して差別されない権利は，国家が，著しく異なった状況にある人びとを客観的かつ合理的な正当化なしに異なって扱わないときに侵害されうる」と説示した[20]。

また，委員会は，「障害に基づく差別には，あらゆる形態の差別（合理的配慮の否定を含む。）を含む」と定める条約2条パラグラフ3第2文と，「『合理的配慮』とは，障害者が他の者との平等を基礎として全ての人権及び基本的自由を享有し，又は行使することを確保するための必要かつ適当な変更及び調整（necessary and appropriate modification and adjustments）であって，特定の場合において必要とされるものであり，かつ，均衡を失した又は過度の負担（disproportionate or undue burden）を課さないものをいう」と定める同条パラグラフ4を参照したうえで[21]，次のように判断した。すなわち，委員会によると，通報者の健康状態は重篤であり，自宅での水治療法用のプールへのアクセスは，彼女にとって不可欠なものであり，彼女の健康ニーズを満たすための「唯一の効果的な手段（the only effective means）」である。そして，水治療法用のプールの設置を許可するためには，「開発プランからの逸脱（departure from the development plan）」という「適当な変更及び調整」を必要とする。この点，スウェーデンは，「開発プランからの逸脱」が「均衡を失した又は過度の負担」をもたらすことを示していない。実際，計画建築法は「開発プランからの逸脱」を許容しており，よって合理的配慮を許容している。このように，本件において「開発プランからの逸脱」を認めたとしてもスウェーデンに「均衡を失した又は過度の負担」を課すことにはならない[22]。

---

(20) *Ibid*., para. 8.3. この説示は，スリメノス事件の欧州人権裁判所判決（ECtHR, *Thlimmenos v. Greece*, Application No. 34369/97, 6 April 2000）の示した定式を受け継いだものである。川島聡「権利条約における合理的配慮」同ほか『合理的配慮——対話を開く，対話が拓く』（有斐閣，2016年）31頁参照。

(21) *H.M. v. Sweden*, *supra* note 17, para. 8.4.

(22) *Ibid*., para. 8.5.

加えて，委員会は，条約25条と26条の規定の一部を引用したうえで[23]，次のように述べた。すなわち，委員会によると，本件で，スウェーデンは，プールの建築許可申請を拒否した際に，通報者の特別な事情と障害関連ニーズに向き合わなかった。それゆえ，水治療法用のプールの建設に必要となる「開発プランからの逸脱」を拒否したスウェーデン当局の決定は，「均衡を失した（disproportionate）」ものであり，「通報者が自身の障害者としての特別な健康状態のために必要とするヘルスケアとリハビリテーションにアクセスすることに対して有害な影響（adversely affect）を与える差別的効果（discriminatory effect）をもたらした」。よって，条約3条(b)(d)(e)[24]及び4条1(d)[25]と併せ読んで（またそれらとは別に単独で），5条1[26]・5条3[27]・25条に定める

---

[23] *Ibid.*, paras. 8.6-8.7. 25条及び26条の規定のうち，委員会が参照した部分は次のとおりである。すなわち，「締約国は，障害者が障害に基づく差別なしに到達可能な最高水準の健康を享受する権利を有することを認める。締約国は，障害者が性別に配慮した保健サービス（保健に関連するリハビリテーションを含む。）を利用する機会を有することを確保するための全ての適当な措置をとる。」（25条柱書）という部分と，「締約国は，障害者が，最大限の自立並びに十分な身体的，精神的，社会的及び職業的な能力を達成し，及び維持し，並びに生活のあらゆる側面への完全な包容及び参加を達成し，及び維持することを可能とするための効果的かつ適当な措置（障害者相互による支援を通じたものを含む。）をとる。このため，締約国は，特に，保健，雇用，教育及び社会に係るサービスの分野において，ハビリテーション及びリハビリテーションについての包括的なサービス及びプログラムを企画し，強化し，及び拡張する。この場合において，これらのサービス及びプログラムは，次のようなものとする。(a)可能な限り初期の段階において開始し，並びに個人のニーズ及び長所に関する学際的な評価を基礎とするものであること。」（26条1柱書及び同(a)）という部分である。
[24] 3条は，(b)で「無差別」，(d)で「差異の尊重並びに人間の多様性の一部及び人類の一員としての障害者の受入れ」，(e)で「機会の均等」をそれぞれ定める。
[25] 4条1(d)は，「1 締約国は，障害に基づくいかなる差別もなしに，全ての障害者のあらゆる人権及び基本的自由を完全に実現することを確保し，及び促進することを約束する。このため，締約国は，次のことを約束する。」という柱書の下で，「(d)この条約と両立しないいかなる行為又は慣行も差し控えること。また，公の当局及び機関がこの条約に従って行動することを確保すること。」と定める。
[26] 5条1は，「締約国は，全ての者が，法律の前に又は法律に基づいて平等であり，並びにいかなる差別もなしに法律による平等の保護及び利益を受ける権利を有することを認める。」と定める。
[27] 5条3は，「締約国は，平等を促進し，及び差別を撤廃することを目的として，合理的配慮が提供されることを確保するための全ての適当な措置をとる。」と定める。

通報者の権利と，26条に定めるスウェーデンの義務とが侵害された[28]。

さらに，委員会は，通報者は，屋内プールの建築許可申請が認められなかったことにより，地域社会における生活と包摂を支える唯一の選択肢である，水治療法へのアクセスを奪われたのであり，よって19条(b)[29]に定める通報者の権利は侵害された，と判断した[30]。

(3) 委員会は，このように条約違反を認定したうえで，以下の勧告を行った。まず，委員会は，通報者に関連した勧告として，スウェーデンは，委員会の見解を考慮に入れ，水治療法用のプールの設置許可申請を再検討するなどして，通報者の権利侵害を救済する義務を負うとともに，この通報に要した費用を通報者に十分に補償すべきである，とした。また，委員会は，スウェーデンは，自国の立法が障害者による人権の平等な享有を害する目的又は効果を持たないように確保する措置を講じるなどして，将来において同様の侵害が生じるのを防止する措置をとる義務を負う，とした[31]。

(4) 以上の委員会の見解について注目したいのは，委員会が「中立的な仕方で適用される法律は，それが適用される諸個人の特有な状況が考慮に入れられない場合には，差別的効果をもつことがある」と説示したことである。ここでいう「諸個人の特有な状況が考慮に入れられない場合」とは，本件について言えば，スウェーデン当局が水治療法用プールの設置（開発プランからの逸脱）を認めなかったこと——すなわち，H.M.に合理的配慮を提供しなかったこと——を意味する，と考えることができる。よって，ここでは合理的配慮の不提供によって「差別的効果」（間接差別）が発生していることになる[32]。

---

(28) H.M. v. Sweden, supra note 17, para. 8.8.
(29) 19条(b)は，「この条約の締約国は，全ての障害者が他の者と平等の選択の機会をもって地域社会で生活する平等の権利を有することを認めるものとし，障害者が，この権利を完全に享受し，並びに地域社会に完全に包容され，及び参加することを容易にするための効果的かつ適当な措置をとる。この措置には，次のことを確保することによるものを含む。」という柱書の下で，「(b)地域社会における生活及び地域社会への包容を支援し，並びに地域社会からの孤立及び隔離を防止するために必要な在宅サービス，居住サービスその他の地域社会支援サービス（個別の支援を含む。）を障害者が利用する機会を有すること。」と規定する。
(30) H.M. v. Sweden, supra note 17, para. 8.9.
(31) Ibid., para. 9.
(32) 川島・前掲注(20)34-35頁も参照。

◇第4章◇ 障害者権利委員会——個人通報制度〔川島　聡〕

　ちなみに，後に委員会は，ビーズリー対オーストラリア事件（⑨）とロックレイ対オーストラリア事件（⑩）の見解においても，表面上は中立である（差別意図はない）規則・措置が差別的効果を有することを問題にしつつ，合理的配慮義務の違反を認定している。また，後述するユンゲリン対スウェーデン事件（⑥）における共同反対意見は，合理的配慮の不提供を支持した国内裁判所の評価が通報者の「事実上の差別的排除」をもたらした，と述べている。

ニュースティ及びタカーチュ対ハンガリー事件（②）[33]

　(1) 重度視覚障害者である2人の通報者（シルヴィア・ニュースティとペーテル・タカーチュ）は，それぞれ当座預金サービスの契約をOTP銀行と結び，銀行カードの利用資格を得た。しかし，OTP銀行の運営する現金自動預け払い機（ATM）には点字がなく，音声措置もないため，通報者は支援を受けなければATMを利用することができなかった。また，通報者は，他の者と同じ年会費を払っていたが，他の者と同じ水準でATMサービスを利用することができなかった。そこで，通報者はOTP銀行を相手取り，すべてのATMをアクセシブルにすることなどを求めて国内裁判で争ったが，最高裁判所においてもその請求は認められなかった。なぜなら，最高裁判所は，ATMに点字や音声装置がないため視覚障害者が不利な状況に置かれていることを認めつつも，両当事者は契約を自由に締結したのだから通報者はその不利な状況についても合意している，と判断したからである。通報者は，こうして国内救済措置を尽くした後に委員会に通報した[34]。

　(2) 委員会は，選択議定書がハンガリーについて効力をもった2008年5月3日よりも後に最高裁判決（2009年2月4日）が下されたため，またOTP銀行のATMが通報者にはアクセシブルではないとの関連事実は選択議定書の効力発生後も継続しているため，選択議定書2条(f)の観点からは本通報は受理可能である，とした。そのうえで，委員会は，12条5（法的能力）に関する通報内容については十分に立証されていないとして受理しなかったが，一方で，5条2・3（平等・無差別）と9条（アクセシビリティ）に関する通報内容については十分に立証されていると判断し受理した（選択議定書2条(e)）[35]。

---

[33] *Szilvia Nyusti and Péter Takács v. Hungary*, Communication No. 1/2010, UN Doc. CRPD/C/9/D/1/2010.

[34] *Ibid*., paras. 2.1-2.17.

89

◆第Ⅰ部◆ 総　論

　委員会は，本案の審査では，通報者による国内の訴訟提起と本件通報は「合理的配慮の否定（denial of reasonable accommodation）」という問題を超えるものである，とした。つまり，委員会は，通報者の主張は，OTP銀行が運営するATMのネットワーク全体において銀行カードサービスが視覚障害者のアクセシビリティを欠いていることを問題とする「より広い請求（a broader claim）」となっている，と述べた。このように本通報を「より広い請求」によって枠づけることを通報者が選択したという事実に照らし，委員会は，通報者の請求全体は9条の下で検討されるべきであり，それゆえ5条2・3の義務が充足されたかどうかを別個に評価する必要はない，とした[36]。

　そのうえで，委員会は条約4条1（e）と9条2（a）（b）を参照し[37]，以下のように判断した。すなわち，委員会によれば，ハンガリーの現行法の下では，視覚障害者に対して情報通信その他のサービスのアクセシビリティを平等に提供する義務は，OTP銀行のような民間主体には適用されず，その契約関係に影響を及ぼさない[38]。また，ハンガリーは，たしかにATM等の銀行サービスにおける視覚障害者のアクセシビリティ（の不備）が，解決を要する「現実の問題（real problem）」であるということを認め，実際に，OTP銀行等の金融機関の運営するATMのアクセシビリティを向上させるために一定の措置を講じたのだが，当該措置のいずれも2人の通報者又は同様の状況にある他の者たちのアクセシビリティを確保するものとはならなかった。よって，ハンガリーは9条2の下での義務を遵守しなかった[39]。

---

(35)　*Ibid.*, paras. 8.2-8.4.

(36)　*Ibid.*, para. 9.2.

(37)　*Ibid.*, para. 9.4. 4条1（e）は，「1　（略）締約国は，次のことを約束する。」という柱書の下で，「(e)いかなる個人，団体又は民間企業による障害に基づく差別も撤廃するための全ての適当な措置をとること」と定める。9条2（a）（b）は，「2　締約国は，また，次のことのための適当な措置をとる。」という柱書の下で，「(a)公衆に開放され，又は提供される施設及びサービスの利用の容易さに関する最低基準及び指針を作成し，及び公表し，並びに当該最低基準及び指針の実施を監視すること。(b)公衆に開放され，又は提供される施設及びサービスを提供する民間の団体が，当該施設及びサービスの障害者にとっての利用の容易さについてあらゆる側面を考慮することを確保すること。」と定める。

(38)　*Nyusti and Takács v. Hungary, supra* note 33, para. 9.3.

(39)　*Ibid.*, paras. 9.5-9.6.

◇第4章◇　障害者権利委員会——個人通報制度〔川島　聡〕

（3）このように条約違反を認定した委員会は，以下の勧告を行った。まず，委員会は，通報者に関連する勧告として，ハンガリーはATMの銀行カードサービスのアクセシビリティの欠如を救済する義務を負う，とした。また，委員会は，全般的な勧告として，ハンガリーは次の5つの措置を含め，将来において同様の侵害が生じることを防止する措置をとる義務を負う，とした。すなわち，(i)視覚障害者等のために民間金融機関の銀行サービスに関するアクセシビリティの最低基準（minimum standards）を定める措置，(ii)これまでアクセシブルではなかった民間金融機関の銀行サービスをアクセシブルなものに「漸進的に変更・調整していくことを監視・評価するための，具体的で執行可能な有期の基準を伴う法的枠組（legislative framework with concrete, enforceable and time-bound benchmarks for monitoring and assessing the gradual modification and adjustment）」を創り出す措置，(iii)すべての新規のATMその他の銀行サービスを障害者にとって完全にアクセシブルなものにすることを確保する措置，(iv)障害に対する鋭敏な感覚をもって（in a disability-sensitive manner）判決を下せるように，条約と選択議定書の範囲に関する十分かつ定期的な研修を裁判官に提供する措置，(v)自国の立法が障害者による人権の平等な享有を害する目的又は効果を持たないように確保する措置，である[40]。

（4）以上のような委員会の見解（勧告）について，ここでは2点指摘しておきたい。第1に，注目しうるのは，委員会が，アクセシビリティ義務を2つの側面（既存と新規）から捉えたことである。すなわち，委員会は，ハンガリーが民間銀行の提供するサービスとの関係において条約上の義務を履行する際に，アクセスに難がある「既存」のATMをアクセシブルなものに漸進的に改善する過程を監視する点（上記(ii)）と，「新規」のATMをアクセシブルなものにすることを完全に確保する点（上記(iii)）を区別した。委員会は，この見解から約1年後の第11回会期（2014年3月・4月）において採択した一般的意見2（アクセシビリティ）においても，こうした区別を設けている[41]。

---

(40) *Ibid.*, para. 10. ここでの(i)(ii)(iv)の勧告内容は，後述する他のいくつかの事件の勧告においても部分的に言及されている。すなわち，(i)(ii)の勧告内容はF対オーストリア事件（⑧）の勧告の中に，(iv)の勧告内容は当該事件・X対アルゼンチン事件（④）・ビーズリー対オーストラリア事件（⑨）・ロックレイ対オーストラリア事件（⑩）の勧告の中に，それぞれ部分的に含まれている。また，(v)の勧告内容は，H.M.対スウェーデン事件（①）の勧告の中に含まれている。

◆第Ⅰ部◆　総　論

　第2に，この見解で，委員会は，通報者の選択した「より広い請求」に照らして，合理的配慮の議論には立ち入らず，アクセシビリティの義務違反を認定したが，その際，合理的配慮義務とアクセシビリティ義務との関係を整理しなかった。後に，委員会は一般的意見2において両者の概念整理を進めることになる(42)。

ブイドショーほか対ハンガリー事件（③）(43)

　(1) 通報者6名（ゾルト・ブイドショーほか5名）は知的障害があり，司法の決定に基づき後見制度の下に置かれていた。そして，通報提出時に効力を有していたハンガリー憲法70条5項は，被後見人は選挙権を持てない旨を定めていた。通報者は，それゆえ投票することができず，選挙権が剥奪されたままの状況が続いていたため，委員会に通報した。

　通報者は，憲法70条5項の適用により投票者名簿から通報者たちの名前が自動的（automatically）に削除されたことは，条約12条（法的能力）と読み併せた29条（政治的・公的活動への参加）の違反にあたる，と主張した(44)。その後，憲法70条5項は廃止されることになったが，今度は，基本法移行規定26条2項が投票能力の個別評価（individualized assessment）に基づき投票権の剥奪を可能とした。そのような個別評価による投票権剥奪について，ハンガリーは条約29条に合致するとしたが(45)，通報者は同条に違反すると主張した(46)。このことが，本件ではひとつの重要な争点となった。

　(2) 本件に関して，委員会は，ハンガリーが受理可能性に異を唱えなかったので，通報を難なく受理した後に(47)，本案においては以下のように述べ，条

---

(41) CRPD Committee, *General Comment No. 2, Accessibility*, UN Doc. CRPD/C/GC/2, 11 April 2014, para. 24. この翻訳として，日本障害者リハビリテーション協会の仮訳（at http://www.dinf.ne.jp/doc/japanese/rights/rightafter/crpd_gc2_2014_article9.html (as of 12 September 2018)）がある（訳語は変更した）。

(42) *Ibid*.

(43) *Zsolt Bujdosó et al. v. Hungary*, Communication No. 4/2011, UN Doc. CRPD/C/10/D/4/2011.

(44) *Ibid*., para. 9.2.

(45) *Ibid*., paras. 6.1, 6.2 and 9.2.

(46) *Ibid*., para. 7.7.

(47) *Ibid*., paras. 8.1-8.3.

約違反を認定した。すなわち，委員会によれば，ハンガリーは，被後見人に適用可能な新法を抽象的に描くだけであり，憲法の改正にもかかわらず，通報者が2010年の選挙に投票できず，後見制度の下に置かれたことにより，選挙権を剥奪されたままである，という点に答えていない[48]。また，条約29条[49]は，いかなる障害者集団についても，投票権の合理的な制限又は例外を一切設けていない。それゆえ，認識上・実際上の精神障害・知的障害（perceived or actual psychosocial or intellectual disability）に基づく投票権の剥奪（個別評価に基づく投票権の制約を含む）は，条約2条に定義する「障害に基づく差別」に該当する[50]。

　また，委員会はチュニジアとスペインの総括所見に言及した。前者において，委員会は，障害者（成年被後見人を含む）が，他の者との平等を基礎として，投票権を行使し公的生活に参加しうることを確保するための立法措置を至急講じるよう，チュニジアに勧告した[51]。後者では，委員会は，知的障害者・精神障害者が法的能力を剥奪される場合又は施設に収容される場合に，かれらの投票権が制約されうるとの事実に懸念を表明した[52]。委員会は，これらに示された原則は本件にも適用されるとしたうえで，基本法23条6項（投票する権利と選挙される権利を知的障害者から奪うことを裁判所に認める規定）は条約29条違反であり，同様に基本法移行規定26条2項も条約29条違反である，と判断した[53]。

　さらに，委員会によれば，ハンガリーは条約12条2の下で「障害者が生活のあらゆる側面（all aspects of life）において他の者との平等を基礎として法的能力を享有することを認め」なければならない[54]。ここでいう「生活のあら

---

[48]　*Ibid*., para. 9.3.
[49]　29条は「締約国は，障害者に対して政治的権利を保障し，及び他の者との平等を基礎としてこの権利を享有する機会を保障するものとし，次のことを約束する。（以下略）」と定める。
[50]　*Bujdosó et al. v. Hungary, supra* note 43, para. 9.4.
[51]　*Concluding Observations of the CRPD Committee, Tunisia*, UN Doc. CRPD/C/TUN/CO/1, 15 April 2011, para. 35.
[52]　*Concluding Observations of the CRPD Committee, Spain*, UN Doc. CRPD/C/ESP/CO/1, 23 September 2011, para. 47.
[53]　*Bujdosó et al. v. Hungary, supra* note 43, para. 9.4.
[54]　委員会の一般的意見1は，「条約12条はすべての障害者が完全な法的能力（full leg-

ゆる側面」という文言は,「投票権を含む政治的生活を含む」。また,ハンガリーは,12条3の下で,法的能力の実際的行使を障害者に保障するために必要な措置をとるための積極的義務を負っている[55]。こうした義務をも踏まえると,ハンガリーは,認識上・実際上の知的障害に基づき通報者から投票権を剥奪することにより,条約29条単独の義務又は12条と併せ読んだ29条の義務を遵守しなかったことになる[56]。

　加えて,委員会は,「個人の能力の評価」は「本来差別的（discriminatory in nature）」であると判断し,正当なものだと考えることはできないとし,当事国の政治システムの一体性（integrity）の保持という目的との均衡を失していると指摘した[57]。

　(3) こうして条約違反を認定した委員会は,以下のような勧告を行った。まず,委員会は,通報者に関連する勧告として,ハンガリーは,2010年選挙での投票権剥奪による精神的損害の十分な賠償や,この通報に要した費用の十分な補償を含め,投票者名簿から通報者たちの名前が削除されたことを救済する義務を負う,とした。また,委員会は,ハンガリーは次の(i) (ii) (iii)を含め将来において同様の侵害が生じるのを防止する措置をとるための全般的な義務を負う,とした。すなわち,(i)基本法移行規定26条2項と基本法23条6項の廃止の検討,(ii)すべての障害者の投票権を「能力評価」なしに認める法律であって,障害者が政治的権利を行使できるために十分な支援と合理的配慮を定めるものの制定,(iii)条約29条に沿った障害者の平等な投票権の是認と実際的保障,である[58]。

---

　　al capacity) を有することを確認する」という（CRPD Committee, *General Comment No. 1, Article 12: Equal Recognition before the Law*, UN Doc. CRPD/C/GC/1, 11 April 2014, para. 8）。同意見の翻訳として日本障害者リハビリテーション協会の仮訳（at http://www.dinf.ne.jp/doc/japanese/rights/rightafter/crpd_gc1_2014_article12.html (as of 12 September 2018)) がある（訳語は変更した）。同意見の分析を含む12条の解釈については,本書第9章の上山論文参照。

(55) 12条3は「締約国は,障害者がその法的能力の行使に当たって必要とする支援を利用する機会を提供するための適当な措置をとる。」と定める。See, *General Comment No. 1, supra* note 54, para. 16.

(56) *Bujdosó et al. v. Hungary, supra* note 43, para. 9.5.

(57) *Ibid*., para. 9.6.

(58) *Ibid*., para. 10.

◇第4章◇ 障害者権利委員会——個人通報制度〔川島　聡〕

(4) 以上のような委員会の見解については，ここで2点指摘しておきたい。第1に，この見解は，消極的義務と積極的義務の観点から整理することができる，と思われる。消極的義務として，当事国が障害を理由に投票権を制約することは——投票能力の個別評価に基づき投票権を制約することを含め——一切認められない。また，積極的義務として，当事国は投票権行使のための支援を障害者に提供することを確保しなければならない。このような両方の義務の遵守を当事国に求めるのが，委員会の立場であるといえよう。

第2は，アラヨシュ・キシュ対ハンガリー事件の欧州人権裁判所判決（2010年）と関わる。欧州人権条約第1議定書3条（自由選挙についての権利）の違反を認定したこの判決は，個別の司法評価（individualised judicial evaluation）なしに，限定後見を要する精神障害に基づいてのみ投票権を無差別に剥奪すること（indiscriminate removal of voting rights）は，投票権制限の正当な理由に適合するものと考えることはできない，とした(59)。この点，ブイドショーほか対ハンガリー事件（③）で，ハンガリーは自国の法制度はこの判決に合致していると主張したが，これに対して，通報者は，欧州人権裁判所判決の基準と委員会の基準とは異なるとか，欧州人権裁判所判決をもってしてもハンガリーの現行法の下での個別評価が条約に適合するかどうかは「未解決」のままである，などと主張した(60)。つまるところ，ブイドショーほか対ハンガリー事件（③）の見解は，そうした「未解決」の問題を委員会なりに決着させたものだといえよう。

X対アルゼンチン事件（④）(61)

(1) 本件の通報者(X)は刑事被告人で，脊髄手術を受けたことにより感覚平衡障害や視空間障害等をもった。そのため，通報者は，連邦刑事裁判所の権限で，ブエノスアイレス近郊の都市エスコバールのリハビリテーションセンターに移送された。そして，同センターは，通報者がリハビリテーションプログラムを受けることを継続すべきである，と連邦刑事裁判所に報告した。また，通報者は，自身がリハビリテーションを継続して受ける必要があると主張し，それに適したものとして在宅拘禁を申請した。ところが，連邦刑事裁判所は在宅

---

(59) ECtHR, *Alajos Kiss v. Hungary*, Application No. 38832/06, 20 May 2010, para. 44.
(60) *Bujdosó et al. v. Hungary, supra* note 43, paras. 6.2 and 7.6.
(61) *X v. Argentina*, Communication No. 8/2012, UN Doc. CRPD/C/11/D/8/2012.

拘禁の申請を認めず，通報者を医療刑務所に移送した。そこで通報者は，医療刑務所を含む刑務所での拘禁は条約に違反するとして，委員会に通報した。

その際，通報者は，たしかにすべての国内救済措置はまだ尽くされていないが，当該措置の実施は不当に遅延し，効果的な解決は得られそうにないと主張するとともに，実際に所定の治療を適時又は効果的に受けることができず，よって自己の心身のインテグリティが深刻に脅かされている旨を強調した[62]。

(2) 本通報に関して，委員会は，条約13条（司法へのアクセス）違反の主張については国内救済措置が尽くされていないと判断した。だが，その一方で，委員会は，条約9条（アクセシビリティ），10条（生命権），14条2（身体の自由），15条2（拷問等禁止），17条（インテグリティ），25条（健康），26条（リハビリテーション）の違反の主張については，通報者はたしかに最高裁判所に特別上告をしなかったが十分な努力を尽くした等と説示し，国内救済措置の要件は満たされているとし（選択議定書2条(d)），さらに，十分に立証されているとも判断し（同(e)），受理することにした[63]。

そのうえで，委員会は，本案の審査においては以下のように述べて条約違反を認定した。すなわち，委員会によれば，そもそも条約14条2（身体の自由）の下で，自由を奪われた障害者は，合理的配慮を提供されるなど条約の目的と原則に従って取り扱われる権利を有する。また，アルゼンチンは，自由を奪われたすべての障害者のアクセシビリティを刑務所において確保する義務を負っている。よって，アルゼンチンは，自由を奪われた障害者が収容場所でのあらゆる日常生活の側面に自立して完全に包摂されることができるように，アクセスを妨げる障壁の特定と除去を含む，あらゆる関連重要措置を講じなければならない。この点，アルゼンチンは，刑務所内で通報者に提供された配慮が，通報者がトイレ，シャワー室，レクリエーション場，看護サービスに（可能な限り）自立してアクセスすることを確保するのに十分なものであったと明白に(irrefutably)証明していない。また，これと関連して，アルゼンチンは，アクセシビリティを妨げる建築上の障壁が存在しているとの通報者の主張を否定していない。このように十分な説明を欠いている以上，アルゼンチンは，条約9条1(a)(b)[64]と14条2に定める義務を履行しなかったといえる[65]。さらに，

---

(62) *Ibid*., paras. 2.1-2.28
(63) *Ibid*., paras. 7.1-7.5.
(64) 9条1(a)(b)は，「1 締約国は，障害者が自立して生活し，及び生活のあらゆる側

◇第 4 章◇ 障害者権利委員会──個人通報制度〔川島　聡〕

アルゼンチンは，アクセシビリティの欠如と合理的配慮の不提供により，条約 17 条に定める「心身のインテグリティが尊重される権利」に適合しえない標準以下の拘禁条件に通報者を置いた[66]。

委員会は，このように条約違反を認定したのであるが，その一方で，以下の通報内容については条約違反を認めなかった。まず，委員会は，自由を奪われた障害者に合理的配慮を提供しないことは 15 条 2 の違反となりうることを想起しつつも，本件では，同条の違反があったと結論づけるのに十分な証拠があるとは考えられないとした[67]。

また，委員会によれば，条約 14 条 2 と併せ読んだ 25 条・26 条に照らすと，刑務所当局は，裁判によって自由を奪われた障害者を管理し，かれらに権限を行使する際には，人権を保護する特別な責任がある[68]。この点，刑務所にいる間の通報者のリハビリテーション治療の質と量に関して，通報者とアルゼンチンの間で主張内容は異なり，通報内容は十全に説得力のある仕方（an entirely convincing manner）で立証されておらず，アルゼンチンの国内裁判所は通報者の医療ニーズに対応するための措置を講じている。このため，25 条・26 条の違反が発生したと結論づけるのに十分な証拠はない[69]。

加えて，委員会は，アルゼンチン当局が，通報者を刑務所に収容して，度重なる救急車による移送を伴う外来診療を通報者に義務づけたことにより，通報者の生命と健康に深刻な危険をもたらしたとの通報者の主張を認めず，通報者の刑務所への収容，あるいは医師が帯同する安全な救急車による移送が，条約

面に完全に参加することを可能にすることを目的として，障害者が，他の者との平等を基礎として，都市及び農村の双方において，物理的環境，輸送機関，情報通信（情報通信機器及び情報通信システムを含む。）並びに公衆に開放され，又は提供される他の施設及びサービスを利用する機会を有することを確保するための適当な措置をとる。この措置は，施設及びサービス等の利用の容易さに対する妨げ及び障壁を特定し，及び撤廃することを含むものとし，特に次の事項について適用する。」という柱書の下で，「(a) 建物，道路，輸送機関その他の屋内及び屋外の施設（学校，住居，医療施設及び職場を含む。），(b) 情報，通信その他のサービス（電子サービス及び緊急事態に係るサービスを含む。）」と定める。

(65)　*X v. Argentina, supra* note 61, para. 8.5.
(66)　*Ibid.*, para. 8.6.
(67)　*Ibid.*, para. 8.7.
(68)　*Ibid.*, para. 8.9.
(69)　*Ibid.*, para. 8.10.

10条と25条を侵害するものであった、と結論づけるのに十分な証拠は存在しない、と判断した[70]。

(3) 以上のように、条約違反を一部認定した委員会はいくつかの勧告を行った[71]。まず、委員会は、通報者に関連する勧告として、アルゼンチンは、(i) 他の受刑者と等しい刑務所施設内のアクセスを確保することにより、通報者の権利侵害を是正する義務を負い、(ii) この通報に要した費用を通報者に十分に補償すべきであり、(iii)（たしかに医学的治療の諾否は患者の自由であるが）通報者が健康状態を維持するための適切・適時なヘルスケア及び適切なリハビリテーション療法に定期的にアクセスしうることを確保する必要がある、とした。

また、委員会は、将来において同様の侵害が生じるのを防止する措置をとるための全般的な義務として、アルゼンチンは特に以下の措置を講じる義務を負う、と勧告した。すなわち、アルゼンチンは、(i)自由を剥奪された障害者が、刑務所内の「生活のあらゆる側面（all aspects of life）」に自立して完全に参加しうることを確保するための適当な措置と合理的配慮の措置、(ii) 自由を剥奪された障害者が、刑務所内の施設やサービスに平等にアクセスしうることを確保するための適当な措置と合理的配慮の措置、(iii) 自由を剥奪された障害者が差別なしに「到達可能な最高水準の健康」(the highest attainable standard of health) を享受できるように、医学的治療やリハビリテーション療法にアクセスしうることを確保するための適当な措置、(iv) 障害者の拘禁条件が、アクセシビリティと合理的配慮の欠如ゆえに、残虐・非人道的で品位を傷つける取扱いとなったり、心身のインテグリティを害したりするほどの大きな心身の苦痛を障害者に与えることがないように確保する措置、(v)条約と選択議定書の範囲に関する十分かつ定期的な研修を裁判官や刑務官（特に医療従事者）に提供する措置、を講じる義務を負う。

(4) 上記の委員会の見解について、ここでは2点指摘しておきたい。第1に、この見解の中では、アクセシビリティと合理的配慮がそれぞれ同時に問題となっているが、両者の関係は明らかにされなかった。だが、この見解が採択された第11回会期では、これらの関係を一定程度整理した一般的意見2（アクセシビリティ）[72]が採択されている。

---

(70) *Ibid.*, para. 8.11.
(71) *Ibid.*, para. 9.
(72) *General Comment No. 2, supra* note 41.

第 2 に，委員会は，その見解の中で，条約 25 条と 26 条の違反を認定していない。だが，それにもかかわらず，なぜ委員会は「将来において同様の侵害が生じるのを防止する」という観点から，これらの条文の規定内容（ヘルスケア，到達可能な最高水準の健康，医学的治療，リハビリテーション療法）に関して勧告をなしうるのか，疑問である。この疑問は，他の条約体の実行も踏まえて今後検討する必要があろう。

グレーニンガー対ドイツ事件（⑤）[73]

（1）通報者（リリアーネ・グレーニンガー）は，自分自身と彼女の夫と障害のある息子のために通報を提出し，息子は条約規定の侵害の被害者であると主張した。

本件では，ドイツ社会法典の定める統合補助金が問題となった。ここでいう統合補助金は事業主向けのものであり，障害がある息子を含む労働者は，統合補助金に対する権利を持つことはできない。事業主が労働者と法的拘束力のある雇用契約を結び，統合補助金を申請した後に，当局が雇用状況を評価し，統合補助金の提供期間と金額を決定することになる。統合補助金の期間は最大で 60 カ月間，賃金の最大 70％に相当する[74]。

通報者によれば，統合補助金は，36 カ月以内に完全な労働能力を回復することができる障害者にのみ適用されるため，差別的なものである。また，統合補助金を請求する権利はもっぱら事業主に帰属し，障害者は当該権利を有しない。そして，当局が社会法典の規定を実施する際の裁量の行使の仕方がさらなる差別をもたらす[75]。通報者は，このように主張し，ドイツが条約に違反したとして委員会に通報した。

（2）本件に関して，委員会は，通報者は利用可能な国内救済措置を尽くしたと判断し（選択議定書 2 条（d）），通報を受理した後，本案の審査においては以

---

(73) *Liliane Gröninger v Germany*, Communication No. 2/2010, UN Doc. CRPD/C/11/D/2/2010.

(74) *Ibid.*, paras. 3.29 and 6.2.

(75) *Ibid.*, paras. 4.17, 6.2 and 6.3. なお，通報者は「統合補助金は，通報者の息子の労働市場への包摂に向けて彼を支援するために利用しうる唯一の積極的差別是正措置（the only affirmative action）である」と主張したが（*Ibid.*），ドイツは，統合補助金が積極的差別是正措置にあたるとは述べていない。

下のように述べて条約違反を認定した。すなわち，委員会は，「統合補助金のスキームの背景にある意図（intention）」は民間事業主が障害者の雇用を奨励することにあるようにみえると述べつつも，このスキームは，「実際には（in practice）」，事業主に追加的な申請手続を求めており，その期間と結果は不確実なものであり，しかも，障害者が当該手続に参加する余地はないと指摘した上で，こうした統合補助金に関する政策は，どちらかと言えば，障害を「過渡的（transitional）」なものと捉え，その結果，時間とともに「克服又は治癒（surpassed or cured）」されるものと捉えているがゆえに，「障害の医学モデル」を反映しているようにみえるので，条約前文パラグラフ（i）（j）[76]と併せ読んだ3条（一般原則）と合致しない，と説示した[77]。また，委員会は，統合補助金のスキームは，通報者の息子の雇用に関して事業主を奨励するものではなく，むしろ事業主を抑制する役割を果たしているようにみえる，と指摘した。加えて，委員会は，27条，4条1（a），3条に言及した上で，本件においては，「統合補助金の交付に関する現行モデルは障害者雇用を効果的に促進するものではない」という見解を示し，とりわけ，事業主が障害者雇用のために統合補助金に申請しようとする際に直面する「一見すると困難な状態（the apparent difficulties）」が，統合補助金のスキームの実効性に（負の）影響を及ぼす，ということを指摘した。そして委員会は，当該スキームに関する行政上の複雑さは，障害者を不利な立場に置いてしまい，そうなると「間接差別（indirect discrimination）」を招きうるのであり，ゆえに，当該スキームは，通報者の息子への適用上，条約3条（a）（b）（c）（e）（一般原則）[78]，4条1（a）[79]（一般的義務）及び5条1[80]（平等・無差別）と併せ読んだ27条1（h）[81]に違反する，

---

(76) 前文（i）は「障害者の多様性」に，前文（j）は「全ての障害者（より多くの支援を必要とする障害者を含む。）の人権を促進し，及び保護すること」に，それぞれ言及する。

(77) *Gröninger v Germany, supra* note 73, para. 6.2.

(78) 3条（b）（e）は，前掲注(24)参照。3条（a）は「固有の尊厳，個人の自律（自ら選択する自由を含む。）及び個人の自立の尊重」，3条（c）は「社会への完全かつ効果的な参加及び包容」と定める。

(79) 4条1（a）は，「1（略）締約国は，次のことを約束する。」という柱書の下で，「(a)この条約において認められる権利の実現のため，全ての適当な立法措置，行政措置その他の措置をとること。」と定める。

(80) 5条1の規定については，前掲注(26)参照。

(81) 27条1（h）は，「1（略）締約国は，特に次のことのための適当な措置（立法による

と判断した(82)。

また，委員会は，ドイツは，社会法典に定める障害者の雇用促進とリハビリテーションと社会参加に関する措置の広範なリストを挙げた一方で，そのいずれが通報者の息子に提供可能であるかを特定しておらず，そうした広範なリストとは対照的に息子に適用可能な措置は限られたものである，と指摘した。そして，委員会は，条約27条1(d)(e)が，締約国が障害者の雇用機会を促進するための適当な措置（障害者の一般的な職業紹介サービスへの効果的なアクセスを可能にさせる措置や，障害者が職業を求める際や職業に就く際の支援を促進する措置など）を講じることにより，労働についての障害者の権利の実現を保障する旨を定めていると述べたうえで，通報者の息子を労働市場に統合するためにドイツ当局が講じた措置は，条約3条(a)(b)(c)(e)，4条1(a)(b)(83)及び5条1と併せ読んだ27条1(d)(e)に定める締約国の義務の基準を満たしていない，と判断した(84)。

(3) 委員会は，このように条約違反を認定したうえで，以下の勧告を行った。まず，委員会は，通報者に関連した勧告として，ドイツは，本件を再評価し，条約に照らして雇用機会を効果的に促進するために国内法の下で利用可能なあらゆる措置を講じること等により，通報者の息子に関する条約上の義務の不履行を救済する義務を負うとともに，この通報に要した費用等を通報者に十分に補償すべきである，とした。また，委員会は，ドイツは，条約の原則を完全に遵守できるように，「永続的障害のある者（individuals who are permanently disabled）」を対象とする統合補助金のスキームの内容と機能を検討し，事業主が適当な場合はいつでも当該制度から効果的に利益を受けることを確保するなどして，将来において同様の侵害が生じるのを防止する措置をとる義務を負

ものを含む。）をとることにより，労働についての障害者（雇用の過程で障害を有することとなった者を含む。）の権利が実現されることを保障し，及び促進する。」という柱書の下で，「(h)適当な政策及び措置（積極的差別是正措置，奨励措置その他の措置を含めることができる。）を通じて，民間部門における障害者の雇用を促進すること。」と定める。

(82) *Gröninger v Germany, supra* note 73, para. 6.2.
(83) 4条1(a)の規定は，前掲注(79)参照。4条1(b)は，「(b)障害者に対する差別となる既存の法律，規則，慣習及び慣行を修正し，又は廃止するための全ての適当な措置（立法を含む。）をとること。」と定める。
(84) *Gröninger v Germany, supra* note 73, para. 6.3.

う，とした(85)。

　(4) 以上のような委員会の見解は，「障害の医学モデル」や「間接差別」に言及している点に特徴がある。まず，委員会によれば，統合補助金のスキームは，時間が経てば「克服又は治癒」されうる障害を有する者のみを対象としているため，「障害の医学モデル」を採用している，ということになろう。そうした障害を有する者とは，傷害・損傷を負った労働者で，36カ月以内に労働能力が元の水準まで回復しうるものである。

　委員会は，このように対象者を限定した統合補助金のスキームは「間接差別」にあたる，としている。すなわち，このスキームの下では，「永続的障害のある者」（障害を生涯有する者）は，もしも36カ月以内に労働能力を回復しうるのであれば統合補助金の対象となりうるが，実際には，ほとんどの場合において36カ月以内に労働能力を回復できず，よって統合補助金の対象とならないという意味で，このスキームは「永続的障害のある者」に対する「間接差別」になっているというのが，委員会の立場であるように思われる。ただ，この見解は読み方がやや難しい部分があり，「間接差別」の導出に関して曖昧なところが残されている。

ユンゲリン対スウェーデン事件（⑥）(86)

　(1) 本件の通報者（マリー＝ルイース・ユンゲリン）は，生まれつき重度の視覚障害者であった。通報者は，スウェーデンの社会保険庁の求人に応募した。職務の資格要件は満たしていたが，社会保険庁の内部コンピュータシステムが視覚障害者に対応できないことを理由に，彼女は不採用となった。そこで，ユンゲリンは，社会保険庁が彼女に合理的配慮を提供せず，彼女を差別したとして，障害オンブズマン（平等オンブズマン）を通じて労働裁判所に訴えを提起した。けれども，労働裁判所は，本件で求められた配慮は合理的なものではないとして，この請求を棄却した。そして，労働裁判所の判決に対しては上訴することができないため，通報者は，スウェーデンが条約5条（平等・無差別）と27条（労働・雇用）に違反したとして，委員会に通報した(87)。

---

(85) *Ibid.*, para. 7.

(86) *Marie-Louise Jungelin v. Sweden*, Communication No. 5/2011, UN Doc. CRPD/C/12/D/5/2011.

(87) *Ibid.*, paras. 2.1-2.9 and 3.1-3.4.

(2) 委員会は，本通報を「時間的理由で（*ratione temporis*）」受理しうるか否かという時間的管轄の問題に関して，本通報の関連事実が，スウェーデンについての条約・選択議定書の効力発生日（2009年1月14日）よりも前（2006年と2007年）に生じていると述べつつも，通報者の差別に関する請求を全面的に検討したスウェーデンの労働裁判所の決定（2010年2月17日）がこの効力発生日よりも後になされたと指摘するとともに（選択議定書2条(f)），通報者が同決定に上訴することができず，もはや通報者には他の利用可能な救済手段はないため，国内救済措置は尽くされた（同(d)）などと説示し，本通報を受理可能だと判断した(88)。

委員会は，本案の審査では次のように述べ，条約違反を認定しなかった。まず，委員会は，通報者は本件で1999年法が自身に適用されて不利益を被ったと考えている，と述べた。それゆえ，委員会は，「抽象的に（in abstracto）」1999年法に関心をもっているわけではなく，労働裁判所が通報者の事案に同法を直接適用した点に関心を有する，とした。そして，委員会は，本件では，そうした労働裁判所の2010年決定が条約5条（平等・無差別）と27条（労働・雇用）の下での通報者の権利の侵害にあたるか否かが問題になると述べた後に，27条(a)(e)(g)(i)，2条パラグラフ4（「合理的配慮」の定義），5条1・2を参照した。そのうえで，委員会は次のような判断を示した。

すなわち，委員会によれば，当事国は，合理的配慮の措置に関する「合理性と均衡性（reasonableness and proportionality）」の評価に際して「一定の評価の余地（certain margin of appreciation）」を有する。また，特定の事案における事実と証拠の評価は，「明白に恣意的（clearly arbitrary）であるか又は正義の拒否（denial of justice）にあたる」場合を除き，一般に当事国の裁判所によってなされる。この点，本件では，スウェーデンの労働裁判所は，オンブズマンの勧告した措置が「過度の負担（undue burden）」を社会保険庁に課すとの結論に至る前に，通報者及び社会保険庁の主張した「すべての要素（all the elements）」を「徹底的かつ客観的に（thoroughly and objectively）」検討した。さらに，本件では，明白な恣意性と正義の拒否はなかった。これらの事情に照らすと，労働裁判所の決定は，その決定の時点において「客観的かつ合理的な考慮（objective and reasonable considerations）」に基づいていなかった，と結論づ

---

(88) *Ibid*., paras. 7.1-7.7.

けることはできない。よって、スウェーデンは 5 条と 27 条に違反していない[89]。

以上の委員会の見解に対しては、5 名の委員が共同反対意見を出し、1 名の委員がこれに部分的に同意している。その共同反対意見は、当事国が、配慮の合理性や「過度の負担」の判断に関して、一定の「評価の余地」を有することを認めつつも、次のように述べて、スウェーデンの労働裁判所の判断を問題視した。すなわち、共同反対意見によると、労働裁判所は、ユンゲリンへの配慮が将来の障害者雇用に及ぼすベネフィット（他の視覚障害者の今後の雇用に対する積極的効果）を考慮に入れるべきであった。また、労働裁判所は、国内障害政策の実施を担当する主要な公的機関のひとつである社会保険庁の役割と機能をより慎重に考慮すべきであった。さらに、労働裁判所は賃金助成金と補助金を考慮に入れるべきであった。しかし労働裁判所は、それらの考慮をせずに「過度の負担」の概念を広く解釈し、障害者の配慮を受ける可能性を著しく制約した。こうして合理的配慮の不提供を支持した労働裁判所の評価は、職務からのユンゲリンの「事実上の差別的排除（*de facto* discriminatory exclusion）」をもたらしたのであり、条約前文(i)(j)[90]に定める一般原則と合致せず、5 条と 27 条に違反する、と委員会は認定すべきであった[91]。

(3) このように、共同反対意見は、委員会がその見解の中で「過度の負担」の有無を判断した際に、他の視覚障害者一般に対する積極的効果や補助金等を考慮に入れるべきであったと主張することにより、スウェーデンによる「過度の負担」の主張を認めにくくしている。今後、委員会が、この共同反対意見に示された条約の解釈基準を他の事案においても求めることになるかどうか注視していく必要がある。

いずれにせよ、ユンゲリン対スウェーデン事件（⑥）の見解が、事実と証拠の評価は明白に恣意的な場合か正義の拒否の場合を除き一般に国内裁判所によってなされるという——すでに他の条約体の見解において見られる[92]——点

---

(89) *Ibid.*, paras. 10.1-10.6.
(90) 前文(i)(j)は、前掲注(76)参照。
(91) Joint Opinion of Committee Members (dissenting), *Jungelin v. Sweden, supra* note 86.
(92) たとえば、岩沢雄司「自由権規約委員会の履行監視活動」芹田健太郎ほか編『講座国際人権法 4（国際人権法の国際的実施）』（信山社、2011 年）194 頁参照。

◇第4章◇ 障害者権利委員会——個人通報制度〔川島 聡〕

に，委員会として初めて言及したことには留意してよい。この点は，次にみるA.F. 対イタリア事件（⑦）の見解においても言及されている。

　また，ユンゲリン対スウェーデン事件（⑥）の見解は，国内裁判所は合理的配慮の文脈で「過度の負担」の有無を判断する際に「すべての要素」を「徹底的かつ客観的に」検討しなければならない，という枠組みを委員会として初めて提示した点でも重要である。この枠組みは，後に，A.F. 対イタリア事件（⑦），ビーズリー対オーストラリア事件（⑨），ロックレイ対オーストラリア事件（⑩）の見解において受け継がれることになる。

A.F. 対イタリア事件（⑦）[93]

（1）通報者（A.F.）は，幼少期からゴーシェ病をもち，慢性的な身体的機能障害があった。彼は，イタリアのモデナ・レッジョ・エミリア大学の採用試験を受けたが，3番目の成績であった。採用人数は一人であったので，彼は不採用となった。彼は，イタリア法（1999年法律第68号）の割当雇用制度が適用される障害者であり，国内裁判所で同法の違反を訴えた。同法によれば，従業員50人以上の事業主は，少なくとも全従業員の7％を登録障害者にしなければならず，さらに公的事業主は，この7％の割当雇用率（法的雇用率）を達成するために，採用試験においては採用人数の少なくとも50％を登録障害者にしなければならなかった。だが，州行政裁判所は，一人の採用人数の50％はゼロ人であること等を理由に，通報者は差別を受けていないとした。こうして通報者の請求は棄却されたわけであるが，国務院（上訴審）もこの判断を支持することになった。そのため，通報者はイタリアが条約27条に違反したとして，委員会に通報した[94]。

（2）委員会は，時間的管轄の問題に関して，たしかに本通報の関連事実は，イタリアについての選択議定書の効力発生日（2009年6月15日）よりも前の2006年と2007年に生じているとした。だが，委員会は，通報者の請求と関連的重要性のあるイタリアの国務院（最高行政裁判所）の決定（2009年12月4日）は，この効力発生日よりも後になされたと説示するとともに（選択議定書2条(f)），国内救済措置も尽くされている（同2条(d)）などと述べて，本通報を受

---

[93] *A.F. v. Italy*, Communication No. 9/2012, UN Doc. CRPD/C/13/D/9/2012.
[94] *Ibid*., paras. 2.1-2.3 and 3.1-3.4

理可能だと判断した(95)。

　委員会は，本案の審査においては，以下のように述べて条約違反を認定しなかった。すなわち，まず，委員会は，本件の争点は，国務院の2009年決定が条約27条の下での通報者の権利の侵害にあたるかどうかにある，とした。そして，委員会は，27条(a)(e)(g)(i)に言及した後に，ユンゲリン対スウェーデン事件の見解(96)を参照しながら，特定の事案に関する事実と証拠の評価は，「明白に恣意的であるか又は正義の拒否にあたる」と判断されない限り，一般に当事国の裁判所によってなされる，とした。そのうえで，委員会は，通報者は，国内法の規定とその適用が条約の下での彼の権利の侵害にあたるとの結論をとることを可能にさせる要素を一切提供しなかった，と判断した。また，委員会は，国務院は，通報者及び大学が提出した「すべての要素」を「徹底的かつ客観的に」評価したうえで，通報者の不採用は差別ではないという結論を得た，とした。加えて，委員会は，通報者は，国務院の決定が「明白に恣意的であるか又は正義の拒否にあたる」と結論させうる証拠を一切提供しなかった，と説示した。これらの事情に照らして，委員会は，国務院の決定は「客観的かつ合理的な考慮（objective and reasonable considerations）」に基づいてなされたものであると結論づけて，27条は侵害されていないとした(97)。

　(3) 以上のような委員会の見解については，ここで3点指摘しておきたい。第1に，1位の成績を収めた者が採用されて3位の成績をとった通報者が採用されなかったことは差別にあたらないとした国内裁判所の判断を是認したこの見解は――採用試験において合理的配慮の提供を含め機会の平等が確保されているとすれば――それ自体はやはり妥当であり(98)，本件を差別と認定するのは難しいであろう。ちなみに，同じく明白な恣意性と正義の拒否を認めず条約違反（差別）を認定しなかったユンゲリン対スウェーデン事件のときとは異なり，

---

(95)　*Ibid*., paras. 7.1-7.8.

(96)　*Jungeling v. Sweden, supra* note 86, para. 10.5.

(97)　*A.F. v. Italy, supra* note 93, paras. 8.1-8.5.

(98)　なお，イタリアによれば，通報者は公開競争試験に平等に参加しうる限りにおいて大学から差別されておらず，通報者が採用されなかったのは他の2人の候補者が試験で通報者よりも良い成績を残したからである（*Ibid*., para. 6.2）。Cf. Lisa Waddington, "Positive Action Measures and the UN Convention on the Rights of Persons with Disabilities," *International Labor Rights Case Law*, Vol. 2 (2016), pp. 396-401 (Brill/Nijhoff), at https://ssrn.com/abstract=2833776 (as of 19 October 2017).

A.F. 対イタリア事件（⑦）の見解に反対意見は付されなかった。

第2に，注意したいのは，A.F. 対イタリア事件（⑦）の見解では，割当雇用制度という積極的差別是正措置が条約に適合しているかどうかは争点化されていない，ということである(99)。

第3は，時間的管轄に関してである。委員会が言うように，国際法の一般的なルールとして，条約は遡及効（retroactive effect）を持たない（選択議定書2条(f)）(100)。A.F. 対イタリア事件（⑦）の見解では，ニュースティ及びタカーチュ対ハンガリー事件（②）やユンゲリン対スウェーデン事件（⑥）の見解のときと同様(101)，特に時間的管轄が論点の1つとなったのだが，結局のところ，これらのどの事件においても当該管轄は認められ，通報は受理されている(102)。

F 対オーストリア事件（⑧）(103)

（1）視覚障害のある通報者（F）は，リンツ市所有の会社（Linz Linien GmbH）が管理するトラム3号線を普段利用していた。同社は3号線を拡張したが，その際に設置した新しい停留所にデジタルオーディオシステムを配備しなかった。通報者は，そのことは間接差別にあたる等と訴えたが，リンツの管区裁判所は，通報者の主張を認めなかった。管区裁判所によれば，デジタルオーディオシステムがなくても，視覚障害者による交通サービスの利用は妨げられず，通報者は視覚障害のない乗客に提供される情報（視覚を用いて利用しうる情報）がなくてもトラムを利用することができ，さらに，当該情報はインターネット上でも入手可能で，音声ソフトがあれば視覚障害者にも入手可能である。

州裁判所も原審を支持し，トラム3号線の停留所で視覚を用いて得られる情報は「ささいなもの（minor importance）」であるとした。通報者は，トラム3号線は彼の日常生活を送る上で唯一の路線であり，乗客が新しい停留所を利用

---

(99) Cf. Waddington *supra* note 98.
(100) *A.F. v. Italy*, *supra* note 93, para. 7.4.
(101) *Nyusti and Takaes v. Hungary*, *supra* note 33, para 8.2; *Jungelin v. Sweden*, *supra* note 86, paras. 7.5-7.6.
(102) なお，本章の考察対象外の通報事例であるが，委員会が時間的管轄を理由に通報全体を受理不可能とした事件として，*McAlpine v. United Kingdom*, *supra* note 15.
(103) *F v. Austria*, Communication No. 21/2014, UN Doc. CRPD/C/14/D/21/2014.

する際に視覚を用いて得ることができる情報は「きわめて重要なもの（paramount importance）」であると主張するとともに，デジタルオーディオシステムを利用しえないことによりトラムの利用時に必要となる「リアルタイムな情報への即時のアクセス（immediate access to the real-time information）」が不可能になると主張したのだが，そうした彼の主張は州裁判所において認められなかった(104)。

本件では，最高裁判所には管轄がなく，州裁判所をもって利用可能な国内救済措置は尽くされたとして，通報者は委員会に通報した。そして通報者は，デジタルオーディオシステムが設置されていないがゆえに，視覚を通してのみ入手可能な情報にアクセスすることができず，コミュニケーション上の障壁が存在しているため，交通サービスの平等な利用を妨げられているとして，オーストリアは条約5条（平等・無差別）と9条（アクセシビリティ）に違反する，と主張した。また，通報者は，トラム3号線にデジタルオーディオシステムが配備されなかったことにより，自立生活を送ることができず，個人の移動のしやすさへの権利が侵害されたとして，19条（自立生活・社会包摂）と20条（移動のしやすさ）の違反を主張した(105)。

（2）委員会は，一部の通報内容は国内裁判所において主張されていなかったこと等を理由に受理不可能としたが（選択議定書2条(d)），他の通報内容については受理可能であると判断し(106)，本案の審査においては，以下のように条約違反を認定した。

まず，委員会は，アクセシビリティと合理的配慮という2つの概念を整理した一般的意見2（アクセシビリティ）に留意した(107)。同意見によれば，アクセシビリティは「集団（groups）」に関連し，合理的配慮は「個人（individuals）」に関連する。アクセシビリティ義務は「事前の（*ex ante*）」義務で，当事国は個人からの要求を受ける前にアクセシビリティを実施する義務がある。また，アクセシビリティ義務は「無条件（unconditional）」であり，当事国はアクセスの提供時の負担を理由に当該義務の懈怠を正当化することはできない(108)。

---

(104) *Ibid*., paras. 2.1-2.11.
(105) *Ibid*., paras. 3.1-3.4 and 8.3.
(106) *Ibid*., paras. 7.1-7.5.
(107) *Ibid*., para. 8.4.
(108) *General Comment No. 2*, *supra* note 41, para. 25.

◇第4章◇ 障害者権利委員会——個人通報制度〔川島 聡〕

　委員会は，一般的意見2のこうした内容に言及したうえで，3号線の停留所において視覚を用いて入手可能な情報（非障害者に提供される交通機関のサービスの情報）が視覚障害者に平等に提供されることを確保するために，オーストリアが十分な措置を講じたか否かを評価し[109]，次のような結論を下した。すなわち，委員会によれば，リンツ社は，2004年3月にデジタルオーディオシステムをトラムの停留所に配備することを開始したが，その後，トラム3号線の路線網を拡張した際に，新しい停留所にデジタルオーディオシステムを——限られた費用で導入できたにもかかわらず——一切配備しなかった。だが，通報者が主張するように，デジタルオーディオシステムは，「視覚を用いて入手しうるリアルタイムな情報への即時のアクセス（immediate access to the real-time information available visually）」を「他の者との平等を基礎として」通報者及び他の視覚障害者にもたらすものである。インターネットや携帯電話などを用いた現行のやり方では，そのようなことはできない。このように，オーストリアは，トラム路線網の拡張時にデジタルオーディオシステムを導入しなかったことにより，情報通信技術（ICT）及び公衆に開かれた施設・サービスへの平等なアクセスを否定したのであり，よって条約5条2[110]，9条1[111]，9条2(f)(h)[112]に違反した[113]。

　(3)　委員会は，こうして条約違反を認定した後に，いくつか勧告を行った。まず，委員会は，通報者に関連する勧告として，オーストリアは，トラム全線の視覚情報に関するアクセシビリティの欠如を救済する義務を負い，この通報に要した費用等を通報者に十分に補償すべきとした。また，委員会は，全般的な勧告として，オーストリアは，次の(i)〜(v)等を通して，将来において同様

---

[109]　F v. Austria, supra note 103, para. 8.6.
[110]　5条2は，「締約国は，障害に基づくあらゆる差別を禁止するものとし，いかなる理由による差別に対しても平等かつ効果的な法的保護を障害者に保障する。」と定める。
[111]　9条1については，前掲注(64)参照。
[112]　9条2(f)(h)は，「2　締約国は，また，次のことのための適当な措置をとる。」という柱書きの下で，「(f)障害者が情報を利用する機会を有することを確保するため，障害者に対する他の適当な形態の援助及び支援を促進すること。……(h)情報通信機器及び情報通信システムを最小限の費用で利用しやすいものとするため，早い段階で，利用しやすい情報通信機器及び情報通信システムの設計，開発，生産及び流通を促進すること。」と定める。
[113]　F v. Austria, supra note 103, paras. 8.7.

の侵害が生じるのを防止する措置をとる義務を負うとした。すなわち，(i)公共交通機関に関する現行のアクセシビリティの最低基準が，トラムを含むあらゆる形態の公共交通機関の利用者である非障害者が「視覚を用いて入手しうる生の情報（live information visually available）」への視覚障害者等のアクセスを保障するものとなることを確保すること，(ii)このことに関連して，視覚を用いて入手しうる情報への視覚障害者のアクセスを可能にするために必要となる「漸進的な変更・調整を監視・評価するための，具体的で執行可能な有期の基準を伴う法的枠組」を創り出すこと，(iii)将来の交通網がユニバーサル・デザインの原則を遵守したものとなるよう，条約と選択議定書の範囲（障害者のアクセシビリティを含む）に関する十分かつ定期的な研修を，公共交通機関の設計・構築・設備に従事する全サービスプロバイダーに提供すること，(iv)公共交通分野の情報通信技術（ICT）に関する法律と規則の再検討・採択は，条約4条3に基づき障害者（の代表団体）との緊密な協議の下でなされるとともに，学識経験者・建築家・技師等のあらゆるステークホルダーとも緊密に協議してなされること，(v)関係立法は，ユニバーサル・デザインの原則に立脚し，アクセシビリティ基準の適用義務を定め，当該義務の違反者への制裁規定を設けること，である[114]。

(4) 以上のような委員会の見解について，ここでは3点指摘する。第1に，委員会は，5条と9条の違反を認定する際に，条約は「リアルタイムな情報への即時のアクセス」を「他の者との平等を基礎として」視覚障害者に保障することを国家に義務づけている，とした。ここでいう義務は，単なるアクセスの平等ではなく，「即時のアクセス」の平等を国家に求めているという意味で，重要である。

第2に，この見解において，委員会は，アクセシビリティと合理的配慮に関する概念整理を含んだ一般的意見2に留意したが，後に，この意見の内容は一般的意見4（インクルーシブ教育）や一般的意見6（平等及び無差別）において再確認されている。たとえば，一般的意見6によれば，アクセシビリティ義務は「集団」に関わり，「漸進的にだが無条件に（gradually but unconditionally）」実施されなければならず，他方で，合理的配慮義務は「特定の個人に合うように個別化（individualized）」されたもので，すべての権利に「即時に（im-

---

[114] *Ibid*., para. 9.

mediately）」適用され，「不均衡性（disproportionality）」の概念によって制限されうる。建造環境・公共交通・情報通信サービスにおける「アクセシビリティの漸進的達成（gradual realization of accessibility）」には時間がかかりうるので，その間，合理的配慮は——「即時的義務（an immediate duty）」ゆえに——個人にアクセスを提供する手段として用いられうる[115]。一般的意見4も，これと同様の理解を示したうえで，「個人は，たとえ当事国がアクセシビリティ義務を充足していても，合理的配慮措置を正当に（legitimately）要求しうる」としている[116]。

　第3に，委員会による将来の再発防止に関する勧告には，他の事件の勧告と同じ内容のものが含まれている。たとえば，「漸進的な変更・調整を監視・評価するための，具体的で執行可能な有期の基準を伴う法的枠組」と「アクセシビリティの最低基準」という文言はニュースティ及びタカーチュ対ハンガリー事件（②）の勧告の中で，「障害者（の代表団体）との緊密な協議」という文言はビーズリー対オーストラリア事件（⑨）とロックレイ対オーストラリア事件（⑩）の勧告の中で，「条約と選択議定書の範囲に関する十分かつ定期的な研修」という文言は上記3事件及びX対アルゼンチン事件（④）の勧告の中で，それぞれ言及されている。

ビーズリー対オーストラリア事件（⑨）[117]とロックレイ対オーストラリア事件（⑩）[118]

（1）この2つの事件は重なるところが多いため同時に紹介する。事件の発端は，聴覚障害があるビーズリーとロックレイが，ニューサウスウェールズ州に

---

[115] CRPD Committee, *General Comment No. 6, Equality and Non-discrimination*, UN Doc. CRPD/C/GC/6, 9 March 2018, paras. 41-42.

[116] CRPD Committee, *General Comment No. 4, Right to Inclusive Education*, UN Doc. CRPD/C/GC/4, 26 August 2016, para. 28. 翻訳として，日本障害者リハビリテーション協会の仮訳（at http://www.dinf.ne.jp/doc/japanese/rights/rightafter/crpd_gc4_2016_inclusive_education.html (as of 12 September 2018)）がある（訳語は変更した）。

[117] *Gemma Beasley v. Australia*, Communication No. 11/2013, UN Doc. CRPD/C/15/D/11/2013.

[118] *Michael Lockrey v. Australia*, Communication No. 13/2013, UN Doc. CRPD/C/15/D/13/2013. この見解とビーズリー対オーストラリア事件（⑨）の見解とは基本的に同内容であるため，以下の脚注では前者への言及は省略する。

おいて陪審義務のため召喚されたことにある。ビーズリーはオーズラン(オーストラリア手話)を、ロックレイは同時速記字幕(リアルタイム・ステノ・キャプショニング)を求めたが、どちらの要求も認められなかった。陪審員ではない者が陪審員室に入室することにより審議の機密性が害されること等がその理由であった。そして、ビーズリーとロックレイは、差別禁止法と障害差別禁止法は陪審義務に関する障害差別を違法としておらず、陪審義務からの排除についてオーストラリア人権委員会への申立ては効果を持たない等と指摘し、利用しうる効果的な国内救済措置は存在しないとして委員会に通報した[119]。

(2) 委員会は、オーストラリアの差別禁止法又は障害差別禁止法は通報者に効果的な救済をもたらすものとは考えられないため、通報者の主張は選択議定書2条(d)(国内救済完了の原則)の観点から受理不可能であるとはいえない、とした。そして、委員会は、オーストラリアは「審議の機密性」を問題にしており「通報者の法的能力」を否定しているわけではないので、条約12条(法的能力)に関する通報内容は「事項的理由で(ratione materiae)」受理しえない、と判断した(事項的管轄の問題)。加えて、委員会は、条約2条と4条は、原則として、条約の下で保障される他の実体的権利(substantive rights)と併せ読んだ場合にのみ、個人通報の枠組みの中で援用されうるため、2条・4条単独の下での通報者の主張は、選択議定書2条(e)(「通報が、明らかに根拠を欠いている場合、又は十分に立証されていない場合」)により、受理不可能であるとした。他方で、委員会は、条約5条(平等・無差別)と9条(アクセシビリティ)に関する通報内容は十分に立証されており、また条約13条(司法へのアクセス)、21条(表現の自由と情報アクセス)、29条(政治的・公的活動への参加)に関する通報内容の受理可能性についてはオーストラリアが反駁していないなどとして、これらに関しては受理可能である、と判断した[120]。

委員会は、本案においては以下のように述べて条約違反を認定した。すなわち、委員会は、条約2条パラグラフ3第2文(「障害に基づく差別には、あらゆる形態の差別(合理的配慮の否定を含む。)を含む。」)、5条1[121]、5条3[122]を参照しながら、陪審義務のため召喚された通報者が、オーズランや同時速記字

---

(119) *Beasley v. Australia, supra* note 117, paras. 2.1-2.7 and 3.1-3.6
(120) *Ibid*., paras. 7.1-7.7.
(121) 5条1については、前掲注(26)参照。
(122) 5条3については、前掲注(27)参照。

◇第4章◇　障害者権利委員会——個人通報制度〔川島　聡〕

幕に関する配慮を，陪審制度の運営を行うシェリフの事務所に求めたにもかかわらず，同事務所が，現行法（1977年陪審法）に基づき，陪審員ではない者の陪審員室への入室により審議の機密性が害されることに鑑みて当該配慮を提供しない旨を通報者に伝えたことに言及したうえで，表面上は中立である（差別意図はない）が均衡を欠く影響を障害者に及ぼす規則・措置の有する差別的効果（discriminatory effect）から差別が生じうる，ということを想起した[123]。続けて，委員会は，条約2条パラグラフ4（「合理的配慮」の定義）を想起しながら，ユンゲリン対スウェーデン事件の見解[124]を参照して，当事国は，配慮の措置の「合理性と均衡性」を評価する際に「一定の評価の余地」を享受するが，当該措置が当事国に「均衡を失した又は過度の負担」を課すとの結論に至る前に，その評価が「あらゆる関連要素（all the pertinent elements）」を考慮に入れて「徹底的かつ客観的な仕方（thorough and objective manner）」でなされることを確保しなければならない，とした。そのうえで，委員会は，オーストラリアが，通報者への通訳者と速記者の提供が「均衡を失した又は過度の負担」になることを証明するためのデータなどを示さず，また陪審員の審議の機密性を害することなしには通訳者や速記者は活動することができないことも示していないなど，「均衡を失した又は過度の負担」の有無を「徹底的に」評価せずに通報者に通訳者と速記者を提供しなかったと指摘して，このことは障害差別にあたり条約5条1と5条3に反する，と結論づけた[125]。

　また，委員会は，「締約国は，障害者が自立して生活し，及び生活のあらゆる側面（in all aspects of life）に完全に参加することを可能にすることを目的として」適当な措置をとる旨を定める条約9条1（アクセシビリティ）[126]を想起したうえで，陪審義務の遂行は「能動的な市民性（active citizenship）」の現れであり，9条1の射程内にある「市民的生活（civic life）」の重要な一側面である，と述べた。加えて委員会は，「アクセシビリティの実施の義務は無条件（unconditional）である」とか「アクセスの否定（denial of access）」は差別行為を構成すると考えられるべきであるとした一般的意見2（アクセシビリ

---

(123) *Beasley v. Australia, supra* note 117, para. 8.3. ここで，委員会は，かつて受理不可能とした通報事例（*S.C. v. Brazil, supra* note 15, para. 6.4）を参照している。

(124) *Jungelin v. Sweden, supra* note 86, para. 10.4.

(125) *Beasley v. Australia, supra* note 117, paras. 8.2-8.5.

(126) 9条1については，前掲注(64)参照。

ティ)⁽¹²⁷⁾を想起した。そして委員会は，オーストラリアがビーズリーとロックレイの陪審義務の遂行を可能にさせる適当な措置を講じなかった（オーズランと同時速記字幕を通報者に提供しなかった）ことは，通報者の「生活の側面 (aspect of life)」（9条1）への参加を妨げるものであり，9条1単独の違反及び2条・4条・5条1・5条3と併せ読んだ9条1の違反にあたる，と判断した⁽¹²⁸⁾。

さらに，これらの通報事例では，条約21条（表現の自由と情報アクセス）⁽¹²⁹⁾も争点となった。オーストラリアは本条の義務は漸進的に達成されると主張したのであるが，通報者は本条は漸進的達成に服する権利・義務を含まないと主張した。だが，委員会はそのような＜漸進的義務をめぐる論争＞には踏み込まず，以下のように条文に沿った判断を下した。すなわち，委員会は，21条が，締約国は「公的な活動 (official interactions)」における「意思疎通 (communication)」の手段等の使用を「受け入れ，及び容易にする」措置等を講じることにより，障害者の「表現及び意見の自由についての権利」の行使を確保しなければならない，と定めていることに言及したうえで，ここでいう「意思疎通」という文言はオーズランと同時速記字幕を「明らかに (obviously)」含むとし，また「公的な活動」という文言は他の陪審員や司法官等との「やりとり (interactions)」を含むとした。そして委員会は，オーストラリアが通報者に「公的な活動」を可能ならしめる「意思疎通」の手段を提供しなかったことは，条約21条単独の違反と2条・4条・5条1・5条3と併せ読んだ21条の違反にあたる，と判断した⁽¹³⁰⁾。

加えて，委員会は，条約13条1⁽¹³¹⁾に関して，「陪審義務の遂行は，オース

---

(127) *General Comment No. 2*, *supra* note 41, paras. 13 and 25. なお，「合理的配慮の否定」は差別の一形態に含まれるが（条約2条パラグラフ3第2文），一般的意見2に記されているように「アクセスの否定」自体を差別行為と表現すると誤解を招くかもしれない。

(128) *Beasley v. Australia*, *supra* note 117, para. 8.6.

(129) 21条は，「締約国は，障害者が，第2条に定めるあらゆる形態の意思疎通であって自ら選択するものにより，表現及び意見の自由（他の者との平等を基礎として情報及び考えを求め，受け，及び伝える自由を含む。）についての権利を行使することができることを確保するための全ての適当な措置をとる。この措置には，次のことによるものを含む。（以下略）」と定める。

(130) *Beasley v. Australia*, *supra* note 117, paras. 8.7-8.8.

◇第4章◇ 障害者権利委員会——個人通報制度〔川島 聡〕

トラリアの司法制度の不可分の一部であり」，それ自体，「法的手続（legal proceedings）」への「参加（participation）」にあたる，とした。また，委員会は，「障害者が，差別なしに，かつ，他の者との平等を基礎として，政治（the conduct of public affairs）に効果的かつ完全に参加することができる環境を積極的に促進し，及び政治への障害者の参加を奨励すること」と定める条約29条(b)を想起して，陪審義務を含む司法制度への障害者の平等参加を本条の射程に含めた。そして委員会は，以上の諸点を踏まえて，シェリフによるオーズランと同時速記字幕の不提供の決定は，条約13条1単独の違反及び3条・5条1・29条(b)と併せ読んだ13条1の違反にあたる，と判断した[132]。

　(3) 委員会は，このように条約違反を認定したうえで，以下の勧告を行った。まず，委員会は，通報者に関連する勧告として，オーストラリアは，通報者に効果的救済（通報者の負担したあらゆる法的費用の支払いを含む）を提供する義務を負うとともに，陪審員選出と司法手続のすべての段階において機密性を尊重しつつオーズランと同時速記字幕に係る合理的配慮を提供することにより，通報者の陪審義務への参加を可能にさせる義務を負う，とした。また，委員会は，全般的な勧告として，オーストラリアは，次の(i)(ii)(iii)等を通して，将来において同様の侵害が生じるのを防止する措置をとる義務を負うとした。すなわち，(i)障害者が陪審義務で召喚されるときには必ず，障害者の陪審義務への参加を可能にするために合理的配慮が適切に提供されること，(ii)障害者（の代表団体）と緊密に協議して，関連のある法律・規則・政策・計画について必要な改正を行うこと，(iii)条約と選択議定書の範囲（障害者のアクセシビリティを含む）に関する十分かつ定期的な研修を地方当局（シェリフなど）を含む関係者に提供すること，である[133]。

　(4) 以上のような委員会の見解については，ここで2点指摘しておきたい。第1に，委員会は，この見解で，陪審義務の遂行とそれに必要なオーズランと

---

(131) 13条1は，「締約国は，障害者が全ての法的手続（捜査段階その他予備的な段階を含む。）において直接及び間接の参加者（証人を含む。）として効果的な役割を果たすことを容易にするため，手続上の配慮及び年齢に適した配慮が提供されること等により，障害者が他の者との平等を基礎として司法手続を利用する効果的な機会を有することを確保する。」と定める。

(132) *Beasley v. Australia, supra* note 117, para. 8.9.

(133) *Ibid.*, para. 9.

同時速記字幕が，5条や9条のみならず，13条・21条・29条といった様々な条文とも具体的に関連するとの解釈を明確に示した。

第2に，この見解において，委員会は，条約2条と4条については，原則として，他の実体的権利と併せ読んだ場合にのみ個人通報の枠組みの中で援用しうる，としている。ちなみに，H.M.対スウェーデン事件（①）の見解では，他の実体的権利と併せ読んだ場合にのみ援用しうる条文として，1条と2条が挙げられていた[(134)]。これらの条文単独の下での通報者の主張は，選択議定書2条(e)に基づき受理しえない，というのが委員会の立場である[(135)]。

Ⅳ おわりに

本章では10件の通報事例を紹介し，検討してきた。興味深い点は多々あり，この検討から得られる知見は少なくないが，本章の「おわりに」では6点のみ指摘しておきたい。

第1は，本章で取り上げた10件の通報は，いずれも委員会によって受理されたものであるが，そうだとしても，そこでの通報者の主張内容のすべてが必ずしも受理されていたわけではない，という点である[(136)]。たとえば，通報内容の一部を選択議定書2条(e)（「通報が，明らかに根拠を欠いている場合，又は十分に立証されていない場合」）に基づき受理不可能としたのが，H.M.対スウェーデン事件（①），ニュースティ及びタカーチュ対ハンガリー事件（②），ビーズリー対オーストラリア事件（⑨），ロックレイ対オーストラリア事件（⑩）である。また，事項的管轄を理由に通報内容の一部を受理不可能だと判断したものとして，ビーズリー対オーストラリア事件（⑨）とロックレイ対オーストラリア事件（⑩）がある。そのほかに，通報内容の一部を「国内的な救済措置を尽くしていない」（同2条(d)）として受理不可能としたのが，X対アルゼンチン事件（④）やF対オーストリア事件（⑧）である。ちなみに，後

---

(134) *H.M. v. Sweden*, supra note 17, para. 7.3. Cf. *Gröninger v. Germany*, supra note 73, para. 6.2.

(135) この点につき，米田眞澄「選択議定書の事例研究」国際女性の地位協会編・前掲注（7）506-507頁を比較参照。

(136) 他の条約体による判断も同様である。たとえば岩沢・前掲注(92)193頁参照。

者の事件で，委員会は，通報内容の一部につき，国内救済完了の原則に照らし，国内で主張されていなかったことを理由に受理しえない，としている。

　第2は，本章で取り上げた10件の通報に関する見解においては，無差別，合理的配慮，アクセシビリティのいずれか又はすべてが——ある意味では当然かもしれないが——問題となっている，という点である[137]。ここで，特に5条（平等・無差別）と9条（アクセシビリティ）に注意を払いながら委員会の見解を整理してみると，差別，合理的配慮，アクセシビリティをめぐり委員会の判断は非常にバリエーションが豊富であることがわかる。

　順を追って言うと，まず，委員会は，H.M. 対スウェーデン事件（①）では，9条違反の有無を検討せず，5条違反を認定した。逆に，ニュースティ及びタカーチュ対ハンガリー事件（②）の見解では，通報者の「より広い請求」に照らして，5条違反の有無は検討さえされずに，9条違反が認定された。また，委員会は，ブイドショーほか対ハンガリー事件（③）では，5条と9条を取り上げずに，差別の発生を認めながら29条違反を認定した。委員会は，X 対アルゼンチン事件（④）では，5条を取り上げることなく，9条の違反を認定するとともに，合理的配慮の欠如とアクセシビリティの不備を問題にしながら14条2と17条の違反を認定した。なお，この事件で，委員会は——条約違反を認定しなかったが——自由を奪われた障害者に対する合理的配慮の不提供は15条2の違反となりうる，ということを想起している。委員会は，グレーニンガー対ドイツ事件（⑤）では，9条を取り上げず，5条等と併せ読んだ27条の違反を認定した。委員会は，ユンゲリン対スウェーデン事件（⑥）とA.F. 対イタリア事件（⑦）では条約違反を認定しなかったが，前者の事件で

---

[137]　この点につき，差別（合理的配慮の不提供を含む）の禁止やアクセシビリティの確保が条約の「一般原則」（3条）として掲げられていることや，一般的意見2や同6が以下のような理解を示していることを想起すべきであろう。すなわち，一般的意見2によれば，「アクセシビリティは，まさしく障害者が社会に完全かつ平等に参加し，かつそのすべての人権及び基本的自由を効果的に享受するための極めて重要な前提条件であ」り，「アクセスの確保は，多くの場合，障害者による種々の市民的政治的権利の効果的な享有の前提条件である」（*General Comment No. 2, supra* note 41, paras. 12 and 27）。また，一般的意見6は，「平等・無差別は条約の核心であり」，「平等・無差別の原則／権利は条約の保証する国際的保護の礎石であ」り，「他の者との平等を基礎として」という文言は「条約のすべての実体的権利を無差別原則に結び付ける」という（*General Comment No. 6, supra* note 115, paras. 7 and 12）。

は，9条を取り上げずに5条と27条の違反はないとし，後者の事件では，5条と9条を取り上げず，差別の論点などを考慮に入れて27条の違反はないと判断した。F 対オーストリア事件（⑧），ビーズリー対オーストラリア事件（⑨），ロックレイ対オーストラリア事件（⑩）では，5条と9条を含むいくつかの条項の違反が認定された。

　第3は，合理的配慮の不提供と「間接差別」に関わる論点である。委員会は，H.M. 対スウェーデン事件（①），ビーズリー対オーストラリア事件（⑨），ロックレイ対オーストラリア事件（⑩）の各見解において，表面上中立的な法律は，合理的配慮（「特定の場合」における「均衡を失した又は過度の負担」のない「適当かつ必要な変更及び調整」）が行われない場合に，「差別的効果」をもたらすことがある，としている。具体的には，まず，委員会は，これらの見解で，「均衡を失した又は過度の負担」の有無を判断するとともに条約5条3の違反を認定しているので，明らかに合理的配慮の不提供を問題にしている，と言える[138]。また，委員会の一般的意見6 [139]が，社会権規約委員会一般的意見20[140]を参照し，「間接差別」とは，表面上は中立のようにみえる法令・政策・慣行が，障害者への不均衡な否定的効果（disproportionate negative impact）を有することを意味する，と記していることに鑑みると，委員会は，これらの見解において，表面上中立的な法律のもつ「差別的効果」に言及することにより，「間接差別」——という文言自体を用いてはいないが——も同時に問題にしている，と解される[141]。そして，これらの見解においては，合理的配慮の不提供

---

[138] ただし，X 対アルゼンチン事件（④）の見解に見られるように，委員会は，合理的配慮の不提供を認定した場合に，5条3（前掲注(27)）の違反を常に認定しているわけではない。

[139] General Comment No. 6, supra note 115, para. 18.

[140] Committee on Economic, Social and Cultural Rights, General Comment No. 20: Non-Discrimination in Economic, Social and Cultural Rights (2009), para. 10

[141] なお，欧州社会権委員会は，自閉症ヨーロッパ対フランス事件の「決定」で，「間接差別は，関連するあらゆる相違に対して正当かつ積極的な考慮を払わないこと，又はすべての人に開かれた権利及び集団的利益がすべての人にとって，またすべての人に対して，真にアクセシブルであることを確保するために適切な措置をとらないことによって生じうる」としている。European Committee of Social Rights, Autism-Europe v. France, Complaint No. 13/2002, 4 November 2003. この事件については，申・前掲注(3) 411頁参照（訳語は変更した）。

のために「間接差別」(表面上中立的な法律のもつ「差別的効果」)が生じることがあるという構造が見られるので、逆に、合理的配慮の提供により間接差別の発生を回避できる場合がある[142]、ということができよう[143]。

第4は、合理的配慮とアクセシビリティとの関係についてである。そもそも権利条約は、合理的配慮義務とアクセシビリティ義務を定めており、これらの義務の懈怠は、どちらもバリアフリーを怠ることを意味している点では同じであるが、次のような異同がある。すなわち、委員会の一般的意見2や同6等によれば、「個人」に関わる「今からの($ex\ nunc$)」義務である合理的配慮義務は、「均衡を失した又は過度の負担」という「不均衡性」による制限を受けつつ、「即時」に適用されうるものであるが、これに対して、「集団」に関わる「事前の($ex\ ante$)」義務であるアクセシビリティ義務は、「不均衡性」による制限を受けない「無条件」の義務で、「漸進的」に達成されうる[144]。

ここで、アクセシビリティ義務がなぜ「無条件」の義務であるかは、一般的意見2や同6を見ても必ずしも明らかではない。この点、アクセシビリティ義務は、「不均衡性」が実際に存在する「現状」さえも漸進的に変更することを求めているという意味で、「無条件」の義務とされている、と理解することもできよう。なお、もちろんここでいう漸進的義務は「何もしなくてよい義務」を意味するわけではなく、実際、本章でみたいくつもの委員会の見解(ニュースティ及びタカーチュ対ハンガリー事件(②)、X対アルゼンチン事件(④)、F対

---

[142] この点、日本の障害者差別解消法と障害者雇用促進法は、「間接差別」を禁止することなく、合理的配慮義務を課すことにより「間接差別」の問題に対応しようとする。川島聡「差別解消法と雇用促進法における合理的配慮」同ほか・前掲注(20)55-57頁参照。これらの法律の差別概念については、本書第5章の池原論文も参照。

[143] このように、これらの見解では「合理的配慮の不提供」と「差別的効果(間接差別)」が同時に問題となっており、前者のために後者が生じるという因果関係がみられる。だが、両者は必ずしも常に同時に問題となるわけではなく、たとえば、委員会はグレーニンガー対ドイツ事件(⑤)の見解において「間接差別」を問題にしているが、合理的配慮のことは問題にしていない。また、「間接差別」は、アクセシビリティ義務の懈怠によっても生じうるであろう。

[144] 前掲注(107)(108)(115)(116)及びそれらに対応する本文を参照。なお、日本の障害者差別解消法5条に定める「環境の整備」(事前的改善措置)は、条約のアクセシビリティ義務に基本的に相当するものだといえる。この法律では、事前的改善措置と民間事業者の合理的配慮は、どちらも努力義務とされているが、委員会が日本報告審査後の勧告においてその法的義務化を求める可能性はある。

オーストリア事件（⑧），ビーズリー対オーストラリア事件（⑨），ロックレイ対オーストラリア事件（⑩））においてアクセシビリティ義務（条約9条）の違反は認定されている[145]。

　第5は，合理的配慮義務の違反に関する判断枠組みについてである。ユンゲリン対スウェーデン事件（⑥），A.F. 対イタリア事件（⑦），ビーズリー対オーストラリア事件（⑨），ロックレイ対オーストラリア事件（⑩）において，委員会は，当事国が合理的配慮の提供措置の「合理性と均衡性」を評価する際に「一定の評価の余地」を有することを認めたうえで，当該措置が当事国に「均衡を失した又は過度の負担」を課すとの結論に至る前に，その評価が「あらゆる（関連）要素」を考慮に入れながら「徹底的かつ客観的な仕方」でなされることを確保しなければならない，としている。この判断枠組みについては，本文でみたように，ユンゲリン対スウェーデン事件（⑥）における共同反対意見が，「均衡を失した又は過度の負担」の判断の際に考慮すべき諸点をいくつか加えている点が注目される。

　第6は，選挙権に関わる論点である。条約29条の違反を認定したブイドショーほか対ハンガリー事件（③）の見解によれば，条約の下で当事国が障害者の選挙権を制限することは──選挙能力に関する個別評価の有無を問わず──一切認められず，その一方で，障害者の選挙権行使への支援が当事国に求められる[146]。この見解に照らすと，かつて東京地裁判決が，成年被後見人は選挙

---

(145) ちなみに，一般的意見2によれば，「当事国は，必要なときは漸進的実施（gradual implementation）を通じて，また国際協力の利用を通じて，アクセスが達成されることを確保することができる。除去を要する妨害物と障壁を特定するための状況分析は，効率的な方法で，また短期的又は中期的な枠組みで行うことができる。障壁は，継続的かつ組織的な方法で，漸進的にだが着実に（gradually yet steadily）除去されなければならない」(General Comment No. 2, supra note 41, para. 27)。

(146) なお，欧州人権裁判所によれば，「基本的権利の制限が，精神障害者のように過去に甚だしい差別（considerable discrimination）を被ってきた，社会における特に弱い立場のグループ（particularly vulnerable group）に適用される場合，国家の評価の余地は相当狭まり（substantially narrower），……当該制限にはきわめて重い理由（very weighty reasons）がなければならない……。知的障害者又は精神障害者という単一のクラスの処遇は疑わしき分類（questionable classification）であり，その権利の制限は厳格審査（strict scrutiny）に服さなければならない」(Kiss v. Hungary, supra note 59, paras. 42 and 44)。このように「評価の余地」を相当狭め，厳格審査を採用した欧州人権裁判所の判断を──「個人の能力の評価」を「本来差別的」と明確に説示することに

権を有しないとする公職選挙法 11 条 1 項 1 号を違憲としつつも,「選挙権を行使するに足る能力を欠く者」を対象とする選挙権制限立法の可能性を認めたことは[147],条約に違反する判断だといえる。

より──さらに前に進めたのが,ブイドショーほか対ハンガリー事件(③)における障害者権利委員会の見解であるといえよう。
(147) 東京地判平成 25 年 3 月 14 日判時 2178 号 3 頁。

第II部
各 論

1 課題別検討
2 主体別検討
3 国・地域別検討

◆ 1 課題別検討 ◆

◇第 5 章◇ 差 別 禁 止〔池原毅和〕

第5章

差 別 禁 止

池 原 毅 和

I はじめに

　障害者基本法の改正（2011年），障害者差別解消法の制定（2013年），障害者雇用促進法の改正（2013年）がなされ[1]，障害者権利条約の批准（2014年）をもって日本の障害者差別禁止法制が一応できあがった[2]。しかし，これらの法制は日本型とも呼ぶべき独特の法制度になっており，国際的基準としての障害者権利条約の水準に達するには，まだ多くの課題が残されている。以下では，日本型障害者差別禁止法制の主要な論点について現行制定法を障害者権利条約

---

[1] 障害者基本法，障害者差別解消法及び障害者雇用促進法は，法律レベルでの障害者差別禁止法制の根幹を形成しているので，以下では障害者差別禁止3法と呼ぶ。筆者は日本弁護士連合会の障害者差別禁止法調査特別部会，障害者政策委員会差別禁止部会などに参与し，障害者差別禁止法制の成立に関与する機会に恵まれた。

[2] 自治体でいわゆる障害者差別禁止条例を制定する動きが広まっており，条例も障害者差別禁止法制の一部を形成するものである。また，障害のある人に対するハラスメントも障害者差別の一類型と解することができ（障害者権利条約16条），障害者虐待防止法（2011年）も障害者差別禁止法制の構成要素に含めて理解することができる。障害者差別解消法に基づいて政府が策定した基本方針，各省庁が策定した対応要領，対応指針，ガイドランなどは法規範性はないが，障害者差別解消法ついての行政解釈を示すものとして日本の障害者差別禁止法制の実態的な射程範囲を勘案する資料となるものである。厚生労働省が策定した障害者雇用促進法に基づく障害者差別禁止指針，合理的配慮指針も同様である。

の要請から批判的に検証し，障害者権利委員会との建設的対話を通じて日本法制のあり方が条約の求める国際水準にみあったものとなるための一助としたい。

II 日本型障害者差別禁止法制

1 日本型障害者差別禁止法制の体系と法解釈の枠組み

(1) 障害者権利条約による憲法規範の意味充填機能

　日本の障害者差別禁止法制において最も網羅的で基本になる国内法は障害者権利条約である。一方，最高法規とされる憲法は「障害」を差別禁止事由として明示しておらず（14条1項），条約は憲法より下位の法規範と解されるため[3]，障害者差別は憲法問題とはならないようにも考えられる。しかし，障害者権利条約は平等権を含めて新たな人権を創設した人権条約ではなく，従前から国際人権規範が定めてきた平等条項等を障害の問題について敷衍したものとされている[4]。障害者権利条約は，国際連合憲章（1945年）から障害者機会均等化基準規則（1993年）を経てその後さまざまな国際人権法の観点からの平等化への努力にもかかわらず，「障害者が，世界の全ての地域において，社会の平等な構成員としての参加を妨げる障壁及び人権侵害に依然として直面している」（同条約前文k）という認識を前提として，他の者にも保障されている人権が障害のある人にも保障されなければならないことを明らかにしたものである。したがって，同条約は憲法に優越するものではないが，同条約の各条項は

---

[3]　条約は，憲法98条2項などを根拠に，国会の承認（61条）後公布（7条1号）されることで国内法としての効力が認められ，憲法改正手続（96条）の厳格性に対比して緩やかな承認手続であることなどを根拠に，条約は憲法には優越しないと解するのが通説である。

[4]　障害者権利条約の多くの条項に書き込まれている「他の者との平等を基礎として」（on an equal basis with others）という法文は，同条約が「障害のある人の特権を創設するものではなく，障害のある人も形式的には他の人と同様の権利を有してはいるが，現実には権利を享有できていないという認識の下に，この権利の実際的な権利の享有における格差をなくしていくことが本条約の審議に当たった特別委員会の基本的なコンセプトであった。」とされ，それを法文に落とし込んだのが上記の法文であるとされている。（東俊裕「障害に基づく差別の禁止」長瀬修・東俊裕・川島聡編『障害者の権利条約と日本——概要と展望（増補改訂）』（生活書院，2012年）50頁）。

◇第5章◇ 差 別 禁 止〔池原毅和〕

関連する憲法の各人権規定の埋もれていた意味を改めて充填させる機能をもっている⁽⁵⁾。障害のある人々に対する歴史的社会的差別状況を踏まえると、憲法14条1項の列挙事由についていわゆる特別意味説を前提にして⁽⁶⁾、「障害」を同条項列挙事由に準じる厳格な司法審査の対象とされる事由と解すべきである⁽⁷⁾。また、障害者権利条約の個別社会生活領域で定める平等条項は憲法の平等条項に包摂されていたものを敷衍したものと解されるので⁽⁸⁾、憲法および障害者権利条約は、わが国の障害者差別禁止法制の根本的な規範を形成し、これに反する法令は無効とされ（憲法98条、81条）、憲法および条約に準拠するように改廃されなければならない（障害者権利条約4条1b）。既存の法令は、立法目的と法文に照らして合理性がある範囲では憲法および障害者権利条約の要請に適合するように限定あるいは拡張解釈しなければならない。

(2) 障害者差別禁止3法および障害者差別禁止条例の位置づけ

障害者基本法、障害者差別解消法及び障害者雇用促進法は、それぞれ障害を

---

(5) 例えば、憲法26条1項「ひとしく教育を受ける権利」、同44条但書の含意は、それぞれ障害者権利条約24条、29条によって充填されるべきである。憲法規定においては明示的には平等性の観点として規定されていない各種人権規定においても「国民」や「何人」という文言に当然ながら「障害のある人」の平等な権利保障が含意され、「個人として尊重される」（憲法13条）含意として尊厳、自律、差異・多様性の尊重（同条約3条）、インテグリティーの保障（同17条）などが発掘されなければならない。

(6) 佐藤幸治『憲法（第3版）』（青林書院、1995年）477-478頁。

(7) 植木淳（『障害のある人の権利と法』（日本評論社、2011年）169-170頁）は、米国連邦最高裁判所が合衆国憲法修正14条の違憲審査の定式化で用いた「疑わしき区分」の基礎にある「生来性・不変性」、「自尊侵害性」、「政治的無力性」、「差別の歴史性」という諸特徴が日本国憲法14条1項の列挙事由にも認められ、「障害」はこれらの諸特徴を共有しているので、「疑わしき区分」に該当し「社会的身分」に含まれると解して、非列挙事由とは異なる「厳格度の高い審査基準」（中間審査基準ないし厳格審査基準による趣旨と推察される）により違憲審査されるべきであるとする。高井裕之（「ハンディキャップによる差別からの自由」岩村正彦ほか編『自己決定権と法（岩波講座現代の法14）』（岩波書店、1998年）220頁）は、障害者であることを「準・疑わしい分類」として、中間審査基準（重要な政府目的達成に実質的に関連する別取り扱いであること）によるべきではないかとする。

(8) ただし、私人間関係では直接憲法違反を問うことは原則としてできず、信義則または権利濫用（民法1条2項、3項）公序良俗違反（同法90条）、不法行為（同法709条等）を介して間接適用するとするのが通説判例であり、その場合は憲法違反ということはできない。

理由とする差別の禁止に関する規定と合理的配慮に関する規定を定めている。障害者差別禁止3法は国会制定法として優劣関係はないが，障害者基本法は共生社会実現を目的として，障害者の雇用の促進等を含めて（同法19条），障害者施策の基本原則と基本的事項を定めた基本とされる法律であるから（同法1条），他の2法は障害者基本法の原則に適合するように解釈運用されなければならない[9]。

いわゆる障害者差別禁止条例については，障害者基本法6条および障害者差別解消法3条が，いずれも地方公共団体が障害者差別禁止に関する施策を策定，実施すべき責務を定めていることからみて，これら2法は全国的な規制の最低基準を定めたものであり，各自治体において同各法および障害者権利条約の趣旨・目的に沿ったより効果的な障害者差別禁止規定を制定することが求められていると解すべきである。地方自治体における先進的な障害者差別禁止条例の制定は自治体間での創意工夫を促進し，さらに将来の障害者差別禁止3法の改正にも影響を及ぼすことが期待される[10]。

Ⅲ 分析と課題

1 障害者権利条約第1回日本政府報告（以下「第1回政府報告」）と日本型障害者差別禁止法の基本的な課題

第1回政府報告は，総論の「条約上の権利の実現のための政策，戦略，国内の法的枠組み，障害者差別に関する包括的な枠組み」において，障害者基本法4条1項，2項および障害者差別解消法7条，8条，障害者雇用促進法34条，

---

[9] 障害者差別解消法は，障害者基本法の理念を前提にすることを明文化している（障害者差別解消法1条）。縦割り行政と内閣提出法案が高い割合を示す日本の立法過程の特徴，政権交代の影響などを受けて，障害者差別禁止3法の差別禁止および合理的配慮に関する規定には少なからず文言上の異同がある。しかし，法解釈上は上位規範および基本となる規範から統一性のある解釈を行うべきである。

[10] 「障害を理由とする差別の禁止に関する基本方針」（以下「基本方針」）も，「地域の実情に即した既存の条例（いわゆる上乗せ・横出し条例を含む。）については引き続き効力を有し，また，新たに制定することも制限されることはなく，障害者にとって身近な地域において，条例の制定も含めた障害者差別を解消する取組の推進が望まれる。」としている。

35 条および 36 条の 2，同条の 3 を適示し（パラグラフ 10 ないし 12），さらに，障害者差別禁止と合理的配慮の提供について事業主に向けた指針を策定し，これらの問題について紛争が起きた場合には，事業主が自主的な解決に努めるほか，都道府県労働局長が必要な助言，指導または勧告をすることができ，必要な場合は紛争調整委員会に調停を行わせることができることを指摘している（パラグラフ 13）。障害者権利条約 4 条 1 に関しては，障害者基本法 4 条 1 項を再度適示し（パラグラフ 27），障害者権利条約 5 条に関しては，障害者基本法 4 条 1 項，2 項および障害者差別解消法 7 条，8 条を指摘するにとどまっている（パラグラフ 36, 37）。そして，障害を理由とする差別を解消するための措置等として，行政機関等の職員が適切に対応するための要領を定め，事業者に対しては主務大臣が対応要領（ガイドライン）の作成ならびに報告の徴収，助言，指導および勧告を行うことによって事業者の自主的な取り組みを促進し，また，紛争防止のための体制の整備，支援等をおこなうことを指摘している。障害者権利条約 3 条 b および e については，上記総論および障害者権利条約 5 条に関する記述の参照を求めるのみであり（パラグラフ 22），全体として障害者差別禁止 3 法の規定に特別な説明を加えることもないままに規定を適示するにとどまっており，同各法によって障害者権利条約の要請が満たされているとする立場からの報告とみることができる。

　この政府報告は日本型障害者差別禁止法の特色をよく表している。世界の障害者差別禁止法の類型には憲法型，刑事法型，社会福祉法型，民事法型の 4 種類があるといわれるが[11]，日本型障害者差別禁止法は，障害者差別禁止 3 法が定める義務について指針・ガイドライン等で行政的基準を示し，報告の徴収，助言，指導および勧告という行政的介入によって義務を遵守させていくという独自の行政規制型あるいは行政指導型という形態をとっている。確かに，人権を促進，保護，確保する一つの手段として民主的基盤を前提とする行政機関の役割は重要である。しかし，多数決原理を前提とする民主制のプロセスの中で

---

(11) 日本弁護士連合会人権擁護委員会編『障害のある人の人権と差別禁止法』（明石書店，2002 年）30-37 頁。原典（Theresia Degener and Gerard Quinn, "A Survey of International, Comparative and Regional Disability Law Reform"）は 2000 年の ADA10 周年シンポジウムを主催した Disability Rights Education and Defense Fund の以下のサイトで読むことができる。https://dredf.org/international/degener_quinn.html (as of 9 January 2017).

少数者の人権を保障することには構造的な限界がある。障害のある人々は社会の少数派であるから、その権利の促進、保護、確保を行政的介入という手法のみに任せることでは十分な機能を望むことはできない。少数者の人権保障のためには司法の役割が重要であり、現代ではそれでも十全な機能が果たせないために、パリ原則に基づく独立した人権機関の設置が求められ、多くの国ではその設置がなされている。のちに検討するように現行の障害者差別禁止法制を前提にしても、信義則（民法1条2項）、公序良俗違反（民法90条）、不法行為（民法709条以下）などを媒介として、障害者差別禁止の問題を司法で問う道はある。しかし、障害者権利条約4条1aは、「この条約において認められる権利の実現のため、全ての必要な立法措置、行政措置その他の措置をとること」、同bは、「障害者に対する差別となる既存の法律、規則、慣習及び慣行を修正し、又は廃止するための全ての適当な措置（立法を含む。）をとること」を締約国の義務としている。この締約国の一般的義務に従えば行政的介入という手法だけでなく、司法救済の道は解釈論に頼ることなく、立法において明確に定めておくことが求められる。この点で、現行の障害者差別3法には大きな欠陥がある。

　また、日本型障害者差別禁止法は、個別的な社会生活領域に応じた差別禁止規定を定めていない。このため個別社会生活領域における差別と合理的配慮の法規範が明確性を欠き、障害者差別禁止法の効果が十分に果たされないことになる可能性が高い。さらに、障害のある人を権利者として規定せず、義務者に対する行政規制上の義務を定める日本型障害者差別禁止法は、障害のある人の権利主体性を法文上明示しないだけでなく、権利自体を義務規定から反射的あるいは間接的に解釈上導き出さなければならない法形式になっているため司法救済を求める際にも無用な解釈上の疑義を生じさせ、その権利保障が十全に果たされないことが懸念される[12]。義務者側から規定する法形式は、障害のあ

---

(12)　例えば、憲法14条1項が「すべて国民は、……差別されない。」と規定するのに対して、障害者差別解消法7条1項は「行政機関等は、……不当な差別的取り扱いをすることにより、障害者の権利利益を侵害してはならない。」と規定している。権利者を主体とした規定は、規定を解釈運用する者に対して、いかにして権利の保障を効果的に実現するかという点に第一次的な問題関心を向けさせるのに対して、義務者を主体とした規定は、いかにしてその義務の範囲を限定して明確化するかに第一次的な問題関心を向かわせ、権利保障の視点が背景化してしまうことが懸念される。

る人が主体的に権利行使するよりも，まずは周囲の義務者が「自主的」に自らの義務を慮り，障害のある人を仲間外れにするようなことはしない「共生社会」を築いていくという思想を垣間見させる。それは未だに障害ある人を保護の客体から権利の主体に転換していくパラダイムシフトを果たしえない法思想の未熟さを表現しているようにも思われる。

2　障害者差別禁止3法の不協和音の調整課題

(1)「権利利益を侵害してはならない」（障害者差別解消法7条1項，8条1項）をどう読むべきか。

　障害者差別解消法7条および8条の各1項は，「不当な差別的取扱いをすることにより，障害者の権利利益を侵害してはならない」と定めているので，「差別的取扱い」に加えて「権利利益の侵害」があることが差別禁止の要件になるのかが問題になる。

　この点について，障害者基本法4条1項は，「差別することその他の権利利益を侵害する行為をしてはならない。」としている。同条項の文言は「差別」が「権利利益を侵害する行為」のひとつであることを示しており，同法が障害者差別禁止3法の基本となる法であるこという位置づけからすれば，権利利益の侵害は「差別」とは別個の要件ではなく，「差別」が認められれば当然に権利利益は侵害されていると解さなければならず，改めて具体的にいかなる権利利益が侵害されたのかを問題にする必要はないものと解すべきである[13]。

---

[13]　なお，障害者基本法4条1項は端的に「差別」と規定するのに対して，障害者差別解消法7条および8条各1項は，「不当な差別的取扱い」とする点にも文言上の相違が認められる。「不当な」は正当な理由がある場合を除く趣旨と解され，憲法および障害者権利条約の要請から，例外的に正当化される取扱いは厳格な審査基準に基づいて判定されなければならず，それを含意した文言が「不当な」の意味と解される。憲法および障害者権利条約も差別禁止に一切の例外を許さない趣旨ではないが，障害者基本法は基本法として例外よりも原理原則を示す観点から端的に差別禁止を定め，具体的規範性を有する障害者差別解消法が限定的に例外について示唆する文言を加えたものと理解することができる。厳格な審査基準により判定されるべき正当化事由は，やむにやまれざる公共の利益あるいは当該事業等に内在する本質的な目的を達成するために当該取扱いが必要不可欠（より差別的でない取り扱いの不存在）と認められることを要する。なお，基本指針は，その取扱いが「客観的に見て正当な目的の下に行われたものであり，その目的に照らしてやむを得ないと言える場合である。」とし，「行政機関等及び事業者においては，正当な理由に相当するか否かについて，個別の事案ごとに，障害者，事業者，第三者の権利利益（例：安全の確保，財産の保全，事業の目的・内容・機能の維持，損

(2) 間接差別は禁止されているか。

　障害者差別解消法および障害者雇用促進法の差別禁止規定が直接差別のみを禁止しているのか他の差別類型も禁止しているのかについて，直接差別のみを規定したものと解する見解がみられる[14]。

　その主な論拠は，特に障害者雇用促進法改正の立法経緯において，同法 35 条は直接差別を禁止する趣旨であると考えられていたこと，合理的配慮の規定によって間接差別的な事案は解決できる可能性があること，行政解釈上，労働法規について「…を理由とする」という文言は差別意思に基づくものと理解されてきたこと[15]，雇用の分野における男女の均等な機会及び待遇の確保に関する法律（以下「男女雇用機会均等」）において「性別を理由とする差別の禁止」に関する同法 5 条および 6 条を直接差別類型と位置づけ，それとは別に間接差別類型として「性別以外を要件とする措置」（7 条）を定めていることなどを理由としている。

　しかし，障害者権利条約 2 条は「障害に基づく差別」(discrimination on the basis of disability) は「あらゆる形態の差別」を含むと定義しており，特に「人権及び基本的自由を認識し，享有し，又は行使することを害し，又は妨げる目的又は効果を有するもの」として，差別的な目的や意図がなくても差別的な効

　　害発生の防止等）及び行政機関等の事務・事業の目的・内容・機能の維持等の観点に鑑み，具体的場面や状況に応じて総合的・客観的に判断することが必要である。」としている。「客観的に見て正当な目的」とは，主観的，恣意的な目的を除外し公共領域の価値あるいは事業内在的な価値に根拠を求めることを意味し，「目的に照らしてやむを得ない」は必要不可欠性を意味するものと理解できるので，厳格審査を求めるものと考えられる。

(14) なお，第 1 回政府報告は，条文適示にとどまるもので，条項についての解釈や説明は加えられていない。この点では障害者権利委員会の理解を深めるように，各条項の射程範囲の実態を理解できるように説明することが必要であり，障害者差別禁止 3 法の政府解釈が直接差別に限定する立場であるならそれを説明したうえで，直接差別に限定する法律が障害者権利条約の要請を満たすものか否かの所見をえるべきである。

(15) 富永晃一「改正障害者雇用促進法の障害者差別禁止と合理的配慮義務」『論究ジュリスト』8 号（2014 年）29 頁。同法改正に関して厚生労働省に設置された労働政策審議会障害者雇用分科会の「今後の障害者雇用施策の充実強化について（意見書）」（2013 年 3 月 14 日，以下「障害者雇用分科会意見書」）は，差別禁止は事業主に義務を課すものであるから，その内容が明確でなければならないため間接差別については将来的な検討を要するものの今回の改正において盛り込むべきではないとされた。

◇第5章◇　差　別　禁　止〔池原毅和〕

果を生じる場合（間接差別と類型化される場合）もその定義に含まれることを明らかにしている。もともと間接差別は創設的な規定ができて初めて認められた差別類型ではなく，差別禁止規定の解釈として発展し，のちに条文化されることになったものである。間接差別は，本来，禁止されるべき差別とはならないものを差別類型として付加したものではなく，むしろ，本来禁止されるべき差別になるものを注意的に明らかにするために条文化されてきたものである[16]。したがって，仮に障害者差別禁止3法が直接差別しか禁止しないとするのであれば，憲法および障害者権利条約の障害者差別禁止の要請を満たしていないことになる。障害者差別禁止3法の規定は上位規範の要請に沿うように解釈すべきであるから，「障害を理由として」（障害者基本法4条1項，障害者差別解消法7条1項，8条1項）または「障害者であることを理由として」（障害者雇用促進法35条）との文言は差別的な取扱いの根拠が差別禁止事由にあること，あるいは，差別禁止事由に基づいていることを意味するものと解さなければならない。差別の目的や意図がある場合は，その主観を媒介にして当該取扱いが差別禁止事由に基づいていることが明らかになるが，差別的な効果が差別禁止事由との関連で有意に認められる場合も客観的な関連から当該取扱いが差別禁止事由に基づいていることになり差別禁止が及ぶことになる。

　間接差別は，①マイノリティーに及ぼす差別的な影響に注目していること，②集団としての影響に注目していること，③ステレオタイプや認知的バイアスを含んだ既存の社会通念に基づく基準等の「『差別性』をあぶりだす『包括的見直し機能』を持つこと」，④違法とされた基準は無効になり，正当な基準に変更されうるなどの「革新性」があることなどの意義がある[17]。障害者権利

---

(16)　米国において人種等を理由とする雇用差別を禁じた1964年公民権法第7編に関するGriggs v. Duke Power Co. 401 U.S. 424 (1971) において差別的効果（disparate impact）法理として展開された。障害者権利条約が新たな人権を創設するものではなく，従来からの国際人権規範を障害について敷衍したとする観点（注6参照）から見れば，いわゆる市民的及び政治的権利に関する国際規約2条の「差別」にはもともと間接差別が含意されていたことが前提になっている。同様に日本国憲法の平等条項も間接差別を含めない趣旨と解することはできない。ただ，日本国憲法14条1項を単なる例示列挙とし特別意味説に立たない通説判例のもとでは，いかなる理由によっても合理性の存否によって差別の是非が判断されることになるので間接差別法理が議論されることが少なかったものと考えられる。

(17)　浅倉むつ子『雇用差別禁止法制の展望』（有斐閣，2016年）310頁，Christa Tolber,

条約が目指すのは，障害を人間の多様性の一部と理解し，障害のある人を人類の一員として受け入れる（3条d）インクルーシブな社会（19条）である。各個人の平等権が保障されることはもとより重要であるが，既存の社会通念に基づく基準等が障害のある人たちマイノリティーにもたらす差別的，排除的作用をなくしていくことが重要であることからすると間接差別が差別禁止法から抜け落ちていることは重大な欠陥になる。したがって，この点について障害者差別禁止3法が対応できる法解釈を行うことが求められている。

(3) 直接差別の主観的意図要件について

障害者差別禁止3法が直接差別を禁止していることについては争いはないが，直接差別に差別意思を要するか否かについては検討が必要である。差別意思の内容は，「差別禁止事由を取り扱いに影響を与える要因とすることの認識・認容」と解されている[18]。米国法では直接差別（disparate treatment）は差別意思に基づく類型であり，間接差別（disparate impact）は，差別的効果が証明されれば足りる類型とされる。この違いは直接差別の場合は懲罰的賠償請求が可能であるが，間接差別では懲罰的賠償は求められない点が重視されているため（差別意思基準説）とされ，両類型の効果に大差のない独法の通説では差別意思は直接差別の必要条件ではなく差別が集団の専属的特徴によるか非専属的特徴によるかによって両類型が分かれるとされる[19]。

障害者差別解消法の差別禁止規定違反が問題になる場合について同法が定めている効果は[20]，主務大臣による報告の徴収，助言，指導，勧告（12条）であり，障害者雇用促進法の場合は，厚生労働大臣による助言，指導，勧告（36条の6）あるいは都道府県労働局長による助言，指導または勧告，必要な場合

Limits and Potential of the Concept of Indirect Discrimination（European Commission, 2008），p. 24 は，間接差別の概念は，偏見や特定の集団を優等あるいは劣等とみなす観念，固定観念化された役割などの差別の裏に潜んだ原因を見えるようにし，それに異議を唱える手段とみることができるという。

(18) 永野仁美・長谷川珠子・富永晃一編『詳説 障害者雇用促進法』（弘文堂，2016年）175頁。
(19) 富永・前掲注(15)29頁。
(20) 厳密にいえば差別行為に基づいて生じる法律効果のようなものではなく，障害者差別解消法12条では，「特に必要があると認めるとき」に，障害者雇用促進法36条の6では「必要があると認めるとき」に行われるだけであるので，差別行為によって法律効果が生じるわけではない。

◇第5章◇ 差 別 禁 止〔池原毅和〕

は紛争調整委員会で調停が行われることである（個別労働関係紛争の解決の促進に関する法律）。私法上の効果としては，民法の信義則，権利濫用（1条2項，3項），公序良俗違反（90条），債務不履行（415条），不法行為（709条以下）などの一般条項を介して法律行為の無効化あるいは損害賠償責任（わが国では懲罰的賠償は採用されていない）が問われることになる。

日本の障害者差別禁止3法が定める法的責任は，米国の懲罰的賠償責任をはるかに下回るものであり，この点で差別者側の帰責性（主観的意図）を米国と同一に論じることはできない。また，私法上の効果に照らした場合，権利侵害・違法性（客観面）の要件と帰責性（主観面）の要件は分けて考えることが必要である。

問題を複雑にしている原因の一つは障害者差別禁止3法が義務者側から定める法形式になっていることにあると考えられるが，権利者側から問題をとらえなおせば，差別者側の主観的意図は要件論としては帰責性の問題であり，被差別者の権利が侵害されたか否かとは分けて考えるべきである。違法性に関しては，被差別者の権利利益が妨げられる状態にあり，それが障害を理由する場合は，厳格な審査基準によって正当性が認められない限り違法になる。障害を理由としているか否かは，差別者側の意図から証明しても，被差別者側の権利利益に対する影響（効果）から証明してもよい。差別者の主観は差別が差別禁止事由（障害）に基づいていることの一つの証明方法にはなるが差別の成立要件ではない。したがって，障害者差別解消法および障害者雇用促進法においては事業主等において差別意思がない場合であっても，行政庁の助言，指導または勧告は行われる必要がある。

これに対して私法上の効果を問う場合については適用する条項によって要件および効果が異なる。公序良俗違反（民法90条）を適用する場合は，憲法以下の平等保護法秩序（障害者差別禁止法秩序）の観点から当該行為の違法性が問われる。民法90条を媒介とする間接適用説において重要な点は法律行為を無効とすることによって守られる者（被差別者）の利益と相手方（差別者）の利益をどのようにして衡量するかという点である。これについて障害者差別禁止規定はすでに見たように差別が正当化される場合（違法にならない場合）の判断枠組（厳格な審査基準）を定めている。民法90条においてもこの判断枠組を用いることによって両者の利益を適切に衡量することができると考えられる。これに対して不法行為法（民法709条以下）においては，差別者側に損害賠償

責任を負わせるために，「他人の権利又は法律上保護される利益を侵害」したこと（違法性）に加えて「故意または過失」があることという主観的要件（帰責性）が満たされることが必要である（709条）。違法性については民法90条と同様の判断枠組を用いたうえで，差別者側に故意（障害を取扱いに影響を与える要因とすることの認識・認容）または過失（障害によって取扱いに影響を与えることがないようにする注意を怠ること）が認められることが必要である[21]。

(4) 合理的配慮

（i）合理的配慮の否定は差別となるか。

障害者権利条約は障害者に対する差別の定義規定（2条）で，合理的配慮の否定が障害に基づく差別になることを明らかにしており，障害者基本法4条2項は，合理的配慮を怠ることが「前項の規定に違反する」（4条1項の障害を理由とする差別）ことになることを前提として合理的配慮義務を定めている。障害者差別解消法7条2項および8条2項も合理的配慮を怠ることが「障害者の権利利益を侵害することになる」ことを前提として合理的配慮義務を定めており，その文言は同各条1項の障害を理由とする不当な差別的取扱いによる権利利益の侵害を指しているので，障害者基本法と同様に合理的配慮を怠ることが障害を理由とする差別になるとしていることになる。これに対して，障害者雇用分科会意見書は障害者雇用促進法について「合理的配慮（過度の負担となる場合を除く。）の不提供を差別として禁止することと合理的配慮の提供を義務付けることはその効果は同じであると考えられることから，端的に事業主への合理的配慮の提供義務とすることで足りると考えられる。」（2頁）とし，同法は障害者に対する差別の禁止（34条および35条）と合理的配慮に関する規定（36条の2および36条の3）を他の2法のように同一条に規定せず別条に書き分ける方式をとっている。しかし，合理的配慮の不提供を差別とは別個の概念とする障害者雇用分科会意見書の見解は障害者権利条約の立場にも，障害者差別禁止法制のうえで基本法となる障害者基本法の枠組みにも沿わないものである。

---

[21] 障害のある人の日常生活場面では，労働関係では不法行為よりは契約法理が妥当し，それ以外でも賃貸借や売買，消費寄託（銀行預金），金銭消費貸借（ローン）など契約関係に基づく債務不履行（民法415条）が問題になる場合のほうが多いことが想定される。その場合「債務の本旨に従った履行をしない」（同条）内容として客観面での違法性と帰責性の要件として故意又は過失が求められ，信義誠実の原則（民法1条2項）を媒介にして障害者差別禁止法秩序の規範的要請を契約内容に読み込むことになる。

障害者雇用促進法が定める合理的配慮も,「均等な機会の確保の支障になっている事情を改善するため」(36条の2),「均等な待遇の確保又は障害者である労働者の有する能力の有効な発揮の支障となっている事情を改善するため」になされるものであるから,その本質は平等性(機会均等化)の確保であり差別禁止にほかならない。したがって,同法の合理的配慮も憲法および障害者権利条約以下の障害者差別禁止法制の障害に基づく差別禁止規範に淵源するものと位置づけることが正当である。

(ⅱ)障害者側から合理的配慮を求めることが合理的配慮義務の要件になるか。

障害者差別解消法は,合理的配慮について障害者から「意思の表明」があることを前提にしている(7条2項,8条2項)ように読める。他方,障害者基本法は意思表明を求めておらず(4条2項),障害者雇用促進法は募集・採用の際には「障害者からの申し出により」(36条の2)と定めているが,採用後は申し出を要件としていない(36条の3)。ただ,いずれの場合も「障害者の意向を十分に尊重」すべきであるとしている(36条の4)。

障害者差別禁止3法のこの点に関する異同は,合理的配慮を行う立場の者が障害のある人に必要とされる合理的配慮について知りうる状況にあるか否かによっているものと理解することができる。障害者雇用促進法が募集・採用という初対面の相手に対する場面では申出を規定し,相手の状態を知りうる採用後については申出を規定していないのはそのためである。障害者差別解消法はさまざまな場面に適用されるので,必要な合理的配慮を知りえない場合を想定して規定しているが,合理的配慮が必要であることを知りえる状況においてまで,意思表明がない限り合理的配慮をする必要はないと解すべきではない[22]。障害者権利条約2条は合理的配慮に障害者側からの意思表明や申出を要件として

---

[22] もともと合理的配慮義務は社会における配慮の不平等性に基づいて発生するものである。大講堂で講演者がマイクとスピーカーを用いて講演するのは健聴者に対する配慮であるが,その際に手話・要約筆記などの聴覚障害者への配慮を欠いていれば,健聴者のみへの片面的で不公平な配慮をしたことになる。社会的障壁はこうした無配慮の蓄積によって形成されており,それを除去するのが合理的配慮である。ここでも客観的な違法性(合理的配慮を欠いているために不平等な違法状態にあること)とそれを是正すべき作為義務あるいは損害賠償責任の発生(過失を含む主観的要件)を分けて分析することが必要であり,例えば合理的配慮を欠いた状態で勤務成績を評価し解雇をした場合,違法無効な解雇とされうるが,それについての損害賠償については故意・過失を要することになる。

おらず，障害者基本法も同様である。これらの基本規範に従って解すれば，「意思表明」や「申出」という文言は合理的配慮を行う者が合理的配慮が必要であることを知りえない場合に求められるものと限定的に解さなければならない。

(ⅲ) 事業者の努力義務規定（障害者差別解消法 8 条 2 項）

障害者差別解消法 8 条 2 項は，障害者差別禁止法制の中で唯一，事業者について合理的配慮義務を努力義務にとどめる規定をおいている。しかし，障害者権利条約 4 条 1 eは，「いかなる個人，団体又は民間企業による障害に基づく差別も撤廃するための全ての適当な措置をとること」と定めており，事業者の合理的配慮義務を軽減する措置をとることは同条約から認められない。したがって，障害者差別解消法 8 条 2 項は，障害者権利条約の要請を満たすように改正されることが必要である。同条項の改正までの間，同条項が障害者権利条約に適合するように解釈するとすれば，障害者差別解消法は「行政指導法規」として事業者の合理的配慮の実施については自主的な努力が尽くされていれば行政指導を控えることを規定したものにすぎないと解すべきであろう[23]。したがって，合理的配慮を怠った場合の私法上の効果は，障害者差別解消法 7 条 2 項および 8 条 2 項の規定の違いに影響されることなく，障害者権利条約を基本規範とする障害者差別禁止法秩序から違法と評価され，民法 90 条あるいは 709 条等の要件を満たすことで私法上の効果が認められることになる。

同条項の努力義務が果たされているか否かの判断としては，同種，同規模の事業者が行っている合理配慮を行っていない場合には努力義務を果たしている

---

[23] 1985 年男女雇用機会均等法は採用・配置・昇進の均等取扱いを努力規定にとどめていた。これについて，赤松良子（『詳説 男女雇用機会均等法及び労働基準法』（日本労働協会，1985 年）244 頁）は，義務規定違反は損害賠償の違法性の根拠となり公序に関する規定にもなるが，努力規定は公序良俗等の一般的法理を排除する趣旨で設けるものではないものの，それが直接に違法性，公序を基礎づける規定とはならないと解説するのに対して，浅倉・前掲注(17)89-94 頁は，こうした理解の仕方は「反公序性評価に強弱をつけることになりはしないか」という疑問を提起し，同法は「全体として私法上の効果を直接的に左右する法ではなく，行政指導法規としての性格を有する立法にすぎない」と解すべきであるとしている。障害者権利条約から見ると，合理的配慮義務について行政機関等と事業者の義務に径庭をつける理由はなく，両者を同一に取り扱うべきであるとすると，障害者差別解消法の合理的配慮努力義務化は行政介入のあり方に径庭をつけたものにとどまると理解すべきものと思われる。

ことの特段の証明がない限り努力義務懈怠とされること，雇用している障害のある労働者に行えている合理的配慮を当該事業者が事業を行うにあたって障害者に対して行わなかった場合にも努力義務を果たしていることの特段の証明を要すると解さなければならない。

(5) 差別類型論の発展の方向性
(ⅰ) 社会的排除の視点による差別類型論

障害者権利条約は個々の障害のある人が差別を受けずに平等の保護と権利を享受すること（3条b,e,5条）と同時に社会がインクルーシヴであること（包容）を求めている（3条c,d,19条）。社会の全体構造がある集団に対してエクスクルーシヴ（排除的）である状態では，平等性の保障と差別の禁止は十全なものにならない。また，個々の差別は排除的な社会構造に起因するものでもある。こうした視点から差別を捉えなおすと，障害という属性を持った個人に対する取扱いが同様の属性を持つ集団に対していかなる社会的排除を生じさせるかという観点から差別の認識形式を考えることが必要になる。

従来，直接差別は差別禁止事由を直接的な理由とする取扱いであるのに対して間接差別は差別禁止事由に対して外見上中立的な基準等を理由とする取り扱いであると理解されてきた。この類型化は差別者側がいかなる理由で当該取扱いをしたのかという点に基づいた分類方法である。これに対して社会的排除の観点からの類型化は被差別者側が受ける社会的排除の影響に基づく分類方法である。従来の分類方法との関係を考えると，障害を直接的・明示的な基準として取扱いを異ならせれば，障害属性を持った集団はすべて別異の取扱いに分け隔てられることになるので，全面的な社会的排除を受けることになる。これに対して外見上中立的な基準による場合は障害属性を持たない者もその取扱いの対象になる場合があり（例えば「ペット同伴での店内飲食禁止」という基準は盲導犬を連れた視覚障害者と同時に愛犬家等も排除することになる），一概に特定集団に対する社会的排除があるとは認められない場合がある[24]。こうした点からみると直接差別と間接差別には特定集団に対する社会的排除の程度の差異を認めることができる。最近の欧州司法裁判所の判決例は，外見上中立的な基準を

---

(24) 障害者雇用分科会意見書（2頁）は補助犬，付き添い等を理由とする差別が直接差別に含まれるとしているとしており直接差別を拡張的に理解する点で興味深い。ペット同伴禁止と基準の外形上微妙な差であるが，前者では視覚障害者のみが排除されるのに対して後者では愛犬家も排除される点に違いがある。

適用した場合でも特定属性集団のみを全面的に排除することになる場合は直接差別と解する判断を示し(25)，基準の外形的形式による類型化から実質的作用による類型化へと判断枠組を変化させている。

(ⅱ) 比較論の超克

「平等」の規範的意味を相対的平等と解する通説的見解は，「等しいものは等しく，等しからざるものは等しからざるように」という公準に依拠して平等あるいは差別を認識しようとする。

しかし，商品や生産物のように性能や品質，取引目的が単純なものの取扱いとは異なり(26)，人間と社会生活関係は多面的で多様であるから，この公準は結論を理由づけるために等価性の評価局面を恣意的に選択することを許し，平等保障の機能を低下させる問題をはらんでいる。また，この公準は「社会で多数を占める人々，または主流を形成している人々の『基準』」に他の者も達しているか否かによって等価性を判断することになるので，それに到達できない者に対する異なる取扱いは差別にならないという結論を導くことになる(27)。さらに，等価性の評価には，通常，他との比較が必要になるので，比較対象群がない場合あるいは比較対象群の選択の仕方によって差別を隠蔽する途を開いてしまうことになる。こうした観点から平等保障を十全にするための解釈とそれを法文化する方向性として，等価性評価が必要的ではない差別禁止類型への志向性が生まれる。

こうした志向性にある類型として合理的配慮，ハラスメント(28)，そして英

---

(25) Case C-196/02 Vasiliki Nikoloudi v Organismos Tilepikoinonion Ellados AE 2005 ERC I-1798 は，2年以上フルタイム勤務をした非正規労働者を正規労働者とするという基準について関連規定から非正規労働の女性だけがその基準を満たしえない場合について性を理由とする直接差別であるとし，Case C-267/06 Tadao Maruko v Versorgungsanstalt der deutchen Buhnen, judgement of 1 April 2008 は，死亡時に婚姻関係にあることを前提にする寡婦年金について同性間の婚姻を認めない独法の下では同性カップルに先立たれた場合は年金資格がないことになり同性愛者のみに不利に作用することから直接差別になると判断した。

(26) 欧州司法裁判所は，物品や事業取引の分野からこの公準を確立してきた（Takis Tridimas, *The General Principles of EU Law* (Second Edition, Oxford University Press, 2007), pp. 78-94）。

(27) 浅倉・前掲注(17) 12頁。

(28) 英国平等法26条の定めるハラスメントは，障害に関連して望まれない行為を行い，当該行為が尊厳を侵害し又は脅迫的，敵対的，冒涜的，屈辱的あるいは攻撃的環境を作

国平等法（2010 年）が定めた障害起因差別を挙げることができる(29)。同様の志向性から間接差別において比較対象群との統計資料などに基づく実証的対比を必要としないアプローチも現れるようになっている(30)。

● ● ● Ⅳ　おわりに　● ● ●

　障害者権利条約は 21 世紀最初の人権条約として前世紀までの人権思想の到達点を集約して示した貴重な人権規範である。そこに含まれた豊潤な意味を障害者差別禁止法制の中にどのように読み込み生かしていけるかが私たちに課せられた責務である。障害者権利委員会との建設的対話を梃にしながら人権の地平を切り拓いていく不断の努力が求められる。

り出す目的又は効果を有する場合と定義される。障害者権利条約 3 条 a および d，14 条ないし 17 条は，障害のある人に対する虐待・ハラスメントの禁止を平等性保護の観点からも求めていると解される。
(29)　英国法における障害起因差別については，長谷川聡「イギリス障害者差別禁止法の差別概念の特徴」季刊労働法 225 号（2009 年）49 頁以下，川島聡「英国平等法における障害差別禁止と日本への示唆」大原社会問題研究所雑誌 641 号（2012 年）36 頁以下参照。
(30)　欧州司法裁判所は，間接差別の差別効果について厳密に実証することまでは求めず，差別効果が生じやすいことを示すことで足り（liability approach），差別効果の生じやすさについて裁判所は常識的判断（common sense assessment）を行うことができるとされる。常識的判断は，①明白な事実（obvious facts）に基づく場合（Case C-79/99 Julia Schnorbus v Land Hessen 2000 ECR I-10997 は，兵役か代替公務を果たした者に優先的に司法研修の機会を与える基準は，女性は兵役等の対象にならないので，その機会を得られないことになるので女性に対し間接差別になるとした。）。②一般常識（common knowledge）に基づく場合（Case C-322/98 Barbel Kachelmann v Bankhaus Hermann Lampe KG 2000 ECR I-7505 は，整理解雇についてパートタイマーを対象にする基準は，パートタイマーが女性である可能性のほうが高いのは一般的に知られているところであるから女性に対し間接差別になるとした。）③裁判所の確信（court's conviction）に基づく場合（Case C-237/94 John O'Flynn v Adjudication Officer1996 ECR I-2617 は，英国内で葬祭を行う場合にのみ葬祭扶助を支弁する基準は，移民労働者は一般に出身国との繋がりから出身国で埋葬するはずであるから移民労働者に対し間接差別になるとした。）がある。Tobler, *supra* note 17, p. 40.

◇第6章◇ アクセシビリティ〔川内美彦〕

第6章

アクセシビリティ

川内美彦

1 はじめに

　障害のある人の社会参加を考える上で，建築物や公共交通，情報，コミュニケーションといったもののアクセシビリティはインフラにあたる。こういったものが整備されなければ，いくら社会参加が声高に叫ばれようと，具体的には実現することができない。そういう意味では，アクセシビリティは，整備されてしまえば地中に埋められた水道管のように誰も意識しなくなってしまうという，縁の下の力持ち的なものだと言うことができるだろう。

　歴史的に，わが国（というより多くの社会で）のアクセシビリティ整備では車いすと重度な視覚や聴覚障害のある人への対応が中心となってきた。このカテゴリーに属する人たちが，とりわけ社会環境の有り様に影響される部分が大きかったからである。そしてそれらの整備が進むと，車いす対応から歩行困難者への対応，全盲からロービジョンへの対応，ろう者から難聴者への対応と，徐々にその対象範囲が広がってきて，現在は情報，コミュニケーションにも視野が広がり，知的，精神，発達，内部といった，外見ではわかりづらい障害への対応策も議論されるようになってきている。

　私自身は建築をバックグラウンドに持つため，ずっと建築や公共交通のアクセシビリティに関わってきた。その経験からしても，2000年の交通バリアフリー法以降の整備は非常にスピード感のあるもので，都市部に住む障害のある人の交通や建築物のアクセシビリティは，本章でこれから述べる問題点に目を

つむれば，かなり充足されているものと思われる。しかし，わが国の整備は，建築物であれば一定規模以上のものに整備義務が課せられることによって，公共交通であれば1日の利用客数による分類で整備目標が立てられることによって，都市部を中心に考えられてきたことは否めず，地方とは大きな格差が生まれている。

この格差を打ち破る考え方は「平等」と「権利」だと私は考えており，それこそまさしく障害者権利条約（以下，権利条約）が焦点を当てている分野なのである。

以下ではアクセシビリティについて建築や公共交通の分野を中心に論を進める。

● ● ● II 条文の解釈 ● ● ●

権利条約におけるアクセシビリティに関する記述は，おもに「第9条　施設及びサービス等の利用の容易さ」にある。

> **第9条　施設及びサービス等の利用の容易さ**
> ①　締約国は，障害者が自立して生活し，及び生活のあらゆる側面に完全に参加することを可能にすることを目的として，障害者が，他の者との平等を基礎として，都市及び農村の双方において，物理的環境，輸送機関，情報通信（情報通信機器及び情報通信システムを含む。）並びに公衆に開放され，又は提供される他の施設及びサービスを利用する機会を有することを確保するための適当な措置をとる。この措置は，施設及びサービス等の利用の容易さに対する妨げ及び障壁を特定し，及び撤廃することを含むものとし，特に次の事項について適用する。（以下略）

ここで下線は私が入れたものだが，「都市及び農村の双方において」とあるから，地域格差が出てはならないということである。「I　はじめに」で述べたように，わが国の建築や公共交通のアクセシビリティに関する法律では，面積や利用客数という尺度を用いて，大規模なものや賑やかなところの整備が中心になっており，そもそも地域格差が生まれるような仕組みとなっている。

また「公衆に開放され，又は提供される他の施設及びサービスを利用する機会を有する」とされているから，「利用する」という実質の確保が求められて

◇第6章◇　アクセシビリティ〔川内美彦〕

おり，鉄やコンクリートによる外形的な整備はその実現のための手段であり，その際の整備方針は「他の者との平等を基礎として」考えなければならないということである。

さらに，「利用の容易さに対する妨げ及び障壁を特定し，及び撤廃することを含む」という記述からは，単に利用できるのではなく，「容易さ」が求められており，そしてその原因を調べ，撤廃することは「締約国」に求められているということがわかる。

そしてその実現のための方策としてユニバーサルデザイン[1]が挙げられており，「第4条　一般的義務」ではその研究，開発，促進について述べられている[2]。

国連の障害者権利委員会が2014年4月11日に採択した権利条約9条に対する一般的意見2では，「アクセシビリティは，障害のある人が自立して生活し，社会に完全かつ平等に参加するための前提条件である」と述べており，また「アクセシビリティは，機能障害の種類を問わず，人種，皮膚の色，性，言語，宗教，政治的意見その他の意見，国民的もしくは社会的出身，財産，出生又は他の地位，法的又は社会的地位，ジェンダー又は年齢などのいかなる区別をも伴うことなく，すべての障害のある人に提供されなければならない」とも述べている。すなわち，アクセシビリティとは社会参加の基盤となるものであり，後述するバリアフリー法を筆頭としたわが国の諸制度はその重要性を正しく認識する必要がある。

---

(1)　権利条約「第2条　定義」
　「ユニバーサルデザイン」とは，調整又は特別な設計を必要とすることなく，最大限可能な範囲で全ての人が使用することのできる製品，環境，計画及びサービスの設計をいう。ユニバーサルデザインは，特定の障害者の集団のための補装具が必要な場合には，これを排除するものではない。

(2)　権利条約「第4条　一般的義務」
　(f)　第2条に規定するユニバーサルデザインの製品，サービス，設備及び施設であって，障害者に特有のニーズを満たすために必要な調整が可能な限り最小限であり，かつ，当該ニーズを満たすために必要な費用が最小限であるべきものについての研究及び開発を実施し，又は促進すること。また，当該ユニバーサルデザインの製品，サービス，設備及び施設の利用可能性及び使用を促進すること。さらに，基準及び指針を作成するに当たっては，ユニバーサルデザインが当該基準及び指針に含まれることを促進すること。

◆第Ⅱ部◆　各論1〔課題別検討〕

Ⅲ　分析と課題

1　政府報告

　障害者権利条約第1回日本政府報告（以下，政府報告）では「第9条　施設及びサービス等の利用の容易さ」においてアクセシビリティに関する記述を行っている。ここでは権利条約「第9条　施設及びサービス等の利用の容易さ」で指摘された諸点について網羅的に回答がなされており，要約すれば，さまざまな法律等でアクセシビリティに関する規定を盛り込み，実現のために着実に前進している，と述べている。

2　バリアフリー法

　政府報告では12の段落に分けて多方面におけるバリアフリー施策を説明しているが，このうち半数にあたる6段落に「バリアフリー法」が出てくる。すなわち，わが国のバリアフリー施策[3]においてバリアフリー法は大きな柱となっているのである。

　バリアフリー法とは「高齢者，障害者等の移動等の円滑化の促進に関する法律」（2006年6月21日公布，同年12月20日施行）のことであり，旅客施設及び車両等，道路，路外駐車場，都市公園，建築物といった広い範囲をカバーしている。

　わが国の国レベルとしての建築物のバリアフリーは1994年のハートビル法（高齢者，身体障害者等が円滑に利用できる特定建築物の建築の促進に関する法律）から始まる。公共交通については2000年に交通バリアフリー法（高齢者，身体障害者等の公共交通機関を利用した移動の円滑化の促進に関する法律）が作られたが，2006年に両者を合体したのがバリアフリー法である。この合体により，ハートビル法と交通バリアフリー法は廃止された。このようにバリアフリー法は非常に広い範囲をカバーしているが，その中心として私たちの生活に大きく影響するのは，旅客施設及び車両等（公共交通）と建築物である。

　バリアフリー法の1条にはこの法律の目的が以下のように書かれている。

---

[3]　国際的には「アクセシビリティ」が一般的だが，わが国では「バリアフリー」と呼んでいる。バリアフリーのほうが物理的側面に主眼のある表現のように見えるが，国内的に特に意図してこの表現にしているというより，以前からの踏襲の面が大きいと筆者は考えている。

「第1条　この法律は，高齢者，障害者等の自立した日常生活及び社会生活を確保することの重要性にかんがみ，公共交通機関の旅客施設及び車両等，道路，路外駐車場，公園施設並びに建築物の構造及び設備を改善するための措置，一定の地区における旅客施設，建築物等及びこれらの間の経路を構成する道路，駅前広場，通路その他の施設の一体的な整備を推進するための措置その他の措置を講ずることにより，高齢者，障害者等の移動上及び施設の利用上の利便性及び安全性の向上の促進を図り，もって公共の福祉の増進に資することを目的とする。」

この法律の所管は国土交通省である。もっぱらものを作ることに関わってきたところで，この法律も，ハードの整備に主眼が置かれていることが，この1条からもわかる。またこの文章が作り手側の視点であることも感じられる。「権利」ということであるならば，使い手の視点に立った記述があってしかるべきではないだろうか。

3　公共交通

(1) 基本方針

バリアフリー法は駅施設の新築や大改修については法に定めるアクセシビリティを確保すること，既存については努力すること（努力義務），という考え方で作られている。

わが国の公共交通の多くは，アクセシビリティということに注目が集まり始めるより以前に整備されている。そこで努力義務に頼っていては，整備が進まないことは明らかである。1994年のハートビル法がもっぱら努力義務に頼り，社会的なインパクトを生むことができなかったという先例もある。そこで国は基本方針という整備目標を立てている。

基本方針は2000年に交通バリアフリー法ができた時に10年後の2010年までにという目標で作られたが，2006年に交通バリアフリー法がバリアフリー法に統合され，また2010年を迎えてもこの目標が100%達成されていたわけではなかったことから，さらに高い目標を掲げてゴールを2020年に再設定したものである。2010年までの目標の時と，現行の2020年を目指した基本方針を表1に示す（下線は筆者による）。

表1の鉄軌道駅に対する目標では，旧目標がその対象を1日平均利用者数

---

(4) 国土交通省の資料をもとに筆者が作成。

表1：新旧の基本方針[4]

	旧目標（～2010年）	現目標（～2020年）
鉄軌道駅	1日平均利用者数5,000人以上の鉄軌道駅を，原則として，全てバリアフリー化（約2,800駅）	1日平均利用者数3,000人以上の駅を原則として全てバリアフリー化（5,000人以上約2,800駅，3,000人～5,000人約650駅） ホームドア・可動式ホーム柵について優先すべき駅を検討し，可能な限り整備
鉄軌道車両	約50％の車両（約52,000両）をバリアフリー化	約70％の車両（約36,400両）をバリアフリー化

5,000人以上の駅（約2,800駅）としているのに対し，現目標では1日平均利用者数3,000人以上の駅（約3,450駅）と拡大している[5]。しかしこのような利用客数に基づいた整備目標の設定では，結局は都市部の駅は整備されるが，地方の駅は整備されないという格差を生むことになる。これは地域格差が出てはならないという権利条約の精神から外れていないだろうか。しかも鉄軌道の利用においては，乗る駅と降りる駅の両方が整備されていないと利用できないということになるから，基本原則は全駅整備，しかしながら各地域での整備の優先順位は地域ごとに利用者も含めた協議で決める，といった方法が取れないのだろうか。

(2) 移動の権利

こうして設備面では着実に整備が進んでいるものの，障害のある人からは良くなったという評価が案外高くない。それは，移動が権利として確立されているという実感がもてないからである。

交通バリアフリーが言われ始めた時から，車いす使用者が一人で自由に利用できる，ということがひとつの目標だった。当初，駅の上下移動は駅員に担いでもらうしかなく，ときどき転落ということもあった。担ぐには駅員の人数が必要で，それが揃うまでどれだけ待たされるか，時間的にも全く読めない状態

---

(5) 1日の平均利用客数3,000人以上という整備目標は，バスターミナル，旅客船ターミナル，航空機ターミナルについても同様である。

では、公共交通を利用できたとしても満足度が高まらないのは当然であった。
　やがてさまざまな機械が導入され、担がれるということは徐々になくなってきたが、その機械の操作は駅員に頼まなければならず、ということは駅員の介助に依存していて自由がないという状況は相変わらずだった。2000年の交通バリアフリー法以降はエレベーターの設置が進んできたものの、ホームと電車の隙間と段差は今でも解決されていないので、車いす使用者は駅員の援助がないと移動できない状況は相変わらずである。乗るときに手伝いがいるということは降りるときにもいるということだから、乗る駅から降りる駅、乗換える駅と、自分の移動経路が全て把握されるので、何かの都合で途中下車することは許されないし、これらのアレンジが揃わないと乗ることさえできない。さらにはそのアレンジのせいで乗る位置を駅員側から指定されたり、乗降時に駅じゅうに響き渡る構内放送で全乗客に行き先まで知らされたりでは、自由な移動という実感がわかないのも道理である。

(3) ハンドル形電動車いす問題
　移動に権利がないということを端的に表すのはハンドル形電動車いすの乗車拒否問題である。米国から来日していたジューン・ケイルスは東京から京都に移動しようとして、彼女が使用している車いすがハンドル形であるという理由で乗車を拒否された[6]。国土交通省は2002年と2007年に委員会を設け、ハンドル形電動車いすで鉄道を利用する人の要件（人的要件）と構造についての要件（構造要件）を定め、これらの条件を満たせば乗ることができるというルールを作った。人的要件は障害者総合支援法に基づく補装具費支給制度又は介護保険法に基づく福祉用具貸与制度により支給・貸与を受けている者であり、同型の機種であっても自費で購入した人や、海外から訪れた人などは除外されてしまう仕組みである。また構造要件としては大きさ、走行・操作性能、支援者が操作できる取ってがあること、クラッチレバーがあること、速度の上限、鋭利な突起物がないことといった7項目が求められている。
　このようにあからさまに、ハンドル形であるという形態だけで拒否され、また同じ機種であっても人によって扱いを変え、海外の人は全く利用の可能性がないという方法は、どのような言い訳があったとしても、差別としか言いようがない。国際的には全く理解されない仕組みであり、権利条約が言う、「利用

---

(6) 2010年12月20日東京新聞、2011年2月3日Japan Timesほか。

◆ 第Ⅱ部 ◆　各論1〔課題別検討〕

する」という実質の確保や利用の容易さを論じる以前の問題である。

　2018年3月，国土交通省はこの扱いを大きく変更し，人的要件は廃止，構造要件についても大きさ，走行・操作性能を除いて廃止した。この方針変更の理由について国交省は，高齢化の進展，障害者数の増加，障害者権利条約の締結に向けた国内関係法令の整備，訪日外国人数の著しい増加などの環境変化をあげている[7]。

　しかしながら，そもそもハンドル形電動車いすを排除し始めた理由は，ハンドル形が一般的な車いすであるジョイスティック形に比べてサイズが大きく，回転半径等の操作性が劣るため，駅や車両で受け入れることが難しいということからだった[8]。また人的要件については，ハンドル形が歩行可能な一般高齢者等にも利用されていることから，真に必要とする障害のある人に絞り込むために設けられた。

　ハンドル形の排除は2003年の報告書を根拠に始まったが，それから駅空間はどれほど変わったのだろうか。エレベーターのついた駅は増えたが，たいていは既存駅だからホームが広くなったりしたわけではない。設計ガイドラインには車いすの基本寸法が示されているが，2001年版[9]と2018年版[10]は全く同寸法であり，駅や車両を設計する際の基準寸法がハンドル形を意識して大きくなってはいない。以上から，サイズが問題だとする当初の排除理由が解決されているわけではない。この間の製品改良によってハンドル形の操作性が向上したということは考えられるが，今回の扱い変更には製造時期によって対応を変えるという規定はない。また人的要件については，歩行困難者であっても福祉制度からの交付ではない自費購入者がいることは当初から十分想定しうることであるし，移動の権利という視点で考えるならば人数の増減は理由にはなら

(7)　「ハンドル形電動車椅子を使用した鉄道利用について」平成30年3月，国土交通省総合政策局，鉄道局 http://www.mlit.go.jp/sogoseisaku/barrierfree/sosei_barrierfree_tk_000140.html。

(8)　以下の文献から筆者が要約した。「交通バリアフリー技術規格調査研究報告書」平成15年3月，国土交通省。

(9)　「公共交通機関旅客施設の移動円滑化整備ガイドライン」交通エコロジー・モビリティ財団，平成13年8月。

(10)　「公共交通機関の旅客施設に関する移動等円滑化整備ガイドライン，バリアフリー整備ガイドライン旅客施設編」国土交通省総合政策局安心生活政策課，平成30年3月30日版。

ない。

　以上からすれば，今回の扱いの変更について説得力のある説明がなされているとは考えられず，それでも変更が可能であるということは，そもそもの排除が正当ではなかったと考えざるを得ない。

　ハンドル形電動車いすの扱いは改善されたかもしれないが，つい先日までこのような排除を国の仕組みとして行っていたという歴史と，この問題における障害のある人に対する関係者の人権意識の欠如を忘れるわけにはいかない。

4　建　築　物 ● ● ●

(1) 適用範囲と努力義務

　バリアフリー法において，建築物の規定の対象は特定建築物（多数の者が利用する建築物）と特別特定建築物（不特定かつ多数の者が利用し，又は主として高齢者，障害者等が利用する特定建築物）であり，前者は努力義務，後者は2000㎡以上の場合に整備義務が課せられている。努力義務とは努力するように務めることであり，その結果がどうなるかには言及がない。努力義務は公共交通部門でも用いられている用語だが，公共交通では新築の場合は義務であるのに対し，建築では新築でもその用途や規模によって努力義務が適用されることになっている。バリアフリー法の建築の規定によれば，2000㎡以上の特別特定建築物以外の建築物のアクセシビリティをどうするかは，建築主が（不整備も含めて）決めることができるのである。冒頭で建築物等のアクセシビリティはインフラに当たり，整備されなければ社会参加を実現することができないと述べたが，わが国のバリアフリー法は，障害のある人の社会参加は建築主の個人的な考え方で左右されるということを容認しているのである。これは社会参加を権利だとする権利条約の考え方とは相容れないものである。しかもそれが，生活に密着した小規模な建築物で起きることになるので，移動に困難があり，自宅の周辺で生活を完結したい人への影響は極めて大きい。

　どんな建築物でも新築や大規模改修においては基本的にアクセシビリティ整備を義務とし，しかし建築物個々の事情によって，例えば小規模であれば整備を簡易なもので代替できるようにするとか，人的支援の部分を増やすとかいった柔軟な運用で解決するといった方法も考えられるはずであるが，現行はそうはなっていない。

(2) バリアフリー法の対象範囲

　表2は特定建築物と特別特定建築物の一覧だが，「共同住宅，寄宿舎又は下

宿」が努力義務のみで義務ではない。教育は特別支援学校のみが義務化されていて，それ以外の学校全般は努力義務である。また就労については「工場」は努力義務のみであり，事務所については「官公署」のみが義務化されている。すなわち，バリアフリー法が想定する障害のある人の暮らしは，住まいについてのアクセシビリティ義務は定められていないのでアクセシブルな共同住宅が見つかるかどうかは分からず，学ぶ場は特別支援学校に限定され，就労の場は工場や民間の事務所にはない，というものである。

表2によって特別特定建築物として整備が義務化された建築物には，「移動等円滑化のために必要な建築物特定施設の構造及び配置に関する政令」で定める基準（以下，建築物移動等円滑化基準）が適用される。すなわち，その建築物の整備対象部位がバリアフリー法の規準に適合していればバリアフリーだと法的に認められるということであり，その整備対象部位とは，建築物特定施設（表3）と「標識」，「案内設備」，「案内設備までの経路」である。

表3でわかるように，建築物特定施設で室内にあたるものは「便所」と「ホテル又は旅館の客室」だけである。つまり，バリアフリー法ではその建物の主要な用途の室に行くまでの経路はカバーされているが，その主要な室のアクセシビリティは求められていない。ある建物に入るのは，何らかの目的があり，その目的を完遂するためであろう。しかしバリアフリー法ではその建物の利用目的を実現できる室のアクセシビリティについては規定がないのである。

2020年の東京オリンピック・パラリンピック会場のアクセシビリティに関しては国際パラリンピック委員会（IPC）が定めたアクセシビリティ・ガイドライン（以下，IPCガイド）が参照された。IPCガイドとわが国で既に運用されていたアクセシビリティ・ガイドラインを合体させて「Tokyo2020アクセシビリティ・ガイドライン」が作成され，それをもとにして会場設計が行われたが，IPCガイドにあってわが国にない規定もいくつかあった。それらは例えば，競技場内の車いす対応席の数だったり，サイトライン[12]の規定だったりで，すでに英米では一般的なことであるのにもかかわらず，わが国では完全に

---

(11) 高齢者，障害者等の移動等の円滑化の促進に関する法律施行令をもとに筆者が作成。
(12) 競技が盛り上がると，観客は興奮して立ち上がる。前の人が立ち上がれば後ろの人も立ち上がらなければ競技が見えないが，車いす使用者にはそれができないため，たとえ前の人が立ち上がっても車いす使用者の視線を確保できるように，というのがサイトラインの考え方である。

◇第6章◇ アクセシビリティ〔川内美彦〕

表2：対象建築物[11]

特定建築物（努力義務）	特別特定建築物（2000㎡以上義務）
一　学校	一　特別支援学校
二　病院又は診療所	二　病院又は診療所
三　劇場，観覧場，映画館又は演芸場	三　劇場，観覧場，映画館又は演芸場
四　集会場又は公会堂	四　集会場又は公会堂
五　展示場	五　展示場
六　卸売市場又は百貨店，マーケットその他の物品販売業を営む店舗	六　百貨店，マーケットその他の物品販売業を営む店舗
七　ホテル又は旅館	七　ホテル又は旅館
八　事務所	八　保健所，税務署その他不特定かつ多数の者が利用する官公署
九　共同住宅，寄宿舎又は下宿	
十　老人ホーム，保育所，福祉ホームその他これらに類するもの	九　老人ホーム，福祉ホームその他これらに類するもの（主として高齢者，障害者等が利用するものに限る。）
十一　老人福祉センター，児童厚生施設，身体障害者福祉センターその他これらに類するもの	十　老人福祉センター，児童厚生施設，身体障害者福祉センターその他これらに類するもの
十二　体育館，水泳場，ボーリング場その他これらに類する運動施設又は遊技場	十一　体育館（一般公共の用に供されるものに限る。），水泳場（一般公共の用に供されるものに限る。）若しくはボーリング場又は遊技場
十三　博物館，美術館又は図書館	十二　博物館，美術館又は図書館
十四　公衆浴場	十三　公衆浴場
十五　飲食店又はキャバレー，料理店，ナイトクラブ，ダンスホールその他これらに類するもの	十四　飲食店
十六　理髪店，クリーニング取次店，質屋，貸衣装屋，銀行その他これらに類するサービス業を営む店舗	十五　理髪店，クリーニング取次店，質屋，貸衣装屋，銀行その他これらに類するサービス業を営む店舗
十七　自動車教習所又は学習塾，華道教室，囲碁教室その他これらに類するもの	
十八　工場	
十九　車両の停車場又は船舶若しくは航空機の発着場を構成する建築物で旅客の乗降又は待合いの用に供するもの	十六　車両の停車場又は船舶若しくは航空機の発着場を構成する建築物で旅客の乗降又は待合いの用に供するもの
二十　自動車の停留又は駐車のための施設	十七　自動車の停留又は駐車のための施設（一般公共の用に供されるものに限る。）
二十一　公衆便所	十八　公衆便所
二十二　公共用歩廊	十九　公共用歩廊

表3：建築物特定施設(11)

一	出入口
二	廊下その他これに類するもの（以下「廊下等」という。）
三	階段（その踊場を含む。以下同じ。）
四	傾斜路（その踊場を含む。以下同じ。）
五	エレベーターその他の昇降機
六	便所
七	ホテル又は旅館の客室
八	敷地内の通路
九	駐車場
十	その他国土交通省令で定める施設（省令第三条　令第六条第十号の国土交通省令で定める施設は、浴室又はシャワー室（以下「浴室等」という。）とする。）

欠落していたことが明らかになった。なぜこのようなことが起こったかというと、そもそもわが国では、競技場等の観客席のアクセシビリティに関する規定が存在していなかったからである。そしてその原因はこのバリアフリー法の規定にある。競技場に行く観客は競技を見るためにそこに行く。しかしバリアフリー法では観客席のアクセシビリティは対象外なのである。

観客席のアクセシビリティがバリアフリー法の対象外であることに対して国は平成27年4月に「高齢者、障害者等の円滑な移動等に配慮した建築設計標準（劇場、競技場等の客席・観覧席を有する施設に関する追補版）」（以下、追補版）を作成した。しかし根本の法改正はされていないから、この追補版の法的根拠はない。この追補版の内容を受けいれるかどうかは、またしても、建築主の気持ち次第なのである。

それでも追補版で観客席に関する言及は行われた。しかし先述のように、バリアフリー法では建物の利用目的を実現できる室はカバーされていないから、レストランのダイニングや学校の教室や集会室などのアクセシビリティについては何の規定も言及もないのである。これで権利条約に言う「他の者との平等」が実現されるとは、私にはとても思えない。

(3) **使えるという実質**

ではそれらの法的な問題点が再整備されたらバリアフリー法は活きたものに

なるのであろうか。実はもう一点，重要な点がある。バリアフリー法はハードの整備に主眼が置かれていると述べてきた。IPCガイドでは，例えばサイトラインのように，わが国の規定には全く無いものがあったと述べたが，ではIPCガイドが，あるいは英米がなぜそのような規定を入れたのであろうか。それは彼らが席の数といった外形的な整備にとどまらず，他の客と同様に競技を楽しめるという「実質」に重きを置いているからである。

一方，わが国のバリアフリー法は外形的な整備に重きをおいているように見える。バリアフリー法14条5項では「建築主等（中略）は，（中略）特別特定建築物（中略）を建築物移動等円滑化基準（中略）に適合させるために必要な措置を講ずるよう努めなければならない。」と述べているが，「建築物移動等円滑化基準」にはもっぱらハードの規定が並んでおり，そのハードの利用を拒否したり，利用する人を排除したりしてはならないという，利用の実質を担保する規定は見当たらない。

権利条約から見える世界の関心は，障害のある人が同じ場にいるかどうかのみならず，その場においてどのような利用の実質が提供されるかであり，それなくしては「他の者との平等」は実現されないのである。

Ⅳ おわりに

ここまで，バリアフリー法を俎上に乗せ，建築と公共交通の視点で見てきた。その作業の中で，バリアフリー法の実態には根本的な問題があることを明らかにしてきた。

アクセシビリティに関する法を定める上で，まず対象範囲を考えるのは必要なことであろう。しかしそれが，それ以外を排除するという方向であるとしたら，権利条約の精神とは異なることになる。基本は社会全体をカバーし排除される場や人を生まない，しかし個別の事情を反映して柔軟に対応できる，といった法律が求められるのである。

そして，整備は使えるという実質を実現するものでなければならないし，法律はそれを担保するという姿勢を明らかにする必要がある。

バリアフリー法を読むと，わが国のアクセシビリティ整備はハードの整備自体が目的化しているように見える。ハードの整備は社会参加の実現のための手

段であるという自覚がなければ，法はただの鉄とコンクリートの造形ルールにしか過ぎない。

　バリアフリー法を，差別をなくすという強い使命感を持ち，他の者との平等という価値観に貫かれ，利用という実質を担保する法律に改正する必要がある。

　地方自治体はバリアフリー法に基づいて，その関連の委任条例や自主条例を定めている。バリアフリー法を権利条約に則ったものに改正することで，権利条約の精神を具体的に形にすることが可能になり，それが地域格差のない整備につながるのである。

　政府報告ではバリアフリー法がしばしば引き合いに出されているが，そのバリアフリー法の内実は，ここで述べたように権利条約の考え方とは異なるものであり，権利条約の精神に合わせていくにはまだまだ多くの曲折が必要なようである。

◇第7章◇ 教 育〔大谷恭子〕

第7章

教 育

大 谷 恭 子

1 はじめに

　私が初めて，障害児教育を知り，障害のある子もない子と共に学ぶ共生教育に確信を持ったのは，ある刑事事件を担当してからだ。1979年，若者が小学校の門を乗り越え，建造物侵入罪で逮捕された。彼は，毎日小学校の門の前で自主登校をしている康治君（当時養護学校初等部3年生）を支援していた。康治君は，弟も通う地元の小学校に転校を希望したが，教育委員会と小学校に頑なに拒否されていた。その日も校門前で勉強し，若者は，康治君のトイレを借りるために康治君と一緒に校門を乗り越えた。1979年（昭和54年）は養護学校義務化の年である。1947年制定の学校教育法は，障害児は各都道府県に設置される養護学校等に就学させるとしたが，全国の都道府県に養護学校等を設置することができず，その全面施行が79年まで見送られていた。それまではまだ養護学校がないところもあることもあって地域の小中学校に就学できていた障害児が，これからはいよいよ各都道府県に必ずあることになった養護学校等に就学が義務付けられると，障害者団体から「54義務化反対闘争」として，地域の学校への就学を求める運動が全国的に盛り上がっていた年である。79年は，すでに国際的には，81年の国際障害者年を控え，地域社会からの排除は差別であると認識されていた。

　彼は起訴され，刑事裁判であったが，転校を認めない教育委員会の学校指定処分の違法性を問うこととなった。康治君の転校が認められ，その学校の生徒だったら，康治君のトイレを借りるための学校への立ち入りが建造物侵入罪に

なるわけはないからである。

　裁判は東京高裁で「障害者と健常者の協力関係は可能な限り早い機会に確立されることが望ましい。すなわち教育を終えて社会生活を営むに至った段階では遅きに失するのであり，教育の過程においてすでにその協力関係が確立していることが期待される」とし，「障害児教育は，健常児と総合し，普通教育を施すとともに，その障害の程度に応じて残された能力を開発する特殊教育を行うことが，障害児教育の理想とみるべきものであろう」と判示し，主張はほぼ認められた。しかし，判旨はそれに続け，理想は統合教育だが全国の小中学校に一挙には無理だから順次設備を整えてから統合されていくのもやむなく，現時点では，分離教育は憲法違反ではないとし，教育委員会の学校指定処分は合法とされてしまった。結局，若者の行為は，目的は正当だが手段は相当ではなかったとされ，有罪だった[1]。

　若者は区の職員だった。有罪の確定で彼は失職し，そして，康治君は小学校への転校は認められないまま，中学でようやく地域の中学校に就学し，定時制高校に進学し，卒業後はヘルパーやボランティアに支えられながら，地域での生活を貫いた。

　私は弁護士2年目にこの事件と出会い，以降，なぜ障害のある子が地域の学校で学べないのか，分離は差別ではないのか，これを問い続けることになった。

● ● ● II　インクルーシブ教育と合理的配慮　● ● ●

　権利条約24条は，障害者の教育はインクルーシブ教育でなければならないと規定している。これは権利条約3条cに一般原則として掲げられたインクルージョンを，教育の場面でも重ねて規定しているということである。これの逐条解釈が，障害者権利委員会から，2016年8月「インクルーシブ教育を受ける権利に関する一般的意見 general comment」（以下，一般的意見という）としてとりまとめられ，公表された[2]。これにより，インクルーシブ教育の定

---

[1] 東京高裁1982年1月28日判決・判例タイムズ474号242頁。
[2] Committee on the Rights of Persons with Disabilities, General Comment No. 4 (2016) on the Right to Inclusive Education, UN Doc. CRPD/C/GC/4. 翻訳は，石川ミカ・日本障害者リハビリテーション協会訳・長瀬修監訳による。http://www.dinf.ne.jp/doc/

◇第7章◇ 教　育〔大谷恭子〕

義がより明確となり，また合理的配慮の内容および個別支援との違いも明らかになった。

　以下，一般的意見を適宜抜粋し，要旨を紹介しつつ解釈を明らかにしたい。

1　インクルーシブ教育は差別なく機会の平等を実現するためのもの
　　（24条1本文）●●●

　もともとインクルーシブ教育は，それが提唱された最初の宣言であるサラマンカ宣言（ユネスコ「特別ニーズ教育・そのアクセスおよび質に関する世界会議」サラマンカ宣言（1994年））において，「インクルーシブな方向性を持つ普通学校こそが，差別的な態度と戦い，喜んで受け入れられる地域を創設し，インクルーシブな社会を建設し，全てのもののための教育を達成する最も効果的な手段である」と宣言されたとおり，非差別・平等の実現に不可欠のものだった。権利条約は，これをより鮮明にし，教育を受ける権利を人権として保障し，インクルーシブ教育制度を学校教育だけではなく，生涯教育の全ての段階で保障するとした。

　これに関し，一般的意見は，インクルーシブ教育を阻む障壁として，①障害に対する無理解（社会にある障壁が障害のある人を排除していること），②障害のある人を孤立させる長期居住型施設での生活及び偏見と，障害に対する恐怖を増幅させ放置させる障害に対する根強い差別（パラグラフ4）を挙げ，無理解，差別，偏見こそがインクルージョンの障壁となっていることを指摘している。

　要するに差別と偏見こそがインクルージョンの障壁であり，だからこそインクルージョンこそが差別と偏見の除去に不可欠であると言えるのである。

2　教育の目的に自尊感情の育成と多様性の尊重を掲げたこと
　　（24条1a）●●●

　権利条約は，教育の目的に，「自己の価値に対する意識を十分に発達させ」「人間の多様性の尊重を強化すること」（24条1a）を挙げている。これは，社会権規約や子どもの権利条約に規定された教育の目的を一歩進めたものである。自尊感情や自己肯定感を育て，多様性の尊重を教育の目的に掲げたことは，障害者の教育においてはそれらが不可欠なものであることを認識したからであり，これはあらゆる段階の教育の場面で想起されなければならない。

---

　japanese/rights/rightafter/crpd_gc4_2016_inclusive_education.htm 1（as of 7 January 2018）.

3　インクルーシブ教育の定義

権利条約はインクルージョンもインクルーシブ教育についても定義を設けていないが、一般的意見は、これにつき非常に明確な定義づけをした。まず、インクルーシブ教育の定義として、①全ての学習者の基本的人権であり、と宣言し、個人としての権利性を認めた。さらに、②全ての生徒が自分らしくあり（well being）、障害のある生徒の固有の尊厳と自律を尊重し、効果的に社会に参加し、貢献できる存在であることを原則とするものであり、③教育以外の人権を実現するための手段である。貧困から脱し、地域社会に完全に参加する手段を得ること、すなわち、インクルーシブな社会を実現するために主要な手段であること、④インクルーシブ教育を実現する過程で、すべての生徒に配慮し、インクルードすることによって、通常学校の文化、方針及び実践を変革することを伴うものである、と宣言していることである（パラグラフ10）。

加えて、従来の概念との違いを明確にした。すなわち、障害者が教育の場面で常にさらされてきた、排除・分離・統合との違いである。

① 排除は、直接的又は間接的に教育を享受する機会を妨げ、否定されること。
② 分離は、ある特定の障害に対応するために設計され、使用される別の環境において障害のない生徒から切り離されて教育されること。
③ 統合は、障害のない人のために標準化されてつくられた通常学校や通常学級に適応させるように配置すること。
④ インクルージョンは、対象となる年齢層の全ての生徒を対象にし、現行の教育内容、指導方法、その指導体制を修正、変更する改革のプロセスを含む。これによって、公正な参加型の学習体験と障害のある子どものニーズに合致した教育環境を提供できるようになる。何ら変更を伴わずに障害のある生徒を通常学級に配置することは、インクルージョンではない。統合は、インクルージョンの前段階ではない。（パラグラフ11）

疑問をさしはさむ余地はもはやない、と言わざるを得ないほど明確である。

4　一般的な教育制度から排除されず、自分の住む地域社会でインクルーシブな初等中等教育が保障されること（24条2a・b）

権利条約はインクルーシブ教育を実現するためには、まずは障害者を一般的な教育制度から排除されないことを掲げ、さらに加えて障害のある子どもについては、無償の初等中等の義務教育から排除されないとしている（24条2a）。

◇第7章◇ 教　育〔大谷恭子〕

　要するにインクルージョンという新しい概念を，エクスクルージョン（排除）されない，という従来の概念を使ってより鮮明にしたと言える。この「general education system ＝一般的な教育制度」とは，障害のあるなしにかかわらず大多数の人に用意されている教育制度，という意味であり，日本で言えば学校教育法に規定されている普通教育を目的とする小中学校等によって構成される教育システムを意味する。しかし，当初，日本政府は条約仮訳において，これを「教育制度一般」と訳し，あたかも学校教育法が障害児教育を特別支援教育として別建てとしていることも，「教育制度一般」の中に含まれるとの解釈の余地を残そうとした。これは多くの人に非難され，公定訳で「一般的な教育制度」と変更された。

　条約は，これに続けて，「自己の住む地域社会でインクルーシブ教育が保障されると規定している（24条2b）。

　地域社会で，小中学校での普通教育から排除されないことが保障される，ということがここに明記された。

　一般的意見は，これにつき，以下のような解釈を提起している（パラグラフ18）。

① 一般教育制度から障害のある生徒を排除することは，禁止されなければならない。個人の能力の程度をインクルージョンの条件とすること，合理的配慮の提供の義務から免れるために，過度の負担を主張することなど，機能障害またはその機能障害の程度に基づきインクルージョンを制限する何らかの法的または規制的条項による排除も含めて，禁止されるべきである。

② 一般教育制度からの直接的な排除とは，特定の生徒を「教育不可能」として，教育を受ける資格がないとして分類すること。

③ 間接的な排除は，合理的配慮や支援なしに，入学条件として共通試験への合格という要件を課すこと。

間接的排除として例示された内容は，我が国に日常的に散見される内容である。

5　合理的配慮の提供 (24条2c)

　合理的配慮は，条約2条にその定義があるように，障害者が他者との平等に基づくすべての人権や自由を行使しえるようにするためのものであり，それが提供されなければ差別となるものである。これは障害者が享受し得る全ての権利や自由の実現において保障されているものであるが，条約は，教育において

◆第Ⅱ部◆　各論1〔課題別検討〕

改めてその条項を規定した。そして何が合理的か，が問われることになるのだが，一般的意見は，提供される配慮に妥当性があること，及び，差別を解消することが期待できるもので，個別の事情を加味して決定されるべきである（パラグラフ28）とし，あくまで差別を解消するためのものであるとしている。

　合理的配慮の提供義務がインクルーシブ教育の保障を規定したことに続けて規定されていることの意味は大きい。すなわち，条約は教育をインクルーシブ教育としたからこそ，個別に，各個人の必要性において合理的配慮が提供されなければならないとしているのである。

　これについても一般的意見は，インクルーシブ教育と合理的配慮の関係として，①インクルーシブ教育を受ける権利の保障には，障害のある子どもの可能性を妨げる障壁を除去させる責任が生じること，②インクルージョンは，障害のある子どもが自分らしくあり，成功を重視することによって，全ての子どもの参加と学びへの障壁を除去する（パラグラフ9）と明記し，表裏の関係であることを明らかにしている。

　合理的配慮の提供義務は生涯学習を含むすべての段階の教育において保障されなければならない。行政は，義務教育においては特に，条件整備義務を負っているが，合理的配慮は，制度としての条件整備ではなくあくまでも個人に必要とされるものである。よって，条件整備は漸進的であり，未だ整備されていなくても，合理的配慮としては即時に提供されなければならないものである。

　これについてもまた一般的意見は，①合理的配慮の提供義務は，それを求める要求が生じた瞬間から生まれ，②合理的配慮に関わる政策は，あらゆる教育段階において取り組まれなければならないこと，③資源不足と財政危機を理由に，インクルーシブ教育が推進できないことを正当化することは，24条違反である，と明快である（パラグラフ28）。

6　個別支援の保障 (24条2d・e)

　権利条約は，各人に提供される合理的配慮だけではなく，「効果的な学習を容易にするために必要な支援」もまた保障している（24条2d）。しかもこれも一般教育制度の中で保障されるべきであるとし，あくまで義務教育であれば小中学校の中で保障するべしとしている。要するに，小中学校のなかでも，障害者が学習効果を上げるために，個別に必要な支援をしろということである。さらに，権利条約は「効果的で個別化された支援措置」についても規定している（24条2e）。措置は，行政上の用語であり，何らかの強制力を持つことを意味

する。もちろん教育措置であるから，措置をするにあたって本人や保護者の意思の尊重は不可欠であるが，一般教育制度の中で提供される個別支援（d）とは別の個別支援措置（e）として分けて規定し，措置としての強制力を伴う場面を想定しているということである。我が国においては，特別支援学校の学校指定措置がこれにあたる。ただし，権利条約はこれについては非常に慎重に，「フルインクルージョンを目標に，学問的及び社会的な発達を最大にする環境において」（e）と厳格な枠づけをしている。

これについての一般的意見もまた，個別支援はインクルーシブな環境で行うことを提起し，かつ具体的に，①提供されるいかなる個別支援も，インクルージョンの目標に沿うものでなければならないこと，②障害のある生徒を隅に追いやるのではなく，同級生とともに活動に参加する機会を促進することを目的にしなければならない（パラグラフ34）としている。

7 インクルーシブ教育実現のプログラム

インクルーシブ教育は決して彼岸の理念ではない。それは各人の教育において実現されなければならない。一般的意見は，インクルーシブ教育を実現するための期限を設定し，違反に対する制裁措置を導入しなければならないとさえ提起し，インクルーシブ教育を実現するための枠組みを以下のように提起している（パラグラフ63）。

① 国際人権基準とのコンプライアンス。(a)
② インクルージョンの明確な定義と，すべての教育段階における具体的な目的を定めること。(b)
③ 障害のある生徒と障害のない生徒で同一の，一般的な教育制度の中でインクルーシブな学習機会を享受する権利，及び個々の学習者があらゆる段階において必要な支援サービスを享受する権利を保障すること。(d)
④ 人権基準に基づき，インクルージョンを実現するための合理的配慮の必要性を認識し，合理的配慮の不提供に対する制裁措置を設けること。(h)
⑤ 障害のある人がインクルーシブな学習環境で活躍できるようにするために，必要な，早期発見，アセスメント及び支援のための首尾一貫した枠組みを構築すること。(j)

我が国は，一体これをどの程度まで実践しえているのだろうか。

III 特別支援教育の問題点

　障害者権利委員会に提出された第1回日本政府報告（2016年提出）を批判しつつ，日本の現状の問題点を指摘したい。

1　特別支援教育の拡充はインクルーシブ教育に逆行している

　政府報告は，インクルーシブ教育について，日本においては，特別支援教育が実施されているなどとして，通級による指導，特別支援学級，特別支援学校などの場を充実させていくとしている（パラグラフ156）。実際，特別支援教育対象者は年々増え，政府報告によれば，「2014年5月現在，小・中学校において通級による指導を受けている児童生徒数は83,750人（2009年5月：54,021人），小・中学校の特別支援学級に在籍する児童生徒数は187,100人（2009年5月：135,166人），特別支援学校（幼稚部から高等部まで）に在籍する幼児児童生徒数は135,617人（2009年5月：117,035人）である。」とされている（同上）。

　しかし，このような特別支援教育の拡充は，明らかにインクルーシブ教育とは逆行しており，条約違反の状態である。インクルーシブ教育と特別支援教育とは根本的に違う。

　インクルーシブ教育とは，一般的意見パラグラフ10・11に明らかなように，障害のない子もある子も，同じクラスで共に学ぶことを前提とし，全ての子どもを対象とし，教育内容の変更と調整を伴うものである。特別支援教育はその前身が特殊教育であったことに現れているように，そもそも障害児を障害のない子と異なった場で，障害のある子に対する教育に特化したものである。

　2007年の学校教育法の改正によって，初めて地域の小中学校の通常学級においても特別支援教育が施せることが法的に認められた。これを特殊教育からインクルーシブ教育への一歩であるととらえるべきかどうか，論争になったが，時期を経て，決してインクルーシブへの一歩ではないことが明らかになった。それは従来から通常学級にいたいわゆる発達障害の子どもに対しても特別支援教育を施せることを意味していただけであり，従来特別支援学校や学級にいた子を通常学級に戻すことを意味していなかったからである。よって，小中学校で特別支援教育が施されるようになったことは何らインクルーシブを進めたことにはならない。要は，今までは地域の学校に行けていなかった障害のある子が，どこまで地域の小中学校及び高校に就学できているかが問題なのであるが，

◇第7章◇ 教　育〔大谷恭子〕

それは数字に歴然と現れてしまったように，進むどころか後退しているのである。

なぜ権利条約批准後にかような状態になっているのか，その原因が究明され，抜本的な対策が必要である。

2　人権としてのインクルーシブ教育が承認されていない　● ● ●

日本において，権利条約批准後も，特別支援教育が伸び続けている最大の理由は，文科省をはじめとした教育行政が，インクルーシブ教育への転換を明確に宣言しないことにあると思われる。インクルーシブ教育とは従来の特別支援教育とは全く異なるものであり，教育行政をコペルニクス的に転換しなければならないことを認めようとしないのである。

日本政府は，条約が国連で採択された時から，この条約に矛盾する教育システムである分離別学を共生共学に転換することを迫られ，国内法整備としてまずはそれを準備しなければならなかった。しかし，条約の国内法整備が障がい者制度改革推進会議で進められる過程においても，制度の転換を渋り，結局は，インクルーシブ教育制度の構築を目指す，と宣言したものの，各個人の教育を受ける権利がインクルーシブなものでなければならないということは認めなかった。要は，制度は目指すが，個々人の権利は特別支援教育によって実現するという誠に中途半端なものだったのである。これが，今回の政府報告にあるように，インクルーシブ教育への報告を求められているにもかかわらず，特別支援教育の内容しか報告できないことに現れている。

条約は，個々人の権利としてのインクルーシブ教育を実現するためには教育制度をインクルーシブ教育システムとしなければならないこと，そしてそのためには合理的配慮が提供されなければならず，しかもこれは差別を解消するためにあるのだから即時提供されなければならないとしているのであり，これは，一般的意見でも明らかにされたのである（パラグラフ31）。

システムとしてのインクルーシブ教育が漸進的にしか実現できなくとも，人権としてのインクルーシブ教育は，個人に提供される合理的配慮の提供と共に即時実現されなければならないし，条約はこれを十分意識しているのである。

今回，一般的意見によって，インクルーシブ教育が人権であることがより鮮明となった。この意味を重く受け止め，各人の就学先決定及びあらゆる段階の教育の実現における合理的配慮の内容が問われなければならない。

3 就学先決定システムにインクルーシブ教育の理念が欠落している ● ● ●

　日本において，インクルーシブ教育が進まない主な原因は，就学先の決定が，結局は教育委員会の総合的判断に委ねられていることにある。これは先の障害者制度改革推進会議で大きな論点とされたのであるが，まずは学籍を障害のない子とある子で一元化し，地域の子はすべて地域の小学校に学籍を有するとの体制に転換するべきであるとの意見が大勢であったが，これは文科省の強い抵抗で容れられなかった。

　政府報告はこれについて，2013 年の学校教育法施行令の改正により，障害のある子どもは特別支援学校に原則就学するという従来の就学先決定の仕組みが改められたこと，本人・保護者の意向を可能な限り尊重することになったとしている（パラグラフ 158）。

　確かに，就学先決定については，2013 年の学校教育法施行令の改正により，従来の原則特別支援学校から総合的判断によることとされ，合わせて保護者の意向を可能な限り尊重するよう「学校教育法施行令の一部改正についての通知」(25 文科初第 655 号）(2013 年 9 月 1 日）が出された。しかし，原則的に同じ場での学びをすることの確認はなされていない。保護者の意向尊重も，あくまでも文部科学省の通知によるものであり，法定されたものではない。本人・保護者の意向尊重は，子どもの権利条約の意見表明権，人権宣言などの保護者の教育選択権，これらを受けた障害者基本法に由来するものであり，最大限の尊重が求められているものであることを，学校教育法上に明記するべきである。

　しかも，意向尊重には，十分な情報提供が前提とされていなければならないのだが，通常学校に就学後，提供されなければならない合理的配慮についての十分な情報提供がなされているとはいいがたい。かえって，合理的配慮を求めることが特別支援学校での支援にすり替えられている恐れさえあるのである。

4 本人・保護者の意に反した特別支援学校・学級指定措置と不当な差別的取扱い ● ●

　就学先決定時において，保護者の意向は最大限尊重されることにはなったが，しかし，教育委員会がそれでも総合的判断として特別支援学校や学級に措置をすることはありうる。このような，本人・保護者の意に反した就学先の措置は，一般教育制度からの排除であり，分離の強制として差別的取扱いとなるかどうかが問題となる。

　差別となるかどうかは，「不当な差別的取扱い」（差別解消法 7 条・8 条）と

◇第7章◇ 教 育〔大谷恭子〕

なるかどうかであり、不当かどうかは、権利条約の理念等から判断されなければならない。とすると、インクルーシブ教育を人権として規定し、差別の定義に、「区別・排除・制限」（権利条約2条）が挙げられていることから、外形的に排除されているのであるから、これを正当化する理由（合理的理由）の存することが必要である。また本人保護者の意向は最大限尊重されなければならないことからも、これを拒否する正当な理由（合理的理由）があるかも問われることになる。とすると、特別支援学校でなければ教育が実現できないことを教育委員会が主張・立証できない限り、意に反した措置は違法となろう。

しかも、小中学校での教育に合理的配慮の提供義務が存し、それは即時に提供されなければならないのであるから、合理的配慮を尽くしてもなお小中学校では学習権が実現できない場合に初めて特別支援学校への就学が問題となる。合理的配慮とは幅のある概念であり、保護者（本人を含む）と教育委員会・学校が合理的配慮の内容を話し合い、その内容を確定するのであり、双方が真摯に話し合えば、合理的配慮を提供しつつ小中学校に就学することはどんな場合にもできる。合理的配慮を尽くしてもなお学習権が実現できない状態はおよそ想定できない。

要は、合理的配慮を「過度の負担」として教育委員会が提供を拒否するときである。一般的意見はこの場合を想定し、個人の能力の程度をインクルージョンの条件とすること、合理的配慮の提供の義務から免れるために、過度の負担を主張すること、特定の生徒を「教育不可能」として、教育を受ける資格がないとして分類することは直接的排除であり、合理的配慮や支援なしに、入学条件として共通試験への合格という要件を課すことは、間接的排除となり、24条違反となるとしている（パラグラフ28）。

これに関し、2016年（平成28年）9月21日富山地裁（判例集未掲載）は、公立中学校の特別支援学級への入級と在級の継続などが違法な差別的取扱いには当たらないとの判断を示した。判決は、入級処分は「校務をつかさどり、教育の専門家である校長の広範な裁量にゆだね」、しかも、「憲法14条法の下の平等から、裁量権を考慮してもなお当該差別的取扱いに合理的根拠が認められないなど当該処分が裁量権の限界を超えている場合は合理的理由のない差別となり、憲法14条に違反する」とし、当該処分（入級と継続）はいずれも、就学指導委員会の専門的検討判断を踏まえたものだから合理的根拠に基づくものと認められるとしている。入級処分は平成19年から平成22年（卒業時）までの

ものであることから，未だ障害者差別解消法の制定以前であり，また学校教育法施行令と前記通知の発令以前の判例であり，その後に制定・発令されたものには拘束されないところから，一定の限界は否めないが，それを踏まえても，分離別学の強制を，就学指導委員会の専門的判断のもと，校長の広範な裁量権によって許されるとしたことは，分離しなければ教育を実現できないとの主張立証もなく，保護者の意向が容れられなかったことについても合理的説明もなく，全く説得力に欠く。かような総合的かつ相当性という形式的理由で，人権としてのインクルーシブ教育が踏みにじられていいわけはない。差別的取扱いを正当とする理由については，より厳密に吟味され，合理的配慮を尽くしても，分離しなければ教育権が実現しえないという具体的な理由が必要である[3]。

5 交流教育をインクルーシブ教育の目標に沿うものにするための視点が欠落している ● ● ●

政府報告は，特別支援学校に在籍する生徒については，交流教育をしていることなどをあげ（パラグラフ156），インクルーシブ教育の一環あるいは一歩として交流教育を位置付けている。

まず，交流教育は，間接交流（学校・学級便りの交換，作品・手紙の交換，地域情報の提供等）なども含んだものであり，教育の場が分離されたことを前提としているもので必ずしもインクルーシブの方向を向いていない。むしろ，交流教育は，障害のない子どもの学習内容を変更しないまま，お客様として一時的に受け入れることによって，かえって差別的な結果となることもある。

障害のある子どもへの合理的配慮として，障害のない子たちを含む学習内容や学校生活を変更，調整し，分けたうえでの交流ではなく，共に学ぶインクルーシブ教育を目指すべきである。組織，カリキュラムおよび指導方法などの構造的な変更を伴わずに障害のある子どもを通常学級に配置することはインクルージョンではないのである。（一般的意見パラグラフ11）

また交流教育において，合理的配慮はどのように実現されているだろうか。交流教育は，特別支援学校（学級）のプログラムとして行われ，支援の延長線である。この場合，支援担当の先生（支援担）が交流学級に付き添い，交流学級内で支援を継続するということになる。よって，支援は継続しても合理的配

---

[3] 内閣府「障害を理由とする差別の解消の推進に関する法律にかかる裁判例に関する調査」（2016年）。http://www8.cao.go.jp/shougai/suishin/tyosa/h28houritsu/index-w.html (as of 7 January 2018).

慮は提供されないことがあるのである。

交流の目的は同学年の子ども同士の関係性を築くことである。支援担が付き添っての交流では関係性は築けない。そこで，支援担は交流学級の入り口までにして，あとは交流学級の担任に任せ，学級の中で必要な合理的配慮を提供する。学習内容も交流学級で行われている学習を本人のために変更調整する。支援としての交流を，インクルーシブを目的とするものとするためには，個人に対する支援だけではなく，交流学級の授業内容に変更と調整を加える合理的配慮が必要である。

例えば支援学級の子が1日2時間，教科は問わず時間交流する場合，同学年のクラスを交流学級とし，最初支援担が隣の席につくこともあるが徐々に離れ，交流学級の担任に任せるようにし，周りの子が気にかけてくれるように工夫する。教科については，その子ができることを探し，クラスの一員として発表の機会も飛ばさない。算数の時間は，例えば数字をなぞることもあるし，国語の時間では発語のない子は，隣の席の子か先生と一緒に読み，絵を目で追う。体育も，その子のできることを一部でも探し，参加の機会を増やしていく。

33人学級に支援学級の1人が交流すれば，34人学級として，34分の1としてクラスの一員となるのであり，そのために学習内容やクラスの中でのやり方を変更調整することが問われている。

6　合理的配慮としての評価基準の変更

政府報告は，小中学校の学習指導要領において，障害のある児童生徒には個別の教育支援計画を作成することなどにより，個々の児童生徒の障害の状態等に応じた指導内容や指導方法の工夫を計画的に行うことが規定されている（パラグラフ160）。また，特別支援学校学習指導要領においては，障害種ごとの配慮事項が規定されている（パラグラフ161）。また特別支援学校及び特別支援学級・通級においては，特別支援学校の学習指導要領を参考とし，実情に合った教育課程を柔軟に編成し評価基準も変更している，としている（パラグラフ161）。

政府報告は，小中学校の通常学級に在籍している障害のある子には，指導内容や指導方法の工夫までは認めるが，評価基準の変更を認めるかについては明言を避けている。しかし，教育課程・評価基準の変更の必要性は，小中学校の通常学級における学習においても当てはまる。我が国は，学習指導要領を，障害のある子への特別支援教育と障害のない子への普通教育の2本立てとしてい

る。そして，通常学級に在籍する障害のある子には個別支援計画を立てることとしているが，それはあくまで支援計画である。その個別支援計画に，各人に必要なクラスにおける合理的配慮を規定し，クラスの授業や教育課程の変更を伴う合理的配慮によって，通常学級をインクルーシブなものに変更していくことが求められている。そしてそもそも学習指導要領にインクルーシブ教育を規定し，個別支援をするときにはインクルーシブを目的とすることが明記されていなければならない。

　要するに，特別支援学校・学級だけではなく，小中学校の通常学級においても，合理的配慮として教育課程・評価基準の柔軟編成及び工夫がなされなければならないし，これによって，障害のない子の学習内容も変化してくることこそがインクルーシブ教育なのである。

　ところで，合理的配慮の理解として，ハード面での調整変更は比較的理解されやすい。困難なことは，評価や理解に伴うことである。知的障害の人への合理的配慮は，画一的な能力主義・成果主義的評価そのものの変更が求められてくる。これは高校進学・進級のように，適正主義のもと，学習成果によって入学進級が決められるときに，よりリアルに現れるが，小中学校においても評価が伴うときは同じである。

　学習の効果，成長は決して一律ではない。ましてや障害者権利条約は，教育の目的に，自尊感情や自己肯定感の尊重や多様性の尊重を挙げているのである。これらの目的の達成度もまた評価の対象とされなければならない。

　これについて，内閣府障がい者制度改革推進会議障害者差別禁止部会の棟居部会長（憲法）は，以下のように発言し，憲法26条の「能力に応じて」の新たな解釈を提示している。

　「憲法26条の「その能力に応じて」の「その」とはパーソナルな個人，「等しく教育を受ける」とは，決して到達度ではなく教育の機会を等しく実質的に与えられたと考えると，その子どもなりに教育効果が上がればこの26条の教育を受ける権利を十分に満たされているということになるはずです。少なくとも従来いわば横一列の教育こそが憲法の保障する教育だと理解され，運用されてきたとすれば，権利条約の考え方は，個別の一人ずつを見てケアをして，そしてインクルーシブに取り込んでいくということですから，憲法の読み方としても，その能力に応じてというのを，点数の高い順番にという従来の考え方ではなく，むしろいろいろな点数の，いろいろな特徴の，いろいろな個性の子が，

それぞれ学べればいい，同じ場所で学ぶのだというとらえ直しがあり得るのではないでしょうか。」(4)

7 合理的配慮の不提供が現に差別的取り扱いとなっていること ●●●

我が国はいまだ合理的配慮の提供が不十分で，これによって現に差別的状況を発生させている場面が多々存する。この状態を速やかに解消することが求められているのだが，以下政府報告が挙げた事由について指摘する。

(1) 保護者の付き添い

政府報告（パラグラフ158）から明らかなように，22条の3に該当する児童のうち2000人以上が通常学校に就学したことになるが，彼らに対する合理的配慮の提供の有無，その内容につき言及はなされていない。政府報告も認めるように，付き添い等保護者の負担が大きく（パラグラフ157），これは合理的配慮が提供されていない結果であり，差別である。

(2) 医療的ケア児に対する配慮

医療的ケアを要する児童生徒の就学が年々増加していることが報告されながら（パラグラフ157），どのような合理的配慮がされているのかについても触れられていず，実際まことに不十分である。

(3) 高校進学について

政府報告（パラグラフ164）は，後期中等教育への就学を促進するための配慮及び福祉，労働等との連携の下での，就労支援の充実を図ることとしている。

しかし，促進が行われているのは，あくまで特別支援学校の後期中等教育への進学についてであり（政府の統計資料26は高い進学率を示しているが，特別支援学校ないしは支援学級に在籍していた生徒の進学に関するものである），障害を持つ生徒の普通高校への進学については，適正就学という名目のもとに排除されているのが現実である。高校進学率が97％を超える現状において，中学の通常学級に在籍していた生徒が普通高校に進学できていない現状は差別的状況であると言わざるをえない。高校入試における評価基準の変更・調整を含んだ合理的配慮の提供により，障害を持つ生徒の高校進学が推進されなければならない。

---

(4) 障がい者制度改革推進会議差別禁止部会（第13回）議事録，at http://www8.cao.go.jp/shougai/suishin/kaikaku/s_kaigi/b_13/gijiroku.html（as of 25 July 2018）.

IV おわりに

　初めて障害のある子の地域の学校への就学闘争に出会ったのが1979年。すでに40年近い年月が流れている。国際社会においては，国際障害者年を経て，サラマンカ宣言，障害者権利条約と着々とインクルージョンの流れを鮮明にしているが，果たして日本はどうだったのだろうか。

　実は日本には，関西を中心に，差別と闘う解放教育の歴史があり，どんなに障害が重くても地域の学校で学ぶ取り組みが実践されてきていた。そこでは，合理的配慮という言葉以前に，その子がいればその子に合わせ，その子に必要な教育が生み出されてきていた。まさに共生共学の実践であり，これが，日本のインクルーシブ教育の礎となるはずであった。しかし，これはあくまで法的根拠のない教育実践だったがゆえに，文科省によって認知されたものにはならず，地域の教育実践にとどまった。

　ならばようやく，それぞれの教育現場の工夫が合理的配慮として位置付けられ，共生共学がインクルーシブ教育として法的根拠を有したのであるから，これからこそが共生共学が主流となるはずであった。残念ながら，現実はそうはならず，政府報告にあるように，相変わらず特別支援教育が主流となっている。

　なぜ転換できないのか，未だ全国の小中学校に障害のある子を受け入れるための準備が整っていない，と判示されたのが1981年（康治君の自主登校高裁判決）。結局，受け入れるための体制や準備が必要だったのではなく，どの子も受け入れると決断することが必要だったのではないか。どの子も地域の子，とみんなが決断し，どの子も地域で育つ，育てる，そのためには，学籍一元化を含めた制度の大胆な転換と，私たち一人ひとりの意識の転換もまた問われている。障害に対する無理解，差別，偏見こそがインクルーシブ教育の障壁であることを改めて認識したい。

◇第8章◇ 労　働〔勝又幸子〕

第8章

労　働

勝又幸子

1　はじめに

　障害者自立支援法（2003年4月施行）を機に日本の障害者政策が大きく変化しはじめた当時，門外漢の財政研究者である私からみると，「障害者福祉の大規模な改革を盛り込んだ法律であるはずであるが，その問題の論点が一般の人々にはよくわからないまま，国会で審議が進んでいる」[1]という印象だった。審議会への傍聴が事前登録になった現在ではない光景だが，社会保障審議会障害者部会の傍聴に，会場に入りきれないほど多くの障害当事者があつまり，中央合同庁舎4号館の前は，ビラをくばる人，マイクで訴える人で，歩道の通行もままならない混雑状況になっていた。その後，障害者自立支援法が施行されてからも，アセスメント（障害程度と支援認定）の問題や利用者負担の問題で，障害者団体の動きはさらに活発化し，ついには各地で国を相手に障害者自立支援法違憲訴訟を起こす事態になった。そのようななか，2008年世界同時金融危機（リーマンショック）が勃発し，2009年秋，突然の政権交代があった。そして，障害者自立支援法訴訟団が政権交代直後の旧民主党鳩山内閣とのあいだで，訴訟を取り下げる条件として，国（厚生労働省）に障害者自立支援法の廃止と新法の制定を基本合意文書に明記させたのである。その基本合意には，

---
(1)　勝又幸子「障害保健福祉政策──障害者自立支援法案をめぐる議論」社会政策研究6号（2006年）116頁。

◆ 第Ⅱ部 ◆　各論1〔課題別検討〕

閣僚で構成された「障がい者制度改革推進本部」の下に「障がい者制度改革推進会議」ならびに「部会」をもうけて新法の検討を行うとの合意があった。
　自立支援法施行当時には障害者政策に門外漢だった私が，2005〜2010年度に，厚生労働科学研究費の障害保健福祉総合研究費の採択をうけて，障害者生活実態調査や合理的配慮に関する研究を担当することで，障害者にかかる政策を徐々に学ぶことになった。2010年内閣府特命担当福島みずほ大臣の依命通知（1月8日付）で，私は「障がい者制度改革推進会議構成員」になり，障害者基本法の改定後「障害者政策委員会」の第1期委員に任命され，2014年5月まで政策議論に参加する貴重な機会を得た[2]。
　本章担当テーマの「労働」については，推進会議の総合福祉部会の中に設置された「就労合同作業チーム」[3]の議論が貴重な情報となっている。同チームでは，松井亮輔座長のもと2010年10月から2011年3月まで6回にわたって議論したものが2011年6月に報告書[4]としてまとめられた。このときの議論は，障害者基本法の改定に際して盛り込むべき事項の検討と自立支援法を改定して障害者総合支援法とするにあたって，障害者の就労について問題整理をするというものだった。長いあいだ，労働法下の雇用と福祉法下の就労がまったく別のこととして議論されてきたが，障害の社会モデルを基本とする，障害者基本計画の改訂過程で，労働施策と福祉施策を一体的に展開する議論と提案が，はじめて国の審議会に準ずる障害者総合福祉部会で行われたことは評価に値する。そこで指摘されたことが，その後，どのように反映され，障害者政策に変化を与えたのか，7年を経た今振り返る時を迎えている。

---

(2)　当時，福島みずほ担当大臣がジェンダーバランス（構成員の3割を女性目標）の確保を指示した。障害当事者構成員中の3割は達成できなかったが，推進会議全体の3割は女性委員になった（障害者制度改革推進会議 総合福祉部会，at http://www.mhlw.go.jp/bunya/shougaihoken/sougoufukusi/index.html（as of 31 August 2016））。
(3)　「障がい者制度改革推進会議の総合福祉部会」は，厚労省が事務局となっていたため，情報は厚労省のホームページに保存されている。
(4)　「就労（労働及び雇用）」合同作業チーム報告書（第15回障がい者制度改革推進会議総合福祉部会（2011年6月23日）資料6-2），at http://www.mhlw.go.jp/bunya/shougaihoken/sougoufukusi/2011/06/dl/0623-1a06_02.pdf（as of 31 August 2016）。

II 条文の解釈

　27条は2項からなる。
　1項の柱書として，障害者が障害の無い人とおなじ労働の権利を有することを宣言し，そのことを実現するために締結国に(a)から(k)の11の措置（steps）をもとめている。
　まず，(a)から(c)は差別禁止と権利保護について言及している。
(a) あらゆる形態の雇用に係る差別の禁止：
　　形態の具体例として次のように列挙された。募集，採用及び雇用の条件，雇用の継続，昇進並びに安全かつ健康的な作業条件を含む。
(b) 労働条件の機会均等，同一価値労働の同一報酬，安全で健康的な労働環境の保障。相談体制の整備と救済の仕組みを整備すること。とくに，障害者が被害者となりやすい，ハラスメント（嫌がらせ）にも言及している。
(c) 労働及び労働組合についての権利の保護：
　労働者として障害者であることがなんら享受する権利の違いに影響をあたえないことを宣言している。
　次に，(d)から(g)では，障害者の労働の権利保障をどのように確保するか，また障害者の労働をどう促進するかの具体策に言及している。
　(d) 職業訓練や職業紹介を障害者に効果的に提供すること
　(e) 労働市場において障害者の雇用機会の増大を図るようにすること
　(f) 自営など起業を促進すること
　(g) 公的部門における障害者の雇用を促進すること
　最後に，(h)から(k)では，より具体的に差別是正措置に言及している。
　(h) 積極的差別是正措置としての雇用率制度の導入
　(i) 合理的配慮の提供の義務化
　(j) 職業経験の修得
　(k) 職業リハビリテーション等の促進
　2項は，障害者が奴隷状態又は強制労働を強いられないように締結国が保護することを宣言している。この項は，自由権規約の8条が根拠とされており，松井によると，入所施設や精神病院，企業における障害者への強制労働の実態をふまえて，特別委員会（第7回）で追加された項とのことである[5]。

労働及び雇用分野について，障害のない人との平等に言及していることから，他の条約や勧告を根拠としている部分が散見されると，松井[6]は述べている。例えば，「職業リハビリテーション及び雇用（障害者）に関する勧告」（ILO第168号勧告，1983年），「職業リハビリテーション及び雇用（障害者）に関する条約（第159号条約，1983年），「戦時より平時への過渡期における雇用組織に関する勧告」（ILO第71号勧告），「賃金リハビリテーションに関する勧告」（ILO第99号勧告，1955年），「雇用及び職業における均等待遇の一般的枠組みを設定する理事会指令」（欧州連合理事会，2000年）などである。

27条は，労働者としてのすべての権利を障害者は享受するべきとの考えが基本となっている。障害者権利委員会は現在までいくつかの条文について一般意見や総括所見を出しているが，2018年7月現在27条に関するものは出されていない。

III 分析と課題

1 障害者権利条約第1回日本政府報告

政府は，2016年6月，障害者権利条約締結国として2014年の批准後はじめての政府報告を国連（障害者権利委員会）に提出した（本書「凡例」参照）[7]。政府報告では，27条については7パラグラフを費やして条約締結国として日本が条約を遵守した政策を実施していることを報告している。政府報告が，政府広報と同義語であるかのような内容だが，条約締結国としてコンプライアンス（法令遵守）を問われる立場の報告であるから，自己防衛に走るのは当然かもしれない。しかしながら，27条の11の措置に対応させると，27条の前半(a)～(c)の差別禁止と権利擁護についてはほとんど触れず，障害者雇用促進法で力をいれている職業訓練や雇用率制度などについての報告に偏っている。

政府報告のそれぞれのパラグラフについて要約してみたい。

---

(5) 松井亮輔「労働」長瀬修・東俊裕・川島聡編『障害者の権利条約と日本——概要と展望』（生活書院，2008年）175頁。

(6) 同上 168-172頁。

(7) 外務省が日本語仮訳を公開している（本書「凡例」参照）。

◇第8章◇ 労　働〔勝又幸子〕

　まず，日本政府としては，障害者基本法で障害を理由とした差別を禁止しており，国および地方公共団体において，職業相談，職業指導，職業訓練及び職業紹介など必要な施策を講じることを義務づけ，併せて障害者を雇用する事業主に対して必要な財政的施策を講じていると述べている。（パラグラフ175）

　日本政府としては，積極的差別是正措置として雇用率制度を導入済みであり，直近の障害者雇用率や雇用障害者数などの数値をしめしながら成果があがっていると述べている。（パラグラフ176）

　労働市場において障害者の雇用機会の増大を図る（27条1(e)）ために，障害者雇用納付金制度をつくり，障害者雇用調整金の支給など各種助成金の支出をしている。（パラグラフ177）

　ハローワークなどの公的職業紹介や職業リハビリテーションの実施実績を示し，障害者の雇用拡大を図っていることを示している。（パラグラフ178）

　障害者基本計画の該当部分を引用しながら，ハローワークのチーム支援で，多くの障害者が就職することができたという実績を示した。（パラグラフ179）

　障害者就業・生活支援センター，という就業面と生活面から一体的な相談支援を実施していること，それにより多くの障害者が支援をうけ，そのなかから就職するものが出ていることを示した。（パラグラフ180）

　障害者政策委員会からの，27条（労働及び雇用）についての指摘について言及。改正障害者雇用促進法の趣旨や法に基づく「障害者差別禁止指針」及び「合理的配慮指針」等について情報提供し，着実に実施することが重要との指摘。（パラグラフ181）

　障害者権利条約の批准が2014年1月だったから，第1回の報告は批准から約2年間を総括しているのだが，27条関連では，パラグラフ181に指摘があるところの改正障害者雇用促進法の趣旨や法に基づく「障害者差別禁止指針」及び「合理的配慮指針」が特筆すべき変化だった。それにもかかわらず，記述がなかったというのは，タイミングの問題だったかもしれない。つまり，改正障害者雇用促進法の施行が平成28（2016）年4月で実績を表すエビデンスが無かったからだろう。

　障害者政策委員会の資料によると，第20回（2015年4月17日）で参考資料として外務省より「障害者権利条約第1回政府報告の留意点及び骨子」が示されており，27条の担当厚生労働省が，留意点として挙げていたのは，障害者雇用に関係する法律ならびに制度に関連した現状だけだった[8]。

障害者差別解消法（平成28（2016）年4月施行）との関係で合理的配慮指針が出揃ったのが2015年12月だった。福祉や医療の分野が合理的配慮を努力義務にしているのに対して，労働と雇用の分野では「義務」としているので，より重要な制度施行だったといえる。国連の障害者権利委員会で日本審査が行われるまでにかなり時間がかかるという情報もあり，この部分については是非次回報告提出時には追加で報告を出すべきだと考える。

2　27条「労働と雇用」に関する日本の課題 ● ● ●

「就労合同作業チーム報告」（2011年）では，"障害者が他の者と平等に働く機会を獲得し，また地域生活を可能にする所得を得ることができるようにする観点から，大幅な見直しが求められる。"[9]と述べている。この背景には，障害者自立支援法の成立により，障害者の就労支援が障害者政策に明確に位置づけられたのちも，制度上は福祉政策と雇用政策で分断された政策が行われてきた事実がある。そのさいたる例が，「障害者雇用促進法」と「障害者総合支援法」それぞれで異なる処遇をされる障害者の就労の実態だ。また，就労に係る支援がどの法律の下で行われるかによって，利用者負担の有無が決まるということも大きな論点だった。障害者権利条約27条では，障害者を労働者として排除しないことが基礎となっているにも関わらず，日本では障害者がその働きかたや場所の違いによって異なる処遇をうけ，労働者としての権利が制限されるという状況があることを理解する必要がある。

「就労合同作業チーム報告」では，事業を適用される法律の違いで分けるのではなく，利用者の側から，就労系事業と作業・活動系事業に分類することを提案した。またその時に，労働と福祉を一体的に展開する新たな事業（社会的雇用，社会的事業所，社会支援雇用）を提案したが，それらは実現にはいたっていない。

「就労合同作業チーム報告」のなかで，実現したのは，就業面及び生活面からの一体的な相談支援の重要性が障害者基本計画に明記された，障害者就業・生活支援センターの充実である。就労支援では「職場定着」が重要とされてきたが，今回の政府報告では支援対象者数と就職件数しか記述されておらず，セ

---

(8) 「障害者権利条約第1回政府報告の留意点及び骨子（案）」（第20回障害者政策委員会（2015年43月17日），at http://www8.cao.go.jp/shougai/suishin/seisaku_iinkai/k_20/pdf/ref1.pdf（as of 31 August 2016）。

(9) 「就労（労働及び雇用）」合同作業チーム報告書・前掲注(4)1頁。

ンターが障害者の職場定着にどのくらい寄与したのかを明記すべきである。

権利条約27条，障害者を労働者として排除しないことを基礎とする，という部分を実行するためには，「就労合同作業チーム報告」は，障害者の「就労系事業」のすべてに労働法規を適用することを提言しているが，そのためには試行事業と経過措置が必要だと述べている。保護雇用の一形態である賃金補填については，障害年金との調整についても言及し，モラルハザードを起こさないよう，事業所の生産性の向上などによる，賃金補填額の縮小または最低賃金の達成などが必要とも述べている。

障害者の就労の場では，労働基準法で定められた「最低賃金」の減額措置制度がある。平成20年7月1日の最低賃金法改正によって，「適用除外制度」を廃止し，「減額措置制度」が新設された。この制度の適用は，一般の企業だけでなく，障害者総合支援法の就労支援として位置づけられている就労継続支援A型事業所や最低賃金の4分の1以上の工賃を支払っている就労継続支援B型事業所にも及んでいる。しかし，「減額措置制度」の影響もあり，福祉的就労の事業所の賃金は職業能力の如何に拘わらず，低水準に張り付く傾向があるとの分析もある[10]。最低賃金が適用されていない障害者の数は，平成18年以後公表されていないが，表1のように，年々増加傾向にあった。注意しておきたいのは，ここで示されている障害者数は労働法規（障害者雇用促進法）で認められた就労をしている人のなかで最低賃金が適用されない人数である。そもそも雇用契約の無い福祉的就労には最低賃金は適用されないのが原則である。

表2でみるように，福祉的就労の間でも大きな工賃の開きがある。A型事業所の時給は近年向上し，最低賃金との格差は狭まってきている。しかし，B型事業所の工賃は依然として低い。また，注目すべきは月給で比較すると，A型事業所も対前年比で95.6％と減少している。以上のように，27条における日本の最大の課題は，障害者にとって「他の者との平等」を実現するための法的，制度的基盤が確立されていないことである。

3 他者との平等をどう測るのか

「就労合同作業チーム報告」のなかに，エビデンスとしての統計整備の必要性を次のように明記した部分がある。「障害の社会モデルを基礎として雇用・

---

(10) 出縄貴史「福祉的就労の現場からの問題提起」『福祉的就労分野における労働法適用に関する研究会報告書』(2009年), at http://www.dinf.ne.jp/doc/japanese/resource/hikaku/matsui091130/index.html (as of 31 August 2016)。

表1　最低賃金が適用されない障害者の数

	平成13年	平成14年	平成15年	平成16年	平成17年	平成18年
人数	3,799	4,053	5,871	6,484	6,761	7,336
許可件数／申請件数(%)	98.5	96.9	96.9	96.9	97.8	96.4

出典：労働政策審議会労働条件分科会最低賃金部会 資料より作成。19年以降は公表されていない。

表2　平成26年度　就労継続支援作業所　平均工賃（賃金）

施設別	平均工賃		施設数（箇所）	平成25年度（参考）	
	月額	時間額		月額	時間額
B型事業所（対前年比）	14,838円（102.8%）	187円（105.1%）	9,244	14,437円	178円
A型事業所（対前年比）	66,412円（95.6%）	754円（102.3%）	2,625	69,458円	737円

注）最低賃金全国過重平均額　平成26年度　時給780円
出典：厚生労働省　平成26年度工賃(賃金)の実績について

就労施策を検討する基礎資料をえるために，国の基幹統計（全国消費実態調査や国民生活基礎調査等）において障害の有無を尋ねる設問をいれた全国調査を実施する。」

障害者に関する調査は，障害があることを悪いと捉えるスティグマ（恥辱感）の強さからか，当事者やその家族から実施に際して強い反発が示された歴史がある。精神障害者については，当事者の強い抵抗で過去に調査が中止されたり長いこと調査が行われなかったりとの歴史もある[11]。事実，障害者手帳の所持者を対象とした調査はあっても，全人口を対象とした調査で障害の有無について尋ねた調査はいまだかつてない。それが故に，障害があるということが，障害がない人との間でどのような不利な状況をもたらしているのかという

---

(11)　精神障害者の実態調査は，その性質上各種の困難があり，全国的規模の調査は省が29年と38年に実施された「精神衛生実態調査」がある程度である。手塚直樹・加藤博臣『障害者福祉基礎資料集成』（光生館，1985年）420頁。

◇第8章◇ 労　働〔勝又幸子〕

客観的なデータが存在しない。

　障害者権利条約が「他の者との平等」を基礎にしている以上，全人口のなかで障害者を捉えるために当然必要なデータだといえる。国際的な動きとしては，ICF（International Classification of Functioning, Disability and Health）（国際生活機能分類－国際障害分類改訂版－）[12]を使った統計整備が進められているが，日本ではまだ具体的な利用が進んでいない。世界保健機関（WHO）がもともと提案した分類だが，2015年に国連が発表した新開発目標（SDGs）において，誰一人取り残さないという理念のもと，達成すべき目標の評価で，障害者を分離して示すことになったことで，にわかに注目されている。障害者の国際比較について検討してきた研究者集団ワシントングループがICFをつかった6項目の簡素な質問項目を提案したり，それがいくつかの発展途上国のセンサス（国勢調査）の項目に採用されたりする，動きがある[13]。将来的には日本報告でも，国内の現状のみならず，国際比較した場合の日本の現状についても記述ができるようになることが望ましい[14]。

　ここで，日本について，障害者，とくに障害者の就労に関する調査の現状についてまとめておきたい。

(1) 障害者の労働及び雇用をめぐる調査の現状

　障害者の就労に関する調査で定期的に実施されている公的調査は2つある（表3参照）。（ⅰ）障害者雇用実態調査と（ⅱ）障害者雇用状況である。両方の調査の共通点は，障害者全体を対象にした調査ではなく，企業や事業所に就労している障害者を対象にしていることである。とくに，（ⅰ）は，事業所とそこで働く個人の両方にたずねている調査だが，（ⅱ）は事業所だけにたずねており，障害者雇用率の達成義務を負っている事業所を対象にしている。（ⅰ）が5人以

---

(12) 障害者福祉研究会『ICF国際生活機能分類——国際障害分類改定版』（中央法規出版，2002年），at http://www.mhlw.go.jp/houdou/2002/08/h0805-1.html（as of 31 August 2016）．

(13) DANIEL MONT, PHD　2016年7月23日 "障害者統計に関する国際セミナー" 東京大学における講演より。

(14) 「障害者の安定雇用・安心就労の促進をめざす議員連盟」（略称：インクルーシブ雇用議員連盟）の提言書（2018年5月）「2019年度予算概算要求に向けた提言——障害者施策の基礎となる統計調査の充実」では，障害者と障害のない者との比較を可能とするために，国際的な基準としてワシントングループの考えかたに沿ってすすめることを提言している。

表3　障害者の就労に関する公的調査

調査名	所管部署	根拠法	調査対象	頻度・直近調査年
（ⅰ）障害者雇用実態調査	厚生労働省職業安定局雇用開発部障害者雇用対策課地域就労支援室	統計法一般統計調査	（事業所調査）常用労働者5人以上を雇用する民営事業所のうち無作為に抽出した約7,500事業所	5年間隔平成25年10月11月平成26年12月公表
			（個人調査）事業所調査の対象事業所に雇用されている身体障害者，知的障害者及び精神障害者	
（ⅱ）障害者雇用状況	厚生労働省職業安定局雇用開発部障害者雇用対策課雇用指導係	障害者雇用推進法業務統計	従業員45.5人以上の一般企業（平成30年4月改正）特殊法人等国・地方公共団体，都道府県等の教育委員会（障害者雇用が義務付けられている雇用主等）	毎年6月1日同年11月末に公表

出典：障害者雇用実態調査，at http://www.mhlw.go.jp/toukei/list/111-1a.html#list01（as of 7 September 2016），障害者雇用状況，at http://www.mhlw.go.jp/toukei/list/111-1a.html#list01（as of 7 September 2016）

上常用雇用している事業所を対象にしていることから，（ⅱ）より小規模な事業所も対象になっている。しかし，小規模であっても，就労継続支援B型事業所など，福祉的就労の場である事業所は含まれない。それは，B型では雇用契

約が締結されていないからである。(ⅱ)は，企業の障害者雇用率の達成を観察することが一義的な目的となっているから，障害者個人についての設問はなく，障害種別と程度以外，性別さえ問いの中にはない。ただし企業には，一般企業や国や自治体・独立行政法人だけでなく，障害者の雇用を目的に設立された特例子会社や共同組合組織の事業所も含まれる。

（ⅰ）障害者雇用実態調査

身体，知的，精神の3障害の手帳を持つ障害者で回答した事業所に雇われている者に賃金や職場での配慮の実態や心配などについて尋ねている。

直近の平成25年の調査によると，平均賃金（1ヶ月）は，身体障害者223,000円，精神障害者159,000円，知的障害者108,000円，年齢階層でみると，身体が高齢50才以上に多く，知的や20〜30才台の若い年齢に多く，精神が30才台後半で急に多くなり50才台初めまで徐々にすくなくなっている。

この調査の改善点を以下に挙げてみよう。従来の調査目的は，障害者の雇用施策の検討及び立案に資するとされているが，障害者権利条約の批准国になった今，第27条を踏まえて，調査項目や対象の大幅な更新が必要だ。

とくに，雇用契約はなくとも就労継続支援B型に通所する者は含むべきである。近年，ハローワークが職業紹介においてAB両方の支援事業所は重要な役割を果たしつつあることから，この調査を機に，就労継続支援の事業所の実態を政策に生かすためにも重要である。

また，「他の者との平等を基礎として」が達成できているかどうかを知るためには，障害者個人を調べるだけでなく，同じ事業所に勤める，非障害者との比較が重要で，待遇の違いがないかについても追加で調べる必要がある。改正障害者雇用推進法（2016年4月施行）の「障害者差別禁止指針」及び「合理的配慮指針」に関する設問も追加すべきである。発達障害者や難病患者，癌サバイバーなど，職場において特段の配慮を必要とする従業員についてもひろく調査対象者に加えることが必要だ。

（ⅱ）障害者雇用状況

この調査結果は，第1回政府報告に多く用いられている。図1で見るように，「障害者雇用促進法」に基づく制度は着実に充実してきた。法定雇用率は1976年1.5％から始まり，1988年1.6％へ，1998年1.8％，そして2013年からは2.0％，2018年には2.2％になった。この間，法定雇用率の基礎となる障害者の範囲が拡大した。1976（昭和51）年雇用率創設時には，身体障害者だけだっ

◆第Ⅱ部◆　各論1〔課題別検討〕

図1　障害者雇用状況（平成28年6月1日現在）

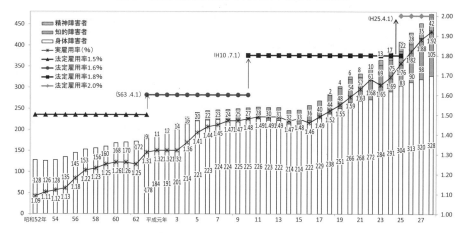

出典：厚生労働省職業安定局障害者雇用対策課　第72回労働政策審議会障害者雇用分科会
参考資料1

たが，1988（昭和63）年には知的障害者を加え，2006（平成18）年には精神障害者を追加した。現時点（2016年）にはまだ精神障害者は実雇用率に追加されたものの，精神障害者を雇用した場合は，身体障害者又は知的障害者を雇用した者とみなすとしているが，これも2018（平成30）年からは3障害がすべて法定効用率算定基礎となる。図1の実雇用率は精神障害者も入れて，その事業所の従業員数に占める障害者の割合なので，平成18年からの実雇用率の伸びがそれ以前より大きくなっており，23年の震災の年を除いて，24年以降，精神障害者と発達障害者等の新たな雇用の増加がさらに実雇用率を押し上げている。

一方，図2のように，民間企業の法定雇用率達成割合については，法定雇用率が1.8％に引き上げられて以来50％を達成できなかったが，2017年にやっと達成した。達成率の上昇が遅れた理由ついては，中小企業の達成割合が低いことが要因とされており，様々な雇用関係助成金をもうけて，中小企業に障害者の法定雇用率を達成しやすくする政策が実施されてきた。その効果か，2017年には企業規模の大小にかかわりなく雇用率達成割合の上昇がみられた[15]。法定雇用率制度は飴と鞭の制度であり，雇用率達成企業には調整金や報奨金の

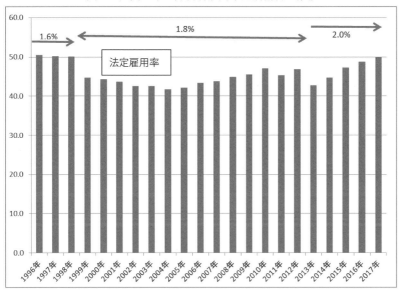

図2 民間企業 障害者雇用率達成割合の推移

注）2018年4月1日から法定雇用率は2.2%（一般企業）になった。
出典：厚生労働省職業安定局「障害者雇用状況」各年（6月1日現在）により作成

支給があるが，一方雇用率未達成企業には罰金が科せられる。具体的には，未達成企業は納付金を不足1人あたり月額5万円納めなければならない。また，指導の結果，障害者の雇用状況の改善がみられない企業については企業名を公表することになっているが，平成24年25年と該当企業がなく，平成26年に8社公表されたが，平成27年は指導された企業に改善がみられて，再び公表企業ゼロとなったが，平成28年には再び2社が公表された。直近の平成29年は再び公表企業ゼロとなった(16)。雇用率制度の遵守については，行政上も強

---

(15) 中小企業により手厚い助成金を支払っている例としては，障害者初回雇用奨励金：障害者雇用の経験がない中小企業で，はじめて雇い入れにより法的雇用障害者数以上の障害者を雇用した場合，120万円を支給。中小企業障害者多数雇用施設整備等助成金：障害者に雇い入れ計画に基づき10名以上雇用し，受け入れに必要な施設・設備等の設置や整備をする中小企業に上限3000万円の支給。
(16) 毎年3月末に，厚労省の報道資料として公表されている。詳細については，ホーム

い指導がおこなわれていることがわかる。

　この調査の改善点を以下に挙げてみよう。この調査は，27条1(h)積極的差別是正措置としての雇用率制度の導入，の成果の観察に欠くことのできない情報であり，雇用率未達成企業から納付金の徴収の根拠となるため業務統計としては最小限の情報をあつめていると理解している。だから，現行のままでもこの調査の一義的目的は達成できるのだろうが，もうひとつ，性別でブレイクダウンした資料がとれれば，6条（障害のある女性）との関係で，政策目標としてさらに重要なデータが得られる。またそのような改善によって，（ⅰ）が5年周期で，政策の効果を細かく分析するには調査頻度が少なすぎることも，（ⅱ）の毎年のデータで補完することができる。

　まとめとして2つの公的調査の弱点を挙げるなら両方の調査とも障害者の就労の範囲が，雇用契約を締結している働きかたに限定されていることである。これにより，雇用契約のない，福祉的就労の実態が把握できない。

　過去に1度だけ雇用契約に関係なく福祉的就労を含む障害者の就労について調査が行われた。それが「身体障害者，知的障害者及び精神障害者就業実態調査」である[17]。これは，全国を対象として，国勢調査の調査区から層化無作為抽出法により調査区を100分の1で抽出して，その調査地区に居住する全世帯員を調査したものである。ただし，対象は15才以上64才未満の，身体障害者手帳，療育手帳，精神保健福祉手帳の所持者である。この調査ではじめて，雇用契約がない就労継続支援Bや就労支援事業に参加している障害者が対象になった。ただ，精神障害者のデータをとるために，対象を精神保健福祉手帳の所持者に限定したことで，精神障害者の回答者が制限された可能性はある。というのは，一般的に他の手帳と比べて取得のメリットが少ないといわれる精神保健福祉手帳の取得が進んでいないと言われているからである。

　　ページに掲載されている。例　平成29年3月30日平成29年度　障害者の雇用の促進等に関する法律に基づく企業名公表等について，at http://www.mhlw.go.jp/stf/houdou/0000080099.html（as of 31 August 2016）。

(17)　全国の身体障害者，知的障害者及び精神障害者で15才以上64才未満，身体障害者手帳，療育手帳又は精神保健福祉手帳等所持者，及びその属する世帯を，国勢調査区の100分の1の割合で無作為抽出し自計郵送方式で調査票を回収（平成18年7月実施平成20年1月公表厚労省職業安定局，高齢・障害者雇用対策部障害者雇用対策課，at http://www.mhlw.go.jp/houdou/2008/01/dl/h0118-2a.pdf（as of 31 August 2016））。

表4　障害種別就業割合（%）

	身体障害	知的障害	精神障害	3障害合計
就業割合	43.0	52.6	17.3	43.0
福祉的就労を除く	40.2	21.5	10.8	31.9
福祉的就労	2.8	31.1	6.5	8.3

注）福祉的就労には，就業形態別で授産施設等と作業所等，と答えた人含む。就業者には常用雇用と非常用雇用（自営，家族従業者等）を含む

出典：「身体障害者，知的障害者及び精神障害者就業実態調査」（平成18年7月実施）より作成（注(17)参照）

ここで就労とは，一般就労と福祉的就労[18]と自営業を含む概念とする。この調査は業務統計として実施された単発の統計調査であるため，時系列の比較はできない。

この調査からわかることは，表4のように，一般の就業率同（60.6%[19]）に比べて障害者の就業率が歴然として低いことである。また障害種別では，身体，知的，精神障害者の順で就業して居る人が少なくなる。特に精神障害者の就業割合は10.8%と大変低い。また，知的障害では，就業者の半数以上が福祉的就労の場で働いている。

（ⅲ）障害者の就労について設問があるその他の調査

「障害者が他の者との平等を基礎とした労働の権利」を保障されているかどうかが，もっとも重要な論点であるから，全人口のなかで障害者を観察する必要がある。ここで全人口とは，まず地域的に全国を対象にすること，つぎに日本に居住するすべての個人を対象にすることである。しかし，現時点で全人口のなかで障害者を観察することのできる統計調査は存在しない。これは，労働・雇用の問題だけでなく，障害者権利条約のすべての条文に関わる問題といえよう。そのような現状ではあるが，障害者の就労について設問がある既存の

---

(18) 福祉的就労の公の定義はない。障害者が利用できる就労の場で，雇用契約が結ばれない就労形態をここでは意味するものとしたい。就労継続支援B型事業所は福祉的就労の場として位置づける。

(19) 平成19年就業構造基本調査で，15才〜64才有業者中仕事が主な者の人口に占める割合。

表5　日中のすごし方の状況（65才未満）（単位；%）

	障害手帳所持者	身体	療育	精神	非手帳保持者で自立支援給付受給者
総数	100.0	100.0	100.0	100.0	100.0
正職員	12.1 (9.4)	16.8(13.3)	7.3 (3.6)	9.1 (2.7)	6.1 (7.8)
正職員以外	15.5(10.4)	14.7(10.3)	12.7 (8.8)	18.2 (9.6)	7.0(11.7)
自営業	4.0 (4.9)	5.8 (6.9)	1.0 (0.8)	3.6 (3.3)	5.2 (3.9)
障害者通所サービスを利用	23.7(16.4)	12.0 (7.8)	43.3(39.4)	26.9(19.6)	4.3 (7.4)
合計 ［通所サービスを除く］	55.4(41.1) [31.6(24.7)]	49.3(38.3) [37.3(30.5)]	64.3(52.6) [21.0(13.2)]	57.8(35.2) [30.9(15.6)]	22.6(30.8) [18.3(23.4)]

出典：平成28年生活のしづらさなどに関する調査（全国在宅障害児・者等実態調査）表37より抜粋。（　）カッコ内は平成23年調査数値

調査についても言及しておきたい。
　① 全国在宅障害児・者等実態調査（生活のしづらさなどに関する調査）厚労省社会・援護局障害保健福祉部[20]
　この調査は，障害者総合支援法の議論のなかで，提案された，障害手帳の所持者に限定されない個人の申告による障害（＝生活のしづらさ）のあると答えた人への調査として実施された。これ以前，身体障害児・者実態調査，知的障害児・者実態調査，という2つの統計法に基づく一般統計調査があったが，これを統合して引き継ぐ形で平成23年に実施された。しかし，位置づけは世論調査[21]となっていて，統計法に基づく二次利用申請ができない。生活のしづ

---

(20)　平成23年調査，平成28年調査の2回が公表されている。
(21)　世論調査扱いとは，統計法で届け出義務のない公的統計という位置づけ。一般統計として位置づけがあれば，個票データの二次利用の制度があるが，世論調査にはそれがない。

らさ調査では，日中のすごしかたを65才未満にたずねているので，そこから就労の有無を推計してみた結果が表5である。65才未満について，日中の過ごし方が正職員，正職員以外，自営業，について合計した。2つの調査は実施年の違い（表5は平成28年実施，カッコ内は平成23年実施）だけでなく，福祉的就労の範囲の違いもあり比較するのは適当ではないが，近年精神障害者の就業が向上したことだけはわかる。

② 社会生活基本調査[22]

統計法上基幹統計指定されている全人口を対象とした時間簿調査である。平成23年にはじめて「ふだんの健康状態」の設問が追加され，直近の調査（平成28年）にも同じ設問がある。ここでは，障害手帳の有無などの設問はないが，健康状態が「あまりよくない」「悪い」（平成28年調査では，あまりよくない，よくない，）と答えた人を障害のある人と定義して分析が可能だ。ここで，重要なのは，健康状態が良い人にも同じ設問があることで，健康な人との比較が可能なことだ。就労形態に加えて，週就労時間，希望週間就労時間，仕事からの個人の年収・収益，などのデータがとれる。

③ 国民生活基礎調査[23]

統計法上基幹統計指定されている全人口を対象とした統計調査である。毎年実施している。5つの調査票があるが，そのうち，世帯票では3年毎の大規模調査の年の調査票で，6才以上で「手助けや見守り」が必要かどうかをきいている。また，必要と答えた人については，自立状況とその状態になった期間についても質問している。そして，同じ人に仕事の有無をたずね，仕事をしていると答えた人には，勤務時間や正規非正規の違い，職業分類，企業規模を細かくたずねている。また仕事が無いと答えた人にも就業希望の有無や就業形態などについてもたずねている。

しかし，自立状況の設問が日常生活の自立であるため，多様な障害に対応したものとなっておらず，知的，精神，内部などの障害をもつ人は日常生活の自立度は高くなり，障害の程度をADLだけから判断しかねない危険をはらんで

---

[22] 総務省統計局「平成23年，平成28年社会生活基本調査」, at http://www.e-stat.go.jp/SG1/estat/GL08020103.do?_toGL08020103_&tclassID=000001048447&cycleCode=0&requestSender=search（as of 31 August 2016）。

[23] 厚生労働省「国民生活基礎調査」毎年実施国民生活基礎調査, at http://www.mhlw.go.jp/toukei/list/20-21.html（as of 31 August 2016）。

いる。

(2) 調査の現状のまとめ

障害者の労働・雇用に関する日本の課題は，障害者の「他の者との平等」という観点から実態を把握するための客観的なデータを整備することである。すでに既存のいくつもの調査があり，それぞれは目的に沿ったデータを集めているが，それでは「他の者との平等」を計測することができないのである。したがって，27条の政府報告で障害者が他の者との平等の労働権を達成していると客観的なデータで示すには，既存の調査では間に合わず，新たな調査を行うか，または，既存の調査に設問を追加する必要がある。

「全国民のなかでの障害者の生活実態等を明らかにする基礎資料の整備」は，「障害の社会モデルを基礎とした雇用・就労施策を検討する基礎資料として全国民のなかでの障害者の経済活動や生活実態を明らかにするために重要である。そのためには，国の基幹統計調査（全国消費実態調査や国民生活基礎調査等の全国民を対象とした大規模社会調査）において，少なくとも一時点で病気や障害によって活動が一定期間以上制限されているかどうかを聞く設問を追加し，その調査結果を分析する必要がある。」[24]ICFの国際的な基準も参考にしながら，悉皆調査である国勢調査に，障害についての設問を入れることができれば，さらに信頼性の高いデータを整備することが可能になるだろう[25]。

IV おわりに──障害者と貧困

本章では27条について論じてきたが，日本政府の報告では，28条：相当な生活水準及び社会的な保障，でも就労移行支援について言及している（パラグラフ183）。そこでは，「障害者総合支援法に基づく障害福祉サービスとして」と，労働法の就労支援とは違うかのような記述である。支援の目的も対象も同

---

[24] 障がい者制度改革推進会議総合福祉部会「障害者総合福祉法の骨格に関する総合福祉部会の提言──新法の制定を目指して」（2011年）116頁，at http://www.mhlw.go.jp/bunya/shougaihoken/sougoufukusi/dl/0916-1a.pdf (as of 31 August 2016)。

[25] 第23回障害者政策委員会（2015年7月10日）での勝又の発言参照，at http://www8.cao.go.jp/shougai/suishin/seisaku_iinkai/k_23/gijiroku.html (as of 31 August 2016)。

表6　要介助障害の有無別の貧困率

	本人市場所得に基づく貧困率		差の検定	本人可処分所得に基づく貧困率		差の検定	等価可処分所得に基づく貧困率		差の検定
	要介助障害者以外	要介助障害者		要介助障害者以外	要介助障害者		要介助障害者以外	要介助障害者	
20-39歳	46.6%	89.2%	***	47.3%	78.5%	***	13.8%	28.8%	***
40-49歳	39.8%	81.5%	***	40.0%	56.4%	***	13.4%	26.7%	***
50-64歳	52.6%	81.6%	***	43.5%	59.2%	***	14.6%	27.5%	***

出典：山田他・前掲注(26)表12　本人所得，等価可処分所得，より抜粋

じ障害を理由としているのに，27条に記述せず，28条に記述しているのである。

　さて，28条には，手当・年金，などの所得保障について言及されているが，労働・雇用は，所得保障と密接な関係があり，「就労合同作業チーム報告」でも障害年金給付と賃金補填制度の調整について触れられていた。当時，賃金補填による「社会的作業所」などの提案がでていたときに，政府担当から強い反対があった。特に，障害保健福祉部の担当者はとりつく島も無かったという印象がある。なぜそのように否定的なのかと尋ねたところ，所得保障につながる賃金補填は，一旦いれると制御がきかない。財源規模の確保をするためには義務的経費化が必要だが，財務当局は絶対にそれを許さないと述べた。行政担当者としては短期的に実現可能性はないと判断したのだろう。しかし国の財政状況が逼迫してきた今では，税制調査会で配偶者特別控除の廃止の議論が現実味を帯びるようになったように，給付のための財源確保の議論が聖域なく始まっている。近い将来，障害者年金も例外にはならないだろう。その上，所得格差や貧困の解消が政策の重要課題になってきた今日では，障害者の貧困についても研究が出始めた。山田ら[26]は，前述した国民生活基礎調査の「見守りの必要有無」のデータから，年齢階層別の貧困率を計算した。表6のように，可処分所得（税と社会保障給付を市場所得から控除）においても，要介助障害者以外

---

(26)　山田篤裕・百瀬優・四方理人「障害等により手助けや見守りを要する人の貧困の実態」貧困研究 Vol.15（2015年）99-121頁．

(手助けや見守りが不要)の人よりも貧困率が高いことがわかった。特に若い年齢層(20～39才)のところが中高年者よりも貧困率が高くなっている。65才未満の障害者の貧困は,障害年金や手当と就労収入の組み合わせが関係している。国民基礎年金の創設で,20才前障害者に障害基礎年金の受給が認められて,それまで生活保護制度にしか所得保障の途がなかった多くの障害者が年金による所得を得ることができるようになった。しかし,障害者の貧困率の高さは,所得保障においてもまだ「他の者との平等」が達成されていないことを示している。障害者権利条約の27条(労働・雇用)は,28条と併せて議論されるべきものだろう。

◇第9章◇ 法的能力〔上山 泰〕

第9章

法 的 能 力

上 山　泰

1　はじめに

　障害者権利条約 12 条[(1)]は，障害の有無にかかわらず，あらゆる人の法的人格を承認し（1），障害のある人が他の人たちと平等な法的能力（legal capacity）を享有できるようにすること（2）を締約国に要求している。法的能力概念の射程は，解釈論上，選挙権・被選挙権，民事及び刑事の手続能力，刑事責任能力等の公法における各種の法的地位または資格にも及ぶ可能性があるが[(2)]，条約の制定過程以来，一貫して議論の焦点となってきたのは，後見人

---

(1) 本条に関する民法上の課題を検討する文献として，池原毅和「法的能力」松井亮輔・川島聡編『概説障害者権利条約』（法律文化社，2010 年）183 頁，上山泰「現行成年後見制度と障がいのある人の権利に関する条約 12 条の整合性」法政大学大原社会問題研究所＝菅富美枝編『成年後見制度の新たなグランド・デザイン』（法政大学出版局，2013 年）39 頁，上山泰「障害者権利条約の視点からみた民法上の障害者の位置づけ」論究ジュリスト 8 号（2014 年）42 頁，上山泰・菅富美枝「障害と民法」菊池馨実・中川純・川島聡編『障害法』（成文堂，2015 年）91 頁，上山泰「法的能力の平等と成年後見」法学セミナー（2017 年）50 頁等がある。

(2) これに対して，12 条の規定ぶりに大きな影響を与えた女子差別撤廃条約 15 条は，「締約国は，女子に対し，民事に関して（in civil matters）男子と同一の法的能力を与えるものとし，また，この能力を行使する（to exercise that capacity）同一の機会を与える。特に，締約国は，契約を締結し及び財産を管理することにつき女子に対して男子と平等の権利を与えるものとし，裁判所における手続のすべての段階において女子を男子と平等に取り扱う。」（2），「締約国は，女子の法的能力を制限するような法的効果を有

等による他者決定を基盤とする法定後見制度（guardianship）の条約整合性である。本章の執筆が，民法学の研究者である筆者に委ねられた理由もここにあると思われる。

本章では，まず議論の中核である法定後見制度と 12 条の関係について，条約成立過程の議論を参考に立法者意思を確認した上で，一般的意見 1 といくつかの特徴的な総括所見を素材として，その後の条約実施段階における解釈を明らかにする。そして，これを前提として，障害者権利条約第 1 回日本政府報告の内容を精査し，日本法の課題について論じていく。その際，法定後見制度以外の日本法上の各種能力制限制度にも幅広く言及することで，今後の議論を喚起することとしたい。

Ⅱ　条文の解釈

1　条約成立過程の議論[3]

12 条の起草過程の最大の争点は，①制限行為能力制度の許容性と②法定代理権制度の許容性である。まず①に関しては，法的能力の平等の射程が，権利能力（capacity for rights）にとどまり，一定の合理的な行為能力制限を許すのか（行為能力制限容認説），それとも，行為能力（capacity to act）の完全平等に及び，その制限を一切許さないのか（行為能力制限完全禁止説）について，各国政府代表の間でも見解が二分された。対立の大まかな構図は英米法圏対大陸法圏という形であったが，これは前者がそもそも法定後見制度と機械的に連動した行為能力制限を持たなかったこと[4]に起因している。この対立は根深く，結局，この争点に関する各国の完全な合意は最後まで得られないまま，明文上はいずれの解釈も成立するような玉虫色の規定ぶりとすることで幕引きが図ら

　するすべての契約及び他のすべての私的文書（種類のいかんを問わない。）を無効とすることに同意する。」（3）と規定しており，文言上，法的能力概念の射程を民事法領域に限定するかにもみえる。
(3)　詳細については，上山・前掲注(1)「現行成年後見制度と障がいのある人の権利に関する条約 12 条の整合性」54-89 頁参照。
(4)　菅富美枝「イギリス法における行為能力制限の不在と一般契約法理等による支援の可能性」成年後見法研究 8 号（2011 年）35 頁参照。

れた。もっとも，条約の制定過程の詳細（特別委員会第6回会期に提出された国連高等弁務官事務所のレポートの内容や女子差別撤廃条約15条の参照等の事実）を見る限り，12条の法的能力の射程にはわが国でいう行為能力が含まれていると考えるのが妥当である。したがって，ここでの問題は，本条の下でもなお例外的な行為能力制限の余地を認めるべきかに絞られる。

他方，②については，政府代表と障害者団体の間での意見の対立が顕著であった。確かに政府代表間でも，意思決定支援へのパラダイム転換をより強調するために，「法定代理人・代行決定権者（personal representative）」という用語を条約に明記すべきでないとする立場（カナダ，オーストラリア等）と，法定代理人等の必要性を強調するために，これを明文化すべきとする立場（セルビア，アフリカ諸国等）に意見は割れていた。しかし，意思決定支援の原則的な優越性を認めた上で，なおラスト・リゾートとしての代行決定は容認すべきとする点では，各国の共通認識があったといえる（代行決定容認説）。これに対し，障害者団体側は「0から100％の支援」という標語の下で，代行決定の仕組みを廃絶して，意思決定支援の仕組みに全面転換することを要求した（代行決定完全禁止説）。ここでも最終的には，法定代理人・代行決定権者という用語を条文から外す一方で，「支援を得た意思決定（supported decision-making）」という文言も明文化しないという玉虫色の決着が図られたが，交渉経緯からみれば，条文の立案自体は代行決定容認説に基づくものといえ，この段階で法定代理人等の選任可能性が完全に否定されていたとは考えにくい[5]。

2　一般的意見第1号の概要

ところが，条約の実施段階，すなわち条約成立後の障害者権利委員会（以下，委員会）による国際モニタリングにおける解釈は，こうした立法者意思から大きく転換している。これを象徴するのが，2014年4月11日に採択された12条の公式解釈指針である「一般的意見第1号（General Comment No.1）」[6]である。ここでは，まずその冒頭部において，「これまでに審査を受けた多数の締約国の政府報告を踏まえて，委員会は，条約12条における締約国の義務の正

---

[5]　川島聡「障害者権利条約12条解釈に関する一考察」実践成年後見51号（2014年）71頁も同旨と思われる。

[6]　「一般的意見第1号」国連人権高等弁務官事務所〈https://documents-dds-ny.un.org/doc/UNDOC/GEN/G14/031/20/PDF/G1403120.pdf?OpenElement〉（as of 14 May 2018）．

確な射程について一般的な誤解があることを認める。実際，人権基底的な障害モデルは代理・代行決定のパラダイムからの意思決定支援パラダイムへの移行を含意しているということが，一般的には理解され損なってきた。本意見の目的は，12条の種々の構成要素に由来する一般的義務を探求することである。」（パラグラフ3）と指摘している。上述の通り，本来の立法者意思はおそらく代行決定容認説であったし，現在に至るまで，判断能力が不十分な成年者の権利擁護に関する仕組みから代行決定の要素を完全に廃止できた国はない（ただし，直近のペルー民法等の改正に対する評価が問題となる。この点は付記を参照）。このため，一般的意見の前後を問わず，これまでモニタリングを受けた全ての国と地域が「意思決定支援制度への全面転換の未達成」を理由とする12条違反の勧告を受けてきたが，委員会によれば，その原因は締約国の12条に対する理解不足にあることになる。

こうした総論を踏まえて，一般的意見は12条の各論的な解釈指針として，以下の重要な指摘を行っている。第1に，法的能力の概念整理である。すなわち，法的能力には「法的な行為能力（legal capacity to act）」が含まれており，後者は，取引に参加し，法律関係を創設，変更，終了させる権限を持つ主体としての地位を人に承認するものである（パラグラフ12）。法的能力は意思決定能力（mental capacity）からも概念的に区別する必要がある。なぜなら，前者が権利・義務を保有する能力（わが国の権利能力）とこれらの権利・義務を行使する能力（わが国の行為能力）を指すのに対して，後者はある人の意思決定のスキルに関するものであり，当然ながら，その能力は人により異なるし，たとえ同一人であっても環境的な要因や社会的な要因等によって変動する可能性があるからである。したがって，条約12条の下では，意思決定能力の不足を法的能力否定の正当化事由として用いることは許されず（パラグラフ13），締約国は，目的または効果の面で障害に基づく差別となる法的能力を否定する仕組みを廃止しなければならない（パラグラフ25）。

第2に，代理・代行決定の仕組みに関する共通要素の指摘である。一般的意見によれば，代理・代行決定には全面後見（plenary guardianship），限定後見（partial guardianship），司法手続による禁治産宣告（judicial interdiction）等の多種多様な形態があるが，これには3つの共通点がある。すなわち，①たとえ単一の決定のみに関するものであっても，本人から法的能力を剥奪する。②本人以外の者によって，代理・代行決定権者が選任され，かつ，この選任が本人

の意思⁽⁷⁾に反しても行われうる。③代理・代行決定権者の行うあらゆる決定が，本人自身の意思や選好にではなく，本人の客観的な「最善の利益」と信じられているものに基づいている（パラグラフ27）。

　第3に，意思決定支援への一元化要請である。意思決定支援へのパラダイム転換に関する締約国の義務は，代理・代行決定の廃止とその代替策である意思決定支援体制の発展の双方を要請する。したがって，代理・代行決定の仕組みを併存させつつ，意思決定支援の仕組みを発展させていく形では，条約12条の要請を満たすには不十分である（パラグラフ28）。

　第4に，12条に適合する意思決定支援の仕組みに必要な諸条件の例示である。すなわち，意思決定支援体制構築の必要条件として，以下を指摘している。①すべての人が利用できなければならず，支援ニーズの度合いが意思決定支援を受ける障壁となってはならない。②法的能力の行使面でのすべての支援は，本人の客観的な最善の利益にではなく，本人の意思と選好に基づくものでなければならない。③本人のコミュニケーション様式が意思決定支援を得る障壁となってはならない。④本人が選任した支援者の法的承認が利用可能でなければならない。これには，第三者に対する支援者の資格証明の仕組みと支援者の行動に対する第三者の異議申立ての仕組みを含む必要がある。⑤12条3との関係で，支援は無償もしくはごくわずかの料金で利用できなければならず，資力の不足が意思決定支援を受ける障壁となってはならない。⑥意思決定支援が，選挙権，婚姻もしくは市民的パートナーシップを結ぶ権利，家族を形成する権利，リプロダクティブ・ライツ，親権，親密な関係の構築と医療行為に対する同意権，自由を享有する権利等の本人の基本的権利を制限するための正当化事由として利用されてはならない。⑦いつでも，支援を拒否し，支援関係を終了もしくは変更する権利を本人に認めなければならない。⑧本人の意思と選好の尊重を保障するためのセーフガードを，法的能力とその行使に対する支援に関わる全過程について設けなければならない。⑨法的能力の行使面での支援の提供を，意思決定能力の評価によって決定してはならない。この判断基準のために，支援のニーズに関する新しい非差別的な指標が必要である（パラグラフ

---

(7) 12条の対象となる本人の「意思」は，本人の漠然とした希望や思い，意向等を含む広義の概念であり，理性的に形成された明確な内容を持つものには限定されない。このため，日本法上の意思無能力（これ自体多義的だが）の状況にあっても，その「意思」は当然に尊重されるべきことに注意する必要がある。

29)。

　こうした一般的意見の立場は，条約の交渉過程における障害当事者団体の見解に依拠したものといえ，「代理・代行決定から意思決定支援へのパラダイム転換」という条約の根幹にある転換テーゼを最も徹底した立場といえる。もちろん，この主張の持つ理念的な価値と運動論的な意義は十分に理解できる。しかし，この見解の杓子定規な適用には，学術的にも現実的にも疑念が残る。まずは，その証左の1つとして，これまでの総括所見の中から，特に注目すべき点を概観しておこう。

3　総括所見 ●●●
(1) オーストラリア

　オーストラリアは，カナダと並び，政府代表としては最も障害当事者寄りの立場から条約の成立に寄与した国であり，多数の批准を得るために最終的にきわめて玉虫色となった条約の規定振りに潜在するリスクを熟知していた国でもある。このため，条約の批准に際して，オーストラリアは，セーフガードに服したラスト・リゾートとしての代理・代行決定の整備を12条が許容している旨の解釈宣言を行った[8]。これに対し委員会は，2013年10月21日付の同国への総括所見において，この解釈宣言について撤回を視野に入れて見直すべき旨を勧告している[9]。これにより，留保や解釈宣言の手法でも12条違反の制度は正当化できないことが示唆されたといえる。

(2) 韓　国

　韓国は，条約を視野に入れた民法改正（2013年7月1日施行）により，成年後見制度の全面改正を行った。この目玉の1つが特定後見類型の導入である。この制度は，特定行為に関する家庭法院による直接の処分命令や，特定行為に関する法定代理権のみの付与が可能な特定後見人の選任を定めている（韓国民法959条の8，959条の9）。本人の意思に反する開始が認められない点，対象が必要最小限の範囲に限定される点は，日本の補助類型と近似する（韓国民法14条の2第2項，3項，日本民法15条2項，17条1項，876条の9）。しかし，本人の行為能力制限を一切伴わない点，期間を限定して設定される点（韓国民法

---

(8) 「オーストラリアによる解釈宣言」，at https://treaties.un.org/Pages/ViewDetails.aspx?src=TREATY&mtdsg_no=IV-15&chapter=4&lang=en#EndDec（as of 14 May 2018）。

(9) Concluding observations on the initial report of Australia, adopted by the Committee at its tenth session（2-13 September 2013），para.9.

959条の11第1項)で，補助よりもさらに必要性の原則を徹底した仕組みといえる。加えて，日本の能力別三類型とは異なり，特定後見は，要保護者の能力低下の度合いに応じてではなく，保護の必要性に応じる形で，一回的または一時的な保護措置を利用可能としており[10]，この点でも，わが国の制度より柔軟であり，必要性の原則との親和性が高い。ところが，2014年10月29日付の同国への総括所見[11]では，韓国の新法定後見制度が財産及び身上に関する事項に対する法定後見人の意思決定を認めることに懸念を示し，こうした制度は意思決定支援に代えて代理・代行決定を促進するものであり，12条違反であると指摘した[12]。たしかに韓国では，原則的に本人の行為能力を制限する成年後見類型と，同意留保による例外的な行為能力制限の可能性を認める限定後見類型も併存している。しかし，ここで留意すべきは，総括所見がこうした類型間の重要な差異に言及することなく，他国と同様の紋切り型の表現で代理・代行決定から意思決定支援への全面転換を勧告したことである。もう1つの注目点が，医療同意等の身上監護に関する決定権限についての指摘である。韓国の新法は，身上監護に関する代行決定権を成年後見人と限定後見人に付与できることを，明文によって認めた（韓国民法938条3項，947条の2,959条の4第2項，959条の6）。しかし，総括所見の勧告では，代理・代行決定から意思決定支援の対象に転換されるべき本人の権利の具体例として，医療行為に関するインフォームドコンセントの付与と撤回，居所の選択が明示されており，身上監護権の導入が逆に12条違反の評価の一因となった可能性が伺われる。

(3) チェコ

チェコは，条約の明確な影響下で，2014年1月1日施行の新民法典において，大陸法系の国としては初めて意思決定支援制度を民法上に明文化した（チェコ民法45-48条）[13]。しかし，2015年5月15日付の同国への総括所見[14]は，同国の新民法典に限定後見（partial guardianship）制度が残っており，行

---

[10] 朴仁煥「韓国の新成年後見制度の成立と課題」東洋文化研究14号（2012年）158頁参照。

[11] Concluding observations on the initial report of the Republic of Korea, para.21-22.

[12] 総括所見に対する韓国の対応等については，朴仁煥「障害者権利条約と韓国成年後見制度の課題」成年後見法研究15号（2018年）167頁参照。

[13] サンドル・グルバイ（菅富美枝訳）「ハンガリーとチェコ共和国における民法改正の動向」菅編・前掲注(1)339-367頁参照。

[14] Concluding observations on the initial report of the Czech Republic, para.22-23.

◆ 第Ⅱ部 ◆　各論1〔課題別検討〕

為能力制限の余地があることに懸念を表し，12条と完全に調和するように民法典を再改正することを要請した。たしかに，新法は本人の行為能力全体を制約する全面後見を廃止した一方で，本人と後見人との共同決定を原則としつつ，法定代理の可能性と，部分的かつ期間限定的な行為能力制限を認める限定後見制度を残している。加えて，オーストリア民法の影響を受けた家族構成員による法定代理制度も新設された。おそらくは，こうした事情が先の勧告につながったと思われる。ここで注目すべきは，意思決定支援制度と必要性の原則に基づく限定後見制度との併存体制も12条違反とする指摘である。

(4) ドイツ

ドイツ世話法[15]における法定後見である法的世話制度（Rechtliche Betreuung）は，必要性の原則と補充性の原則を明文で規定しており，同意権留保（Einwilligungsvorbehalt:ドイツ民法1903条）が例外的に命じられた場合を除けば，世話人が選任されても本人の行為能力は制限されない。また，世話人の法定代理権の範囲は本人の支援に必要最小限の事項に限定されている（ドイツ民法1896条2項）。こうした点から，同法は，イギリスの意思決定能力法（(Mental Capacity Act)[16]とともに，現在最も先進的な法定後見制度の1つと評されることが多い。しかし，このドイツに対する2015年5月13日付の総括所見[17]でも，法的世話制度は条約に不適合との懸念が表明され，あらゆる形態の代理・代行決定を排除し，一般的意見1号に即した意思決定支援制度に転換すべきことが勧告された。ところで，同国の国際モニタリングでは興味深い駆け引きがあった。たとえばドイツ政府は，2011年9月11日付の初回政府報告の中で，成年者の自然的行為無能力（natürliche Geschäftsunfähigkeit）[18]と不法行為の責任無能力が例外的に認められている点（ドイツ民法104条2項，827条）に言及する一方で，行為能力制限の性質を持つ同意権留保については一言も触れなかった。これに対して，ドイツ人権機関（Deutsches Institut fur Mens-

(15)　同法の詳細については，上山泰「成年後見制度における「本人意思の尊重」」菅編・前掲注(1)369-394頁参照。
(16)　同法の詳細については，菅富美枝『イギリス成年後見制度にみる自律支援の法理』（ミネルヴァ書房，2010年）参照。
(17)　Concluding observations on the initial report of Germany, para.25-26.
(18)　日本法上の意思無能力に相当する。ドイツの別のパラレル・レポートでは，同意権留保と自然的行為無能力がともに条約に抵触すると主張されていた（BRK-Allianz, For Independent Living, Equal Rights, Accessibility and Inclusion！, pp. 32-33.）。

chenrechte）の障害者権利条約国内監視機関（Monitoring-Stelle zur UN-Behindertenrechitskonvention）によるパラレル・レポート[19]では，委員会が示す12条の規範と世話法との矛盾の一例として同意権留保が指摘されており，委員会からのドイツ政府宛の事前質問事項[20]の中でも，同意権留保がどのように12条と適合しているかを明らかにするように求められている。また，政府報告が世話人を custodian, 世話制度を custodianship と訳す一方で，障害当事者団体のパラレル・レポート[21]では，世話人を legal guardian, 世話制度を legal guardianship という（委員会の文脈では）否定的なニュアンスの強い訳語をあてている点も興味深い。

(5) **イギリス**

菅富美枝の一連の研究[22]が明らかにするように，2005年意思決定能力法に基づくイギリスの成年後見制度は，現時点において12条の理念にもっとも親和性の高い仕組みの1つである。菅の分析によれば，その特徴は，本人中心主義という一貫した理念から，支援の原則である意思決定支援の仕組みと，最後の手段として必要最小限の範囲で例外的に許される代行決定の仕組みとを統合的に連関させている点にある。特に，代行決定の判断基準としての主観的ベスト・インタレスト，特定の支援者による恣意的決定を防止するためのインクルーシヴ・アプローチや IMCA（第三者意向代弁人）等の仕掛けは，原理的には他者決定である代行決定の中に最大限の本人らしさを反映させる工夫として特筆できる。イギリス法が，そもそも法定後見制度と機械的に連動した行為能力制限を持たないこと等を考え合わせれば，付記のペルー法の評価をひとまず置けば，イギリスの制度は世界的にみて現在最も優れた制度といってよい。

しかし，このイギリスですら，2017年10月3日付の総括所見で，意思決定能力法及び精神保健法の両法における新政策に着手するために，条約に則った新立法を通じて，活動の全領域，全分野に関わる，あらゆる形態の代理・代行

---

(19) Monitoring-Stelle zur UN-Behindertenrechtskonvention, Parallelbericht an den UN-Fachausschuss für die Rechte von Menschen mit Behinderungen, para.82.

(20) List of issues in relation to the initial report of Germany, para.7.

(21) BRK-Allianz・前掲注(18)32-33頁。

(22) 菅・前掲注(4)(16)のほか，菅富美枝「自己決定支援（supported decision-making）を保障するイギリスの成年後見制度」社会保障法28号（2013年）7頁，菅富美枝「「意思決定支援」の観点からみた成年後見制度の再考」菅編・前掲注(1)217-261頁，菅富美枝『新消費者法研究』（成文堂，2018年）123-137頁等参照。

決定を廃絶すべきであるとの勧告を受けている。また，この前提として，イギリスの具体的な懸案事項として，①現実の機能障害（impairment）もしくは機能障害があると認識されたことを根拠に，イギリス法が障害者の法的能力を制限していること，②法律及び実務において代理・代行決定が蔓延していること，及び，障害者の自律，意思並びに選好を十分に尊重する個別化された意思決定支援に対する権利の完全な承認が欠如していること，③心理社会的及び／もしくは知的な障害のある全ての難民申請者及び難民による法的能力の行使に対する支援が不足していること，④多数の障害のある黒人が強制的に拘留され，本人の意思に反する取り扱いを受けていることの4点が指摘されている。

4　私　見

　条約の実施段階における解釈，すなわち国際モニタリングにおいて当初から採用され，のちに一般的意見によっても確認された12条の解釈は，条約成立段階の立法者意思から大きく変容している。この結果，その規範の内容が締約国の想定を超えたものとなったことも手伝ってか，現時点（2018年5月）で総括所見が公表済みの68の国と地域（EUを含む）のすべてに対して，代理・代行決定から意思決定支援への転換の未達成を主たる理由として，12条違反が勧告される状況となっている。一般的意見が示す見解の理念的な価値とその運動論的な意義は否定しないが，学術的に議論の余地があるだけでなく，先の総括所見の結果が端的に示すように，現状ではあまりに高すぎるハードルを締約国に課すものとなっており，その実効性にも疑問が残る。

　そこで，私見は12条を本来の立法者意思を基軸として解釈すべきと考える(23)。まず，障害者の実質的法主体性の保障という条約の基本理念の当然の帰結として，判断能力不十分者の権利擁護のための法的手法は意思決定支援を原則とすべきである（支援の第1ステージ）。ただし，意思決定支援の可能性が尽きた場面に限り，質・量・時間の全てについて必要最小限の範囲でのみ，最後の手段としての代理・代行決定を容認してよい（支援の第2ステージ）。このとき，ある具体的な意思決定が，意思決定支援の成果としての本人の自己決定なのか，あるいは，支援者の代理・代行決定（他者決定）なのかは，当該決定に関する法的責任の帰属関係を明確にするために截然と区別しなければならな

---

(23)　私見については，上山泰・菅富美枝「成年後見制度の理念的再検討」菅編・前掲注(1) 3-38頁も参照。

い。しかし他方で，意思決定支援と代理・代行決定とを単純な二項対立概念として捉えることも誤りである。なぜなら，代理・代行決定を条約が許容する最後の手段として再構築するためには，上述のイギリス法の試みが示すように，意思決定支援と代理・代行決定とを統合する本人中心主義の理念に立って，代理・代行決定における「本人らしさ」を制度的に保障するための工夫を凝らすことが必要だからである。

　こうした理解に基づき，12条解釈の焦点である法定代理権制度と制限行為能力制度の許容性に関する私見を整理しておこう。まず法定代理権制度については，立法者意思である代行決定許容説に立ち，上述の本人中心主義から再構築された最後の手段としての代理・代行決定を，本人の権利擁護に必要最小限の範囲で認めるべきと考える。なぜなら，遷延性意識障害の事案が典型であるが，たとえば本人による意思決定が物理的な意味で不可能（少なくとも他者からの意思決定の認識が不可能）な場合は，本人に帰属する法的権利義務の行使は何らかの他者決定に依拠せざるを得ないからである。「0から100％の支援」という発想に基づく「100％の支援による本人の自己決定」とは，条約の成立過程における特別委員会の議長らの指摘にもあったとおり[24]，理論的にはやはり他者決定と整理するべきである。加えて，「意思決定支援の誘導的要素」[25]を考慮するならば，本人の自己決定を僭称した支援者の恣意的な他者決定を排除するためにも[26]，むしろ最後の手段としての他者決定の仕組みを残した上で，この濫用防止のための厳格な規律を設ける方が合理的であろう。

　制限行為能力制度については，消費者保護法制の拡充や民法90条の暴利行為論の柔軟な解釈等のより普遍的な制度の活用によって，判断能力不十分者の適正な保護を図ることが十分に可能であるから，これらの代替的な保護制度の拡充と比例させつつ，漸次的な縮減・廃止を目指すべきである（ユニバーサル・デザインとしての消費者保護法制への制限行為能力制度の発展的解消[27]）。そ

---

[24] 上山・前掲注(1)「現行成年後見制度と障がいのある人の権利に関する条約12条の整合性」76-87頁参照。

[25] 上山泰「意思決定支援の意義と課題」実践成年後見75号（2018年）46頁参照。

[26] たとえば，菅・前掲書注(22)132頁は，「自己決定（意思決定）支援の外形をとることによって，判断能力の不十分な人々に「自己責任」を押付け，代行決定を隠ぺいするものであってはならないと考える。自己決定（意思決定）支援の実践の背後には，他者による操作・不当な圧力による，脱法的な「代行決定」が潜みうる可能性を常に直視しなければならない。」と指摘する。

もそも，わが国の取消権の目的は，判断能力不十分性等に起因する人間的な脆弱性につけ込んだ財産の不当な搾取を防止することにある[28]。したがって，本来，焦点を当てるべきは「客体である対象行為（個別具体的な不当性のある取引行為）」であり「行為の主体」ではない。加えて，行為主体を基準として保護の対象者を固定化する「属人的保護システム」（制限行為能力制度のように救済の可否を画一的な形で属人的に判断する仕組み）は，「能力制限の過剰性リスク[29]」と「スティグマの温床となるリスク」を必然的にはらみ，差別的色彩が濃いからである。

　私見の最後に，現在の国際モニタリングに関する疑問点に触れておきたい。第1に，各国の制度と12条との整合性に関する委員会の評価の形式性と硬直性である。各国の法定後見制度の態様は多様であり，自己決定への干渉の度合い（行為能力制限の有無や範囲，法定代理権の範囲，法定後見の開始や法定後見人への権限付与に対する本人意思の関与の保障の度合い等）も大きく異なっている。しかし，紙幅の都合があるとはいえ，総括所見ではこうした制度の詳細やその運用実態等に踏み込んだ指摘はみられない。第2に，委員会が想定する法的制度設計の不明瞭さである。委員会は総括所見の中で繰り返し，「本人の自律，意思並びに選好を尊重する意思決定支援」への全面移行を求める一方で，その具体的な法的スキームを明確にはしていない。たしかに，一般的意見の中で制度設計の要点に初めて触れたが，この条件だけを手がかりに，実際の法制度を構築するのは必ずしも容易ではない[30]。特に，制度の効果に本人の権利・義

---

(27) 上山泰「制限行為能力制度の廃止・縮減に向けて」成年後見法研究8号（2011年）20頁参照。なお，菅・前掲書注(23)が同様の視点からより詳細な議論を展開している。

(28) こうした理解からすれば，現行法上の取消権も本人保護のための必要最小限の範囲で謙抑的に運用すべきであろう（上山泰『専門職後見人と身上監護（第3版）』（民事法研究会，2015年）225-235頁，上山泰「制限行為能力制度に基づく取消権の実効性」筑波ロー・ジャーナル14号（2013年）1頁参照。

(29) 判断能力の時間的な変動可能性と対象行為に依拠した相対性を踏まえるならば，成年後見類型の包括的な取消権はもちろん，補助類型の取消権のように対象を特定の行為に限定したものであっても，必要最小限の範囲を超えた過剰介入の余地がありえることに注意する必要がある。

(30) 現存する法的な意思決定支援制度の中では，既述のチェコの意思決定支援制度のほか，カナダの諸州にみられる「リプリゼンテーション・アグリーメント（Representation Agreement）」が，一般的意見が想定する仕組みに近い。しかし，これらは本人と支援者の合意で成立する任意後見型の仕組みであるため，本人の現有能力の程度がこう

務関係の設定や変動を含める場合には，意思決定支援の法律要件と効果（たとえば，意思決定支援者の範囲とその権限・義務・責任の範囲の画定等）を明確化するとともに，当該国の契約法等との体系的な整合性なども担保していく必要があるが，こうした議論はまだ成熟していない。この状況下で，意思決定支援制度への全面転換を杓子定規に求めたとしても，これまでの総括所見が実証するように，12条違反の勧告がただむなしく繰り返されるおそれがあるだけでなく，現行制度の漸次的改善に向けたモチベーションすら締約国から奪いかねないのではないだろうか。

III 分析と課題

1 日本政府報告

(1) 報告の概要

報告では，12条に関して11項目の意見が付されている。その特徴は，現行の法定後見制度は条約に抵触しないとの法務省の認識（付属文書「障害者政策委員会による議論の整理」（障害者政策委員会）参照）[31]を基本的な前提とする点にある。現行制度が持つ条約との親和性の要素として報告が挙げるのは，①後見・保佐・補助の3類型による本人の能力の程度に応じた利用可能性の担保（パラグラフ75），②法定後見における本人意思の尊重の仕組み（後見人等の選任時における本人の陳述聴取の機会，民法858条等が規定する本人意思尊重義務，補助開始要件としての本人の同意等の必要性など）（パラグラフ76），③成年後見人等の法的権限（代理権・取消権・同意権）の範囲の民法による明確な画定，及び，保佐・補助における事案に応じた法的権限付与の弾力性と当該権限の付与（保佐の同意権・取消権の拡張を除く）に対する本人の同意の必要性（パラグラフ77），

した合意に耐えうることが前提となる。したがって，少なくとも現状では，法定後見制度による保護に完全に代替しうる単独の制度として意思決定支援制度を構築することはきわめて困難である（付記のペルー法における昏睡状態にある者への例外措置も参照）。

(31) 本人意思尊重義務を含む本人の利益保護のための各種措置によって，本人の権利，意思及び選好の尊重（12条4）が図られているとした上で，重度認知症患者等の本人の意思決定が事実上不可能な場合にまで法定代理権を否定すると，本人は事実上何らの法律行為ができないことになりかねず，かえって本人の保護に欠けるおそれがあると主張する。ただし，制限行為能力制度の正当化根拠への言及は見当たらない。

④司法機関である家庭裁判所による後見人等の監督体制の整備，及び，本人の判断能力回復時の法定後見終了の仕組み（パラグラフ78），⑤虐待事案における本人保護の実効性（パラグラフ80）等である。さらに報告書は，現行制度が12条に適合するという理解を前提に，現行制度の利用促進の仕組み（障害者総合支援法に基づく成年後見制度利用支援事業，精神保健福祉法に基づく法定後見の市町村長申立て）と実際の利用の伸長を肯定的に記述している（パラグラフ79，81，82）。

他方，現行制度の課題については，わずかに1項目を割いて，⑥意思決定支援及び法的能力行使の支援の社会的枠組みの構築が急務であること，⑦代行型の枠組みである後見類型は，最良の支援によっても法的能力の行使が困難な場合の最後の手段として利用されるべきであり，代理人による意思決定時にもできる限り本人の意思を尊重するように制度運用の改善が必要であること，⑧家庭裁判所の監督業務の負担軽減を工夫する必要があること等について，障害者政策委員会から指摘された事実に言及しているにすぎない[32]。

なお，法定後見以外については，⑨憲法13条による個人の尊重の規定，及び，これを受けた障害者基本法3条による障害者の個人の尊厳の基本原則としての位置づけ（パラグラフ73），⑩民法3条による権利能力の完全平等の保障（パラグラフ74），障害者総合支援法に基づく基本相談支援の実施（パラグラフ81）が指摘されている。

(2) 報告の評価

一般的意見は，12条が代理・代行決定型の保護措置の全廃と意思決定支援の仕組みへの一元化を求めているという前提に立つ。このため，先述した各国の総括所見が示すように，障害を理由とする行為能力の制限や法定代理の仕組みがある限り，それが必要最小限の範囲であったとしても，条約に抵触するとの指摘を受けることになる。意思決定支援と代理・代行決定が併存することも許さないため，たとえ意思決定支援を法的に保障していたとしても事情は変わらない（意思決定支援を原則とするイギリスや意思決定支援を法制度化したチェコに対する総括所見を参照）。したがって，現行制度の12条との整合性を前提として，その利用促進を進めていくという報告の立場は，そもそも一般的意見の

---

[32] ただし，付属文書として添付された前述の「障害者政策委員会による議論の整理」では，現行制度（特に後見類型）の条約抵触可能性を含めた問題点や，意思決定支援の体制づくりの必要性が言及されている。

問題意識とまったくかみ合っていない。わが国よりもはるかに12条との親和性の高い制度を持つイギリスやドイツですら12条違反を勧告されたことからみても，わが国が勧告を受けることは間違いないだろう。ただし，本来の立法者意思に基づく12条の解釈を取るならば，わが国の法定後見制度の中にも12条と親和的な部分はある。また，最終的には立法による解決が必要とはいえ，運用上の工夫で制度を12条の趣旨に多少なりとも近づけていくことは可能であるし，当座の応急措置としてはそうすべきでもある。そこで以下では，現行の日本法を詳細に分析して，その課題点を論じていくこととする。

2　日本法の課題 ●○○

(1) 法定後見制度

12条の射程は，わが国の権利能力と行為能力の双方に及ぶと考えられるが，前者については障害の有無による別異処遇が存在しないため問題は生じない（民法3条1項）。他方，後者については，「精神上の障害」の存在を要件とする行為能力制限があるため，条約との抵触が問題になる。特に後見類型は，日常生活に関する行為（民法9条ただし書き）を除く全ての財産的法律行為を取消権の対象とするため，本人の現有能力との均衡を欠いた過剰干渉のリスクが非常に大きい。したがって，仮に12条の解釈について行為能力制限容認説を取ったとしても，必要最小限の範囲での合理的介入を超えるものとして，条約違反の疑いが濃厚である。保佐も，能力制限の範囲を拡張はできるものの，縮減ができない点で同様である。他方，補助については，①特定の法律行為に限定する形で，②本人の請求または同意という意思的関与に基づいて同意権・取消権が付与されることに加えて，③家庭裁判所による補助人の同意に代わる許可制度によって，本人の意思を補助人の意思に原則的に優先させることが制度的に保障されていること（民法17条）を考えれば，民法858条の本人意思尊重義務の適切な運用を通じて，かなりの程度まで12条に整合的な仕組みに近づけることができるだろう。まず同意権を，本人の自己決定の抑制手段としてではなく，意思決定支援ないし協働的意思決定の手段（本人の意思決定への関与の正当化根拠）として運用するべきである。さらに，これがうまく機能しなかった場合のセーフガードである取消権も，本人の保護のために必要最小限の範囲での行使にとどめるべきである[33]。なお，私見はやや異なるが[34]，本人の事

---

(33) 日本法の行為能力制限は，ドイツ法等と異なり，取消権の行使によってはじめて行

前的意思決定に基づく自己拘束は12条に抵触しないと考えるのが国際的な通説である。補助の行為能力制限は本人の事前の意思的関与に基づく自己拘束的な仕組みであるため，こうした理解からすれば，後述の保佐・補助の法定代理権と同様，本人の自己決定権に基づく干渉として，条約には抵触しないという解釈も成り立つかもしれない。この点は留保するが，立法論としては，属人的な性格を持つ制限行為能力制度は，消費者保護法制等の他のより制約的でない一般性の高い救済手段へと漸次的に置き換えていくべきであろう。

　法定代理権もまた他者決定型の仕組みであり，本人の能力を制約して，その自己決定権を侵害する要素を持つため，条約との抵触が問題となる[35]。この点については，立法者意思である代行決定容認説の立場から，意思決定支援を原則としつつ（支援の第1ステージ），意思決定支援の可能性が尽きた場面に限り，質・量・時間の全てにおいて必要最小限の範囲でのみ，最後の手段としての代理・代行決定を容認すべきである（支援の第2ステージ）。しかし，こうした理解からしても，財産管理に対する包括的な法定代理権を認める後見類型が条約に抵触することは否定しえない。他方，保佐・補助類型は，①特定の法律行為に限定する形で，②本人の請求または同意という意思的関与に基づいて法定代理権を付与する形式のため，12条との親和性が高い。まず，本人意思尊

為が遡及的に無効になる浮動的有効の仕組みを採用しているため，その運用次第では本人の意思や行為を最大限に尊重することが可能である（上山・前掲書注(28)225-233頁参照）。なお，本人尊重義務（民法858条），及び，保佐人及び補助人の同意に代わる家庭裁判所の許可（民法13条3項，17条3項）の趣旨からすれば，少なくとも本人の利益を害するおそれのない行為を取り消すことはできないと考えるべきである。

(34)　本人の事前的自己決定に基づく任意後見制度は12条に抵触しないとの理解が国際的にも通説であり，異論はほとんど見られない。しかし私見は，支援者の具体的な権限行使時点での本人意思との整合性をこそ重視すべきという観点から，こうした通説的理解とはやや異なる立場を採っている（上山泰「任意後見契約の優越的地位について」筑波ロー・ジャーナル11号（2012年）97頁参照）。

(35)　法定代理権が取消権と同様に自己決定権を侵害する性質を持つことについては，大村敦志「「能力」に関する覚書」ジュリスト1141号（1998年）16頁参照。河上正二『民法総則講義』（日本評論社，2007年）72-73頁も，『少なくとも代理権付与は，多くの場合，代理行為の時点で，本人の意思と関係なく，保護機関が単独で有効な行為をなし得ることを認める結果をもたらすものであり，本人の利益を侵害する大きな危険性を孕んでいることに注意すべきである。代理権付与をもって「能力を奪わず，与えるだけ」と考えるのは間違いである』と指摘する。

重義務の適切な運用(36)を条件とすれば，①の要素によって必要最小限の介入の要請を充たしうる。加えて，②の要素を強調すれば，授権に関する限り実質的には任意後見契約の代理権と同視できるため，現行法のままでも12条に整合すると理解する余地もある。なぜなら，保佐・補助の代理権を，当該代理権の効果等に関する詳細な情報提供等を含む家庭裁判所の意思決定支援を受けて，本人の意思的関与の下で設定されたものと考えることができれば，任意後見と同水準の事前的自己決定に基づく仕組みとして理解できるからである(37)。

　最後に，制限行為能力制度と法定代理権制度の双方に共通する課題に２つ触れておく。第１は，12条４が要請する定期的審査の不在である。当面は民法858条の解釈（身上配慮義務の１つとしての後見内容変更義務）(38)によるとしても，立法論としては，個別の仕組みとして法制度化された場合の意思決定支援制度も対象に含めた定期審査の明文化が必要であろう。第２は，本人による法定後見人の指定権の保障である。たとえばドイツ法では，本人による世話人の指名は，本人の福祉に反しない限り，裁判所を法的に拘束する（ドイツ民法1897条４項）。また，この指名は事前のものでもよく，世話に関する事前指示書（Betreuungsverfügung）の１項目として，世話人候補者を事前に指名しておくこともできる（ドイツ民法1901c条)(39)。こうした工夫は日本法の運用によってもある程度までは実現可能なはずである。

(2) その他の民法上の別異処遇

　法定後見制度のほかにも，法的能力に関する別異処遇の仕組みが民法上に複数存在する。国際モニタリングの中ではさほど重視されていない印象もあるが，

---

(36) たとえば，法定代理権行使は最後の手段として位置付けられるため，まず保佐人・補助人は意思決定支援に基づく本人自身による契約締結等の可能性を追求すべきである。また，その行使は原則的に本人の意思に拘束されるため，代理人の裁量権はかなり限定されると考えるべきであろう。その後の監督体制の違いについても，家庭裁判所による直接の監督という特色を，12条３が要請する法的能力の適正な行使に対する支援をむしろより手厚く保障したものととらえることができよう。

(37) 代理人と代理権の範囲も特定されているため，代理権付与の審判の過程の中でこれら全体に対する本人の意思的関与を家庭裁判所の意思決定支援によって適切に保障できれば，任意後見契約の締結に要する本人側の意思表示の内容とほぼ同一視できる（家庭裁判所の役割は任意後見契約における公証人の役割とパラレルに考えることができる）。

(38) 上山・前掲書注(28)85-90頁参照。

(39) 上山・前掲注(15)377-379頁参照。

理論的には同条への抵触が問題になるので，簡潔に現状を概観しておく。

まず，「精神上の障害」を直接の要件とする仕組みとして，不法行為に関する責任［弁識］能力（民法713条）がある。ただし，責任能力は，加害行為時における一時的な判断能力の低下・喪失を含めて，その有無がアドホックに評価されるため，制限行為能力制度とは異なり，特定人を責任無能力「者」としてカテゴライズして，属人的に固定化してしまうものでない（法的無能力が個人の恒常的な属性とはならない）。加えて，責任能力は，自らに帰属する権利の積極的な行使のための資格ではなく，損害賠償義務という法的責任の引き受けに関する資格である。このため，責任能力の単純な平等化，すなわち責任無能力免責の完全廃止は，むしろ障害者の不利益となるおそれがある[40]。また，責任無能力免責には，障害者らの行動の自由を裏面から担保することで，その積極的な社会参加を支援する機能もある。こうした要素を考えれば，12条との整合性を認める余地は十分あるように思われる。

能力の有無の基準を知的判断能力の程度に置く仕組みとしては，ほかにも意思能力（民法3条の2）[41]や，この概念を基盤とする家族法上の各種の形成的身分行為能力，すなわち，婚姻能力（民法738条），離婚能力（民法764条），養子縁組能力（民法799条），離縁能力（民法812条），認知能力（民法780条），遺言能力（民法962条）がある。ただし，これらはいずれも，特定の時点における特定の行為を対象として，個別具体的な文脈でアドホックに判断されるものである。したがって，責任能力と同様，特定の個人を画一的な形で無能力者として固定する仕組みではない。また，疾病や泥酔等による一時的な判断能力の低下・喪失も無能力の原因となるため，継続的な機能障害を前提とする障害差別の文脈からは一定のずれがあり，基本的には12条に抵触しないと思われる（形成的身分行為については，法定後見開始による行為能力制限が直接的には影響しない旨を明文で定めていることにも留意する必要がある（民法738条等））。ただし，

---

(40) ただし，JR東海事件最高裁判決（最三小判平28・3・1民集70巻3号681頁）をきっかけに，判断能力不十分者の加害行為による損害の適切な社会的分配の観点から，責任無能力制度の廃止や免責後の衡平責任による再帰責に関する議論が活性化していることにも留意する必要がある。

(41) なお，一般的意見の解釈に当たっては，民法上の意思能力があくまでも法律上の規範的概念であり，その判断要素の1つである心理学的・生物学的な意思決定能力（mental capacity）それ自体とは区別されることに留意する必要がある。

重度の知的障害等の存在が，現実には，これらの能力の恒常的な否定につながりやすい点は，間接差別禁止との関係でなお議論の余地があるかもしれない。

このほか，一定の身体的障害を直接の要件とする別異処遇として，言語機能障害者と聴覚機能障害者を対象とした遺言の方式の特則（民法969条の2等）があり，12条との整合性について検討が必要である。

(3) 公法上の別異処遇と欠格条項問題

知的判断能力の程度を直接・間接の基準として法的能力の有無を決定する仕組みは，公法領域にも多数存在する。これらは，①独自の能力規定を持つものと，②民法の基準に依拠するものに大別できる。もっとも，②の過半は法定後見制度に基づく行為能力制限と法定代理人の機能を当該領域に反映させる仕組みとなっているため，法定後見開始の効果としての本人の自己決定に対する制約等は，本来の適用領域を超えて，わが国の法体系全体に波及する結果となっている。この意味でも，12条解釈の焦点が法定後見制度の是非に充てられてきたことは十分に理由のあるものといえるだろう。

①の例としては，心神喪失・心神耗弱を理由とする刑の不処罰・減軽を定めた刑事責任能力（刑法39条）がある。なお，心神喪失は刑事訴訟法上の公判手続の停止（刑事訴訟法314条1項）と刑の執行停止の要件（刑事訴訟法479-481条）でもある[42]。他方，②の例としては，民事訴訟手続における当事者能力，訴訟能力がある（民事訴訟法28条）。たとえば，成年被後見人は絶対的訴訟無能力者とされ，その訴訟行為はすべて無効となるため，法定代理人によらなければ訴訟行為ができない（民事訴訟法31条）。被保佐人と（補助人に訴訟行為に対する同意権が付与された）被補助人は制限的訴訟能力者とされ，保佐人または補助人の同意がなければ，原則的には訴訟行為を行うことができず，同意を欠く訴訟行為は追認されない限り無効となる（民事訴訟法28条，34条）。また，家事事件（家事審判・家事調停）における手続行為能力についても，原則的に民事訴訟法の規定が準用されるため（家事事件手続法17条），成年被後見人らは民事訴訟手続と同様の制約を受けることになる。たとえば，成年被後見人は法定代理人を通じてしか手続を行うことができない。ただし，成年後見等の審判手続に関しては重要な例外が認められている。たとえば，後見開始の審判と

---

(42) 刑事法領域における障害者権利条約の要請について検討する文献として，池原毅和「障害と刑事司法」菊池ほか・前掲注(1)209-230頁がある。

その取消しの審判や，成年後見人の選任と解任の審判等については，成年被後見人であっても，意思能力がある限り，自ら手続を行うことができ，被保佐人と被補助人も保佐人らの同意なしに単独で手続ができる（家庭事件手続法118条）。以上の規定については，12条だけではなく，13条との関係でも精査する必要があるように思われる。

　②の領域については，「成年後見制度の転用問題」[43]の一面である絶対的欠格条項による能力・資格制限の問題が重要である。絶対的欠格条項とは，成年被後見人と被保佐人を各種の資格等から機械的に一律排除する規定である。①公務員に関するもの（国家公務員法38号1号，地方公務員法16条1号，自衛隊法38条1号等），②士業に関するもの（医師法3条，弁護士法7条4号等），③法人役員に関するもの（信用金庫法34条3号，宗教法人法22条2号等），④営業許可に関するもの（貸金業法6条1号，警備業法3条等）等，180を超える関連法規が現存している。しかし，資格等の制約の可否については，当該制度の目的等に即して個別具体的に審査をするべきであり，法定後見の開始と資格等からの排除を画一的に結び付ける絶対的欠格条項の仕組みは明らかに不当であり，条約12条と27条はもちろん，日本国憲法22条1項の職業選択の自由等にも抵触する疑いがある。こうした絶対的欠格条項の問題性は，障害当事者らを中心に以前から指摘されていたが，ようやく近時，成年後見制度利用促進法11条2号に成年被後見人等の権利制限に関する見直しが規定されたこと等をきっかけに，絶対的欠格条項の一律削除に向けた議論が急速に進み，188の関連法規を一括改正する「成年被後見人等の権利の制限に係る措置の適正化等を図るための関係法律の整備に関する法律案」[44]が今年の第196回国会に上程されるに至った（第197回国会で継続審議中）。

---

(43) 成年後見制度が，他の法領域における法律や条令等を通じて，本人（成年被後見人等）側の資格・権限の剥奪・制限や，支援者である後見人等の側の権限・義務の拡張のための画一的・形式的な評価基準として，機械的に援用されているという問題を指す。詳細については，上山泰「成年後見制度の転用問題(1)(2)」月報司法書士510号（2014年）48頁，511号（2014年）46頁参照。

(44) 会社法と一般社団法人及び一般財団法人に関する法律における役員の欠格事由に関しては別途検討されることとなっており，前者については既に法制審議会会社法制（企業統治等関係）部会での検討が開始されている。内田千秋「フランスにおける会社法と成年後見制度の関係」実践成年後見76号（2018年）67頁が，この争点に関する重要な示唆を与える。

IV おわりに

　12条の主眼は，障害者の法的位置づけを，従来の恩恵的な「保護の客体」から自律的な「人権の主体」へと転換することにある。しかし，だからといって，単純に一切の別異処遇を廃止して，法的能力の形式的平等を貫徹すればよいわけではない。障害者の自律の尊重，障害差別の禁止，障害者の完全かつ効果的な社会参加等といった基本理念（条約3条）を踏まえて，条約が締約国に求めるのは障害者の「実質的法主体性」の獲得だからである。この観点から，条約は合理的配慮の不提供を明確に差別と位置づけ（条約2条），法的能力の適正な行使に対する支援の保障までを要請している（同12条3）。ここでは，個別具体的な文脈における合理的配慮の提供という形式での別異処遇が，むしろ肯定的に評価されることに留意すべきだろう。したがって，問題は，法定後見制度に代表される障害に関連する法的能力の各種別異処遇が，①障害者差別となる不合理な別異処遇，②合理性のある正当化可能な別異処遇，③合理的配慮の提供として積極的に評価される別異処遇［の法的根拠］のいずれにあたるのかということになるが，こうした視点自体が従来の法律学にとっては未知のフロンティアであるといえる。

　障害者権利条約12条の視点からみたとき，現在のわが国の法体系が，法定後見制度を筆頭に未成熟な部分が多いことは確かである。しかし，消費者保護法制の拡充といった法的次元の課題だけではなく，意思決定支援体制を支える理念の社会的共有といった国民のメンタリティ次元の課題等も含めて，代理・代行決定の仕組みの最小化を補うための代替的支援の環境整備を十分に行わないままに，性急な全面改正を試みることは，現在弱い立場に置かれている人々の人権をさらなる危険にさらしかねないと思われる。したがって，少なくとも学術的な取り組みとして行うべきは，現行制度を代理・代行決定の一言で丸ごと否定してしまうことではなく，制度のきめ細やかな精査によって，立法的解決を要するものと運用により対処可能なものとを腑分けし，その優先順位を明らかにすることで，漸次的な改善に向けた現実的な工程表を提案していくことであろう。

◆ 第Ⅱ部 ◆　各論1〔課題別検討〕

〔付記〕

　2012年のペルー障害者基本法（法律第29973号）は，障害者の法的能力の行使に関する民法改正を担当する特別委員会を設置し，同法及び障害者権利条約に整合する民法改正草案の作成を付託した。この草案等を基礎に起草された2018年9月4日の法令第1384号により民法，民事訴訟法，公証人法の改正が実現した。これによりペルーは，障害を直接の理由とする法定後見制度を廃止し，障害者の民事領域における法的能力の制限を原則的に撤廃するとともに，従来の法定後見の仕組みに代えて，「支援を得た意思決定」の仕組みである「支援（apoyo）」を導入した。このペルーの新法は，国連人権理事会の「障害者の権利」特別報告者 Catalina Devandas や世界精神医療ユーザー・サバイバーネットワークの Tina Minkowitz 等から高く評価されるなど，現時点で条約12条に最も整合的な法制度と考えられている。したがって，本来であれば本法を詳細に分析することが望ましいが，残念ながらまだ十分な資料が得られていないため，その要点を付記の形で紹介するに留めることとした。

　まず法的能力について，障害者が生活のあらゆる側面において平等を基礎として行為能力（capacidad de ejercicio）を享有すること（ペルー民法3条），意思表示のための「支援」又は合理的配慮を利用もしくは必要とするか否かにかかわらず，障害者を含むあらゆる18歳以上の者が完全な行為能力者であることを明示した（42条）。これを受けて，「何らかの原因により判断能力を喪失している者（Los que por cualquier causa se encuentren privados de discernimiento）」を絶対的無能力とする43条2号は削除された（なお，「意思の表明ができないことが明らかなろうあ者（sordomudo），盲ろう者（ciegosordo），盲あ者（ciegomudo）」を絶対的無能力とした旧3号も，障害者基本法により既に削除されている。）。さらに，「精神遅滞者（retraso mental）」及び「自由な意思の表明を妨げるような精神機能の低下がある者（Los que adolecen de deterioro mental que les impide expresar su libre voluntad）」を相対的無能力とする44条2号及び3号も削除されている。これに伴い，これらの者を対象とする保佐（curatela）の諸規定（569-572条等）も廃止される。他方で，「浪費者」（4号），「財産管理失当者」（5号），「アルコール依存者」（6号），「薬物依存者」（7号），「民事上の能力制限を受ける刑罰を受けた者」（8号）を相対的無能力とする規定は存置され，これらの者を対象とした保佐も存続する（564条，584-590条等）。これらの者の法律行為は，保佐人の特別の同意がない限り，取り消せる（anulabilidad）ものとなり（221条1号），自己の財産について単なる管理以外の行為は行えず，訴訟をすることもできない（591条）。また，「昏睡状態にあり（en estado de coma），かつ，事前に「支援」を設定していなかった者」（9号）が新たに相対的無能力の類型に加えられた。ただし，この者は後述するような一定の法的能力に関する制約を受けるが，保佐の対象ではないことに注意する必要がある。

　次に，意思表示（Manifestación de voluntad）に関する141条に，デジタルな方法でも明示又は黙示の意思表示ができること，及び，合理的配慮や「支援」の活用を含め，手話又はオルタナティブな手段によるコミュニケーションを通じてもできる

◇第9章◇ 法的能力〔上山　泰〕

ことが，明示的に追記された。加えて，本人の生活史において繰り返された行動から意思が疑いなく推断される場合にも，黙示の意思表示が認められるものとされた。

　さらに，「支援を得た意思決定」の法制度化である「支援」については，次のような規定がみられる。法的能力の行使のために「支援」又は合理的配慮を必要とするすべての障害者は，自らの自由な選択によって，「支援」又は合理的配慮を設定もしくは要求できる（45条）。ここにいう「支援」とは，成年者が自己の権利行使やその意思の表明と解釈を容易にするために自由に選択する援助の方式であり，コミュニケーションに関する支援や法律行為とその効果の理解に関する支援を含む。「支援」を要する本人の決定又は569条における裁判官の決定によって明示的に設定された場合を除いて，「支援」は代理権を伴わない。「支援」が本人の意思の解釈を要する場合は，最善の意思解釈（la mejor interpretación de la voluntad）の基準を適用する。すなわち，本人の生活史，同様の文脈でのかつての意思の表明，本人が信頼する者から提供された情報，本人の選好等が考慮されるべきことになる（以上について659B条）。「支援」を要する成年者は，公証人又は管轄する裁判官の面前で「支援」を設定する（659D条）。その形態や範囲，期間，支援者の数等の「支援」の内容は本人が決めることになる（659C条）。ただし，自己の意思を表明できない者及び44条9号による相対的無能力者（昏睡状態の者）のための「支援」については，例外的に裁判官が設定できる。この場合，裁判官は，本人と支援者との間にある共同生活，信頼，友情，ケアもしくは親族関係等の種々の関係性を考慮して，「支援」者を決めるほか，「支援」の期間，範囲，支援〔者〕の責任を決定する。また，この際，裁判官は，本人の生活史を考慮し，本人の可能な限りの最善の意思解釈と選好を得るために適切なステップをすべて踏まなければならない。なお，こうした例外措置が正当化されるためには，「支援」の設定が本人の権利の行使と保護に必要な場合であり，かつ，本人からの意思の表明を得るために現実の相当かつ適切な努力を尽くし，本人にアクセシビリティと合理的配慮が提供された後でなければならない（以上について659E条）。18歳以上の者は，法的能力の行使に援助が必要となる場合に備えて，公証人の面前で支援者を指名し，その「支援」の内容を書面化しておくことができる。この書面には，この将来の「支援」の設定が効力を生じる時点もしくは条件を記載しておかなければならない（659F条）。「支援」の設定者（本人又は先の例外事例での裁判官）は，少なくとも「支援」の見直し期限を指定するなどの当該事案に適切と思われるセーフガード（Salvaguardias）を設定する必要がある。ここでのセーフガードとは，本人の権利，意思及び選好が尊重されることを保障し，支援者による「支援」の濫用や不当な干渉等を回避するための措置である。

　最後に，44条9号に該当する昏睡状態の者への例外的な能力制限等については，上述の裁判官による例外的な「支援」の設定可能性のほか，身分行為に関するものとして，婚姻無能力（241条3号），遺言無能力（687条2号：808条により遺言は取り消せるものとなる。）がある。また，親権（patria potestad）も停止される（466条）。ただし，嫡出でない子の認知については，裁判により設定された「支援」を通じて可能である（389条）。

◇第10章◇ 緊急事態〔立木茂雄〕

第10章

緊急事態

立木茂雄

● ● ● I はじめに ● ● ●

　1995年1月17日の阪神・淡路大震災が全ての始まりだった。被災から4日目に，当時奉職していた関西学院に同僚の教員数名と救援ボランティアセンターを立ち上げ，大学の周辺の14の避難所に3交替の24時間体制で学生ボランティアを派遣するなど，およそ3ヶ月間で延べ7,500名の学生ボランティアのマネジメントに携わった[1]。ボランティアセンターには，連日，多士済々の学生や教職員，卒業生が寄り集まり，さながら梁山泊の様相を呈した。その中の一人に，当時総合政策学部教授であった畏友ニノミヤ・アキイエ（アジア太平洋障害者センター前所長）がいる。ニノミヤは，国連・障害者の10年（1983-1992）やアジア太平洋障害者の10年（1993-2002）の推進に大きな力を発揮した障害者インターナショナル（DPI）のNGO活動[2]に当初から深く関わっていた[3]。現在にいたるまで，公私ともに家族ぐるみのつきあいをしてきた筆者は，障がいのある人[4]のエンパワメントや障がいインクルージョン

---

(1) 立木茂雄編著『ボランティアと市民社会（増補版）』（晃洋書房，2001年）。
(2) Diane Driedger, *The Last Civil Rights Movement: Disabled Peoples' International*. C. Hurst & Co. Publishers, 1989. ＝ダイアン・ドリージャー著，長瀬修訳『国際的障害者運動の誕生』（エンパワメント研究所，2000年）。
(3) ニノミヤ・アキイエ『障害者インターナショナルと国連アジア太平洋障害者の10年』（明石書店，1999年）。

の基本的な哲学をニノミヤから学んだ。

　ニノミヤのアジア太平洋障害者センター（在バンコク）への転任に伴い，ニノミヤの助言で1998年9月に立ち上がった木口ひょうご地域振興財団（現木口福祉財団，以下木口財団）の運営に選考委員や理事として関わることになる。当時，阪神・淡路大震災の被災地は復興のただ中にあり，社会基盤の復旧・復興はめざましいスピードで進んでいた。けれども，障がいのある人や高齢者を始めとする社会的マイノリティの生活の再建は，あとまわしにされがちだった。この流れに異を唱え，インクルーシブな地域の創造を目的として，障がいのある人の社会生活支援や，障がいのある人自身の社会生活推進に資する開拓的・先駆的な福祉活動を応援するのが木口財団のミッションである。ニノミヤから託された仕事として，現在に至るまで，ミッションの実現に関わり続けている。

　なお，関西学院でニノミヤに強く影響を受けた学生の一人に佐藤聡がいる。佐藤は，1987年に関西学院大学社会学部に入学し，縁あって筆者のゼミ4期生となった。毎週2千字から2千5百字の論理的な文章の作成を求める立木ゼミの課題にチャレンジするとともに，毎年の長期休暇には日本全国の公共交通機関のバリアフリー化を促す運動に東西奔走した佐藤は，ニノミヤが立ち上げに尽力したDPI日本会議の事務局長として，現在活躍している。佐藤のプロジェクトの一つは，来る首都直下地震や南海トラフ地震時における障がいのある人の広域避難拠点を展開する事業（日本財団による助成を受けている）で，筆者は事業のアドバイザーとして関わってもいる。

　災害と高齢者や障がい者の問題を研究者の立場からとらえることになる最初

---

(4)　日本社会では，慣習的に*disabilities*と*impairments*に同じ「障害」という用語を用いてきた。しかし，これらは明確に区別して用いなければ学術論文として成立しない。そこで本稿では，障害者の権利条約で用いられる*persons with disabilities*に対応する日本語として「障がいのある人たち」を原則として用いる（高齢者とセットで用いる場合などには一部「障がい者」も用いている）。同条約は，*disabilities*が個人と環境の相互作用上の不調和や欠損から生じると捉える障がいの社会モデルの立場に基づいている。これは同時に，心身の機能の*impairments*に障がいの根本原因を求める障がいの医学モデルから決別することも意味している。そこで障がいの社会モデルに基づいて*disabilities*概念を指す場合には「障がい」もしくは「能力障害」を，*persons with disabilities*を指す場合には「障がいのある人」を，一方*impairments*を指す場合には「障害」もしくは「機能障害」の語を意図的に用いている。ただし，障がいのある人に関連する法・制度を指す場合，あるいは既往文献を引用・参照するばあいには「障害」を用いている。

◇第10章◇ 緊 急 事 態〔立木茂雄〕

のできごとが，2004年7月の新潟・福島豪雨災害だった。三条市や中之島町（現長岡市）でのフィールド調査から，三条市の市街地（嵐南地区）で被災した4名は，全て屋内で被災しており，「その時に支援に駆けつけられる人が誰もいなかった」ことが犠牲になった直接の原因であることを明らかにした[5]。この調査結果は，2005年3月にまとめられた「災害時要援護者の避難支援ガイドライン（所版）」（以下避難支援ガイドライン）の策定にも活かされた。続く2005年度は内閣府「災害時要援護者の避難対策に関する検討会」委員として「避難支援ガイドライン」の2006年3月改定に関わり，翌2006年度は内閣府「災害時要援護者の避難支援における福祉と防災との連携に関する検討会」委員として，「避難支援ガイドライン」に示したとりくみを進めるための防災と福祉の連携のあり方について，具体的な検討と提言を行った。

　2006年度の検討会の成果となる「災害時要援護者対策の進め方について」が公開される直前の2007年3月25日に能登半島地震が発生した。石川県輪島市でのフィールド調査から，発災直後に要配慮者支援に機動力を最も発揮したのは地域住民組織であり，地域が行った全支援量の4分の3が発災100時間目までに集中していたこと，これに対して行政では全業務のうち発災後10時間から100時間までに全業務の約半分が集中したが，その中味は計画策定や多様な調整業務であり，実際の要配慮者支援で行政の実働が始まるのは発災から100時間が経過してからであったこと，以上から要配慮者の避難移動や避難生活支援のうち発災直後の時期の最も合理的な担い手は地域住民組織であることを明らかにした[6]。

　2006年3月改定の「避難支援ガイドライン」の実効性が大きく問われたのが2011年3月の東日本大震災だった。直後から筆者は，福祉避難所を始めとする要配慮者対応に関するフィールド調査を仙台市，石巻市，気仙沼市で行った。この時に，仙台市宮城野区の福祉避難所を運営していた仙台市障害者福祉協会会長の阿部一彦（東北福祉大学教授・日本障害フォーラム（JDF）現代表）と出会った。その後，阿部はJDFと連携し被災障がい者を支援するみやぎの会の代表として，在宅障がい者の安否確認のために要配慮者の名簿を自治体が開

---

(5) 林春男・立木茂雄「7.13新潟水害による犠牲者はなぜ生まれたのか」『平成16年7月新潟・福島，福井豪雨災害に関する調査研究中間報告会』（新潟大学）2004年11月19日．

(6) 立木茂雄『災害と復興の社会学』（萌書房，2016年）第6章．

◆第Ⅱ部◆　各論1〔課題別検討〕

示するよう働きかけを行ったが，多くの被災市町村が「個人情報の目的外使用や外部提供にあたる」として情報提供に後ろ向きの事態に直面した。これを受けて，JDF は障がいのある被災者のためのアドボカシーを精力的に行った[7]。このような活動などが実り，最終的には 2013 年 6 月に災害対策基本法の改正が実現し，後述する「避難行動要支援者取り組み指針」あるいは「避難所取り組み指針」が公開される。東日本大震災の翌年から筆者は，阿部が主宰する「障害者の減災を実現する仙台イニシアティブ研究会」に定期的に参加し，国連アジア太平洋経済社会委員会（UNESCAP）でのアジア太平洋障害者の 10 年（2003-2012）の総括に関する議論，とりわけ 2012 年のアジア太平洋障害者の「権利を実現する」インチョン戦略に防災・減災が次期 10 年の計画に盛り込まれるようになった経緯，障害者の権利条約批准にむけて JDF と政府との政策形成のすりあわせ過程での議論など，多くを学ばせて頂いた。

　2016 年 4 月の熊本地震では，同月から施行となった障害者差別解消法上の合理的配慮の提供がどの程度実行されているのかに主眼をおいてフィールド調査を行った。その過程で，被災地障害者センターくまもと事務局長の東俊裕（熊本学園大学教授）と出会った。東は 2010 年度から 2013 年度まで，障害者の権利条約の批准に向けた，障害者法制度の改正の主担である内閣府の障がい者制度改革推進会議担当室長や障害者制度改革担当室室長を務めた。そのような立場から一転して，今度は地元熊本の在宅被災障害者へのアウトリーチ活動の基地を立ち上げたのである。東日本大震災後の JDF による名簿開示のアドボカシー活動にも関わらず，熊本市は外部の支援者団体には台帳を開示したものの，東らの地元当事者団体には障害者手帳交付者などの名簿の開示は行わなかった。ただ，東らの働きかけを受けて「SOS が必要な人は，ここに電話して下さい」というセンターのチラシは，台帳に載った全当事者に郵送することには同意した。Think Globally, Act Locally（地球規模で考えて，足下から行動を起こす）を体現する東の活動には，全国の JDF 関係団体やゆめ風基金などが人的・資金的なサポートを続けた。この活動の支援に，木口財団理事として筆者も関わらせて頂くことができたことを誇りに思っている。

---

(7)　日本障害フォーラム「東日本大震災を経験して，国に対する提案・要望」2012 年 2 月 7 日，at http://www.normanet.ne.jp/~jdf/yobo/20120207.html (as of 3 December 2017)。

◇第10章◇ 緊急事態〔立木茂雄〕

II 条文の解釈

1 リスクとは

　障害者権利条約の11条は，リスク状況および人道上の緊急事態について，条約締約国に以下のような措置を求めている。

　　締約国は，国際法（国際人道法及び国際人権法を含む。）に基づく自国の義務に従い，危険な状況（傍点筆者）（武力紛争，人道上の緊急事態及び自然災害の発生を含む。）において障害者の保護及び安全を確保するための全ての必要な措置をとる。

　上記の条文中で「危険な状況」とされた該当箇所は，英文では「situations of risk」である。その具体例として，「武力紛争」・「人道上の緊急事態」・「自然災害の発生」が示されている。このようなリスク状況に対して，締約国は障害者の保護と安全を確保するための全ての必要な措置を取ることを求めている。

　本章では，日本国政府の日本語訳である「危険な状況」ではなく，敢えて「リスク状況」という用語を用いる。これは，「危険」という言葉からは，「全ての必要な措置」の具体的な方向性が示唆されない，と考えたからである。一方，これを原文どおりに「リスク」として読めば，災害リスク軽減（disaster risk reduction）（以下，防災・減災）の枠組みを踏まえて，具体的に「何をすれば良いのか」が見えてくる。

　防災学の古典としての評価が確立している *At Risk*（初版1994年[8]，第2版2004年[9]）は，「リスク」こそが防災・減災の固有の対象領域であるとする。そしてリスクは地震や津波，台風，土砂くずれ，干ばつ，感染症といった災害をもたらす恐れのある脅威（ハザード）と，社会が抱える脆弱性の相互作用によって生じると考える。武力紛争も人道上の緊急事態も，人為的な災害事態をもたらす脅威（ハザード）だが，防災・減災の枠組みで重要なことは，脅威（ハザード）が，すなわち災害リスクと等価なのではない，という点である。たとえば地震動が無人の荒野を襲っても，災害にはならない。地震動の脅威は，

---

[8] Piers Blaikie, Terry Cannon, Ian Davis and Ben Wisner, *At Risk: Natural Hazards, People's Vulnerability and Disasters* (Routledge, 1994).

[9] Ben Wisner, Piers Blaikie, Terry Cannon and Ian Davis, *At Risk: Natural Hazards, People's Vulnerability and Disasters* (Second Edition, Routledge, 2004).

地盤の揺れに耐えられない脆弱な住宅を襲うことによって被害（震災）をもたらすからである。つまり「リスク」という言葉は，誘因としての「脅威（ハザード）」と素因としての「脆弱性」の相互作用を概念として内包している。さらに，「リスク」という言葉の外延には，「脆弱性」の直接的な原因として「危険な条件（unsafe conditions）」下で社会生活を送らざるを得ない事態や，それをもたらした都市化や人口増加といった社会の動的な圧力，さらにその根源的な背景としての権力や資源へのアクセスの不平等，疎外あるいは差別といった根本の原因までが射程に含められている。

障害者権利条約の 11 条の対象を「リスク状況」として解釈すれば，「全ての必要な措置」とは，災害の誘因としての脅威（ハザード）の影響を減じる耐震補強などの構造的被害抑止策や都市計画といった非構造的な被害抑止策だけでなく，災害の素因としての脆弱性を減じるための被害軽減策，そして復旧・復興のための全ての必要な措置のイメージを具体的に持つことが可能となる。

2　障害インクルーシブな防災・減災

障害者権利条約は 2006 年 12 月 13 日の国連総会で採択されたが，リスク状況に対する必要な措置について積極的な検討が行われたのは，同条約を管轄する国連経済社会局の活動の一環として，国連アジア太平洋経済社会委員会（UNESCAP）が取り組んだ「アジア太平洋障害者の 10 年（2003-2012）」の総括と，次の 10 年間の方向性を定めた「アジア太平洋障害者の 10 年（2013-2022）に関する閣僚宣言」ならびに「アジア太平洋障害者の『権利を実現する』インチョン戦略」（2012 年 11 月）（以下インチョン戦略）の中でだった。閣僚宣言では，計画期間中に発生した 2004 年インド洋津波災害，2008 年ブンセン地震（四川地震）災害，2011 年東日本大震災などでの障害者被害の実態を踏まえて，「過去 30 年間でもっとも多くの自然災害が発生しているアジア太平洋地域において，障がいのある人たちに被害が集中していることへの深刻な懸念への留意」[10]が前文で表明された。これを受けたインチョン戦略の 10 の目標の 7 つめに「障害インクルーシブな防災・減災（disability inclusive disaster risk reduction, DiDRR）」が掲げられ，そのために必要な措置について具体的な言及がなされた。

---

(10) http://www.dinf.ne.jp/doc/japanese/twg/escap/incheon_strategy121123_j.html#MINISTERIAL (as of 3 December 2017)　（日本障害フォーラムによる仮訳）．

◇第10章◇ 緊急事態〔立木茂雄〕

　障害インクルーシブな防災・減災を目標として掲げる経緯は，目標7のはじめに以下のように説明されている。

　　アジア太平洋地域は，気候変動によって引き起こされるものを含め，災害による悪影響をきわめて受けやすい地域である。障害者およびその他の弱者グループは，防災・減災のための政策，計画およびプログラムから疎外され，その結果として死亡，負傷およびさらなる障害の被害を受けるリスクが比較的高い。公的サービスの告知は，障害者にとってアクセシブルでない形式や言語で発信されることが多い。加えて，非常口，避難所および施設はバリアフリーでないものになりがちである。地方および地区レベルで実施される防災訓練やその他の防災・減災対策に障害者が定期的に参加することで，災害が発生した場合のリスクおよび被害を防止または最小限に抑えることができると考えられる。ユニバーサルデザインの原則を取り入れた物理的および情報面のインフラストラクチャーを整えることで，安全および生存の可能性を高めることができよう[11]（傍点筆者）。

　以上から読み取れることは，災害リスクを減じるために障害者の権利条約11条が求める「全ての必要な措置」の具体的な方向とは，障がいのある人たちの災害脆弱性の根本原因である「防災・減災の政策・計画・プログラムからの疎外」に手を打つことであり，そのための手段が情報保障や障壁除去を通じて「障がいのある人を排除しない（インクルーシブな）防災・減災」のとりくみであることが理解できる。

　インチョン戦略は，障がいインクルーシブな防災・減災の達成状況を測定するための下位目標（ターゲット）として，「7．A　障害者を排除しない（インクルーシブな）防災・減災計画の強化」と「7．B　災害対応時に，障がいのある人に対して迅速に効果的な支援が提供されるような対策の実施の強化」の2つを掲げている。そして，これらの措置の進捗状況を数値的に評価するための核となる指標として，以下の最初の3つを，さらに補助的な指標として残り3つをあげた[12]。

　7.1　障害インクルーシブな防災・減災計画の有無
　7.2　関係するすべての担当職員を対象とする，障害インクルーシブな訓練の有無
　7.3　バリアフリー（アクセシブル）な避難所や避難場所の割合
　7.4　災害で亡くなったり，重傷を負ったりした障害者の数

---

(11)　同上。
(12)　Inchon Strategy, p. 31, at http://www.unescap.org/sites/default/files/Incheon%20Strategy%20%28English%29.pdf (as of 7 December 2017).

7.5 被災障害者を支援するための資格や経験・訓練のある心理社会的サービス支援者の有無
7.6 災害への事前の備えや緊急対応時に活用できる障害者支援機器や支援技術の有無

　以上に加えて2014年4月11日に採択された障害者の権利条約に関する「一般的意見2（アクセシビリティ）」は，リスク状況においても「緊急サービスが障害のある人にとってアクセシブルなもの」であることを求めている。さらにこの原則は，復旧・復興の取り組みでも「優先事項として盛り込まなければならない」とし，防災・減災活動は，発災前・発災・発災後のどのような局面でも「アクセシブルかつ障害インクルーシブ」でなければならないと明記した[13]。

　このような障がい分野での動きは，障がいを含めたあらゆる少数者の排除，障壁や差別の解消を防災・減災対策の主流の位置にまで引き上げる成果をうんだ。これが，国連防災戦略事務局（UNISDR）により2015年3月にとりまとめられた「仙台防災枠組み（2015-2030）」である。これは，「兵庫行動枠組み（2005-2015）」を踏まえて，次の15年間の国連加盟国による防災・減災計画のガイドラインとなることを意図したものである。仙台防災枠組みは，前文において兵庫行動枠組みでの10年間のとりくみを総括し，次の15年間に実現するべきこととして，人間中心の防災・減災対策を強調し，その具体的なありようとして「排除のない（インクルーシブ）」，「障壁のない（アクセシブル）」とりくみの重要性を確認している[14]。これを踏まえた防災・減災の原則として，公・共・私に加えて当事者も参画協働したとりくみ（all-of-society approach）の必要性を掲げた。これを実現するためには，災害時に被害が集中する当事者の事前のエンパワメント，障壁・排除・差別のない参加が不可欠であるとした。そして，ここで特段の配慮を払うべき視点として，貧困・ジェンダー・高齢・障がい・文化を取り上げ，これらは防災・減災を含む全ての政策や実務の中で統合されなければならないとした[15]。

　本節では，障害者権利条約11条にある「リスク状況」に対して締約国が取

---

(13)　http://www.dinf.ne.jp/doc/japanese/rights/rightafter/crpd_gc2_2014_article9.html (as of 3 December 2017).
(14)　仙台防災枠組み（SFA），p. 10.
(15)　SFA, p. 13.

◇第10章◇　緊急事態〔立木茂雄〕

るべき「全ての必要な措置」の中味を具体的に検討した。その結果，第1に，インチョン戦略（2012年）の目標7「障害インクルーシブな防災・減災」を推進すること，より具体的には「7．A　障害者を排除しない（インクルーシブな）防災・減災計画」と「7．B　災害対応時に，障害者に対して迅速に効果的な支援が提供されるような対策の実施」の強化を例示した。また，進捗状況の測定のための主指標・補助指標の6つを示した。第2に，一般的意見2号（アクセシビリティ）（2014年）を踏まえて，発災前・発災時・復旧や復興期のどの災害過程においても防災・減災のための対策が，障害者にとってアクセシブル，障害インクルーシブであるべきことを確認した。そして第3に，仙台防災枠組み（2015年）の観点から，対応は防災・減災対策だけに限定されるのではなく，全ての政策・施策・実務にわたる当事者のエンパワメント，ならびに障壁・排除・差別のない意思決定過程への参画と協働が，取るべき全ての措置の根幹にあることを明かにした。これら6つの指標によって，障害者権利条約11条が求める「全ての必要な措置」の進捗を測るための操作的な尺度として利用することが可能となった。

III　分析と課題

　障害者権利条約第1回日本政府報告の「11条　危険な状況及び人道上の緊急事態」（パラグラフ68から72）のうち，パラグラフ68から70に議論を絞り，実証的な証拠に基づき日本の課題を論じる。

1　高齢者，障がい者と東日本大震災

> 68．東日本大震災の被害
> ・高齢者や障害者に被害が集中。高齢者の死者数は半数以上であり，障害者の死亡率は被災住民全体の死亡率の約2倍となった。
> ・消防職員や民生委員などの支援者にも多くの犠牲者が出た

(1) 東日本大震災で被害が高齢者・障がい者に集中した

　障害者権利条約11条にある「リスク状況」に対して締約国が取るべき「全ての必要な措置」の進捗状況を評価するための具体的な指標として，インチョン戦略は「7.4災害で亡くなったり，重傷を負ったりした障害者の数」を盛り

◆第Ⅱ部◆　各論1〔課題別検討〕

込んだ。このような基礎的な統計資料を整備することによって，被災者全体の被害率と比べて障がい者や高齢者の死亡率が高い背景にある，当事者の社会的脆弱性について分析し，証拠に基づいてリスク軽減策を検討することが可能となる。

　日本における災害時要援護者対策は，2005年3月に災害時要援護者避難支援ガイドラインの初版が公開されて以来，ほぼ5～6年のうちに1600（当時）を越える基礎自治体のほとんどで全体計画が策定され，約半数では名簿が整備され，2割を越える自治体では個別避難支援計画の策定が始められるまでに至った[16]。このような準備態勢が進められてきたなかで東日本大震災は発生した。本項では，県別ならびに市町村別の各種統計資料を用いて，高齢者や障がい者に被害がなぜ集中したのか，そのメカニズムをマクロ統計データを用いて検討を行い，日本の課題を論じる[17]。

　（ⅰ）高齢者の被害率には性差や地域差があった
　図1は，被災東北3県のそれぞれについて，年齢別の死者割合（グレーの棒）と同年齢の人口構成割合（透明の棒）を示したものである[18]。各県とも，60歳代までは人口構成割合に比べて死者の割合は低く，60歳代以上になると死者割合が人口構成割合をはるかにしのぐ結果となっている。つまり，高齢者ほど全人口に占める同年代の割合を超える方々が震災の犠牲となっていた。その意味で，「高齢者の死者数は半数以上」という日本国政府の報告は正確である。しかしながら，それだけでは「なぜ高齢者に被害が集中したのか」という根本的な理由は見えてこない。その理由を探るためには年齢・性別・地域などの間の差異に目を向ける必要がある。

　図2は，10歳きざみの年齢階級ごとの人口割合（透明の棒）に対する死者の割合（グレーの棒）の比（グラフ縦軸）を年齢別，男女別，および県別に求めたものである。このグラフからは，図1で読み取れたように，60代未満では人

---

(16)　総務省消防庁「災害時要援護者の避難支援対策の調査結果」（報道資料）（2011年），at http://www.fdma.go.jp/neuter/topics/houdou/h23/2307/230708_1houdou/03_houdoushiryou.pdf (as of 20 January 2013).

(17)　Shigeo Tatsuki, "Old Age, Disability, and the Tohoku-Oki Earthquake," *Earthquake Spectra*, Vol. 29, No. S1 (2013), pp. S403-S432. 立木・前掲注(6)第3章。

(18)　警察庁刑事局操作第一課「東北地方太平洋沖地震による死者の死因等について〔23.3.11～24.2.20〕」（2012年3月6日）。

◇第10章◇ 緊 急 事 態〔立木茂雄〕

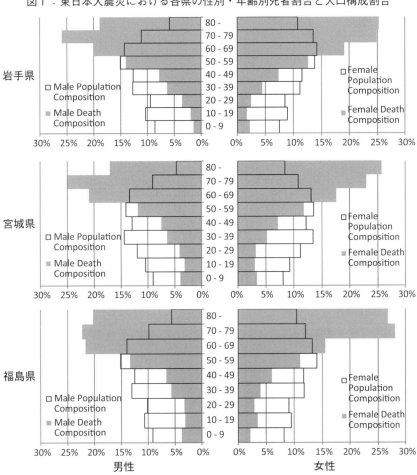

図1：東日本大震災における各県の性別・年齢別死者割合と人口構成割合

出典：警察庁 2012 年 3 月 6 日。

口構成割合に対する死者割合の比は1以下となっており，60代を越えると急に1を越え，70代では人口構成割合よりも約2倍から3倍，80代では約2.5倍から3.5倍の高齢者が亡くなっていたことが読み取れる。さらに性別で比較すると，高齢の男性の方が女性よりも，人口構成割合に比べてより多く亡くなっていた。最後に，人口割合に比べた死者割合の比は，東北3県で違いがあった。すなわち高齢者の被害の割合は，宮城で最も高く，続いて福島，そして岩手の順となっていた。この県別の順位は男女それぞれで同様であった。人

◆ 第Ⅱ部 ◆　各論1〔課題別検討〕

図2：各県，男女ごと年齢別ごとの人口構成割合に対する死者構成割合の比の比較

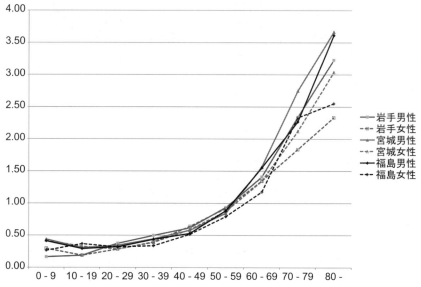

出典：立木・前掲注(6) 38頁。

図3：東北3県の老人向け施設入所者割合と同施設入所者の被害率の比較

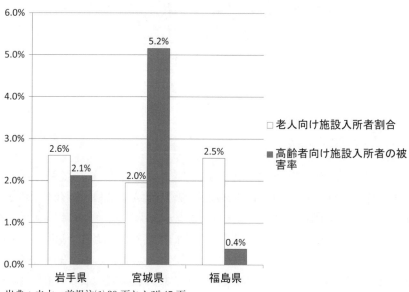

出典：立木・前掲注(6) 39頁および45頁。

◇第10章◇ 緊 急 事 態〔立木茂雄〕

口構成比上，何故，高齢男性の方が高齢女性よりも被害の割合が高いのか，さらに何故，被害の割合に3県で違いがあるのか。この問いについては，何らかの社会的要因が関与していると考えられる。これを解く手がかり示したのが図3である。

図3の棒グラフの濃い棒は，河北新報（2011年12月13日）が独自にまとめた被災3県の高齢者入所施設で被災し死亡・不明となられた方々の数を各県の施設入所者数で割ることで求めた高齢者向け施設入所者の被害率である。これを3県で比べると宮城県の被害率が群を抜いて高いことが分かる。宮城では，施設が海辺の景観の良い場所に建てられていたこと，これに対して岩手では高台に，福島では内陸部に施設が多く建てられていたことにより，被害に差が出たことが類推される。

津波の脅威に曝される恐れの高い宮城県の仙台平野の沿岸部になぜ高齢者向け施設が集中していたのか。大きく分けて2つの理由が考えられる。宮城県南部の仙台平野で被災した高齢者向け施設は，医療法人系の施設が多かった。これらの施設では，風光明媚な—しかし，災害時には危険な—立地をセールスポイントにして利用者を募っていた（東俊裕，私信，2018年3月10日）。一方，小規模な福祉法人などが運用する小規模な高齢者向けの施設では，土地の安い—しかし危険な—立地のために，被災した。このような立地の危険性により被害にあう入所高齢者・障がい者の事例は，最近になって頻発している。例えば2009年7月の中国・九州北部豪雨災害では，土石流が特別養護老人ホームを襲い，86名が救助されるものの7名の入所者が犠牲となった[19]。2016年8月の台風10号水害では，岩手県岩泉町で認知症高齢者向けグループホームの近傍を流れる小本川が氾濫し，施設内に濁流が流れ込み入所者9名の命が奪われた（岩手日報，2016年9月2日）。その前年の2015年9月の関東・東北豪雨時にも茨城県常総市で鬼怒川の堤防が決壊し，入所者9名のグループホームが1.2メートルの床上浸水の被害にあっている[20]。

2016年8月の岩泉町での被災を受けて内閣府は「避難勧告等の判断・伝達マニュアル作成ガイドラインに関する検討会」を立ち上げ，課題と対策を検討

---

(19) Fukuoka, H. et al. Hofu City Sediment Disaster Caused by 2009 July Chugoku-Kyushu Heavy Rain Falls, Annuals of DPRI, Kyoto University, 53, 2010, 85, at http://www.dpri.kyoto-u.ac.jp/nenpo/no53/ronbunA/a53a0p05.pdf (as of 3 December 2017).

(20) 毎日新聞「豪雨水害　高齢者施設，対応難しく」2016年9月1日。

した。その結果，避難情報の名称の変更などを行ったが，高齢者向け施設の災害脆弱性から守るための立地規制といったような根本的な対策には踏み込んでいない[21]。入所高齢者の置かれた「リスク」の直接の原因は，土砂災害警戒区域や河川の氾濫域といった安全でない条件下で生活をせざるを得ない状況がある。これは，後期高齢者人口の顕著な増加といった動的な圧力に加えて，その根源的な背景として，多くが市場での競争力の弱い高齢者向け施設の経営・運営における物的・金銭的資源へのアクセスの不平等や，このような問題の解決に当事者の声が反映されていないことなどの根本原因について，目を向ける必要がある。

なお高齢者向け入所施設の入所者は，介護スタッフにより24時間体制で見守られている。立地さえ安全であれば，入所施設の方が緊急時の対応では職員からの支援が受けられやすい面もある。そこで，2010年3月時点での岩手・宮城・福島3県における特別養護老人ホームや養護老人ホームなどの老人向け施設に入所していた高齢者の数を，便宜的に70歳以上の各県の高齢者数で割ることで求めた高齢者向け施設入所者の割合を図3の白い棒で示した。すると高齢者向け施設入所者の割合が宮城では岩手・福島と比べて若干低いことが読み取れる。言い換えるなら，宮城では在宅で暮らす高齢者の割合がより高かったことにより，津波による影響がより多く出た可能性も考えられる。さらに，このように考えると高齢者の死亡率の性差も，男性では高齢でも在宅で妻や家族と暮らす傾向が強いのに対し，男性よりも平均寿命が長い女性では，配偶者からの介護によって支えられる可能性がより低く，結果として施設入所の割合が高く，（立地さえ安全であれば）介護スタッフにより緊急時の対応が取られていた，といった理由で人口構成比上の女性の死亡者の割合の低さが説明できるかもしれない。しかしながら，より確定的な結論を下すためには，県別といったマクロな統計資料ではなく，次項の障がい者で示すように市町村別の死者数や関連要因に関する検討を踏まえた分析が必要となる。

(ⅱ) 障がい者の死亡率は，全体死亡率の2倍だったのか

宮城県での高齢の死者数の多さ，男女別では女性の死亡率が低かったことに

---

(21) 避難勧告等の判断・伝達マニュアル作成ガイドラインに関する検討会「平成28年台風第10号災害を踏まえた課題と対策の在り方（報告）」2016年12月26日，at http://www.bousai.go.jp/oukyu/hinankankoku/guideline/pdf/161226_hombun.pdf (as of 3 December 2017)。

◇第10章◇ 緊 急 事 態〔立木茂雄〕

ついて見てきたが，その根本原因について確定的な結論は得られなかった。しかし，本項で見る障がいのある人については，確証をより強く持って言えるデータがある。今回の東日本大震災は，インチョン戦略が補助指標とした障がい者の犠牲者数が市町村単位で公開された初めての災害だった。これは，各種のメディアの報道に基づくものである。例えば，毎日新聞（2011年12月24日），NHK（2012年3月6日，2012年6月10日，2012年9月11日），共同通信（2012年7月30日），河北新報（2012年9月24日）などが同種の報道を行っている。メディア各社は，被災した市町に対して独自取材で障害者手帳を交付された犠牲者の数を調べた。このような独自調査資料のうち，NHK福祉ネットワーク（現ハートネットTV）取材班の資料は，2012年3月から被災市町に3ヶ月間の間隔で3回の問い合わせを行い死者数の検討を繰り返したという点で，もっとも精度の高いものである。繰り返し調査の理由は，当初の市町村の回答には障がい者死者数として直接死だけでなく間接死も含まれている場合があり，数字の訂正が多くの自治体で行われたためである。

筆者は，NHKの福祉ネットワーク取材班が調べた全31市町村の結果（表1参照）の提供をいただいた。表1は東日本大震災で10名以上の死者が発生した31の自治体の全住民の死亡率と障害手帳所持者の死亡率を全体と県別で比較したものである。表1の最下行を見ると，直接死者が10名以上を記録した全31自治体の全住民数（1,674,185人）と死者数（18,829人）が示されている。これをもとにすると全体の死亡率は1.1%となる。また障害者手帳交付者数（86,503人）と障害者死者数（1,658人）より障がい者（障害手帳所持者）の死亡率が1.9%となり，全体死亡率のほぼ倍となっており，この数字がETVの番組等で紹介された。しかしながら，各県別の数値を見ると異なった様相が見て取れる。岩手県だけに限れば全住民の死亡率に対して障がい者の死亡率は1.3倍であり，福島県では0.8倍と障がい者の死亡率はむしろ全体死亡率より低かった。唯一，宮城県でのみ障がい者の死亡率は全体死亡率の2.3倍となっていた。

県別ではなく，被災31市町村のそれぞれについて全体死亡率と障がい者死亡率の関係を散布図にし，それらの関係を県別に分けて回帰直線を当てはめたのが図4である。3本の回帰直線は，上から宮城，岩手，福島の県内市町村ごとの全体死亡率と障がい者死亡率の関係を要約するものである。これらの回帰直線の傾きは，障がい者死亡率は全体死亡率の何倍になるのか，いわば全体に

表1：東日本大震災における全体死亡率と障害者死亡率の比較（県別）

県	全体			障害者手帳交付者		
	被災地人口	死者	死亡率	被災地人口	死者	死亡率
岩手小計	205,437	5,722	2.8%	12,178	429	3.5%
宮城小計	946,593	10,437	1.1%	43,095	1,099	2.6%
福島小計	522,155	2,670	0.5%	31,230	130	0.4%
総計	1,674,185	18,829	1.1%	86,503	1,658	1.9%

出典：NHK ETV「福祉ネットワーク」および「ハートネットTV」取材班の調べ 2012年9月5日現在

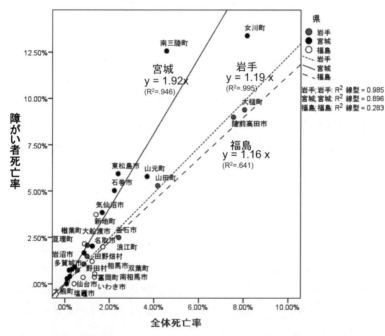

図4：障害者死亡率に対する全体死亡率の関係

出典：立木・前掲注(6) 43頁.

対する障がい者の死亡格差を表す指標として解釈できる。市町村別の分析でも障がい者の死亡格差は宮城県で倍近くと大きく（1.92倍），その一方で岩手（1.19倍）と福島（1.16倍）で小さいことが明かになった。死亡率を全体として合算した場合には，全体人口や障がい人口で過半を占める宮城県の傾向

表2：障害者死亡率に対する重回帰分析の結果

説明変数	非標準化係数	標準誤差	標準化係数	t値	有意確率	効果量(偏η^2)	共線性許容度
全体死亡率	1.267	0.092	0.802	13.718	0.000	0.883	0.381
津波到達時間	-0.019	0.007	-0.182	-2.558	0.017	0.207	0.259
高齢化と農業・漁業従事率合成変数	0.658	0.125	0.507	5.248	0.000	0.524	0.140
身体障害者施設入所率	-0.929	0.200	-0.351	-4.644	0.000	0.463	0.229
高齢者施設入所者の人的被害率	0.206	0.081	0.155	2.544	0.017	0.206	0.353

調整済み R^2=.961
注）原点を通る線型回帰

（障がい者の死亡率は全体の死亡率の倍近くであった）が過大に反映されていたが，県別による市町村単位の分析を行うことにより各県の個別の状況が浮かび上がった。

　立木は，31市町村のデータを用いて障がい者死亡率を説明する要因について重回帰分析を行った[22]。その結果，当該市町村の全体死亡率，浸水面積率，高齢化・農漁業従事者割合，津波到達時間に加えて県ごとの身体障がい者施設入所率の5要因を用いた予測式によって，障がい者死亡率の分散を96.8％の精度（決定係数）で予測できることを明らかにした。本稿では，前項の高齢者の人的被害の県別格差をもたらした一番大きな理由と見なされる高齢者施設の立地の問題—宮城県の仙台平野沿岸部に立地していた高齢者向け施設で人的被害が高かった—が障がい者の死亡率にも関係するという仮説を新たに設定した。高齢者向け施設入所者の被害率と障害者手帳交付者の死亡率に関する関連性については，「介護保険制度を利用して高齢者向け施設に入所する場合には，併せて障害者手帳の申請もすることが多く，高齢者施設に入所していて被害に遭った利用者では，障害者手帳も交付されている可能性が高い」という指摘を，本稿の初稿を読んでコメントを寄せて頂いた阿部一彦JDF代表（東北福祉大学教授）や東俊裕被災地障害者センターくまもと事務局長（熊本学園大学教授）か

---

(22)　Tatsuki, *supra* note 17.

ら受けた(私信)からである。そこで、高齢者向け施設の入所者の人的被害率(県別)を説明変数に新たに追加して重回帰分析を行った。その結果、浸水面積率の共線性の許容度が0.1以下となった－浸水面積率と施設の立地に関係する高齢者向け施設入所者の被害率は冗長な情報を含んでいる－ために除外したところ、全体死亡率、津波到達時間、高齢化・農漁業従事者割合、身体障害者施設入所率に加えて高齢者向け施設入所者の人的被害率の5要因で障がい者死亡率の分散を96.1%と、従前の分析[23]とほぼ変わらない精度(決定係数)で予測できることが確認された(表2参照)。

本稿での重回帰分析でも、身体障害者施設入所率の非標準化回帰係数は-0.929となっていた。これは、他の要因の影響を統制した場合、当該市町村の施設入所率が1%高まると、障がい者の死亡率を0.929%下げる効果($p<.001$, 偏$\eta^2=.463$)を有していたことを示している。そこで、各県の入所率を比較すると、岩手3.1%、福島1.3%に対して宮城は0.7%であった。宮城県と比較して岩手県では身体障がい者の施設入所率は4倍以上、福島県では2倍弱高かったが、これら2県の相対的な施設入所率の高さが、岩手・福島の障がい者死亡率の低さと関係し、逆に宮城での施設入所率の低さが同県での障がい者死亡率の高さと関連していた。つまり、障がい者の施設入所率が宮城で群を抜いて低い(在宅での生活者が群を抜いて高い)ことが、宮城県の障がい者死亡率を岩手・福島よりもほぼ倍近く高めた大きな原因の1つとして考えられる。

さらに、本稿の追加分析では、高齢者向け施設入所者の人的被害率の回帰係数は.206で有意な効果($p<.05$, 偏$\eta^2=.206$)を持っていた。高齢者向け施設入所者の被害率は、岩手2.1%、福島0.4%に対して宮城は5.2%であった(河北新報、2011年12月13日)。宮城では、高齢者向け施設が海辺の景観の良い場所に建てられていたこと、これに対して岩手では比較的高台に、福島では内陸部に多く建てられていた。このような高齢者向け施設の立地の違いも障がい者の死亡率に差を生じさせていたのである。阿部教授や東教授の指摘は妥当であった。以上から、在宅で暮らす障がい者の割合(偏$\eta^2=.463$)と、施設の立地に由来する高齢者施設入所者の人的被害率(偏$\eta^2=.206$)が、障がい者死亡率を説明する2つの大きな社会的脆弱性の指標だったと結論づけられる。

(iii) 小括──高齢者や障がい者の死亡率を高めていた根本的な要因

---

[23] *Ibid*.

◇第10章◇ 緊急事態〔立木茂雄〕

　宮城県では，在宅福祉や在宅看護，在宅医療が，東北3県の中では抜きんでて進んでいた。しかし，そのとりくみは，災害時にはどうするのかということまでを含めたものではなかった。排除のない（平時の）福祉・看護・医療を進め，障がいのある人たちの多くが在宅で暮らしていた結果として，災害時の死亡率が非常に高くなったと考えられる。つまり，平時と災害時における排除の解消を分けて考えてはいけないということが，この結果から浮き彫りになった。現在，日本政府は，高齢者や障がい者向けの医療や介護，看護のサービスを地域の中で連携させる地域包括ケア制度の拡充を市町村に求めている。しかしながら，この仕組みには防災上の対策が組み込まれていない。災害時の対策を考えていない制度の拡充は，高齢者や障がい者の災害脆弱性をむしろ高める効果をもつことに気づかなければならない。

　一方，入所施設の立地に由来する根本的な問題も指摘した。本稿での追加の分析により，宮城県の仙台平野沿岸部に立地していた高齢者向け施設入所者の死亡率が際立って高く，その多くが障害者手帳交付者でもあったために，障がいのある人の死亡率を宮城県でさらに高める効果を有していたことを明らかにした。この背景には，風光明媚な―しかし，災害時には危険な―立地をセールスポイントにして利用者を募っていた法人の存在や，あるいは，その逆に高齢者や障がい者向けの施設は地価の安い場所に立地している傾向がある。風向の明媚さや地価の安さは，災害の脅威に曝される可能性の高さと反比例の関係にある。入所高齢者や障がい者は，安全でない条件下で生活をせざるを得ない状況があり，立地の危険性に由来して高齢者や障がい者が災害の犠牲となった事例は近年も繰り返し生じている。これは，後期高齢者人口の顕著な増加といった動的な圧力に加えて，その根源的な背景として，市場原理に駆られて安全をないがしろにするか，あるいは，その逆に市場での競争力の弱い高齢者向け施設の経営・運営における物的・金銭的資源へのアクセスの不平等や，このような問題の解決に当事者の声が反映されていないことなどの根本原因について，目を向けなければならない。

2　日本国政府の災害対策法制上の対応と国連防災世界会議でのとりくみ ●●●

68. 2013年6月災害対策基本法改正
・要配慮者（災害対策基本法第8条第2項第15号）のうち，「実効性のある避難支援，安否の確認その他の避難行動要支援者の生命又は身体を災

害から保護するために必要な措置がなされるよう」避難行動要支援者について，避難行動要支援者名簿策定を市町村長に義務づけ，平常時および災害発生時に避難支援者に情報提供を行うための制度を設ける。
・「災害時要援護者の避難支援ガイドライン」(2006年3月改訂)を全面的に改定し，「避難行動要支援者の避難行動支援に関する取組指針」を2013年8月に策定・発表。
・「避難所における良好な生活環境の確保に向けた取組指針」を2013年8月に策定・発表

69.2015年3月の国連防災世界会議での取り組み
・本会議を「アクセシブル・カンファレンス」とするための施設のバリアフリー化，情報保障の実施
・障害当事者が「防災の主要な担い手であること」を「インクルーシブ防災における障害者の積極的な参加」の公式セッションで報告
・仙台防災枠組み2015-2030で，障害者の果たす役割の重要性の明記

(1)「要配慮者」概念の出現

　そもそも防災分野においてリスク状況で，必要な措置を要する当事者について系統的な言及が始めてなされたのは，1991年度版の防災白書の中であり[24]，この時に「災害弱者」という用語が提唱された。その意味するところは「自分の身に危険が差し迫った場合，それを察知する能力が無い，または困難な者」などと説明された。このような概念化は，疾病や異常といった医学的要因——機能障害(インペアメント)——を能力障害(ディスアビリティ)の原因とみなす国際障害分類(WHO, 1980)[25]に代表される「障がいの医学モデル」に立脚するものと解される。

　その後，2004年7月の新潟・福島豪雨水害や同年10月の台風23号水害，ならびに中越地震時に高齢者や障がい者に被害が集中したことを受けて，国による本格的な検討が行われ，リスク状況で必要な措置を要する者として「災害時要援護者」という用語が新たに発案された(災害時要援護者の避難支援ガイドライン(以下ガイドライン)(初版)，2005年3月)[26]。これは，水害や震災現場

(24) http://www.waseda.jp/prj-sustain/kaken2000-01/kaken01-ax3.pdf (as of 3 December 2017).

(25) http://apps.who.int/iris/bitstream/10665/41003/1/9241541261_eng.pdf (as of 3 December 2017).

(26) http://www.bousai.go.jp/taisaku/hisaisyagyousei/youengosya/h16/pdf/03_shiryou1.pdf (as of 3 December 2017).

での実証的な調査研究から,「いざという時に逃げられない」あるいは「周りの支援と結びつかない」ために被害が生じていたことが明らかにされたことが直接の原因である[27]。しかしながら,国際障害分類が 2001 年に国際生活機能分類（WHO, 2001）[28]へと大改定され,環境や個人因子と活動・参加との相互作用により能力障害（ディスアビリティ）が形成されるという「障がいの社会モデル」の視点が追加されたことによる影響も見逃すことはできない[29]。なお,初版ガイドラインは翌年度に改定されるが,2006 年 3 月の改定版ガイドラインでは「災害時要援護者」とは,「必要な情報を迅速かつ的確に把握し,災害から自らを守るために安全な場所に避難するなどの災害時の一連の行動をとるのに支援を要する人々」といった「障がいの社会モデル」に沿った定義を行う一方で,その具体例としては「要介護 3」,「身体障害（1・2 級）及び知的障害（療育手帳 A 等）」などを指す「場合が多い」といった記述も付言している[30]。このように 2006 年 3 月の改定版ガイドラインは,「障がいの社会モデル」に由来する理念は盛り込まれていたものの,その具体の手順に関する記述では対象者の同定のために,「障がいの社会モデル」が求めるような当事者と環境との相互作用には注目せず,当事者自身の身体構造や機能の障害（インペアメント）にのみ関心をはらう「障がいの医学モデル」的な分類基準も混在するものとなっていた。

　東日本大震災での高齢者や障がい者の集中的な被害を受けて日本国政府は 2013 年 6 月に災害対策基本法を改正した。このうち 8 条 2 項 15 号では,「高齢者,障害者,乳幼児その他の得に配慮を要する者」を指すものとして「要配慮者」という概念を導入した[31]。これは,「障がいの社会モデル」と「障がいの医学モデル」が混在していたガイドラインの対象理解を整理したものと評価できる。すなわち「要配慮者」概念を提示することにより,障害者の権利条約 11 条に定めるリスク状況において必要とされる「全ての必要な措置」とは,

---

(27)　林春男・田村圭子「2004 年 7 月 13 日新潟水害における人的被害の発生原因の究明」地域安全学会論文集 No.7（2005 年）197-206 頁。

(28)　http://www.who.int/classifications/icf/en/（as of 3 December 2017）

(29)　立木・前掲注(6)第 3 章。

(30)　http://www.bousai.go.jp/taisaku/youengo/060328/pdf/hinanguide.pdf（as of 3 December 2017）.

(31)　http://www.bousai.go.jp/taisaku/minaoshi/pdf/kihonhou_01_4.pdf（as of 3 December 2017）.

リスク状況における合理的配慮の提供として統一的に概念を整理することが可能となった。さらに要配慮者のうち，「生命又は身体を災害から保護するために必要な措置」を要する者については「避難行動要支援者」として，その名簿策定を市町村長に義務づけ，平時からの備えに活用できる制度を設けるに至った。これによって，地方公共団体が喫緊にとるべきアクションが具体化されることになった点は評価できる。

(2)「避難行動支援取り組み指針」に基づく市町村の動き

　障害者権利条約 11 条（リスク状況）に対応して日本国政府が行った最も体系的な対策が，2013 年 6 月の災害対策基本法の改定により避難行動要支援者の名簿の策定を市町村に義務づけるともに，内閣府（防災担当）による「避難行動要支援者の避難行動支援に関する取組指針」（2013 年 8 月）（以下，「避難行動支援取り組み指針」）の発表を通し，災害時に備えて名簿が平時から地域の民生委員，自治会や自主防災組織などで活用ができるように，具体的な手順を明示化したことである[32]。

　日本の防災行政の基本は自治体事務である。このために，内閣府（防災担当）の対応だけを見るだけでは不十分である。そこで，全国市町村単位での「避難行動支援取り組み指針」への対応状況について検討する必要がある。この点について，2015 年度から 2016 年度にかけて全国規模の調査が少なくとも 4 件実施されている。このうち，総務省消防庁の「避難行動要支援者の避難行動支援に係る取組状況の調査」[33]（以下総務省消防調査），「NHK『災害と障害者』に関するアンケート」[34]（以下 NHK 自治体調査）と，三菱 UFJ リサーチ＆コンサルティングによる「災害時要配慮者支援の現状と課題に関するアンケート調査」[35]（以下 MURC 調査）は，自治体の担当部署を対象としたものであり，「NHK・日本障害フォーラム（JDF）『災害と防災』に関する当事者アン

---

(32) 内閣府（防災担当）「避難行動要支援者の避難行動支援に関する取組指針」（2013 年 8 月，at http://www.bousai.go.jp/taisaku/hisaisyagyousei/youengosya/h25/pdf/hinansien-honbun.pdf (as of 3 December 2017)。

(33) https://www.fdma.go.jp/neuter/topics/houdou/h27/08/270828_houdou_1.pdf (as of 3 December 2017).

(34) http://www.nhk.or.jp/heart-net/themes/saigai/anq_jichitai.html (as of 3 December 2017).

(35) http://www.murc.jp/thinktank/rc/quarterly/quarterly_detail/201604_159.pdf (as of 3 December 2017).

◇第10章◇ 緊 急 事 態〔立木茂雄〕

ケート」(36)（以下，NHK・JDF当事者調査）は，当事者を対象とする全国調査だった。これらの調査結果を踏まえて，「避難行動支援取り組み指針」に基づく市町村の動き，そして当事者にどの程度とりくみが浸透しているのかについて検討する。

　総務省消防庁調査は，全国の1,734市町村を対象に実施され，その全数から回答を得たもので，2015年4月1日現在の結果を公開している。一方，2015年NHK調査は，2015年12月1日より2016年1月10日にかけて，南海トラフ地震ならびに首都直下地震の警戒区域に指定された923自治体を対象に郵送で実施され，有効回収数は658自治体（回収率71.2%）だった。一方，MURC調査は，2016年1月から2月にかけて，全国の1,740自治体に郵送配布され，有効回収数は627自治体（回収率36.0%）だった。これら3つの調査結果を比較することにより，2015年4月から2016年初旬にかけての自治体のとりくみの推移ならびに，2016年度結果については2つの調査結果を基に，客観性のより高い検討が可能となる。

　図5は，災害対策基本法の改正によって自治体に義務づけられた避難行動要支援者名簿の作成状況を3つの調査をもとに比較したものである。これによると，2015年の単年度中に作成済みの自治体は，約半数の52.2%（総務省消防庁調査）から，約8割（MURC調査76.9%，NHK自治体調査80.3%）にまで大幅に進んだことが確認できる。一方，図5に示すように，「避難行動支援取り組み指針」が次の段階として想定する，名簿の地域団体等への提供は，全体の3分の1程度（MURC調査34.1%）に留まり，「さらなる避難行動支援のために取り組むべき」とされた個別計画の作成に取り組んでいる自治体は，MURCの全国調査で4分の1（24.9%），災害警戒区域の自治体を対象としたNHK自治体調査でも3分の1（34.1%）に留まっていた。

　これらの3つの調査の後に，朝日新聞は全国の都道府県が把握する市区町村の個別計画策定率について，2017年末時点での集計を行っている。この調査では，各都道府県ごとの避難行動要支援者数を分母とし，個別計画が策定済みの要支援者数を分子として都道府県単位での策定率を算出している。これによると，策定率の最高は新潟県の33.2%（2016年4月時点）で，最小は沖縄県の

---

(36) http://www.nhk.or.jp/heart-net/themes/saigai/anq_touji.html および http://www.dinf.ne.jp/doc/JDF/demand/20160524_questionnaire.html (as of 3 December 2017).

◆ 第Ⅱ部 ◆　各論1〔課題別検討〕

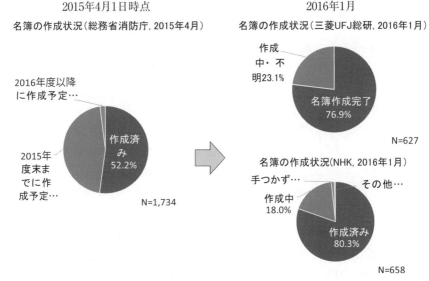

図5：避難行動要支援者名簿の作成状況（2015年4月～2016年1月）

0.3％，全国の策定率の平均は1割程度に留まっていた。個別計画が進まない理由として，手助けする人の不足をあげる都道府県が25にのぼっていた[(37)]。

　上記の点は，NHK自治体調査でも確認されている。図6右側に示すように，34.1％の個別計画を策定中の自治体のうち，その進め方は自治体主導（17.4％）か自治会中心（13.8％）で大半が占められており，「避難行動支援取り組み指針」で個別計画を策定するにあたりコーディネーターとしての役割が併記された福祉事業者等が中心になったとりくみは，相談支援事業所や当事者団体を含めても2.8％程度と，極めて少数に留まっていた。個別計画を策定するにあたって「手助けする人」として，福祉事業所の専門職は，行政からも地域でも想定されていないのが実情であった。

　要配慮者の避難行動後の避難生活に関するとりくみは，内閣府防災担当が「避難所における良好な生活環境の確保に向けた取組指針」[(38)]（以下，「避難所

---

(37)　朝日新聞，要支援者の避難計画，策定1割　災害時，全国の市区町村，2017年12月29日，大阪朝刊．ならびに，立木茂雄「災害時に備えた合理的配慮の提供とは──別府市での排除のない防災の取り組みから」リハビリテーション602号（2018年4月号）13-17号．

図6：名簿の活用状況，個別計画の策定状況，策定方策

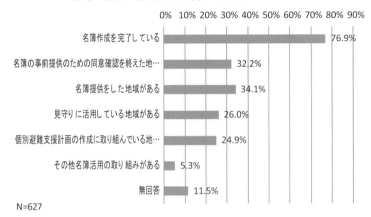

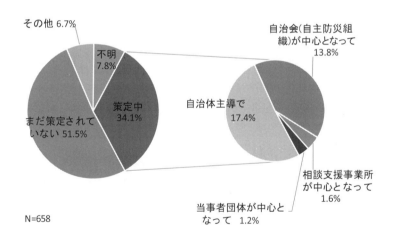

取り組み指針」）を策定し，2013年8月に発表した。「避難所取り組み指針」

---

(38) http://www.bousai.go.jp/taisaku/hinanjo/h25/pdf/kankyoukakuho-honbun.pdf (as of 3 December 2017).

◆ 第Ⅱ部 ◆　各論１〔課題別検討〕

図７：福祉避難所の指定・準備状況

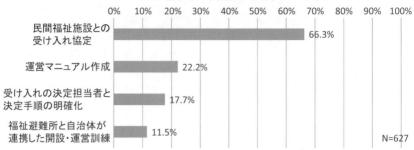

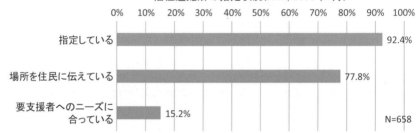

では，事前に社会福祉法人等との協定を結んでいたことにより，東日本大震災発災後から福祉避難所の展開を迅速に進めることができた仙台市の事例などを参考に，平常時と発災後の対応の２部構成で自治体が取り組むべき事項を具体的に示している。図７の上部は，MURCによる全国自治体調査で，福祉避難所の準備状況を問い合わせた結果を示している。これによると，民間福祉施設との受け入れ協定を結んでいると答えた自治体は全体の３分の２（66.3％）程度であったが，実際の運営に関するマニュアルの作成や受け入れ担当者と決定手順を明確化していると答えた自治体は２割前後（それぞれ22.2％と17.7％）に留まった。さらに，実際に福祉避難所と自治体が連携した訓練をしていたのは全体の１割程度であった。これに対して図７の下部は，南海トラフ地震および首都直下地震の警戒地域の自治体を対象としたNHK自治体調査での回答である。こちらでは，民間福祉施設との協定の有無ではなく，福祉避難所指定について問い合わせており，９割以上の自治体で福祉避難所の指定が既に行われているものの，「福祉避難所が要配慮者のニーズに合ったものになっていると

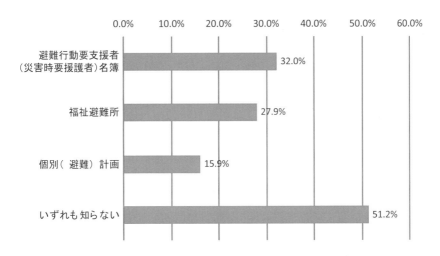

図8:「取り組み指針」のキーワードの認知状況

思う」と答えた自治体は15.2%に留まっていた。以上の2つの調査から,福祉避難所の指定や民間施設との福祉避難所開設に関する協定などは順調に事務手続きが進んでいるものの,実際の運用に関するマニュアル作成・担当者や手順の明確化は緒についたばかりであり,実際に訓練を自治体と連携して行い,配慮者のニーズに沿った避難所となっているのかの検討を行っているのは2割未満に留まっていた。

　以上の結果から,災害対策基本法の改正により義務づけられた避難行動要支援者名簿の策定は2015年の単年度中で全国の自治体の5割から8割にまで実施率が高まり,また「避難所取り組み指針」で示された福祉避難所の指定や民間法人との協定についてもその実施は高い割合を示しているが,義務とはなっていない個別計画の策定については,とりくみを始めた自治体は全体の3分の1を満たない実態が明らかになった。さらに,「避難行動支援取り組み指針」では,自治体担当者か地域組織に業務が「丸投げ」になっていること,障がいのある人のように普段の生活の中で地域とのつながりが薄い当事者については,相談支援事業所や当事者団体の関与が望まれるが,そのような事例は全体の3%以下と極めて例外的であることが明らかになった。福祉避難所についても,実際の運用についての検討は2割前後,訓練の実施は1割程度に留まっていた。

◆ 第Ⅱ部 ◆　各論1〔課題別検討〕

図9：災害時に避難指示が出たら避難所に行くか，避難行動要支援者名簿への登録の有無，福祉避難所の場所の認知，個別計画の策定の状況

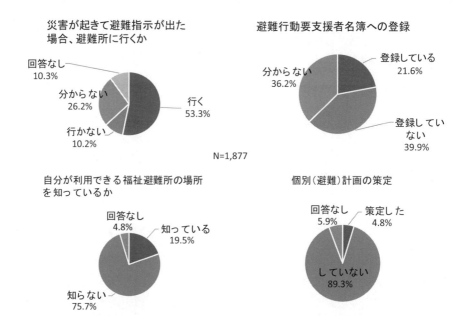

　以上の3つの調査は，自治体を対象とするものであった。これに対してNHK・JDF当事者調査は，この問題にかかわる当事者からの状況を明らかにしている。調査標本は，2015年12月28日から翌2016年2月10日にかけて，全国の障がい者関係団体を通じて配布し，そこから得られた回答（全体の84％）と，一般公開したWebアンケートによる回答（全体の16％）からなり，総数で1,877票が回収された。回答者の属性は，男性50.1％，女性45.4％，回答なし4.5％であり，年齢は10歳未満から70歳以上までに広がり，平均年齢は44歳であった。また，回答者の所在地は被災東北3県や，首都圏，中部圏，近畿圏でやや割合が多かったものの，47都道府県から回答が得られている。

　図8は，「避難行動支援取り組み指針」で述べられている対策のキーワードである「避難行動要支援者（災害時要援護者）名簿」，「福祉避難所」，「個別（避難）計画」について「知っているか」を問うたものだが，回答者の実に半数（51.2％）は，いずれの言葉も「知らない」と答えていた。図9では，災害

◇第10章◇ 緊 急 事 態〔立木茂雄〕

図10：防災・減災のとりくみへの参加・参画の状況

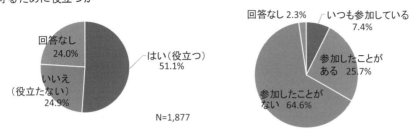

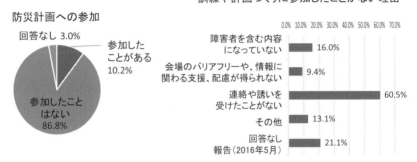

出典：NHK・JDF 「障害者と防災」に関する当事者アンケート（http://www.dinf.ne.jp/doc/JDF/demand/20160524_questionnaire.html (as of 3 December 2017)）

が起きて避難指示が出た場合に，避難所に行くかという意思を訪ねたところ半数以上（53.3％）が「行く」と答えたものの，避難行動要支援者名簿に登録をした人や，自分が利用できる福祉避難所の場所を知っていると答えた人は当事者の5人に1人（それぞれ21.6％と19.5％）に留まること，さらに「個別計画の策定をした」人は全体の4.8％に過ぎないことが明らかになった。同時期に行われた自治体対象の2つの調査では，約3分の1の自治体がとりくみを始めていると答えているのにも関わらず，障がい当事者が報告する策定率との間に大幅な開きがあるのは，現時点での個別計画づくりが行政の防災・危機管理部局や，住民組織中心で進められているために，地域コミュニティと密接な関係を持つ傾向にない障がい当事者にとってアクセシブルな対応になっていない現状が読み取れる。これは，NHK自治体調査結果で見たように障がい当事者にとってキーパーソンになりうる相談支援事業所や当事者団体が個別計画づくり

◆ 第Ⅱ部 ◆　各論1〔課題別検討〕

写真1：第3回国連防災世界会議公式セッション（「インクルーシブな防災における障害者の積極的参加」で，劇仕立てで報告をする障害当事者・関係者（2015年3月17日，撮影：筆者））

の環に含まれていないことも，大きな原因になっていると考えられる。

　リスク状況に対する地域の防災・減災のとりくみが障がいインクルーシブなものになっていない現状は，図10に示す防災訓練や防災計画への障がい当事者の参加・参画の状況に関する回答からもうかがえる。これによると，半数以上の障がい当事者が，防災計画や訓練は「自分の生命や安全を守るために役立つ」と答えているにもかかわらず，実際に防災訓練に参加したことがある人は4人に1人と半減し，さらに防災計画策定の場への参加経験のある人は10人に1人まで激減していた。そして，訓練や計画づくりに参加したことがない理由の第一は，「連絡や誘いをうけたことがない」が回答の3分の2と最も多くなっていた。

　2015年3月に仙台で開催された第3回国連防災世界会議は，公式セッションとして始めて障がいインクルーシブな防災・減災を正式な議題としてとりあげた。3月17日に持たれた当該のセッション「インクルーシブ防災における障害者の積極的な参加」では，精神障がい者のグループホームの利用者や関係者が，地震・津波災害に備えてどのような対策を取っていたのかを劇仕立てで報告をした（写真1参照）。このセッションから防災関係者に発せられたメッセージが，「私たちのことを，私たち抜きに決めないで（Nothing about us, without us)⁽³⁹⁾」だった。このセッションの成果は，仙台防災枠組みの前文7で，兵庫行動枠組み2005で取り組めなかった課題としてインクルーシブで障壁のない防災のとりくみをあげ⁽⁴⁰⁾，今後15年間の防災・減災の実施にあたっては，「公共私」に加えて当事者も参画・協働したとりくみ（all-of-society approach）を進めること，当事者のエンパワメント，排除のない（インクルーシブ），バリアのない（アクセシブル），非差別的な参加の重視，ジェンダー・年齢・障害・文化的視点は，すべての防災政策や実務の中に統合されるべきことを，原則の（d）として盛り込んだ⁽⁴¹⁾。

　以上のように障がいインクルーシブな防災の重要性は，日本国政府レベルでは表明されているものの，防災行政を第一義的に担う1,700以上の地方公共団体のレベルでは，当事者が防災計画策定に参画するなどの障がいインクルージョンは，まだ緒についたばかりというのが実情である。当事者の防災リタラシーを高めて地域住民との日常的な交流へと導いたり，地域住民の意識や態度の啓発を促したり，当事者と地域住民を仲介するストレングス構築が求められる。

3　災害時の合理的配慮提供に関する障害者法制上の対応

> 70．障害者法制上の対応
> ・災害その他の事態に障害者の安全を確保するための必要な措置の明記（障害者基本法（改正）第22条第2項）。
> ・障害者の性別，年齢，障害の状態及び生活の実態に応じた必要な措置の明記（障害者基本法（改正）第26条）。
> ・障害者差別解消法成立・施行にもかかわらず，一般指定避難所でのバリアフリー化は遅れている。

　障害者権利条約11条におけるリスク状況での措置は，障害者法制の中でもとりくみが行われた。障害者基本法の2011年の改正では，東日本大震災での障がいのある人の状況を踏まえて衆議院で同条約11条に対応する修正が盛り込まれ，障害者基本法26条（防災及び防犯）が新設（2011年7月成立）された。さらに合理的配慮の提供を行政に義務づけた障害者差解消法の2013年6月成

---

(39) http://www.dinf.ne.jp/doc/english/global/david/dwe001/dwe00101.html (as of 3 December 2017).
(40) SFA, p. 10.
(41) SFA, p. 13.

図11：指定避難所での要配慮者支援の取り組み状況と障害者差別解消法への検討状況
（MURC, 2016 年 1 月）

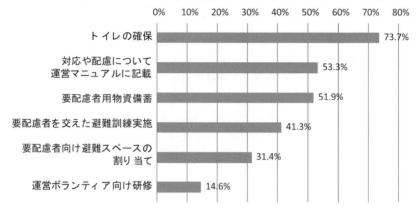

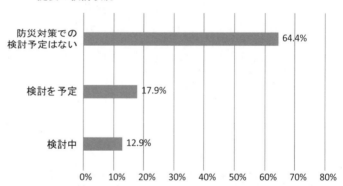

立に伴い，地方公共団体の中には同法に対応する独自の条例を制定する動きが始まった[42]。この中には，北海道，千葉県，徳島県，長崎県，大分県，沖縄県，仙台市，さいたま市，新潟市，明石市，松江市，別府市などのように，権利条約11条に対応するリスク状況での措置を「横出し」項目として独自に設ける動きも見られる。

---

(42) http://www.dinf.ne.jp/doc/japanese/law/anti/ (as of 3 December 2017).

◇第10章◇ 緊急事態〔立木茂雄〕

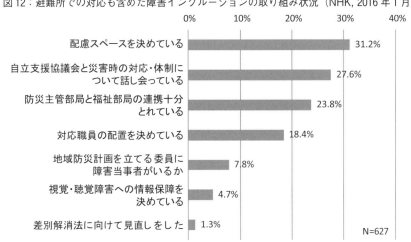

図12：避難所での対応も含めた障害インクルージョンの取り組み状況（NHK, 2016年1月）

　全国の自治体を対象としたMURC自治体調査（回収数627，回収率36.0％）では，一般指定避難所における要配慮者支援のとりくみ状況や，2016年4月施行となる障害者差別解消法に定める災害時の合理的配慮の検討状況について問い合わせている（図11）。対応として最も進んでいるのは，「トイレの確保」で，全体の4分の3近くの自治体で対応が行われていた。また対応や配慮を運営マニュアルに記載したり，要配慮者用の物資を備蓄したりしている自治体は約半数だった。一方，要配慮者の積極的な参加が必要となる要配慮者を交えた避難訓練を実施したと答えた自治体は約4割，障害者差別解消法上の災害時の合理的配慮の一例となるような要配慮者向けのスペースの割り当てをしていると答えた自治体は約3割に留まっていた（図11上部）。要配慮者を防災・減災対策に積極的に含める動きが低率である背景には，図11下部に示すように，MURC調査が実施された2016年1月の3ヶ月後に施行される障害者差別解消法が義務づけた合理的配慮の提供を防災・危機管理部局の問題としてとらえて検討中あるいは検討を予定していると答えた自治体は，全体の約3分の1に留まり，大多数（3分の2）の自治体では検討の予定はないと答えていた状況があると考えられる。

　南海トラフ地震と首都直下地震の警戒地域に指定された923自治体を対象としたNHK自治体調査（回収数658，回収率71.2％）では，避難所での対応も含めた障がいインクルーシブな防災・減災のとりくみについて，より具体的な問

◆第Ⅱ部◆　各論1〔課題別検討〕

図13：南海トラフ地震および首都直下地震計画区域の対象市町村の災害時の合理的
　　　配慮の提供に関するとりくみ状況（NHK, 2016年1月〜4月）

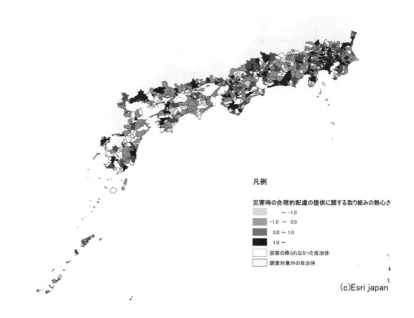

い合わせをしている（図12）。最も多く見られた対応は，「一般の指定避難所で配慮スペースを決めている」であり，MURC調査の同項目の結果とほぼ同じ約3割であった。一方，「自立支援協議会と災害時の対応・体制について話し合っている」や「防災主管部局と福祉部局の連携が十分取れている」は3割以下であり，「一般の指定避難所で対応職員の配置を決めている」は2割以下の自治体でしか対応が取られていなかった。さらに，地域防災計画を立てる委員として障がい当事者がいるか，避難所での視覚・聴覚障害者への情報保障を決めている）は1割に満たず，「障害者差別解消法の施行に向けて見直しを行った」と答えた自治体はわずかに1.3％に留まっていた。

　以上の2つの自治体調査は，日本国政府の報告にあるように「障害者差別解消法施行でも，一般の指定避難所でのバリアフリー化は，自治体での検討やとりくみは遅れている」という現状を確認するものとなった。この背景には，障害者差別解消法の施行が防災事務にまで波及するという認識が実に全国の3分の2の自治体では持たれていない状況がある。そしてこのような認識不足の直接の原因は，ほぼ4分の3の自治体では，防災部局と福祉部局や，地域の障が

252

い当事者との協議の場である自立支援協議会との連携が取られていないことにあると考えられる。つまり，日本の多くの自治体の防災・危機管理部局では，災害対策基本法上の義務や内閣府（防災担当）が示す取り組み指針には積極的に対応するが，同じ役所内の障がい福祉や高齢福祉，地域福祉といった他部局や障がいに関する地域の関係者団体とのヨコの連携を踏まえて，排除や障壁，差別のない防災・減災を進める点では大きな課題を抱えている実情が確認された。

このような自治体の現況を，さらに詳しく検討するために，南海トラフ地震および首都直下地震の警戒地域に指定された923自治体について，図12のNHK自治体調査での障がいインクルージョンのとりくみに関する7項目の回答をもとに，「災害時の合理的配慮の提供に関するとりくみの熱心さ」を得点化し，その結果を地図化したのが図13である。とりくみに熱心であればあるほど濃い色となるように，その逆の場合はより薄い色となるように（回答の得られなかった自治体は白抜きで表示）してある（別府市については避難所を開設・運用した2016年4月の熊本地震時の実際の対応の聞き取りをもとに回答の追加・修正を行っている）。この地図から明らかなように，障がいインクルーシブな防災・減災へのとりくみは，首都圏（千葉県の市町村を除く）・東海圏・中部圏・近畿圏といった圏域の自治体では熱心に取り組まれている傾向にある。一方，太平洋に面する四国や九州北部の，とりわけ小規模な自治体では，一部の例外はあるものの全般的にとりくみが遅れている[43]。

4　インクルーシブ防災の実践モデル ●●●●

(1) 平時と災害時の配慮を切れ目なくつなぐ別府市のとりくみ

東日本大震災では被害が障がいのある人たちに集中した。しかも，この傾向は宮城県で特にいちじるしかった。その根本の原因には，在宅での生活を可能にする福祉環境づくりを進める一方で，災害時の対応とは連結していなかったことがある。したがって根本的な対策のためには，平時の福祉環境づくりと災害時の対応を切れ目なくつなぐことが求められる。災害が起きた場合，誰が障がいのある人を支援するのだろう。いつもケアを提供しているヘルパーや介助

---

[43] 川見文紀・松川杏寧・立木茂雄「首都直下地震及び，南海トラフ地震による被害が予想される自治体における災害時の合理的配慮の提供に関する取り組みについての考察：災害と障害者に関するNHKアンケートの結果から」地域安全学会東日本大震災特別論文集No.5（2016年）23-28頁．

◆第Ⅱ部◆ 各論1〔課題別検討〕

図14 別府モデル版災害時ケアプラン作成の業務フロー

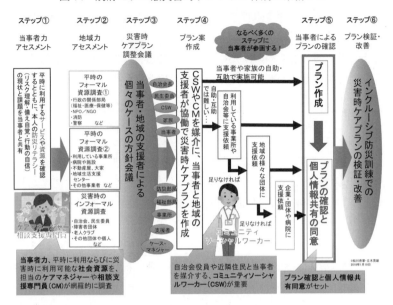

者は駆けつけることができない。だから、専門家以外の人たち、つまり隣近所の方々からの支援と、いかにして結びつけるのかを考える必要がある。

その具体策として、大分県別府市での先駆的な活動が参考になる。別府市では障害者差別解消法の2016年4月施行に先立つ2014年4月に「別府市障害のある人もない人も安心して安全に暮らせる条例」条例を施行した。この条例には障害者権利条約11条に対応するリスク状況での措置を「横出し」として設けた。このような市独自の差別解消条例の制定が行われた背景には、市民団体－当事者が主体で、人望のある有識者も深く関わっている－からの呼びかけに応じて、当事者・市民団体・地域・行政の4者協働によると地道な話し合いを続けたことにある。その中から、災害時の合理的配慮に関する項目を市独自の条例にとりいれることも決められた。そして、これを根拠として「災害時ケアプラン」として個別支援計画を位置づけ、相談支援専門員やコミュニティソーシャルワーカーが、当事者や地域を支援するとり組み（以下別府モデル）を始めた。

別府モデルは、問題状況を以下のようにとらえる。つまり、障がいのある人たちは、同じような立場や関係者からなるコミュニティに所属している。これ

◇第10章◇ 緊急事態〔立木茂雄〕

は近隣住民がよりどころとしている地域コミュニティとは重なりあう部分が少ない。このために，内閣府のガイドラインが求めているような障がいのある人と近隣住民との個別支援計画づくりは，自然には起こりにくい。そこで，相談支援専門員が当事者に寄り添うとともに，コミュニティソーシャルワーカーが仲介者として当事者と地域組織を橋渡しする。伴走者や仲介者による支援という合理的な配慮の提供があってはじめて当事者の参画——私たちのことを，私たち抜きに決めない——がなりたつ。

以上を踏まえて別府モデルでは，災害時の要配慮者対応と平時の障がい福祉サービスは，どちらも危機管理や福祉部局などが単独で解くべきものではなく，関係者全部が連携して解くべき問題としてとらえる。ここから出発して，以下の6つの手順で解決を図っていく（図14参照）。

第1ステップでは，平時にケアプランの作成・運用で日常的に当事者と関わる相談支援専門員が，個別支援計画を「災害時ケアプラン」と位置づけて作成に関与する。そして，災害時に活用できる第1の資源として「当事者力」（災害時に向けてエンパワーするべき当事者の能力）のアセスメントを行う。別府モデルでは，「当事者力」を「災害リスクの理解・必要な備えの自覚・とっさの行動の自信」の3要素からなる防災リテラシー[44]と具体的に定義づけし，それぞれの現状について測定・評価するとともに，災害時の適切な意思決定につながるためには，具体的にどの要素をどの程度高めるべきかの目標を当事者と協働して設定する（写真2参照）。

第2ステップでは，平時ならびに災害時に動員される社会資源について網羅的に確認する。自治会や自主防災組織などの災害時の地域の社会資源については，地域のことを良く知るコミュニティソーシャルワーカーや行政の危機管理部門が，両者を支援する。

第3ステップでは，地元の公民館などで災害時ケアプラン調整会議（写真3参照）を開催する。調整会議には相談支援専門員が同伴するとともに，当事者と地域支援者の橋渡しの労は，コミュニティソーシャルワーカーが担う。調整会議では，主として相談支援専門員が当事者の平時の状況について地域支援者と共有化するとともに，災害時に求められるインフォーマルな支援の中身につ

---

(44) 川見文紀・林春男・立木茂雄「リスク回避に影響を及ぼす防災リテラシーとハザードリスク及び人的・物的被害認知とのノンリニアな交互作用に関する研究：2015年兵庫県県民防災意識調査の結果をもとに」地域安全学会論文集 No.29（2016年）135-142頁。

写真2：当事者力アセスメントの様子
（2017年11月7日）

写真4：電動車椅子を手動に切り替える想定で行われたインクルーシブ防災訓練の模様（2017年12月10日）
出典：朝日新聞2017.12.29大阪朝刊
写真：島脇健史

写真3：古市町公民館での災害時ケアプラン調整会議
（2017年11月18日）

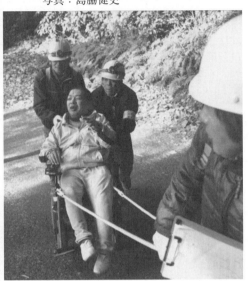

いて説明する。

　第4ステップでは，前段での話しあいを受けて，地域支援者からの配慮の具体的な提供手順について当事者に確認しながら細部をつめて災害時のケアプラン（案）を作成する。

　第5ステップでは，当事者と地域支援者の両者で細部を詰めた地域の支援（案）を，災害時ケアプランとして文書化するとともに，「災害リスクの理解・必要な備え・とっさにとるべき行動」として当事者の側で務めるべき内容——当事者力アセスメントの目標——の確認と，地域からの支援を求めるにあたって自身の情報を地域で共有することへの同意をセットにして署名を行う。

　第6ステップでは，写真4にあるようなインクルーシブ防災訓練に実際に参加し，第5ステップで作成した災害時ケアプランを実施し，その検証をもとにプランの改善を図る。

　別府モデルの肝の部分は，伴走者や仲介者の導入だけにあるのではない。災害時に備えた合理的配慮の提供を義務づける別府市独自の条例という制度的資

写真5：国湯浅町栖原のなぎ園の跡地を指さす湯浅町役場人権推進室の小熊紀史氏（2017年9月2日）

写真6：標高30メートルの湯浅町吉川の高台に移転した現在のなぎ園（2017年9月2日）

本の存在も大きい。さらに，この問題の根本的な解決は部局間や行政・当事者・事業者・地域住民といった多組織間にまたがるために，単一の部局に委ねることはできないというトップの理解も重要である。このために，プロジェクト全体の推進役が外部からまねかれた。推進役は多組織間調整を進めるために，3種類の社会関係資本を動員した。トップからの信頼と結束，部局・組織間の橋渡しによる互恵的規範や信用関係，そして外部資源－相談支援専門員の追加業務は日本財団からの助成による－の調達を可能にする独自の外部連結型のつながりだった。制度，人，物，資金，そして社会関係，これらの資本が織りなすあやとして別府のとりくみは形づくられていた(45)。

(2) 津波浸水想定区域内の高齢者向け入所施設を高台に移転した湯浅町のとりくみ

入所施設の立地に由来する根本的な問題への対応も必要だ。宮城県の仙台平野沿岸部に立地していた高齢者向け施設入所者の死亡率が際立って高く，その多くが障害者手帳交付者でもあったために，障がいのある人の死亡率を宮城県でさらに高める効果を有していた。入所高齢者や障がい者は，安全でない条件下で生活をせざるを得ない状況があり，立地の危険性に由来して高齢者や障がい者が災害の犠牲となった事例は近年も繰り返し生じている。

なぜ，高齢者や障がい者むけの施設が繰り返し被災するのか。その根本原因

---

(45) 立木茂雄「平時と災害時の配慮を切れ目なくつなぐ──排除のない防災へ」生活協同組合研究506号（2018年）14-21頁。

は河川の氾濫域や土砂災害の警戒区域，あるいは津波の浸水想定域内に施設がそもそも立地していたからである。立地に由来する高齢者や障がい者向け施設入所者の被害を根本的に抑止するためには，今後の施設開設にあたっては災害の脅威にさらされる恐れのある場所には開設を認めないようにする規制や，危険な立地にある施設を高台などの安全な場所に移転するような政策的な誘導策が根本的な対策となる[46]。

　現に，南海トラフ地震による津波の脅威にさらされる和歌山県有田郡では，庁舎や公共施設の移転を積極的に進めている。同郡湯浅町の国湯浅町栖原に1973年に開園した養護老人ホームなぎ園は，建物が古く耐震性にも不安があり，津波浸水域に位置していた（写真5）。そこで，有田郡の湯浅町・広川町・有田川町の3町は，湯浅町吉川地区の高台への移転と建て替えを決め，2014年3月に移転した（写真6）。湯浅町では，今後は津波浸水域にある保育園の高台移転についても，前向きに検討を行っている。有田郡のようなとりくみを支援するものとして，独立行政法人福祉医療機構による社会福祉施設等の津波対策としての高台移転整備に係る融資がある。今後は，対象となる自然災害リスクを津波だけに限定するのではなく，河川の氾濫や土砂災害などにも適用範囲を広げることが求められる。融資の対象も社会福祉法人だけに限るのではなく，NPOや一般社団法人などの小規模な法人にも範囲を広げていくべきだ。さらに，危険域での福祉施設等の新規開設を禁じる，より強力な土地利用規制や，危険域内の既存施設に対する，さらに踏み込んだ規制も必要だ。

Ⅳ　おわりに

　本章では，障害者権利条約11条（リスク状況）に関する日本国政府や自治体の対応について検討を行った。その結果，以下のような7つの結論を得た。

　1　東日本大震災時の高齢者や障がい者の被害率には地域差や性差があった。海岸沿いの危険な場所に高齢者向け施設が立地していた宮城県で高齢者や障がい者の死亡率が高かった。近年になり，災害危険区域に立地する高齢者向け施

---

(46)　立木茂雄「近年の自然災害から見た入所要配慮者被害の問題と対策——平時と災害時の連携ならびに立地規制の2つの欠如が被害を生んでいる」消防防災の科学 No.129（2017年夏号）11-14頁．

◇第10章◇　緊急事態〔立木茂雄〕

設の被災が続いていることから，高齢者や障がい者向け施設の立地規制も今後は視野に入れた根本的な対策が必要である。また，在宅の障がいのある人の被害については，平時のノーマライゼーションが進み地域で生活する障がいのある人の割合が多い宮城県でのみ，障がいのある人の死亡率が全体死亡率の約2倍になっていた。現在，日本では地域包括ケアが推進されているが，平時のケアと災害時のケアの仕組みは連動していない。このような中で，地域包括ケアの仕組みがさらに一般化すると，逆に在宅の高齢者や障がい者の災害脆弱性を高めかねない恐れがある。このため，平時と災害時のケアをシームレスに連続させることが急務の課題である。

　2　日本国政府は，既に1991年度からリスク状況でまわりからの支援を必要とする人たちを，当時主流であった障がいの医学モデルに立脚して「災害弱者」と定義し，その対策を進めてきた。その後，2004年7月の新潟・福島豪雨水害などの現地調査から，「いざという時のまわりからの支援があれば自立した生活を送ることのできる人たち」として「災害時要援護者」概念を構築し，その対策を全国の自治体に促すとりくみを始めた。これは，対象理解を障がいの社会モデルにより近づけるものであった。その後，東日本大震災での高齢者や障がい者の集中的な被害を受けて災害対策基本法を改正するなかで，より一般的な用語としての「要配慮者」概念を同法8条2項15号に位置づけた。これにより，障害者権利条約11条に定めるリスク状況で提供されるべき「全ての必要な措置」が，同条約で定義された「合理的な配慮」の災害時における提供であると概念的に整理することが可能となった。

　3　2013年6月の災害対策基本の改正に伴い，自治体は避難行動要支援者の名簿の策定が義務づけられた。また，内閣府（防災担当）は「避難行動支援取り組み指針」を発表し，災害時に備えて平時より名簿が地域の住民組織などで活用ができるように，具体的な手順を明示化した。さらに「避難所取り組み指針」によって福祉避難所の指定や民間法人との協定についても具体的な方針を示した。その結果，およそ全国の自治体の8割程度で名簿は作成済みとなり，残りの自治体のほとんども現在作成中である。しかしながら，名簿をもとにした個別の計画の策定へのとりくみを始めている自治体は，南海トラフ地震や首都直下地震の警戒区域に限っても3分の1程度に留まっていた。同様に，「避難所取り組み指針」で示された福祉避難所の準備状況については，警戒区域の自治体の9割で自治体による場所の指定は進んだものの，マンパワーも含めた

民間福祉施設との協定のある自治体は全国調査によると全体の3分の2程度に留まっている。さらに実際の運用に関するマニュアル作成・担当者や手順の明確化は緒についたばかりであり，実際に訓練を自治体と連携して行い，配慮者のニーズに沿った避難所となっているのかの検討を行っているのは2割未満と低調であった。

　4　障がい当事者を対象とした全国調査は，国や自治体のとりくみが当事者に浸透しているとは言い難い現状を明らかにした。「避難行動要支援者（災害時要援護者）名簿」，「福祉避難所」，「個別（避難）計画」といった自らの安全・安心に関わる用語のうち，どれか一つでも「知っている」と答えた当事者は全体の半数以下であり，避難行動要支援者名簿に登録をした人や，自分が利用できる福祉避難所の場所を知っていると答えた人は当事者の5人に1人に留まっていた。さらに「個別計画の策定をした」人は全体の5％以下に過ぎなかった。同時期に行われた自治体調査では，約3分の1の自治体が個別計画策定のとりくみを始めていると答えていたにもかかわらず，このような大幅な開きが生じていた。その背景には，防災・減災のとりくみで訓練や計画づくりへの「連絡や誘いをうけたことがない」障がい当事者が3分の2に留まること，当事者にとってキーパーソンになりうる相談支援事業所や当事者団体が個別計画づくりの環に含まれていないために当事者と地域の住民組織の仲介ができていないことが大きな原因になっていると考えられる。当事者の防災リタラシーを高めて地域との積極的な交流へと導いたり，地域住民の意識や態度の啓発を促したり，当事者と地域住民を仲介するストレングス構築が必要である。

　5　防災・減災における障がいインクルージョンが進んでいないことの大きな理由は，障害者権利条約の批准，障害者基本法の改正，障害者差別解消法の成立といった一連の流れから自治体に義務づけられた合理的配慮の提供が，リスク状況（防災・減災）の分野にまで及ぶことについて，全国の自治体レベルでは十分に検討や対応がなされていないことにある。そもそも，警戒区域の自治体でさえ障がいインクルージョンの主担となるべき福祉部局と防災部局の連携や，地域の障がい当事者との協議の場である自立支援協議会との協働のとりくみが，4分の3の自治体では見られない。このため全国の3分の2の自治体では，災害時の合理的配慮について検討や対応の動きがない。現時点で対応済みの自治体は，警戒区域に限っても1.3％に留まっていた。とりわけ南海トラフ地震警戒区域の自治体のうち，太平洋に面する四国や九州北部の小規模自治

体では，合理的配慮の提供の観点からの防災・減災のとりくみが遅れている現状が明らかになった。

6　平時と災害時のとりくみを切れ目なくつなぐことが根本的な対策になる。このような視点から，大分県別府市では，市の差別解消条例に根拠をおいた障がいインクルーシブ防災のモデル事業を始めている。別府モデルでは，個別支援計画を災害時ケアプランと捉え，平時のケアプランの調整を行っている相談支援専門員が，そのまま切れ目なく当事者に寄り添う。そして災害時に向けて高めるべきことを「災害リスクの理解・備えの自覚・とっさの行動の自信」の3要素からアセスメントし，個人ごとに目標を設定する。あわせて，障がいのある人と地域の支援関係者の橋渡しをするためにコミュニティソーシャルワーカーが両者の橋渡し役としてかかわり，地域でのケアプラン調整会議の場で，当事者と伴走者，そして地域の支援関係者が，状況認識を統一して協働で個別計画案のすりあわせを行って災害時ケアプランが策定できるように支援する。また定期的にインクルーシブ防災訓練を実施し，当事者と伴走者，ならびに地域の関係者が全員参加でプランの是非を検討し，改善を進めている。

7　発災後の対応を事前に決めておき，できるだけ被害がでないようにする対策に加えて，より根本的な対策も重要である。たとえば，被害が想定される域内には高齢者や障がい者向けの施設の立地は規制するようなとりくみである。そのためには融資制度による危険域内の施設の移転誘導策の拡充や，危険域内での新規開設の規制といった，より強力な被害抑止対策の充実が必要である。

　　［謝辞］本稿は，文科省科学研究費基盤研究（A）「インクルーシブ防災学の構築と体系的実装」(17H00851)（2017年度～2021年度，研究代表　立木茂雄）および日本財団助成「障害者インクルーシブ防災における災害時ケアプランコーディネーター養成」（研究代表　立木茂雄）の成果物である。ここに記して感謝申しあげます。

◇第11章◇ 政 治 参 加〔杉浦ひとみ〕

第11章

政治参加

杉浦ひとみ

1 はじめに

　障害者の政治参加について関わった印象深い事件は，2013年3月14日に東京地裁で違憲判決を得た被後見人の選挙権回復訴訟である。そして，この判決から74日後に選挙権制限条項（公職選挙法11条1項1号）の削除という法改正により事件は解決し，同年7月の参議院選挙では，全国約13万6000人の被後見人に選挙権が回復されるという成果を得ることができた。
　判決は，次のような論理で，被後見人の選挙権制限規定を違憲だと判断した。「民主国家においてはそもそも選挙権は国民の基本的権利であり，一定の年齢に達した国民のすべてに平等に与えられるものである。したがって，選挙権を制限することは原則として許されない。」としたうえで，「これを制限するためには選挙の公正を確保できないような「やむを得ない事由」があることが必要である。」「選挙権は単なる権利ではなく一種の公務なので，選挙権を行使するに足る能力があることが必要であって，事理弁識能力を欠く者に選挙権を与えないとすることは，立法目的として合理性を欠くものとはいえない。」「しかし，成年被後見人は「事理弁識能力を欠くもの」ではなく「事理弁識能力を欠く常況にあるもの」であって，「常況にある」とは「多くの時間はその状況にあるものの，そこから離脱して能力を回復することがある者を含む。」したがって，そのような場合にも「選挙権の行使を認めないことは憲法の意図するところではない」とした[1]。

(1) 被後見人選挙権回復訴訟

この事件は、成年後見制度を利用して被後見人となったために選挙権を奪われたダウン症の女性（提訴時48歳）が、被後見人に選挙権を認めないとした公職選挙法11条1項1号は違憲であると、2011年2月1日、東京地方裁判所に提訴した事件である。

これまでも、知的障害者の親の会では、後見が付くと選挙権がなくなることの問題性は指摘されてきていた。しかし、提訴への決断は、2010年、原告女性の父親からの訴えだった。原告の女性はダウン症の障害を持っていたが、20歳から欠かさず父母と一緒に選挙に行き、テレビでも政見放送を見たり、投票のあとには誰に投票したかは話さない（秘密選挙）など、選挙のルールも実行していた。ところが、本人を尊重するはずの成年後見制度を利用したところ選挙はがきが来なくなり、好きな選挙に行けなくなった。障害者の権利擁護に熱心な彼女の父は「障害者としてこれまでも娘を苦しめてきたが、娘の主権者としての権利まで奪ってしまった、死んでも死にきれない。」と慚愧の念にかられての決意だった。

これを救済するには、公職選挙法の選挙権制限規定を憲法違反だとの判断を求めるいわゆる憲法訴訟しかなかった。東京地裁に2011年2月1日に提訴したこの裁判は、2013年3月14日、成年被後見人の選挙権を制限した公職選挙法11条1項1号を違憲と判断し、「原告が、次回の衆議院議員の選挙及び参議院議員の選挙において投票をすることができる地位にあることを確認する。」と宣言した。そして、裁判長が原告に向かって「どうぞ選挙権を行使して社会に参加して下さい。堂々と胸を張っていい人生を生きて下さい。」と語りかけたことが大きく報じられ、社会に感動を呼んだ。

2　裁判の中では、大きく二つの点を争点とした。

①ひとつは、選挙権を能力によって制限することは憲法に違反するという点。選挙権は、民主政の根幹に関わる主権者として、憲法によって保障されている重要な権利である。この権利行使にどのような能力が必要とされるのか、どのように判断するのか。そもそもその判断基準が判然としておらず、それを具体的に判断することなどできない。このような不明確な基準によって選挙権の有無を決してはいけないという主張である。②もうひとつは、仮に選挙に能力が必要だとしても、成年後見制度によって被後見人と裁判所に判断されたことをもって、選挙人としての能力判断のために借用することは憲法に違反するという点である。なぜなら成年後見についての家庭裁判所の審判では、財産管理能力は判断されているが選挙の能力は判断されていないし、成年後見制度は、権利擁護のための制度であり、自己決定を尊重する制度であるにもかかわらず、権利を擁護しようとすると選挙権を奪われるということは背理である。また、成年後見を申立て、後見類型となると選挙権を失うが、同じ程度の能力の者が申立てていないと選挙権を行使できるという不平等が生じる。そして、現実には成年後見制度を利用している者は同様な能力を持つ者の10％にも満たないとされることから、その不平等は顕著である等の点があげられる。

＜平成23年3月14日判決の内容＞

同判決は、能力による選挙権制限を否定したわけではない。しかし、憲法が予定する主

◇第11章◇　政 治 参 加〔杉浦ひとみ〕

● ● ● ● II　条文の解釈　● ● ●

29条は，次のように規定する。

> 締約国は，障害者に対して政治的権利を保障し，及び他の者との平等を基礎としてこの権利を享受する機会を保障するものとし，次のことを約束する。
> 　(a) 特に次のことを行うことにより，障害者が，直接に，又は自由に選んだ代表者を通じて，他の者との平等を基礎として，政治的及び公的活動に効果的かつ完全に参加することができること（障害者が投票し，及び選挙される権利及び機会を含む。）を確保すること。
> 　(i) 投票の手続，設備及び資料が適当な及び利用しやすいものであり，並びにその理解及び使用が容易であることを確保すること。
> 　(ii) 障害者が，選挙及び国民投票において脅迫を受けることなく秘密投票によって投票し，選挙に立候補し，並びに政府のあらゆる段階において実質的に在職し，及びあらゆる公務を遂行する権利を保護すること。この場合において，適当なときは支援機器及び新たな機器の使用を容易にするものとする。
> 　(iii) 選挙人としての障害者の意思の自由な表明を保障すること。このため，必要な場合には，障害者の要請に応じて，当該障害者により選択される者が投票の際に援助することを認めること。
> 　(b) 障害者が，差別なしに，かつ，他の者との平等を基礎として，政治に効果的かつ完全に参加することができる環境を積極的に促進し，及び政治への障害者の参加を奨励すること。政治への参加には，次のことを含む。
> 　(i) 国の公的及び政治的活動に関係のある非政府機関及び非政府団体に参加し，並びに政党の活動及び運営に参加すること。
> 　(ii) 国際，国内，地域及び地方の各段階において障害者を代表するための障

権者については，「我が国の国民には，様々なハンディキャップを負う者が多数存在するが，そのような国民も本来，我が国の主権者として自己統治を行う主体であることはいうまでもないことであって，そのような国民から選挙権を奪うのは，まさに自己統治を行うべき民主主義国家におけるプレイヤーとして不適格であるとして主権者たる地位を事実上剥奪することにほかならない。」と述べており，憲法は様々な状態にある国民を，当然，主権者として理解しているということを示した。原告側は，選挙権行使に能力は必要ない（能力など判断できない）という主張を中心に行ったが，この判決は，「選挙権には能力が必要」という従前からの考え方を前提にした判断を行った。このことについては，原告側としては不満が残るのであるが，しかし，この能力問題のとらえ方を大きく変える判断をするなら，その後，高裁でこの点が争点となり，能力は必要であると判示される他，「原告に選挙権を認めるべき」という結論までも覆される可能性もあることから，能力問題には触れない判断をしたものではないかと筆者は理解している。

害者の組織を結成し，並びにこれに参加すること。

1 (1) 本条柱書きの「政治的権利」とは，選挙権及び被選挙権，政治活動の自由，公務に携わる自由のほか，国民投票の自由，選挙活動の自由，結社の自由（「市民的及び政治的権利に関する国際規約」，本条）を意味するほか，これらの権利の前提となる政治的表現の自由・知る権利が当然保障されていると解される。障害者の平等な人権保障という本条約の目的（1条）からも，政治的権利として以上のような内容の保障が認められると解する。

(2) 柱書きは「他の者との平等を基礎としてこの権利を享受する機会を保障する」としている。平等については5条で「全ての者が平等」であることを，12条で「平等な法的能力を享有」することが示されている。本条は，政治的権利について平等な法的能力を認められることを明らかにし，その行使に当たっては必要とする支援を利用する機会の提供が保障されることを示しているのである。この法的能力については，特に留意が必要とされる。一般的意見1も「法的能力と意思決定能力とは異なる概念である。」とする。法的能力は障害のある人も含むすべての人に与えられる固有の権利であるが，これに対して意思決定能力は個人の意思決定スキルをいい，当然人によって異なり，同じ人でも状況により変化するものなのである。同意見は「意思決定能力の不足が法的能力の否定を正当化するものとして利用されてはならない。」とし，選挙権などの投票権や被選挙権，公的活動などの政治的権利が制限されるべきでないことを指摘する。

2 (a)では，障害者が政治的及び公的活動に参加するためには，直接に又は他人に託して行うことになるが，そのためには選挙権と被選挙権が保障されることが前提となり，その権利が実質的に確保されるためにはいくつかの施策が必要であることを以下に挙げている。選挙等の投票には「制度の公正」という要請からの限界のほか，選挙に技術的要素が多いことから立法裁量の範囲は広くなる。たとえば自書投票制度をとれば視覚に障がいのある人は投票の秘密との抵触の問題が生じるように，実質的な権利保障のために調整の場面が多い。わが国では，被後見人である障害者については，2013年の公職選挙法改正前までは被後見人であることが欠格事由となっていた（11条1項1号「選挙の公正に問題があるとされた」）ために選挙権，被選挙権が認められず本条に大きな抵

触があったが，同改正により解消された。

　(a)(i)「投票の手続，設備及び資料が適当な及び利用しやすいものであり，並びにその理解及び使用が容易であること」の確保の要請は，一般的意見2で「物理的環境，輸送機関，情報通信（情報通信機器及び情報通信システムを含む。），並びに公衆に開かれ又は提供される他の施設及びサービスへのアクセスがなければ，障害のある人が，それぞれの社会に参加する平等な機会を持つことはない」とされる点である。つまり投票について平等な機会を保障するために必要な事柄が求められている（一般意見書2パラグラフ43）。具体的には，投票場に行くことが困難な場合には行かなくても投票できる方法を含めて，投票行為へのアクセスの保障が必要である。投票場のわずかな段差，急角度のスロープも投票行為を拒むことになる。投票行為においてその意思表示をどのように行うかについても，障がいに応じて工夫が必要である。意思を投票用紙に表示するために，自署，点字，代筆などがあるが，筆圧不足で書けない硬い鉛筆なども，障壁となる。表示する前段階として意思を表明する方法として（通常は自己の意思を表明することと自ら自署することは一致するが）代筆者に口頭での伝達をするような場合，この意思の表示を的確に理解できる者がそれを聞き取る必要がある。瞬きや文字盤に視線を移動させる方法での意思の表示方法を使う者もあり，表示手段を工夫することが必要である。さらにその前段階として，意思を形成するに際して資料とする情報が，障害者に理解しやすいものでなければならない。視覚に障害のある人には拡大文字や点字表示，音声表示，聴覚に障害のある人には文字表示の他，手話表示も適切なものになる場面がある。知的な障害のある人には文字にルビを振るだけでなく，内容についての簡明化も必要になる。

　すべてを通じて，利用可能で容易な施策でなければ，行使する権利を奪ったと同じである。その際に，障害者はこれまで社会の中では消極的に生活を余儀なくされてきたことから，「要求」「申請」を前提としたものであっては不十分である。たとえば，案内表示，案内人の声かけなどは，「必要なら求めるだろう」ではなく，「不要なら断るだろう」という働きかけが必要である。

　(a)(ii) 障害があることでの不足の能力を補うために採られる支援が脅迫的であったりすれば，不当な圧力となり選挙権，被選挙権の行使や公務を遂行する権利に対する精神的，間接的な侵害になる。このような不当な圧力を排除する

ために中立的な支援機器の活用等の工夫を促すものである。この技術の活用については，一般的意見 2（パラグラフ 5）において，とくに情報通信技術（ICT）があらゆる情報通信機器又はアプリケーション及びそのコンテンツを含む包括的な言葉であり，ラジオ，テレビ，衛星，携帯電話，固定電話，コンピューター，ネットワークハードウェア及びソフトウェアなど，広くさまざまなアクセス技術を網羅していることから，これを活用し，既存のサービスだけではサービスを十分に受けられなかった障害者にも，情報と知識へのアクセスを可能にする手段であることを指摘している。

(a)(iii) 本人の意思が尊重されるという当然のことであるが，障害者が意思を自由に表明できるかについても，実質的に考える必要がある。たとえば，援助者が投票場の担当職員に限定されることなく，当該障害者の特有のコミュニケーション方法が取れる者や安心して投票をすることを真に援助できる者の援助を認めることがあげられる。家族であれば意思の疎通が図れ，動揺することも少ない状態で投票できる者が，初対面の現場の担当職員の援助では，穏やかに投票をすることができない者もある。選挙権行使を保障するということは，障害特性を配慮した上で選挙権行使を保障することまでを意味するのである。

(b) 障害ある人が政治に参加することの目的は，政治に参加して自己実現を図るだけではなく，「Nothing about us without us !」のスローガン通り，障害者の権利保障の実現を獲得することが重要である。そのためには，障がいある人がどのような組織にどのように参加することが有効かという合目的的な視点からの保障が必要となる。障害者権利条約の成立に関しても障害者団体の参加が大きな役割を果たした[2]ことからも明らかなように(i)「非政府機関，非政府団体」といった民間で作る国際的な組織（non-governmental organizations and associations）への参加は，とりわけ国際的な視点での権利実現に役立つものであり性質を持つ団体をさす。また，個別の国内での制度の向上に向けて，国際的な組織の支援は国内の立法や施策の促進にも有益である[3]。また，(ii)

---

[2] 長瀬修ほか編著『障害者の権利条約と日本（増補改訂版）』（生活書院，2012 年）25 頁。「障害者団体は……この条約が練り上げられる過程において主体的な役割を常に果たしたが，中でも国際障害コーカス（International Disability Caucus: IDC）の影響力と貢献は大きかった。」

[3] 被後見人の選挙権回復の立法過程では，海外の障害者団体からの評価（「選挙権剥奪

国際的な取り組みと繋がりながらも国内において，地域及び地方の各段階において障害者を代表するための障害者の組織を結成することは，国内での権利保障を現実的にし，その足腰を強くしていくものである。とりわけ，わが国は島国であり言葉の壁があることから，地理的にも文化的にも国際的な連帯に繋がり難しい特徴がある。このような視点から，政治への障害者の参加を奨励することは，国に求められているのである。以上のことは，19条（自立した生活及び地域社会への包容）に関する一般的意見が，その序論で障害のある人が歴史的にその尊厳性と権利を奪われ，孤立と隔離の中に置かれてその力を剥奪されてきたことを指摘する（パラグラフ1）とおりである。19条は人権の相互関連性，相互依存性，不可分性を指摘する（パラグラフ7）。そして，地域社会の発展を左右する決定に影響を与え，これに参加するために，障害のあるすべての人は，個人的に，あるいは障害のある人の団体を通じて，政治的及び公的活動への参加の権利（29条）を享有し，行使すべきである。適当な支援により，障害のある人が投票し，政治的活動へ参加し，公務を執行する権利の行使に対する貴重な援助が提供できる（パラグラフ94）のである。

III 分析と課題

政府報告に対する分析と課題

「29条政治的及び公的活動への参加」について，政府は下記6項目の報告を行っているのでそれについて分析と課題を述べる。

> 1 障害者基本法28条において，国及び地方公共団体は，法律又は条例の定めるところにより行われる選挙，国民審査又は投票において，障害者が円滑に投票できるようにするため，投票所の施設又は設備の整備その他必要な施策を講じなければならないこととされている。

障害者基本法（1996年成立）は，2006年12月に国連総会で採択された障害者権利条約の批准に向け，国内法整備の一環として2011年8月に改正された。このときの改正は，障害者の定義の拡大と，合理的配慮概念の導入したのである。28条の「選挙権等の配慮」も，このときに新設された規定である。この

は違憲」判決への評価）が国会で取り上げられ少なからぬ影響を与えた。

時点では，被後見人である障害者には選挙権・被選挙権が認められていなかったが，2013年に能力による欠格事由を削除する法改正がなされた。本法は基本法として個別の一般法の親法(4)といわれることもあるが，同じ法律であるから後法によって，本法も選挙権の回復を前提とする。そして，選挙権などを行使する法的能力はあるが，意思決定能力の低い（事理を弁識する能力の低い）者もまた投票を行うことを前提に，投票所の施設又は設備の整備その他必要な施策を講じることが必要である。

ちなみに，国は2017年9月に障害者に関する世論調査を障害の有無を問わず一般の方を対象に実施しているが，その結果によれば，「国や地方公共団体への要望」として，「障害のある人に関する国や地方公共団体の施策のうち，あなたがもっと力を入れる必要があると思うもの」を聞いたところ，上位4項目は「障害のある人に配慮した住宅や建物，交通機関の整備」「障害に応じた職業訓練の充実や雇用の確保」「障害のある子どもの相談・支援体制や教育と，障害のある人への生涯学習の充実」「生活の安定のための年金や手当の充実」であった(5)。

実生活に密着した施策は，わかりやすく推進されやすいが，選挙権などに関する施策は国が主導的にその保障を行うべき事柄であるといえる。

> 2　公職選挙法47条及び公職選挙法施行令39条の規定により，目のみえない方々が点字投票を行うことができ，同法48条の規定により，心身の故障その他の事由により，自ら投票用紙に候補者の氏名等を記載することができない者は，代理投票（代筆投票）を行うことができ，同法49条の規定により，都道府県選挙管理委員会の指定する病院，老人ホーム，身体障害者援護支援施設等に入院，入所中の方々が，その施設において投票を行うことができ（指定施設における不在者投票），身体に重度の障害のある方々（身体障害者福祉法に規定する身体障害者，戦傷病者特別援護法に規定する戦傷病者のうち一定の障害を有する者等）が，郵便等による投票を行うことができ（郵便等による不在者投票），同法58条の規定により，障害者を介助している者等投票管理者が「やむを得ない事情がある者」と認めた者については，選挙人とともに投票所に入ることが認められている。また，同法150条，政見放送実施規程の規定により，衆議院比例代表選挙及び都道府県知事選挙の政見放

(4)　小野寺理「法制執務コラム集 基本法」立法と調査No.209（1999年）。
(5)　「障害者に関する世論調査」の概要（平成29年9月内閣府政府広報室），at https://survey.gov-online.go.jp/h29/h29-shougai/gairyaku.pdf(as of 31 July 2018)。

> 送においては手話通訳の付与，参議院比例代表選挙においては手話通訳及び字幕の付与が可能であり，また，衆議院小選挙区選挙においては，候補者届出政党が作成したビデオに手話通訳や字幕を付与することができる状況にある。また，総務省は公益財団法人明るい選挙推進協会と連携し，選挙啓発を実施しており，その中で，障害者が可能な投票方法等の周知に努めている。

　障害については，肢体障害，視覚障害，聴覚障害，知的障害，高齢に伴う障害等，障害の種類があるが，それぞれの障害特性によって，その支援は異なるが，以下障害ごとに検討するのではなく，支援の性質によって検討する。

(1) 選挙という政治的行動の前提として必要な情報の取得と情報の理解について

(i) 政府報告は，この点について「政見放送実施規程の規定により，衆議院比例代表選挙及び都道府県知事選挙の政見放送においては手話通訳の付与，参議院比例代表選挙においては手話通訳及び字幕の付与が可能であり，また，衆議院小選挙区選挙においては，候補者届出政党が作成したビデオに手話通訳や字幕を付与することができる状況にある。また，総務省は公益財団法人明るい選挙推進協会と連携し，選挙啓発を実施しており，その中で，障害者が可能な投票方法等の周知に努めている。」とする。

(ii) 政見放送については，少なくとも国政レベルでは比例代表選挙以外の選挙についても手話通訳と字幕の付与を国が行う必要がある。衆議院比例代表についても字幕が必要である。テレビやネットによる情報発信が最も多くの障害者に情報提供が可能であるから，最低限この方法での情報提供が必要である。選挙公報の点字化については，国政選挙では点字，音声または拡大文字で選挙公報が作成され，希望者に配布されているが，地方自治体のレベルでは十分に保障されていない状況にあり，進められるべきである。このように事前の情報がなければ，投票場へいって投票できても，それは主権者として代表者を選んだことの実を欠くものである。

(iii) また，知的障害者にとっては，漢字にルビを振っただけでは理解が難しく，内容が平易なものでなければ，情報の提供とはいえない。現在，選挙公報の発行回数の制限があるほか，政見放送や経歴放送の実施については，候補者などにより録画・録音された内容を一切編集してはならないとされ，そのまま放送しなければならないとの規定があり，政見放送の内容をわかりやすく加工することについては，被選挙権者側の権利との関係からも難しい問題がある。

そのため，被選挙権者が，障害者が有権者であることも念頭に置いて平易な内容の演説内容の作成を工夫することが必要となるが，それでも場合によっては内容を簡略にすることが必要となる。その場合には候補者の了解を経て簡略な文章にすることも必要である。選挙権者の権利保障のためには認められるべき負担であると考える。2016年6月に選挙権年齢の引き下げも行われ，障害者に理解しやすい情報は，すべての者にとって理解しやすい情報となるはずである。

(2) 決定した判断や意思を表示するための手段の保障（原則的には直接投票制度であることから投票場へのアクセスの保障も含む）

(i) 政府は，「公職選挙法第47条及び公職選挙法施行令第39条の規定により，目のみえない方々が点字投票を行うことができ，同法第48条の規定により，心身の故障その他の事由により，自ら投票用紙に候補者の氏名等を記載することができない者は，代理投票（代筆投票）を行うことができ，同法第49条の規定により，都道府県選挙管理委員会の指定する病院，老人ホーム，身体障害者援護支援施設等に入院，入所中の方々が，その施設において投票を行うことができ（指定施設における不在者投票），身体に重度の障害のある方々（身体障害者福祉法に規定する身体障害者，戦傷病者特別援護法に規定する戦傷病者のうち一定の障害を有する者等）が，郵便等による投票を行うことができ（郵便等による不在者投票），同法58条の規定により，障害者を介助している者等投票管理者が「やむを得ない事情がある者」と認めた者については，選挙人とともに投票所に入ることが認められている」旨の報告をしている。

(ii) 視覚障害者については，点字投票をする者に対して，投票は点字でできるが投票の案内が点字になっていないという不備がある。また，視覚障害者のうち点字での読み書きができる人口が約1割との統計もあり，点字以外の工夫が必要である。視力の残存する者は文字を大きくすることや照明を明るくすること，度数が選択できる眼鏡の設置によって投票が可能になる方もいる。代理投票も可能とされるが，口頭での伝達になることから，投票の秘密が確保される方法が工夫されるべきである。さらに，視覚障害者の場合，そもそも投票場へ行くことが困難であって，投票の機会を確保できないという問題がある。郵便等による不在者投票は移動機能障害者にしか認められていないことから，視覚障害者にはこれが認められないというのが現在の扱いである。しかし移動機能に障害がなくても，安全に移動ができない障害があるのであれば，同様の投

票方法を認めるべきである。個別の選挙管理委員会では個別の要望に対処しているとの報告があるが，障害者権利条約29条の趣旨に従い，法改正によって解決すべきである。

(iii) 代理投票

公職選挙法48条の規定により，心身の故障その他の事由により，自ら投票用紙に候補者の氏名等を記載することができない者は，代理投票（代筆投票）を行うことができることとなっている。しかし，同条の代理投票を使うには「選挙人は，投票管理者に申請」することとなっている。現実には，同行者の申請で足りるとしたり，「視力が弱いです」「代理投票をお願いします」など必要な支援を書いたコミュニケーションボードを用意して，示してもらう工夫をしている自治体もある。投票場に，代理投票がわかりやすく利用できるように示す工夫がされるべきである。

また，現在，代理人は選挙場の職員による者と定められているが，障害者との意思疎通が図れる者でないと，適切な意思の表示が実現されない場合もある。例えば，発音が聞き取りにくい方，言葉以外の伝達方法の方（瞬きであったり），コミュニケーションに障害があり伝達することが可能な関係にある人でないと聞き取れない場合もある。常に聞き取っている者，あるいは例えば，瞬きによって音を表したり，文字ボードに視線を移動させることで表示するなど，独特の聞き取り方法による者は，それを理解できる者がサポートしなければ，実際には投票行為ができたとはいえない。代理投票の実を満たすためにも，必要な介助者が代理して記載する，もしくは，聴き取って代理職員に伝えるといった方法を認める必要性がある。不正については，本来の代理者が立ち会えば公正の担保にはなる。真に投票を目的に投票場にまで来た障害者が，その意思を投票用紙に託せないことの不平等さの方が大きいといえる。

(iv) 投票場へのアクセスについて

身体に重度の障がいのある者については郵便等による投票が認められているが，視覚障がい，知的障がい，精神障がいのある者，重度でなくとも身体に障がいのある者等にとって投票所へのアクセスは容易ではないため，郵便等による投票制度の対象範囲が拡大されるべきである。現在も，視覚障害者が投票場へのアクセスが困難であるために郵便による不在者投票を求めるケースもある。少なくともその拡大も検討されるべきである。逆に，直接投票の原則を貫くのであれば，投票日に，巡回バスを出すなどの方法も考えられるはずである。平

成28年7月の参議院選挙において，自治体が主導で移動支援を行った自治体も複数あった（無料送迎巡回バス，無料タクシー，公用車送迎，コミュニティバスの無料乗車券配布）。青森県田子町 岩手県宮古市，栃木県下野市，長野県中野市，兵庫県神河町，兵庫県香美町，島根県浜田市（総務省）[6]。

しかし，実施自治体は費用対効果を丁寧に分析して行ったようであるが，いずれも規模の小さな自治体であった。現実に投票することを実施する移動支援は有益な手段ではあるが，選挙権の保障に，個々の自治体の計算に委ねることは格差を認めることになる。

(v) 在宅投票制度

不在者投票制度が最初に導入されたのは，男子普通選挙制度が導入された1925年の「衆議院議員選挙法」（大正14年法律47号）においてである。このときは，船舶，鉄道に乗務していることや，演習召集や教育召集をされている軍人に限られ，疾病や身体障害は理由として認められていなかったが，その後，徐々に範囲を拡大し，1950年には公職選挙法及び「公職選挙法施行令」（昭和25年政令89号）が公布・施行され，衆議院・参議院・地方選挙の規定が一本化され，それまで実施されていった不在者投票及び在宅投票の規定の多くの部分はそのまま受け継がれた（公職選挙法49条，施行令58条）。しかし，公職選挙法の施行から間もない1951年の統一地方選挙で在宅投票にまつわる大量の選挙違反が発生し，争訟の結果，選挙無効・当選無効が相次いだ。結果，1952年，「公職選挙法の一部を改正する法律」（昭和27年法律307号）を制定し，これにより在宅投票制度は廃止されたのである。しかしながら，国会の選挙制度調査会においてこの議論が行われている中で，同会の委員長であった宮沢俊義は「もともと選挙を一番簡単明瞭に，かつ弊害少くやらせるためには，本人が出て来てやるのが一番いいが，長年の経験で，それでは非常に気の毒な場合があるというのでそれを補正するために，いろいろな方法を用いて不在者投票をやつておるのですから，これは本来一番簡単明瞭ないい方法ではないので，従つて制度自体に濫用というか，弊害は含まれておるわけですが，それだけの危険を冒しても認める方がいいというところで大体これは認めておる」[7]。と述べており，選挙権行使の保障の重要性を示している。その後，在宅投票制

---

(6) http://www.soumu.go.jp/main_content/000474598.pdf（as of 31 July 2018）．
(7) 選挙制度調査会「選挙制度調査会（第一委員会）議事速記録」（1951年8月）88頁。

復活を求める声も多く，1974年6月に「公職選挙法の一部を改正する法律」（昭和49年法律72号）が制定・公布された。この法律は1951年以前の在宅投票とは異なり，重度身体障害者に限って在宅投票を認める，という限定的な復活であった。限定的な復活になった理由を政府は次のように答弁している。「投票権を広く確保するという考えと同時に，選挙の公正があくまで確保される方法を講ずるんだというために，いま申し上げたような考え方を私どもは最終的にまとめて御提案申し上げ，御審議を願うということになったような次第でございます。」対象者は1974年当時で約10万人といわれ，寝たきり老人やその他の病人などを含めた歩行困難者が約300万人といわれるのに比べて極めて少ない。そのうち実際に在宅投票を行った選挙人は，制度復活後初の国政選挙となった1976年の総選挙で1万3106人にすぎなかった。この後も在宅投票制度の拡充や手続の簡素化を求める請願，国会での審議も数多く行われているが，制度の改正はほとんど行われないままであった。そこで2つの裁判が提起された[8]。

---

(8) 二つの裁判

①平成14年11月28日，在宅療養中のALS（筋萎縮性側索硬化症）患者が「郵便投票において代筆が認められない現行の選挙制度は法の下の平等に反する」として国家賠償等を求めていた訴訟の判決が東京地裁で下された。判決は原告の訴えを退けたものの，その傍論の中で「原告らが。選挙権を行使できる投票制度がなかったことは憲法違反と言わざるを得ない」と指摘した。②平成15年2月10日には，対人恐怖症で投票所に行けない知的障害の男性が「郵便投票制度を重度身体障害者に限った選挙制度は憲法違反である」として国家賠償等を求めた訴訟の判決が大阪地裁で下された。原告の訴えは退けられたが，判決の傍論において「現行制度は憲法の趣旨に照らして完全ではなく，在宅投票の対象拡大などの方向で改善が図られてしかるべきものである」とされた。

この2つの判決を受けて，平成15年4月3日には「公職選挙法の一部を改正する法律案（第156回国会参法第10号）」が議員提出法案として提出されたものの，改正された内容は（同年12月1日施行）おもに，選挙期日前の投票制度であって，選挙管理委員会で行う投票場で投票を行うものであることに変わりはなく，在宅投票制度の拡大は図られず，重度の身体障害者からその範囲を広げたものではない。結局，「不正」の恐れがあるからと有権者の選挙権の実質的保障を欠いているのが現状である。既出の「制度自体に濫用というか，弊害は含まれている」という宮沢の言葉は，選挙権の重さを示したものである。また，成年被後見人の選挙権回復裁判においても，国が一貫して主張した「不正の防止」に対して「能力のある人から選挙権を奪っていた」法律が違憲と判断され，法改正に力を尽くした国会議員らもそのことを原告に詫びたのである。上記2裁判についても，選挙権の重要性を指摘しているのである。

◆第Ⅱ部◆　各論1〔課題別検討〕

　この2つの判決を受けて，2003年4月3日には「公職選挙法の一部を改正する法律案（第156回国会参法第10号）」が議員提出法案として提出されたものの，改正された内容は（同年12月1日施行）おもに，選挙期日前の投票制度であって，選挙管理委員会で行う投票場で投票を行うものであることに変わりはなく，在宅投票制度の拡大は図られず，重度の身体障害者からその範囲を広げたものではない。結局，「不正」の恐れがあるからと有権者の選挙権の実質的保障を欠いているのが現状である。そもそもの選挙権の重要性に加え，当時とは比べものにならない障害者への権利保障の普遍性が認められてきた今日，「弊害」の可能性が残るとしても，選挙権を奪うことには大きな問題がある。また，かつてとは異なり，障害のある方や高齢者等は，現地に行くことが難しくてもインターネットを操作できる人の人口は増えており，ネットによる暗証番号等の利用などによって，本人の投票を確認する方法もある。かつてのような物理的な人為的不正は，排除する技術は考えられるはずであるし，不正を防ぐ努力をしつつ，多くの者の選挙権を奪うべきではない[9]。

　(iv)　秘密投票について

　「公職選挙法第46条第4項において，投票用紙に選挙人の名前を記載することが禁止されており，同法第52条において，選挙人の投票した被選挙人等の氏名等を陳述する義務を負わないことが規定されている。さらに同法第227条において，公権により投票の秘密を侵害した場合に処罰されることが規定され，また同法228条において，投票に干渉した場合に処罰されることが規定されている。」これらの規定も秘密選挙を保障しているが，点字投票人口が少ないことから事実上秘密投票の保障がむずかしいことや，代理投票の場合に，代理人への伝達の際に大きな声で発音をしてしまうことのある障害者には，周りに聞こえてしまうことなどがある。代理に伝える際には場所や防音装置などの工夫が必要である。またこういった秘密を守るために電子投票は活用の可能性が大きい。

> 3　「地方公共団体の議会の議員及び長の選挙に係る電磁的記録式投票機を用いて行う投票方法等の特例に関する法律」に基づき，自書を必要とせず，自書が困難な選挙人であっても比較的容易に投票することができる電子投票の実施の促進に取り組んでいる。

---

[9]　政治議会課（佐藤令）「在宅投票制度の沿革——身体障害者等の投票権を確保する制度」調査と情報419号（2003年）。

◇第11章◇ 政治参加〔杉浦ひとみ〕

(1) 電子投票について

　代理投票に代わる上記電子投票の法律は平成13年12月7日に成立しており，各自治体で条例をつくれば電子投票を行うことができることになっている。これは，インターネットでの投票ではなく，投票所にパネルタッチで投票できる機械を置くものである。この方法は，これまでに16の自治体が実施したことがあるも最近まで継続していたのは青森県六戸町1つの自治体のみであったが，2018年5月に休止となった[10]。現実にはすでに忘れられたシステムとなっている。その理由は，コストがかかること，信用性に疑いがあること，候補者が多いときに一画面に掲載できず，複数画面になると掲載順等の問題がある他，自治体選挙でしか行えず国政で行えないことからメリットが少ないことなどがあげられる。加えて，電子投票においては，その不正の問題が極めて大きく，2002年にアメリカで制定された法に基づいて電子投票機が用いられるようになったが，2006年11月7日に行われたアメリカの中間選挙において電子投票機が用いられたことでその安全性に大きな問題が投げかけられた。しかし，これらの問題がネットを賑わせたのも2010年以前のことであり，昨今のパソコン，スマホ機器の発達により，再度，電子投票機の問題を検討する必要があるのではないかと考える。利用者側も，操作に明るい障害者も多い。自署が困難な者も投票ができ，判読困難・誤判もなくなる，秘密投票にも資する，集計が格段に早いなどメリットが多い。しかし，各自治体ではこの制度の利用には取り組んでいないのが現状である[11]。ところが，平成29年障害者白書には次の

(10)　2018.5.14日本経済新聞「青森・六戸町が電子投票休止　コストが壁で普及せず」
(11)　電子投票について
(2017年4月6日六戸町からの聴取)
　六戸町は平成16年1月18日執行の六戸町長選挙から電子投票を開始し，現在までに6回の電子投票を経験しており，これまでの電子投票においては，機器トラブルや人為的ミス等はなくいずれの選挙も公正かつ適正に執行されてきた。
　一方，電子投票情勢を全国的に見ますと平成14年6月に岡山県新見市が全国初となる電子投票を実施して以降，当町を含め計15回の電子投票が実施されておりますが，現在では当町を除くすべての自治体が電子投票から撤退もしくは凍結しており，電子投票を取り扱う業者も現在は1つのみとなりました。
　こういった状況の背景には以下のようなことが考えられます。
①コストの問題
　電子投票の場合，機器等の調達に経費がかかるため，自署式投票や記号式投票などのいわゆる紙投票に比べ，執行経費は相当高くなります。電子投票実施自治体に交付される特

ような記載がある。「我が国における電子投票は，平成14年2月より，地方公共団体の議会の議員及び長の選挙において導入することが認められている。平成29年3月末現在，電子投票条例を制定している市町村は6団体である。総務省としては，電子投票システムの更なる信頼性向上のための技術的な課題や導入団体の実施状況等についての調査分析を引き続き行い，地方公共団体に対する必要な情報の提供に取り組んでいる。」政府がこの制度の存在を国連に報告しているのであるから，海外の電子投票の成果などの研究も含めて，再度利用のための研究を進めること，処理の簡便のために意味のある国政選挙に取り入れるなど，活用にむけて取り組実を進めるべきである。

| 4　公職選挙法9条により，選挙権は障害者と障害者でない人とを区別せず |

別交付税や，開票時間の短縮による人件費削減を考慮してもなお執行経費は割高となっております。
②国政選挙において電子投票を実施できない
　選挙の投票法式は選挙の種類によってそれぞれ定められており，投票方式の決定はその選挙を所管する選挙管理委員会が行います。つまり，市町村長・市町村議会議員選挙の投票方式は市町村の選挙管理委員会で，県知事・県議会議員選挙の投票方式は県の選挙管理委員会で，国政選挙の投票方式は国の選挙管理委員会で決定いたします。
　現在，国・県の選挙における投票は紙投票で行うこととなっており，電子投票の実施は認められておりません。このことが市町村において電子投票を導入しきれずにいる要因のひとつと考えられます。なお，国・県が電子投票を認めていない理由については次のようなことが考察されます。
　電子投票では，電子投票機に表示される候補者の氏名をタッチすることでその候補者へ投票することができますが，国政選挙のように候補者が多い（特に比例の）場合は，ひとつの画面で候補者全てを表示することができず，画面操作によってページを切り替えるなどの作業が必要になる虞があります。このことが候補者間の公平性を欠くため導入できずにいると考えられます。
③選挙無効の事例
　過去には電子投票によって行われた選挙が無効とされた裁判事例があります。この事例は機器トラブルや人為的ミスなどが重なり，適正に選挙が行われなかったと判断された事例ですが，電子投票の場合はデータの消失やプログラムミス，ネットワーク遮断，ハッキングなど，紙投票の場合にはないリスクが多々あります。
④目に見えない票に対する不安感・不信感
　電子投票は，「データが改ざんされている」「特定の候補者へ票が入るような仕組みになっている」などといったシステムに対する住民の疑念や不信感を払拭するために相当な時間と労力を要します。当町においても導入当初は住民説明や模擬投票などに相当な時間を割いたと聞いています。

◇第11章◇ 政治参加〔杉浦ひとみ〕

保障されている。同法46条4項において，投票用紙に選挙人の名前を記載することが禁止されており，同法52条において，選挙人の投票した被選挙人等の氏名等を陳述する義務を負わないことが規定されている。さらに同法227条において，公権により投票の秘密を侵害した場合に処罰されることが規定され，また同法228条において，投票に干渉した場合に処罰されることが規定されている。同法10条により，被選挙権についても障害者と障害者でない人とを区別せず保障されている。

(1) 選挙人の名前だけを書いた場合は，立候補していない人の名前を書いた場合に当たる。候補者と選挙人の名前を書いたときは，2名の名前を書いたことになる。いずれも無効投票となる。選挙人に対して，どのような場合が無効投票となるかをわかりやすく示す事が重要である．これは障がいのある人だけの問題ではない。例えば自治体によってホームページで下記のようなことを示している。

- (1)所定の用紙を使用しなかった
  - 例）メモ用紙
- (2)2人以上の氏名を書いた
  - 例）日本太郎　東京花子
- (3)候補者の氏名のほかそれ以外のことを書いた
  - 例）がんばれ日本太郎
  - 例）日本太郎さんへ
  - （氏名の下に「へ」「さんへ」とつけたり，「必勝」「当選」などと書いても無効。ただし，職業・身分・住所・敬称の類は例外）
- (4)立候補していない人の名前を書いた
- (5)誰の氏名か確認できない
- (6)白紙投票，いたずら書き

こういった内容を投票所に大きく掲載しておくことは障がいの有無にかかわらず，重要な注意事項である。他方，「公権により投票の秘密を侵害した場合」「投票に干渉した場合」に処罰されることは当然のことであるが，万一，障がいのある人がこのような不当な関与を受ける恐れが危惧される場合には，投票所職員の誘導やサポートによって回避をはかるべきである。

5　なお，成年被後見人は選挙権及び被選挙権を有しないものとする規定が存在していたが，2013年6月に施行された，「成年被後見人の選挙権の回復等のための公職選挙法等の一部を改正する法律」（2013年法律第21号）により削除されたところである。

既述（注(1)参照）。

> 6　障害者の公務の遂行について，国家公務員法 27 条において，すべての国民が国家公務員の任用，勤務条件及び処分などについて，差別されてはならない旨規定している。また，地方公務員法 13 条において，すべての国民が地方公務員の任用，勤務条件及び処分などについて，差別されてはならない旨規定している。

(1) 公務に就任・遂行する形での政治的活動に関する資格制限について政府は上記のように報告するが，「成年被後見人又は被保佐人」は，国家公務員については「人事院規則の定める場合を除くほか，官職に就く能力を有しない」（国公法 38 条）と規定し，特に人事院規則で例外を認めているわけではない。地方公務員については「条例で定める場合を除くほか，職員となり，又は競争試験若しくは選考を受けることができない」（地公法 16 条）としている。地方公務員については，兵庫県明石市で「欠格条項」に該当する被後見人・被保佐人を同市の職員として採用できるとする条例改正を行い 2016 年 4 月から施行しているが，採用を認める条例のない自治体も多く，大阪府吹田市では被保佐人になった公務員が失職させられたことについて提訴している[12]。障害者の公務の遂行も政治参加として保障されているものである以上，後見制度を利用したことで，一律に制限していることは条約に反する。公務の種類によっては適不適を考える必要があるとしても，それは被後見人，被保佐人になったことではなく，他の者と同様の基準によって判断されるべきである。その際には，障害者個人が有する具体的な障害内容に照らし，物理的環境，輸送機関，情報通信（情報通信機器及び情報通信システムを含む）など，アクセシビリティの整備もなされた上で判断されなければならない。

ところで，政府は，2018 年になり，欠格条項を見直す一括法案を作成し，2018 年 1 月からの第 196 回通常国会に，「成年被後見人等の権利の制限に係る措置の適正化等を図るための関係法律の整備に関する法律案」[13] を提出した。

---

(12)　地位確認等確認訴訟（2015 年 7 月 24 日大阪地方裁判所に提訴）
　　知的障がいと発達障がいがある男性は，市の公務員として約 6 年間にわたって働いてきたが，成年後見制度の被保佐人となる審判を受けたため，欠格条項に該当するとされて任用更新されず，働く権利を奪われた。この男性は「私は市役所に戻って働きたい！元の職場に戻りもう一度働きたいです！」と訴え，地位確認を求めて提訴している。

(13)　http://www.shugiin.go.jp/internet/itdb_gian.nsf/html/gian/honbun/houan/

制度利用者の権利を一律に制限してきた規定を，国家公務員法など関係する約 180 の法律から一斉に削除し，資格取得に必要な能力は個別に判断するよう改善し，利用者への不当な差別を解消するというものである。この法律が成立すれば，公務に就任・遂行する形での政治的活動の権利は平等に保障されることになる。ただし，一律の制限は排除されるものの，この審査がどのように行われるかによっては，同様の権利侵害が存続する可能性もある。例えば審査の形式は取るものの実態は何も審査せず，制度利用の有無を基準に判断を下すようであれば，改正はまったく意味をなさない。2018 年の通常国会においては成立しておらず，閉会中審査として審議が継続されているが成立までには時間がかかりそうな状況である。国会での議論の中では，審査方法についても盛り込まれるように審議されるべきであるが，少なくとも一定期間後の見直しを改正法案に付加する手立てが必要である。

Ⅳ おわりに

政治参加については，障害のある人たちが主権者としての法的能力を行使するために，十分な情報を得ること，投票の機会を得ること，意思に基づいた投票行為を行うことなど，様々な過程で，障害者権利条約の保障するところまでの措置が実現されていない。

問題はこれらの不備をどのように救済するかという手続である。国は障害者基本法を置いていることを報告の冒頭にあげるが，障害者基本法は「基本法」であって，これによって権利の保障がなされるものとは理解されていない。現行の法律がその点に措置を欠いていれば，法廷闘争，立法闘争を展開しなければならない[14]。個別の具体的規定がなければ，権利の実現を図ることができない法を政府が報告の冒頭に掲げるのであれば，具体的な法律を設けるべきであるが，資格制限の撤廃に関する法律も店ざらしになっている。ところで，平成になり基本法の成立数は圧倒的に増加しているが，これらがすべてプログラム性しか持っていないとすれば，国民に対する施策を採っている装いをしてい

g19605056.htm (as of 31 July 2018).
(14) 井上英夫『障害を持つ人々の社会参加と参政権』（法律文化社，2011 年）250 頁。

るだけでは，本来尊重されるべき権利が逆に蔑ろにされているともいえる。小野寺が「社会がますます複雑化，高度化している現代国家においては，一定の行政分野における政策の基本的方向を定め，関係政策の体系化を図ることはますます重要になってきており，むしろ基本法の意義を積極的に位置付けていくことが求められているといえるのではないでしょうか。」(15)というように，プログラムではなく，具体的権利性を認めていく方法を考える必要があるのではないだろうか。

---

(15) 「基本法」については参議院法制局小野寺理氏が次のように説明する。
　一般的には，基本法とは，国政に重要なウェイトを占める分野について国の制度，政策，対策に関する基本方針・原則・準則・大綱を明示したものであるといわれています。
　一般の法律と比べ，基本法の特質として，まず，それが憲法と個別法との間をつなぐものとして，憲法の理念を具体化する役割を果たしているといわれます。
　また，基本法は，国の制度・政策に関する理念，基本方針を示すとともに，それに沿った措置を講ずべきことを定めているのが通常で，これを受けて，基本法の目的，内容等に適合するような形で，さまざまな行政諸施策が遂行されることになります。すなわち，基本法は，それぞれの行政分野において，いわば「親法」として優越的な地位をもち，当該分野の施策の方向付けを行い，他の法律や行政を指導・誘導する役割を果たしているわけです。こうしたことから，基本法で定める内容は抽象的なものにとどまることが多く，訓示規定・プログラム規定でその大半を構成されていることが通常で……一般的に，基本法の規定から直ちに国民の具体的な権利・義務までが導き出されることはなく，それが裁判規範として機能することもほとんどないといってよいでしょう。
　しかしながら，社会がますます複雑化，高度化している現代国家においては，一定の行政分野における政策の基本的方向を定め，関係政策の体系化を図ることはますます重要になってきており，むしろ基本法の意義を積極的に位置付けていくことが求められているといえるのではないでしょうか。
　なお，基本法は，国会が，法律の形で，政府に対して，国政に関する一定の施策・方策の基準・大綱を明示して，これに沿った措置を採ることを命ずるという性格・機能を有しており，議員立法になじみやすいともいわれています（小野寺・前掲注(4)）。

◇第12章◇ 虐待禁止〔辻川圭乃〕

第12章

虐待禁止

辻川圭乃

●●●● Ⅰ　はじめに ●●●●

1　実際に扱った虐待事例　●●●

　相談を受ける中には，障害のある人からの相談が数多くある。その中でも虐待事件は多い。以下に実際にいくつか扱った事例を紹介する。

　障害のある人に対する虐待事件として最初に裁判までいったのは，給食を無理強いされたためにPTSDを再発した発達障害のある児童の事件である。同児は，感覚過敏があり食べられない物が多かったので，保護者が再三給食を無理に食べさせないようにと申入れをしていた。にもかかわらず，大阪市立小学校の原学級の担任は同児の感覚過敏の特性をまったく理解しようとせずに，偏食は治さなければならないとの思いから，毎日給食の無理強いを続けた。その結果，同児はPTSDを再発して，以降学校に登校できなくなってしまった。給食を無理やり口に突っ込んだわけではないが，感覚過敏で物理的に食べられないものを執拗に無理強いすることは，教師によるいじめであり，精神的もしくは身体的虐待である。ただ，裁判官は教師の虐待は認定しなかったが，学校長が配慮すべきであったのに，それを怠ったとして大阪市に対して132万円の損害賠償の支払を命じた（大阪地裁平成17年11月4日判決[1]）。

---

(1)　判例時報1936号（2006年）106頁，賃金と社会保障1417号（2006年）61頁，障害と人権全国弁護士　ネット編『ケーススタディ障がいと人権——障がいのある仲間が法廷を熱くした』（生活書院，2009年）。

そのほか教師による虐待としては，奈良市立小学校の特別支援学級の教師に自閉症の児童が暴行を受けた事件がある。この事件を受けて設置された第三者委員会が体罰を認めたこともあって，最終的に教育長が謝罪し慰謝料を支払うとの民事調停が成立した。

2　その他の障害者虐待事例

使用者虐待では，特例子会社に障害者雇用で就労していた知的障害のある女性が，職場の同僚に頭などを複数回叩かれた身体的虐待事件や，別の特例子会社で上司に性的虐待を受けた知的障害のある女性からの相談もあった。両者とも示談がまとまった。

また，職場におけるハラスメントを受け自宅待機を命じられた視覚障害のある男性が未払賃金等の支払いの仮処分申立をしたほか，就労継続A型の事業所を解雇された自閉症と知的障害の重複の男性は，地位保全の裁判を起こした。これも，両者とも認容された。

施設虐待では，知的障害のある男性が入所施設で職員に殴るけるの暴行を受け骨折などの重傷を負った事件や，身体障害のある女性が通所施設の職員に性的暴行を受けた事件がある。後者は和解が成立したが，前者は現在裁判中である。

養護者虐待では，親族による経済的搾取の相談が多い。甥に消費者金融に連れていかれ，名義貸しをさせられた重度知的障害のある男性は，破産申立の相談に当事務所を訪れた。甥は借りた金を持って出奔したとのことであった。親戚からいろいろ言われて破産しようとしたのであるが，被害者なのだから破産する必要はないと告げると，とてもうれしそうだった。消費者金融と交渉をして，契約が無効であると弁済を拒絶した。また，中度知的障害のある男性が，同居している母の愛人から強要され携帯電話を3本契約させられていたケースもあった。この事件については，民法96条1項の強迫による取消を行い，支払いを拒絶したところ，電話会社が利用料金請求の訴訟を起こしてきた。そこで，愛人を恐喝で告訴した。警察が取調べをするなど動いていることを知った電話会社は，結局訴訟を取り下げた。

3　刑事事件の背景にある虐待事例

刑事事件でも，障害のある被疑者・被告人の弁護をすることが多いが，その場合に事件の背景として被疑者・被告人自身が虐待やいじめ，金銭的搾取の被害者であることが少なくない。エレベーターの中で新聞紙を燃やし，建造物等

以外放火罪に問われた男性は，父親から金銭搾取を受けており，それがストレスとなって問題行動として火をつけたものであった。この場合では，ストレスの基で，放火の真の原因となっている経済的虐待を除去しないことには，同じ環境の下ではまた同じことの繰り返しになると思われた。そのため，保佐申立てをして父親から本人の年金を搾取されないようにした。また，家を出てグループホームで暮らせるよう福祉的支援を整えるなどの環境調整を行った。結果，不起訴となった。

スイミングスクールで新品の水着を盗もうと侵入したところ，警備員にみつかったために逃げようとして警備員にけがを負わせ，強盗致傷罪に問われた重度知的障害のある人も，なぜ，新品の水着を盗もうとしたのかが最初はわからなかった。わいせつ目的とも思えなかったが，関係者に聞いてみると，犯行直前に，同居していた姉の夫に，金銭の使い方を注意され，その際に2，3発思いっきり顔面を殴られていたことが判明した。コミュニケーションの障害があるために，うまく言い返せないことから，問題行動として窃盗行為を行ったものと思われる。問題行動として自傷行為や他害行為に出る場合は比較的わかりやすいが，この人のように万引きや侵入盗行為として出現する場合もあるといわれている。姉の夫は悪意があったわけではなかったが，結果として窃盗の引き金になったことに驚きながらも，二度と手をあげないと約束してくれた。前科があったために実刑となったが，心神耗弱が認められ比較的短期となった。そのため，出所した際の出口支援でのケース会議に参加し，出所後に虐待のない生活ができるようにと環境調整を行った[2]。

4　成年後見制度と虐待

市町村が，障害者虐待防止法の養護者虐待として認定し，虐待対応として市長申立により後見人等開始申立をした場合，大阪では，裁判所は弁護士会に対して後見人等の候補者を推薦するようにと依頼する。そのようにして，後見人等になったケースが2件ある。

いずれも，親が亡くなり，兄と弟が相続人として残された場合で，弟に知的障害があり，兄が弟の相続分や障害基礎年金を搾取しているケースであった。

---

(2) 拙著『実録刑事弁護――障害のある人を守る司法制度を作るために』（Sプランニング，2006年）。

5　障害者虐待防止法の制定に向けて　●●●

　以上のように弁護士業務の中で虐待事件を扱うほか，日本弁護士連合会（日弁連）人権擁護委員会の障がい者差別禁止法制定特別部会に所属して，委員会活動を行っている。特に，虐待防止法の関係では，2008年8月20日付で，日弁連が「障がいのある人に対する虐待防止立法に向けた意見書」を公表したが，その作成に関わった。また，障害のある人に対する虐待防止法の制定に向けて，院内集会やシンポジウムを開催したり，ロビーイング活動を行ったりした。
　障害者虐待防止法が施行された後は，国の虐待研修に講師として関わったりしている。

6　虐　待　通　報　●●●

　障害者通所施設で虐待を受けている疑いがある障害のある人を発見し，自治体に虐待通報した元職員が，施設側から「事実無根の中傷で名誉を毀損された」などとして110万円の損害賠償を求めて鹿児島簡裁に提訴された。その後，事件は鹿児島地裁に移管された。
　障害者虐待防止には，早期発見が極めて重要で，そのために障害者虐待防止法では，職員のみならず，障害者虐待を受けている疑いがある障害のある人を発見したすべての人に通報義務を課している。また，職員については，通報を理由に不利益な取り扱いを受けないことを規定している。不利益な扱いを受けると，職員が委縮して，通報が控えられ，結果的に虐待防止の効果が失われることになるためである。
　このような訴訟提起を見過ごしては，障害者虐待防止法の趣旨がないがしろにされ，ひいては虐待に苦しむ障害のある人たちを救済できないと考えた元職員は，制裁ともいうべき提訴で精神的苦痛を受けたとして施設側に約250万円の損害賠償を求めて鹿児島地裁に反訴した。この反訴には，このような提訴が許容されれば不利益取り扱いの禁止規定が無実化してしまうことを懸念した80名を超える全国の弁護士が代理人として加わってくれた。施設側の提訴は障害者虐待防止法の趣旨を逸脱し，法的根拠を欠いて違法であると考えられる。
　施設側は，提訴は通報自体を問題としていないと主張しているが，施設側の提訴は通報が理由と考えざるを得ない。通報したら提訴されるリスクを認めれば，誰も通報しなくなり，結局，一番困るのは自ら通報することが困難な障害のある人である。私たちはそんなことは何としても防がなければならないと思っている。

なお，本訴訟は，結局，裁判所からの和解勧告があり，双方が，「障害者に対する虐待が障害者の尊厳を害するものであり，絶対に許されないこと，及びその防止のためには早期発見及び早期通報が極めて重要であることを改めて確認し，障害者福祉サービス事業を行うに当たっては，障害者虐待の防止，障害者の養護者に対する支援等に関する法律の趣旨にのっとり，障害者虐待の予防及び早期発見に全力を尽くすことを相互に誓約する」ことで和解（調停）が成立した。

II　条文の解釈

1　16条「搾取，暴力及び虐待からの自由」

(1) 16条は，1でまず，「家庭の内外におけるあらゆる形態の搾取，暴力及び虐待（性別を理由とするものを含む。）から障害者を保護するためのすべての適当な立法上，行政上，社会上，教育上その他の措置をとる」ことを締結国に義務付けている。

ここで，「家庭の内外における」とは，養護者による虐待のほか，施設従事者等や使用者を含むすべての人による虐待を指しており，経済的虐待，身体的虐待，心理的虐待，性的虐待，ネグレクトなど，作為，不作為を問わず「あらゆる形態の」虐待から障害のある人を自由にすることを求めている。

(2) そのために，2で，「締約国は，特に，障害者並びにその家族及び介護者に対する適当な形態の性別及び年齢に配慮した援助及び支援（搾取，暴力及び虐待の事案を防止し，認識し，及び報告する方法に関する情報及び教育を提供することによるものを含む。）を確保することにより，あらゆる形態の搾取，暴力及び虐待を防止するための全ての適当な措置をとる。」としている。

障害のある人への虐待防止には，特に，障害のある人やその養護者に対する援助や支援が不可欠であり，それは，「適当な形態の性別及び年齢に配慮した」すなわち，ジェンダーや年齢を考慮した適切な形態の援助や支援でなければならない。そして，その適切な支援の例示として，事案の防止，認識及び報告方法に関する情報や教育の提供を挙げている。

また，「締約国は，保護事業が年齢，性別及び障害に配慮したものであることを確保する。」として，障害のある人を虐待から保護するために提供さ

(3) 3で,「締約国は,あらゆる形態の搾取,暴力及び虐待の発生を防止するため,障害者に役立つことを意図した全ての施設及び計画が独立した当局により効果的に監視されることを確保する。」として,虐待の発生を防止するためには,障害のある人向けのすべての施設(機関・設備)や計画に対する独立の監視機関が必要だとしている。

(4) さらに,4で「締約国は,あらゆる形態の搾取,暴力又は虐待の被害者となる障害者の身体的,認知的及び心理的な回復,リハビリテーション並びに社会復帰を促進するための全ての適当な措置(保護事業の提供によるものを含む。)をとる。」として,締結国に対して,虐待の被害を受けた者の回復や復帰に向けた適切な措置をとることを求めている。

しかもその措置は,単に機械的に行われるのではなく,「障害者の健康,福祉,自尊心,尊厳及び自律を育成する環境において行われるものとし,性別及び年齢に応じたニーズを考慮に入れ」たものでなければならない。虐待の被害を受けると,肉体や精神が蝕まれるだけでなく,自尊心が削り取られて,自律が阻害される。虐待はまさに尊厳を害するものであるから,その被害の回復や復帰には,それらが促進される環境で行われ,かつ,ジェンダーや年齢に伴うニーズに応じたものである必要があるのである。

(5) そして,5で,「締約国は,障害者に対する搾取,暴力及び虐待の事案が特定され,捜査され,及び適当な場合には訴追されることを確保するための効果的な法令及び政策(女子及び児童に重点を置いた法令及び政策を含む。)を策定する。」として,搾取,暴力及び虐待の事例が発見され,調査され,かつ,適切な場合には訴追されることを確保するための効果的な法令及び政策(女性及び子どもに焦点を合わせた法令及び政策を含む。)を定めることが義務付けられている。

2 総括所見 ●○○

権利条約16条に対する総括所見では,具体的な虐待事件に対して,不安や懸念が表明されることが多い。

たとえば,中国に対しては,数千の知的障害のある人,とりわけ知的障害のある児童の拉致や強制労働が報じられていることを深く不安に感じるとして,今後の拉致を防止し,犠牲者を救済するための総合的な対策(具体的には,障

◇第12章◇　虐待禁止〔辻川圭乃〕

害者の搾取，虐待，暴力の実態に関するデータ収集が含まれる。）を講じるよう要請するとしている[3]。

　また，香港に対しても，知的障害のある女子が性的暴力の対象になっている事件を懸念するとして，香港特別行政区がこれらの事件の捜査を続け，加害者と責任を負うすべての者を起訴することを提案しているほか，知的障害のある児童と青年に性教育を提供し，法執行官に障害のある女子への暴力を扱うための研修を受けさせることを勧告している[4]。

　他方，虐待に対する取組が比較的進んでいる国に対しても，虐待に苦しむ障害のある人に対してはまだまだ足りないとして厳しい指摘がなされている。

　たとえば，ニュージーランドに対しては，特に障害のある女性，少女，少年を支援するための，2013年の家庭内暴力法に基づくプログラムに留意しながら，同法が在宅ケア／居住サポート状況における虐待を経験している障害のある人を保護しているかどうか，そして家庭内関係の定義に障害のある人と他の居住者サービス利用者，介護者，およびその他のサポートスタッフとの関係が含まれているかどうかを懸念している。また，障害のある人，特に施設に居住する者を暴力や虐待から保護するためのこれらプログラムと取り組みを強化することを勧告し，その虐待事例を効果的に検出し，対応する体制を確実にすることを勧告している[5]。イタリアに対しても，特に障害のある女性や子どもの家庭内外の暴力を検出，予防，撲滅するための監視メカニズムを含む法規定の制定を勧告するとともに，対女性暴力及び家庭内暴力の防止及び撲滅に関する欧州条約（イスタンブール条約）の実施のための行動計画の作成を勧告している。さらに，警察，司法機関，保健・社会サービス医療従事者の訓練，警察への通報，苦情対策，避難所及びその他の支援措置を含め，暴力の対象となっている人々へのアクセシブルでインクルーシブな支援サービスが組み合わされて提供されるよう勧告している。[6]

---

(3)　本書第20章〈資料〉参照。
(4)　本書第21章〈資料〉参照。
(5)　JDF障害者権利条約パラレルレポート準備会，at http://www.nginet.or.jp/jdprrp/（as of 12 July 2018）。
(6)　同上。

III 分析と課題

1 日本政府報告

日本政府報告では，障害のある人に対する搾取，暴力及び虐待に対して，以下のような立法や施策を行っているとしている。

(1) 障害者虐待防止法

障害者虐待防止法がある。同法律により国及び地方公共団体は，障害者虐待の防止，障害者虐待を受けた障害者の迅速かつ適切な保護及び自立の支援並びに適切な養護者に対する支援適切な保護や支援等に努める責務を負っている。また，就学する障害者に対する虐待の防止としては，学校長が虐待を防止するために必要な措置を講ずる。さらに，各市町村や各都道府県には，市町村障害者虐待防止センター又は都道府県障害者権利擁護センターが存する。

(2) 刑法，刑事訴訟法，検察審査会法

刑法には，暴行，傷害，保護責任者遺棄罪，逮捕監禁罪，脅迫罪，強要罪等を処罰する規定があり，障害のある人に対するものも含め，処罰することが可能である。刑事訴訟法は，前記の犯罪に関し，司法警察職員，検察官，検察事務官などに捜査権限を与え，検察官に訴追権限を与えている。検察においては，刑罰法令に触れる事実が認められる場合には，法と証拠に基づき，適切に対処している。

検察官が事件の捜査の結果を踏まえ，当該事件を起訴しないこととした場合に，障害のある人も含めてその処分に不服がある場合は，検察審査会法に基づき，検察審査会に不服を申し立てることができる。一定の場合には，検察審査会は起訴すべき旨の議決を行うことができ，その場合，裁判所が指定する弁護士によって当該事件が起訴される。

(3) 法務省人権擁護機関

法務省の人権擁護機関では，全国の法務局・地方法務局において，障害のある人の相談に応じており，人権侵害の疑いのある事案を認知した場合は，調査を行い，関係機関とも連携・協力し，事案に応じた適切な措置を講じている。

(4) 犯罪被害者等基本法

犯罪被害者等基本法は，その基本理念として，障害のある人を含め，すべて犯罪被害者等は，個人の尊厳が重んぜられ，その尊厳にふさわしい処遇を保障

される権利を有することなどが定められている。また，その施策は，犯罪被害者等が置かれている状況その他の事情に応じており，適切に講ぜられるものとすることとされている。

(5) DV防止法

配偶者からの暴力の防止及び被害者の保護等に関する法律（DV防止法）により，被害者等の安全の確保を最優先に，加害者の検挙，被害者等の保護措置等，組織による迅速・的確な対応を推進している。

また，同法により地方公共団体に置かれている配偶者暴力相談支援センターにおいて，障害のある人を含め，配偶者等からの暴力被害者からの相談に応じる等の適切な支援を行っている。

(6) 児童虐待防止法

児童虐待の防止等に関する法律（児童虐待防止法）において，児童に対する虐待の禁止，児童虐待の予防及び早期発見その他の児童虐待の防止に関する国及び地方公共団体の責務，児童虐待を受けた児童の保護及び自立の支援のための措置等が定められており，児童の保護が図られている。

警察では，児童虐待を受けたと思われる児童を発見した場合は，速やかに児童相談所に通告することとしている。また，児童相談所長から警察署長に援助の求めがあったときであって，児童の安全又は身体の安全を確認し，又は確保するため必要と認めるときは，警察官職務執行法その他の法令の定めるところによる措置を講じることとしている。

2　日本の課題

(1) 障害のある人に対する虐待防止施策

日本政府報告では，障害のある人に対する搾取，暴力及び虐待に対して，さまざまな立法に基づきいろいろな施策を行っているとしているが，障害者虐待防止法以外は，障害のある人も含むとなっているにすぎない。すなわち，障害のある人を前提とした枠組みとなっておらず，形式的に含んでいるだけであるので，実質的には障害のある人に対する施策とはいい難い。

たとえば，知的障害と発達障害を重複する男性は，痴漢をしたと言いがかりをつけられ，頭などを殴打されて全治1週間のけがを負ったうえ，多額の金員を要求された事件があった。男性は迷惑防止条例違反に問われたが，相手の女性を傷害罪と恐喝罪で告訴した結果，結局，両者とも不起訴処分となった。男性は十分に自己が受けた被害を申告できないため，女性に対する告訴がなけれ

ば，警察官や検察官が，女性の言い分のみを鵜呑みにして男性を罰金刑に処していたかもしれない。このことは，警察官や検察官が男性の障害特性や供述特性を十分に理解していないことから起きている。他方，上手く被害を申告できない障害特性に付け込み，言いがかりをつけ，知的障害や発達障害のある人から金員を搾取する事件が少なくないにもかかわらず，立証の壁に阻まれて立件が困難なケースは多い。イタリアに対する総括所見でも，警察，司法機関従事者の訓練について言及して，アクセシブルでインクルーシブな支援サービスが組み合わされて提供されるよう勧告している。

　同様に，DV防止法も児童虐待防止法も障害のある人や児童を念頭に置いたものではないので，障害のある人に対して十全に機能していない。実際に，被害者に知的や精神などの障害がある場合には，自ら被害を申告することが困難であるため，被害が発覚しにくく，発覚した時には被害が重篤になっているケースが少なくない。各国の総括所見でも特に障害のある女性や子どもに言及されていることに鑑みても現行のわが国の制度は不十分といえる。

　このように，現行の法律や施策は，権利条約16条5にいう効果的な立法や施策とは言い難いのが実情である。

(2) 障害者虐待防止法の問題点

　障害のある人に対する虐待防止に特化したものとして障害者虐待防止法があるが，同法にも以下のような問題点が存する。

　まず，障害者虐待防止法が対象とする障害者虐待は，養護者による虐待，施設従事者等による虐待及び使用者による虐待の3つである。しかし，障害のある人や児童が虐待に遭っている場面はその3つに限らない。実際に虐待被害が多い保育・学校及び医療機関は，その長が虐待防止のために必要な措置を講ずるとなっているのみである。矯正施設については全く言及されていない。

　また，18歳未満の児童は基本的に障害者虐待防止法ではなく，児童虐待防止法が適用されるが，児童虐待防止法が対象としているのは保護者による虐待である。すなわち，「家庭の内」のみである。しかし，実際には，前述した事件の他にも，学校における障害のある児童への性的虐待や身体的虐待は数多く報告されている。難病がある児童の場合は，医療機関にかかわることが多いので虐待もあると推察されるが，統計が取られていないので実態の把握さえできていない。

　したがって，権利条約16条2にいう適当な措置としてはまだまだ不十分で

あると言わざるを得ない。

(3) 独立した当局による効果的な監視

権利条約16条3は，独立した当局により効果的に監視されることを確保することを求めているが，現在のところ，日本では行われていない。虐待に対しては，早期発見・早期対応がなにより重要であるから，障害者虐待防止法も児童虐待防止法も，虐待を発見したすべての人に通報義務を課している。しかし，虐待は密室で行われることが多いために，入所施設や住み込みの職場にいる場合や，家庭に引きこもっている児者など，外部の目が届かない分離・隔離された環境下に置かれている障害のある人や児童の場合は，外部の社会資源による通報に依拠しにくい。そのため，監視機関が不可欠である。イタリアに対する総括所見でも「監視メカニズムを含む」法規制の制定を勧告している。

なお，障害者支援施設に対しては，社会福祉法や障害者総合支援法により当道府県や市町村に監査権限が与えられている。しかし，同時に障害者総合支援法により障害福祉サービスの提供についても市町村からなされている。すなわち，公的サービスの提供と監査を同じ障害福祉課の職員が行っているのである。このことから，行政と民間の馴れ合い，もたれ合い，癒の構造が起きやすい仕組みとなっている。実際，下関市や青森市の障害者支援施設での身体的虐待のように，通報がなされたにもかかわらず，行政がなかなか動かず，報道されてようやく対応するという事態が生じている。すなわち，早期対応がなれていない。

したがって，福祉サービスの提供機関と監視機関は切り離すべきであり，かつ，監視機関はパリ原則に沿った独立した第三者機関とするべきである。

(4) 回復に向けた措置

権利条約16条は，4で身体的，認知的及び心理的な回復，リハビリテーション並びに社会復帰を促進するためのあらゆる適切な措置をとることを求めている。しかし，現行の障害者虐待防止法には「自立の支援」との文言はあるが，回復に向けた措置に関する具体的な規定がない。また，身体的，認知的及び心理的な回復，リハビリテーション並びに社会復帰を促進するための人的・物的資源も不十分である。

IV おわりに

　障害者権利条約は,「私たちのことを私たち抜きで決めないで」とのスローガンの下,それまで,障害者施策において保護の対象とされてきた障害のある人を権利の主体と位置づけて,障害者施策を180度転換した。また,1条で「この条約は,全ての障害者によるあらゆる人権及び基本的自由の完全かつ平等な享有を促進し,保護し,及び確保すること並びに障害者の固有の尊厳の尊重を促進することを目的とする。」として,単に障害のある人に対して人権や平等を保障するだけではなく,固有の尊厳の尊重を促進することを目的としている。

　虐待防止に関しても,従来は,保護に重点が置かれていたが,障害者虐待防止法では,1条で,その目的に,「この法律は,障害者に対する虐待が障害者の尊厳を害するものであり,障害者の自立及び社会参加にとって障害者に対する虐待を防止することが極めて重要であること等に鑑み,」としている。このことは,障害者権利条約を受けて,虐待防止は,権利の主体たる障害のある人の固有の尊厳を守るために欠くことのできない重要なものと位置付けている。

　しかし,先に述べたとおり,内容的にかかる目的に沿っているとはおよそ言い難いところが多々見受けられる。よって,実際には虐待からの自由からは程遠いのが現状である。日弁連でも,今回の委員会の審査によりしっかり総括所見で指摘してもらって,日本の障害のある人たちが真に虐待から自由になれるように,権利条約の完全実施が叶うような,良いパラレルレポートを作成していかなければならないと思っている。

◇第13章◇ 自 立 生 活〔田中恵美子〕

第13章

自 立 生 活

田中恵美子

I はじめに

1 自立生活の定義の難しさ

　自立生活とは何かという問いは，その生活形態が出現した1960年代から議論されてきた。前者の「自立」という部分に焦点を当てると，何を自立としてとらえるのかによってそのイメージは変わってくる。「自立」＝自己決定論がいまだ主流ではあるが，その強調がもたらす弊害も指摘されて久しい。そこで筆者は，自立生活をひとまず生活形態としてとらえ，施設ではなく地域で，親の庇護の下ではなく一人あるいは生殖家族と他人介助を利用して暮らす生活形態と定義し，その多様な展開を把握しようとしてきた[1]。しかしこの生活形態による定義にも新しい広がりが見られる。

2 「自立」という定義の揺らぎ

　障害者の自立生活について初めて知ったのは，おそらく安積他『生の技法』[2]を通してではなかったか。筆者が自覚的に障害者と呼ばれる人たちと出会ったのは，社会人になって仕事を通してであった。そのためか，当時二度目の大学生活の中で，障害者を擁護・援護するというような福祉的障害観になかなか立てなかった。対等か，むしろ自分より先を行く存在のように感じていたのである。今でもその感覚はあまり変わっていない。

---

(1) 田中恵美子『障害者の「自立生活」と生活の資源』（生活書院，2009年）。
(2) 安積純子・岡原正幸・尾中文哉・立岩真也『生の技法――家と施設を出て暮らす障害者の社会学』（藤原書店，1995年→生活書院，2013年）。

筆者自身が自らの経験の中で，自立という言葉に閉塞感を持っていたことも影響していたと思われる。日本社会の中では，自分のことは自分でする，男性は稼げる仕事につき，家族を養い，女性は結婚し，子どもを産んで育てる…それが自立であり，そうなるまでは物申すこともできないと感じていた。しかし，出会った障害者たちは，身体的には他者に依存していたが，だからといって他者のいいなりになるのではなく自分の生活は自分でコントロールしていたし，それが（様々な葛藤を抱えつつも）当たり前だと主張した。生活保護を利用しながら結婚し，子どもを産み育てている人たちもいた。従来の職業的・経済的自立や身辺自立ではない「自己決定による自立」という考え方に出会い，その斬新さに心ひかれた。人として自由でいるために社会制度を使ってよいのだという彼らの生き方は，社会から要請された役割を跳ねのけて生きる強さの象徴であった。

　しかし，「自己決定による自立」は知的障害など，決定するところに弱さを持つ障害の存在をめぐってその意味を問われることになった。さらに2000年代になると知的障害・自閉症の人の自立生活の実践が報告され始め，「当事者に聞いてはいけない」自立生活が示された[3]。

　そのような中で昨今取り上げられるのは，熊谷晋一郎の自立の定義[4]である。熊谷は東日本大震災の時の経験をもとに「自立は依存先を増やすこと」として，次のように自立を説明している。すなわち健常者は通常健常者用にデザインされている様々な選択肢（階段やはしご）に依存することができるが，障害者は限られた選択肢（エレベーター）にしか依存できない。したがって，一つの選択肢が不可能になると一気に課題として認識されるようになる。依存先を増やし，各々への依存度を浅くすると，あたかも何にも依存していないような錯覚が生まれる。これが自立の本質だという。だから自立を目指すなら，依存先を増やさないといけない。

　ただし，この表現について異論を述べる障害者もいる。千田好夫氏[5]は健

---

(3) 寺本晃久・岡部耕典・末永弘・岩橋誠治『良い支援？』（生活書院，2008年），『ズレてる支援！』（生活書院，2015年）。知的障害者の自立生活の実践は1980年代から始まったとされている。

(4) 熊谷晋一郎「自立は，依存先を増やすこと——希望は，絶望を分かち合うこと」TOKYO人権56号（平成24年11月27日発行），at https://www.tokyo-jinken.or.jp/publication/tj_56_interview.html (as of 23 August 2018)。

◇第13章◇ 自 立 生 活〔田中恵美子〕

常者の場合には様々な選択肢に「依存している」と一般的にはいわないのに，なぜ障害者の例を説明する場合に「依存」という言葉を使うのかと問いかける。そこにすでに障害者は「依存するもの」という固定観念があるのではないかという。依存先を増やすのではなく，誰もが使える選択肢を増やす。それは権利であるという主張である。前者は障害者の日常を健常者の日常の延長線上につなげて理解しようとする試みの中で逆説的に言葉を用いているのであろう。後者はあくまでも同等，対等な立場で権利性に重きを置いている。いずれも，社会を障害モードにも対応可能に変換する，すなわち環境を変える必要性を明らかにしており，障害の社会モデルとも呼応する。

3　生活形態による定義の迷い ◆◆◆

　すでに述べたように，自立生活を生活形態に着目して定義すると，施設ではなく地域で，親の庇護の下ではなく一人あるいは生殖家族と他人介助を利用して暮らす生活となる。しかし，海老原宏美[6]は，介助をはじめとした制度が整う中で障害者の自立生活が「家という施設」と変わらないものになっている現実があることを指摘している。すなわち，地域で一人暮らしをしてはいるが，「『家』という壁の中で社会と交わりのない孤独な生活を送っている」，「そんな人が，どんどん増えている」（海老原 2016:78）というのだ。

　家族と暮らしているからといって必ずしも親の庇護のもとに暮らしているとは限らない。私の友人は脳性まひの障害があるが，彼女は父親が亡くなった後母親のために一人暮らしをやめて同居し，のちに認知症になった母親を在宅で看取った。生活形態としては親との同居だったが，公的な介助制度を用いて生活し，看取りの時期には彼女のヘルパー利用は母の介護に充てられた。また，重度の身体障害と知的障害を併せ持つ坂川亜由未氏は，高校卒業後，一端は両親が自宅を出たが，現在は両親が自宅に戻り同居している。ただし，自宅をコミュニティカフェとし，多様な人々が集う場として開放している。この活動は，やがて両親が衰えていったとしても彼女を施設へいれないための，「コミュニティースペースに住むという自立」[7]を目指したものだという。母親は娘のよ

---

(5)　長年障害児の就学運動などを行い，現在は知的障害者のグループホームを運営している。

(6)　人工呼吸器を装着して実家を離れ一人暮らしをしている。著書に海老原宏美・海老原けえ子『まぁ，空気でも吸って』（現代書館，2015 年）がある。

(7)　2016 年 11 月 5 日に開催された障害学会シンポジウムでの発言。発表 PPT は学会

うな重症心身障害者にとっての自立は「人っぱぐれないこと」だという。これは（2）で述べた熊谷の「依存先を増やす」自立に類似している。すなわちたくさんの人とつながり，たくさんの人の中で，介助する・されるという関係でなく，互いがそれぞれの持つ強さを持ち合って，分け合って依存しあう生活形態を自立生活といっているのである[8]。

4 本稿で論じること

このようにみてくると正確に自立生活を定義することは実際には難しい。小泉浩子[9]は，「これまでの価値観にとらわれないで，多様な『自立生活』をどう築いていけるか」を考えなくてはならない（小泉2016:40）という。そこで本稿では，個々の生活が真の自立生活であるかどうかということはひとまず置いて，それを成り立たせる環境について確認していく。合わせて，生殖家族との生活の可能性についても触れていく。小泉は「制度がいくら良くなっても，24時間介護が保障されたとしても，『人として生きる』部分から多くの障害者は外されてしまっている」と述べ，例として大卒の健常者職員の「結婚し出産し新たな『家族を得た』」という「『人として生き，そして幸せ』な経験が多くの障害者にとっては「なしに等しい状況」だと述べている。矛盾するようだが，「人として生き人として死ぬ」[10]という意味での人生のあり方は多様であることを認めつつ，しかし，結婚し出産し新たな家族を得るという人生の一場面に「高いハードルがある」ことに対して疑問を呈しているのである。筆者もこの点に同意する。結婚や出産が「人として生きる」ことの条件ではない。しかし，それを望んだ時，その可能性が狭められているとしたら[11]，それは差別である。自立生活とはそうした差別から解放され，自分の人生を生きることなのではないだろうか。

　HP参照。http://www.jsds.org/jsds2016/（as of 25 August 2018）
(8)　田中恵美子「『自立生活の多様性』試論」障害学研究14号（2018年近刊）掲載
(9)　脳性まひのある女性で，現在は自立生活センターの職員として働きながら日々障害者の自立生活に対する支援を行っている。「第1章 既成概念の変革と，人として生きること」尾上浩二他『障害者運動のバトンをつなぐ』（生活書院，2016年）分担執筆。
(10)　故長橋栄一の言葉として小泉浩子が紹介。尾上他・前掲注(9) 50-51頁
(11)　障害者は長きにわたり強制不妊手術の対象とされ，子どもを産み育てる存在であることを否定されてきた。そのことに対する国家政策への糾弾と保障を求める運動については別稿に委ねる。

◇第13章◇ 自 立 生 活〔田中恵美子〕

● ● ● ● Ⅱ　条文の解釈 ● ● ●

1　自立生活に関わる条文——19条と23条 ● ● ●

　障害者権利条約における「自立生活」に関わる条文としては19条がある。また生殖家族の形成に関しては第23条がある(12)。川島は，19条を用いて障害者権利条約の特徴である自由権と社会権の混成について述べている。すなわち，「地域社会における生活の自律を実現するためには，障害者は『特定の生活様式』を義務付けられず（自由権の保障），生活の自立のために必要なサービスを利用できなければならない（社会権の保障）」。「自由権と社会権は分かちがたく一体として同時に保障されなければならず，この意味において人権は不可分性を帯びる」(13)。一般的に社会権の保障は「漸進的実現」が唱えられるが，障害者権利条約においては自由権の保障と社会権の保障を「一体として同時に保障」するよう締約国に求めている(14)。よりかみ砕いて表現すると，「どこで誰と暮らすか」（19条(a)）を選択する（自由権）にはサービスや制度を整えること（19条(b), (c)）（社会権）が必要となる。「誰」を配偶者や自分の子どもと考えれば，障害者が障害のない者と同様にその実年齢に応じて婚姻が可能であり，親になる権利があり，子どもの数およびその間隔を自分で決めることができるという自由権を保障するために，必要な支援を受けられる社会権が保障されなければならない。また，子どもの最善の利益を重視しつつも，障害のある親の，子を育てる権利，親または子に障害があっても家族と一緒に暮らすことを選択するには，そのための環境が整備されなければならない（23条）。

2　一般的意見（General Comment）で指摘されていること ● ● ●

　一般的意見はこれまでにNo. 7まで出ている(15)が，この中でNo. 5は19

---

(12)　障害者権利条約の訳には川島聡＝長瀬修仮訳（2008年5月30日付），at http://www.normanet.ne.jp/~jdf/shiryo/convention/index.html (as of 24 August 2018) と外務省による日本政府公定訳，at https://www.mofa.go.jp/mofaj/gaiko/jinken/index_shogaisha.html (as of 24 August 2018) がある。本稿では，条約の趣旨に忠実に従った翻訳として，前者を採用している。

(13)　松井亮輔・川島聡編『概説 障害者権利条約』（法律文化社，2010年）。

(14)　長瀬修・東俊裕・川島聡編『障害者の権利条約と日本——概要と展望』（生活書院，2008年）。

(15)　Committee on the Rights of Persons with Disabilities – General Comments, at http:

◆　第Ⅱ部　◆　各論 1 〔課題別検討〕

条について詳細に述べられている。全 18 ページにもわたる意見は，Ⅰ導入，Ⅱ 19 条の規範的な内容（A 定義，B 19 条　見出し，C 19 条 (a)，D 19 条 (b)，E 19 条 (c)，F 中核となる要素），Ⅲ加盟国の義務（A 尊敬に対する義務，B 保護に対する義務，C 遂行の義務），Ⅳ条約の他の条項との関係，Ⅴ国家レベルでの履行　という 5 つの大項目，97 の小項目によって構成されている。詳細な説明は別の機会に譲り，ここでは要点のみの非常に限られた抜粋にとどめる。

　　一般的意見によれば，歴史的に障害者は自らの人生・生活において，自分で何かを決定したり管理したりすることを否定されてきた。自己選択によって地域で暮らすことはできない存在とみなされ，支援は特定の生活様式に限定された。地域のインフラは誰もが使いやすい設計にはなっておらず，資源は施設に投入され，障害者が地域で自立して生活するためには使われなかった。そのため障害者は周辺化され，家族に依存し，あるいは施設入所を強いられ，孤立し，社会から分離された。

　　障害者権利条約第 19 条はすべての障害者に対し，地域の中で，自立して生活するという平等の権利を認める。それは自分の人生・生活を自ら選び管理する自由を意味している。すなわち第 19 条は，すべての人間は生まれながらにして尊厳と権利を持ち，すべての生は同等の価値があるということを中核にした人権の原理を意味しているのである。

　　ここで自立生活とは，自分の人生・生活について選択し管理し決定をするために必要な手段がすべて提供されることを意味している。個の自立と自己決定は自立生活の基本であり，それは交通，情報，コミュニケーションとパーソナル・アシスタンス，居住地等から性と生殖の権利に至るあらゆる面を含んでいる。施設化というのは，単にその規模や名称や仕組ではなく，アシスタントを占有できない，あるいはアシスタントをどこから得るか選択できない状況や地域の中で孤立・分離した状態をもいう。締約国はどのような機能障害があっても，障害者にどこに誰とどのように住まうかを決める法的権利を保障するべきであり，脱施設化を進めなくてはならない。

　　第 23 条との関係でいうと，自立生活の権利は障害児や障害のある親に対する家族の権利と密接にかかわっている。地域に根差した支援やサービスがないことによって，経済的な圧力や強制力が障害者の家族に掛かっている可能性がある。第 23 条に込められている権利は，子どもを家族から引き離し施設に入所させないこと，地域での家族との生活を支援することである。この権利は同時に障害を理由として障害のある親から子どもを引き離さないことも保障している。締約国は家族に対し情報や支援を提供し，家族が子どもの権利を維持し地域において共生と参加を促進することができるようにすべきである。

//www.ohchr.org/EN/HRBodies/CRPD/Pages/GC.aspx（as of 24 August 2018）.

◇第13章◇　自 立 生 活〔田中恵美子〕

　一般的意見は，自立生活は地域での生活であり，その実現のために必要な手段，すなわち環境を整えることも含んでいるという。そして介助を占有していない状態や地域での孤立した状態は施設化であると述べている。知的障害者の自立生活の実践家中村和利は，ミーティングの席(16)で，自立生活を「ケアが個人に帰属しているかどうか」であるといったが，自立生活を可能にする環境の条件として非常に重要な点であるといえる。また親であれ子であれ，家族の誰かが障害を理由として家族との生活から引き離されないこと，地域で一緒に住み続けること，そのために締約国が支援すべきであるとしている。

Ⅲ　分析と課題

1　障害者権利条約第1回日本政府報告の内容

　障害者権利条約に対する第1回政府報告は2016年7月に明らかとなった(17)。19条に関するコメント123から131の計9項目，このうち最後の131は政策委員会からの指摘を載せたものであり，したがって政府の見解は8項目となっている。

123：障害者基本法基本原則によって，障害者の社会活動への参加権，居住地及び居住者の選択自由権及び適切な支援を受けられる権利が保障されている。
124：障害者総合支援法に基づく障害福祉サービスとして，単身等での生活が困難な障害者が共同して自立した生活を営む住居としてグループホームがあり，相談や家事等の支援，必要に応じて食事や入浴等のサービスがおこなわれている。また，在宅サービスとして，居宅介護，重度訪問介護，同行援護，行動援護及び重度障害者等包括支援が実施されている。
125：自宅で障害者の介護を行う者が病気等で施設への入所が必要な場合に短期入所が利用できる。
126：補装具の購入費・修理費が一部公費負担となっている。日常生活用具給付等事業によって現物給付又は貸与が行われている。
127：身体，知的，精神のそれぞれの手帳制度があり，各種支援策が講じられている。
128：長期入院中の精神障害者の地域移行支援の具体的方策が議論され，退院に向

---

(16)　「知的障害者の自立生活についての声明文プロジェクト」，at https://jirituseikatu.jimdo.com/（as of 22 August 2018）．
(17)　「障害者の権利に関する条約　第1回日本政府報告（日本語仮訳）」，at https://www.mofa.go.jp/mofaj/files/000171085.pdf（as of 24 August 2018）．

◆ 第Ⅱ部 ◆　各論1〔課題別検討〕

けて居住の場の確保等地域生活支援の実施とともに病院の構造改革が必要とされた。今後は必要な施策を具体化していく。
129：難病患者が地域社会で尊厳を持って生活できるよう，難病法が施行されている。
130：障害者の範囲に難病を含め，その対象を大幅拡大している。
131：障害者政策委員会からの指摘として，医療的ケアを必要とする重度障害者等の地域移行の支援に地域格差があり，保護者に過重な負担を強いている。精神障害者の地域移行については，移行はもちろんのこと地域で生活できるための資源開発が重要である。

続いて第23条に対する報告は，148から153の6項目である。
148：憲法第24条で婚姻の自由を規定している。民法は児童の後見，監督，財産管理及び養子縁組についての権利及び責任について障害の有無による差異を設けていない。
149：親権者には子の居所指定権が付与されており，子は父母の意に反して父母から分離されない。ただし子の利益を守るために分離されることはある。その場合，子の利益を保護するために未成年後見が開始される。
150：出入国管理上の適正な処分によっては児童が父母から分離される場合がある。
151：市町村で相談支援事業が実施され，専門性の高い相談支援については都道府県の事業として実施されている。
152：児童福祉法によって小児慢性特定疾病医療費助成制度が確立し，その自立支援事業が法定された。
153：児童福祉法により，児童相談所において相談援助活動が行われ，児童の最善の利益を考慮して援助活動が展開されている。虐待等必要に応じて施設入所措置や保育所利用を促している。これは障害の有無にかかわらない。

このように日本政府の報告内容は，128と131が現状に言及しているが，それ以外は制度上の可能性や変更点を列挙しているに過ぎない。特に23条に関しては，現状どころか一般的な説明が主で障害児や障害のある親に特化した内容もほぼない。したがって，先に述べた環境の変化としてみるとすれば，19条については法的な環境の整備について説明しているが，現状についてはほぼ触れられていない。23条については全く不十分である。筆者の知るかぎりにおいて，23条についての制度上の可能性を加えると，2006年の障害者自立支援法の施行時に共同生活援助（グループホーム）の定員が2名以上となったため，カップルの支援が1組から可能になった。同時に社会・援護局障害保健福祉部長通知において，居室の定員も原則1人であるが，夫婦で利用する場合などは2人で利用することも可能である旨の記載がある[18]。ただし，障害のな

---

(18) 厚生労働省社会・援護局障害保健福祉部長通知「障害者の日常生活及び社会生活を

い子どもを加えた場合の家族でのグループホーム生活については言及がなく，未だグレーゾーンである。また在宅生活における育児支援については古くは1997年から指摘があるが，それをまとめた形で2009年に事務連絡が出ている[19]。これによれば沐浴や授乳などの実質的な育児のほか，子どもの言語を含む発達に必要な支援や保育所や学校等からの連絡帳の代読等連絡援助や送迎も含んでホームヘルパーの業務とされている。しかしながら，いずれにしても，実際の生活の中で婚姻関係も含む自立生活の実現がどの程度保障されているのかどうか，確認する必要がある。

2 実態に即して ●●●●

(1) 居住の場と同居者の特徴

障害者の居住の場について，厚生労働省のホームページによれば総数936.6万人とされる障害者のうち，886.0万人（約94.6％）は在宅者で，施設入所者数は50.6万人（約5.4％）と圧倒的多数の障害者は在宅で暮らしている[20]。

しかしながら，表1によれば障害種別による差があることがわかる。知的障害者は，全体の数は少ないが，施設入所者の割合は他の障害に比べて身体障害者の約7倍，精神障害者の約1.4倍と高い。人数としては精神障害者の入所者数が最も多く全体の6割を占め，身体障害者数の約4倍，知的障害者数の約2.6倍となっている。

また，在宅の生活では知的障害者は突出して親との同居率が高く（92％），夫婦での同居（4.3％）や子どもとの同居（3.1％）が極端に少ないことがわかる。一人暮らしの割合（3.0％）も圧倒的に低い（表2）。障害者団体が実施した地域生活の実態調査では，年代別に親との同居率を調べており，これを国勢調査の結果と比較すると（表3[21]），国民一般の親との同居率は20代から急激に下がり，30代後半に横ばいと，一人暮らし，結婚といった生活の変化が表れている。一方障害者の場合，そうした変化はみられない。この調査の対象

総合的に支援するための法律に基づく指定障害福祉サービスの事業等の人員，設備及び運営に関する基準について（平成18年12月6日障発第1206001号）」新旧対照表，at http://www.selp.or.jp/info/temp/150406_03.pdf（as of 22 August 2018）．

(19) 「障害者自立支援法上の居宅介護（家事援助）等の業務に含まれる「育児支援」について，at http://www.kaigoseido.net/topics/09/pdf/090701ikuji-shien.pdf（as of 22 August 2018）．

(20) https://www.mhlw.go.jp/toukei/list/dl/seikatsu_chousa_b_h28_01.pdf（as of 22 August 2018）．なお，表1は筆者作成。

表1：各障害別　在宅・施設入所者数・割合

	総数	在宅		施設		合計
身体障害者	436.0	428.7		7.3		100.0%
（児）	46.6%	48.4%	98.3%	14.4%	1.7%	
知的障害者	108.2	96.2		12.0		100.0%
（児）	11.6%	10.9%	88.9%	23.7%	11.1%	
精神障害者	392.4	361.1		31.3		100.0%
	41.9%	40.8%	92.0%	61.9%	8.0%	
合計	936.6	886.0		50.6		100.0%
	100%	100.0%	94.6%	100.0%	5.4%	

出典：平成28年生活のしづらさなどに関する調査より抜粋

表2：障害者手帳保持者数等，同居者の状況（複数回答）別

（65歳未満）

	総数	障害者手帳所持者	障害者手帳の種類（複数回答）			手帳未所持で，自立支援給付等を受けている方
			身体障害者手帳	療育手帳	精神障害者保健福祉手帳	
総数	100.0% (1,891)	100.0% (1,776)	100.0% (859)	100.0% (631)	100.0% (472)	100.0% (115)
同居者有	81.0% (1,532)	80.6% (1,431)	84.1% (722)	81.0% (511)	75.0% (354)	87.8% (101)
（複数回答）夫婦で暮らしている	26.1% (493)	32.8% (469)	52.1% (376)	4.3% (22)	27.1% (96)	23.8% (24)
親と暮らしている	53.6% (1,013)	65.6% (939)	48.6% (351)	92.0% (470)	67.8% (240)	73.3% (74)
子と暮らしている	15.4% (292)	19.0% (272)	29.9% (216)	3.1% (16)	15.5% (55)	19.8% (20)
兄弟姉妹と暮らしている	18.6% (352)	23.1% (331)	13.3% (96)	40.3% (206)	19.5% (69)	20.8% (21)
その他の人と暮らしている	3.9% (73)	5.0% (71)	2.6% (19)	8.6% (44)	4.8% (17)	2.0% (2)
一人で暮らしている	11.4% (216)	11.4% (203)	12.2% (105)	3.0% (19)	18.6% (88)	11.3% (13)
不詳	7.6% (143)	8.0% (142)	3.7% (32)	16.0% (101)	6.4% (30)	0.9% (1)

出典：平成28年生活のしづらさなどに関する調査より抜粋

表3：年代別・親との同居割合比較

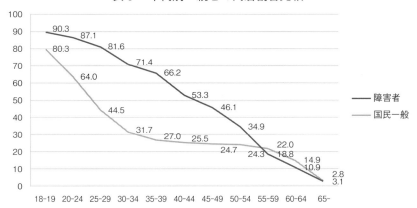

者の6割強が知的障害者であることを鑑みると，知的障害者の同居率の高さが影響している可能性は否定できない。

(2) 地域生活と恋愛・結婚・子育て

これらの実態調査の結果から，地域生活，そして結婚，おそらくその前段階にあると思われる恋愛やその後の子育てというプロセスから最も遠いのが知的障害者といえよう[22]。筆者自身もいくつかの先駆的な実践を調査し，論文にまとめたが[23]，親や支援施設が恋愛にも結婚にも否定的であったり，結婚には（しぶしぶ）賛成しても子どもだけはだめだ，と不妊が結婚の条件にされたりした例があった。一方で妊娠は結婚のきっかけにもなっていて，支援者の協力で子育てをしながら徐々に家族だけの生活に移行する例もあった。事例研究

---

(21) きょうされん『障害のある人の地域生活実態調査の結果』, at http://www.kyosaren.or.jp/wp-content/themes/kyosaren/img/page/activity/x/x_1.pdf（as of 22 August 2018）。総務省・2015年国勢調査（表40）から親と同居割合を引用し表を作成した。

(22) 2012年，筆者は，知的障害のある女性の支援運動に携わった。彼女は恋愛禁止の施設で生活していたが，内緒で妊娠，出産し，出産と同時に子どもは児童相談所に措置された。彼女は自分で子どもを育てたいと希望し，新たな支援者の確保等状況は整備されていったが，児童相談所の措置解除は進まず支援運動がおこった。その後しばらくして児童相談所の措置が解除され，夫と子どもとの家庭生活を始めることができた。

(23) 「知的障害者の『結婚生活』における経験と支援――生活構造論と生活の資源の枠組を用いて」障害学研究10号（2014年）86-111頁。

に加えて全体像を把握するような研究に取り掛かりたいと思い，就業・生活支援センターへのアンケートを実施し，論文にまとめた[24]が，欧米諸国のような公的な機関や調査を用いた研究には至っていない[25]。

ただし，徐々に社会的な関心も高まってきていると感じる。2014年の厚生労働省関連の研究によって作成された意思決定支援ガイドライン（案）の中には「結婚」が位置付けられた[26]。同年脳性まひと発達障害を併せ持つ友人が雑誌で結婚と子育てに関する連載を行った[27]。2016年3月には大分県で障害者の恋愛や結婚・出産，子育てなどの課題解決に県が努力する責任を全国で初

---

(24) Emiko Tanaka 2017 The Prevalence and Characteristics of Married Lives of Japanese People with Intellectual Disabilities (MJPwID): According to the Survey for Employment and Livelihood Support Centers for Persons with Disabilities (ELSCPD "Syogaisya syugyou/seikatsushien center") *Japanese Journal of Social Welfare*, 57(5), 1-10 2017 全国の就業・生活支援センターに対するアンケート調査を実施しその結果をまとめたものである。http://www.jssw.jp/journal/pdf/2017-57-5-1.pdf (as of 23 August 2018)

(25) ちなみにイギリス，カナダ，アメリカやオーストラリアなどの先進諸国での知的障害のある親に対する支援及びその研究には蓄積がある。これについては別稿で改めて報告したい。なお，オーストラリアの研究者を招聘し，日本の事例も紹介するシンポジウムが東京家政大学で2018年9月8日に，ワークショップが9月9日に開催される。http://www.tokyo-kasei.ac.jp/college/jinbun/kyouiku_fukushi/tabid/2904/index.php?Itemid=2346 (as of 23 August 2018)。

(26) 社会保障審議会障害部会 2015年9月8日 開催資料, at http://www.mhlw.go.jp/file/ 05- Shingikai- 12601000-Seisakutoukatsukan-Sanjikanshitsu_Sha ka i ho shou ta n tou/0000096733.pdf (as of 22 August 2018)。

　　ただし現在の議論は重度で意思疎通が難しい者に対する支援，成年後見制度利用促進に焦点が当たっている。

(27) 猿渡達明 a「車椅子とうちゃんの子育て――まずは病院さがしから」人権と教育476号（2014年4月20日）
　　　　　b「車いすとうちゃんの子育て 2 介助者は，子どもの遊び相手ではない」人権と教育478号（2014年6月20日）
　　　　　c「車いすとうちゃんの子育て 3 親の必要で，学外のバリアフリーの学校へ」人権と教育479号（2014年7月20日）
　　　　　d「車いすとうちゃんの子育て 4 子どもと会えるのは楽しい！」人権と教育480号（2014年9月20日）

◇第13章◇ 自立生活〔田中恵美子〕

めて盛り込んだ条例が可決された[28]。5月には知的障害者の結婚支援を先駆的に行っている長崎の社会福祉法人の事例を取り上げた書籍が出版され[29]，7月にはNHK教育の番組の特集の中で障害のある女性の問題として結婚や妊娠，出産，子育てに関する特集が組まれた[30]。同じ7月に毎日新聞で通所施設に通う知的障害のある20代の男女の間に子どもができ，結果として中絶したことが報道された[31]。8月から東京新聞で骨形成不全の伊是名夏子さんの子育てライフを中心としたコラムの連載がスタートした[32]。2017年7月には障害のある親11人が子育てをつづった本が出版され[33]，2018年3月には先の長崎の法人の特集番組がNHKで放映され[34]，5月にはNHKの別番組でも知的障害者の子育てが報じられた[35]。2018年1月に仙台の知的障害のある女性による強制不妊手術に対する国家賠償請求訴訟から一気に優生保護に関する報道が増えたが，結婚や出産を社会的に許されず，子育ての権利を奪われてきた歴史の延長線上に現在の課題があることを強調しておきたい。

3 今後の方向性──障害福祉計画から ●●●○

(1) 施設から地域へ

2006年に障害者自立支援法が施行されて以来，3年を1期として障害福祉

---

(28) 「障がいのある人もない人も心豊かに暮らせる大分県づくり条例」, at http://www.pref.oita.jp/site/syougai/kokoroyutakajyourei.html (as of 22 August 2018)。

(29) 平井威『ブ〜ケを手渡す──知的障害者の恋愛・結婚・子育て』(学術研究出版，2016年)

(30) 性に関する課題として，性的虐待，結婚，出産，子育てについて当事者の経験を中心に語られた。なお，障害女性の特集として取り上げられたが，問題は障害女性に限定するものでないことは指摘しておきたい。NHKハートネットTV「シリーズ 障害のある女性 第1回知ってほしい！私たちの生きづらさ」(2016年7月5日放送)。

(31) 毎日新聞「通所女性が中絶『望まない妊娠，再発防止を』20代男女，施設内で性行為 施設側，認識の甘さ認める」2016.7.23 地方版, at http://mainichi.jp/articles/20160723/ddl/k14/040/147000c (as of 22 August 2018)。

(32) 東京・中日新聞にて「障害者は四つ葉のクローバー」2016.8.23スタート 不定期に掲載。

(33) 安積遊歩・尾濱由里子『障害のある私たちの地域で出産，地域で子育て』(生活書院，2017年)。

(34) ETV特集「愛する人がいればこそ──知的障害者の恋愛・結婚・子育て」2018.3.31放送, at https://www.nhk.or.jp/docudocu/program/20/2259567/index.html。

(35) バリバラ「知的障害者の子育て」2018.5.6放送, at http://www6.nhk.or.jp/baribara/lineup/single.html?i=731 (as of 23 August 2018)。

計画の策定が行われ，国の基本指針をもとに市区町村，都道府県が各々のニーズに基づいて障害福祉計画を作成することが義務づけられている（障害者総合支援法 87 条 1 項）。現在第 5 期（2018（平成 30）年度～2020（平成 32）年度）が始まったところである。また，今期から障害児福祉計画も策定されることとなった（児童福祉法 33 条の 19）。

2016（平成 28）年 11 月 11 日に行われた社会保障審議会（障害者部会）において公表された資料[36]によれば，2013（平成 25）年度末の施設入所者数を母数とした地域生活移行者の割合は，2015（平成 27）年度末時点で 3.3％，約 4000 人である。一方，施設入所者数は 2013（平成 25）年から 2015（平成 27）年度末まで各年平均 0.3％減となり，当初予定（2017（平成 29）年末の目標値 4 ％を下回る見通しとなった。施設入所者の退所理由を見ると，「地域移行」が減少傾向で，「入院・死亡」が増加傾向である。さらにこの内訳を見てみると，年齢による若干の違いはあるにせよ，入所者は全体としては障害支援区分が軽い者が減少しているのに対し，障害支援区分が重い者は増加し，とくに精神障害者についてはその増加率が顕著となっている。また高齢者の増加率は著しい。

ここから読み取れることは，2006（平成 18）年の障害者自立支援法制定以降，施設入所者数は 2012（平成 24）年までは順調に計画的に減少してきたが，その間の退所者は支援の必要度が低い障害者であり，支援を多く必要とする障害者は施設内にとどまったし，その割合の増加からおそらく新たな入所者も重度の，特に高齢の障害者ではないかということである。そしてそうした支援度の高い障害者を地域に移行する手立てがないため，地域移行する障害者の数は減り，施設退所するのは「入院・死亡」の場合となった。

さて，この資料での検討に従って政府は直近ベースをもとに目標値の水準に下げた。確かに現状を無視した計画はありえない。かつてアメリカが地域の受け皿を用意する前に脱施設化を断行し，結果としてホームレスを増加させたことは二度と繰り返してはならない歴史である[37]。しかし，単に現状に即して

---

(36) 社会保障審議会障害部会（第 82 回）平成 28 年 11 月 11 日　障害福祉計画及び障害児福祉計画に係る基本指針の見直しについて，at http://www.mhlw.go.jp/stf/shingi2/0000142497.html（as of 23 August 2018）。

(37) Bagenstos, S.R. 2012 "The Past and Future of Deinstitutionalization Litigation" *Michigan Law* University of Michigan Law School, at http://papers.ssrn.com/sol3/pap-

◇第13章◇ 自 立 生 活 〔田中恵美子〕

目標値を変えることについては，慎重でなければならない。現状を打破するために計画的な地域移行を推進しているのであれば，目標の変更の前に行うべきことがあるはずである。

なお，精神障害に関しては別建てで地域移行を進めるための計画的な地域包括ケアシステムの構築を掲げており，資料では「2020年の精神病床における入院需要（患者数）及び，地域移行に伴う基盤整備量（利用者数）の目標を明確にしたうえで，計画的に基盤整備を推し進める」としていた。その結果第5期の成果目標として，各障害保健福祉圏域及び各市町村協議会に協議会の設置，1年以上入院者数の削減（14.6万人〜15.7万人 2014（平成26）年度末18.5万人と比べて3.9万人から2.8万人減），入院期間の長さに応じて退院率を決めた（入院後3か月69％以上，6ヶ月84％以上，1年90％以上）。これは，2015（平成27）年時点の上位10％の都道府県が達成している水準を参照したものである。国連の一般的意見では機能障害の状況に関わらず，すべての障害者がその居住地を選択できるような環境整備を求めていた。現状を鑑みると，日本の場合は障害の程度や種類による格差がある。計画の徹底した確実な実施が求められる。

(2) 在宅サービスの整備

先に述べたように今期から障害児福祉計画が作成され，障害児支援の提供体制の整備は重要な項目の一つとして挙げられている。2010（平成22）年から児童福祉法の下で実施されてきた児童発達支援や放課後等デイサービスの事業所数が増えたが，保育所等訪問支援を行う児童発達支援センターの設置は不十分との分析により，児童発達支援センター及び保育所等訪問支援の実施体制の整備（各市町村少なくとも1か所）が挙げられた。また重症心身障害児や医療的ケア児などの手厚い支援を必要とする児童に対するサービス及び協議の場の設置が決定された。

訪問系サービス及び日中活動系サービスなどのサービス見込み量については具体的な数字は示されていない[38]。現状としては，例えば2017（平成29）年3月末の訪問系サービス（居宅介護，重度訪問介護，同行援護，行動援護，重度障害者等包括支援）の利用人数が215,171人[39]となっており，これは2007（平成

---

ers.cfm?abstract_id=2005301（as of 23 August 2018）．

(38) 厚生労働省　障害福祉計画の概要，at https://www.mhlw.go.jp/stf/seisakunitsuite/bunya/0000163638.html（as of 23 August 2018）。

(39) 厚生労働省統計情報障害福祉サービス等の利用状況について，at https://www.

19)年11月の人数98,489人[40]のおよそ2.2倍となっている。障害福祉計画は，第4期計画よりPDCAサイクルを取り入れ，成果目標及び活動指針については，少なくとも1年に1回実績を把握するとともに計画の分析・評価を行い，必要に応じて変更や見直しも行うとしている。

さて，厚生労働省のホームページ上で確認できる第3期，第4期，第5期計画における訪問系サービスの説明をみると，「施設入所者の地域生活への移行者数」という文言がようやく第5期に記載される[41]。これまでサービス見込み量に前提とされる利用者数は現行の利用者数であり，平均的な一人当たりの利用量についても，現在の地域生活においての利用が前提であったのだろうか。そうなると，先の述べた2.2倍の数字はもともと地域にあったニーズと先に述べたような比較的地域移行しやすかった障害者が施設から地域に出てくる中で利用されるようになったサービス量といえる。まさにこの第5期の計画において先に指摘したように地域移行者の割合を安易に引き下げるのではなく，むしろ地域移行者のための地域サービスを増加させ，地域移行を進めていくべきである。そして，地域社会の中で「人として生き，幸せである」生活を送ること

---

mhlw.go.jp/stf/seisakunitsuite/bunya/hukushi_kaigo/shougaishahukushi/toukei/index.html（as of 23 August 2018）．

(40) 厚生労働省 統計情報 障害福祉サービス等の利用状況について，at https://www.mhlw.go.jp/bunya/shougaihoken/toukei/dl/01.pdf（as of 23 August 2018）なお同行援護は2013（平成23）年10月から実施されているので，この数字には含まれていない。

(41) 第3期「現に利用している者の数，障害者等のニーズ，入院中の精神障害者のうち地域生活への移行後に居宅介護等の利用が見込まれる者の数，平均的な一人当たり利用量等を勘案して，利用者数及び量の見込みを定める。

同行援護については，これらの事項に加え，平成23年10月1日以前の地域生活支援事業（移動支援事業に限る。）の利用者のうち重度の視覚障害者数を勘案して，利用者数及び量の見込みを定める。」，at https://www.mhlw.go.jp/bunya/shougaihoken/service/keikaku.html（as of 23 August 2018）．

第4期「現に利用している者の数，障害者等のニーズ，平均的な一人当たり利用量等を勘案して，利用者数及び量の見込みを設定する。」，at https://www.mhlw.go.jp/stf/seisakunitsuite/bunya/0000091019.html（as of 23 August 2018）．

第5期「現に利用している者の数，障害者等のニーズ，施設入所者の地域生活への移行者数，入院中の精神障害者のうち地域生活への移行後に訪問系サービスの利用が見込まれる者の数，平均的な一人当たり利用量等を勘案して，利用者数及び量の見込みを設定する」，at https://www.mhlw.go.jp/stf/seisakunitsuite/bunya/0000163638.html（as of 23 August 2018）．

ができる状況を積極的に作りだしていく必要があるだろう。

IV おわりに

　自立生活を成り立たせる環境について限られた範囲であるが論じた。障害者権利条約の批准に向けて法整備してきた結果として，地域生活に関わる法律やサービスの整備は徐々に進められている。しかし，実質的なサービスの増加は決して十分とは言えないだろう。実態調査からは施設入所や親との生活が知的障害により特化していることが明らかになった。高齢の，機能障害が知的や精神の，そして重度な人たちは施設に留まる傾向がみられた。これだけ見ると依然として社会は変わっていないともいえる。これまで進めてきた政策をより強力に進める力はどこにあるか。

　一つは政治主導であろう。権利条約の実現に向けて国が明確な目標を提示し，予算化し実施するのが本来のあり方ではないか。2016年12月に行われたDPI障害者政策討論集会[42]において，登壇者であった内閣府障害者施策アドバイザーの尾上浩二（DPI日本会議副議長）は，地道な各地域からの積み上げが重要だと指摘した。一人ひとりが生活の中で必要なサービス量を獲得していく。現在の障害者サービスは先に述べたようにPDCAサイクルにのっとって市町村から都道府県，そして国と積み上げられていく方式である。個々のサービス量もサービス等利用計画を通しやはり積み上げられていく。確かにこれらを総括していくこともう一つの方法ではある。しかし，個々の途方もない努力を前提としている。

　これまで語られてきたように，自立生活の定義は困難であっても，その対極に位置づけられるのは施設生活である。しかも，それらは断絶しているのではなく，対極にあってつながっている。自立生活が多様に豊かに地域に存在していくことが施設生活の縮小につながっていくのである。2016年7月26日に起きた相模原事件を私たちは忘れてはならない。あのような事件が二度と起こらない社会を作っていくことに，自立生活の推進はつながっている。

---

(42)　2016年12月11日（日）午前の部　分科会1：地域生活「障害者の地域移行の推進と地域生活支援の拡充に向けて——現状・課題を問い直す」

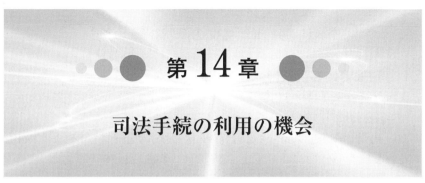

第14章

司法手続の利用の機会

大胡田　誠

1　はじめに

　障害者権利条約は，締約国に対し，障害者の司法手続きへの効果的なアクセスの確保と，司法関係者への研修の徹底を求めている。

　司法手続きは，障害のない人にとっても難解で負担の重いものであるが，ただでさえ情報の取得や思考，表現に困難を抱える障害者にとっては，一層対処の難しいものである。そして，司法手続きは，その結果次第によって，権利の得喪や範囲の確定，有罪・無罪や量刑など，その人の人生に少なからぬ影響を与える可能性がある。

　障害のない人に比べての負担の重さ，その人の人生や生活への影響の大きさから，司法手続きにおいては，特に他の生活分野以上に障害者に対する充実した配慮が提供されなければならない。

　しかし，以下に論ずるように，わが国の現状はまだ条約が求める水準には達していないように思われる。本稿では，これまでに出された裁判例や当事者団体等から報告された事例に触れつつ，今後，司法手続きに関する我が国の状況を改善するために何が必要なのかを考えてみたい。

II 条文の解釈

1 司法における手続き上の配慮

権利条約13条1は，締約国に対し，障害者が，障害のない人と同じように司法手続を効果的に利用できるようにすることを求めている。障害の有無にかかわらず，人権の最後の砦である裁判所による救済が適正に行われなければならないことは当然である。しかし，現実には，手続上の配慮及び施設，設備上の配慮がなされていないことで，障害者が司法手続を利用することは，障害のない人に比べ著しく困難な状態にある。権利条約は，このことに着目し，特に本規程を置いたものと考えられる。

なお，本条項は，時系列として捜査段階その他予備的な段階から，刑の処遇の段階まで，司法手続の全ての段階をカバーし，また，適用対象者として直接の当事者のみならず，証人等の間接の参加者までも含めて規定している。その意味では，本状は，厳密な意味での司法手続きのみならず，その周辺の手続きおよび主体までをも対象とした規程であるということができる。

司法手続の利用に関しては，特に「手続上の配慮」が明記されている。これは，合理的配慮が司法分野において特化されたものであるといえる。司法手続において，合理的配慮がなされないことは，実質的にみると，一般に与えられている法的保護を障害者には与えないということを意味することになる。したがって，合理的配慮の際の「均衡を失した又は過度の負担」の問題は，適正手続を求められる司法分野においては，原則として考慮する必要はないと考えられる。

2 適当な研修

本条2は，司法関係者の障害に対する無知や偏見が引き起こす問題の重要性に鑑みて，司法に係る分野に携わる者に対する研修を徹底することを求めている。特に警察官と刑務官が例示されているが，これは，歴史的にみて，警察官による供述特性への無理解が多くの冤罪を生み，刑務官による障害特性への無理解が虐待につながってきたことの反省に立ってのことである。

III 分析と課題

1 現行法規上の問題点
(1) 訴訟法
　日本における司法手続は，障害のない人を想定してその仕組みが作られている。

　したがって，訴訟手続に関する諸法令の中で，障害者が当事者となって訴訟追行をすることを想定した規定はほとんどないといってよい。わずかに，民事訴訟法154条1項が，「口頭弁論に関与する者が日本語に通じないとき，又は耳が聞こえない者若しくは口がきけない者であるときは，通訳人を立ち会わせる。ただし，耳が聞こえない者又は口がきけない者には，文字で問い，又は陳述をさせることができる。」と規定し，刑事訴訟法176条で，「耳の聞えない者又は口のきけない者に陳述をさせる場合には，通訳人に通訳をさせることができる。」と規定されているのみである。

　しかし，手続保障が必要なのは聴覚障害者だけではないし，適用場面についても口頭弁論や公判における陳述に限られるものでもない。また，上記規定は「できる。」とされているのみで，必要的とはされていないことから手続保障としては不十分である。

(2) 障害者基本法
　権利条約批准のための国内法整備の一環として，2012年8月，障害者基本法が改正され，次の29条（司法手続における配慮等）が新設された。

　「国又は地方公共団体は，障害者が，刑事事件若しくは少年の保護事件に関する手続その他これに準ずる手続の対象となった場合又は裁判所における民事事件，家事事件若しくは行政事件に関する手続の当事者その他の関係人となった場合において，障害者がその権利を円滑に行使できるようにするため，個々の障害者の特性に応じた意思疎通の手段を確保するよう配慮するとともに，関係職員に対する研修その他必要な施策を講じなければならない。」

　ただ，国の施策の方向性を示す基本法という法の性質上，本条をもって個々の障害者の具体的権利を基礎づけることは困難であると考えられている。また，対象として，権利条約のように司法手続の全ての段階をカバーしているのか必ずしも明確とはいえない。特に刑事施設等（刑事施設，少年院又は少年鑑別所）

における処遇に関する手続について明文では規定されていない。

　さらに，権利条約が「直接及び間接の参加者（証人を含む）」として，証人をわざわざ例示しているのに，同法29条では，民事事件等の場合には「当事者その他の関係人」とされているので証人も含んでいると解されるが，刑事事件等の手続については「障害者が，刑事事件」等の「手続の対象となった場合」としか規定されていないため，必ずしも障害者が刑事事件の証人となった場合も含むのか，明文では明らかにされていない。

(3) 障害者差別解消法

　障害者差別解消法は，行政機関と民間事業者に対し，障害者に対する不当な差別的取り扱いを禁止し，障害者に対する合理的配慮の提供を義務付けている。

　しかし，同法は司法機関をその対象としていないために，障害者が，同法を根拠に司法手続きにおける手続き上の配慮を求めることはできない。

(4) 小　括

　以上のように，わが国の司法手続きに関する諸法令は，権利条約13条が求める内容をカバーしておらず，このことが以下に述べる個々の場面で生じる問題の根本にあることをまず指摘しなければならない。

2　刑事手続き上の問題点

(1) 捜査段階において障害特性に適合した捜査方法が取られていないこと

　知的障害者は，それまでの成育歴の中で習慣づけられた自己防衛の方法として，理解できていないことについても分かっているかのように対応したり，捜査官の誘導に迎合してしまうことがある。また，精神障害者（発達障害者をも含む）や知的障害者は，抽象的な概念の理解が困難であったり，自己の考えを伝えることが苦手である場合も少なくないため，その者をよく知る人物（少なくとも障害特性を理解している人物）が取り調べに同席しないままでは，事実を大きく見誤る危険性がある。しかし，かかる捜査手法がとられていないために，これまで，しばしば知的障害者の冤罪事件が生じてきた[1]-[3]。

---

(1)　平成17(2005)年3月10日宇都宮地裁判決（D1-Law.com判例体系）
　　2004年8月，重度の知的障害がある男性が強盗容疑で逮捕・起訴された。当初，障害は全く問題にならず，自白事件として結審しそうになったが，真犯人が別に現れたため，検察官が無罪の論告をして，2005年3月10日，宇都宮地裁は強盗について無罪を言渡した。後の国賠訴訟において，知的障害の被誘導性，迎合性を考慮せずに取調べ，起訴したとして国の責任が認められた（平成20(2008)年2月28日宇都宮地判，判例時報

また，障害者が取り調べの対象となった場合，誘導の有無を事後的に検証できるようにするため，取調べの全過程について，録音・録画がされなければならないが，現状では，原則的に被疑者側から申し出があった場合に限り，しかも取り調べ家庭の一部のみが録画の対象となっており（刑事訴訟法301条の2），録画されていない部分でどのようなやり取りが行われたのか検証するすべがない。

　さらに，犯罪の取り調べでは，故意や動機など微妙なニュアンスまで正確に聴取することが必要であり，取り調べの対象となっている障害者が慣れ親しんでいる手段によりコミュニケーションがなされなければならないがこれが徹底されていない。聴覚障害者に対し，その者が通常使用していない方式の手話言語で取り調べが行われた事例や，文書を読むことができない聴覚障害者に対し

2026号104頁，賃金と社会保障1469号43頁）。

(2) 平成19(2007)年2月23日鹿児島地裁判決（判例タイムズ1313号285頁）
　2003年，鹿児島県県議会議員選挙議選の際に，初当選した議員が住民に計191万円を配ったとして公職選挙法違反（買収・被買収）に問われたが2007年，被告人12名全員の無罪が確定した。
　この事件では，大声でどなりつけ机をたたきながら問い詰めたり，窓の外に向かって大声で供述させたりしたほか，取調で親族の名前を書いた紙を踏まされたり，体調不良を訴えても帰宅を許さず簡易ベッドに横にさせて取調を続けたりといった違法な取調がなされた。その中で，最初に「会合があった」との虚偽の供述調書が作成された2名には，知的障害があり，被誘導性が高い障害特性に付け込まれたことがわかっている。

(3) 平成29(2017)年6月28日鹿児島地裁決定（D1-Law.com判例体系）
　1979年11月，当時42歳の男性を殺害したとして，被害者の長兄，次兄及び長兄の妻が殺人及び死体遺棄の罪で，次兄の長男が死体遺棄の罪で起訴された。1980年3月31日鹿児島地裁主犯格とされた長兄の妻に懲役10年，長兄に懲役8年，次兄に懲役7年，次兄の長男に懲役1年の各判決が言い渡された。長兄の妻は終始一貫否認していたが，その余の3名は捜査段階からすべて認めており，控訴せずに服役した。長兄の妻は控訴・上告して争ったものの，福岡高裁宮崎支部は1980年10月14日，最高裁判所は1981年1月30日，同人の上訴をいずれも棄却した。
　長兄，次兄及び次兄の長男にはそれぞれ知的障害があった。服役後，長兄の妻の控訴審ではそれぞれ冤罪を訴えた。
　長兄の妻は，再審を請求し続け，2017年6月28日，第3次にしてようやく鹿児島地裁は再審開始決定をした。長兄（すでに病死）にも再審開始決定がなされた。次兄の長男も再審請求を行ったが，結果を待たずに自殺し，請求を引継いだ祖母も死亡したため打ち切りとなっていた。次兄も自殺していた。

て筆談による取調べが行われた事例が報告されている。

(2) **刑事公判において，裁判当事者となった障害者に対して適切な合理的配慮が行われていないこと**

公判段階においては，法廷における証人の証言，被告人の発言や態度すべてが事実認定や量刑上の証拠となる可能性があることから，視覚障害や聴覚障害，知的障害を持つ被告人に対する適切な情報保障，知的障害や発達障害を持つ被告人の供述特性を十分に理解した立会人の配置など，障害を持つ被告人がその障害ゆえに不当な判決を受けることのないよう，裁判所による万全の合理的配慮が行われなければならない。

しかし，前述したように，現状では，刑事訴訟法等の関係諸法令に合理的配慮の根拠規定はおかれておらず，実際の裁判手続き上も，障害のある被告人に対する合理的配慮が十分に行われているとは言い難い[4]-[5]。

(3) **服役中の障害者に対する合理的配慮が不十分であり，適切な矯正教育が行われていないこと**

2015年の矯正統計年報によると，2015年度の新受刑者2万1539名のうち，精神障害なしが1万8711名で，精神障害ありが2828名となっている。統計上，約13％の新受刑者がなんらかの精神障害を有していることになる。また，新受刑者の能力検査値を見てみると，知能指数相当値が70未満の者が4270名であるので，約19.8％の新受刑者に知的障害が疑われることになる。日本の障害者数は，精神障害者約390万人，知的障害者約74万人とされているが，日本の総人口約1億2780万人に占める割合は，それぞれ3.0％，0.6％であるから，新受刑者の障害のある人の割合がとんでもなく高いことがわかる。

このように，わが国の刑務所等の刑事施設内には，相当数の障害者が収容さ

---

[4] ある聴覚障害がある被告人は，手話が唯一の言語であり，日本語が読めず，日本語対応手話の理解が不十分であった。そのため，法廷では日本手話ができる聾者の通訳者とのリレー通訳を希望したが，裁判官の判断で認められなかった。そのために，事実認定を争い無罪を主張する裁判であったが，被告人質問での微妙なニュアンスが伝わらず，結局有罪となったという例が報告されている。

[5] ある発達障害のある被告人は，耳からの情報より視覚的情報の方が理解しやすいため，質問はいったん紙に書いて，それを読みながら答えるという方法をとっていた。しかし，法廷では，裁判官の判断で，メモを取ることが認められなかったために，結局，質問にうまく答えられずに，混乱したために，裁判官の心証を悪くして，量刑が非常に重い判決を受けたという例が報告されている。

れている。そして，障害者の再入率（一度服役したものが再度刑務所に入る割合）は，障害のない人よりも高いという統計もある[7]。

これは，わが国の社会の抱える構造的な問題として，障害者の生活を支える十分な福祉施策が取られていない，あるいは施策の網から零れ落ちている障害者が少なくないことを示すとともに，刑務所等に入所した障害者に対し，適切な矯正教育が提供されず，また社会復帰を支援する仕組みが不十分であることをも示すものであると考えられる。

(4) 障害者が犯罪の被害者になった場合に，適切な被害状況の聞き取りが行われていないこと

知的障害などを持つものは，犯罪の被害にあったとしても，加害者の身体的特徴の説明，正確な場所や時間の特定などが困難なことがある。そのため，障害特性を十分理解した者が聴取を行わなければ，被害状況を適切に把握し，加害者を適正に処罰する機会を逸してしまうこととなりかねない。

にもかかわらず，現状では，取り調べに当たる警察官などが知的障害などの特性に精通していないため，結果的に知的障害者などが犯罪被害に遭ったとしても，犯人の検挙に結びつかないケースが少なくないといわれている。

(5) 裁判員裁判で，一般人から選ばれた裁判員に障害者への偏見が根深く残っていること

裁判員裁判では，選挙人名簿から無作為に選ばれた市民が裁判員として刑事訴訟の事実認定および量刑に関与する。

---

[7] 2015年矯正統計年報（新受刑者の罪名及び入所度数別精神診断）によると，新規受刑者のうち，1度（初めて刑務所に入る）の者は全体の約4割である。精神診断別にみると，精神障害のない人は42%，何らかの精神障害のある人は31%である。すなわち，精神診断を受けている受刑者の方が再入者である率が高い。この傾向は，2度以降変わらず，10度以上となると精神障害のない人は815名で，精神障害のない新規受刑者のうちの4.4%であるのに対して，精神障害のある人は145名で5.0%である。精神障害のある人のうち知的障害のある人は24名であり，知的障害のある新規受刑者のうちの8.5%が10度目以上の再入者となる。つまり，精神障害の診断がある人，とりわけ知的障害の診断を受けている人の再入者率が高いことがうかがえる。

法務省が2014年に特別調査を行った結果，調査対象施設77庁の受刑者総数56039人中，知的障害を有する者は774人，知的障害の疑いのある者は500人と報告されている。また，知的障害を有する者及び知的障害の疑いのある者のうち，再入者（入所度数が2以上の者）は342人で27%であり，年齢が上がるにつれて入所度数も増える様子がうかがえ，「65歳以上」では，「5度以上」が68.5%を占める。

◆第Ⅱ部◆　各論１〔課題別検討〕

　残念ながら，わが国では，多くの市民の中に障害者に対する無理解や偏見が残っているため，裁判所は，障害者が被告人となる事件においては，裁判員に対して，その障害特性や社会内の支援体制等について，十分な説明をおこなう必要がある。しかし，裁判所自体が障害者に対して十分な知識を持たないためか，裁判員への十分な情報提供などが行われていないと考えられる事例が生じている[8]。

3　民事手続き上の問題点　●●●
(1) 民事訴訟等の手続きが障害者を想定して作られていないことによる弊害

　現行民事訴訟法は，基本的に健常者による手続を想定しているため，多くの障害者は民事訴訟手続を利用することが困難な状態にある。

　例えば，現行制度では，訴状をはじめとする当事者の主張に関する書類，判決等の裁判所の判断を記載した書類，書証等の証拠，証人申請書等の手続き関係書類など，一連の手続きのほとんどが書字情報のやり取りによって行われているところ，書字情報を自由に読み書きすることができない視覚障害者や，難解な訴訟関係書類の内容を理解することが難しい知的障害者にとっては，このことが民事訴訟手続きを利用する上での大きな壁となっている。また，口頭弁論期日や弁論準備期日でのやり取り，本人尋問や証人尋問等は，口頭で会話ができることを当然の前提としており，聴覚障害者や，難解な言葉を直ちに理解

---

[8] 平成24(2012)年7月30日大阪地裁判決（D1-Law.com判例体系）
　　30年間引きこもっていたアスペルガー障害を有する男性が，実の姉を刺殺した殺人事件の裁判員裁判で，2012年7月30日，大阪地方裁判所は，検察官の求刑（懲役16年）より重い懲役20年の刑を言渡した。その量刑理由は以下のとおりである。
　　「健全な社会常識という観点からは，いかに精神障害の影響があるとはいえ，十分な反省のないまま被告人が社会に復帰すれば，そのころ被告人と接点を持つ者の中で，被告人の意に沿わない者に対して，被告人が本件と同様の犯行に及ぶことが心配される。社会内で被告人のアスペルガー症候群という精神障害に対応できる受け皿が何ら用意されていないし，その見込みもないという現状の下では，再犯のおそれが更に強く心配されているといわざるを得ず，（中略）被告人に対しては，許される限り長期間刑務所に収容することで内省を深めさせる必要があり，そうすることが社会秩序の維持に資する。」
　　なお，控訴審では，障害があることを犯情の被告人に有利な酌量事由とすべきであり，被告人が反省をしていない点と受け皿がない点に事実誤認があるとして，原審判決が破棄され，減刑された（平成25(2013)年2月26日大阪高裁判決，判例タイムズ1390号375頁）。

することが難しい知的障害者にとっては，このような仕組みが大きな障壁となる。

　かかる訴訟上の社会的障壁を取り除くためには，裁判所による十分な合理的配慮が不可欠であるところ，現状では民事訴訟法をはじめとする関係諸法令に裁判所に寄る合理的配慮を義務付ける規定がなく，現実に，合理的配慮がないために弊害や不当な結果が生じている[9]-[10]。

(2) 民事訴訟手続における合理的配慮にかかる費用が敗訴当事者の負担とされていること

　現行制度では，個々の裁判体の判断により，手話通訳者等の合理的配慮にかかる費用が訴訟費用に含まれ，敗訴者負担の原則により，障害のある当事者が当該費用を負担せざるを得なくなる場合がある[11]。しかし，これでは，障害者が費用負担を恐れるあまり，訴訟手続をとることを差し控えるという萎縮効果が生じ，障害者の裁判を受ける権利（日本国憲法32条）が実質的に侵害されてしまう。

4　刑事手続き，民事手続き共通

(1) 司法に携わる職員の障害理解や合理的配慮に関する研修が不十分であること

　司法において障害者に対する合理的配慮を行う制度が設けられたとしても，その実施主体である職員が合理的配慮に関する知識や見識を有していなければ，当該制度は機能不全に陥ることとなる。

---

[9]　知的障害のある人が養護者による経済的虐待により名義貸しをさせられた貸金債務につき，支払督促がなされたが，簡易裁判所からの通知書の内容が理解できずに放置したところ，仮執行宣言が付され，差押が可能な状態となってしまったという事例が報告されている。

[10]　上肢下肢に重い障害がある人に対して年金不支給決定書が届いたが，自分で封筒を開披できないために，信頼のおけるヘルパーが来てくれるまで内容の確認ができなかった。そのため不服申立期間を徒過してしまった。しかし，不支給決定取消訴訟において裁判所は，ポストに届けられた時を期間の始期と認定し，請求を却下したという事例が報告されている。

[11]　民事訴訟を起こした聴覚障害者が，公費による手話通訳者の費用負担を求めたところ，裁判所より，「障害者基本法29条は，民事訴訟費用法11条の適用を否定するものではない」との解釈が示されて，通訳費用の予納（民事訴訟費用法12条）を求められたという事例が報告されている。

◆第Ⅱ部◆　各論1〔課題別検討〕

警察官その他の司法関係者に対する障害理解等の研修の機会は徐々に増えているが，到底十分ということはできない。近年でも，警察官の障害理解の不足により，自閉症の障害を持つ人が，精神錯乱者と誤認されて取り押さえられ，死亡するに至った悲劇的な事件も発生している(12)。

(2) 障害者の裁判傍聴が制限される現状

障害者の法定傍聴については，職員による裁判所内の移動の支援など一定の配慮がなされてはいるが，法廷内で，聴覚障害者に見やすい位置に手話通訳者が立つことが許されなかったり，また，傍聴希望者が多数の場合，補助者も抽選の対象となり，補助者が入廷できないなど，裁判所の運用によって，障害者の法定傍聴が実質的に制限される例が生じている(13)。

又，車椅子での傍聴スペースが確保されておらず，法廷によっては，車椅子利用者が車いすのまま傍聴できないという場合がある(14)。

---

(12) 2007年9月25日，佐賀市において，自閉症と知的障害のある青年が，5人の警察官に取り押さえられて，命を落とすという事件があった。何かに誤解して混乱している場合に，障害のない人であれば言葉によって説明することで落ち着くことができるが，自閉症があると障害ゆえに言葉で説得することが困難なこともある。青年を押さえつけた5人の警察官のうちの一人でも自閉症に気づいていたら青年は命を落とさずにすんでいたのではないかと思われる。青年の遺族は，佐賀県に対し損害賠償を求めて裁判を提起したが，2014年2月28日に佐賀地裁において請求棄却の判決を受けた。遺族は，控訴し，2015年12月21日，福岡高裁において判決があった。結果は控訴棄却であったが，そのなかで，「少なくとも，本件取押えに対し健太（筆者注：自閉症を持つ青年の名）が上記のような意味不明の声しか発しないことが判明した時点においては，知的障害の存在を疑い，健太の知的障害等の存否を確認するために，所持品検査等を実施し，その結果，健太の知的障害の存在が客観的に明らかとなった場合には，（中略），知的障害者の特性を踏まえた適切な対応をする義務があるというべきである。」として，警察官に障害の特性を踏まえた一般的注意義務があることを認めた。なお，同裁判は上告も棄却された。
(13) 聴覚障害者が手話通訳者を同伴して裁判傍聴に訪れ，見やすい場所に立って手話通訳を行うことを申し入れたが，これが拒否され，手話通訳者も傍聴席に座って通訳をするよう指示がなされた。そのため聴覚障害がある複数の傍聴者と手話通訳者が横並びに着席し，聴覚障害者が身体をかがめて横に座っている手話通訳者の手話をのぞき込むような不自由な姿勢で手話を見るしかなかったという事例が報告されている。
(14) 肢体不自由で車いすに乗っている人が4人裁判傍聴に訪れた際，車いすスペースが3台分しかなく，もう一人は車いすから傍聴席に移って傍聴することを強いられたという事例が報告されている。

公開裁判の原則（憲法82条）及び知る権利（憲法21条）からすれば，障害によって傍聴の機会を制限されてはならないところ，現状では，これが障害者には十分に保証されていないといわざるを得ない。

IV おわりに

　権利条約13条に関する我が国の政府報告では，障害者基本法の規定を前提に，裁判所の物理的アクセス，手続き上の配慮，研修体制，さらには，関係現行法規の内容について述べて，既存の法制度の下でも裁判官やその他の司法関係者の適切な判断で司法へのアクセスは確保されているとしている。

　しかし，障害者基本法は，障害者施策の基本を定めるものではあるが，具体的な権利義務を創設するものではないため，障害者基本法に司法へのアクセスの規定が設けられたからと言って，それだけで障害者の司法へのアクセスが確保されるわけではない。

　法律が整備されたとしても直ちに本稿で取り上げたようなすべての問題が解決するわけではないが，まずは，司法手続を規定する刑事訴訟法，民事訴訟法をはじめとする諸種の手続法やそれに関連する裁判所規則等において，裁判官等の裁量ではなく，合理的配慮の提供を含む手続き上の配慮が法的義務として規定されることが必要である。

　権利条約によって障害者の権利や自由が確認されたとしても，結局，障害者が司法手続きを効果的に使えなければそれら権利や自由は絵に描いた餅となってしまう。わが国政府のみならず国会議員，司法関係者は，このことを重く受け止め，速やかに訴訟法をはじめとする各種法規の整備に取り組む必要がある。

◇第 15 章◇ 国 際 協 力〔久野研二〕

第15章

国際協力

久野研二

I はじめに

　本節では障害者権利条約（以下，条約）32 条で明記されている「国際協力」について検討する。

　私は日本の政府開発援助（ODA）の一翼を担う国際協力機構（JICA）で障害分野を担当する国際協力専門員として，以下に述べる様々な JICA 事業における障害分野の取り組みに関して，地域的にはアジアはもとよりアフリカから中南米まで全世界の取り組みの計画や評価・指導などを担当している。青年海外協力隊として 1991 年にマレーシアに派遣されて以来，プロジェクト専門家などとしてマレーシアには合計 15 年ほど，インドネシアには NGO の活動で 2 年半ほど赴任し，地域社会に根ざしたインクルーシブな社会開発（Community Based Inclusive Development: CBID）や障害平等研修の推進や研究に長く関わり，世界保健機関などの国連機関や世界銀行などのリソースパーソンなども務めてきた。JICA はプロジェクトや研修などの技術協力，有償・無償の資金協力，NGO やボランティアの派遣などの市民参加事業，民間連携の促進など様々な事業を行っており，条約の発効と日本政府の批准を踏まえ，この 32 条の国際協力に関して ODA の枠組みの中でその役割をどう担っていくのか，現在進行形の形で障害分野のみならず事業全体の障害主流化の検討を重ね実践へとつなげてきている。本稿ではこの JICA の役割や取り組みと私のこの分野での経験をもとに分析をした。

本稿では条約と障害者権利条約第1回日本政府報告をその分析対象とし、条約によって設置された障害者権利委員会が条約35条に基づいて作成している障害者権利条約締約国報告ガイドライン（以下、「ガイドライン」）を主たる分析の視点とした。また、国際障害同盟（IDA）もパラレルレポートに関する指針を出しており、それも参考にした[1]。分析においては、障害分野の国際協力において積極的な役割を担っている諸外国の報告との比較も行った。

II 条文の解釈

　条約32条において国際協力がどうあるべきと論じられているのか。最も重要であるのはこの枠組みそのものが援助（Aid）ではなく協力（Cooperation）という枠組みになっており、一方が援助し他方が受け取るという関係性ではなく双方が力を合わせて行うという枠組みとなっている点にある。また、この協力の主体も国家・政府だけではなく地域機関や市民社会など様々なレベルの関係者であることが明記されている。ゆえに「ガイドライン」においてもいわゆる援助国だけではなく被援助国側もこの32条についての報告をしなくてはならないとしている。また、主に途上国の状況の改善のための取り組みである開発または国際協力だけではなく、欧州連合（EU）内の協力といった意味も含むものである。

　この条文が求めているものは、この条約全体の目的の実現のために各国政府や諸機関が協力してあたることであり、かつ、その実現にむけた過程とその結果双方において障害者の参加がなされることである。

　そのために本条においても、国際協力における障害分野の取り組みの枠組みとしてJICAをはじめとして英国やオーストラリアなど多くの政府開発協力機関が採用している複線アプローチ（Twin-Track Approach）の枠組みがあてはめられている。この複線アプローチという考え方は開発という文脈で障害とい

---

(1) Guidance Document: Effective Use of International Human Rights Monitoring Mechanisms to Protect the Rights of Persons with Disabilities」International Disability Alliance, at http://www.internationaldisabilityalliance.org/sites/default/files/documents/crpd-reporting-guidance-document-english-final-print1.pdf （as of 1 August 2016）．

◇第 15 章◇ 国 際 協 力〔久野研二〕

う課題に取り組む際に二つの必要不可欠な取り組みを並行して行うという考え方である。柱の一つは開発全体において常に障害の視点を組み込み、計画や評価といった開発過程に障害者が当事者として参加し、開発の結果・成果を受益する裨益者から排除されないという「障害の主流化（Disability Inclusive Development / Disability Mainstreaming in Development）」である。条文中ではインクルージョン（包摂）やアクセシビリティ（利用のし易さ）という概念で説明されている。もう一つの柱は障害に特化した取り組みである。特に障害者を中心とした関係者のエンパワメント（力の獲得）のための取り組みであり、本条では能力強化（capacity-building）という概念で説明されている。これら主流化と特化した取り組み双方が不可欠な取り組みとして同時に取り組まれていくことが本条における国際協力の枠組みとなっている。

またこの分野でも後回しにされてしまっている研究や調査、科学や技術という点においても協力を推進していくことで途上国自身の自立発展性を支援していくことが示唆されており、各国はこの点を踏まえて国際協力を行っていくことが求められている。

III 分析と課題

政府報告を分析するにあたり、3つの点から考える。まず、ガイドラインが求める報告内容が十分に報告されているかどうかについて分析する。次いで日本の報告状況と国際協力において障害分野に力を入れている諸外国のこの条約に関する取り組みを条約に関する基本文書（締約国報告、事前質問事項、回答、総括所見）から比較分析する。これらの分析を踏まえ、32条が求めている内容に対する日本の国際協力の現状を分析し、今後日本が取り組むべき課題を考える。

ここでいう日本とは日本政府に限らない。NGOや障害者団体などの市民社会また企業もそれぞれの提言に関しての責任主体となる。

1 ガイドラインからみた締約国報告の内容

ガイドラインは本条に関して、報告国が行う国際協力の取り組みにおいて障害の主流化と障害に特化した取り組み、特に女性や子ども等に対する取り組みに関して実際に何がどの程度なされているかを具体的な数値やデータと共に報

告することを求めている。IDAの指針においても報告すべきポイントは障害者の人権が分野横断的課題として開発協力機関においてどの程度認識され取り組まれているかということ、また、障害者の人権そのものに直接焦点をあてた協力がどの程度行われているか、の2点についての報告がなされるべきとしている。

これに対しての締約国報告は政策的な枠組みと、政府および市民社会の取り組みとしてどのような取り組みがなされているかについて、その大枠が包括的に報告されている。他方、その具体的な内容、特にデータや活動リストといった情報は不十分と言わざるを得ない。報告の別添資料においても本条の国際協力に関する数値や情報は含まれていない。

以下特に重要と思われる5点についてまとめる。
① 政策から事業までの大枠での取り組みは網羅している
② 具体的な報告やデータ、情報が少ない
③ 主流化についての具体的な言及がない
④ 脆弱な集団に関する報告が不十分
⑤ 活動としてなされているのに報告されていない内容も多数ある

(1) **政策から事業までの大枠での取り組みは網羅している**

締約国報告では政策的枠組みとして開発協力大綱と障害者基本法を見据え、具体的な取り組みとしてJICAを中心としたODA事業とNGOの活動を網羅的に報告をしている。

1992年の『政府開発援助(ODA)大綱』では特に留意すべき対象として障害者が明記されていた。しかし、2003年の改定にあたり、個別の対象に言及するのではなく広く脆弱な集団という中に個別の対象を読み込むという方向性のもと、障害者という明記がなくなった。理由の如何に関わらずまた対象の区別をせずに広く不利益を被っている対象に注意を払うという発展的な統合ではあるものの、やはり女性や子ども、少数民族など比較的認知されやすい集団に対して障害者というのは認知されづらく、人口という点からも更なる少数者集団として優先対象とはなりづらく、国際協力の実践においてもその影響は否めなかった。しかし、2015年に出された開発協力大綱においては「人間の安全保障」を重要な一つの柱とし、脆弱な立場の人々に焦点をあて、誰ひとり取り残さない包摂的な開発を進めていくことを掲げており、その趣旨を反映すべく改めて障害者が重視すべき対象として明記されるにいたった[2]。

◇第15章◇ 国 際 協 力〔久野研二〕

これは世界的な潮流の影響もあったであろう。国連が2015年を目標に掲げた開発の目標である「ミレニアム開発目標（MDGs）」においては障害者についての言及はなかったものの，MDGsを引き継ぐ2030までの開発目標となった「持続可能な開発目標（SDGs）」においては障害者に関する明記が改めてなされている。SDGsは〝誰一人取り残さない″世界の実現を目指して2015年の国連サミットで採択された国際目標である。貧困や環境問題などに関する17のゴールと169のターゲットが掲げられており，障害に関する指標も組み入れられている。

また，事業についてはJICAを中心とする資金援助から技術協力，また地域協力やNGOの活動についても広く触れている。

(2) **具体的な報告・データ情報が少ない**

上記のように報告では網羅的に報告をしているものの，具体的に何がなされているかについては内容の点からもデータ・情報の点からも乏しい。締約国報告には添付資料で国内の障害分野に関するデータが資料として添付されているが，この資料にも国際協力については含まれていない。

ガイドラインでは活動の件数や割合，予算，活動数や参加者数などの具体的な数値情報が求められている。数値に関しては，例えばガイドラインの2点目で求めている事業の「成功件数」の数値の算出など難しいと思われるものもあるが，他方で，例えばJICAの報告書などから抽出できる数値データは少なくない。それらをもっと活用すべきであろう。

(3) **主流化についての具体的な言及がない**

上記とも重なるが，報告の中では特に障害の主流化についての具体的な言及がない。空港や鉄道建設でのバリア・フリー化については触れられているものの，より具体的な事例や主流化のためにとられている政策や方策などについての言及が必要である。例えばJICAにおいても既に主流化のために種々の取り組みがなされている点もあれば，改革が進んでいない点もある。主流化は国際協力の重要な柱の一つであり，その具体的な進捗についての言及が少ない点は課題である。

(4) **脆弱な集団に関する報告が不十分**

---

(2) 「開発協力大綱」外務省，at http://www.mofa.go.jp/mofaj/gaiko/oda/seisaku/taikou_201502.html (as of 1 August 2016).

政府報告では女性や子どもなどガイドラインの中で「脆弱な集団」とされている障害者への差別是正措置に関する報告が不十分である。実際には女性や子どもだけではなく例えば難民や紛争被害者，元戦闘員や障害者の中でも盲ろう者などのより支援から取り残されてきた集団などを主対象とした取り組みも多数なされており，それらは適切に報告されるべきであろう。例えばシリアの障害者難民に対する支援はヨルダン国内におけるJICAの支援はもとより，外務省のNGO連携資金によるNGOの支援などがある。また，ルワンダの元戦闘員障害者に対する職業訓練と生計向上のためのJICAプロジェクトやコロンビアの紛争被害者へのプロジェクトなども実施されている。ウズベキスタンでは盲ろう者支援の取り組みがなされJICAにおいても理事長賞として評価されるなど国際協力の取り組み全体の中でも評価される取り組みとなっており，このような取り組みは脆弱な集団に対する取り組みの好事例として報告されるべきであろう。

(5) **報告されていない内容も多数**

全てを報告することは求められていないしその紙幅も政府報告にはないが，それでもなお日本の国際協力の取り組みとして報告されるべきと思われるにもかかわらず具体的に報告されていないものが少なくない。例えば他国の協力と比べても日本の国際協力の特色となっている人材育成では，JICAの障害者リーダー研修や民間のダスキン愛の輪基金の研修などは障害者のエンパワメント研修として途上国からの評価も高く，該当国に日本のODAやNGOが進出する際の相手国のキーパーソンになったり，第三国や国際機関の人材となって活躍するような成果も生みだしている。良いことだけを出すというスタンスではないが，実情について具体例を持って説明できるところはしていくべきであろう。

日本の報告の問題というよりもガイドラインそのものの問題であるともいえるが，報告では「何をやったか」についてみているものが中心であり，それらが「どういう成果・結果をもたらしたか」に関する言及は限られている。確かに最初の締約国報告において2年という短い期間で成果を出すことは難しく，成果報告があるべき報告ということを理解したうえでの活動中心の報告としているのかもしれないが，本来であるならば問われるべきはその成果であろう。例えばJICAのプロジェクトであれば終了時に必ずその成果については量的評価を伴う形で客観的な評価がなされており，それらを活用して成果の側面もエ

◇第15章◇ 国際協力〔久野研二〕

ビデンスと共に報告することはできるであろう。

　また，ガイドラインにおいては当時の国際的な開発枠組みであるMDGsの政策と計画への整合性がガイドラインの8つ目で示されているが，既にMDGsの目標年限である2015年も過ぎており，新しい国際枠組みであるSDGsの枠組み，またそこで特に障害者が明記されている教育，経済成長と雇用，不平等，居住におけるアクセシビリティ，またSDGs全体のモニタリングとデータ収集における障害に関するデータ，といった点に関する日本の国際協力の状況について報告がなされるべきであろう。

　ガイドラインに基づいた報告の分析で1点留意すべき点がある。それはガイドラインの3点目で示されている次の点である。「特に障害のある人を対象とした計画及び事業と，それらに割り当てられた総予算の割合」。情報としてどれくらいの予算が障害分野に使われているかについてはデータとしてある方がよい。しかし，このようなデータの報告を求めるとともに国際協力予算のうち障害者の人口割合いと同程度の支出が障害特化案件に振り当てられるべきという要求がなされることがある。しかし，これはあまりにも飛躍した議論といえる。ODAの中で大きな予算は資金協力（有償）であるが，これはインフラ整備などに充てられ額としても数十億円以上のものが多い。例えば交通や通信インフラの整備や感染症対策や上下水道整備など，これらが障害者やその家族を全く対象にしていないわけではなく直接間接に障害者とその家族にも裨益しているものが多い。他方，障害に特化した案件はリハビリテーションセンターや施設などのいわゆる"箱物"の建設などでは額の大きいものもあるが，そのような"箱物"の支援は減少傾向にあり，近年の協力の多くは技術協力プロジェクトが多く，特に社会開発やエンパワメントといった人材育成や制度・事業形成などにシフトしてきている。それらは大規模なものであっても数億円程度である。このようなプロジェクトが10件行われていたとしても，額としては1件のインフラ案件よりも小さい。またこのような技術協力は額は小さくとも制度の設計と定着により1件の施設を建設するよりも障害者の社会参加に与える影響は大きい場合もある。単純に総予算の割合という数値だけが指標となるようなことはこれらの点を見えなくさせてしまう危険があることを理解しておくべきであろう。

2　他国と比較しての状況：条約に関する基本文書から　●●●

　では，日本は他国と比較して締約国報告の質そのものがどうであるのか，ま

た，実際の国際協力の内容が他国と比べてどうであるのか，この２点について検討する。「障害と開発」の国際協力において積極的な役割を担っている４か国（英国，オーストラリア，ドイツ，スウェーデン），また隣国の韓国の５か国を例に考える。各国の締約国報告，事前質問事項，回答，総括所見の４資料から分析をした(3)。

事前質問事項と総括所見を見ると明白であるのは，やはり国際協力に関する報告で求められているのは，主流化のために具体的に何をしているのか，障害者の参加特に計画段階への参加に対して何をしているのか，そして予算としてどれだけのものが障害分野に充てられているのか，そしてそれらがデータとして収集されモニターされているのか，についての情報が重要である点である。

どの国も日本の報告と同様にその国の開発政策とその国の開発援助機関による活動を中心に報告している。韓国も含めどの国も障害分野の国際協力について何らかの予算額を示している。また英国は公開されている締約国報告からは削除されているが国連に提出している資料においては別添５として国際協力についての詳しいリストを添付しているようである。またオーストラリアも報告内容に引用文献をつけることで，より詳しい内容を参照できるようにしている。どの国も国名やプロジェクト名や協力団体名を含め，かなり具体的なプログラムやプロジェクトの内容までを報告している。相対的に日本よりも詳しい情報が予算を含めた数値データと共に報告されている。にもかかわらず，事前質問事項では更にそれらのデータと特に主流化の取り組みについての詳しい情報が求められている。

他方，どの国も報告において難しい点，また実際の取り組みとして難しい点として挙がっているのは障害特化の案件ではなく障害主流化についてである。例えばドイツは事前質問事項で主流化についての情報の提出が問われているが，回答において，現状ではそれをデータとしてモニターできる状況ではないと報告している。

これらを見ると，日本の報告においては以下の点が問題として浮かび上がる。
・全体として具体的な情報に欠ける
・主流化に関する取り組み情報が不十分

---

(3) http://www.ohchr.org/EN/HRBodies/CRPD/Pages/CRPDIndex.aspx (as of 1 August 2016).

◇第15章◇ 国 際 協 力〔久野研二〕

・障害者の参加のための取り組みについての具体的な情報が不十分
・予算を含めデータや情報が不十分

他国の報告を見てもこれらについては必ず事前質問事項において指摘されることが予想される。

では，日本の障害分野の国際協力は他国と比べてどうなのであろうか。政策や戦略的な枠組みの有無やその質であるが，国の政策としての開発協力大綱において人間の安全保障を柱の一つとし，脆弱な集団に留意したインクルーシブな開発を指向し，障害についても言及されていること，また，ODAの具体的な実施機関であるJICAも障害の主流化を柱の一つする複線アプローチを「障害と開発」の課題別指針としている点など，他国の政策と比べてもそん色はない[4]。

また，障害者の参加，特に実施や計画プロセスへの参加については他国も十分な数値データを示しているとは言い難いが，日本ではJICAの専門家や調査団などでの派遣では2017年末までに延べ137名が，うち市民参加型であるボランティア活動でも長期短期で18名が参加している。また計画や政策への参画としては，JICAの「障害と開発」の課題別支援委員会も12名の委員のうち4名は障害者である。また，定期的に開催されるNGO-JICA協議会議にも開発系のNGOで障害分野に取り組んでいるNGOだけではなく障害者団体であるDPI日本会議なども参加しており，JICAの政策や計画への参加，また国際協力の実施プロセスへの参加も進みつつある[5]。

他方，他国と同様に主流化についてはその具体的な導入に課題を抱えている。また，例えば日本財団など市民社会として二国間協力だけではなく国連などの

---

(4) 「課題別指針：障害と開発」国際協力機構, at http://gwweb.jica.go.jp/km/FSubject0601.nsf/ff4eb182720efa0f49256bc20018fd25/6de82b04d77d23b0492579d400283a2d/$FILE/%E8%AA%B2%E9%A1%8C%E5%88%A5%E6%8C%87%E9%87%9D%EF%BC%88%E9%9A%9C%E5%AE%B3%E3%81%A8%E9%96%8B%E7%99%BA%EF%BC%892015.pdf (as of 1 August 2016)。

(5) 「障害と開発への取り組み」国際協力機構, at http://gwweb.jica.go.jp/km/FSubject0601.nsf/03a114c1448e2ca449256f2b003e6f57/39b4b47bdddbec5a49257bd0000b7d46/$FILE/JICA%E9%9A%9C%E5%AE%B3%E3%81%A8%E9%96%8B%E7%99%BA%E3%83%91%E3%83%B3%E3%83%95%E3%83%AC%E3%83%83%E3%83%88(%E5%92%8C%E6%96%87).pdf (as of 1 August 2016)。

マルチの協力の場面で貢献している団体もあり、そのような事例も積極的に報告されるべきであろう。

3　国際協力に関する日本の取り組みの課題と戦略　●●●

全体を見ると、二国間協力における障害に特化した取り組みについては条約の趣旨に照らしてもあるべき協力をしているといえる。他方課題であるのは国際協力全体における障害の主流化の取り組みと共に、障害者の国際協力への参加のより積極的な推進とそのための合理的配慮の制度化などであろう。また、求められる戦略としては、アジアやアフリカといった広域的な取り組みや国連・ドナー連合などのマルチな取り組みにおけるより積極的な役割と共に、障害者や途上国への直接支援に加え、国際的な政策枠組みや指標といった知（ナレッジ）への貢献であろう。以下それらの課題と戦略についてまとめる。

(1) 国際協力における障害の主流化

JICAの事業を例にとる。JICAでは新規の事業を開始する際に分野横断的な課題に関して配慮をするために環境社会配慮ガイドラインを設けている。例えばこの中でジェンダーや先住民など国際協力のどの事業でも留意すべき事項が書かれており、障害者の人権についても配慮すべきということが明記されている。しかし、具体的な確認項目事項としてはジェンダーなどは設けられているものの障害についてはその記載は無い。そのため、このガイドラインに基づいて障害についての配慮もしくは障害者の参加が他のものと平等に保障されるようになっているかについては心もとない。

しかし、条約と障害者差別解消法を踏まえ、例えば、協力案件を開始するにあたっての調査において、「環境社会配慮・横断的事項・ジェンダー分類の横断的事項」として障害配慮について調査確認し障害者が不利益を被らないようにしていく方策がとられるなどの取り組みもなされ始めている。

JICAは2003年に作成した障害分野の課題別指針において既に複線アプローチを取り上げ障害の主流化について取り組む姿勢を出している。また2015年の大幅な改定では条約の批准を踏まえ「障害の社会モデル」と複線アプローチを指針の柱とし、障害の主流化をより明確に打ち出したものとなっている。既にタイやインドの交通網整備への借款事業では車両や駅舎のバリア・フリー化などが組み込まれるなど実践においても主流化は進みつつあり、障害特化案件では当該国での「障害の社会モデル」の普及を進めるために障害平等研修をプロジェクトの基本コンポーネントとすることも進んでいる。また、理

◇第15章◇　国 際 協 力〔久野研二〕

事長を含めた職員研修や全職員対象の障害者差別解消法の研修においても条約特に32条の国際協力についても組み込まれており，JICAの国際協力において大きな役割を担っている開発コンサルタント会社の障害分野への理解を促すために，2015年度から「障害と開発」アドバンス研修や「障害と開発」に関する能力強化研修などが定期的に実施されてきている。

　開発における障害の主流化のために必要であるのは，開発で取り組む課題としての障害および障害者がきちんと認識されることである。障害は開発の課題ではない，障害者は開発の対象ではない，という先入観があれば，この主流化は進まない。幸いJICAは人間の安全保障が事業の土台にあり，「障害と開発」の課題別指針においてもこの人間の安全保障の理論的な基礎であるケイパビリティ・アプローチが採用されており，障害と開発が実質的な可能性の拡大という同一の課題に対する取り組みであることが理念上も構築されている。

　しかし，例えばジェンダーの主流化と比べると障害主流化はまだまだ制度上も実際の取り組みとしても十分ではない。障害主流化を進めていくためには，「障害の社会モデル」を基礎にした障害の視点を国際協力に関わる関係者に広めるような障害平等研修のような研修機会の設定，実効性のある枠組みや具体的な制度の形成，そして，主流化のために必要な予算や人材を障害特化案件ではないものに対しても適切に投入することなどが更に求められるであろう。

(2) 障害者の参加

　この点もJICAを事例として考える。JICAでの障害者の派遣は1991年にフィジーに短期専門家として派遣されたのが始まりで，その後1995年から2年にわたって行われた「国民参加型協力推進基礎調査：障害者の国際協力事業への参加（フェーズ1，2）」において障害者の国際協力への参加の推進に関する検討が始まった[6]。この中で障害者自身が国際協力の実施者として参加することの意義と実際に参加を支援するために必要な対応が調査され提言された。

　もちろんこの調査以前も例えば青年海外協力隊などのボランティア事業で障害者が参加していた例もあるが，特に合理的配慮の提供がなされるような形での派遣ではなかった。

---

(6) 「平成8年度国民参加型協力推進基礎調査「障害者の国際協力事業への参加」（第2フェーズ）報告書」国際協力機構，at http://gwweb.jica.go.jp/km/FSubject0601.nsf/ff4eb182720efa0f49256bc20018fd25/bd299e1e2a8f343649256fd300254854/$FILE/%E3%83%95%E3%82%A7%E3%83%BC%E3%82%BA%E2%85%A1.pdf (as of 1 August 2016).

◆第Ⅱ部◆　各論1〔課題別検討〕

　この報告の後，調査団や専門家などでの介助者の同行や情報保障など合理的配慮を附したうえでの派遣が積極的に進められ，市民参加型事業であるボランティア事業においても同様に合理的配慮の提供を踏まえた派遣が2006年頃から増加した[7]。これに伴いボランティアの訓練所などのバリア・フリー化も進み，盲ろう者で人工呼吸器と電動車いすを使用している方の派遣なども行われており，2017年末時点ではプロジェクトの長期専門家としてモンゴルに視覚障害者が1名派遣されている。

　また，障害者の参加は日本人の参加だけを指すのではなく途上国の障害者が国際協力のプロセスに参加することも重要である。日本の取り組みでは前述の研修への障害者自身の参加が今までも効果を上げている。2017年には長期の研修制度（修士課程留学）で南アフリカから車いす利用者を受け入れ，電動車いすの貸与などの合理的配慮の提供を含めた対応を行っている。その他の短期研修でも，たとえばろう者の研修を受け入れるために手話通訳の配置などの合理的配慮を行っている。当然それらには費用がかかるがこのような合理的配慮の提供なしに障害者の参加はなしえない。前述したダスキン愛の輪基金のアジアの研修生受け入れ事業など市民社会の研修受け入れ事業も重要でありこのような研修の取り組みを更に積極的に検討すべきであろう。

(3) 国連や多国間・地域における条約推進の取り組みへの更なる貢献

　国連の6機関（国際労働機関（ILO），国連人権高等弁務官事務所（OHCHR），国連経済社会局（UN DESA），国連開発計画（UNDP），ユニセフ（UNICEF），世界保健機関（WHO））は条約の推進をUN機関が協力して進めるための方法の一つとして「障害者の人権のためのパートナーシッププログラム（UN Partnership Program for the Rights of Persons with Disabilities: UNPRPD）」のためのマルチドナー信託基金（multi-donor trust fund: MDTF）を2011年6月に立ち上げた[8]。この信託基金に各国政府が資金を拠出し，北欧諸国やオーストラリアが主要な拠出国となっているが日本政府は拠出をしなかった。この拠出金をもとに国連各機関が条約を推進するための種々のプロジェクトを実施している。本来このような国連による条約推進の動きに対して，日本政府も政府独自の二

---

(7) 久野研二『ピア・ボランティア世界へ』（現代書館，2012年）。

(8) 「UN Partnership to promote the Rights of Persons with Disabilities Multi-Donor Trust Fund (UNPRPD MDTF)」UN Multi-Partner Trust Fund Office, at http://mptf.undp.org/factsheet/fund/RPD00 (as of 1 August 2016).

◇第15章◇ 国 際 協 力〔久野研二〕

国間協力に加えてより積極的に資金的にもまた技術的にも貢献していくことは条約の推進を世界的に進めていく国際協力という役割を果たすうえでは重要であろう。この基金への拠出に力をいれていたオーストラリア政府は国連の種々の会議などにおいても重要な役割を担ってきた。

　国際的なドナーの動きとして英国の開発庁が主導的な役割を担い、2015年に協議会を開催し「障害に関するグローバルアクションネットワーク（Global Action on Disability：GLAD Network））」が立ち上げられ、年1回の会合とニューヨークで開催される障害者権利条約締約国会議に合わせて運営委員会が実施されている。JICAは2015年の設立会合から参加しこのGLAD Networkの運営委員になっている。国連機関はもとより主要国のドナー機関や市民社会が参加しており、この取り組みに日本（JICA）が運営委員として加わっていることは重要である。

　地域の動きとしては日本はアジア太平洋障害者の十年（第一次：1993-2002年、第二次：2003年から2012年）において大きな役割を果たしてきた。例えば、2002年10月には、アジア太平洋障害者の十年（1993-2002）最終年ハイレベル政府間会合が滋賀県大津市で開催され、第二次十年（2003-2012）の行動計画となる「アジア太平洋障害者のための、インクルーシブで、バリアフリーな、かつ権利に基づく社会に向けた行動のためのびわこミレニアム・フレームワーク」（Biwako Millennium Framework：BMF）を採択し、JICAによる10年の支援の成果であるアジア太平洋障害者センター（APCD）は第二次十年の地域資源として位置づけられた。

　しかし、その次の十年（2013-2022）は行動戦略の会議は韓国がホストとして貢献しアジア太平洋の障害者の「権利を実現する」インチョン戦略をまとめ、中間年の評価は中国がホストとなった。日本は国連アジア太平洋経済社会委員会（ESCAP）への拠出金などでこの域内への貢献はあるが、過去2回の十年と比べると現在の日本のこの域内の取り組みへの貢献は少ないのではないだろうか。もちろんそういう役割を日本だけが担うのではなく他の国々と共有していくことは必要であろう。しかしそれは日本がそういう役割を担わなくてよい、ということではないはずだ。日本は長年にわたりアセアン（東南アジア諸国連合）・日本社会保障ハイレベル会合などでも障害分野を定期的にテーマとしてアセアン各国との地域的な協力を図ってきた。現在アセアンはアセアン障害者の十年（2011-2020）を進めており、アセアンの障害分野の取り組みに対しては

日本のアセアン統合基金（JAIF）がプロジェクトへの資金援助をするなどの役割も担っており，JICA と APCD も技術的なインプットを行っている。

　JICA を含め日本の国際協力は二国間援助が主となっているが，このような広域の取り組みも面的な波及効果を考えれば同様に進められていくべきであろう。

(4) 更なるナレッジ（知：政策や指標など）・質的な貢献

　条約が推進しているのは，障害者のインクルージョンであり，社会参加であり，エンパワメントである。しかし，これらについての客観的な評価指標や国際比較指標は十分に開発されていない。例えば，ジェンダーなどについては国連開発計画（UNDP）がジェンダー不平等指数を作成し，国際比較ができる指標となっている[9]。障害についてもインクルージョン，社会参加，エンパワメントといったことを国際比較できる指数が必要である。国内でもまた国際協力の実践を通しても多くの知見を有している日本はそのような指標の作成をリードしていくような役割を担うことで，条約推進の役割を担っていくことができるであろう。

IV　おわりに

　日本の「障害と開発」における国際協力は長い歴史があり，途上国はもとより，国連機関や他国のドナー機関にも評価されている。韓国などは JICA 職員などを招待し日本の「障害と開発」における障害主流化の取り組みの方法を学ぼうともしている。条約が目指す国際協力の形にも沿っているといえる。しかし，ODA をはじめとする国際協力全体における障害の主流化はまだまだこれからであるし，日本国内でさえなかなか進んでいないインクルーシブ教育など障害インクルーシブな開発，全ての開発における障害主流化のための取り組みの推進は更なる努力が求められる。

　また，日本の障害者自身の国際協力への参加も今後更に進めていかなくてはいけない。もちろん今後の取り組みは量的な面だけの話ではなく，主流化のた

---

(9)　「ジェンダー不平等指数」国連開発計画，at http://www.jp.undp.org/content/tokyo/ja/home/library/human_development/human_development1/hdr_2011/QA_HDR4.html (as of 1 August 2016)。

めの効果的な戦略や方法の理論形成や国連を含めた国際的な政策形成プロセスへのより積極的な貢献も必要である。静岡県立大学の石川准教授が権利条約の委員となったことは，条約推進に対する国際協力ともなろう。

今後これらのことが政府やNGOだけではなく民間企業の途上国への進出の中でも考えられるような仕組みづくりも必要であろう。また，2020年の東京オリンピック・パラリンピックにおいて訪日する人々が日本でのアクセシビリティや障害者の社会参加の状況を実際に目にしそれを自国に持ち帰ってもらうことも国際協力の一つの方法であるのかもしれない。

本稿の最初で述べたとおり，ここで論じているのは援助ではなく協力である。それは一方が他方に与える，もしくは，一方が他方に成り代わって問題を解決するということではない。双方が力を合わせ共通の課題を解決していく取り組みである。日本の国際協力はそのような相互主体的な関わりとして実践されていくべきであろう。

第16章

障害者参加

尾上浩二

I はじめに

　筆者は脳性マヒの障害があり，幼いときから立ったり歩いたりすることができなかった。現在は2次障害の影響もあり就寝時以外は，電動車いすを使って生活している。大学入学と同時に障害者運動に関わり，1978年以来40年近く過ごしてきた[1]。

　本稿のテーマである「障害者参加」は，1970年代から勃興してきた障害者運動に密接に関わっている。

　筆者が障害者運動に参加し始めた1970年代は，障害者を「保護の客体」として捉える風潮が今以上に根強くあり，医者や教師など専門家を中心とした形で制度・政策が決められてきた。それに対して，入所施設や分離された学校での実体験を持つ障害当事者が異議を申し立てても，「身の程知らず」「異端」の主張と見做されがちだった。

　筆者は，障害者権利条約批准に向けた国内法整備を進めていくために招集された「障がい者制度改革推進会議」（以下推進会議，2010～2012年），それを発展改組した「障害者政策委員会」（以下政策委員会，第1期＝2012～14年）の委員として積極的に意見提起を行ってきた[2]。

---

[1]　筆者自身の障害者運動との関わりについては，尾上浩二「障害者運動のバトンを次世代へどう引き継ぐか？」尾上浩二・熊谷晋一郎・大野更紗・小泉浩子・矢吹文敏・渡邉琢『障害者運動のバトンをつなぐ――いま，あらためて地域で生きていくために』（生活書院，2016年）85-128頁。

国レベルで障害当事者が多数を占める委員会が設置されること自体，本書の主題である障害者権利条約無しには考えられないできごとだった。ただ，そこに至るまでにも，バリアフリー条例や介護保障制度制定を巡って各地域で障害当事者の働きかけがあり，自治体レベルでは1990年代から障害当事者参画は一定進んできた。筆者自身も，1992年の大阪府・福祉のまちづくり条例制定運動に関わり，その後，大阪府や大阪市の委員を務めた経験がある。

障害者参加は，障害者運動が始まって以来の長年のテーマであり，障害者の位置づけを「保護の対象」とするのか「権利の主体」とするのかといった優れて本質に関わる問題であることを，まず押さえておきたい。

II 条文の解釈

1 障害の社会モデルと「参加」

障害者権利条約の条文には，「参加」という言葉が30カ所に登場する。「参加」がキーワードの一つであることは間違いない。それは，条約が採用する障害の社会モデルから来る，当然の帰結である。

周知の通り，条約の前文(e)では，
「障害が発展する概念であることを認め，また，障害が，機能障害を有する者とこれらの者に対する態度及び環境による障壁との間の相互作用であって，これらの者が他の者との平等を基礎として社会に完全かつ効果的に参加することを妨げるものによって生ずることを認め」とし，さらに，1条では，「障害者には，長期的な身体的，精神的，知的又は感覚的な機能障害であって，様々な障壁との相互作用により他の者との平等を基礎として社会に完全かつ効果的に参加することを妨げ得るものを有する者を含む」とされている。

このように，障害を「機能障害を有する者とこれらの者に対する態度及び環境による障壁との間の相互作用」であるとし，障害者には「様々な障壁との相互作用により…社会に完全かつ効果的に参加することを妨げ得るものを有する者を含む」としている点が大きな特徴である。

---

(2) 障害者制度改革における当事者参画の意義については，尾上浩二「政策形成における「当事者参画」の経験と課題」障害学研究10号（2014年）11-18頁。

そして、3条(c)には、条約全体を貫く一般原則の一つとして、「社会への完全かつ効果的な参加及び包容」が掲げられている。

これらの規定から、「社会への完全かつ効果的な参加」が条約の実施における全ての分野、プロセスに関わるものであることが分かる。

そのことをふまえた上で、本稿では、実施プロセスにおける「障害者参加」に焦点を当てて見ていく。

2 条約の基本精神が体現された4条3、33条

実施プロセスにおける障害者の参加に関連する条文としては、4条3と、33条があげられる。

締約国の一般的義務を述べた4条3は
「締約国は、この条約を実施するための法令及び政策の作成及び実施において、並びに障害者に関する問題についての他の意思決定過程において、障害者(障害のある児童を含む。以下この3において同じ。)を代表する団体を通じ、障害者と緊密に協議し、及び障害者を積極的に関与させる」としている。

「条約を実施するための法令・政策の作成・実施」は元より「障害者に関する問題についての他の意思決定過程」も含めた幅広い分野で、「障害者と密接に協議し、障害者を積極的に参加させる」ことを締約国に求めている。

33条は全文が本稿と密接に関連した内容となっている。

第33条 国内における実施及び監視
「1 締約国は、自国の制度に従い、この条約の実施に関連する事項を取り扱う一又は二以上の中央連絡先を政府内に指定する。また、締約国は、異なる部門及び段階における関連のある活動を容易にするため、政府内における調整のための仕組みの設置又は指定に十分な考慮を払う。
2 締約国は、自国の法律上及び行政上の制度に従い、この条約の実施を促進し、保護し、及び監視するための枠組み(適当な場合には、一又は二以上の独立した仕組みを含む。)を自国内において維持し、強化し、指定し、又は設置する。締約国は、このような仕組みを指定し、又は設置する場合には、人権の保護及び促進のための国内機構の地位及び役割に関する原則を考慮に入れる。
3 市民社会(特に、障害者及び障害者を代表する団体)は、監視の過程に十分に関与し、かつ、参加する。」

条約の国内モニタリングを規定した33条は、他の人権条約には見られない、障害者権利条約独自の規定である。その3では「監視プロセスへの市民社会の関与・参加」が述べられているが、「特に、障害者および障害者を代表する団体」と、とりわけ障害者参加が強調されている。

◆第Ⅱ部◆　各論1〔課題別検討〕

　これらの規定に，条約の基本精神である「私たち抜きに私たちのことを決めないで！」（Nothing About Us Without Us）の反映を見て取ることができる。

　2001〜2006年まで開催されてきた条約の特別委員会では，各国の政府代表団に障害当事者が加わるとともに，世界中から障害者団体の代表もオブザーバーとして多数参加した。世界中の障害者が共通して使ったスローガンが「私たち抜きに私たちのことを決めないで」だ。

3　障害者参加を巡る歴史的背景　●●●

　障害者権利条約で広く知られるようになったが，決定プロセスにおける障害当事者参画は，長年の障害者運動のテーマである。

　「はじめに」でもふれたとおり，「当事者不在の政策形成過程への批判・対抗」というテーマが，1970年代からの障害者が主体となった運動には不可避的に内在されていた。しかも，そうした「当事者不在の政策形成」への批判は，日本だけではなく，世界的なレベルで巻き起こっていたことを確認しておく必要がある。

　私が属するDPI日本会議は，世界120ヶ国以上に支部を持つ障害者運動の国際組織であるDPIの一員だ。その世界共通のスローガンは，「われら（＝障害者）自身の声」である。国際組織であるDPIは1981年にシンガポールで結成されたが，そのきっかけは，前年のカナダのウィニペグで開かれたRI（リハビリテーションインターナショナル）世界大会での，あるできごとだった。リハビリテーションの専門家の大会に世界中から集まった障害者が，「理事の過半数を障害者が占めること」を求めた動議を提出した。つまり，非障害者の専門職と障害当事者とが対等の発言力を持つように求めたが，この決議は成立しなかった。

　この結果に不満を持つ障害者を中心に，新しい組織作りが進められていき，DPIの結成となった[3]。

　1981年のDPI結成の際に採択されたDPI声明（マニフェスト）[4]では，

---

[3]　DPI結成の経過や意義については，長瀬修訳によるダイアン・ドリージャー『国際的障害者運動の誕生――障害者インターナショナル・DPI』（エンパワメント研究所，2000年）を参照。

[4]　DPI声明（マニフェスト）の和訳全文はDPI日本会議のウェブサイトより入手できる（http://www.dpi-japan.org/hokkaido/shiryo/statement.pdf (as of 4 December 2017)）。

◇第 16 章◇　障害者参加〔尾上浩二〕

　「障害者政策は，きわめて多くの場合，社会における資源の配分に関わっており，大抵の場合，それらは政治の問題である。以上の哲学の帰結として，あらゆる発展計画やプログラムは，障害者の参加を保障する方策を含むものでなければならない。サービスや諸活動が商業ベースで行われるような分野における障害者のための方策については，社会は障害者がこれらのサービスや活動から排除されることのないよう，その利益を保障しなければならない」

と，政策決定から日常的なサービス・諸活動に至るまで，全ての段階における障害者の参画を強く求めている。

　このマニフェストの後半では，「教育の権利」「自立生活の権利」等と並んで，「影響力の権利」という項目がある。

　「あらゆる個人は，社会の形成に影響力を及ぼす平等な，民主的な機会を保障されなければならない。障害者にとって，政治的決定過程に十分に参加するためには，多くの障壁が存在する。さまざまなコミュニケーションの障害を持つ人達のグループに，情報の権利が保障されなければならない。すべての公共的な場は，障害者が利用できるようにつくられなければならない。障害者はまた，社会的な討論の場，会議の場に参加する機会が与えられなければならない。さらに，障害者団体は自分たちのためになされるすべての施策に関して決定的影響力を認められなければならない」

　1981 年の DPI の結成を象徴的なトピックスとし，以来，障害者の参加を巡って様々な取り組みが進められてきた。四半世紀に及ぶ取り組みが，障害者権利条約に結実したといって過言ではない。

4 「障害者権利条約モニタリング　人権モニターのための指針」　●●●

　国連の人権高等弁務官事務所は，「障害者権利条約モニタリング　人権モニターのための指針」（以下「条約モニタリング」）[5]というタイトルで指針となる文書を 2010 年にまとめている。「国連人権専門官と，各国政府，国内人権機関並びに非政府機関などその他の人権モニターが，障害者権利条約に従い，障害のある人の権利のモニタリングに関与するのを支援すること」を目的としてまとめられたものだ。

---

[5]　国連人権高等弁務官事務所「障害者権利条約モニタリング　人権モニターのための指針」は，日本障害者リハビリテーション協会による和訳（監修長瀬修）が同協会のウェブサイトから入手できる（http://www.dinf.ne.jp/doc/japanese/rights/rightafter/right_agreement_monitor.html (as of 4 December 2017))。

◆第Ⅱ部◆　各論1〔課題別検討〕

　その序文の最後には,「歴史的に見て,障害のある人は人権制度において無視され,人権活動においても見過ごされてきた。このようなことはもはや受け入れられない」と,人権制度や人権活動においてすら障害者が無視されてきた歴史を厳しく批判している。その上で,「人権モニタリングの関係者が,障害のある人の視点を効果的に活動に取り入れていく」ことを求めている。

　同文書の「Ⅲ.障害のある人のモニタリング:概説」の章には,「A.モニタリングにおける障害のある人の中心的な役割と参加」として,次のように記されている。

　　「障害のある人とその代表団体は,障害者権利条約の策定と協議において,「私たちのことを私たち抜きで決めないで！」というスローガンの下,重要な役割を果たした。障害者権利条約では,この役割を継続させなければいけないことを認め,障害のある人にかかわる意思決定過程において,このような人々と「緊密に協議し」かつこのような人々を「積極的に関与させる」ことを,締約国に義務付けている（4条(3)）。特に障害者権利条約では,「市民社会,特に,障害のある人及び障害のある人を代表する団体は,監視〔モニタリング〕の過程に完全に関与し,かつ,参加する」（33条(3)）ことを義務付けている。これは,過程と内容の両方について言えることで,過程に関しては,障害のある人がモニタリング活動に参加しなければならないということ,たとえば,障害のある人をモニターにすることがあげられる。また内容については,障害のある人は自分の状況に関してエキスパートであるという事実を認め,その意見と経験とをモニタリング報告書の中心としなければならない」

　先述した,条約4条3,33条の意義と解釈が余すことなく明確に示されている。

　ここで,モニタリングへの障害者参加に関して「過程と内容の両方について言えること」としている点を注視すべきである。
・過程に関しては,「障害のある人がモニタリング活動に参加しなければならない」
・内容については,「障害のある人は自分の状況に関してエキスパートであるという事実を認め,その意見と経験とをモニタリング報告書の中心としなければならない」
と過程と内容の両面において障害者参加を求めている。

　とりわけ,「エキスパートとしての障害者の意見・経験」を「モニタリング報告書の中心」とすることを求めている点に,このガイドラインの真髄が表現

されているといっていい。

III　分析と課題

「条文の解釈」で述べた通り，本稿の関連条文としては4条3，33条があげられる。政府報告で，これらの条文に対応するパラグラフを取り上げる。

だが，それだけでなく，本稿のテーマである障害者参加は政府報告作成のプロセス全体が関係してくる。その点から，まず，第1部総論の「I 条約締結に至る経緯と現状」で関係する部分を見ておきたい。

1　条約批准に向けた制度改革・政府報告と推進会議・政策委員会

報告作成のプロセスを概観したパラグラフ1では，「本報告には，我が国において本条約33条にいう監視するための枠組みを担う「障害者政策委員会（以下「政策委員会」という。）」のコメントを反映させるとともに，付属文書として，本報告の提出を視野に入れて政策委員会が行った我が国障害者施策の根幹をなす第3次障害者基本計画の実施状況の監視の結果を取りまとめた文書を添付している。本報告作成にあたっては，政策委員会以外の関係者からの意見も広く求めるべく，案文に対する意見公募も実施した」と述べられている。

条約批准までの国内法の整備についてパラグラフ2では，「条約の批准については，国内の障害当事者等から，条約の批准に先立ち国内法の整備を始めとする障害者に関する制度改革を進めるべきとの意見が寄せられた。日本政府は，これらの意見も踏まえ，2009年12月に内閣総理大臣を本部長，全閣僚をメンバーとする「障がい者制度改革推進本部」を設置し，集中的に障害者に関する制度改革を進めていくこととした」とし，障害者基本法改正，障害者総合支援法，障害者雇用促進法改正を紹介した上で，「このように，条約の締結に先立って国内の障害者制度を充実させたことについては，国内外から評価する声が聞かれている」としている。

この点に関して，推進会議と政策委員会の動き[6]に着目して経過を振り返っておくと以下の通りになる。

---

(6)　推進会議，政策委員会の経過については，内閣府のウェブサイト参照, at http://www8.cao.go.jp/shougai/suishin/index.html (as of 4 December 2017)。

◆ 第Ⅱ部 ◆　　各論1〔課題別検討〕

2010年1月　推進会議発足（2012年3月までに38回開催）
同年　　4月　推進会議のもとに総合福祉部会設置
　　　　6月　推進会議・第1次意見
　　　　11月　推進会議のもとに差別禁止部会設置
　　　　12月　推進会議・第2次意見
2011年8月　総合福祉部会・骨格提言
2012年7月　政策委員会発足（推進会議を発展改組）
　　　　9月　政策委員会・差別禁止部会意見
　　　　　　第3次基本計画策定に向けて小委員会設置（～11月）
2013年11月　障害者差別解消法・基本方針に関する議論開始（～11月）
2015年5月　政策委員会での政府報告書に関連した議論開始（～12月）
　　　　　　政府報告書作成を見据えた障害者基本計画実施状況監視のための
　　　　　　ワーキングセッションを合計8回開催（～6月）

　推進会議，政策委員会に加えて，必要に応じて部会，小委員会，ワーキングセッションなども平行して頻繁に開催されてきたことが分かる。「国内外から評価する声」の背景には，障害当事者を中心に関係者の精力的な動きがあったことを押さえておきたい。

　政府報告作成に関連して，「議論の整理～第3次障害者基本計画の実施状況を踏まえた課題～」作成までに政策委員会では13回（含む8回のワーキングセッション）の検討を行ったことになる。こうした動きを受けて，パラグラフ1に「障害者政策委員会のコメントを反映させるとともに，付属文書として，本報告の提出を視野に入れて政策委員会が行った我が国障害者施策の根幹をなす第3次障害者基本計画の実施状況の監視の結果を取りまとめた文書を添付」することになったわけだ。

　政策委員会のコメントとして報告書に反映された箇所は，以下の8カ所である。

・6条　障害のある女子　パラグラフ41
・12条　法律の前にひとしく認められる権利　パラグラフ83
・14条　身体の自由及び安全　パラグラフ107
・19条　自立した生活及び地域社会への包容　パラグラフ131
・21条　表現及び意見の自由並びに情報の利用の機会　パラグラフ142
・24条　教育　パラグラフ167
・27条　労働及び雇用　パラグラフ181
・31条　統計及び資料の収集　パラグラフ211

政策委員会のように当事者が多数を占める委員会で議論がなされ，その意見が政府報告に取り入れられたこと，パブリックコメントが実施されたことなどは，他の人権条約の政府報告の作成過程と比べた時に，画期的なことではある[7]。

ただ，A4 で 21 ページに及ぶ政策委員会の「議論の整理」から報告本文に取り入れられたの 8 カ所に限られており，今後の障害者権利委員会における審査プロセスの中で他の部分も含めて政策委員会の意見が積極的に参照・採用されることが重要だ。

また，政府報告のパラグラフ 3 には，「日本政府としては，条約の実施については不断の努力が必要であるとの認識であり，障害当事者・関係者の方からの意見を求めながら，今後政策を実施していきたい。課題としては，データ・統計の充実が挙げられ，特に性・年齢・障害種別等のカテゴリーによって分類された，条約上の各権利の実現に関するデータにつき，より障害当事者・関係者の方のニーズを踏まえた収集が求められていると考えられるので，次回報告提出までの間に改善に努めたい」と，課題が明記されている。これは政策委員会による監視プロセス抜きにはあり得なかったことは間違いない。

2 障害者参加とサービス提供・支援団体

4 条 3 については，報告のパラグラフ 30〜35 が該当する。

この内，パラグラフ 30〜31 は障害者政策委員会に関する記述，33〜34 が地方公共団体における合議制の機関に関する記述であり，「第 33 条 国内における実施及び監視」の項とも重なるので，そちらでまとめて述べる。

パラグラフ 32 では，「国及び地方公共団体は，障害者の自立及び社会参加の支援等のための施策を講ずるに当たっては，障害者その他の関係者の意見を聴き，その意見を尊重するよう努めなければならないこととされている」と基本的なスタンスを示している。だが，障害者基本法 10 条 2 項の規定を紹介しているのみで，各省庁や地方公共団体で行っている関連施策について，どのように「障害者等の意見を聴き，意見を尊重するよう」にしているのかは示されていない。とりわけ，政策決定への参加に関して，雇用や教育，アクセシビリティなど本条約に密接に関連したテーマを扱う審議会や委員会等については報

---

[7] 政府報告作成と政策委員会の関与について当事者によるコメントが示されているものとして，石川准・中田昌宏・崔栄繁・尾崎健「＜座談会＞最初の政府報告の意義と課題」DPI－われら自身の声 Vol. 32-1（2016 年）9-17 頁。

告では記述すらされていないことは問題である。

今後，このパラグラフに対応した各省庁や地方公共団体の取り組み状況についての調査とリストアップが必要であろう。

パラグラフ 35 は，障害者総合支援法のもとで策定する障害福祉計画に関するもので，「厚生労働大臣は，障害福祉サービス等の提供体制を整備し，同法に基づく支援の円滑な実施を確保するための基本指針を定めることとされているが，基本指針の作成又は変更に当たっては，障害者等及びその家族その他の関係者の意見を反映させるために必要な措置を講じることとされている」と述べている。

この間の厚生労働省の説明によると，「障害者等及びその家族その他の関係者の意見を反映させるために必要な措置」とは，厚生労働省の諮問機関である社会保障審議会・障害者部会での検討を指すとのことだ[8]。

だが，障害者部会の構成員[9]は 29 名中，障害当事者並びに家族の構成員は 10 名と 3 分の 1 程度に止まる。他に，サービス提供・支援団体関係者は 12 名，学識経験者が 5 名，地方公共団体関係者が 2 名で構成されている（2016 年 6 月 30 日現在）。

特に，サービス提供者・支援団体関係者が多数を占めているが，この点について前述の『障害者権利条約モニタリング』では「Ⅳ．モニタリングの実践 C．報告およびフォローアップ」において，障害者参加の重要性について，【参加の原則と，障害のある人とその代表団体のモットー，「私たち抜きに私たちのことを決めないで」に留意することが重要である。…障害のある人並びにその代表団体に対し…おおむね同意するかを確認しなければならないということを意味する。これは，障害者権利条約に参加の原則が明確に盛り込まれている

---

[8] 2014 年 11 月 25 日開催の社会保障審議会・障害者部会（59 回）では，次のようなやりとりが議事録に記載されている（http://www.mhlw.go.jp/stf/shingi2/0000072988.html (as of 4 December 2017)）。「○駒村部会長　事務局に確認をしますが，附則に書いてある「障害者及びその家族その他の関係者の意見を反映させる必要な措置」というのは，…この議論の場は障害者部会という理解でよろしいのですか。○川又画課長　ここの障害者部会が正にそれを議論する場ですので，この場で方向性の取りまとめなどはこの部会でお願いすることにしております」。

[9] 2016 年 6 月 30 日開催の社会保障審議会・障害者部会（第 80 回）参考資料 1「社会保障審議会障害者部会委員名簿」，at http://www.mhlw.go.jp/stf/shingi2/0000128839.html (as of 4 December 2017)。

こと，そして障害がある人があまりに長い間，自分たちに影響を与える意思決定過程から排除され続けて来たことを考慮すれば，重要である】と強調した上で，次のように続けている。

「障害者団体（DPO）と障害に関する活動をしているNGO（サービス提供者を含む）との違いを認識しなければならない」

条約モニタリングの観点からは，障害者部会での議論だけをもって十分とは言いがたい状況にある。

3　条約モニタリングにおける政策委員会の意義・課題

4条3，並びに33条に関連して，障害者政策委員会について言及されている。いずれも重要な点なので，引用して紹介しておこう。

4条3に関してパラグラフ30，31で障害者政策委員会については以下のように述べている。

まず，パラグラフ30では

「障害者基本法では，内閣府に，障害者，障害者の自立及び社会参加に関する事業の従事者，学識経験者30人以内で構成される審議会として「障害者政策委員会」を置くこととしている。…現在，政策委員会は28名であり，半数以上が身体障害（視覚障害，聴覚障害，肢体不自由，盲ろう）・知的障害・精神障害（発達障害を含む。）・難病の本人又はその家族からなる団体の方々で構成されている」

と，政策委員が障害者・家族で過半数で占められていることが述べられている。

先述の社会保障審議会・障害者部会と同様に，構成員の比率を確認しておこう。政策委員会（第2期）の構成員[10]は28名中，障害当事者並びに家族は17名，サービス提供・支援団体関係者は4名，学識経験者が3名，地方公共団体他関係者が4名となっている。

パラグラフ31では，

「政策委員会において，「障害者基本計画」の策定又は変更について意見を聴くこととされているほか，障害者基本計画についての調査審議，実施状況の監視などを行い，必要に応じて内閣総理大臣に対して意見を述べること等ができることとされている」と，障害者基本計画に対する障害者政策委員会の役割・権限についてふれて

---

(10) 障害者政策委員会・第2期の構成員については，第13回障害者政策委員会の資料1「障害者政策委員会委員」(http://www8.cao.go.jp/shougai/suishin/seisaku_iinkai/k_13/index.html (as of 4 December 2017) 参照。

いる。

　そして，この障害者基本計画の策定・変更に関する意見具申，調査審議，実施状況の監視等が，条約の実施状況の監視に関係することになる。

　33条に関してパラグラフ221では，次のように述べている。

「障害者権利条約の実施の促進，保護，監視の全般にわたる枠組みに関して，障害者基本法においては，内閣府に，障害者，障害者の自立及び社会参加に関する事業の従事者，学識経験者30人以内で構成される審議会として「障害者政策委員会」を置くこととしている…。その構成については，様々な障害者の意見を聴き障害者の実情を踏まえた協議を行うことができるよう配慮することとされており…，現在の構成員の半数が障害者本人又はその家族の代表から構成されている。政策委員会は，「障害者基本計画」の策定又は変更について意見を述べるほか，障害者基本計画についての調査審議，実施状況の監視などを行い，必要に応じて内閣総理大臣に対して意見を述べること等ができることとされている…。この政策委員会が，本条約第33条にいう監視するための枠組みを担っており，条約の実施の監視は，政策委員会が，障害者施策の方針の根本を成す障害者基本計画が本条約の趣旨に沿って実施されているかを監視することによって行われる。政策委員会においては，2015年5月から，本報告の提出を視野に入れて第3次障害者基本計画の実施状況の監視を行い，同年9月にその結果を文書として取りまとめた」

　「政策委員会が，本条約第33条にいう監視するための枠組みを担って」いることは確かであり，まずは障害者政策委員会の意義を確認しておこう。

　だが，「条約の実施の監視は，政策委員会が，障害者施策の方針の根本を成す障害者基本計画が本条約の趣旨に沿って実施されているかを監視することによって行われる」とある。障害者基本計画の監視を通じて条約の監視を行っているというわけである。隔靴掻痒の感は否めない。

　パラグラフ1のところで，政府報告作成に当たって障害者政策委員会での議論の経過を紹介した。しかし，そこでの議論の対象はあくまで行政計画である「障害者基本計画」の範囲内に限られた。委員からは，議会や司法分野における課題も提起されたが，当然，障害者基本計画に対応する項目が見当たらず，「条約実施の監視」としては限界があった。

　条約批准の国会答弁[11]においても，障害者政策委員会が条約の監視機能を

---

(11)　第185回国会における2013年12月3日の参議院外交防衛委員会議事録，at http://kokkai.ndl.go.jp/SENTAKU/sangiin/185/0059/18512030059010a.html (as of 4 December 2017)。「〇政府参考人（岩渕豊君）条約33条2に言う国内実施状況の監視につ

◇第16章◇ 障害者参加〔尾上浩二〕

担うことが確認されていることから，政策委員会が条約実施の監視の役割を担うこと，必要に応じて立法府や司法府に協力を求めるとともに意見具申ができること等，政策委員会の機能強化を含んだ障害者基本法の再改正が求められる。

また，条約33条では「条約の実施を促進し，保護し，及び監視するための枠組み」を求めている。だが，現在の国内状況では，「保護の枠組み」がきわめて不十分であり，政策委員会も「保護の枠組み」を担うものではない。これは条約批准に向けて制定された障害者差別解消法の紛争解決の仕組みにも関わる重要な課題である。他国の国家人権委員会のような独立した「保護の枠組み」の設立が求められる。

さらに，「現在，政策委員会は28名であり，半数以上が身体障害（視覚障害，聴覚障害，肢体不自由，盲ろう）・知的障害・精神障害（発達障害を含む。）・難病の本人又はその家族からなる団体の方々で構成」とある。確かに，前述の通り，社会保障審議会・障害者部会よりは当事者の比率が高い点は評価できる。だが，知的障害，精神障害の本人委員が不在の状態が続いている。

「条約モニタリング」では，「障害のある人の人権の状況をモニタリングする取り組みでは，特定のグループ内で，さらなる疎外を生むことにならないようにすることも重要である。障害のある人の権利のモニタリングでは，障害種別や社会の違いを越えて焦点を当てていかなければならない。つまりモニタリングには，身体的，精神的，知的あるいは感覚的な機能障害〔インペアメント〕など，すべての種類の障害〔ディスアビリティ〕と，そのような障害のある男女および少年少女，そしてあらゆる社会経済的・民族的経歴，年齢，職業の者を含めなければならないのだ」と，モニタリングでの多様性確保について明確に述べている。

推進会議から政策委員会・第1期までは，知的障害，精神障害の本人が委員

きましては，障害者基本計画の実施状況の監視を通じまして障害者政策委員会が行うということが想定されております。障害者基本法上，障害者政策委員会は，障害者基本計画の実施状況の監視に当たり必要があると認めるときは，関係行政機関の長に対し資料の提出，意見の表明，説明その他必要な協力を求めることとされているほか，それ以外の者に対しても必要な協力を依頼することができるとされているところでございます。このような権限も活用しながら，障害者政策委員会がその任務を全うできるように適切な事務局運営に努めてまいりたいと存じます。また，障害者権利条約に基づく政府報告の作成におきましても，障害者基本計画を通じて条約の実施に資する意見を障害者政策委員会から聴取し，政府報告にも反映させていく所存でございます。」

として任命されていた。第2期以降，第3期の現在に至るまで知的障害，精神障害が不在のままであり，早急な改善が求められる。

政府報告書ではふれられていないが，政策委員会に関して評価できるものに会議に関するアクセシビリティがあげられる。委員向けに手話や字幕，点字資料等が準備されるのはもちろん，傍聴者にも同様の情報提供がなされる。また，情報公開の一環として会議の様子は手話・字幕付きで動画配信される。推進会議以降，政策委員会・第3期に至る現在まで続けられている取り組みだ。

「条約モニタリング」では，「障害のある人および障害者代表団体の能力開発」の重要性をあげているが，その中でモニタリング活動におけるアクセシビリティ確保についても述べている。

「能力開発はモニタリング活動の一部であり，これを補完するものである。あらゆる事例において，能力開発活動はすべての人に完全にアクセシブルでなければならない。パートナーであるDPOとそのメンバーは，モニターに対し，完全なアクセシビリティを確保するために講じるべきさまざまな措置に関する情報を提供することができるだろう」

この政策委員会の取り組みがモデルとなり，政府の様々な会議[12]においてもアクセシビリティが確保されることが課題だ。

パラグラフ33, 34は地方における「障害者施策の総合的かつ計画的な推進について調査審議し，及びその実施状況を監視する合議制の機関」（障害者政策委員会に準じた組織）に関する記述である。

「地方における意思決定過程の関与としては，障害者基本法において，都道府県や市町村において，当該都道府県又は市町村の障害者施策の総合的かつ計画的な推進について調査審議し，及びその実施状況を監視する合議制の機関を置く（市町村においては「置くことができる」）こととされている。2014年3月末時点で，全ての都道府県が合議制の機関を置いており，市町村については全体の48.3%である841市町村が置いている」

パラグラフ222では，「当該機関の委員の構成については，当該機関が様々な障害者の意見を聴き障害者の実情を踏まえた調査審議を行うこととなるよう

---

[12] 社会保障審議会障害者部会でも，2017年1月開催の第83回より推進会議と同様の手話・字幕付き動画配信が行われるようになった。同部会資料1「障害者部会におけるバリアフリー等の対応について」, at http://www.mhlw.go.jp/stf/shingi2/0000147372.html (as of 3 December 2014)。

配慮されなければならないこととされている」としている。

　障害者総合支援法での福祉サービスや教育，障害者差別解消法の相談・紛争解決の仕組みなど，障害者の日常生活・社会生活に密接に関係する施策が地方公共団体によってなされていることから，条約監視という点からも，地方における「合議制の機関」への障害者参加は重要である。しかし，地方における「合議制の機関」において，構成員の障害の有無，種別，性別などは明らかになっていない。実態把握を行うとともに，障害者参加がより一層進むような取り組みが求められる。

IV　おわりに

　2015年5月29日に開催された政策委員会（第21回）では，元・障害者権利委員会委員長のロン・マッカラム氏が招聘され，政府報告のあり方等についての講演が行われている。この講演の中で，マッカラム氏は「最初の報告では，国が成し得たこと，そしてまだ足りないことを詳細に書き，正直であるべきです」と述べている[13]。

　その点からすると，政府報告では「成し得たこと」や法制度の現状説明がその多くを占めており，「足りないこと」について言及されているのはパラグラフ3の「データ・統計の充実」に限られている（本稿で見てきた通り，それも政策委員会での監視無しにはあり得なかった）。

　今後，2020年くらいに日本の審査が障害者権利委員会で行われると見込まれている。それに向けて，障害者団体をはじめとした市民社会からは，パラレルレポート作成や事前質問事項作成へのインプット，各種イベントなどが展開されることになる。その際，本稿で紹介した「条約モニタリング」が言うように，「エキスパートである障害者の意見と経験」に裏打ちされた提起が重要になってこよう。

　そして，本書が「アカデミックなパラレルレポート」として，今後の条約審査プロセスにおいて，建設的対話を促進する働きを発揮し日本の障害者の権利を取り巻く状況の改善に資することを期待して本稿を終えたい。

---

(13)　第21回障害者政策委員会議事録, at http://www8.cao.go.jp/shougai/suishin/seisaku_iinkai/k_21/index.html (as of 3 December 2014).

◆2 主体別検討◆

◇第17章◇ 障害女性〔瀬山紀子〕

第17章

障害女性

瀬山紀子

I はじめに

　この章では，障害者権利条約6条に書かれた障害女性の権利について記していきたい。そこで，本題に入る前に，この章の筆者である私自身と課題との関わりについて簡単に紹介しておきたい。

　筆者は，現在のところ「障害」はない立場で，ジェンダー平等を進めるために地方自治体が設置している行政機関（＝男女共同参画推進センター）で働くと同時に，大学等で非常勤講師としてジェンダー福祉論という講義をもっている。また，こうした仕事のほかに，大学時代に，一人の脳性まひの女性と出会ったことをきっかけに，日本の障害者権利運動や自立生活運動の世界と出会うことができ，それ以降，20年ほど，CIL（＝Center for Independent Living　障害者自立生活センター）に関わる介助者をしている。

　そして，日常生活や活動場面でのさまざまな関わりのなかで，私は，それまでも関心をもってきたジェンダーやセクシュアリティと障害の問題が交差する障害女性の課題に強い関心をもつようになり，それらの課題についての研究論文を記してきた[1]。また，活動としては，障害女性の課題に取り組むDPI女

---

(1) このテーマについての研究論文は，瀬山紀子「障害女性の複合差別の課題化はどこまで進んだか　障害者権利条約批准に向けた障害者基本法改正の議論を中心に」国際女性 No.28（2014年）11-21頁や，瀬山紀子「女性政策は障害女性の課題をどのように位置付けてきたか——障害女性が受ける複合差別の課題化に向けて」国立社会保障人口問

性障害者ネットワークという当事者が中心となった活動に関わってきた(2)。この活動の一環で，2016 年には，障害女性当事者のメンバーとともにジュネーブで開かれた国連の女性差別撤廃委員会の日本政府報告審査を傍聴し，委員会でのロビー活動を行う機会を得た(3)。

　以下では，上述してきたような関わりを通して，障害女性の課題に関心を寄せてきた一人として，障害者権利条約の 6 条で示された障害女性の権利とその課題について確認すると同時に，日本政府が国連・障害者権利委員会に提出した第 1 回政府報告を検討し，現在の障害女性を取り巻く課題について記述していくことにしたい。

II　条文の解釈

1　障害者権利条約 6 条「障害のある女性」

　障害者権利条約には，「障害のある女性」について書かれた 6 条が置かれている。6 条の条文は二項からなっており，第一に，締約国は，障害のある女性及び少女が複合的な差別を受けていることを認識し，また，これに関しては，障害のある女性及び少女がすべての人権及び基本的自由を完全かつ平等に享有することを確保するための措置をとること，また第二に，この条約に定める人権及び基本的自由の行使及び享有を女性に保障することを目的として，女性の完全な発展，地位の向上及びエンパワーメントを確保するためのすべての適切な措置をとること，が明記されている（川島聡＝長瀬修仮訳（2008 年 5 月 30 日付））(4)。

　　題研究所編『平成 22 年度厚生労働科学研究費補助金：障害者の自立支援と「合理的配慮」に関する研究報告書』(2011 年) 281-296 頁，瀬山紀子「国連施策の中にみる障害を持つ女性――不可視化されてきた対象からニードの主体へ」F-GENS ジャーナル (2006 年) 63-69 頁等がある。
(2)　DPI 女性障害者ネットワークは，1986 年に発足し，障害女性の自立やエンパワーメントを目的に活動を行ってきた団体。過去には，優生保護法の撤廃に取り組んだ。現在は，障害女性の置かれている障害があり女性であることによる複合差別の現状を伝え，状況を改善するための調査や情報発信等を行っている。
(3)　このときの活動は，『国連女性差別撤廃委員会の第 7 回・8 回日本政府報告審査に関するロビー活動報告書』(DPI 女性障害者ネットワーク，2016 年) に詳しい。

◇第17章◇ 障害女性〔瀬山紀子〕

　この条文は，権利条約策定のために国連に設けられたアドホック委員会のなかで条約が議論されていた際に，欧州や韓国の障害女性たちが，障害者という集団のなかにあるジェンダー差に注目する必要があると粘り強く主張し，交渉を重ねた結果，最終的に入ることになった(5)。背景には，障害女性に対する暴力や性的被害を社会的に認知させ，支援体制を確立する必要があるという切実な課題や，障害女性たちの教育機会や仕事に就くためのトレーニングの機会が確保されていないといった，不利益を強いられている世界の障害女性たちの声があった。

　また，障害のある女性についての言及は，条約前文で，特に障害のある女性が暴力にさらされやすいこと，そのため，障害のある人の人権及び基本的自由の完全な享有を促進するために，あらゆる側面でジェンダーの視点を組み込む必要があることが強調されている。同時に，3条（一般原則），8条（意識向上），16条（搾取，暴力及び虐待からの自由），25条（健康），28条（適切な生活水準及び社会保護），34条（障害のある人の権利に関する委員会）で，それぞれの項目にジェンダーを考慮する必要があると書かれるなど，障害のある女性の課題は，条約全体にわたる横断的視点となっている。

2　一般的意見 ●●●

　この条文について，障害者権利委員会は2016年に英文で20ページに及ぶ一般的意見「障害女性」(CRPD/C/GC/3) を公表した(6)。この一般的意見は，障

----

(4)　日本政府公定訳では，6条（Women with disabilities）を「障害のある女子」，前文(s)のジェンダーの視点（gender perspective）を「性別の視点」としている。本稿では，6条を「障害のある女性及び少女」，前文(s)を「ジェンダーの視点」と訳している川島＝長瀬訳を用いる。

(5)　アドホック委員会での障害女性についての議論については，外務省「障害者権利条約に関する国連総会アドホック委員会第6回会合（概要）」, at http://www.mofa.go.jp/mofaj/gaiko/jinken/shogaisha0508_g.html (as of 1 December 2017)及び，障害保健福祉研究情報システム「第6回国連障害者の権利条約特別委員会2005年8月2日会議報告」, at http://www.dinf.ne.jp/doc/japanese/rights/adhoc6/t0802.html (as of 1 December 2017) を参照。

(6)　障害者権利条約一般的意見3の全文は以下のサイトから読むことができる（http://tbinternet.ohchr.org/_layouts/treatybodyexternal/Download.aspx?symbolno＝CRPD/C/GC/3&Lang＝en (as of 1 December 2017)）。ここでは，下記サイトで公開されている日本障害フォーラム仮訳（真下弥生訳，DPI女性障害者ネットワーク協力，石川ミカ監訳）を用いる（http://www.dinf.ne.jp/doc/japanese/rights/rightafter/crpd_gc3_

害者権利条約発効後の締約国審査を経た後，2013年4月に開催された第9回委員会で，障害のある女性と少女に関する半日の一般討論の場が持たれ[7]，その結果を受けた草案をもとに，その後の改定を経て公表に至ったものである。

　文書は，「障害のある女性が生活のほぼ全ての分野で障壁に直面していることを示す，強力なエビデンスが存在する」と書かれたところからはじまる。そして，「特に教育，経済的機会，社会的交流及び司法手続の利用の機会への平等なアクセス，法律の前に等しく認められること，政治に参加できること，性及び生殖に係る健康に関連した諸サービスを含めた医療や，どこで誰と生活したいかなど様々な文脈において自分自身の人生をコントロールできることに関して，障害のある女子に対する複合的かつ交差的な形態の差別的状況を生み出している（パラグラフ2）」として，権利条約6条が必要とされる背景を説明している。

　文書は，全体で，5つのセクションに分かれており，はじめに，用語の解説と権利条約6条及び一般的意見が作られた背景が述べられ，第2セクションで，権利条約6条の第1項，及び第2項についての具体的例示を伴った解説，第3セクションで，締約国の義務，第4セクションで6条以外の他の条項との相互関係，第5セクションで国内的な実施として締約国があげるべきリソースととるべきアプローチが示されている。

　第2セクションの冒頭では，「第6条は，本条約の他の条文全てに関連のある分野横断的条文である。そして，本条約の実施を目的としたあらゆる行動に障害のある女性の権利を含めることを締約国に想起させるものである。とりわけ，障害のある女性が複合的な差別から保護され，他の者との平等を基礎として人権及び基本的自由を享有することを確保するために，積極的な措置がとられなければならない（パラグラフ12）」と明記されている。

　第4セクションで示された6条以外の関連する他の条項としては，特に障害のある女性に対する暴力（16条　搾取，暴力及び虐待からの自由），家庭や家族での尊重も含めた，リプロダクティブ・ヘルス／ライツ（23条　家庭及び家族の尊重，25条　健康）について詳しい例示が示されている。

　　2016_women.html）。
（7）2013年4月に開かれた障害のある女性と少女に関する半日のセッションについては，次のサイトの情報を参照，at http://www.ohchr.org/EN/HRBodies/CRPD/Pages/DGD17April2013.aspx (as of 1 December 2017)。

◇第17章◇ 障害女性〔瀬山紀子〕

例えば、リプロダクティブ／ライツ及び権利については、「障害のある女性は、総合的な性教育を含めた情報やコミュニケーションへのアクセスを、彼女たちは性に関心がないのだから、他の者との平等を基礎としたこのような情報は必要ないと思い込む有害な定型化された観念によって拒まれることもある。また、情報がアクセシブルな形式で得られない場合もある（パラグラフ40）」こと、また、「マンモグラフィーの機械や婦人科の内診台などの医療施設や設備は、障害のある女性にとって物理的にアクセシブルではないことが多い。障害のある女性が医療施設や検診に行くための安全な交通手段がなかったり、金銭的に手が届かなかったり、アクセシブルではなかったりする場合もある（パラグラフ42）」と書かれている。

また、この他、8条（意識向上）、9条（アクセシビリティ）、11条（危険のある状況及び人道上の緊急事態）、12条（法律の前における平等な承認）、13条（司法へのアクセス）、14条（身体の自由及び安全）、15条（拷問又は残虐な、非人道的な若しくは品位を傷つける取扱い若しくは刑罰からの自由）、17条（個人のインテグリティ〔不可侵性〕の保護）、19条（自立した生活〔生活の自律〕及び地域社会へのインクルージョン）、24条（教育）、25条（健康）、26条（ハビリテーション及びリハビリテーション）、27条（労働及び雇用）、28条（適切〔十分〕な生活水準及び社会保護）、29条（政治的及び公的活動への参加）について、それぞれ、各条項と障害女性の課題やジェンダーの課題がどのように関わっているのかについての具体的言及がある。

こうした各条項についての具体的例示を示したうえで、文書は、各締約国は、障害者権利条約6条の全面的な実現を保障するために適切なリソースを提供し、重複的差別と闘い、障害女性の開発、向上およびエンパワーメントを保障するため、すべての適切な手段を実施しなければならず、ジェンダー平等を扱う関連する国連組織による提言は、障害女性と少女も考慮に入れて受け止めなければならないと、締めくくられている。

III 分析と課題

1 第1回政府報告で示された障害のある女性の課題

ここから、日本政府が2016年7月に国連・障害者権利委員会に提出した第

1回政府報告では，障害のある女性の課題についてどのような記述があったのかを見ていきたい[8]。

政府報告のなかで示された障害のある女性についての箇所は，6条に関連する記述であるパラグラフ39，40，41にあるほか，総論（パラグラフ3）と，31条の統計及び資料の収集についての箇所（パラグラフ211）に見られたのみだった。また，「性別」という用語を用いた記述については，11条「危険な状況及び人道上の緊急事態」のパラグラフ70の防災及び防犯について触れた箇所で，障害者基本法を引いて，「性別に応じた施策を講じなければならないこととされている」と書かれた箇所，また，30条「文化的な生活，レクリエーション，余暇及びスポーツへの参加」のパラグラフ198で，スポーツについて触れた箇所で，スポーツ基本計画を引いて，「性別を問わず，スポーツに参画できる環境を整備することが基本的な政策課題であること」が書かれた2カ所に見られた。

このうち，総論と31条は統計についての言及で，障害者の置かれている現状を把握するための統計については，性別による集計が未整備である現状があることから，今後さらに男女別統計を徹底していくことが課題となるという記述がある。

ちなみに，今回の政府報告の関連資料として国連に提出された統計・データでは，性別による違いがわかるかたちで示されたデータは，全体で42の提出されたデータのうち，障害者数を示すデータ（1）のほか，性別雇用者数割合（29），性別，産業別雇用者数の割合（30），性別，雇用形態別雇用者数の割合（31），性別，週所定労働時間別雇用者数の割合（32），性別，職業別雇用者数の割合（33）の6つのデータがあった。

また，付属文書として，障害のある女性についての議論の要点を含む，「議論の整理～第3次障害者基本計画の実施状況を踏まえた課題～（平成27年9月障害者政策委員会）」という文書が国連に提出されている。

6条「障害のある女性」についての三つのパラグラフにわたる報告は，長くなるが，次に全文を引用しながら検討を加えていきたい。

はじめに，パラグラフ39。ここで，法制度と基本計画について述べられて

---

[8] 国連障害者権利委員会に対して出された政府報告書に関連する文書は，すべて，以下のサイト（外務省・障害者権利条約に関するページ）からの引用，at http://www.mofa.go.jp/mofaj/gaiko/jinken/index_shogaisha.html (as of 1 December 2017)。

◇第17章◇ 障害女性〔瀬山紀子〕

いる。

39. 障害者基本法において，施策の基本方針として，障害者の自立及び社会参加のための施策が，障害者の性別等に応じて，かつ，有機的連携の下に総合的に，策定され，及び実施されなければならない旨規定している（障害者基本法第10条第１項）。また，第３次障害者基本計画及び障害者差別解消法に基づく基本方針及び第４次男女共同参画基本計画には，障害に加え，女性であることで更に複合的に困難な状況におかれている場合に配慮が必要である旨，明記している。また，政策委員会において，第３次障害者基本計画の実施状況についての議論を行う中で，障害のある女性委員から障害のある女性の課題について意見を伺い，議論を行った。

ここで述べられているように，この間，法律や基本計画には，障害女性についての記述がなされるようになってきている。ただ，実態として，障害女性の抱えている課題について把握するためのデータは十分には示されていない。その意味で，障害女性に関わる課題についての把握やそれに基づく施策が進んできたとは言えない。とはいえ，今回の政府報告のなかで，少なくとも就労・収入についてのデータでは，性別による集計データが示されていた。ただ，そうしたデータから見える障害のある女性の現状と課題を明らかにすることが必要だが，政府報告では，このデータから分かる実態も，文章としては示されていない。データからは，身体・知的・精神いずれの障害においても，雇用者割合は，男性が６割以上を占めていること，また正社員として雇用されている割合は，身体・知的・精神のいずれも，男性が高く，正社員以外の有期雇用の割合は女性が高いことが明らかになっている。

続いて，政府報告では，「婦人保護事業」に関連した次のような内容を記述している。

40. 売春防止法等に基づき，都道府県に設置された婦人相談所において，障害者を含め，配偶者等からの暴力やストーカー被害にあっている女性等からの相談に応じるとともに，必要に応じて一時保護を行っている。また，中長期的な支援が必要な方に対しては，婦人保護施設において，必要な保護支援を行っている。なお，婦人保護事業に関する都道府県からの実施状況報告によれば，2014年度に婦人保護施設に入所していた者のうち４割は，身体障害，知的障害，精神障害あるいは何らかの疾患を抱えている。

これまでに障害のある女性が，性被害にあいやすいということは，DPI女性障害者ネットワークが行った調査等でも明らかにされてきた[9]。同時に，

そうした調査では，障害のある女性たちは被害にあいやすい状況にありながら，一般の相談機関にはつながりにくく，問題が潜在化していることが指摘されてきた。しかし，政府報告からは，そうした課題を検証していく視点は見られない。一方で，婦人保護施設に入所している人のうち4割が障害あるいは疾患を抱えているとしている。では，こうした障害や疾患を抱えているとされる女性たちに対して，適切な対応ができているのか，課題があるとすればどのような課題なのかも，報告からは読み取ることができない。報告は，障害女性たちの困難の一端を示す重要な実態を記しているが，そこから見えてくる課題を捉え，求められる支援を考えるという方向が見えてこない。

政府報告では，最後に，政策委員会での意見が引かれ，以下のコメントが示されている。

41. なお，本条に関しては，政策委員会より，次のような指摘がなされている。障害者権利条約6条「障害のある女子」に対応するため，障害女性の視点からの記述及び統計を充実させるとともに，例えば，福祉施設での同性介助を標準化するなど，女性に重点を置いた政策立案を推進する必要がある。また，国や地方公共団体の政策を決定する様々な審議会や有識者会議の委員構成については，ポジティブ・アクションの取組が推進されており，政策委員会においても，こうした視点・取組が必要である。（脚注省略）

このパラグラフは，あくまでも，政策委員会からの指摘を引用し，国内でこうした議論も行われていることを国連に紹介したという位置づけと理解できる。では，どのような議論がなされたのかについては，付属文書で以下が国連に対しても提出されていた。

① 男女雇用機会均等法の改正は，好影響があった。一方で，未だに，車いすで利用できるトイレが男性用トイレの中にしかないなどの課題も残されている。

---

(9) DPI女性障害者ネットワークが行った調査は，『障害のある女性の生活の困難――人生の中で出会う複合的な生きにくさとは――複合差別実態調査報告書』（DPI女性障害者ネットワーク，2012年3月）に詳しい。論文には，佐々木貞子・米津知子「日本の障害女性の複合差別の実態」ジェンダー法研究3号（2016年）173-180頁がある。あわせて，国が行っている配偶者暴力相談支援センターにおける相談件数について行っている集計で，障害がある女性からの相談が，2013年から，2016年の3年間で，5081件から，6990件と，大きく増えたという状況もあきらかになった。数値については，DPI女性障害者ネットワークのサイトに詳しい情報を掲載している（http://dwnj.chobi.net/pdf/171025.pdf (as of 1 December 2017)）。

② 日本は他の先進諸国と比較して，女性の社会参画が低い水準にあり，世論調査からも固定的な性別役割分担意識が依然として残っているという課題がある。
③ 国や地方公共団体の政策を決定する様々な審議会や有識者会議の委員構成については，ポジティブ・アクションの取組が推進されている。障害者政策委員会においても，こうした視点・取組が必要である。
④ 医療機関に関する必要な情報が手に入りにくいなどの課題が残されている。また，障害の有無にかかわらず，安心して産み，育てることができる支援や環境整備が必要である。
⑤ 性的被害や配偶者からの暴力などの女性の相談窓口に，障害のある女性も連絡，相談できる体制が必要である。
⑥ 障害者虐待防止法について，障害のある女性という視点からも検討する必要がある。
⑦ 障害者権利条約6条「障害のある女子」に対応するため，障害女性の視点からの記述及び統計を充実させるとともに，例えば，福祉施設での同性介助を標準化するなど，女性に重点を置いた政策立案を推進する必要がある。

これらはいずれも，残された課題や必要な取組みの方向性が示されたものとなっているが，実際，こうした課題や必要な取組みについて，現状で，どこまで取り組まれたのか，改善が図られているのかは政府報告のなかでは触れられていない。

以上で，政府が第1回政府報告として国連に対して提出した文書の内容を記してきた。見てきたように，そこには，法律や計画で示された方向性や，これまでの政策委員会で議論されてきた内容が報告されていた。しかし，現に日本で暮らす障害女性たちが，権利条約の定めている人権や基本的自由の行使及び享有という点で，どんな現状に置かれているのか，そこから見えてくる課題や今後さらに進めていくべき政策はどのようなものかは十分には見えてこない。特に，先に第Ⅱ節でみた，一般的意見3に照らすと，今回出された政府報告の障害女性関連の箇所は，限定的なものとなっていると言わざるを得ず，関連する幅広い項目のなかで障害女性が特に重複的かつ交差的な差別状況に置かれていることを考慮したうえでの情報提供が行われているとは言えない。

2　複合差別の実態

ここからは，政府報告では示されていなかった日本における障害女性の置かれている現状や課題について，記述していくことにしたい。

その際，ここでは，筆者も所属するDPI女性障害者ネットワークが，2016年2月に開かれた国連女性差別撤廃委員会の第7・8回日本政府報告審査に向

けて国内の NGO とともに提出したレポート[10]の一部を参照していくことにしたい。

　このレポートは，2015 年 7 月に開かれた女性差別撤廃委員会の会期前作業部会で作られた List of Issues（CEDAW/C/JPN/Q/7-8）に基づき，それへの対応として書いたもので，ここでは，特に，そのパラグラフ 20 にある「女性差別撤廃条約に挙げられたすべての権利へのアクセスに関する最新の情報を提供すること」という課題への回答を取り上げる。この回答は，女性差別撤廃条約に関連する領域を取り上げるものではあるが，その内容は，障害者権利条約とも重なるものであるため，そこから実態と課題を見ていくことにしたい。

　回答では，政府の計画には障害のある女性の複合的な困難が存在するという認識は書かれるようになったが，具体的な計画や政策はないこと，また，障害者に関する統計には性別での課題がわかるデータが極めて乏しく，政策に不可欠なジェンダー統計の欠如が大きな課題[11]，とした上で，現状で NGO が把握している実態として下記の内容を記した。

　はじめに，障害女性の社会への参画の現状については，レポートが書かれた時点で，国の障害者政策に関わる委員会（内閣府障害者政策委員会）の委員 28 名中，障害女性はわずか 2 名であり，委員に障害女性を補充するよう委員会の内外から意見を出しているが進捗していないことを示した。また政治参画という点では，障害のある国会議員は，717 人中 0 人であり，35000 人ほどの地方議会には若干の障害当事者議員がいるが，障害女性の議員は 1 桁台であることをあわせて示した。また，障害当事者組織内のジェンダーバランスについては，2010 年に行われた「当事者団体におけるジェンダーバランス実態調査」に基

---

(10) 国連に提出した NGO ジョイントレポート（英語版）は，下記に掲載されている（http: //tbinternet. ohchr. org/Treaties/CEDAW/Shared%20Documents/JPN/INT_CEDAW_NGO_JPN_22777_E.pdf (as of 1 December 2017))。日本語版については，『女性差別撤廃条約第 7・8 次日本政府報告審議と JNNC 活動記録　国連と日本の女性たち』（日本女性差別撤廃条約 NGO ネットワーク，2016 年 8 月）に全文が収録されている。

(11) 障害者ジェンダー統計の現状と課題については，臼井久実子・瀬山紀子・吉田仁美「障害者ジェンダー統計（その 1）：日本の障害者ジェンダー統計の整備状況」NWEC 男女共同参画統計ニュースレター No.10（国立女性教育会館）(2012 年) 9-11 頁，及び，吉田仁美「障害者ジェンダー統計――日本の現状と課題」ジェンダー法研究 3 号（2016 年）181-189 頁に詳しい。

◇第 17 章◇ 障 害 女 性〔瀬山紀子〕

づき，障害当事者の権利のために活動している NGO のなかでも，団体の長の 78.8％が男性（女性は 15.2％）で，障害者運動が男性障害者中心に進められてきたことを提示した[12]。

障害女性の社会参画という課題は，条約の領域全般に関わる課題であり，条約の監視というテーマとも関わる重要な課題だと言える。その点から考えても，こうした実態を踏まえて，障害女性の社会参画を阻む要因を考え，環境改善を進めていくことは重要なテーマだ。

次に，文化・社会活動に関わる領域として，スポーツの分野の実態を見た。そのなかで，パラリンピックの夏季大会のロンドン大会（2012 年）は，大会全体の選手に占める女性の占める割合が 35％，冬季大会のソチ大会（2014 年）では 24％となっていること[13]，また，障害者競技スポーツ指導者の男女比は，男性 72.5％，女性 25.8％となっていることを記した[14]。こうした実態から，障害がある人のなかでも女性のスポーツへの参画には，現状では壁があることがわかった。

第 1 回政府報告でも，性別を問わず，スポーツに参画できる環境の整備が必要であることは明記されていたが，こうした実態を踏まえれば，特に，女性の参画を進める環境の整備という点がより考えられるべきだと言えるだろう。

また，教育の分野では，日本は統合教育ではなく分離教育が主となっており，一般の学校の特別支援学級の児童生徒については性別集計がなく，通常学級の障害者については調査がなされていないという問題があることを示したうえで，文部科学省の学校基本調査（2014 年 3 月）を用い，特別支援学校の高等部卒業者は計 19,576 人で，女子が 35％，男子が 65％と，男性が多い傾向にあることを記した。大学等進学者は計 418 人で，進学率は一般が 5 割程度なのに比べて，2.1％と非常に低く，女子 2.7％，男子 1.8％でいずれも極めて低いうえに減少傾向にあること，就職者は計 5557 人（就職率 28.39％　一般の高等学校卒業就職

---

[12] 「当事者団体におけるジェンダーバランス実態調査」については，伊藤智佳子「「当事者団体におけるジェンダーバランスに関する実態調査」のねらい」われら自身の声 A Voice Of Our Own（DPI 機関誌）26-3 号（2010 年）54 頁に詳しい。

[13] 番定賢治「パラリンピックにおける日本および各国の選手数と成績の変化」日本財団パラリンピック研究会紀要 vol.1（2015 年）73-84 頁を参照。

[14] ヤマハ発動機スポーツ振興財団による『我が国のパラリンピアンを取り巻く　スポーツ環境調査』，at http://www.ymfs.jp/project/culture/survey/004/pdf/ymfs-report_20140326-full.pdf (as of 1 December 2017) を参照。

者は17%程度）のうち，女子が25.9%，男子が29.7%で，男女とも増加傾向にあり，女子についてまとめると進学率は男子よりやや高く，就職率は男子よりやや低いことを記した。また，障害のある大学在籍者に関する調査統計は，性別は触れられていないという実態を提示した。

一般的意見3に照らしてみても，教育の分野は，ジェンダーの視点からの分析が必要な分野だと言え，大学在籍者に関する調査統計等，今後，課題の発掘をしていくために必要なデータが整えられる必要がある。

雇用の分野では，レポート提出の時点で，男女別の実態を政府統計から把握できない状態が続いているという課題を提示した。今回，政府報告で示された障害者雇用実態調査の性別集計は，その意味では，進展と考えることができる。しかし，すでに書いたように，データは出されたが，その分析には至っていないのが現状だ。

また，レポートでは，作成時に用いることができたデータから，雇用されている障害者の労働時間は男女に大きな違いがないが，障害男性の正社員率60.5%に対し，障害女性の正社員率は24.5%と，明確に雇用身分の格差があり（2003年），月の平均賃金（2013年）も男性175000円に対して女性14万円と格差があることを提示した[15]。

就労収入を含む総年間収入については，障害者単身世帯においては，女性が92万円と男性（174万円）の約1/2であり，これを全就労者の収入と比較すると男性が42.5%，女性が33.9%であり，著しく低い水準にとどまっていること，また，年間の就労収入が99万円未満の人が7割，50万円未満という人が5割にのぼることを提示した[16]。また，最近の自治体調査[17]においても，男性と比べて女性は就労率が低く，月収が少なく，女性の52.9%が5～10万円

---

(15) 厚生労働省の5年に一度の障害者雇用実態調査（2003年）の再集計，および，直近2013年調査からの集計をもとに記した。

(16) データの出典は，勝又幸子ほか『障害者の所得保障と自立支援施策に関する調査研究　平成17～19年度調査報告書・平成一九年度総括研究報告書』（厚生労働省科学研究費補助金　障害保険福祉総合研究事業 H17 − 障害− 003）（2008年）。データの解説については，瀬山紀子・臼井久実子「障害女性の貧困から見えるもの」松井彰彦＝長瀬修＝川島聡編著『障害を問い直す』（東洋経済新報社，2011年）56-87頁に詳しい。

(17) 2015年度からの兵庫県障害者基本計画（ひょうご障害者福祉計画）を参照。関連記述がある箇所は，下記「ひょうご障害者福祉計画」サイト上の69頁，at http://web.pref.hyogo.jp/kf08/documents/book_03-2.pdf (as of 1 December 2017)。

◇第17章◇　障害女性〔瀬山紀子〕

の層に集まっていることを明示した。

　こうした障害女性の経済的脆弱性は，搾取や暴力，虐待といったテーマとも強い結びつきがある。また，一般的意見3でも，障害女性は「選択肢や機会の欠如，特に正式な雇用による収入の欠如をもたらす差別の結果，不均衡なまでの国際的高貧困率（パラグラフ59）」であることが指摘されており，日本でもこうした状況があることがわかる。

　保健の分野に関しては，DPI女性障害者ネットワークで行った調査に基づき，障害のある女性は，社会から性も生殖もない，女性として価値が劣る存在と捉えられる傾向があり，日常的な異性介助や男女同室での入院処遇等，無神経な対応や差別を体験していること，また，妊娠，出産，子育てに関わる医療・保健・福祉機関では，障害のある女性の利用がほとんど想定されず，診療拒否や否定的な態度により，より困難な状況に置かれることが多いことを問題として提示した。また，保健医療サービスの提供体制及び情報の収集と提供，相談体制の整備について障害のある女性に対応した合理的配慮の観点からは十分な対応がとられていないこと，検査機器や設備環境にもバリアがあることを課題として記した。

　同時に，1996年まであった優生保護法に，障害者本人の同意なしで不妊手術を強制できる規定があり，統計にあるだけでも1996年までに16,477人がその対象となり，68％は女性だったこと，こうした法制度の存在が，障害女性のリプロダクティブ・ヘルス／ライツを侵してきたことを提示した[18]。

　また，搾取や暴力，虐待については，DPI女性障害者ネットワークが2011年に行ったアンケート調査への回答で一番多かったのが性的被害で，回答者の35％が被害経験について記述していること，それらの被害経験は，職場で上司から，学校で教師や職員から，福祉施設や医療の場で職員から，介助者から，

---

　(18)　この件については，国連・女性差別撤廃委員会が，2016年3月に次の勧告（CEDAW/C/JPN/CO/7-8）を出している。「25. 委員会は，締約国が優生保護法に基づき行った女性の強制的な優生手術という形態の過去の侵害の規模について調査を行った上で，加害者を訴追し，有罪の場合は適切な処罰を行うことを勧告する。委員会は，さらに，締約国が強制的な優生手術を受けた全ての被害者に支援の手を差し伸べ，被害者が法的救済を受け，補償とリハビリテーションの措置の提供を受けられるようにするため，具体的な取組を行うことを勧告する」。2018年には，はじめて，優生保護法による強制不妊手術の被害を訴える国家賠償請求訴訟がはじまり，国内でも大きな動きが起きている。

家庭内で親族からの被害として報告されていることを提示した。なかでも、知的障害などの場合は被害者の証言が採用されにくい課題があることや、逃げる、反撃する、声や顔で加害者を特定することが障害の状況から困難であることにつけこんだ加害がみられることも報告した。

同時に、ドメスティック・バイオレンス（DV）被害を受けた際の公的シェルターはあるが、障害のある女性が利用するための条件整備（施設のバリア除去、介助保障制度、通訳の確保など）は課題化されておらず遅れていること、障害のある女性が虐待やDVの被害者となったときに入所型の障害者福祉施設に措置するとしている自治体が多いことも問題として提示した。入所型の障害者福祉施設は誰でもアクセスできるので加害者に知られやすく、被害者の安全が確保できないこと、社会福祉施設等で暮らす人が施設の職員等から虐待を受けることも多いという問題もあることも課題としてあげた。

ここまでが、国連の女性差別撤廃委員会へ提出したレポートをもとにした実態になる。

あわせて、障害者権利条約に照らすと、一般的意見3にあった、9条（アクセシビリティ）、13条（司法へのアクセス）、14条（身体の自由及び安全）、15条（拷問又は残虐な、非人道的な若しくは品位を傷つける取扱い若しくは刑罰からの自由）、17条（個人のインテグリティの保護）、19条（自立した生活及び地域社会へのインクルージョン）などの分野で、まずは実態を把握し、課題を発見していくという作業が不可欠だと言える。

Ⅳ　おわりに

本章では、障害者権利条約6条の内容を確認すると同時に、国連から出された一般的意見3を紹介し、第1回日本政府報告の検討と、現在の課題の提示を行ってきた。課題として提示した内容は、一般的意見3に基づいて考えると、限定的な範囲とも言えるが、まずは、提示すべき現状や課題の一端を示すことで、より幅広い内容へと視野を広げるものとなればと考えた。

日本社会は、国際的にみても、ジェンダー平等について、大きな課題を抱える社会であり、男性中心の社会的、文化的慣行とそれを支える制度を背景に、特に、政治と経済の分野には大きなジェンダー不平等が存在している。そのた

◇第17章◇ 障害女性〔瀬山紀子〕

め，女性たちが経済的に自立し，自らの人生を主体的に生きていくことは，今も容易ではない。それが，障害がないとされる女性たちの状況でもある。そうした，女性が不利な状況に置かれやすい社会は，障害女性たちにとっても，困難な社会であると言えるが，障害女性は，女性のなかでも不可視化されているという点で，さらなる困難を経験していると言える。

　国連では，女性差別撤廃委員会が，2016年の日本政府報告審査において，障害女性の複合差別に関する多数の勧告を出している[19]。その意味でも，障害の課題は，女性差別に関わる基本的課題として，国連のなかでも，共通の認識がなされるようになってきている。国連の障害者権利委員は，2016年に，一時，委員18人中女性が1名のみとなったという事態があったが，その後，2018年の委員選出選挙で，新たに6名の女性が選出された。これから，障害女性の課題は，さらに国連のなかでも議論が進んでいくだろう。

　障害に関わる課題をジェンダーの視点で見るという作業は，よりインクルーシブな社会をつくるには，現状で何が欠けているのかを知り，考えるための一つの重要な方法だと言える。そのために，今後さらに，障害女性のさまざまなレベルでの社会参画が進んでいくように，必要なデータを集め，改善の方策を探ることが必要だ。

---

(19) 女性差別撤廃委員会からの障害女性に関する勧告については，河口尚子「CEDAWにおける日本審査と障害女性の複合差別」ジェンダー法研究3号（2016年）139-152頁に詳しい。

◇第 18 章◇ 障 害 児〔堀　正嗣〕

第18章

障害児

堀　正嗣

I　はじめに

　私は軽度視覚障害を持って子ども時代を送ってきた。小学校就学の際の就学時健康診断では，ひとりだけ丁寧に視力を検査され屈辱を感じたことを覚えている。その結果両親は別の学校への就学を指導された。本人・保護者の意に反する就学指導であり，差別である。普通学級に就学することができた後も，学校，教員が拒否的であり，いじめを受けたこと等により，辛い経験をしてきた。
　この経験を原点として，私は障害児のインクルーシブ教育及びアドボカシーの研究に取り組んできた。現在は，イギリスの独立子どもアドボカシーサービスを日本の障害児支援に導入するための研究を行っている。その成果は，堀正嗣・栄留里美『子どもソーシャルワークとアドボカシー実践』（明石書店，2009年），堀正嗣編著『イギリスの子どもアドボカシー』（明石書店，2011年），堀正嗣・（社）子ども情報研究センター編著『子どもアドボカシー実践講座』（解放出版社，2013年），堀正嗣編著『独立子どもアドボカシーサービスの構築に向けて』（解放出版社，2018年）などで報告している。また公益社団法人子ども情報研究センターや障害児を普通学校へ全国連絡会等の子どもの権利擁護を目的とした民間団体の活動に長く関わってきた。日本で最初の公的子どもオンブズパーソンである兵庫県川西市子どもの人権オンブズパーソンを務めた経験もある。
　国連子どもの権利委員会の３度に渡る総括所見に明らかなように，日本では子どもの権利条約に規定された子どもの権利が十分に保障されていない。そう

した子どもたちの中でも，障害児はとりわけ権利侵害を受けやすい集団である。「国連子どもの権利委員会一般的意見9号（2006年）障害のある子どもの権利」は以下のように述べている。

> 42．障害児は，家庭，学校，私立・公立の施設（代替的ケアのための施設を含む），職場ならびにコミュニティ一般を含むあらゆる環境において，精神的，身体的または性的なものであるかに関わらず，あらゆる形態の虐待をいっそう受けやすい立場に置かれている。しばしば引用される数字であるが，障害児が虐待の被害者となる確率は〔障害のない子どもの〕5倍である。家庭や施設において，障害児は精神的・身体的暴力ならびに性的虐待の対象とされることが多く，また家族にとってはさらなる身体的・財政的負担となることが多いためにネグレクトや怠慢な取扱いもとくに受けやすい。加えて，適切に機能する苦情受理・監視制度にアクセスできないことが，組織的かつ継続的な虐待を助長する。学校でのいじめは子どもが被害を受けやすい立場にさらされる特有の形態の暴力であり，たいていの場合，この形態の虐待では障害児が標的とされる。[1]

またイギリスのナイトらは，「子どもを低く価値づけるとともに，障害児をとりわけ脆弱な（vulnerable），保護が必要な存在と認識する社会で育つこと」[2]が，障害児が権利侵害を受けやすい理由であると指摘している。

障害児に対する権利侵害の背景には，障害児を「脆弱な」（すなわち無力な）存在と捉える障害児観がある。伝統的な子ども観では，子どもは自ら身を守ることができない未熟で脆弱な存在と認識されてきた。たとえば乳幼児はおとなに比べて圧倒的に力が弱く，暴力や虐待から自らの身を守るのが困難である。そして小さな暴力でも，肉体的にも心理的にも大きな傷を受ける可能性がある。それゆえ乳幼児は脆弱な存在とされてきたのである。障害児は子どもであると共に，障害に由来する脆弱さをも合わせ持っており，最も脆弱な存在とされてきたのである。

しかし多くの障害児者はこの認識に抑圧を感じ抵抗してきた。障害児者が脆弱な存在と言われる時，自分で自分の身を守ることができない無力な存在と見

---

(1) 国連子どもの権利委員会（2006年）［平野裕二訳］「一般的意見9号障害のある子どもの権利」, at http://childrights.world.coocan.jp/crccommittee/generalcomment/gene-com9.htm（as of 31 Augst 2016）.

(2) Knight, A. and Olive, C.M., *Providing Advocacy for Disabled Children, Including Children without Speech*, Olive, C.M and Dalrymple, J. eds. *Developing Advocacy for Children and Young people: Current issues in Research, Policy and practice*（Jessica Kingsley Publishers, 2008）p. 116.

◇第18章◇　障　害　児〔堀　　正嗣〕

なされているのである。このような無力さの認識に依拠すれば，障害児の保護と無力さに相応した特別なケアや療育，教育を受ける権利を擁護する受動的権利保障の必要性は強調されるが，これが強調されればされるほど障害児の権利行使主体としての地位は否定されるのである。その結果障害児の意見表明権を核とした参加権を支援する可能性や必要性も否定されてしまうのである。

　障害児を権利行使主体と認識し，彼らの参加と意見表明を保障しようとする立場からすれば，脆弱さという言葉で表現される障害児の依存的地位そのものが社会的に構築されたものでありその克服が課題となる。その拠り所となる理論が障害を制度化された社会的抑圧（disablism）として分析し社会の変革を求める障害学と，子ども時代に関する社会学的分析の結果により見いだされたアダルティズム（adultism）に関する理論である。アダルティズムに関する理論は，子どもの無力さを制度化された子ども差別によって構築されたものととらえその克服をめざしている。

　このような観点からすれば，障害児への権利侵害は，子どもへの抑圧と障害者への抑圧の二重の抑圧によって生じるものであり，障害学とアダルティズムの理論の両方に依拠して検証する必要がある。

● ● ● II　条文の解釈　● ● ●

1　前文及び一般原則における障害児の権利の位置づけ　● ● ●

　障害児の権利は，7条において独立した条文として示されている。しかしこの条文の意義を理解するためには，条約全体における障害児の権利の位置づけを明確にする必要がある。条約はまず前文(j)において以下のように述べている。

　(j)障害のあるすべての人（一層多くの支援を必要とする障害のある人を含む。）の人権を促進し及び保護する必要性を認め，

　「障害のあるすべての人」（all persons with disabilities）には障害児（children with disabilities）も含まれている。障害児は成人に比して「一層多くの支援を必要とする」のであり，そのこと故に人権の保護・促進の対象から排除されてはならないことが示されているのである。

　次に前文(p)には次のように書かれている。

(p)人種，皮膚の色，性，言語，宗教，政治的意見その他の意見，国民的，民族的，先住的若しくは社会的出身，財産，出生，年齢又は他の地位に基づく複合的又は加重的な形態の差別を受けている障害のある人の置かれた困難な状況を憂慮し，

(p)に規定された「年齢に基づく複合的又は加重的な形態の差別」の一つが障害児への差別である。ここに例示されている「人種，皮膚の色，性，言語等」の属性はすべて，「複合的又は加重的な形態の差別」の重要な要因になるものであり，特に強力な権利保障・権利擁護のための措置を必要とするのである。そのため，一般原則(h)として，「障害児の発達しつつある能力の尊重，及びアイデンティティを保持する権利の尊重」が掲げられている点が注目される。

子どもの権利条約以前の国連の人権条約においては，「すべての人」（国際人権規約），「女子」（女子差別撤廃条約）等が主体とされてきたが，そこに子どもが含まれるかどうかは明確ではなかった。子どもの権利宣言の起草が国連の人権委員会でなく社会委員会で行われたことに象徴的なように，子どもの権利の問題は医療・環境・福祉などの社会保障の問題としてとらえられており，主体的包括的な人権の問題としてはとらえられてこなかったのである。世界人権宣言（1948年）で宣言された一般人権の主体として子どもは明確に意識されておらず，おとなによって保護され・付与される受動的な存在とする子ども観・子どもの権利認識が一般的だったのである。

このことを踏まえると，障害者権利条約において主体である「障害のある人」に「障害児」が含まれていることを明確にし，各条文において子どもの権利に言及していることは画期的である。本条約のすべての条文において，障害児に対して差別なく権利保障が行われているかどうかという観点から，障害児に関する本条約の実施状況は検討する必要がある。

次に，前文(r)において以下のように述べられている。

(r)障害のある子どもが，他の子どもとの平等を基礎として，すべての人権及び基本的自由を完全に享有すべきであることを認め，また，このため，子どもの権利に関する条約の締約国が負う義務を想起し，

ここでは，子どもの権利条約が障害児の権利保障の基盤であることが明示されている。子どもの権利条約は前文と3章54カ条からなり，先進国のみならず，途上国の子どもの実態をも踏まえた包括的具体的な規定を行っている。子どもの権利条約に規定された権利は，保護（protection），提供（provision），参

加（participation）の3つのカテゴリーに分類される。保護については，虐待・放任からの保護（19条），経済的・性的搾取からの保護（32条・34条），麻薬・向精神薬からの保護（33条）が代表的なものである。提供については，健康・医療への権利（24条），社会保障への権利（2条），生活水準への権利（27条），教育への権利（28条）が代表的なものである。参加については，意見表明権（12条），思想・良心・宗教の自由（14条）が代表的なものである。

　子どもの権利は，歴史的には，保護・提供の権利を中心に発展してきた。子どもは特別な保護を受け，教育・社会保障・文化など様々なものをおとなによって提供される客体もしくは権利享有主体と考えられてきたのである。これを子ども固有の権利の系統と言う。しかしながら，子どももおとなと同様，権利行使の主体であり，社会を構成する市民であるとの子ども観が発展してきた。その結果，子どもの権利条約は，児童の権利に関するジュネーブ宣言や子どもの権利宣言等に見られる保護・提供という子ども固有の権利の系統を継承すると共に，世界人権宣言，国際人権規約といったこれまでおとなの権利と考えられがちだった一般人権の系統を合流させ，更に子ども固有の条件を踏まえた意見表明権を加え，一般人権の系統を土台とした子どもの人権保障の体系を創り上げたのである。そこでは，子どもは権利行使主体として認識され，社会への参加参画の権利が重要なものとして規定されたのである。さらに障害児も差別なく，この条約のすべての権利を保障されることが2条で明確にされている。障害者権利条約前文(r)は，子どもの権利条約に規定されたすべての権利を，他の子どもとの平等を基礎として，障害児が完全に享有すべきであるとする重要な原則を宣言しているのである。それゆえ障害児の権利の実施状況については，子どもの権利条約との関係をも含めた検討が必要になる。

2　各条文における障害児の権利

　条約においては，各所で障害児についての言及がある。それらの条文を列挙すると以下の通りである。なお7条・24条の条文は割愛する。

第3条（一般原則）
　(h)障害のある子どもの発達しつつある能力の尊重，及び障害のある子どもがそのアイデンティティを保持する権利の尊重
第4条（一般的義務）
　3　締約国は，この条約を実施するための法令及び政策を策定し及び実施するに当たり，並びに障害のある人と関連する問題についての他の意思決定過程にお

いて，障害のある人（障害のある子どもを含む。）を代表する団体を通じて，障害のある人と緊密に協議し，かつ，障害のある人を積極的に関与させる。

第7条（障害のある子ども）

第16条（搾取，暴力及び虐待からの自由）

　5　締約国は，障害のある人に対する搾取，暴力及び虐待の事案が明らかにされ，調査〔捜査〕され，かつ，適切な場合には訴追されることを確保するための効果的な法令及び政策（女性及び子どもに重点を置いた法令及び政策を含む。）を策定する。

第18条（移動の自由及び国籍）

　2　障害のある子どもは，出生の後直ちに登録されるものとする。障害のある子どもは，出生の時から氏名を有する権利及び国籍を取得する権利を有するものとし，可能な限りその親を知りかつその親によって養育される権利を有する。

第23条（家庭及び家族の尊重）

　1(c)　障害のある人（障害のある子どもを含む。）が他の者との平等を基礎として生殖能力を保持すること。

　2　締約国は，子どもの後見，監督，管財，養子縁組又は国内法令にこれらに類する制度が存在する場合にはその制度についての障害のある人の権利及び責任を確保する。あらゆる場合において，子どもの最善の利益は至上である。締約国は，障害のある人が子どもの養育についての責任を遂行するに当たり，その者に対して適切な援助を与える。

　3　締約国は，障害のある子どもが家族生活について平等の権利を有することを確保する。締約国は，この権利を実現するため並びに障害のある子どもの隠匿，遺棄，放置及び隔離を防止するため，障害のある子ども及びその家族に対し，包括的な情報，サービス及び支援を早期に提供することを約束する。

　4　締約国は，子どもがその親の意思に反してその親から分離されないことを確保する。ただし，権限のある当局が，司法の審査に従うことを条件として，適用のある法律及び手続に従い，その分離が子どもの最善の利益のために必要であると決定する場合は，この限りでない。いかなる場合にも，子どもは，その子どもの障害又は一方若しくは両方の親の障害を理由として親から分離されない。

　5　締約国は，最も近い関係にある家族〔親及び兄弟姉妹〕が障害のある子どもを監護〔ケア〕することができない場合には，より広い範囲の家族の中で代替的な監護〔ケア〕を提供し，また，これが不可能なときは，地域社会の中の家庭的な環境で代替的な監護〔ケア〕を提供するためのすべての努力を行うことを約束する。

第24条（教育）

第30条（文化的な生活，レクリエーション，余暇及びスポーツへの参加）

　5(d)　障害のある子どもが，他の子どもとの平等を基礎として，遊び，レクリ

エーション,余暇及びスポーツの活動(学校制度におけるこれらの活動を含む。)に参加することができることを確保すること。

このように多くの条文において障害児の権利に留意しているのが条約の特徴である。子どもの権利条約との関係で,上記の条文を整理すれば以下のようになる。

前述のように,障害児にも本条約で規定されたすべての権利が保障されてい

表1:障害者権利条約・子どもの権利条約に規定された子どもの権利

障害者権利条約	子どもの権利条約	カテゴリー
3条(一般原則)h[発達しつつある能力の尊重,アイデンティティを保持]	6条(生命への権利)・第8条(身元の保全)・28条(教育への権利)・29条(教育の目的)	保護の権利 提供の権利
4条(一般的義務)3[計画策定・実施への参画]	12条(意見表明権)	参加の権利
7条(障害のある子ども)[他の子どもとの平等,最善の利益,意見表明権]	3条(子どもの最善の利益)・12条(意見表明権)	保護の権利 提供の権利 参加の権利
16条(搾取,暴力及び虐待からの自由)[子どもに重点を置いた政策]	19条(虐待・放任からの保護)・32条(経済的搾取からの保護)・34条(性的搾取・虐待からの保護)・36条(他のあらゆる形態の搾取からの保護)	保護の権利
18条(移動の自由及び国籍)2[名前・国籍を有する権利,親によって養育される権利]	7条(名前・国籍を得る権利)	保護の権利
23条(家庭及び家族の尊重)[生殖,家庭生活における平等,親からの分離禁止,代替的養護]	9条(親からの分離禁止)・20条(代替的養護)・21条(養子縁組)	提供の権利
24条 教育	23条(障害児の権利)・28条(教育への権利)・29条(教育の目的)	提供の権利
30条(文化的な生活,レクリエーション,余暇及びスポーツへの参加)5(d)[遊び,レクリエーション,余暇及びスポーツの活動への参加]	31条(休息,余暇,遊び,文化的・芸術的生活への参加)	提供の権利

るのであるが，上記の部分は特に「(障害児の) 独自の必要に配慮した」権利保障が必要であるとされているものと考えられる。表をもとに，子どもの権利条約と比較した障害児権利条約の特徴をまとめると以下のようになる。

① 保護・提供・参加というすべての観点で，障害児の生物学的・社会学的な状況に配慮した権利保障への取り組みが特に必要であることを規定している。
② 16条2において「締約国は，…略…年齢を考慮した適切な形態の援助及び支援を行う。…略…保護サービスが年齢，ジェンダー及び障害を考慮したものであることを確保する。」と規定されている。また同条4には(被害者の回復及び復帰において)「年齢に特有の必要〔ニーズ〕を考慮に入れる」ことが，5には(調査及び加害者の訴追において)「子どもに重点を置いた法令及び政策を含む」と規定されている。このことから，障害児はおとなの障害者に比して権利侵害を受けやすく，また保護や加害者訴追においても子どもに特有のニーズを考慮することを求めているといえる。おとなと比して不利な立場にある障害児の状況を認識しているのである。
③ 18条2は，一般原則(h)ととともに，「名前・国籍を得る権利」を規定している。23条3で障害児は「隠匿，遺棄，放置及び隔離」の被害を受ける可能性があることが示されているが，そうした子どもたちは「名前・国籍を得る権利」を侵害される恐れがある。これは人生初期における重大な権利侵害であり，特にその防止を規定したものと考えられる。
④ 23条1(c)では，障害児が「生殖能力を保持すること」を規定している。歴史的には障害児者に対して優生思想に基づく強制不妊手術が行われてきた。こうした被害をとりわけ受けやすいのが子どもたちである。子どもに対する，優生思想に基づく不妊手術を防止しすることを，条約は求めているのである。
⑤ 23条3は障害児の「家庭生活における平等の権利」を，4は「親からの分離禁止」を，5は「代替的養護」を規定している。障害児は「隠匿，遺棄，放置及び隔離」や病院・施設への入所等によりこれらの子どもとしての権利を侵害される可能性が高いため，このように規定されたものと考えられる。
⑥ 24条については，子どもの権利条約の規定よりも踏み込んで，明確にインクルーシブ教育を受ける権利を規定していることが注目される。
⑦ 30条5(d)では，子どもにとって「遊び，レクリエーション，余暇及びスポーツの活動の権利」が重要であり，障害児は排除や隔離によりその権利を

3　7条（障害のある子ども）の解釈と評価

障害児についての独立した条文は以下の7条である。

第7条（障害のある子ども）
　1　締約国は，障害のある子どもが，他の子どもとの平等を基礎として，すべての人権及び基本的自由を完全に享有することを確保するためのすべての必要な措置をとる。
　2　障害のある子どもに関するあらゆる決定において，子どもの最善の利益が主として考慮されるものとする。
　3　締約国は，障害のある子どもが，自己に影響を及ぼすすべての事項について自由に自己の意見を表明する権利を有することを確保する。この場合において，障害のある子どもの意見は，他の子どもとの平等を基礎として，その年齢及び成熟度に応じて十分に考慮されるものとする。締約国は，また，障害のある子どもが，当該権利を実現〔行使〕するための障害及び年齢に適した支援を提供される権利を有することを確保する。

「障害のある子どもが，他の子どもとの平等を基礎として，すべての人権及び基本的自由を完全に享有する」という文章は前文(r)と同じである。ここには障害児の権利についての基本方針が明確に示されている。川島・東は，障害者権利条約の基本的な考え方を以下のように述べている。

　　（条約は「新しい権利」を創るものではなく——引用者）「非障害者」が享受している人権を障害者が実質的にひとしく共有し，行使できるような工夫がなされている。その工夫とは既存の主要人権条約においては明確にされてこなかった「新しい概念」（合理的配慮・手話を言語とすること，インクルーシブ教育，自立生活等——引用者）をこの条約にはっきりと導入することであった[3]。

　7条1項は，障害児の権利についてもこのような基本方針に沿って認識し保障するということを表明している。障害児のための「新しい権利」を創るのではなく，障害児も健常児と同じ権利を有する一人の子どもであることを明確にしているのである。これまで障害児が特別なニーズがあるとされ，特別な保護

---

(3)　川島聡・東俊裕「障害者の権利条約の成立」長瀬修＝東俊裕＝川島聡編『障害者の権利条約と日本』（生活書院，2008年）16頁。

や医療，福祉，教育の対象とされ，子どもとしての権利を制限されてきたことを考えると根本的な障害児観の転換を意味している。「障害児もまず一人の子どもである」という意味での「チルドレンファースト」が明確にされたのである。

こうした観点から考えると，「すべての人権及び基本的自由」とは，単なる枕詞ではなく，上述のように第1に子どもの権利条約・障害者権利条約に規定されたすべての権利であり，また国際人権規約をはじめとしたすべての人権条約や各国の国内法が定めるすべての権利であると考えられる。こうした権利を障害児にも実質的に平等に保障することを条約は求めているのである。

条文の2は「子どもの最善の利益」について，3は「意見表明権と支援の提供」について規定している。子どもの権利条約の指導原則（guiding principle）は，子どもの定義（1条）・差別の禁止（2条）・子どもの最善の利益（第3条）・生命への権利（6条）・意見表明権（12条）である。このうち「子どもの最善の利益」と「子どもの意見表明権」は，子どもの権利を支える車の両輪である。なぜなら，前者は「保護の権利」・「提供の権利」という「子ども固有の権利」に根差すものであり，「人類は子どもに最善のものを与える義務を負う」とする国連子どもの権利宣言・ジュネーブ宣言に起源をもつものである。他方「子どもの意見表明権」は，子どもを社会を構成する市民として認識する新しい子ども観に立つものであり，子どもを権利行使主体と位置づけた子どもの権利条約における子ども観の転換を象徴するものである。子どもの独自性からして，保護・提供の権利と参加の権利を統合的に保障することが必要であるが，時にはこの二つの権利は葛藤することがある。こうした子どもの権利の基本構造を踏まえて，本条約は障害児にも他の子どもと同じ原則に基づき，実質的に平等な権利保障を行うことを意図しているものと考えられる。その際，障害児はとりわけ伝統的に保護の客体とされ声を奪われてきた歴史に鑑み，意見表明権を明記するとともにその実質的平等を確保するための工夫として新しい概念である「合理的配慮の提供」を掲げたものと解釈できる。

さらに言えば，子どもの権利条約12条1項は「締約国は，自己の意見を形成する能力のある児童がその児童に影響を及ぼすすべての事項について自由に自己の意見を表明する権利を確保する。この場合において，児童の意見は，その児童の年齢及び成熟度に従って相応に考慮されるものとする」と規定しており，「自己の意見を形成する能力」及び「年齢と成熟度に従って」という規定

表２：障害者権利条約に規定された子どもの権利と日本政府報告の記載内容

条文	日本政府報告
3条（一般原則）h［発達しつつある能力の尊重，アイデンティティを保持］	教育基本法3条・4条
4条（一般的義務）3［計画策定・実施への参画］	記載なし
7条（障害のある子ども）［他の子どもとの平等，最善の利益，意見表明権］	障害者基本法10条，第3次障害者基本計画及び障害者差別解消法に基づく基本方針，文科省による意見聴取，児童福祉法1条～3条，保育所保育指針
16条（搾取，暴力及び虐待からの自由）［子どもに重点を置いた政策］	障害者虐待防止法29条，児童虐待防止法，
18条（移動の自由及び国籍）2［名前・国籍を有する権利，親によって養育される権利］	記載なし
23条（家庭及び家族の尊重）［生殖，家庭生活における平等，親からの分離禁止，代替的養護］	民法821条・834条・838条，障害者総合支援法77条，児童福祉法12条等
24条　教育	憲法26条等
30条（文化的な生活，レクリエーション，余暇及びスポーツへの参加）5(d)［遊び，レクリエーション，余暇及びスポーツの活動への参加］	記載なし

により障害児（とりわけ言葉を話さない障害児）が除外されると解釈される懸念があった。本条文はこうした制限的解釈の余地を払拭し，乳幼児と重度障害児を含むすべての障害児の意見表明権とその実質化のために支援を提供される権利を明確にしたものであり，子どもの権利条約を超える意義がある。

Ⅲ　分析と課題

1　障害者権利条約第1回日本政府報告の障害児の権利認識の問題点

表1で抽出した障害者権利条約で規定された子どもの権利について，日本政府報告の記載内容を整理したのが表2である。

表2に明らかなように，日本政府報告は7条・16条・23条・24条については障害児の権利に関する記載があるが，それ以外の部分ではほとんど記載が見られない。7条は障害児の権利保障の基本原則を定めたものであるが，報告には抽象的な「成人と異なる支援の必要性」以外には，福祉と教育に関する事項のみ記載されている。16条及び23条は福祉と家族に関するものである。また表2に掲げた以外の条文についても障害児についての記載はない。このことは，日本政府が障害児の権利を家族・福祉・教育の問題に矮小化してとらえていることを示している。

前述のように，障害児に関する条約の実施状況については，子どもの権利条約に規定された子どもの権利が，「他の子どもとの平等を基礎として」保障されているかどうかを検証しなければならない。と同時に，障害者権利条約に規定された各条文が，おとなと差別なく保障されているかどうかを検証する必要がある。

このような視座を欠いていることが，日本政府報告の基本的な問題点である。障害児を特別な保護や教育の対象ととらえる伝統的な障害児観を払拭できていないために，「他の子どもとの平等」という観点から，子どもとしての権利を保障するという基本方針を確立できていないのである。また障害児をおとなと共に社会を形成するひとりの市民であるという認識に立つことができていないために，障害者権利条約に規定された参加権を保障するという方針を確立できていないのである。

後者の点は，障害児が自己決定権／意見表明権を有する権利行使主体であるとする能動的子ども観に立っておらず，保護の対象という受動的子ども観にとどまっている問題とひとつのものである。その結果として，障害児の意見表明権／意見表明支援が実質的には全く記載されていない。この点については次節で詳しく検討する。

2　7条（障害のある子ども）についての報告の評価と日本の課題

7条1には「締約国は，障害のある子どもが，他の子どもとの平等を基礎として，すべての人権及び基本的自由を完全に享有することを確保するためのすべての必要な措置をとる」と規定されている。このことは，条約のすべての条文に即して，子どもの権利条約をも考慮しつつ，他の子どもとの平等を基礎と

◇第18章◇ 障害児〔堀　正嗣〕

して障害児の権利を保障する措置をとることを意味している。このような措置が取られてきたかどうかをすべての条文に関して検討することが必要である。たとえば，19条〔自立した生活〔生活の自律〕及び地域社会へのインクルージョン〕という観点から，障害児に関して条約の実施状況を検証することは不可欠である。しかしながら，このような問題意識を欠いているところに，政府報告の基本的な問題がある。7条1の措置は，日本政府においてはそれを実施する意思を欠いている点で重大な問題があると言わざるを得ない。

　このことを前提として，ここでは第7条2（最善の利益）・3（意見表明権）を中心に，報告書の評価と日本の課題を述べる。報告書を要約すると以下の通りである。

　パラグラフ41　障害者基本法第10条（障害者の自立及び社会参加のための施策が，障害者の年齢等に応じて，かつ，有機的連携の下に総合的に策定され，及び実施されなければならない）
　第3次障害者基本計画及び障害者差別解消法に基づく基本方針（障害児には，成人の障害者とは異なる支援の必要性があることに留意）
　パラグラフ42　障害者基本法第16条（障害者がその年齢及び能力に応じ，かつ，その特性を踏まえた十分な教育が受けられるようにするため，国及び地方公共団体は，障害者である児童生徒及びその保護者に対し十分な情報の提供を行うとともに，可能な限りその意向を尊重しなければならない）
　パラグラフ43　児童福祉法第1条～第3条（全て児童はひとしくその生活を保障され，愛護されなければならないとし，国及び地方公共団体は，児童を心身ともに健やかに育成する責任を負う），児童相談所による調査・判定・指導
　パラグラフ44　保育所保育指針（子供に障害や発達上の課題が見られる場合には，市町村や関係機関と連携及び協力を図りつつ，保護者に対する個別の支援を行うよう努めること）

　ここでは，日本の法律・制度・政策が列挙されているだけであり，その中で7条がどのように実施されたのかは記載されていない。「子どもの最善の利益・子どもの意見表明権・意見表明支援」という観点から，取られた措置が報告されなければならないのである。条約で求められている報告の要件を満たしていないものと考えられる。

　パラグラフ42は教育に関わるものであり，本書第7章で検討されているため詳述はしないが，「意向の尊重」について記載された唯一のものである。しかしながら，これを受けて改正された学校教育法施行令18条2は「保護者及

び専門家からの意見聴取の機会の拡大」について定めたものであり、子どもからの意見聴取について規定されていない。保護者が子どもの意見を代弁できる場合でも、「機会の拡大」を定めるにとどまっており、義務づけているわけではない。また最終的には市町村教育委員会が就学先を指定するものであり、障害児の意見が仮に聴かれたとしても、どのように考慮され尊重されるのかは不明である。実質的には、障害児の意見表明権は保障されていないと言わざるを得ない。

パラグラフ43で記載されている児童福祉法及び児童相談所に関しては、国連子どもの権利委員会は日本への総括所見（第3回、2010年）において次のような懸念を表明している。

> 37. 子どもの最善の利益は児童福祉法に基づいて考慮されているという締約国の情報は認知しながらも、委員会は、1974〔1947〕年に採択された同法に、子どもの最善の利益の優越性が十分に反映されていないことに懸念とともに留意する。委員会はとくに、そのような優越性が、難民および資格外移住者である子どもを含むすべての子どもの最善の利益を統合する義務的プロセスを通じ、すべての立法に正式にかつ体系的に統合されているわけではないことを懸念する。
> 43. 児童相談所を含む児童福祉サービスが子どもの意見をほとんど重視していないこと、学校において子どもの意見が重視される分野が限定されていること、および、政策策定プロセスにおいて子どもおよびその意見に言及されることがめったにないことを依然として懸念する。委員会は、権利を有する人間として子どもを尊重しない伝統的見解のために子どもの意見の重みが深刻に制限されていることを依然として懸念する[4]。

このような懸念に、障害児の権利という観点からどのように応えたのかこそが、報告されなければならない。2017年4月に施行された改正児童福祉法2条に「その意見が尊重され、その最善の利益が優先して考慮され」と規定されたことは大きな意義がある。しかし上記懸念を払拭する制度、施策は未だ実施されていないのである。

パラグラフ43については、障害児に対する様々な施策がある中で、保育所における障害児保育のみを記載していることが疑問である。さらに保育所保育指針の説明にとどまっており、第7条を踏まえた障害児保育の到達点を示す必要がある。「障害児保育に対する財政的措置は地方交付税であるためきわめて

---

(4) 国連子どもの権利委員会（2010年）〔平野裕二訳〕「総括所見：日本（第3回）〔前編〕」、at http://www26.atwiki.jp/childrights/pages/13.html（as of 31 August 2016）.

脆弱で，実施状況において自治体格差がきわめて大きい。そのことについての調査も行われていない。子ども・子育て支援制度が実施されても格差の是正のための方策が不十分であると言わざるを得ない。」(5)とのパブリックコメントをも考慮する必要がある。

3　障害児の意見表明権と必要な支援

「国連子どもの権利委員会一般的意見9号（2006年）障害のある子どもの権利」には以下のように記載されている。

> 32. たいていの場合，障害児に関わる政策立案および決定は障害者であるおとなとそうでないおとなが行なっており，子どもたち自身はその過程から除かれている。障害児が自分に影響を与えるあらゆる手続で意見を聴かれ，かつその意見が発達しつつある能力にしたがって尊重されるようにすることは，必要不可欠である。これには，議会，委員会その他の場のようなさまざまな機関に障害児の代表が出席し，意見を表明するとともに，自分たちに影響を及ぼす決定に，子ども一般として，また具体的に障害児として参加することが含まれなければならない。このようなプロセスに障害児の参加を得ることは，政策が障害児のニーズと望みに合うものとなることを確保することにつながるのみならず，意思決定過程が参加型のものとなることも確保されるので，インクルージョンの貴重な手段でもある。子どもには，意見表明を容易にするあらゆるコミュニケーションが用意されるべきである。締約国はさらに，子どもが自分自身の生活のなかでますます意思決定の責任を負っていく能力の発達を促進および尊重することに関する，家族および専門家を対象とした訓練の発展を支援することが求められる(6)。

条約7条3は上記の認識に基づいて規定されたものである。にもかかわらず，日本では，障害児の意見表明権を保障する制度が整備されておらず実践も立ち遅れている。

条約12条「法律の前における平等な承認」は，障害者が「生活のあらゆる側面において他の者との平等を基礎として法的能力を享有すること」，「法的能力の行使に当たって必要とする支援を利用することができる」ことを保障している。改正された障害者基本法（2011年）や障害者総合支援法（2012年）においても，「意思決定の支援に配慮すること」が自治体や事業者に求められ，意

---

(5) 日本障害者協議会（JD）「障害者権利条約のパラレルレポートに関する資料」，at http://www.nginet.or.jp/jdprrp/ （as of 31 August 2016）.

(6) 国連子どもの権利委員会（2006年）［平野裕二訳］「一般的意見9号　障害のある子どもの権利」，at http://childrights.world.coocan.jp/crccommittee/generalcomment/genecom9.htm （as of 31 August 2016）.

思決定支援のあり方について検討されている。

　障害児も12条に定められる権利の主体であることは言うまでもない。子どもの場合には完全な法的能力を認められているわけではないため，7条3項において子ども固有の条件を踏まえた意見表明権という概念が使われている。だがこれは，可能な事柄についての子どもの意思決定権を否定するものではなく，また意見表明を行うか否か，どのような内容・方法で行うのか，等の意思決定は子ども自身が行うものであり，意見表明は意思決定と不可分のものである。こうした観点から，成人障害者の意思決定支援との連続性を視野に入れて，権利保障を進める必要がある。

　ところが成人障害者への意思決定支援の取り組みは一定程度進んできているにもかかわらず，障害児の意見表明支援についての研究と実践は立ち遅れている。詳述する余裕はないが，イギリス（イングランド・ウェールズ）では子どもの参加と意見表明を支援する政策が強力に推進されている。議会，委員会など様々な場で，障害児を含めた子どもたち自身が参加し意見を表明している。また障害児及び福祉サービスを利用している子どもに対しては，参加と意見表明を支援するために，独立アドボカシーサービスを提供することが自治体に義務づけられている。福祉サービスを利用している子どもは自らの処遇に関わる公的会議に参加する権利があり，乳幼児と障害児もコミュニケーションのための合理的配慮とアドボケイトと呼ばれる専門職の支援を受けて参加している。言語的なコミュニケーションを行わない障害児の意見表明を支援する方法も開発され，非指示型アドボカシーと呼ばれている。入所施設を定期的に訪問して虐待防止や意見表明の支援等を行う施設訪問アドボカシーも行われている。イングランド・ウェールズの「子どもアドボカシーサービス提供のための全国基準」にはこのことに関して以下のように記載されている。

　　3.4　障害児と乳幼児のコミュニケーションニーズに特別な関心を払う。そこには乳児と重複障害，知的障害の子どもが含まれている。乳幼児や障害児の中には，創造的で感覚的なアプローチを必要とする子どもたちもいる。それは新しいテクノロジーやマルチメディアや非言語的なコミュニケーションの利用を含んでいる。応答を理解できるように訓練を受けたスタッフが必要な子どもたちもいる[7]。

---

(7)　イングランド保健省（2002年）［堀正嗣訳］「子どもアドボカシーサービス提供のための全国基準」堀正嗣・栄留里美『子どもソーシャルワークとアドボカシー実践』（明石書店，2009年）174-175頁。

このような先進的な事例に学んで，日本においても障害児の意見表明権を保障する施策と実践を創りだすことが今後の課題である。

Ⅳ おわりに

　障害者権利条約は障害者の権利保障のマイルストーンである。しかし日本は子どもの権利保障自体が多くの課題を抱えており，そうした中で障害児の権利保障は一層困難な課題に直面している。伝統的な障害児観から脱却して，障害児を一人の子どもとして，また社会を構成する市民として尊重する障害児観の転換の必要性を本稿では述べた。そうした視座に立って，子どもの権利条約を考慮しつつ，障害者権利条約に規定されたすべての権利を障害児に対して保障するための取り組みを進める必要がある。

◇第19章◇ろう者〔大杉 豊〕

第19章

ろう者

大杉　豊

1　はじめに

　筆者は3歳の時に聴覚障害（両耳ともに聴力損失が100デシベルを超える重度：身体障害程度等級2級）の診断を受け，東京教育大学教育学部付属聾学校（現筑波大学附属聴覚特別支援学校）の幼稚部と小学部において，箱型補聴器2個の装用で残存聴力をある程度補い，口の形の読み取り（読話）と発音の訓練を通して，国語技能を習得する「聴覚口話法」の教育を受けた。ちなみに，1960年代当時の文部省学習指導要領等に手話言語関連の記述は見あたらない。小学3年からはきこえる子どもたちに交じって一般の学校で学んだが，きこえる子どもたちとほぼ同等になる国語の読み書き技能を身につけているにもかかわらず，音声を主とするコミュニケーションに自然な対応ができないために様々な葛藤を経験してきた[1]。本稿は障害者権利条約と日本政府の報告書を「手話言語」のキーワードで分析し，日本におけるこれからの課題を整理することを目的とするので，筆者の3歳から現在に至るまでの手話言語を含む言語使用歴を紹介する。日常会話で主に使用する言語に着目し，学校/職場とそれ以外に分けて言語の使用状況をまとめたのが表1である。なお，米国に長期滞在した期間があり，英語やアメリカ手話言語も使用しているので，「英語」と対比して客観

---

(1) 大杉豊「統合教育が筆者の自己像形成に及ぼした影響——ろう者としてのポジティブ・セルフ獲得の機会剥奪」SNE ジャーナル4巻1号（1999年）125-138頁。

◆第Ⅱ部◆　各論2〔主体別検討〕

表1

	学校/職場の会話で主に使用する言語	学校/職場以外の会話で主に使用する言語
ろう学校時代 （3歳〜8歳）	日本語	日本語
一般校時代 （8歳〜18歳）	日本語	日本語
大学時代 （18歳〜20歳）	日本語 日本手話言語（大学手話サークル）	日本語 日本手話言語（ろう者演劇サークル）
社会人時代 （20歳〜28歳）	日本手話言語 日本語（日本手話言語を使えない時）	日本手話言語 日本語（日本手話言語を使えない時）
米国生活時代 （28歳〜38歳）	アメリカ手話言語 日本語（日本語研究者と会う時） 英語（上の二言語を使えない時）	日本手話言語（家庭内） アメリカ手話言語（米国のろう者と会う時） 日本語（きこえる日本人と会う時） 英語（上の三言語を使えない時）
現在 （38歳〜現在）	日本手話言語 日本語（日本手話言語を使えない時）	日本手話言語 日本語（日本手話言語を使えない時）

的に捉えて表し得る用語として「国語」の代わりに「日本語」を用い，手話言語についても「日本手話言語」と「アメリカ手話言語」を用いる。

　会話場面に絞っているので，書記（文字）言語に関することは表に載せていない。表を時系列に見ると，大学に入学するまでの18年間は日本語のみを使用しているが，大学時代に日本手話言語の使用が始まり，米国生活時代は英語とアメリカ手話言語が加わり，帰国してから現在では日本手話言語の使用が主となっていることがわかる。英語とアメリカ手話言語が入っているので複雑になっているが，音声言語と手話言語を対比させて説明すると，筆者はろう学校時代に音声言語を教えられる形で習得し，18歳以降は手話言語を使うきこえない人たち（＝ろう者）との交流の中で手話言語を自然に習得し，現在は手話言語を日常生活の主な言語としている。そして手話言語が使えない状況におい

◇第 19 章◇ ろ う 者〔大杉　豊〕

ては音声言語を使うということである。音声言語の使い方については，3 歳から 18 歳までは音声言語を読話，発話，筆談など状況に応じた方法で使っていたが，自分の発話が人に理解されないことと，読話が必ずしも正確に出来てはいないことに気づいたことを主な理由とし，18 歳以降は発話を一切せず，読話出来ている場合でも話された内容の確認を筆談で取る方法で現在に至る。

　ここで，全日本ろうあ連盟が手話言語法制定推進運動において国民に広く啓発している「手話言語の 5 つの権利」という考え方を紹介したい。同連盟は 2012 年に実施した手話言語法（仮称）制定推進事業の一環として，学識経験者を中心とする調査班が，日本人が手話言語に関して受けた差別的な事例 1,214 件を分析している。その結果は 5 つのカテゴリー，「手話言語を獲得する権利」，「手話言語で学ぶ権利」，「手話言語を学ぶ権利」，「手話言語を使う権利」，「手話言語を守る権利」に分類され，全日本ろうあ連盟の「5 つの権利」提案の礎となった[2]。5 つの権利それぞれをひらたく言えば，乳幼児期に手話言語を母語として獲得する権利，手話言語を使用する教員から，または手話言語の通訳を介する形で学校教育を受ける権利，学校の「国語」で日本人が使う日本語を学ぶのと同様に学校で手話言語について学び理解を深める権利，医療現場などで筆談ではなく手話言語による通訳を選択するなど日常的に手話言語を使って生活する権利，手話言語法や手話言語条例の制定などを通して社会における手話言語の認知度を高める権利である。これら 5 つの権利はお互いに関連し合うものであり，どれか一つでも欠けると手話言語による生活を享受するに重大な障害が生じるという考え方である。

　この考えに沿って，先に述べた筆者の会話における使用言語の履歴を読み直すと，まず筆者が学校教育を受けた時代は，手話言語法はおろか，手話言語条例さえもなく，社会における手話言語の認知度が非常に低く，「手話言語を守る権利」が叫ばれる時代と言えるものではなかった。この時代背景があるが故に，「手話言語を獲得する権利」を行使する発想が筆者自身にも家族にも教育現場にもなく，手話言語を獲得していないために，「手話言語で学ぶ権利」も「手話言語を学ぶ権利」も筆者が言語獲得に適した時期に行使することはなかった。それでも，筆者は大学時代に手話言語を学ぶに適した環境に恵まれ，

---

(2)　全日本聾唖連盟『「手話言語法（仮称）制定推進事業」報告書（日本財団助成事業）』（2012 年）。同書では「手話」と表記されているが，2018 年 6 月の同連盟第 6 回（通算第 69 回）評議員会以降は「手話言語」の表記を用いている。

手話言語を習得し，それ以降は社会の手話言語に関する理解の深まりと，手話通訳制度・社会資源の充実に比例するように，「手話言語を使う」権利を行使できるようになってきている。しかし，生まれてから18歳になるまでの間に「5つの権利」全てを行使できる状況になかったことは事実であり，自身の手話言語技能の未熟さと貧弱な手話言語的経験を見つめるに，「18歳の時に別の私が生まれたのだ。」と思わざるをえないほど，心に大きな傷（トラウマ）を負っている。

本節では，筆者の会話における使用言語の履歴を記述し，「手話言語の5つの権利」の考え方を導入して，「筆者が適齢期に5つの権利全てを行使できる状況になかった」と読み替え，自分は言語的な抑圧を受けたと結論した。具体的な内容や程度に違いがあっても，ろう者の多くが「手話言語の5つの権利」に関して差別を受けてきた経験を共有し，日本人の公用語に相当する「日本語」のみならず，日本人ろう者の公用語としての「日本手話言語」をも合わせて，言語の多様性を尊重する共生社会に適切な法制の早急な整備を政府に要望している現在の運動がある。

次節以降，障害者権利条約における情報アクセシビリティ及び手話言語に関する条文の解釈，第1回日本政府報告に見る問題点と課題について述べる。

II 条文の解釈

本節では障害者権利条約全50カ条のうち，聴覚に障害のある人たちの社会参加を推進するに重要な要素となる情報アクセシビリティと手話言語に言及する条文を取り上げて解説する。ここでは，「情報アクセシビリティ」を，障害者基本法3条3号に定めるように，「全て障害者は，可能な限り，言語（手話を含む。）その他の意思疎通のための手段についての選択の機会が確保されるとともに，情報の取得又は利用のための手段についての選択の機会の拡大が図られること。」に示される基本的施策の1つとしての「情報の取得・利用のバリアフリー化と意思疎通支援」と定義する。なお，障害者権利条約の和文については，日本政府（外務省）の公定訳を用いる。

1 情報アクセシビリティに関する条文
(1) 障害者権利条約2条（定義）

◇第19章◇ ろ う 者〔大杉　豊〕

　長瀬が指摘するように,「意思疎通（communication）」の定義に「言語（languages）」の記載があり，その「言語」の定義に「手話（signed languages）」が含まれるため，手話言語は意思疎通の手段に含められるという構造となっている。また,「意思疎通（communication）」の定義に見られる「触覚を使った意思疎通（tactile communication）」という記述により，お互いの手指に直に触れ合う形の手話コミュニケーション方法も意思疎通の手段に含まれるものと解釈される[3]。

　ちなみに，2004年1月の作業部会に提出された議長草案では「口及び耳によるコミュニケーション（oral-aural communication）」及び「手話によるコミュニケーション（communication using sign language）」も「意思疎通」の定義に含められていたが，その後の特別委員会における「言語」の定義を巡る議論の展開によって削除された経過がある[4]。

(2) **障害者権利条約9条（施設及びサービス等の利用の容易さ）**

　9条は，英語版で「Accessibility」と表記されているところが日本政府の和文で「施設及びサービス等の利用の容易さ」と訳されているように，障害のある人たちが自立生活と完全参加を果たし，すべての人々と等しく施設やサービス等を利用する機会を確保するための適切な措置を取ることを締約国に義務付ける内容である。

　2(e)「人又は動物による支援及び仲介する者（案内者，朗読者及び専門の手話通訳を含む。）を提供すること。」（下線筆者）において,「専門の（professional）」は例えば施設では裁判所や病院，サービスでは公共性のある放送や緊急事態に係るサービスなどでそれぞれの状況，内容，対象者に適切な対応ができるレベルであることを意味し，締約国は専門の手話通訳を常時提供するための手話通訳制度（養成・資格認定・設置・派遣・研修）の整備を義務付けられると解釈される。

　また，同条1(b)及び2(h)に記述のある「（障害のある人たちが情報通信サービスの提供を受けるための）情報通信機器及び情報通信システムの設計，開発，生産及び流通を促進すること」について，聴覚に障害のある人たちの社会参加推進に関しては，とくに文字（テキスト）又は手話言語による情報通信を円滑

---

(3)　長瀬修「障害者権利条約における『言語』の定義の交渉過程」リハビリテーション研究46巻1号（2016年）4-9頁。

(4)　同上。

にするシステムの設計,開発,生産及び流通の促進を含むものと解釈される。このことにより,文字(テキスト)使用者,手話言語使用者,音声言語使用者間の情報通信を中継するサービス(=電話リレーサービス)の整備が期待される。

2　手話言語に関する条文　● ● ●
(1) 障害者権利条約2条(言語)

「言語(language)」は,2004年1月の議長草案において「"language" includes oral-aural language and sign language(「言語」は口及び耳による言語及び手話を含む。)」とされていた条文が,最終的には「"Language" includes spoken and signed languages and other forms of non spoken languages(「言語」とは,音声言語及び手話その他の形態の非音声言語をいう。)」と定義されている。「言語」の定義を巡る議論の経過は長瀬によって詳細が述べられているが[5],最も重要なのは国連の条約において手話言語が意思疎通の手段としてのみならず,音声言語と等しく言語としても認知されたということである。これは森も指摘しており[6],3条一般原則(d)「差異の尊重並びに人間の多様性の一部及び人類の一員としての障害者の受け入れ」に則り,聴覚障害者が身体上の制約ゆえに手話言語による生活を選択するという多様性の尊重を障害者権利条約が求めているものと解釈される。

なお,この定義において"sign language"でなく"signed language"が使われている点については,長瀬が「"spoken"という受動態で音声を表現したため,それに論理的に従うために"signed"というやはり受動態がこの文脈では適切であるというものだった。」と,第7回特別委員会におけるIDC(国際障害コーカス)代表者の発言を紹介して,「政府公定訳が"sign language"と"signed language"を共に「手話」と訳しているのは正しい。」としている[7]。この点について筆者は2つの点で異論を唱える。第一に,仮にIDCの説明が正当性のあるものとしても,英語の表記上の違いを正確に日本語に訳する慎重さが求められるのではないかという点を挙げる。第二に,「言語」の定義が音声言語と等しく手話を言語として認知することを主旨としているので,

---

(5) 同上。
(6) 森壮也「手話とろう文化」松井亮輔・川島聡編『概説 障害者権利条約』(法律文化社,2010年)282-298頁。
(7) 長瀬・前掲注(3)4-9頁。

"spoken language"を「音声言語」と訳するのであれば"signed language"は訳語に「言語」を含める必要があるという点である。21条(b), (e), 24条4などにおいて, "sign language"の訳語に「言語」を含めて「手話言語」と表記することで, この文脈では「意思疎通の一手段」にとどまらず, 音声言語と対等の言語であるという国際的な共通認識を示す適切な訳語が求められると考える。四日市他が"sign language"を「手話言語」, "signed language"を「手指言語」と訳していることに着目し[8], 国際的に"(国の名前) sign language", "international sign", "signed system", "signed English", "home sign"などと英語で使い分けがされている状況を鑑み, 筆者はそれぞれを「(国の名前) 手話言語」,「国際手話」,「手指システム」,「手指英語」,「家庭手話」と訳して, "language（言語）"が含まれるか否かという英語上の区別の存在を日本語でも明確に示す翻訳のあり方が求められる時期にきていると考える。

(2) 障害者権利条約 21 条（表現及び意見の自由並びに情報の利用の機会）

本条は2条における「意思疎通」の定義を受けて, 障害のある人たちが自ら選択する手段についての権利を行使できるための適当な措置をとることを締約国に義務付けている。意思疎通の手段に言語が含まれ, その言語に手話言語が含まれるという定義により, 例えば聴覚に障害のある人たちは手話言語を用いて表現する, 意見する, 情報や考えを求めることの正当性を保障されると解釈される。

とりわけ, 21条(b)では,「公的な活動において（in official interaction）, 手話…（中略）…を用いることを受け入れ, 及び容易にすること。」と, 例えば国レベルでは立法府, 行政府, 司法府などの機関での公的な活動における意思疎通の手段として手話言語を用いることの正当性を保障している。

そして, 21条(e)では,「手話の使用を認め, 及び促進すること。（Recognizing and promoting the use of sign languages）」と, 手話言語に関してさらに踏み込んだ措置をとることを明記している。その例としては, 手話言語の普及取組や手話言語の法的認知などがあげられよう。この解釈は, 2014年10月に作成された障害者権利委員会の韓国に対する総括所見に, 21条と関連して「委員会は, 韓国手話が締約国において公式言語として認められておらず, 点字を公

---

(8) 四日市章・鄭仁豪・澤隆史監訳『オックスフォード・ハンドブック デフ・スタディーズ ろう者の研究・言語・教育』（明石書店, 2015年）389-671頁。

式文字として宣言している法案が国会に係留中であることを懸念する。」,「委員会は,韓国手話を公式言語として承認し…法案の採択を勧奨する。」と記載されたことに裏付けられる[9]。

(3) 障害者権利条約 24 条（教育）

24 条 1 で締約国が「障害者を包容するあらゆる段階の教育制度及び生涯学習を確保する（ensure an inclusive education system at all levels and lifelong learning…）」ことと障害児教育に関する原則を示している。この条文はその後文部科学省中央教育審議会初等中等教育分科会特別支援教育の在り方に関する特別委員会の報告書「共生社会の形成に向けたインクルーシブ教育システム構築のための特別支援教育の推進（2012 年）」[10]で「「インクルーシブ教育システム」（inclusive education system, 日本政府が「障害者権利条約」に署名した時の仮訳：包容する教育制度）とは,人間の多様性の尊重等の強化,障害者が精神的及び身体的な能力等を可能な最大限度まで発達させ,自由な社会に効果的に参加することを可能とするとの目的の下,障害のある者と障害のない者が共に学ぶ仕組みであり,障害のある者が「general education system」（日本政府が「障害者権利条約」に署名した時の仮訳：教育制度一般）から排除されないこと,自己の生活する地域において初等中等教育の機会が与えられること,個人に必要な「合理的配慮」が提供される等が必要とされている。」という解釈を与えられている。

障害者権利条約は,以上の「インクルーシブ教育システム」を障害児・者教育の原則とする一方,3 (b)「手話の習得及び聾社会の言語的な同一性の促進を容易にすること」,及び 3 (c)「盲人,聾者または盲聾者（特に盲人,聾者または盲聾者である児童）の教育が,その個人にとって最も適当な言語並びに意思疎通の形態及び手段で,かつ,学問的及び社会的な発達を最大にする環境において行われることを確保すること。」という記述で,森が指摘するように,インクルーシブ教育システムの推進とともに,手話言語による同一性（アイデンティティ）の確立を促す集団教育もが選択可能な形で用意される必要があることを強調していると解釈される[11]。

---

[9] 「韓国政府への最終見解」崔栄繁訳,at http://www.rease.e.u-tokyo.ac.jp/act/study.html（as of 6 May 2018）.

[10] 文部科学省,at http://www.mext.go.jp/b_menu/shingi/chukyo/chukyo3/044/houkoku/1321667.htm（as of 6 May 2018）.

◇第19章◇ろう者〔大杉　豊〕

本条4では,「…手話または点字について能力を有する教員(障害のある教員を含む)を雇用し,並びに教育に従事する専門家及び職員(教育のいずれの段階において従事するかを問わない。)に対する研修を行うための適当な措置をとる。(…to employ teachers, including teachers with disabilities, who are qualified in sign language and/or Braille, and to train professionals and staff who work at all levels of education.)」という表現で,上記3(b)及び(c)の実現に向けて手話言語の能力を有する教員の雇用が不可欠であることを示している。ただし,教育現場で求められる手話言語能力の水準,あるいは基準をどこに置くかなどを含めて,3(b)及び(c)の実現に必要な調査研究の推進及び環境の整備が締約国に課せられる課題であるとも言える。

(4) 障害者権利条約30条（文化的な生活，レクリエーション，余暇及びスポーツへの参加）

30条(4)は,「手話及び聾文化(sign languages and deaf culture)」を「(障害者の)独自の文化的及び言語的な同一性(their specific cultural and linguistic identity)」に含める形で,手話言語とろう文化を共有するきこえない人(＝ろう者)たちの社会的集団が存在することを認めていると解釈される。

III　分析と課題

前節で,障害者権利条約における聴覚障害者の情報コミュニケーション及び手話言語に関する条文の解釈を述べた。本節では第1回日本政府報告に見る問題点と日本の課題について述べる。

1　日本政府報告の分析

ここでは,第1回日本政府報告(内閣府による日本語仮訳)を対象とし,前節で取り上げた条文の範囲で,情報コミュニケーション及び手話言語に関して,聴覚障害のある国民が条約上の権利を享有できているかどうかを検証する試みを展開する。なお,文中の括弧内の番号は日本政府報告上の通番を示す。

(1) 障害者権利条約2条

障害者権利条約2条について,「障害に基づく差別」と「ユニバーサルデザ

---

(11)　森・前掲注(6)288-291頁。

イン」の定義への言及がなされている(19)(20)が,「意思疎通」,「言語」,「合理的配慮」の定義への言及はない。「意思疎通」の定義は障害者総合支援法等,「合理的配慮」の定義は障害者差別解消法等においてなされているが,「言語」については,障害者基本法第3条にて言語に「手話を含む。」ことが規定されているのみで,言語そのものの規定を主とする法規がない現状がある。すなわち,日本の法規においては,例えば,日本語を日本人の公用語,そして国語とすることなどの定義がされていない現状があるため,障害者基本法3条で「言語」に「手話」を含めるとして,それ以前に「言語」がどの言語をその構成要素としているのかが明らかにされていないということである[12]。Ⅲ節1(3)に述べる手話言語の法制化を図るためにも,日本の法規における「言語」の規定と整備が喫緊の課題であるといえよう。

(2) 障害者権利条約9条

聴覚障害者の情報コミュニケーションに関する報告は(64)(65)(66)である。(64)に字幕放送等の普及については,障害者利用円滑化法2~5条に基づく字幕・解説・手話番組の制作費等の一部助成,放送法4条に規定する字幕番組・解説番組の増加への努力義務,そして視聴覚障害者向け放送普及行政の指針による字幕・解説・手話放送の普及目標及び進捗状況の把握と公表が述べられているが,それらの進捗状況が極めて遅れていることが指摘されている。また,インターネット上の自動公衆送信による動画等のウェブコンテンツを障害者が円滑に利用できるための取組みがなされているか,記述は皆無である。

情報通信サービス(65)に関しては,電話通信事業者が提供する電話通信が音声モードのみであり,手話（映像）モードの通信形態が提供されていなく,またオペレーターが音声-手話,音声-文字の変換（通訳）を行う電話リレーサービスも提供されていない現状の記述がない。

警察のFAX110番及びメール110番の開設が好事例として紹介されている(66)が,障害者権利条約9条に示される「サービス」は警察への通報を含むすべての緊急事態に係るサービスを指すと解釈されるため,警察のみならず消防署,ライフラインの窓口,そして病院の救急外来などにおいて情報コミュニケーション支援体制が充実しているかを記述する必要がある。

(3) 障害者権利条約21条

---

[12] ただし,裁判所法74条は「裁判所では,日本語を用いる。」と定めている。

◇第19章◇ ろ う 者〔大杉 豊〕

　この条項は，公的な活動における意思疎通の手段として手話言語を用いることの正当性を保障すること，そして手話言語の使用と促進に関してさらに踏み込んだ措置をとることを政府に求めるものと解釈されるが，日本政府報告では，障害者基本法3条の制定及び障害者総合支援法における地域生活支援事業の一つである意思疎通支援事業をもって，障害者権利条約を批准するための国内法整備の一環としても必要とされる措置を講じたとの記述がなされている(136)(139)。「情報提供や意思疎通支援をさらに充実することが求められる。様々な場面において，特に，緊急時の対応，個別性の高いコミュニケーション方法を用いる人たちへの対応，省庁横断的な対応に課題がある(142)。」と補足がなされているものの，その具体化に関する措置がなされたかどうかの記述がない。手話言語の通訳に関しては，養成・派遣・設置のうち，特に設置に焦点を当てて，国のあらゆる機関に手話通訳者の設置を行っているかを把握・公表する必要があると考える。手話通訳者の育成が図られても，登録による派遣という不安定な雇用形態でなく，公的機関への設置という安定した形態での雇用の促進が，養成と派遣を含む手話通訳制度全体の質的かつ量的な底上げを生み出すことが予想されるからである。

　「地方公共団体の中には，手話言語条例を制定し…(136)」と記述があるが，政府が障害者基本法2条の定義よりさらに踏み込んだ，例えば全日本ろうあ連盟の提案する「手話言語の5つの権利」といった具体的な権利義務を設定した規定を法規（=「手話言語法」）として設けることを検討しているかを述べる必要がある。

(4) 障害者権利条約24条

　24条の解釈には，きこえない児童・生徒への学校教育のあり方としては，手話言語による同一性の確立を促す集団教育も選択可能な形で用意されることが含まれている。手話言語を使うろう者の国際的な当事者団体である世界ろう連盟（World Federation of the Deaf）が，2018年5月10日付の「インクルーシブ教育に関するWFD声明書」で，世界的な傾向として見られるインクルーシブ教育の個別アプローチが手話言語の認知ときこえない児童へのバイリンガル教育の提供を求めるろう者社会の要求に逆行するものであり，24条はきこえない児童への教育における手話言語の重要性を含めて解釈されるべきことを強調している[13]。

　日本政府報告では，「音声，文字，手話等のコミュニケーション手段を適切

に活用して…手話をはじめとする多様なコミュニケーション手段を選択・活用した指導が行われている(161)（下線筆者)」と記述されていることについて二点を指摘しておきたい。2017年4月に文部科学省が公示した特別支援学校小学部新学習指導要領によれば,「児童の聴覚障害の状態等に応じて, 音声, 文字, 手話, 指文字等を適切に活用して…的確な意思の相互伝達が行われるよう…」と,「コミュニケーション手段」という用語が削除された形に改定されている[14]。これは, 音声, 文字, 手話等が単にコミュニケーション手段として扱われるのでなく,「音声」が「音声言語」,「文字」が「文字言語」, そして「手話」が「手話言語」というように, 言語的な側面も考慮した活用を教育現場に求めることを示唆する改定であると筆者は理解している。

　第二の点はきこえない児童・生徒の教育に配置される教員の言語技能に関することである。法規の規定はないが日本人の公用語として社会的な認知を受けている「日本語」を母語とし, 9年間を超える学校の国語教育, そして教職課程等における国語教育（指導法）のトレーニングを受けた教員が上記指導要領に示される「音声, 文字」の活用を含めた指導を行えるものとする。そうすると,「手話」の活用を含めた指導を行える要件として想定される, 手話言語を母語とする教員が配置されているのか, 学校で手話言語教育が提供されているのか, 教員の手話言語技能評価がなされているのか, そして教職課程カリキュラムに手話言語教育（指導法）のトレーニングがあるのかという事項について, 日本政府報告の「独立行政法人国立特別支援教育総合研究所における都道府県の指導者を対象とした研修の中で, 手話又は点字に関する内容を扱っている(161)。」という記述だけでは不明瞭である。障害者権利条約21条4に対する報告として, 政府はさらなる正確な状況の把握と公表が必要である。

⑸ 障害者権利条約30条

　日本政府報告にデフリンピック競技大会を認知している状況が報告されている点を評価する一方, 東京において2020年に開催されるオリンピック・パラ

---

(13)　「WFD Position Paper on Inclusive Education（2018年5月10日)」世界ろう連盟, at https://wfdeaf.org/news/resources/10-may-2018-wfd-position-paper-inclusive-education/（as of 7 June 2018).

(14)　「特別支援学校幼稚部教育要項 小学部・中学部学習指導要領（2017年4月)」文部科学省, at http://www.mext.go.jp/component/a_menu/education/micro_detail/_icsFiles/afieldfile/2018/02/26/1399950_2.pdf（as of 6 May 2018).

◇第19章◇ ろう者〔大杉 豊〕

リンピック夏季競技大会における情報アクセシビリティ（Ⅱ節で「情報の取得・利用のバリアフリー化と意思疎通支援」と定義）の充実に向けた施策調整作業を政府として省庁横断的に支援しているかどうかを示す具体的な記述がない。

また，ろう者たちが，他の者との平等を基礎として，手話言語とろう文化を共有する権利を享有するために適当な措置を，政府が図っているかどうかに関する記述も見られない。これはⅢ節1(2)-3に述べた手話言語に係る具体的な権利義務の法制化及び教育における手話言語の言語的な位置づけときこえない児童・生徒同士の集団教育の確保に関わる重要事項である。

2 日本の課題 ● ● ●

障害者権利条約と日本政府報告を対比し，手話言語をキーワードに，次の二点を日本の課題として提案する。

(1) 手話言語をめぐる用語に関する合意形成

手話言語をめぐる用語の整理と使い分けに関する国民的な合意の形成が急務である。

障害者権利条約の英語版において "sign language" と "signed language" が使い分けられているところを日本政府（外務省）ではどちらも同じ「手話」の用語を当てはめている。少なくとも前者を「手話」，後者を「手話言語」と訳する必要があった。この点についてはⅡ節2(1)に詳述し，筆者は前者を「手話言語」，後者を「手指言語」と訳する考えを支持することを表明した。

内閣府が作成した日本政府報告（英語版）において "Japanese sign language interpretation and international sign language interpretation (69)" とあるが，文中の "international sign language" という表記に関して，国際的には "international sign" と，"language" を含めない表現が正確なものとされている。すなわち，この "international sign" と呼ばれるもの自体が国際的には「言語ではないがコミュニケーション方法と言えるもの」という意味で理解されているが，国内においては "international sign" も "American Sign Language" も日本語でそれぞれ「国際手話」，「アメリカ手話」と，どちらも同様に「手話」の用語をあてて使われているために，ややこしいことになっている。

以上2つの問題は，日本において「手話」が指す概念に，コミュニケーション方法として「手を使って話す」という意味と，音声言語と対等なる手指体系の言語という意味の二つが混在することに起因する。政府，国会，そしてろう

405

者の当事者団体，手話言語に関する専門家たちによる検討をもち，手話言語の法制化を通して手話言語をめぐる用語の使い方に関して国民的な合意を得る，これを第一の課題とする。

(2) 文化言語的な多様性の尊重及び，同一性の確立に向けた集団性の確保

田門は，障害者権利条約が従来の社会モデルのみならず，「文化言語モデルを反映している箇所も複数ある」とし，同条約2条の定義では，「意思疎通」「障害を理由とする差別」「合理的配慮」は社会モデルに基づく一方，「言語」は文化言語モデルを反映していると述べている[15]。同様に文化言語モデルを反映する条項として，21条の「手話の使用を認め，及び促進すること」，24条の「手話の習得及び聴覚障害者の社会の言語的な同一性の促進を容易にすること。」「視覚障害若しくは聴覚障害またはこれらの重複障害のある者（特に児童）の教育が，その個人にとって最も適当な言語並びに意思疎通の形態及び手段で，かつ，学問的及び社会的な発達を最大にする環境において行われることを確保すること。」，そして30条の「障害者は，他の者と平等に，その独自の文化的及び言語的な同一性（手話及び聴覚障害者の文化を含む。）の承認及び支持を受ける権利を有する。」の3カ所を挙げている。本稿で，筆者が手話言語をキーワードに分析した結果は上記の文化言語モデルの視座で捉えたものと合致するものである。文化言語的な多様性を尊重する考えに沿った法規と社会制度の整備が遅れている日本は，手話言語とろう文化の存在を尊重する考えを，法規や社会制度に反映させていく取組みが求められる時期に来ている。

一方，I節に記述した筆者の会話における使用言語の履歴に示唆されるように，文化言語的な権利を享受するための前提として，きこえない子どもが適齢期に手話言語とろう文化を習得する環境（きこえない子ども同士の集団）の保障が求められる。こういった環境を創出できるのはろう学校を含むろう者社会であり，筆者は現在もこのろう者社会に関わる中で，個人の文化的及び言語的同一性の継続を図り，さらに手話通訳や字幕付与など社会資源の活用を通して，社会参加を果たしていることになる。田門は亀井の集団モデルなる考え方[16]

---

(15) 田門浩「『手話の復権』手話言語法運動の背景と法的根拠を考える」手話学研究21号（2012年）81-96頁。

(16) 亀井伸孝「ろう者における人間開発の基本モデル――アフリカのろう教育形成史の事例」森壮也編『障害と開発――途上国の障害当事者と社会』（アジア経済研究所，2008年）200-228頁。

を基本として「従来の社会モデルを集団社会モデルに構成しなおして文化言語モデルと融合させることによって初めて権利条約の意義を正しく把握できることになると思われる。」と主張している[17]。筆者はこの考え方に同意し、文化言語的な多様性の尊重（文化言語モデルの観点）及び、同一性の確立に向けた集団性の確保（集団社会モデルの観点）を、法規における権利義務の具体化によって実現することを、日本に課せられる第二の課題とする。

Ⅳ おわりに

　本稿では、まず筆者の日常会話における使用言語の履歴を記述し、全日本ろうあ連盟提案の「手話言語の5つの権利」を導入して、「筆者が適齢期に5つの権利全てを行使できる状況になかった」と読み替え、自分は言語的な抑圧を受けたと結論した。次に、障害者権利条約における情報アクセシビリティ及び手話言語に関する条文の解釈を述べ、日本政府報告が各項に対してどのように記述しているかを分析し、手話言語をめぐる用語に関する合意形成を喫緊の課題としてあげ、もう1つの日本の課題として、文化言語的な多様性の尊重及び、同一性の確立に向けた集団性の確保といった観点から手話言語とろう文化に関する権利義務の具体化を進めるべきことを提案した。

　本稿は聴覚に障害のある人たちの総意を述べるものではない。手話言語に関して言語的な抑圧を受けたという意識を明確に持つ立場で、情報アクセシビリティと手話言語をキーワードにして、障害者権利条約を批准した日本政府にどのような課題があるかを点検したものである。国連の障害者権利委員会から出される総括所見を活用して、日本の法規・制度・施策をより良いものにしていくために必要な対話を多方面に向けて継続していきたい。

---

(17)　田門・前掲注(15)89頁。

◆ 3 国・地域別検討 ◆

◇第20章◇ 中 国〔小林昌之〕

第20章

中 国

小 林 昌 之

I はじめに

　中国の障害当事者と初めて接触したのは，聴覚障害者訪中団の一員として，1993年に中国を訪問したときとなる。ろう学校やろう者が多く働いている福祉工場などを視察し，交流する機会をえた。当時はまだ社会主義市場経済化の方針が決まったばかりであり，国営の福祉工場では，ろう者も聴者も同じ低賃金で働き，両者の間に大きな格差はないという印象であった。そればかりか，福祉工場の聴者の多くは，簡単な手話を身につけており，コミュニケーション・バリアーは低いのではと感じたことを覚えている。同年半ばから，在外研究で北京に滞在することなり，近所にあった中国障害者連合会にしばしば出入りし，当時の中国ろう者協会副主席と公私にわたり親交を深め，以来，中国を観察してきた。

　中国は，他の開発途上国と比べて，障害者の問題に関心を寄せ，取り組んできたといえる。中国の最高実力者と言われた鄧小平氏の子息が，文化大革命中に障害者となり，その後，中国の障害者事業を推進する立場に就いたことが，遠因にあるのかもしれない。全国規模の障害者サンプル調査も実施し，障害者権利条約の制定にも積極的にかかわってきた。しかしながら，市場経済化によって中国全体が大きく変化するなか，障害者は取り残され，非障害者との格差は拡大している[1]。障害に対する見方の変化も遅く，国際社会が障害の医

---

(1) 小林昌之「中国の障害者の生計――政府主導による全国的障害者調査の分析」森壮也

学モデルから社会モデルへと向かうなか，中国は政治体制の縛りもあって，なかなか転換することができていない。

さて，中国の障害者法制は，憲法を頂点に，全国人民代表大会常務委員会が制定した障害者保障法（法律），これを実施するために国務院が制定した障害者教育条例や障害者就業条例（政令），これらを省・自治区・直轄市で実施するための実施規則などから構成される。このほか，中国共産党や国務院から出される政策文書も重要であり，「障害者事業の発展促進に関する意見」や5ヵ年計画である「障害者事業発展綱要」が存在する。このうち，中国の障害者法制の中核にある障害者保障法は，国連における障害者権利条約の制定作業と並行して，改正作業が進められていた。障害者権利条約の議論を意識し，当初は権利の側面も検討されたものの，最終的には大幅な改正はされず，2008年の改正は，主として条文の細分化や順番の変更にとどまった[2]。

それでは，中国は障害者権利条約の履行をどのように考え，実施してきたのであろうか。また，そこにはどのような課題が残されているのであろうか。本章では，第1に，中国政府の初回報告と障害当事者のパラレルレポートから論点を整理する。第2に，事前質問事項と中国の回答ならびに障害者権利委員会との建設的対話の議論を検討する。第3に，総括所見と中国からの意見表明を検討し，中国の課題を考察する。

II 政府報告とパラレルレポート

1 政府報告

中国は，障害者権利条約の制定に積極的に取り組み，障害者権利条約が署名のために開放された当日，2007年3月30日に署名を果たしている。その後，2008年6月26日に全国人民大会常務委員会に承認を得て，批准書が8月1日に寄託され，8月31日から障害者権利条約は同国に対して効力を有することとなった。中国は，条約35条に従い，初回報告を，2010年8月30日付けで

　編『途上国障害者の貧困削減――かれらはどう生計を営んでいるのか』（岩波書店，2010年）33-57頁。

(2) 　小林昌之「中国の障害者と法――法的権利確立に向けて」小林昌之編『アジア諸国の障害者法――法的権利の確立と課題』（アジア経済研究所，2010年）68-72頁。

◇第20章◇ 中　国〔小林昌之〕

表1：初回政府報告の審査過程

2010年8月30日	初回政府報告	CRPD/C/CHN/1
2012年4月16日〜20日	事前質問事項（30項目）	CRPD/C/CHN/Q/1
2012年7月9日	中国政府の回答	CRPD/C/CHN/Q/1/Add.1
2012年9月18日	建設的対話（審査）	CRPD/C/SR.77
2012年9月19日	建設的対話（審査）	CRPD/C/SR.78
2012年9月27日	初回報告の総括所見	CRPD/C/CHN/CO/1
	中国政府の意見	A/68/55（Annex III）

（出所）筆者作成。

提出している（CRPD/C/CHN/1）[3]。中国政府の報告書は，障害者権利委員会が策定したガイドライン（CRPD/C/2/3）に沿って構成されている。以下，ここでは政府報告を引用しながら，論点をいくつかにまとめ概説する。

(1) 障害の定義

報告は，障害者保障法第2条の定義を引用し，「障害者とは心理・生理・人体構造上，ある種の組織・機能が喪失しているかまたは不正常であり，正常な方法によってある種の活動に従事する能力のすべてまたは一部を喪失している者を指す」と示した（政府報告パラグラフ1）。

(2) 差別禁止と合理的配慮

報告は，条約1条から4条までの基本原則については，法律，行政法規，政策文書および国家開発計画に反映されているとした（パラグラフ4）。とくに，2008年の改正障害者保障法が「障害に基づく差別の禁止」を明示し，そのほか，多くの法律が障害者に対する差別の禁止を規定するとした（パラグラフ24）。例として，「高等教育法」が，大学は国家が規定する合格基準を満たす障害学生を受け入れなければならず，障害を理由として入学を拒絶してはならないと定めていること，「就業促進法」が，事業所は従業員を募集する際，障害者を差別してはならないと定めていること，などを挙げている（パラグラフ25）。

---

[3] 障害者権利条約の締約国は中華人民共和国であるものの，香港とマカオは特別行政区として大幅な自治を有していることから，政府報告も，中国（中央政府），香港，マカオの3部構成となっている。本章は，このうち中国（中央政府）の議論を対象とする。

◆ 第Ⅱ部 ◆　各論3〔国・地域別検討〕

　合理的配慮については，中国政府は，条約2条にある「合理的配慮」（中国語：合理便利）の原則を認め，かつ，着実に実施しており，関連する法律，法規，政策，措置などはすべて障害者に対して合理的配慮の提供を具体的に体現しているとする（パラグラフ17）。例としては，「刑事訴訟法」が，ろう・あ者の犯罪被疑者を取り調べる場合は，ろう・あ者の手話に精通した人が参加すべきと定めていること，「教育法」が，国家・社会・学校およびその他の教育機関は障害者の心身の特徴とニーズに基づいて教育を実施しなければならず，かつ，そのために支援と便宜を提供すると定めていること，などを挙げている（パラグラフ25）。

　また，中国政府が推進している，障害者に対する合理的配慮の優遇政策と援助措置は，社会全体から受け入れられ，社会全体の共同利益と一致しているとする（パラグラフ22）。

(3) **障害当事者の参加とモニタリング**

　報告は，中国政府は，障害者事業の主体は障害者であり，障害者が自身の困難，特徴，ニーズ，権益保障に対して最大の発言権があると認識しているとする（パラグラフ9）。例として，障害者保障法の改正過程では，座談会などの形式で，障害者代表および障害者組織の参加を求め，中国障害者連合会が障害者の代表組織として全過程に参加したことを挙げている（パラグラフ9）。

　また，法律の規定では，障害者保障法が，障害者の権益や障害者事業の重要問題に関連する法律，法規，規則，公共政策の制定に際しては，障害者および障害者組織の意見を聴取すべきと定めていることが提示された。障害者および障害者組織は，各レベルの国家機関に対して，障害者の権益保障ならびに障害者事業の発展について，意見および建議を提出する権利を有する。そして，障害者保障法は，全国の障害者の統一的代表組織として，中国障害者連合会およびその地方組織が，障害者の共同利益を代表し，障害者の合法権益を擁護すると規定していることが紹介された（パラグラフ131,146）。

　38の省庁や団体で構成される国務院の障害者工作委員会が，調整を含め，障害者権利条約の実施に責任を負うことが報告された（パラグラフ150）。また，障害者およびその代表組織は，障害者の権益保障と障害者権利条約の履行のモニタリングに参加が求められているとする（パラグラフ153）。

(4) **教　育**

　報告は，2009年までに，全国において1672の特殊教育学校が設立され，普

◇第20章◇ 中　国〔小林昌之〕

通校において 2801 の特殊学級が設置され，視覚，聴覚，知的障害を有する生徒数は 428000 人に達することが示された（パラグラフ 14）。法律の規定では，障害者保障法が，障害児の教育を受ける権利を定め，「普通小学校と普通中学校は，学習生活に適応できる障害児童・少年を受け入れなければならない」と規定していることを提示した（パラグラフ 33，94）。また，「義務教育法」は，「県レベル以上の地方人民政府は，必要に応じて，特殊教育を実施する学校（学級）を設置し，視覚障害，聴覚言語障害または知的障害を有する学齢期の児童・少年に義務教育を提供する」ことを定めているとした（パラグラフ 34，95）。

(5) 法 的 能 力

報告は，法的能力については，民法通則が，公民の民事権利能力は一律平等であると定め，それに加え，中国は障害者が直面している実際のバリアーを考慮して，特別な待遇を与えていると主張する。例の1つとして，「刑法」や「治安管理処罰法」が，「ろう，かつ，あの者」または「盲人」の犯罪や違反は，軽きに従い処罰し，処罰を軽減または免除することができると規定していることを挙げている（パラグラフ 51）。

民事については，支援の必要な障害者は代理人をとおして民事法律行為が行えると示している。「民事訴訟法」は，民事行為無能力または民事制限行為能力の精神病者は，その配偶者，父母，成人した子供，その他，近い親族，ならびに，居民委員会，村民委員会が同意する密接な関係にあるその他の親族および友人が，後見人をすると規定している。後見人は，法定代理人として，その者の身体，財産およびその他の合法権益を保護する（パラグラフ 52）。

(6) リプロダクティブ・ライツ

報告は，中国は，障害者の出産する自由を法律で保障しているとする。法律では，「婦女権益保障法」が，女性は国家の規定に基づき子供を出産する権利を有し，出産しない自由もあると定める。中国政府は，強制堕胎を禁止し，人工妊娠中絶は任意で，かつ，合法的である必要があり，計画出産の手段としては認めていないとする。また，「計画出産技術サービス事業管理条例」も，避妊方法について，公民のインフォームド・チョイスの権利を規定する（パラグラフ 71）。

中国政府は，障害者のリプロダクティブ・ヘルス・ライツの保護を重視しており，かつ，障害者の出産に関して配慮を提供していることも明記されている。

人口・計画出産部門は，出産適齢期の障害者に対して，生殖知識の普及を積極的にすすめ，妊娠前サービスを強化して，望まない妊娠の予防と減少につとめているとする（パラグラフ106）。

2　パラレルレポート

　市民社会からのパラレルレポートは，政府報告の提出後，2012年4月の障害者権利委員会の第7セッション（事前質問事項の採択）[4]と2012年9月の第8セッション（総括所見の採択）の前に提出された[5]（表2）。中国本土にかかわるものは，合計9件あった。このうち，国内の障害当事者団体は，亦能亦行身心障碍研究所と一加一（北京）残障人文化発展中心からの2件である。海外からは，両者からのインプットを織り交ぜて，国際障害同盟（IDA）が，事前質問事項の提案と勧告の提案の2件を提出している。そのほかの市民社会は，それぞれの活動分野に基づいた報告を行っており，必ずしも障害当事者の立場が反映されているわけではない[6]。なお，当初，「他の出所からの情報」として市民社会からのパラレルレポートも国連人権高等弁務官事務所（OHCHR）のウェブサイトに掲載されていたが，中国からの反対もあり，現在のウェブサイトでは「市民社会団体からの情報」の項目は空欄となっている。亦能亦行身心障碍研究所のパラレルレポートは，スタッフに法学の専門知識を持つ者もいることから，国内法を批判的に分析したレポート内容となっている[7]。差別禁止については，差別の定義や差別行為を処罰する規定がないこと，合理的配慮については，政府報告が例示している法律は，障害者権利条約とは異なる概念で使われていることを批判する（パラグラフ5〜7）。また，政府報告は「公務員法」も合理的配慮を規定している例として挙げているが，採用時の「公務員採用健康診断の一般基準」は，職務の実際の要件とは関係のない疾病の有無を不合格の基準と定めていると指摘する。とくに「広東省公務員採用健康診断

---

(4)　http://www.ohchr.org/EN/HRBodies/CRPD/Pages/Session7.aspx (as of 1 October 2013)。

(5)　http://www.ohchr.org/EN/HRBodies/CRPD/Pages/Session8.aspx (as of 1 October 2013)。

(6)　このうち，北京愛知行研究所は，HIV/AIDSの障害者の権利への影響について，中国人権は，差別の定義と障害当事者の参加について言及している。

(7)　亦能亦行身心障碍研究所「対中国実施《残疾人権利公約》的観察」(2012), at http://www.ohchr.org/EN/HRBodies/CRPD/Pages/Session7.aspx (as of 1 October 2013)。（邦訳：http://www.arsvi.com/2010/1403edsi.htm）。

◇第20章◇ 中　国〔小林昌之〕

表2：パラレルレポートの提出

第7セッション（事前質問事項の採択）2012年4月16-20日
・チャイニーズ・ヒューマンライツ・ディフェンダーズ 　　（Chinese Human Rights Defenders, CHRD） ・亦能亦行身心障碍研究所（Enable Disability Studies Institute） ・あらゆる体罰を終わらせるグローバル・イニシアチブ 　　（Global Initiatives to End All Corporal Punishment of Children） ・国際障害同盟（International Disability Alliance, IDA） ・一加一（北京）残障人文化発展中心（One Plus One Beijing）
第8セッション（総括所見の採択）2012年9月17-28日
・北京愛知行研究所（Beijing Aizhixing Institute） ・中国人権（Human Rights in China, HRIC） ・国際障害同盟（International Disability Alliance, IDA） ・中国労働透視（Labour Action China）

（出典）筆者作成。

業務の実施細則」は，露骨に障害者を差別していると批判する。このように法律は差別問題を重視しないばかりか，むしろ，法律や規則の差別的取り扱いが，社会の差別問題を助長していると主張する（第8, 15, 16段落）。教育についても，障害者保障法の条文の解釈では，普通学校は，障害児が学校生活に対応できないのであれば，入学を拒否することが可能で，合理的配慮を提供する義務はないと読むことができ，インクルーシブ教育の権利は確立していないと指摘する（パラグラフ33, 35）。

　一加一（北京）残障人文化発展中心のパラレルレポートは，政府報告の項目に準じながら，現状報告とそれに対する提案で構成される。まずは政府の努力を肯定的に記してから，現状分析する書き方に特徴がある[8]。差別禁止と合理的配慮については，亦能亦行身心障碍研究所と同様な認識が示されている。とくに，合理的配慮については，バリアフリーと混同して使用されていると指摘する（パラグラフ13）。意識の向上については，政府報告が示した「障害者を助ける日」などは，非障害者が障害者を助けることを強調するばかりで，障

---

[8] 一加一（北京）残障人文化発展中心「一加一報告：聯合国《残疾人権利公約》中国実施状況」（2012），at http://www.ohchr.org/EN/HRBodies/CRPD/Pages/Session7.aspx (as of 1 October 2013)．（邦訳：http://www.arsvi.com/2010/1203opo.htm）．

害者自身の権利，能力，社会への貢献などを無視していて，問題だと指摘する（パラグラフ34）。同様に，「治安管理処罰法」は盲人とろうあ者に対する処罰の減免を規定しているが，法の下で平等な公民とみなされるのであれば，身体状況だけで減免される謂われはないとした（パラグラフ59）。教育に関しては，障害者保障法の規定の仕方では，障害児と学校の権利義務関係が不明瞭であり，学校はしばしば障害児が学習生活に適応できないとの理由で入学を拒否していると批判する（パラグラフ88）。また，「普通大学の学生募集の健康診断業務に関する意見」は，視覚，聴覚，肢体などの障害を有する者が入学できる専攻を制限しており，条約の規定に違背しているとする（パラグラフ92）。

　国際障害同盟（IDA）は，事前質問事項の提案と勧告の提案の2件を提出している[9]。いずれも中国国内の障害当事者団体からのインプットが反映されている。障害者権利委員会が公式に出した「事前質問事項」および建設的対話の後の「総括所見」の多くは，IDAが提出した両提案から取り入れられている。したがって，ここではIDAの両提案の詳細は割愛する。

3　小　結

　中国政府は，ガイドラインに沿って，関連する国内法規や政策を引用しながら，正直に報告しているといえる。それゆえ，政府報告を一見しただけでも，障害の社会モデルに立脚する障害者権利条約との不調和を認識することができる。例えば，中国は「合理的配慮」の原則を認め，関連する法律や政策で具体化しているとし，その証左として，「刑事訴訟法」がろう・あ者の取り調べにおいては手話通訳をつけるべきと規定していることを挙げている。しかし，条約が定める「合理的配慮」は特定な場合に必要な調整であり，条約の重要概念であるにもかかわらず，中国はパラレルレポートが指摘するように異なる概念で使っていることがわかる。

　また，政府報告は，教育に関して，障害者保障法が，障害児の教育を受ける権利を規定し，「普通小学校と普通中学校は，学習生活に適応できる，障害児童・少年を受け入れなければならない」と定めることを提示する。しかし，こ

---

(9) International Disability Alliance (IDA), "IDA proposals for the list of issued on China CRPD Committee, 7th Session, 2012," at http://www.ohchr.org/EN/HRBodies/CRPD/Pages/Session7.aspx；"Recommendations on China CRPD Committee, 8th Session, 2012," at http://www.ohchr.org/EN/HRBodies/CRPD/Pages/Session8.aspx（as of 1 October 2013）．

の定めは，問題の所在を障害児童・少年個人にいており，障害の社会モデルへのパラダイム転換を求める条約とは立ち位置を異にする[10]。

さらに，政府報告は，法的能力に関して，中国は障害者が直面しているバリアーを考慮して特別な待遇を与えているとして，刑法や治安管理処罰法が，ろうあ者と盲人の犯罪や違反の処罰を軽減・免除すると規定していることを例として挙げている[11]。同様の減免措置を規定する法律は日本にもあったが（旧刑法40条），差別的であるとして，障害当事者団体からの強い反対により，改正されたという経緯がある。したがって，この例示は，パラレルレポートが指摘しているように，むしろ，中国が，障害者を法の下の平等な公民とみなしていないという証左となっている。

このように初回政府報告は，障害者に関する国内法規や政策を提示しているものの，むしろ，障害者権利条約との差異を浮かび上がらせている。政府報告では，パラレルレポートが提示するような，実社会における法律の運用や差別の問題についての言及は少なく，障害者権利条約の視点からの検討が十分行われたか疑問が残る。このことは，次節の，障害者権利委員会と中国政府とのやりとりのなかでも顕著に表れている。

III 審査の過程

1 事前質問事項と中国の回答

2012年4月16日～20日に開催された，障害者権利委員会の第7セッションにおいて，中国に対する30項目の事前質問事項（List of Issues）が採択された。策定にあたっては，IDAなどの国内外の障害当事者団体からの報告と提案が

---

(10) 障害者保障法は「普通教育機構は，普通教育を受ける能力を有する，障害者に対して教育を行」うとして，学習生活への「適応力」のほか，教育を受ける「能力」を基準に選別する（小林昌之「中国の障害者教育法制の現状と課題」小林昌之編『アジアの障害者教育法制──インクルーシブ教育実現の課題』（アジア経済研究所，2015年）75-76頁。

(11) 刑法の直前の条文で，同様の減免措置が，自己の行為を弁別または統制する能力を完全には喪失していない精神病者に対して設けられており，このことから，ろうあまたは盲である事実だけで，弁別能力または統制能力に問題があるとみなしていることがわかる（小林・前掲注(2) 85頁）。

勘案され，ほぼそのままの形で取り入れられているものもある。以下，事前質問事項と中国の回答をいくつかの論点にまとめて概説する。

(1) **障害の定義**

質問では，障害の定義そのものは問われていないが，WHOの障害者の推計値（15％）と政府報告の数値が異なっている点の説明が求められた（質問パラグラフ1）。回答は，開発途上国である中国は内臓器官の欠損を障害基準に含めていないことを説明。さらに，「障害者保障法」の定義を提示したうえで，中国の障害基準は，身体および生理的構造の欠損を重視すると同時に，機能障害および社会適合性を強調するとした（回答パラグラフ1）。

(2) **差別禁止と合理的配慮**

質問は，障害者に対する差別を法的に禁止する中国の法律に関する追加情報を求めると同時に，差別の禁止には合理的配慮の拒否が含まれるのか否か，ならびに差別の定義に関する追加情報が求められた（パラグラフ4）。

回答では，差別の禁止については，「障害者保障法」が，障害に基づく差別を禁止し，普通学校への入学拒否や雇用に関する差別を禁止しているとし（パラグラフ9），さらに「就業促進法」や「障害者就業条例」なども例示された。合理的配慮については，障害者保障法が，教育場面では学習の便宜と支援の提供を定めていること，労働場面では障害者従業員の特徴にもとづいて適切な労働条件と労働保護の提供を定めていることなどが例示された（パラグラフ12）。差別の定義については，直接回答はなく，差別の範囲について，障害者保障法が，障害に基づく差別を禁止し，教育，就業，バリアフリーなどで具体的な要求を規定していると回答している（パラグラフ13）。

(3) **障害当事者の参加とモニタリング**

質問は，法律や政策の策定・実施，ならびに，そのほか障害者に関する事項の決定過程において，政府は，中国障害者連合会以外の，多様な障害者および障害者を代表する組織と，どのように協議し，直接かかわっているのか説明を求めた（パラグラフ2）。また，モニタリングに関しても，中国障害者連合会以外のどのような組織または実体が，独立した監視の仕組みに参加しているのか問うた（パラグラフ30）。

回答は，まず法律を引用し，障害者保障法が，障害者の権益および障害者事業の重大問題にかかわる法律，規則，公共政策の策定の際には，障害者と障害者組織の意見を聴取しなければならないこと，障害者および障害者組織は，各

◇第20章◇　中　国〔小林昌之〕

レベルの国家機関に対して意見および建議を提出する権利を有すること，を定めていると述べる（パラグラフ3）。また，調整のための仕組みとして，国務院は障害者工作委員会を設立し，中国障害者連合会もその構成員として参加していると説明する。同様の障害者工作委員会は各レベルの地方政府に設置され，対応する障害者連合会が構成員となっている（パラグラフ4）。実際の意見聴取については，各障害種別の障害者およびその代表組織の意見を重視し，全国人民代表大会および国務院は手続きに従って，座談会や書面で，中国障害者連合会の意見を聴取しているとする。中国障害者連合会は，障害者の代表組織として，障害者関連の意見と建議を提出しており，地方も同様であるとする（パラグラフ5）。さらに，盲人協会，ろう者協会，肢体障害者協会，知的障害者・家族友人協会，精神障害者・家族友人協会およびその他の民間障害者組織の代表の意見も座談会などで聴取し，インターネットでも広く障害者の意見を募集しているとした（パラグラフ6）。

　モニタリングに関しては，国務院障害者工作委員会の指導のもと，国家統計局，教育部，衛生部，民政部と中国障害者連合会がそれぞれ，中国の障害者モニタリング統計の業務を展開していると説明する（パラグラフ95）。また，北京大学，中国人民大学などの障害者問題研究機構も，調査や研究プロジェクトを実施していることを紹介している（パラグラフ96）。

(4) 教　育

　質問は，1つだけ，「積極的に特殊教育学校を発展させる」という教育理論の根拠の説明が求められた（パラグラフ22）。

　回答では，中国は，障害児童・少年に対して，普通教育または特殊教育のいずれかを実施していると述べる。1988年には，特殊学校による単一の教育形式だけではなく，多様な形式による障害児教育の実施が提案されていたという。そして，障害者保障法，義務教育法，障害者教育条例は，特殊教育学校の建設の強化を強調すると同時に，障害児童・少年を普通学級に在籍させて学ばせる「随班就読」事業を全面的に推進すること定めているとする。中国は現在，「特殊教育学校を骨幹とし，普通学校の「随班就読」および附設特殊学級を主体として，その他の教育方式を補充とする」三位一体の障害児教育モデルを採用していると説明する（パラグラフ66）。

　また，中国の特殊教育学校とその他の国の特殊教育学校とは，若干差異があると主張し，中国の特殊教育学校は，障害児童・少年に教育を提供するための

リソースセンターであるとする。中国の特殊教育学校は，自校の障害児童・少年に教育を提供することに加え，当該地域の特殊教育事業を支援するリソースセンターであり，「随班就読」に関する指導・評価，教師の指導・訓練，教師の派遣・巡回指導，就学前教育の提供，普通高校教育・職業教育の提供などを行っていると説明している（パラグラフ67）。

(5) 法 的 能 力

障害者権利条約12条「法の前にひとしく認められる権利」の実施については，障害者権利委員会の関心を集め，質問は4項目あった。ここでは3点，取り上げる。1つは，法的能力に関する法律について，追加資料の提供を求める質問である（パラグラフ9）。回答は，「民法通則」12条が，民事行為無能力者と民事行為制限能力者を規定していると説明し，「民法通則」13条が，民事行為無能力者と民事行為制限能力者の後見人は，その者の法定代理人であると定めるとする。これらの規定によれば，きわめて少数の精神病者および知的障害者が，民事行為無能力者であり，その場合，後見人は被後見人の決定を代理できる。一方，大多数の精神病者および知的障害者は，民事行為制限能力者であり，自分で，精神および知的状況に相応した民事活動を行うことができ，後見人は被後見人の決定をすべては代理することはできない。後見人が決定をするときは，被後見人の意見を聞かなければならないと説明している（パラグラフ25）。

2つめは，精神衛生法（草案）において，心理社会的または認知障害を有する人の法的能力は認められているか否か，問うている（パラグラフ10）。回答は，目下，精神衛生法（草案）には，精神病者の法的能力に関する規定はないとのみ答えている（パラグラフ28）。

3つめは，事実上の後見人制度を廃止し，他の者との平等を基礎として，障害者の法的能力が認められることを保障し，その法的能力を実行するために，その者の意思と選好に従って支援を提供するために，どのような措置がとられているか，というものである（パラグラフ12）。回答では，利害関係者が人民法院に申請し，司法鑑定および人民法院の証拠調査を経ることによってのみ，人民法院は民事行為無能力者を認定・宣告することができると説明する（パラグラフ31）。また，民事行為無能力者および民事行為制限能力者の精神病者以外，障害者は，完全な民事行為能力を有し，自分自身で，治療に関するインフォームド・コンセント，裁判所の証人として出廷すること，結婚相手を選択

すること，銀行および金融事務を行うことを含め，他の者と差別なく，民事行為を行うことできるとする（パラグラフ34）。

(6) リプロダクティブ・ライツ

リプロダクティブ・ライツに関しては，障害者権利条約8条「意識の向上」と17条「個人をそのままの状態で保護すること」にかかわる質問事項で取り上げられている。1つは，優生的予防行為，障害児の殺害行為，強制妊娠中絶・避妊行為に対する意識向上プログラムの実施に関する情報提供を求める質問である（パラグラフ5）。これに対して，回答では，「人口・計画出産法」19条は，公民が，安全，有効，適切な避妊措置を知り，選択することを保障するための条件整備を国が行うと定めていると述べている（パラグラフ17）。また，障害者と非障害者に区別はなく，中国は計画出産の手段として，強制避妊手術を採ることを禁止していると主張する（パラグラフ18）。

2つめは，家族計画の方法として強制避妊手術が行われたデータの提出と避妊方法の選択肢についての障害者の知る権利の実施についての説明を求めるものである（パラグラフ18）。回答では，中国は計画出産の方法として，強制避妊手術を禁止していると述べるにとどまっている（パラグラフ50）。

(7) 非自発的拘束

非自発的拘束に関しては，障害者権利条約14条「身体の自由と安全」にかかわる質問事項で取り上げられている。質問は，心理社会的または知的障害者を含め，障害に基づく拘束を許可する法律の廃止のための段取りの説明を求めた（パラグラフ15）。回答は，中国には，精神的または知的障害に基づいて，逮捕や拘束を許可する法律はない，と質問内容の存在を否定した（パラグラフ42）。

2 障害者権利委員会との建設的対話 ●●●

2012年9月18日と19日の両日に開催された，障害者権利委員会の第7回と第8回のセッションにおいて，中国の初回報告の審査が行われた。

(1) 障害の定義

委員からは，障害者数が少ないとの意見のほか（1日目[12]パラグラフ16，以下 I-16），中国は障害の医学モデルから社会モデルないし権利に基づくモデル

---

(12) Committee on the Rights of Persons with Disabilities, Eighth session, Summary record of the 77th meeting, CRPD/C/SR.77 (2012)〔表1参照〕。

に転換する必要があるが，どのような段取りを考えているのかという発言があった（I-39，2日目(13)パラグラフ27，以下II-27）。

中国はこれに対し，中国はWHOと密接に協力しながら調査を実施しており，WHOの推計値と異なっているとすれば，基準が中国の経済社会状況をもとにしているからであると回答している（I-23）。障害のモデルについては，すでに1990年以降，心理社会的障害を有する人に対する治療は，病院に隔離する医療アプローチから，コミュニティにおける社会的，職業的リハビリテーションを推奨する開放アプローチに転換したと回答（II-37）。また，中国は，障害を健康の問題ではなく，権利の問題であると見ているとして，障害者の権利と社会へのインクルージョンを保障するため，70の法律と数百の地方性法規を制定したことを証左に挙げた（II-48）。

(2) 差別禁止と合理的配慮

合理的配慮について，委員会から，中国の政府報告では，合理的配慮の紹介として，刑事訴訟法において，ろう者が手話通訳者を付けることを権利として認めていることを挙げているが，そうであれば，時には，過重負担を理由に手話通訳を拒否することができるのか，という質問が投げかけられた（I-17）。それに対しては，直接的に応えることなく，刑事訴訟法と民事訴訟法は，訴訟過程のすべての段階において，障害者の保護と必要な支援の提供を保障するための多くの規定を有しているとのみ回答している（I-33）。そして，条約が規定する「合理的配慮」については，当該国にその方法が任されるべきであり，中国は条約の規定を遵守して，文化生活，選挙やコミュニティへの参加，公共交通へのアクセスなどに関するさまざまな規定を制定してきており，それゆえ，中国は責任を回避してはいないと主張する（I-32）。

(3) 障害当事者の参加とモニタリング

多くの委員が関心を寄せたのが，中国障害者連合以外の障害者・障害者団体の位置づけであった。中国障害者連合会以外の，障害者を代表する団体の有無（I-16，21），障害者権利条約のモニタリング機構への参加の有無（I-13，15）が問われた。また，設立された監視の仕組みは，パリ原則に基づく独立した機関でないとの批判もあった（II-30）。

---

(13) Committee on the Rights of Persons with Disabilities, Eighth session, Summary record of the 78th meeting, CRPD/C/SR.78（2012）〔表1参照〕。

◇第20章◇ 中　国〔小林昌之〕

　中国は，障害者組織の設立を重視し，障害者が政府の意思決定に参加することを促進してきたとする（I-7）。障害者に関する法的措置の採択にあたっては，事前にすべて障害者と協議していると述べた（I-24）。とくに，障害者保障法の改正後は，中国障害者連合会が，立法過程のあらゆる段階において積極的な役割を得て，さまざまな方法で意見聴取されているとする（I-32）。モニタリングに関しては，ろう者協会およびその他の障害者は，毎年，中国の人権および障害者の状況について評価するために集まっているとする（II-45）。また，国務院の障害者工作委員会には，3人の障害当事者がおり，地方の人民代表大会にも，多くの障害当事者および障害者の家族が参加しているとする（II-8）。

(4) 教　育

　障害児教育に対しても多くの委員が関心を寄せていた。とくに，中国は，国際的動向であるインクルーシブ教育とは逆行し，特殊学校や特殊学級が多いことが批判され（II-30），普通学校において，障害児教育をする際に必要な教員資格や教育の質の評価が問われた（II-31）。また，精神障害をもつ児童で，それが知的能力および学校生活に適応する能力に影響した場合，施設への入所ではなく，教育システムに統合するための措置が用意されているか質問があった（I-19）。

　回答では，中国は障害者の教育を重視し，主流の教育システムに障害児を包摂することに焦点を当てた，多面的アプローチを採っていると主張。普通学級に出席することができる障害児はすべての学校で受け入れられ，重度の機能障害のある児童は，特殊学校や児童の家庭に教師が派遣されるとした（II-2）。特殊教育は，障害児の個別ニーズに合わせ，インクルーシブな学校での教育，家庭での教育，コミュニティでの教育などの形をとることができる（II-52）。2010年は，71.4％の障害児が特殊教育に登録され，そのうち66.9％がインクルーシブな学校に就学しているとした（II-48）。

　このほか，施設において，強制避妊手術行為を止めさせるための措置が取られているか，というリプロダクティブ・ライツに関する質問に対しては（I-34），建設的対話の場では，とくに中国からの言及はなかった。また，法的能力に関連しては，中国から，「同意を示すことが不可能な個人に，法的代理人を指名することは慣例となっている」とする発言があった（II-14）。

3　小　結

　中国の障害者保障法には，差別の定義や合理的配慮の規定が存在しないため，

障害者権利委員会のさまざまな問いかけにもかかわらず，中国は一般条項を漠然と提示するにとどまった。建設的対話においては，中国の政府報告が合理的配慮の例として刑事訴訟法における手話通訳の付与を挙げたことを引用して，委員からは，それが合理的配慮なのであれば，手話通訳も過重負担を理由に拒否することも可能なのかと，矛盾を突いた質問が投げかけられた。その結果，最後に中国は，合理的配慮については，当該国にその方法が任されるべきであると主張するに至っている。

障害当事者の参加について，障害者権利委員会の関心は，準政府機関であり，いわゆる障害当事者団体ではない，中国障害者連合会「以外」の障害者や障害者団体の参加の有無にあったことは明らかである。しかし，中国は，障害者保障法で，障害者と障害者組織への意見聴取が必要だと定め，法律が障害者の代表組織と定める中国障害者連合会から意見聴取していることを強調しており，対話にずれが生じている。中国では，女性を代表する組織も，法律で中華全国婦女連合会と明示されるなど[14]，非政府組織一般に対する統制が厳しく，議論は中国の体制そのものに及ぶことから，この問題は複雑である。

障害児教育について，中国は，普通教育と特殊教育を実施しているとしつつ，「特殊教育学校を骨幹とする」三位一体の障害児教育を目指していると主張。建設的対話でも，普通学級に出席できる障害児は受け入れ，重度の障害児は特殊学校や家庭で教育を受けると強調している。これに対して，委員からは，特殊学校や特殊学級に重きを置くのは，インクルーシブ教育とは逆行していると批判されている。条約はインクルーシブ教育を原則としているので，特殊教育についてはより説得的な説明が必要である。中国全体での義務教育就学率が100パーセントに近づくなか，政府報告が提示した障害児の就学率は約70パーセントにとどまっており[15]，他の者との平等を基礎として，教育へのアクセスを保障することが必要となっている。

このほか，とくに障害者権利委員会の関心を集めていたのは，後見人制度，代理決定，強制避妊手術，非自発的拘束など，障害者の法的能力にかかわる問題である。障害者権利委員会は，パラレルレポートなどのインプットに基づき，法と実態との乖離を指摘しているのに対して，中国は，主として法律条文を正

---

(14) 「婦女権益保障法」1992年10月1日施行，2005年12月1日改正。
(15) 小林・前掲注[10] 54頁。

当化の根拠に，問題点は存在しないと回答している。これらの問題は，障害者以外に対する人権侵害要因として議論されることがあり，中国にとっては敏感な問題であるものの，障害者権利条約にとっては，固有の尊厳，個人の自律ならびに個人の自立の尊重という，条約を通底する重要原則の問題であり，そのことを中国が十分認識しているのか疑義がある。

Ⅳ 総括所見の分析

1 総括所見[16]

(1) 障害の定義

障害者権利委員会は，障害者の定義と，障害者の地位に関する言説に関して長期に使われている言語と用語法両方に関する，医学モデルの広まりに留意するとした（総括所見，パラグラフ9）。そして勧告として，委員会は，中国の障害政策に障害の人権モデルを導入するために，中国の障害者のすべての代表の完全参加を含む，包括的でインクルーシブな国家的行動計画の導入を強く促す（パラグラフ10）。

(2) 差別禁止と合理的配慮

障害者権利委員会は，中国における障害に基づく差別の禁止を称賛する一方で，委員会は，障害者に対する差別の包括的な定義の欠如に懸念を表明した。また，委員会は，中国が非差別の原則について，合理的配慮の概念を首尾一貫して適用していないことを懸念する（パラグラフ11）。そして勧告として，委員会は，締約国が障害者に対する差別の法的定義を確立するとともに，その定義に間接差別の禁止を含むよう，明確に奨励する。委員会は，一般的なアクセシビリティを越えて，特定の場合に適用される，必要で適切な修正と調整を含む障害者権利条約の合理的配慮の定義を，中国の法律に反映させるよう提案する。さらに，法律において，合理的配慮の提供の拒否は障害に基づく差別であると明記することを求めている（パラグラフ12）。

---

[16] 初回報告の総括所見（CRPD/C/CHN/CO/1）2012年9月27日の翻訳は，長瀬修訳を参照，at http://www.dinf.ne.jp/doc/japanese/rights/rightafter/CRPD-C-CHN-CO-1_jp.html (as of 31 August 2016)。

(3) 障害当事者の参加とモニタリング

　障害者権利委員会は,「一般原則と一般的義務」にかかわる所見のなかで,中国障害者連合会以外の障害者組織が障害者権利条約の実施に含まれていないことに懸念を表明した(パラグラフ9)。そして,前述のとおり,中国の障害者のすべての代表の完全参加を含む,包括的でインクルーシブな国家的行動計画の導入を強く促す(パラグラフ10)。

　また,障害者権利委員会は,条約の実施過程に体系的に関与する,独立した機関と障害者組織が欠けていることに懸念を示す。委員会は,中国障害者連合会が依然として中国における障害者の唯一の公式代表であることから,市民社会の参加に懸念を示す。さらに,委員会は,条約33条第2段落が必要としている独立した国内監視機関として,どの機関・組織が指名されているのか不透明であるとした(パラグラフ49)。そして勧告として,委員会は,締約国が障害者保障法8条の改正を行い,中国障害者連合会以外の非政府組織が中国において障害者の利益を代表することと,監視過程に関与することを許容することを強く勧告する。委員会はさらに条約33条第2段落に従い,人権の促進および保護のための国内機関の地位に関する原則(パリ原則)に則った独立した国内的な監視の仕組みの構築を勧告した(パラグラフ50)。

(4) 教　育

　障害者権利委員会は,特殊学校の数が多いことおよび中国が特殊学校を積極的に発展させていることに懸念を表明した。委員会は現実には特定の機能障害(肢体障害および軽度の視覚障害)のある児童しか普通学校に通うことができず,他のすべての障害児は特殊学校に就学するか,脱落するかしかないことを憂慮する(パラグラフ35)。そして勧告として,委員会は,インクルージョンが条約の鍵となる概念であり,教育の分野においてとりわけ遵守されるべきであることを再度,中国が想起するように求める。これに関連して,委員会はより多くの障害児が普通学校へ通えることを確保するために,中国が資源を特殊教育システムから普通学校でのインクルーシブ教育促進へと再配分するよう勧告する(パラグラフ36)。

(5) 法 的 能 力

　障害者権利委員会は,条約12条を遵守していない,後見制度を設けようとしていることに懸念を示す。委員会は,障害者が自らについての決定を行い,自律を保持し,意思と選好が尊重されるための支援付き意思決定のシステムが

◇第20章◇ 中　国〔小林昌之〕

全くないことに留意する（パラグラフ21）。そして勧告として，委員会は，条約12条に則って，法的能力の行使において，中国が成年に後見と信託を許容する法律，政策，実践を廃止するための措置を講じ，代替的意思決定を，自律，意思，選好を尊重する支援付き意思決定に替えるための法的措置を講じるよう促す（パラグラフ22）。

(6) リプロダクティブ・ライツ

リプロダクティブ・ライツに関しては，条約23条「家庭および家族の尊重」にかかわる所見のなかで，委員会は，中国の法律と社会が，自由なインフォームド・コンセントを欠く，障害女性への強制不妊手術と強制中絶の実施を認めていることに深い懸念を表明した（パラグラフ33）。そして勧告として，委員会は，障害女性への強制不妊手術と強制中絶を禁止するために，中国が法律と政策を見直すよう要請する（パラグラフ34）。

(7) 非自発的拘束

障害者権利委員会は，中国において障害を根拠とする自由の剥奪が許容されていることと，非自発的な民事上の拘禁が，公共の秩序を維持するための手段とみなされていることを懸念する。この文脈で，委員会は機能障害が実際にある，もしくは，あるとみなされている多くの人が，陳情をしたなど，さまざまな理由で非自発的に精神病院に拘禁されていることを憂慮するとした（パラグラフ25）。そして勧告として，委員会は，実際に機能障害がある，もしくは，機能障害があると見なされることに基づく，非自発的な民事上の拘禁の実施の撤廃を勧告する（パラグラフ26）。

そのほか，労働および雇用について，事前質問事項では，強制労働以外の質問はなかったものの，総括所見では，割当雇用制度が障害者の慢性的な失業問題や雇用における差別の根の深い原因に効果的に対処できていないことに憂慮が表明された。また，委員会は，障害者の職業・キャリア選択において，障害者を差別することになる盲人マッサージなどの「優先就業」に懸念を示す（パラグラフ41）。そして勧告として，委員会は，障害者が自らの選好に従って職業を追求する選択の自由を確保するために必要なすべての措置をとることを勧告する。また，委員会は，企業と政府機関がより多くの障害者を雇用するよう，中国が働く機会を創出し，法律を制定することを要請する（パラグラフ42）。

なお，障害者権利委員会は，本勧告の第20段落[17]と第50段落の勧告を実施するために取られた措置に関する情報を書面にて，12カ月以内に提出する

よう要請した（パラグラフ101）。次回定期報告の期限は2018年9月1日である[18]。

2　中国の反応 ●●●

障害者権利委員会から総括所見が提出されたあと，中国政府がそれに対する意見を表明している[19]。意見表明では，障害者の権益を促進・保護する中国政府の目標は，障害者権利条約の精神と完全に合致しており，農村インフラのバリアフリーの強化，都市部と農村部の福祉の格差を縮小すること，知的障害者の拉致や奴隷化と戦い，防止することなどの勧告は，中国の次期の障害者事業の目標と大部分が重なっているとした（パラグラフ3）。しかしながら，不十分な対話や文化的な差異も含め，さまざまな要因によって，中国政府の障害者に関するいくつかの政策および実践は，完全な理解を得ることができず，完全な誤解もあり，これらの問題をはっきりと説明したいと，以下のとおり，主張している（パラグラフ4）。

まずは，リプロダクティブ・ライツに関してである。意見表明では，総括所見の第33段落は「締約国の法律と社会が自由なインフォームド・コンセントを欠く，障害女性への強制的不妊手術と強制的中絶の実施を認めている」と述べているが，人口・計画出産法は，明確に，「国は条件を整えて，公民が情報を十分に得たうえで，安全，有効，適切な避妊・出生調節措置をとれるようにしなければならない」と定めていると反論する。また，計画出産技術サービス管理条例も，公民は避妊方法について，情報に基づく選択権（インフォームド・チョイス）を有し，避妊手術などを実施する場合は，本人の同意を得るこ

---

(17) 事前質問事項第12段落で問われた，知的障害者が多数死亡した「炭鉱事故」についてである。総括所見では，10条「生命に対する権利」のもと，委員会は，知的障害者の拉致と，炭鉱業者から補償金を得るために被害者を死に至らしめる「炭鉱事故」が仕掛けられてきたことに重大な懸念を示した（パラグラフ19）。勧告では，捜査を継続し，すべての責任者を訴追し，適切な制裁を科すことを強く促し，知的障害のある男児の拉致が今後起きないよう，総合的な対策を実施するとともに，被害者を救済するよう要請された（パラグラフ20）。

(18) 総括所見では，2014年9月1日と設定されたが，第2回と第3回が統合され，順延となった。

(19) United Nations, *Report of the Committee on the Rights of Persons with Disabilities*, UN General Assembly, Official Records, Sixty-eighth session, Supplement No.55, A/68/55 Annex III (2013)〔表1参照〕。

とを規定しており、強制避妊手術と強制妊娠中絶手術は、中国の法律によって明白に禁止されていることを示しているとした（パラグラフ5）。

次に、法的能力についてである。意見表明では、総括所見の第22段落は、障害者の法的能力と後見人の問題を取り上げているが、中国法では、心理社会的または知的障害者を、刑事や民事に関する事柄から保護するために、行為能力と後見人について、さまざまな法的手続きをとおして、裁判所が決定することになっていると改めて説明している（パラグラフ6）。

非自発的拘束に関して、意見表明は、総括所見第26段落（身体の自由と安全）、第28段落（拷問からの自由）、第38段落（健康の権利）、第40段落（リハビリテーション及びハビリテーション）は、障害者がリハビリテーション・サービスを受ける際のインフォームド・コンセントの問題として括る。意見表明では、インフォームド・コンセントを保障するために、リハビリテーション・サービスの提供前に、障害者およびその家族に対して、すべての関連情報を入手可能とし、障害者自身がリハビリテーションの申請書に署名し、送付したことが確認されなければならないと主張する（パラグラフ7）。また、非自発的入院および治療が許されるのは、心理社会的障害に苦しんでいる患者が、自分の行為を自覚していない、または、自分の行為をコントロールできず、本人の危険、公共の安全、他人の身の安全または公共秩序に危害を与える場合に限ると、2012年精神衛生法が明確に規定していると主張する。法律はまた、障害者または後見人が、こうした措置に反対する手段を用意し、入院の間違いを修正する仕組みが設けられているとする（パラグラフ7）。

総括所見第10段落（一般原則と義務）、第50段落（国内的な実施と監視）が、障害者権利条約の履行に関して、障害者組織の役割を強化することを勧告していることに関して、意見表明は次のように述べる。中国政府は、常に、障害者の市民団体が重要な役割を果たしていることを評価してきた。各レベルの地方政府は、障害者の市民組織と協力している。障害者組織およびその代表は、他の市民と同様の市民的政治的権利を享受し、法律や政策の策定に参与することができる、と主張する（パラグラフ8）。

その他、意見表明では、総括所見第36段落（教育）、第41段落（労働及び雇用）、第42段落（適切な生活水準及び社会保護）は、差別禁止および社会的統合の観点から、中国政府の障害者事業との間に全く矛盾はないと主張する。これらの目標は漸進的に実施されなければならないものの、当該国の社会経済的な

発展に合わせて実施されるものであるとする。特殊教育に関しては，中国政府は，急速に，インクルーシブ教育を発展させているが，教育資源の不足から，とくに農村部や遠隔の貧困地域では，できるだけ多くの障害児の就学を保障するために，特殊教育はそのまま存在させる必要があるとする（パラグラフ9）。また，総括所見では，割当雇用政策が，障害者の未就業の問題を効果的に解決できるか，疑問が提起されたが，当該政策は先進国の実践を参照していると反論している。割当雇用は，障害者により多くの雇用機会を提供し，事業主にその義務を果たすよう促進する考えで設けられた。そして，割当雇用政策に加えて，集中就業や自己雇用など，障害者の雇用を促進するさまざまな措置をとっているとした（パラグラフ9）。

V　おわりに

　中国は，他の開発途上国と比べて，国家として障害者に関心を寄せ，法制度の整備や障害者福祉の実施に取り組んできたといえる。しかしながら，初回政府報告の一連の議論でわかるように，障害者権利条約の土台である，障害の社会モデルへの転換ができていないことが，すべての法律・政策に影響している。中国においては，依然として，障害は個人の問題であり，障害者は保護すべき対象となっており，それゆえ，当事者参加の重要性や代理決定の課題は，認識されず，議論が噛み合っていない。したがって，まずは，他の者との平等を基礎とした，障害者一人一人の，尊厳，自律，自立の尊重という障害者権利条約を通底する価値観の共有が必要だと思われる。

　また，初回政府報告において，中国はさまざまな法律を引用し，公民一般に認められている権利や諸制度は，障害者にも平等に認められていると提示している。しかし，障害者権利条約は，それらの完全実現の確保を求めているのであり，中国は，現実の法運用や諸制度へのアクセシビリティの問題について十分考慮しているとはいえない。これに加えて，パラレルレポートが指摘しているように「公務員採用健康診断の一般基準」や「普通大学の学生募集の健康診断業務に関する意見」などの欠格条項が，障害者に対する差別的取り扱いを助長しているおそれがある。したがって，今後，人権確保のための適切な立法措置をとると同時に，国や地方が制定した法律や政策を洗い直し，条約の一般的

義務にもとづいて，差別となる法規の修正，廃止を行うことが期待される。

　［謝辞］本研究の一部はJSPS科研費　JP15H03285, JP16K03277の助成を受けたものである。

〈資料〉中国への総括所見（CRPD/C/CHN/CO/1）

長瀬　修 訳

Ⅰ．序

1．委員会は，香港特別行政地域（CRPD/C/CHN-HKG/1）とマカオ特別行政地域（CRPD/C/CHN-MAC/1）を含む，中国の初回報告（(CRPD/C/CHN/1)の検討を2012年9月18日と19日に開催された第77会合と第78会合において行い，2012年9月27日に開催された第91会合において以下の総括所見を採択した。

2．委員会は，委員会の報告ガイドライン（CRPD/C/2/3）に従って準備された，香港特別行政地域とマカオ特別行政地域を含む中国の初回報告を歓迎する。委員会は，委員会の事前質問事項に対する書面での回答も評価する（CRPD/C/CHN/Q/1; CRPD/C/CHN/Q/1/Add.1）。

3．委員会は，締約国代表団と委員会の委員との間で行われた建設的対話に謝意を表す。委員会は，締約国の政府省庁の職員や，障害者である専門家を含む，地位の高い代表団の出席を称賛する。

4．委員会は，締約国が選択議定書の批准を行っていないことを遺憾とし，締約国が選択議定書に加わらないという決定を再考するように求める。

Ⅱ．積極的側面

5．委員会は，障害者の保護に関する法律のアクセシビリティ規定，第11回5か年計画（2006年-2010年）におけるバリアフリー建築実施計画，公共的施設の障害者の利用を促進する基準など，アクセシビリティに関する実績について，締約国を祝福する。

6．委員会は，障害者の保護に関する法律，治安管理処罰法，労働契約法などの規定による障害のある労働者の搾取，暴力，虐待からの法的保護を支持する。

7．委員会は，「子ども優先」という原理を，中国子ども発達計画（2001年-2010年）の中で保持し，未成年者の保護に関する法律において障害のある子どもへの差別を禁止することで，障害者の権利条約が規定している，障害のある子どもの権利を現実のものにしようとする締約国の努力を歓迎する。

8．委員会は，締約国による貧困削減努力，とりわけ障害者の貧困に関するものを称賛する。

III. 主要な懸念分野と勧告

A. 一般原則と一般的義務（1条-4条）

9. 委員会は，障害者の定義と，障害者の地位に関する言説に関して長期に使われている言語と用語法両方に関する，医学モデルの広まりに留意する。したがって，委員会は，障害者の実質的な平等を達成するために条約が確立している障害の人権モデルを実施し，条約に記されている権利をすべてのレベルにおいて実施するための首尾一貫し，総合的な障害戦略の欠如を懸念する。委員会は，中国障害者連合会以外の障害者組織が障害者の権利条約の実施に含まれていないことを懸念する。

10. 委員会は，中国の障害政策に障害の人権モデルを導入するために，中国の障害者のすべての代表の完全参加を含む，包括的でインクルーシブな国家的行動計画の導入を強く促す。

B. 個別の権利（5条-30条）

平等及び無差別（5条）

11. 締約国における障害に基づく差別の禁止を称賛する一方で，委員会は，障害者に対する差別の包括的な定義の欠如を懸念する。委員会は，地方での多くの法的規定と国の法律が差別の禁止に関して矛盾していることを憂慮する。委員会は，締約国が非差別の原則について，合理的配慮の概念を首尾一貫して適用していないことを懸念する。

12. 委員会は，締約国が障害者に対する差別の法的定義を行うと共に，その定義に間接差別の禁止を含むよう，明確に奨励する。委員会は，一般的なアクセシビリティを越えて，特定の場合に適用される，必要で適切な修正と調整を含む障害者の権利条約の合理的配慮の定義を中国の法律に反映させる合理的配慮の定義を含むよう提案する。さらに，締約国は合理的配慮の提供の拒否は，障害に基づく差別であることを法律が明確に認めることを確保すべきである。

障害のある児童（7条）

13. 委員会は，締約国の障害児が親によって放棄される危険性が高く，しばしば隔離された施設に収容されていることを恐れる。農村部の在宅の障害児について，委員会は地域に根差したサービスと支援の欠如を懸念する。

14. 委員会は，障害男児と女児に対して広範に存在しているスティグマと闘うための方策を講じると共に，障害男児と女児の放棄の根本原因と闘うために，厳格な家族計画の見直しを行うよう，締約国を強く促す。委員会は，締約国が農村部において，地域に根差したサービスと支援を十分に提供するよう要請する。

意識の向上（8条）

15. 委員会は締約国の意識向上の試みにおいて，障害者の権利条約の精神に従わないで，障害の医学モデルが広範に用いられていることを懸念する。委員会は，「全中国障害者職業技能コンテスト」や「障害者支援の若者ボランティア100万人」プログラムなどの意識向上イベントが障害者を社会から隔離された無力で依存的な人間であると描写していることを特に懸念する。

16. 委員会は，条約の障害の人権モデルを想起するよう締約国に再度，希望すると共に，意識向上プログラムにおいて，障害者が自立した自律的な権利保持者であるという概念を促進することを要請する。委員会は，障害者，特に農村部に住むすべての障害者に対して権利，特に最低限の福祉手当を受け取る権利と，学校に行く権利があることを締約国が伝えることを促す。委員会は，締約国が障害者の肯定的な認識を社会に対して示す意識向上プログラムを取り入れることを勧告する。

施設及びサービス等の利用の容易さ（9条）

17. 委員会は都市部でのアクセシビリティに関する締約国の前進を評価するものの，農村部でのアクセシビリティに関する情報不足と，アクセシビリティ方策の非遵守の効果に関する情報不足，さらにアクセシビリティのモニタリングと評価の効果に関する情報の不足について留意する。

18. 委員会は，締約国がそうした情報を次回の報告において提供するよう，要請する。農村部に住む障害者の比率が高い（75％）ことを考慮し，都市部のみならず，農村部においてもアクセシビリティ保障を確保するよう締約国に特に促す。委員会は締約国に対して，バリアフリーなインフラストラクチャーを障害者が頻繁に訪問する環境のみに限定しないよう要請する。

生命に対する権利（10条）

19. 委員会は，知的障害者（その多くは子ども）の拉致と，河北省，福建省，遼寧省，四川省において，炭鉱業者から補償金を得るために被害者を死に至らしめる「炭鉱事故」が仕掛けられてきたことに重大な懸念を示す。

20. 委員会は，締約国がこうした事件に関して捜査を継続し，すべての責任者を訴追し，適切な制裁を科すことを強く促す。委員会は締約国に対して，知的障害のある男児の拉致が今後起きないよう，総合的な対策を実施するとともに，被害者を救済するよう要請する。

法律の前にひとしく認められる権利（12条）

21. 委員会は条約の12条を遵守していない，成年後見を確立するためのシステム

について懸念を示す。委員会は，障害者が自らについての決定を行い，自律を保持し，意思と選好が尊重されるための支援付き意思決定のシステムが全くないことに留意する。

22. 委員会は，条約の12条に則って，法的能力の行使において，締約国が成年に後見と信託を許容する法律，政策，実践を廃止するための措置を講じ，代替的意思決定を，自律，意思，選好を尊重する支援付き意思決定に替えるための法的措置を講じるよう促す。さらに，委員会は締約国が，障害者組織との協議の下に，以下を含む支援付き意思決定のシステムのための青写真を準備，法制化，実施するよう勧告する。(a) すべての人の法的能力と行為能力の認知，(b) 法的能力を行使するために必要な配慮と，支援へのアクセス，(c) 支援が，その人の自律，意思，選好を尊重していることを確保する規則と，支援がその人のニーズを満たしていることを確保するためのフィードバックシステムの仕組みの確立，(d) 支援付きの意思決定の促進と確立への準備

司法手続の利用の機会（13条）

23. 委員会は，障害者向けの法律扶助センターの設置を評価する一方で，こうした法律扶助センターはしばしば必要な資源を欠き，独立した基盤のもとに機能していないことに留意する。委員会は，中国の刑事訴訟手続き，民事訴訟手続きがどちらも他の者との平等を基礎として障害者が利用できるようになっていないこと，その代わりに当該人物があたかも法的能力を欠くかのように扱う公選弁護人の指名など，障害者を見下す施策が講じられていることを懸念する。

24. 委員会は，締約国が必要な人的，財政的資源を法的扶助センターに振り向けるよう提案する。委員会は，障害者による司法の自立した現実の利用を法的扶助センターが守るよう，締約国に要請する。委員会は，司法システムに関与する障害者が保護の対象ではなく，権利の主体として関与できるようにするための手続き面の配慮を確立することを目的として，締約国が民事訴訟法と刑法訴訟法を見直すことを提案する。

身体の自由及び安全（14条）

25. 委員会は，締約国において障害を根拠とする自由の剥奪が許容されていることと，非自発的な民事上の拘禁が，公共の秩序を維持するための手段として見なされていることを懸念する。この文脈で，委員会は機能障害が実際にある，もしくはあると見なされている多くの人が陳情をしたなど，様々な理由で非自発的に精神病院に拘禁されていることを憂慮する。さらに，委員会は，実際に知的機能障害や精神機能障害があり，高いレベルの支援を必要とする多くの人が，医療ケアと社会ケアの適切な資源を欠き，永続的に家庭に閉じ込められていることに懸念を示す。

26. 委員会は，実際に機能障害がある，もしくは機能障害があると見なされることに基づく，非自発的な民事上の拘禁の実施の撤廃を勧告する。さらに，委員会は，必要に応じて自宅以外での社会的支援と医学的治療を確保するために，高いレベルの支援を必要とする知的障害者と精神障害者により多くの資源を振り向けるよう要請する。

拷問又は残虐な，非人道的な若しくは品位を傷つける取扱い若しくは刑罰からの自由（15条）

27. 非自発的に拘禁されている，実際に知的，精神機能障害がある人，もしくは知的，精神機能障害があると見なされている人に関して，委員会は精神病院で提供されている「矯正治療」が非人道的で品位を傷つけていることに懸念を示す。さらに，委員会は，自由なインフォームドコンセントのないすべての医学的実験が中国法によって禁止されているわけでないことに懸念を示す。

28. 委員会は，締約国が，実際に知的，精神機能障害がある人，もしくは知的，精神機能障害があると見なされている人にこうした治療を強制する政策を停止し，施設への非自発的な拘禁を控えるよう促す。さらに，委員会は，締約国が自由なインフォームドコンセントを欠く障害者の医学的実験を許容する法律を撤廃するよう促す。

搾取，暴力及び虐待からの自由（16条）

29. 委員会は，山西省と河南省での奴隷労働事件など数千の知的障害者，とりわけ知的障害児の拉致や強制労働が報じられていることを深く不安に感じる。

30. 委員会は，締約国がこうした事件の捜査を継続し，加害者を訴追するよう強く促す。委員会は，締約国が今後の知的障害者の拉致を防止し，犠牲者を救済するための総合的な対策を講じるよう要請する。具体的には，障害者の搾取，虐待，暴力の実態に関するデータ収集が含まれる。

自立した生活及び地球社会への包容（19条）

31. 委員会は，施設で暮らす障害者数が多いことと，中国が2000人に及ぶ施設を維持していることを懸念する。こうした施設は，条約の19条を遵守していない。さらに委員会は，ライ病者が孤立して暮らす，ライ病者の施設の存在にも懸念を示す。

32. 委員会は，締約国が障害者の施設ベースのケアを段階的に縮小し，撤廃するための早急な措置を講じることを勧告する。さらに，委員会は，障害者が自らの選択に従って，自立して暮らせるための支援施策の開発のために，締約国が障害者組織と協議するよう，勧告する。支援サービスは高いレベルの支援サービスを

◇第20章◇〈資料〉中国への総括所見〔長瀬修訳〕

持つ人に対しても提供されるべきである。さらに，委員会は締約国がライ病の人に必要な医学的治療を提供し，地域社会へ再統合するために必要なすべての措置を講じ，ライ病者のコロニーの存在を撤廃することを提案する。

家庭及び家族の尊重（23条）

33. 委員会は，締約国の法律と社会が自由なインフォームドコンセントを欠く，障害女性への強制的不妊手術と強制的中絶の実施を認めていることを深く懸念する。
34. 委員会は障害女性への強制的不妊手術と強制的中絶を禁止するために，締約国がその法律と政策を見直すよう要請する。

教　育（24条）

35. 委員会は，特別学校数が多いこと及び締約国が特別学校を積極的に発展させていることを懸念する。委員会は現実には特定の機能障害（肢体不自由及び軽度の視覚障害）のある子どもしか普通学校に通うことができず，他のすべての障害の子どもたちは特別学校に就学するか，脱落するかしかないことを憂慮する。
36. 委員会は，インクルージョンが条約の鍵となる概念であり，教育の分野においてはとりわけ遵守されるべきであることを再度，締約国が想起するように求める。これに関連して，委員会はより多くの障害のある子どもが普通学校へ通えることを確保するために，締約国が資源を特別教育システムから普通学校でのインクルーシブ教育促進へと再配分するよう勧告する。

健　康（25条）

37. 委員会は締約国における現行の非自発的拘禁制度を懸念する。委員会は，障害者の個人の意思を尊重していない精神保健法案と，締約国の6つの主要な都市の精神保健に関する条例に留意する。
38. 委員会は，障害者に対して提供されている，精神保健をはじめとするすべての保健サービスが当事者の自由なインフォームドコンセントに基づくことと，家族や後見人など第3者である意思決定者の許可のもとに行われる非自発的な治療と拘禁をはじめ，非自発的な治療と拘禁を許容する法律が廃止されることを確保するために必要な方策を講じるよう，締約国に助言する。委員会は，障害者が表明したニーズに対応する，地域に根差した多様なサービスと支援を締約国が準備すると共に，ピアサポートや精神保健の医学モデル以外の選択肢を含む，個人の自律及び選択，尊厳，プライバシーを締約国が尊重することを勧告する。

ハビリテーション（適応のための技能の習得）及びリハビリテーション（26条）

39. 委員会は，障害者，特に精神障害者と知的障害者に対して，インフォームドコンセントのないリハビリテーションとハビリテーションが押し付けられていることを懸念する。

40. 委員会は，リハビリテーションとハビリテーションに関して権利に基づくアプローチの実施と，リハビリテーションとハビリテーション計画が障害のある個人のインフォームドコンセントを促進し，その自律，インテグリティ〔不可侵性〕，選好を尊重することを確保するよう勧告する。

労働及び雇用（27条）

41. 委員会は，雇用率制度の存在を認識しているが，雇用率制度が障害者の慢性的な失業問題もしくは，雇用における差別の根の深い原因に効果的に対処できていないことを憂慮する。委員会は，名目的な価値しかない雇用の提供や，企業や政府機関が障害者を雇用するよりも納付金を支払う選択を行っていることにとりわけ懸念を示す。また，委員会は，障害者の職業・キャリア選択において障害者を差別する「優先就業」（盲人のマッサージなど）に懸念を示す。

42. 委員会は，障害者が自らの選好に従って職業を追求するための選択の自由を確保するために必要なすべての措置を締約国が取ることを勧告する。委員会は，企業と政府機関がより多くの障害者を雇用するよう，締約国が働く機会を創出し，法律を制定することを要請する。

相当な生活水準及び社会的な保障（28条）

43. 委員会は，貧困削減及び手当と補助金の提供という政策の存在を評価する一方で，こうした手当の受給に関する農村部と都市部の障害者の格差について懸念する。

44. 委員会は，締約国が農村部と都市部での手当の受給格差是正措置を増やし，障害者がどのようにして障害者になったかにかかわらず，認定と手当へのアクセスがただちに持てることを確保するための手段を講じることを勧告する。委員会は，締約国が特に農村部にいる障害者に対して，手当をもらう権利があることを伝えると共に，地方公務員による福祉手当の分配と支給に関する汚職を防止するための仕組みを策定するよう要請する。政治的及び公的活動への参加（29条）

45. 委員会は，知的障害と精神障害の市民を投票過程から排除している選挙法26条に懸念を示す。

46. 委員会は，障害者が他の者との平等を基礎として投票する権利を持つことを確保するために，締約国が選挙法26条を改正するよう勧告する。

◇第 20 章◇〈資料〉中国への総括所見〔長瀬修訳〕

C．特定の義務（31 条-33 条）

統計及び資料の収集（31 条）

47．委員会は，締約国が条約を実施するための政策を策定し，実施するための統計・研究データを含む，分類された適切な情報が，2010 年に改正された国家機密を保持するための法律と政令のために，しばしば利用可能でないことに留意する。

48．委員会は，不妊手術を受けさせられた障害女性や，施設への非自発的な拘禁の数など，条約の実施に関連する課題や問題が広く議論されるよう，国家機密に関する法律の見直しと適切な修正を勧告する。委員会は，この情報が障害者の利用が可能でなければならないことを締約国に対して想起させる。

国内における実施及び監視（33 条）

49．委員会は，条約の実施過程に体系的に関与する独立した機関と障害者組織が全体的に欠けていることに懸念を示す。委員会は，中国障害者連合会が依然として締約国での障害者の唯一の公式代表であることを考慮し，市民社会の参加に懸念を示す。さらに，委員会は，条約 33 条第 2 段落が必要としている独立した国内監視機関として，どの中国の機関もしくは組織が指名されているのか疑問に感じる。

50．委員会は，締約国が障害者保障法第 8 条の改正を行い，中国障害者連合会以外の非政府組織が締約国において障害者の利益を代表することと，監視過程に関与することを許容することを強く勧告する。委員会はさらに条約 33 条第 2 段落に従い，人権の促進及び保護のための国内機関の地位に関する原則（パリ原則）に則った独立した国内的な監視の仕組みを勧告する。

＊以下，香港に関する部分（51-84 段落）については本書 21 章を参照。マカオに関する部分（85-97 段落）については略。

VI．フォローアップと普及

98．委員会は，締約国が委員会の本総括所見に含まれている勧告を実施するよう要請する。委員会は，締約国が現代的でアクセシブルなソーシャルコミュニケーション戦略を用いて，総括所見を，政府と全国人民代表大会のメンバー，関連する省庁の幹部，教育，医学，法律などの関連する専門家集団，並びに地方当局，メディアに対して，その考慮と行動のために，送付するよう勧告する。

99．委員会は，締約国が第 2 回定期報告の準備に当たっては，市民社会組織，とりわけ，障害者組織を関与させるよう，強く奨励する。

100．委員会は，締約国がアクセシブルな形式で，本総括所見を広く，非政府組織，障害者を代表する組織，並びに障害者自身，障害者の家族に対して普及させることを要請する。

◆ 第Ⅱ部 ◆　各論3〔国・地域別検討〕

101．委員会は本勧告の第20段落と第50段落の勧告を実施するために取られた措置に関する情報を書面にて，12か月以内に提出するよう要請する。

Ⅶ．次 回 報 告

102．委員会は，締約国が第2回定期報告を2014年9月1日までに提出し，そこに本総括所見の実施に関する情報を含むよう要請する。

◇第21章◇ 香 港〔後藤悠里〕

第21章

香 港

後 藤 悠 里

I はじめに

　中華人民共和国香港特別行政区（以下，香港）は，ブルース・リーやジャッキー・チェンといったアクション俳優を輩出した地，電飾に彩られた派手で大きな看板や高層ビルが立ち並ぶ百万ドルの夜景が見られる観光地として知られている。人口密度は日本の約20倍，東京都の半分ほどの土地に約700万人が暮らす，活気のある都市である。かつてはイギリス植民地であったが，1997年に中国に返還された。香港の憲法ともいえる「中華人民共和国香港特別行政区基本法」において，返還後50年はイギリス植民地時代同様の資本主義制度と生活様式を維持することが規定されている。2014年には，行政長官の直接選挙を求めて香港の中心街を学生たちが占拠した運動――警察が発射した催涙スプレーに対してデモ参加者が雨傘で抵抗したことから『雨傘革命』とも呼ばれる――が話題となった。

　執筆者は，欧米以外の国でどのように障害者差別禁止法が制定されたのかを明らかにするために，2009年から香港での調査を継続的に行ってきた。その理由の一つには，香港が東アジアで始めて1995年に，障害者差別禁止条例[1]を制定した先駆的な地区であることがある。また，福祉社会学の分野では，欧米中心の福祉施策研究から脱した，東アジアに目を向けた研究が求められてい

---

(1) 香港は国ではないため，「法」ではなく，「条例」という文言が用いられる。

たことも理由として挙げられる。香港障害者差別禁止条例に関する先行研究は少なく，手探りの状態からのスタートであった。数年にわたる障害者団体関係者や政治家，大学教員へのインタビューやイベントの参与観察などから，香港や香港の障害者を取り巻く状況の理解が進むようになった。以下では，総括所見の理解に関係する範囲で，香港の福祉制度の概要について言及してみたい。

イギリス植民地下の香港政庁（以下，イギリス香港政庁）は，中華人社会の相互扶助精神を活用しつつ，社会情勢にあわせて徐々に福祉制度を整えてきた。中華人民共和国香港特別行政区政府（以下，香港政府）もイギリス植民地時代の枠組みを踏襲している。

現在香港を構成する者の多くは，中国大陸からやってきた人々の子孫である。19世紀後半に中国大陸から来た者にとって，香港とは出稼ぎの地，つまり一時的な滞在地であった。しかし，中国に身寄りを残したまま香港で亡くなった人々もいる。彼らの遺体を中国に戻す相互扶助制度から，香港の福祉は始まった[2]。こうした民間による相互扶助の精神は現在にも引き継がれており，香港では自助グループの活動が盛んである。障害者に関しても例外ではなく，多種多様な自助グループが存在している。

イギリス香港政庁は企業の活動や個人の暮らしに介入せず，市場原理にゆだねるという経済政策を採っていた。しかし，人々の暮らしの保障に関しては，市場や相互扶助精神に任せるだけでは不十分であった。日常の交通手段でもあるスターフェリーの賃上げに対する反対運動（1966年）と造花工場における労働争議（1967年）により，イギリス香港政庁はそれを知ることになる。

対策として，イギリス香港政庁は1971年に貧困層への財政援助を開始し，1973年には障害者にまで対象を拡大させた[3]。現在では，障害者の生活を支える仕組みとして，「総合社会保障支援」と「社会保障手当」がある。総合社会保障支援は貧困者へのセーフティネットとしての機能をもち，資力調査がある[4]。社会保障手当は総合社会保障支援を受給していない者のうち要件を満

---

(2) 沢田ゆかり「レッセ・フェールと社会福祉」沢田ゆかり編『植民地香港の構造変化』（アジア経済研究所，1997年）231-261頁。

(3) 同上。

(4) 社会福祉局のホームページによれば，60歳未満の障害のある単身者に対しては，月額3,435～5,850香港ドル（日本円にして約5.0万円～8.5万円），世帯の一員であれば月額3,240～5,365香港ドル（約4.7万円～7.8万円）が支給される。Social Welfare De-

◇第21章◇ 香　港〔後藤悠里〕

たした者に受給資格がある。社会保障手当の中には「障害手当」または「高等障害手当」が含まれており[5]，障害手当は重度障害者を，高等障害手当は重度障害かつ日常生活に介助者が必要な者を対象としている。

　一方，1989年6月に起きた天安門事件は，香港の人々に中国返還後の人権保障についての不安を抱かせた。中産階級の人々の間では香港を離れる人々も多かったが，香港に残り人権運動に身を投じるという選択をした者もいた[6]。イギリス香港政庁もまた，香港の人々の不安を敏感に察知していた。同年10月の施政方針演説[7]で，当時の香港総督が天安門事件の衝撃により香港の人権施策の要求が高まっていることを指摘している[8]。

　こうした社会情勢の中で迎えた1990年代，香港の人権施策が発展した。1991年にイギリス香港政庁は「香港権利章典条例」を制定した。これは，国連「市民的及び政治的権利に関する国際規約」を香港の国内法として適用するものである。1995年には「性差別禁止条例」及び「障害者差別禁止条例」が成立した。翌年1996年には差別禁止条例にかかわる相談，助言，法的な支援を行う「平等機会委員会」が設置されている。

　では，私たちが香港の取り組みを知る意義は何だろうか。香港は2012年に総括所見を受け取っている[9]。つまり，香港は障害者権利条約の実施につい

　　partment, "Social Security", at https : //www. swd. gov. hk/en/index/site_pubsvc/page_socsecu/sub_socialsecurity/#CSSAsr（as of 28 December 2017）．
(5)　社会福祉局のホームページによれば，「障害手当」は月額1,695香港ドル（約2.5万円），「高等障害手当」は月額3,390香港ドル（約4.9万円）である。Social Welfare Department, "Social Security", at https://www.swd.gov.hk/en/index/site_pubsvc/page_socsecu/sub_socialsecurity/#CSSAsr（as of 28 December 2017）．
(6)　Linda Butenhoff, *Social Movements and Political Reform in Hong Kong*（Praeger Publishers, 1999）．
(7)　施政方針演説とは，香港総督が立法会（香港の立法機関）の会期初めにその年度の方針を述べるものである。香港返還後は行政長官が行っている。
(8)　Legislative Council, 1989.10.11, "Hong Kong Legislative Council-11 October 1989", at http://www.legco.gov.hk/yr89-90/english/lc_sitg/hansard/h891011.pdf（as of 30 December 2016）．
(9)　中国政府は2007年に障害者権利条約に署名，2008年8月に批准した。2010年8月に政府が報告書を国連に提出した。2012年5月事前質問事項が公表され，9月に政府が回答した。2012年9月の障害者権利委員会第8回会期（17日から28日）にて審査が実施され，総括所見が示された。

て日本より先んじており，その取り組みを参考にすることができる。本章を通じて，障害者権利条約の実施にあたって障害者団体がどのようにかかわっているのか，香港が現在どのような課題を抱えているのか，そして解決のために必要なことは何かについてという問いに答えていきたい。

II 生命，生活，実施体制に関する政府報告とパラレルレポート

2010年に中国政府による報告（CRPD/C/CHN-HKG/1）[10]が提出されて以降，数本のパラレルレポートが提出された。そのうち本節で取り上げるのは，2011年3月に提出された「障害者権利条約推進委員会」パラレルレポート[11]，2012年9月に出された「障害者団体及び非政府機関」によるパラレルレポート[12]である[13]。「障害者権利条約推進委員会」は障害者団体及び非政府機関10団体によって構成されている[14]。一方の「障害者団体及び非政府機関」の

---

(10) Hong Kong, China, Initial report submitted by State parties under article 35 of the Convention, CRPD/C/CHN-HKG/1, at http://tbinternet.ohchr.org/_layouts/treatybodyexternal/Download.aspx?symbolno=CRPD%2fC%2fCHN-HKG%2f1&Lang=en (as of 3 January 2017).

(11) Committee on Promotion the United Nation Convention on the Rights of Persons with Disabilities, Parallel Report on the United Nation Convention on The Rights of Persons with Disabilities (UNCRPD), at http://lib.ohchr.org/SPdocs/CRPD/6thsession/HongKongJointCouncil_en.doc (as of 30 December 2016).

(12) HKSAR disabled persons' organizations and non-governmental organizations, September, 2012, Submission with the consideration of the initial report of Hong Kong Special Administration Region (HKSAR) (CRPD/C/CHN-HNG/1) on the implementation of the Convention on the Rights of Persons with Disabilities (CRPD), at http://www.hkhrm.org.hk/CRPD/ (as of 3 January 2017).

(13) その他，平等機会委員会もパラレルレポートを提出している。

(14) 「障害者権利条約促進委員会」パラレルレポート作成の作業委員会の構成員は10団体15人である。以下，構成団体についてアルファベット順に示す。恒康互助社（Amity Mutual-Support Society），卓新力量（ピープルファースト香港）（Chosen Power [People First Hong Kong]），路向四肢傷残人士協会（Direction Association for the Handicapped），香港傷残青年協会（Hong Kong Federation of Handicapped Youth），香港復康連会（The Hong Kong Joint Council for People with Disabilities），香港聾人福利促進会（The Hong Kong Society for the Deaf），励智協進会（The Intellectually

◇第21章◇　香　港〔後藤悠里〕

うち半数は「障害者権利条約推進委員会」を構成する団体でもあるが，「障害者権利条約推進委員会」に比べ，参加団体に当事者性及び権利性が強いことが特徴である(15)。

　紙幅の都合上全てを取り扱うことはできないため，特に重要だと考えられる3つのテーマについて取り扱うこととする。3つのテーマとは，1）障害者の生命や安全，2）障害者の生活を支える所得保障や雇用，3）障害者権利条約の理念を実現する仕組みについてである。総括所見を先取りした形で，政府報告とパラレルレポートの内容を紹介し，必要に応じて執筆者の見解を付け加える。出典に関しては，政府報告と「障害者団体及び非政府機関」パラレルレポートについてはパラグラフの数字を示す。パラグラフの番号がない「障害者権利条約推進委員会」パラレルレポートについては，該当条文のパラグラフごとに執筆者が1から順番に番号をふったものを示すこととする（たとえば第2条の一番目のパラグラフには2.1という番号がふられている）。

　第1の点について，障害者の生命や安全が守られることの重要性は言うまでもない。「生命に対する権利」（10条）について，政府報告は特に自殺対策について取り上げている。そして，たとえば政府機関である社会福祉局(16)が家族

　　Disabled Education and Advocacy League），学前弱能児童家長会（The Parents' Association of Pre-school Handicapped Children），香港復康連盟（Rehabilitation Alliance Hong Kong），香港視網膜病変協会（Retina Hong Kong）である。事務局は香港復康連会及び香港服務連会が担っている。

(15)　2012年9月に提出されたパラレルレポートにおいては，以下の18団体が共同署名を行っている。自強協会（1st Step Association），厳重弱知人士家長協会（The Association of Parents of the Severely Mentally Handicapped），香港女障協進会（Association of Women with Disabilities Hong Kong），卓新力量（ピープルファースト香港）（Chosen Power〔People First Hong Kong〕），康和互助社連会（Concord Mutual-Aid Club Alliance），正言匯社（Forthright Caucus），關注特殊教育権益家長大連盟（Grand Alliance of Parents for the Rights of Persons with Special Educational Needs），協康会（Heep Hong Parents' Association），香港聾人協進会（Hong Kong Association of the Deaf），香港人権監察（Hong Kong Human Rights Monitor），香港肌健協会（Hong Kong Neuro-Muscular Disease Association），香港紅十字会ケネディセンター（Hong Kong Red Cross John F. Kennedy Centre Alumni Association），励智協進会（The Intellectually Disabled Education and Advocacy League），香港復康連盟（Rehabilitation Alliance Hong Kong），自助組織発展センター（Self-Help Development Centre），龍耳（Silence），香港特殊教育学会（The Special Education Society of Hong Kong），宣美語言及聴覚訓練センター（Sui Mei Speech and Hearing Centre）である。

の絆を強め家庭内暴力をなくすためのキャンペーンを開始したり，NGOに資金を提供して自殺危機介入センターの運営を支援したりしていることが述べられている（パラグラフ10.4～10.7）。しかし，パラレルレポートではこうした取り組みだけでは不十分であることが指摘される。障害者権利条約推進委員会パラレルレポートでは，香港大学の調査に基づき，全自殺者のうち35％が精神病を持つ者であることを述べ，カウンセリングの提供や定期的な自殺の可能性のアセスメントを導入するよう訴えている（パラグラフ10.2）。

　障害者の中でも障害女性は安全を脅かされやすい存在である。関連する条文として「障害のある女子」（6条）や「搾取，暴力及び虐待からの自由」（16条）がある。政府報告書では第1節で言及した香港権利章典条約や性差別禁止条例といった法律，女性施策に関する諮問機関として女性委員会が存在しており，障害女性に対して適切な措置が取られていると述べている（パラグラフ6.1～6.12）。また，家庭内暴力に関しては，「家族・同居関係暴力条例」の制定や啓発活動，一時避難のための宿泊施設の提供などが行われていると報告されている（パラグラフ16.1～16.18）。

　これらの取り組みの大きな問題点は，障害女性が複合差別をこうむっているという観点がないことである。たとえば，6条に関する部分において，政府報告書は「女性（障害女性を含む）」という文言を3箇所で用いている。つまり，政府報告では女性一般についての措置が示されているに過ぎず，複合差別を受ける障害女性に対しての特別な措置について言及がない。それに対し，パラレルレポートでは，6条の趣旨に沿った複合差別の実態が示されている（障害者団体及び非政府機関　パラグラフ88など）。たとえば，警察が，障害女性の被害者に適切に対応できていないことが批判されている（障害者権利条約推進委員会　パラグラフ6.7）。また，障害者に対する性暴力を未然に防ぐために，障害者に対する暴力を行った者に対しては通常より重い罰則を課す提案もされている（障害者権利条約推進委員会　パラグラフ16.4）。

　第2に，障害者の生活を成り立たせるための制度について見てみよう。障害の定義が不十分であるがゆえに，権利が保障されないなどということはあってはならない。したがって，定義が適切に定められていることが，障害者の施策

---

(16) 局は日本の省に相当する。社会福祉局は社会保障や障害者，高齢者，子供などに関する施策を担当する部署である。

◇第21章◇ 香　港〔後藤悠里〕

やサービス提供において大切なことである。定義について，関連する条文は「定義」（2条），「相当な生活水準及び社会的な保障」（28条）である。香港政府報告書は，最大限の保障を提供するために，それぞれの条例や部署が様々な定義を用いていると述べる（パラグラフ2.1）。しかし，反対に，障害者権利条約推進委員会は複数の定義が用いられることによって，人々の理解を困難なものにし，混乱が引き起こされていると指摘している（パラグラフ2.5）。

　また，障害者団体及び非政府機関パラレルレポートでは公的機関が用いている定義に社会モデルの観点がないことも指摘されている（障害者団体及び非政府機関　パラグラフ16）。たとえば，「障害手当」の資格要件について，障害者であるかの判定は，稼得能力が完全に失われたとされる基準に基づき医師が行う。政府報告が付録で示しているが，その基準の一例を挙げると「四肢のうち二肢が喪失していること」，「両手または両指すべてが喪失していること」などである（付録4）。心身の機能障害のみをリストとして提示した基準には，障害が機能障害を持つ人と環境との相互作用によって生じるという社会モデルの観点がないことは明らかだろう。

　「労働及び雇用」（27条）について，政府報告は障害者の一般雇用を進めるための職業訓練や企業に対する働きかけなど，数多くの施策と取り組みを紹介している（パラグラフ27.1～27.37）。障害者権利条約促進委員会のパラレルレポートでは，香港統計局によるデータに基づいて，雇用されている障害者の割合が11.8％と低いことを示し，政府関係の組織に対する法定雇用率の設定，障害者を雇用した企業に対する税制上の優遇措置を行うなどの提案をしている（パラグラフ27.1，27.2）。また，「搾取，暴力及び虐待からの自由」（16条）に関連させて，障害者権利条約推進委員会パラレルレポートが作業所の待遇について述べている。作業所においては袋詰めや洗車などの単純労働が多いという事情はあるが，それでも一日の基礎工賃は21香港ドル（約300円）程度に過ぎない。そこで，健常者と比べての賃金の圧倒的な低さを見直す必要がある旨が述べられている（障害者権利条約推進委員会　パラグラフ16.5）。

　「相当な生活水準及び社会的な保障」（28条）については，政府報告書は障害者の生活を守るために，所得保障や医療費免除，障害者に対するサービスへの助成などを行っていると述べている（パラグラフ28.1～28.12）。香港政府はもちろん，こうした施策によって十分に所得保障がなされていると主張したいようである。しかし，この点に関する障害者団体からの批判は強い。第1節で言

及した総合社会保障支援については，資力調査が家族収入を含めた形で行われていることが批判されている。同居家族の収入があると総合社会保障支援を受給することができないため，障害者は家族と別居せざるを得ない。結果として，家族からの身体的・情緒的サポートが受けられなくなっている（障害者団体及び非政府機関，パラグラフ19）。高度障害手当については重度の障害者のみが対象であり，その要件も厳しい（障害者権利条約推進委員会，パラグラフ28.8）。また，医師による診断が必要であるが，手当の認定基準が医師によって異なっている（障害者権利条約推進委員会，パラグラフ28.6）。

第3に，障害者権利条約の理念を実現する仕組みについて述べる。「平等及び無差別」，「国内における実施及び監視」に関する報告をここに含めることができるだろう。政府報告は，労働福祉局長の下に置かれたリハビリテーション局長や，香港政府への助言を行うリハビリテーション諮問委員会といった制度により障害者施策の立案や調整，モニタリングが行われていると述べている（パラグラフ33.4〜33.7）。さらに，第1節で言及したように，差別に関する対応を行う法的機関として平等機会委員会も設置されている（パラグラフ33.8）。

一方，障害者団体のパラレルレポートでは，リハビリテーション局長やリハビリテーション諮問委員会の権限が小さいことが指摘されている。特に，リハビリテーション局長は障害者権利条約の実施を業務内容としており，他の部署を取りまとめなくてはならないにもかかわらず，他の部署の長よりも地位が低い。平等機会委員会については，障害者差別禁止条例についての対応を行うのみであり，差別をなくすという役割を担うことができていない（障害者権利条約推進委員会，パラグラフ33.1，33.2）。また，平等機会委員会の委員長ならびに委員たちは香港政府が指名した者たちであり，市民社会の社会勢力からの多元的な代表を確保するというパリ原則の方針と矛盾していることも指摘されている（障害者団体及び非政府機関　パラグラフ5）。

III　総括所見，そして総括所見を受けた香港政府の対応とその課題

引き続いて，総括所見（CRPD/C/CHN/CO/1）[17]とその後の香港政府の対応

---

(17)　United Nations, Committee on the Rights of Persons with Disability, Concluding

について3つのテーマにしたがって述べる。その上で、残された課題を3点に分けて整理し、執筆者なりの解決策を示してみたい。

第1に生命や安全に関するトピックについて、「生命に対する権利」については、知的障害者及び精神障害者に対して、無料かつインフォームドコンセントに基づいた必要な心理的治療やカウンセリングを提供することが要請され、彼らの自殺リスクについて定期的にアセスメントを行うよう勧告されている（パラグラフ64）。「障害のある女子」については、権利委員会は香港政府がこの条文を無視していることを明示しつつ（パラグラフ57）、女性委員会が障害女性の状況の改善を任務の中に取り入れること、女性委員会に障害女性を入れることを勧告している。さらに、障害女性に対する家庭内暴力を防止し、加害者と責任者すべてを告訴し罰することを要請している（パラグラフ58）。

第2に、障害者の生活を支える条文に関して、総括所見では障害手当の受給要件を改正し、障害者権利条約及び人権モデルを反映する定義とすることが奨励された（パラグラフ54）。「相当な生活水準及び社会的な保障」については、総合社会保障支援の資力調査を個人ベースで行うよう提案している。また、障害手当の認定に関して香港内で統一的な基準を作成するよう勧告している（パラグラフ80）。「労働及び雇用」（27条）については、積極的改善政策、具体的には割当雇用制度の導入が提案され（パラグラフ78）、作業所の賃金を上げるための条例を作ることによって障害者に対する搾取を防止するよう勧告されている（パラグラフ68）。

第3に、最後に、取り組みを監視する仕組みについては、「平等及び無差別」（5条）に関して、平等機会委員会が今までの役割を見直して、より積極的な役割を担うように勧告された（パラグラフ56）。「国内における実施及び監視」（33条）については、リハビリテーション局長の権限を強化すること、障害者及び障害者団体の代表者が積極的に参加する独立した監視の仕組みを設置することが勧告されている（パラグラフ84）。

総括所見後、香港政府はいくつかの改善を行った。香港政府が総括所見を

Observations on the initial report of China, Adopted by the Committee at its eight session (17-28 September 2012), at http://tbinternet.ohchr.org/_layouts/treatybody-external/Download.aspx?symbolno=CRPD%2fC%2fCHN%2fCO%2f1 (as of 30 December 2016). 本章末の資料に所収された城田さち氏による仮訳を参照し適宜変更を加えている。

しっかりと受け止めていることは，行政長官の毎年の施政方針の中で，総括所見で示された課題について言及されていることからも知ることができる。総合所見を踏まえた改善点として以下が挙げられる。「障害のある女子」に関連して，2013年1月に女性委員会構成員として障害女性が任命された[18]。「搾取，暴力及び虐待からの自由」に関連して，2016年11月には，法務長官及び終審法院主席法官の命を受け，「法律改革委員会」が性犯罪に関する法律の検討を行い，知的障害者に対する性暴力に関して，新しい犯罪として認めるべきとの勧告を出した[19]。「定義」に関しては2016年の施政方針演説で，障害手当見直しに関する作業部会による勧告に基づき，障害手当の医学的な診断について改善すると述べられている[20]。「国内における実施及び監視」に関して，2014年にリハビリテーション局長の地位が高級政務主任から首長級丙級政務官（D2）へとワンランク上げられた[21]。こうした取り組みが実を結ぶのはまだ時間がかかるかもしれないが，確実に歩を進めているといえるだろう。

しかし，残された課題は多い。第1に，「国内における実施及び監視」に関して，独立した人権機関の設置について香港政府は消極的である。平等機会委員会による香港政府への勧告[22]に対し，香港の立法機関である立法会会議で政制・内地事務局長が「現在の仕組みが十分に機能しており，既存の仕組みに追加する，または置き換えるために，人権委員会を設置する必要はないと考えている」と述べている[23]。ところで，2015年に拷問等禁止条約について中国

---

(18) Labour and Welfare Bureau2013.01.11, Press Release, at http://www.lwb.gov.hk/eng/press/11012013.htm (as of 30 December 2016).

(19) Law Reform Commission of Hong Kong, 2012, Consultation Paper, at http://www.hkreform.gov.hk/en/publications/sexoffchild.htm (as of 30 December 2016).

(20) Hong Kong Government, 2016, Policy Address, at http://www.policyaddress.gov.hk/2016/eng/p153.html (as of 30 December 2016).

(21) Establishment Subcommittee, 2014, Establishment Subcommittee (Results), at http://www.legco.gov.hk/yr13-14/english/fc/esc/results/esc20140430.htm (as of 30 December 2016).

(22) 「差別条例に関する検討」において，平等機会委員会は自らの権限の強化を差別禁止条例に定めることや人権委員会の設置の検討を勧告している。Equal Opportunities Commission, 2016, Disability Law Review: Submissions to the Government Executive Summary, at http://www.eoc.org.hk/eoc/upload/DLR/2016324141502000459.pdf (as of 30 December 2016).

(23) Legislative Council, 2016.05.11, "Official Record Proceedings", P.8665, at http:

政府報告の審査が行われた。人権機関の設立に関する事前質問項目に対し，香港政府は人権を守る仕組みがすでに機能していると回答した[24]。2016年2月に出された「拷問等禁止条約」総括所見（CAT/C/CHN-HKG/CO/5）[25]では，人権機関について言及されなかった。この総括所見が，人権機関を設置しなくても良いというお墨付きを香港政府に対して与えてはいないだろうか。政制・内地事務局長の発言は総括所見を踏まえた上のものなのかもしれない。今後懸念される材料である。

　第2に，障害者の割当雇用について香港政府は批判的である。政府報告は，「割当雇用制度のもとでは，障害者は負債とみなされ，職場の同僚から受け入れられることが難しくなってしまう」とまで述べている（パラグラフ27.38）。施政方針演説でも割当雇用については一切言及されていない。

　第3に，障害者が生きていくための基盤，つまり命や身体的安全を守る取り組みに関しては，報道を見る限り不十分といわざるを得ない。たとえば，2016年7月，平等機会委員会は開設予定の精神健康総合コミュニティセンターのうち約半数が地域住民の反対で予定地での業務を行うことができていないことを明らかにした[26]。それにより，カウンセリングをファストフード店で行うという通常では考えられないことも起きているという[27]。こうした状況を放置

　　//www.legco.gov.hk/yr15-16/english/counmtg/hansard/cm20160511-translate-e.pdf (as of 30 December 2016).

(24) Legislative Council Panel on Security, The United Nations Committee against Torture's hearing on the third report of the Hong Kong Special Administrative Region under the Convention against Torture and Other Cruel, Inhuman or Degrading Treatment or Punishment, at http://www.legco.gov.hk/yr15-16/english/panels/se-/papers/se20160607cb2-1617-3-e.pdf (as of 30 December 2016).

(25) United Nations, Concluding Observations on the fifth periodic report of China with respect to Hong Kong, China, at http://tbinternet.ohchr.org/_layouts/treatybodyexternal/Download.aspx?symbolno=CAT/C/CHN-HKG/CO/5&Lang=En (as of 30 December 2016).

(26) Equal Opportunities Commission 2016.07.07, The EOC Announces Findings from the Study on the Challenges Encountered in the Siting of Integrated Community Centres for Mental Wellness and other Social Welfare Facilities in Hong Kong.

(27) South China Morning Post 2016.07.08, Counselling in a Fast Food Restaurant? Fear of the Mentally Ill Makes Residents Oppose Building of Permanent Counselling Centres.

しておく限り，精神障害者の自殺のリスクを減らすことはできないだろう。実は，1995 年に障害者差別禁止条例が成立したきっかけのひとつに，1993 年に起きた障害者施設への投石事件がある。20 年以上が経った今でも，障害者対地域住民という構図は変わっていない。

　このことは，目先の課題を解決するという姿勢では，障害者が取り巻かれる状況は改善しないことを意味する。つまり，香港社会そのものを変えていかなければいけない。そのためには，障害者が存在することの価値を伝えていくこと(28)，ひとつとして障害者に対する取り組みが障害のない人の生活の質向上に繋がることを伝えていくことが有益ではないだろうか。たとえば，割当雇用制度についての議論が立法会で行われた際，財界派議員である田北俊は「障害者を職場で頻繁に指導したり援助したりすることは，障害者が実際に会社にもたらすもの以上の時間と労力を必要とする」と述べて，割当雇用に反対している(29)。ここからわかることは，「障害者が実際に会社にもたらすもの」が低く見積もられていることである。障害者がいることにより，職場の物理的アクセシビリティが向上する。だれしも障害を持つ可能性があるのだから，障害のある同僚が働く姿を見ることによって，他の従業員たちは将来の不安を軽減することができる。職場の快適さはそのまま生産性の向上に繋がっていくに違いない。これは単なる思考実験に過ぎないが，こうした実践例を見つけ出し企業に示していくことを香港政府には期待したい。

　ただ，香港の障害者が抱える課題は民主主義の欠如とも関連していることを指摘しておかなければならない。私たちは議会とは直接選挙で選ばれた議員たちから構成されるものだと考えている。しかし，香港の立法府は完全な民主主義体制をとっていない。立法会の現在の 70 議席のうち，直接選挙で選ばれるのは 35 議席のみである。残り 35 議席のうち 5 議席は区議会の代表から，30 議席は特定の職業集団（「職能集団」と呼ばれる）の代表者が選出される。職能集団には，商業界，工業界，金融界などがあり，企業の代表が選ばれやすくなっている。立法会の決定に企業側の意見が反映されやすくなっているとまで

---

(28)　大胡田誠氏の発言から示唆をいただいた。「特集：これからの障害福祉を展望する」ノーマライゼーション 426 号（2017 年）14-27 頁。

(29)　Legislative Council, 2013.11.13, "Official Record Proceedings", p.2755, at http://www.legco.gov.hk/yr13-14/english/counmtg/hansard/cm1113-translate-e.pdf (as of 30 December 2016)。

はいかないが，少なくとも企業側の議員が一定数確保されており，障害者施策を成立させる際の反対勢力となることもある。

倉田徹は，香港では選挙によって民意を議会に反映させる仕組みが不十分であるため，デモや集会が盛んに行われていると述べている[30]。しかし，デモや集会ではない形での，正式に意見を通す仕組みや対話ができる場があってしかるべきである。それがないために困難を抱えるのは障害者である。香港の障害者団体も含めて，香港社会は今後，民主主義の実現に向けて取り組むことが必要であろう。

Ⅳ おわりに

障害者団体はパラレルレポートを通じて，香港政府報告に批判を加えるとともに，報告が言及しなかった点についても課題を示し，提言を行った。総括所見には，パラレルレポートで示されたデータがそのまま引用されていたり，障害者団体による提言が取り上げられたりしており，パラレルレポートの果たした役割の大きさが見て取れる。香港の取り組みから学べることは，現地の人だけが知りうる感覚や情報を実証的に示すことの有効性である。障害者権利条約の実施に責任を持つ行政機関が果たしてどのような位置にあるのか。政府が行っている取り組みの効果を測定したデータはあるのか。政府が示したデータははたして香港の障害者の状況を適切に表しているといえるのか。特に最後の点に関して，実際に制度を利用した人からの意見や障害者に関するニュースを収集し検討を行う作業が有益だろう。これこそが，現地の人のみが知りうる感覚や情報である。その上で，実証的に情報を提示することにより，説得力を増すパラレルレポートとすることができる。

香港は障害者権利条約の理念を着実に実施しているが，人権機関の設置や割当雇用制度の導入，生命や安全を守る仕組みについて課題も残っている。そして，こうした課題を解決するためには健常者が受け容れやすいメッセージを発信することや民主主義という障害者の権利を支える基盤についても着目しなけ

---

(30) 倉田徹「コラム 2：雨傘運動とデモ文化」吉川雅之・倉田徹編著『香港を知るための 60 章』（明石書店，2016 年）71-73 頁。

ればならないことを述べてきた。

　執筆者がこの点を強調するのは理由がある。第1節で述べた学生による香港中心街の占拠行動は，民主主義的な運動であったと評価されている。しかし，デモの原動力のひとつに香港の人々の中の中国政府及び中国本土の人々への不安があった。「香港がチベットのようになるかもしれない」など，執筆者はデモ参加者から中国政府に対する恐怖を聞いた。「私たちが幼いころに見ていた街の風景が，中国本土の人が来たことにより変わってしまった」，といった中国本土の人を批判する言葉も聞いた。

　折しもデモが行われていたのは，平等機会委員会が，「人種差別禁止条例」の対象に中国本土出身者を含めることについてパブリックコメントを求めていた時期であった。当時，街中に貼られていたたくさんのビラの一枚に，人種差別禁止条例の改正により，中国本土から来た人たちが香港人より優遇されるようになると書かれていたものがあった。

　差別禁止のための法制度は誰かを優遇するものではなく，機会の平等を確保するためのものである。香港は着実に差別禁止に関する法制度を整えてきた。しかし，実際のところ，これらの取り組みの理念は人々に伝わっていたのだろうか。障害者の権利を促進する動きは今のところは進んでいるが，それもまた何かのきっかけで失われるのではないか，執筆者はそうした懸念を抱いている。だからこそ，さまざまな人々へメッセージを発信することや民主主義の必要性を述べてきたのである。

　一方，他者への不寛容さを解消するためのヒントもまた，香港社会の中に存在している。2015年12月に開催されたREASE（「社会的障害の経済理論・実証研究」）公開講座「東アジアにおける障害者権利条約実施と市民社会」において，香港の知的障害者当事者団体卓新力量（Chosen Power）のメンバーが権利条約にかかわる取り組みを報告した[31]。彼らは，第2節で取り上げたパラレルレポートを作成する議論に参加したこと，イラスト版パラレルレポートを作成したこと，国連のヒアリングに参加したことなどの経験を語ってくれた。知的障害者は難解な言葉が飛び交う議論についていけなかったり，会議の場で求められる適切な振る舞いをすることができなかったりするため，意思が伝わり

---

(31) 当日の報告資料をREASEのホームページ（http://www.rease.e.u-tokyo.ac.jp/act/160220.html（as of 30 December 2016））から見ることができる。

◇第21章◇ 香　港〔後藤悠里〕

にくく，障害者の間でも脆弱な存在になりうる。そうした点で，障害者権利条約実施にあたっての卓新力量の活動は特筆すべきものだろう。

　同時に，この活動はもうひとつの意義を持っている。異なる立場，異なる意見，異なる意思表明方法を持つ人々が活動に参加し意見を述べることにより，その言葉を受け止めることのできる人々を育成することができる。実際のところ，執筆者も卓新力量メンバーによる報告から，彼らの声を聞くことの大切さを学んだひとりである。2016年，卓新力量のメンバーのひとりがリハビリテーション諮問委員会小委員会の委員として任命された。また，卓新力量の他のメンバーは政府の一作業部会からの招待を受け，わかりやすい資料の作成方法についてレクチャーを行ったとのことである[32]。障害者権利条約の実施の中で卓新力量が行ってきた活動が実を結び，香港政府も彼らの意見を聞くことの必要性を理解し始めたのだろう。

　実は，話されている内容がわからなかったり，発言がうまくできなかったり，その場で求められている適切な振る舞いがわからず戸惑ってしまうことは，社会的に排除されてきた人々にも起こりうる。一人ひとりの意見に耳を傾けることの重要性をより多くの人が知ることにより，意思表明の難しい人々に対する環境が整えられていく。そして，それを受けてさまざまな人々が意見を述べるようにできるようになる。こうした好循環を生み出すことができれば，差別禁止という理念も現実のものとして実現されていくのではないか。

　今後，香港はどの道を進んでいくのだろうか。障害者権利条約の理念を香港社会の中に根付かせていく中で，香港社会そのものがより良いものとなっていくことを期待したい。ひるがえって，香港の置かれた状況を通して，私たちは当たり前のものと考えている民主主義の大切さを知ることができる。他者への非寛容な態度は今日の日本社会でも現れてきている。2016年に発生した相模原事件はその一例である。こうした流れにどう抗うのか。民主主義の大切さを教えてくれる香港の経験から私たちが学べることは多くある。

　［謝辞］本研究はJSPS科研費12J10011（研究課題名「東アジアの障害者差別禁止法をめぐる障害者運動の比較研究──『われわれ』論・再考」）の助成を受けて実施されたものである。
　本稿を執筆するにあたって，2016年に開催されたREASE公開講座「東アジア

---

(32)　馮慧瑛氏からの情報提供による。

における障害者権利条約実施と市民社会」における周徳雄氏及び陳俊傑氏（卓新力量）の報告を参考にさせていただいた。また，卓新力量の支援者である馮慧瑛氏に多大な協力をいただいた。山内星子氏（名古屋大学学生相談総合センター）には論文執筆に当たっての助言をいただいた。この場を借りてお礼申し上げる。

〈資料〉香港への総括所見（CRPD/C/CHN/CO/1）

城田さち 訳

Ⅰ．積極的側面

51. 委員会は，障害手当金等，香港特別行政区が障害者への積極的優遇措置を導入したことを評価する。
52. 委員会は，「特別な教育ニーズ」のある生徒1人ごとに，学校が特定の金額を受け取れる学習支援助成金の付与を歓迎する。

Ⅱ．主要な懸念分野と勧告

A．一般原則と一般的義務（1条-4条）

53. 委員会は，障害手当金のスキームにおける時代遅れの適格基準，及び法律の各所と政府の部局において，障害についての様々な定義が統一されていないことを遺憾とする。
54. 委員会は香港特別行政区に対して，不適切な適格基準を改正し，障害者権利条約の1条及び人権モデルを充分反映した障害者の定義を採用することを奨励する。

B．個別の権利（5条-30条）

平等及び無差別（5条）

55. 委員会は，障害差別禁止条例の監視と実施に責任を持つ機会均等委員会の役割が，かなり消極的なことを懸念する。
56. 委員会は，機会均等委員会が自らの役割を見直し，特に不服申し立て案件を扱う際，より積極的な役割を担うよう勧告する。

障害のある女子（6条）

57. 委員会は，障害のある女子が直面している差別や，障害者権利条約を促進するにあたり6条を無視するなど，差別発生を低減するための香港特別行政区政府の行動不足を懸念する。委員会は，障害のある女子に対するドメスティック・バイオレンスが繰り返し発生することも不安に感じる。
58. 委員会は，香港特別行政区の女性に関する委員会が，障害のある女子の生活状況の改善を委員会の任務に統合し，委員会に障害のある女性の代表を含めるよう勧告する。また，委員会は香港特別行政区に，障害のある女子が男性との平等

を基礎として自分達の権利を享受できることを保証するために，障害者権利条約6条についての意識を向上させることを求める。さらに，委員会は香港特別行政区に対し，障害のある女子へのドメスティック・バイオレンスを予防し，加害者と責任ある者すべてを起訴し罰することを要請する。

障害のある児童（7条）

59. 香港特別行政区が提供する評価と早期教育サービスを称賛する一方，委員会は，提供されているサービスが圧倒的な需要に見合うには不十分なことを懸念する。

60. 委員会は香港特別行政区に対して，障害のある児童が最大限の可能性まで発達できることを保証するために，彼らに提供しているサービスにもっと資源を配分するよう勧告する。

施設及びサービス等の利用の容易さ（9条）

61. 香港特別行政区が近年政府の建物，娯楽と文化的施設，公共住宅のバリアフリーアクセスを改善したことを留意するものの，委員会は障害者がいまだに利用しやすさにおいて困難に直面していることを懸念する。委員会は特に，「設計マニュアル―バリアフリーアクセス」に書かれている建物の基準が遡及的に適用されず，政府もしくは住宅局が管理する建物には適用されないことを特に遺憾に思う。委員会は，建物の利用しやすさを評価する監視の仕組みが不十分であり，それにより障害者が地域で自立した生活を送る能力が制限されていると懸念する。

62. 委員会は香港特別行政区に対し，「設計マニュアル―バリアフリーアクセス」の見直しを継続し，政府もしくは住宅局が管理する建物にも遡及的にこれらの基準を適用することを奨励する。委員会は，香港特別行政区が利用しやすさの監視プロセスを強化するよう勧告する。

生命に対する権利（10条）

63. 委員会は，知的もしくは精神障害者の自殺リスクが高まったことを懸念する（香港特別行政区の全自殺率の35％）。

64. 委員会は香港特別行政区に対して，これらの人々へ自由な同意及びインフォームドコンセントに基づく，必要な心理的治療とカウンセリングを提供することを要請する。委員会は彼らの自殺リスクを定期的に評価するよう勧告する。

搾取，暴力及び虐待からの自由（16条）

65. 委員会は,知的障害のある女子が性的暴力の対象になっている事件を懸念する。

66. 委員会は,香港特別行政区がこれらの事件の捜査を続け,加害者と責任を負うすべての者を起訴することを提案する。また委員会は,知的障害のある児童と青年期の若者に性教育を提供し,法執行官に障害のある女子への暴力を扱うための研修を受けさせることを勧告する。

67. さらに委員会は,シェルターワークショップは条約を実施する上で良い方法とは考えないが,シェルターワークショップにおける障害者の日当が低すぎ,搾取に近いと理解する。

68. 委員会は香港特別行政区に対して,搾取を予防するために,シェルターワークショップの障害者の日当を上げる法律を制定することを勧告する。

自立した生活及び地域社会への包容（19条）

69. 委員会は,賃貸可能な住宅の不足を懸念する。また,障害者が自分達の地域社会において家で暮らす能力を強化し,社会に統合されることを目的としている地区支援センターの施設が不足していることも憂慮する。

70. 委員会は香港特別行政区に対して,住居の自由な選択を事実上可能にすることを保証するために,賃貸可能な主流の住宅をより多く設置するためにさらに財源を配分し,利用しやすい住居施設の設立を促進する政策を強化することを提案する。委員会は香港特別行政区に,障害者が地域社会で生活することができるように,地区支援センターが必要な資金と施設を受けられることを保障するよう要請する。

表現及び意見の自由並びに情報の利用の機会（21条）

71. 委員会は,香港特別行政区が手話の重要性を公式に認めることが不足しているため,聴覚障害のある人が情報を利用することが困難な状況であることを留意する。委員会は,手話通訳者への研修不足及び手話通訳者が提供するサービスの不足を懸念する。

72. 委員会は香港特別行政区に,手話通訳者への研修及び手話通訳者が提供するサービスを増やすよう勧告する。また,香港特別行政区はそうした通訳者の公的な試験と評価を認めるべきである。

教　育（24条）

73. 障害のある生徒達が普通学校で勉強することを支援する統合教育計画を称賛する一方,委員会はその実施について懸念する。委員会は,教員対生徒の割合が高すぎ,また特別な教育のニーズについて教員への研修が不十分だ

と憂慮する。さらに委員会は，一貫した教育政策が不足していることから，障害のある学生の数が高等教育において少ないことを不安に感じる。

74. 委員会は，統合教育計画の有効性を見直し，教員対生徒の割合，そして特別な教育のニーズと合理的配慮についての教員への研修を改善するよう勧告する。委員会は香港特別行政区に，高等教育における利用の容易さを確保するために，充分な資源を提供することを強く促す。

健　康（25条）

75. 委員会は，公的医療サービスへの需要が供給より高いという事実を不安に感じる。また委員会は，多くの保険会社が障害者の申込みを拒否しており，そのため障害者が医療費を払えなくなっているという事実を懸念する。
76. 委員会は香港特別行政区に，公的医療サービスにもっと人的及び財政的資源を配分し，保険会社の協力を調整するよう提案する。

労働及び雇用（27条）

77. 委員会は，香港特別行政区において障害者の失業率が高く，障害者の平均給料が障害のない人よりはるかに低いことを懸念する。委員会は障害のある公務員の数が少ないことも不安に感じる。
78. 委員会は香港特別行政区に，障害者の雇用を促進するために積極的優遇措置をとり，特に公務員において障害者の雇用を優先化するよう勧告する。

相当な生活水準及び社会的な保障（28条）

79. 委員会は，包括的社会保障支援を受給するための申請と資格の評価が家族を基準としていることを懸念する。さらに，委員会は障害手当金の承認に，医師によって異なる基準が採用されていることも憂慮する。
80. 委員会は香港特別行政区に，包括的社会保障支援を受給する資格を決定するために，家族でなく個人を基準とした評価に変えるよう提案する。また委員会は，香港特別行政区に，障害手当金の承認に普遍的な基準を導入するよう勧告する。

政治的及び公的活動への参加（29条）

81. 委員会は，公職についている障害者の数が少ないこと，及び障害のある有権者にとっていくつかの投票所が利用しやすくないことを懸念する。
82. 委員会は香港特別行政区に，積極的格差是正措置を通じて障害者が政治に積極的に参加することを強化し，すべての投票所において利用が容易であることを確保することを強く促す。

C．特定の義務（31条-33条）

国内における実施及び監視（33条）

83. 委員会は，中央連絡先であるリハビリテーション局長の地位が低いこと，及び33条2に準ずる独立した監視の仕組みが不足していることを憂慮する。

84. 委員会は香港特別行政区に，リハビリテーション局長の権威を強化し，障害者と彼らを代表する団体が積極的に参加する，独立した監視の仕組みを設立するよう勧告する。

◇第22章◇ 韓　国〔崔　栄繁〕

第22章

韓　国

崔　栄繁

● ● ● Ⅰ　はじめに ● ● ●

　障害者権利条約に関する韓国の動きを振り返る。国連における障害者権利条約の策定交渉は，2002年から2006年まで国連総会のもとに設置された特別委員会（Ad hoc Committee of the General Assembly）（以下，特別委員会）で行われた。計8回開かれた特別委員会に韓国の政府や市民社会組織は積極的に参加し，障害女性条項の6条や19条（自立生活条項）等の設置に大きく貢献した。2006年12月，障害者権利条約が国連総会で採択された。韓国では2008年6月に条約批准政府案が国会に提出され，同年12月11日に批准書を国連に寄託し締約国となった。国内発効は2009年1月10日である。ただし，批准するにあたり，健康の権利を規定する25条（e）について，生命保険加入に関する同国商法732条（15才未満者等に対する契約の禁止）と抵触するため留保した。そして，報告書提出義務を規定する35条に基づき，2011年6月27日付で韓国政府は「包括的な最初の（政府）報告」（Initial Report）（以下，政府報告書）[1]を障害者権利委員会に提出している。これを受けて2014年4月，障害者権利委員会において事前作業部会（Pre-Sessional Working Group）が開催され，5月12日付で事前質問事項（List of Issues）が韓国政府に送付された。その翌月の6月27日，韓国政府は事前質問事項への回答を行っている[2]。この過程で，政府報

---

(1) United Nations CRPD/C/KOR/1 "Implementation of the Convention on the Rights of Persons with Disabilities Initial reports submitted by States parties under article 35 of the Convention Republic of Korea"

告書に対し，NGO や韓国国家人権委員会（National Human Rights Commission of Korea）（以下，国家人権委員会）からパラレルレポートや意見が障害者権利委員会に提出されている。そして同年9月15日から10月3日にかけて，障害者権利委員会第12セッションがスイスのジュネーブで開催され，9月17日から18日にかけて韓国政府に対する審査（建設的対話（Constructive Dialogue），以下，審査）が行われた[3]。そして10月3日に総括所見（Concluding observations on initial report of the Republic of Korea）が障害者権利委員会より発表されている[4]。総括所見については本書で日本語訳を掲載しているので参照されたい（本書484頁以下）。

本稿では，政府報告書の内容と NGO の動き，障害者権利委員会の審査，総括所見の内容といくつかの総括所見後の動きについて紹介する。これと関連して平成26年度の内閣府の「障害者の権利に関する条約の包括的な最初の報告の検討プロセスに関する国際調査」の委員として筆者は韓国を担当し，報告書を作成している[5]。

韓国の法制度は日本の法制度との類似点も多く，障害分野も例外ではない。日本政府は2016年6月に最初の政府報告書を障害者権利委員会に提出しており，2020年ごろに障害者権利委員会の審査が予定されている。韓国政府への総括所見の内容とその後の動きを把握することは，日本の障害者施策の進むべき方向性を指し示すものとなるという点で大きな意義がある。

本論からそれるが，韓国は筆者の祖父母の国であり留学経験もした。障害者

---

(2) United Nations CRPD/C/KOR/Q/1/Add.1 "List of issues in relation to the initial report of the Republic of Korea"

(3) 筆者は日本障害フォーラム（JDF）のメンバーとして障害者権利委員会の韓国政府報告書の審査を傍聴する機会を得た。傍聴活動での報告として，2014年10月14日に東京にある参議院議員会館で報告集会を開催した。JDF（http://www.normanet.ne.jp/~jdf/seminar/20141014/index.html（as of 11 September 2018））のウェブサイトを参照。

(4) 韓国の障害者権利委員会に対して提出された政府報告書や NGO や国家人権委員会のレポート等については障害者権利委員会のウェブサイト：（https://tbinternet.ohchr.org/_layouts/TreatyBodyExternal/Countries.aspx?CountryCode=KOR&Lang=EN（as of 11 September 2018））を参照。本稿において政府や NGO などのレポートの提出日，障害者権利委員会の事前質問事項や総括所見の日付は同ウェブサイトの記載に基づく。

(5) 内閣府のウェブサイト（http://www8.cao.go.jp/shougai/suishin/tyosa/h26kokusai/index.html（as of 9 September 2018））参照。

◇第 22 章◇ 韓　国〔崔　栄繁〕

との出会いは筆者が所属する DPI 日本会議（Japan National Assembly of Disabled Peoples' International）(6)の世界組織である DPI が原則 4 年に一度開催する世界会議を 2002 年に日本の札幌で開催したことがきっかけである。以降，日韓両国の DPI での交流や特別委員会において市民社会組織のメンバーや政府関係者などと情報交換や交流を重ねることができた。特別委員会では，日本政府が提案した現行条文上の 13 条「司法手続きの利用の機会」（Access to Justice）について，韓国政府代表団に支持を取り付けるための交渉をしたり，両国の市民社会組織で交流を重ねたりしたことが思い出される。また，この条約交渉とほぼ同時期に韓国国内では障害者団体が障害者差別禁止法制定運動を強力に行っており，それらの団体とも交流を重ね，日本における障害者差別禁止法制定のために様々な協力を得たりもした。こうした経緯もあり，現在 DPI のスタッフとしての韓国との交流の他，（独立行政法人）日本貿易振興機構・アジア経済研究所の研究会のメンバーとして，韓国の障害者に関連する法制度について調査研究を 10 年ほど行っている(7)。

II　政府報告とパラレルレポートそして審査の過程

1　政府報告の概要

2011 年 6 月に障害者権利委員会に提出された政府報告は，本編としてイントロダクション（パラグラフ 1 から 8）と障害者権利条約 1 条から 33 条まで条文ごとに 169 のパラグラフと資料編として 80 の表などのデータで構成されている。多くの国とそれと同様に韓国の政府報告も施策や制度の紹介や解説にほぼすべてが費やされている印象を受ける。法制度の紹介や解説ももちろん大切

---

(6) DPI 日本会議についてはホームページ（http://dpi-japan.org/（as of 13 September 2018））を参照。

(7) ジェトロ・アジア経済研究所の研究における筆者の成果として「韓国の障害者法制――障害者差別禁止法を中心に」小林昌之編『アジア諸国の障害者法――法的権利の確立と課題（アジア経済研究所研究双書 No.585）』（アジア経済研究所，2010 年），「韓国の障害者教育法制度と実態」小林昌之編『アジア諸国の障害者教育――インクルーシブ教育への課題（アジ研選書）』（アジア経済研究所，2014 年），「韓国の女性障害者――実態と法制度」小林昌之編『アジア諸国の女性障害者と複合差別――人権擁立の観点から（アジア経済研究所研究双書 No.629）』（アジア経済研究所，2017 年）等。

だが，日常生活，社会生活上の現状の問題点や課題についてはほぼ触れていない。

イントロダクションの部分では，障害者政策発展5か年計画の実施，障害者差別禁止法の制定や重度障害者の地域生活を支えるための介助派遣制度の創設など障害者施策の歴史や障害者関連の法制度の概要を述べている。また，パラグラフ8では当該政府報告の起草にあたっては，特定の障害者団体からの助言を受けて草案を作成し，公聴会や意見の聴取などを経て障害者政策調整委員会の承認を経て作成された，と障害当事者参画のもとで作成されたと述べている。

本編の部分も法制度の紹介や説明などが主であり，条約の国内実施をきちんと行っているという姿勢が見て取れる。たとえば5条（無差別平等）（パラグラフ29から32）では「障害者差別禁止及び権利救済に関する法律」（以下，障害者差別禁止法）により差別が様々な分野で禁止されていることや，「障害者雇用促進及び職業リハビリテーション法」などによる積極的差別是正措置をとっていること，差別案件については国家人権委員会に申し立てができ，国家人権委員会は障害者差別に関して計30回の勧告を行ったことや，2008年4月から2010年9月末まで国家人権委員会が受理した障害者差別事例の数は計2,938件で，そのうち2,035件が処理された，と記載されている。12条（法的能力）（パラグラフ56から59）は特に成年後見制度に代表される代替意思決定に関する条項であり，障害者権利委員会と締約国の解釈に違いが出ている部分である。政府報告書を提出した2011年時点では韓国は成年後見制度を導入しておらず，禁治産・準禁治産制度を成年後見制度に変えるための民法改正を準備していたため，「禁治産者のすべての法律行為は取り消すことができる禁治産制度を，日常生活の買い物や家庭裁判所で定める法律行為を行うことができる成年後見制度に変える」としていた。そして成年後見制度導入が始まっていた2014年6月に障害者権利委員会に出された事前質問事項への回答では，成年後見制度は障害者の残存能力を可能な限り最大限尊重し，彼らが保護者の援助とともに自身で決定できるように障害者の法的能力の制限を最小限にすることを目的としている，として，障害者の意思を尊重する成年後見制度は一律に障害者の法的能力を制限する既存の無能力者（禁治産者），及び制限行為能力者（準禁治産者）制度とは異なり（パラグラフ49），成年後見制度は本人の意思を聞くことを規定しているため民法が精神障害者の残存能力や個人の意思を尊重し，代理意思決定を支援された意思決定に置き換えたと述べている（パラグラフ51）。既

◇第22章◇ 韓　国〔崔　栄繁〕

存の制度の解説や説明を行い条約の解釈や実施の面で正当化するこという政府の立場が見て取れる。

これは，障害女性の複合的な差別について規定する6条，虐待を禁止する16条，入所施設や病院での生活が問題となる19条やインクルーシブ教育の権利を定めた24条，雇用労働分野を定めた27条など，他の条文についての政府報告の内容も同様である。

こうした政府報告に対して，その作成の過程と内容とについて障害者団体や関連団体から批判がされている。実態を反映していない内容であるといったことや，障害当事者の参画について特定の団体のみを形式的に参画させ公聴会も形式的なものであるとの批判がなされている(8)。

2　NGOのパラレルレポートと国家人権委員会の動き　● ● ●

(1) NGOのレポート──「NGO報告書連帯」のレポートの作成の経緯

障害者権利委員会に対して，韓国政府以外に事前質問事項作成のためのレポートが2つの組織から，審査に対するパラレルレポートが6つの組織から提出されている。事前質問事項作成に対しては，「障害者権利条約NGO報告書連帯」（以下，NGO報告書連帯）と国家人権委員会からレポートが提出されており，審査に対してはこの2つの組織以外に4つのNGOからレポートが出された。

国家人権委員会の動きは後述することとし，NGOのパラレルレポートについて先にふれる。上述の計5つのレポートNGOのレポートの中で，本稿では主要な障害者団体を網羅し包括的なパラレルレポートを作成したNGO報告書連帯の動きを中心に紹介することとする。

NGO報告書連帯は，多様な団体による包括的なパラレルレポートの作成のためのネットワークとして，国連の人権条約関係の活動をしている国連人権政策センター（以下，KOCUN）を事務局団体（幹事団体）とし2013年4月に設立された。上述の通り2014年3月と同年7月に障害者権利委員会にレポートを提出した。そして総括所見が2014年10月3日にとりまとめられたことにより，NGO報告書連帯は当初目的としていた活動が終了したことで2015年1月に解散した。パラレルレポート作成と障害者権利委員会等でのロビー活動に

---

(8) 例えば主要な障害者団体の一つである「障碍友権益問題研究所」の機関誌「共に歩む」（함께 걸음）の以下，インターネット掲載記事（http://www.cowalknews.co.kr/news/articleView.html?idxno=10618（as of 10 September 2018））参照。

469

よって総括所見へ意見を反映させることが目的の時限的なネットワークであったためである。韓国障害者団体総連合会，韓国障害者団体総連盟，韓国 DPI など主要な障害者団体の他に，子どもの権利活動を行っている NGO であるセーブザチルドレンなど近接の人権分野の団体，障害法研究会といった弁護士などの司法関係者や研究者の団体を含め，27 の参加団体と 5 つの後援団体から構成されており参加団体の分野の幅の広さが特徴である。運営委員長は KOCUN の理事であり国連社会権規約委員会委員でもあるシン・ヘス氏が務めた。NGO 報告書連帯の最終意思決定機関は 27 の団体の代表による「代表者会議」である(9)。

　NGO 報告書連帯は 2014 年 7 月中旬にパラレルレポートを提出しているが，パラレルレポート提出に先立って 2014 年 4 月に開催された事前質問事項策定のための事前作業部会に合わせて，3 月に「事前質問事項対応レポート」を権利委員会に提出している(10)。この事前質問事項対応レポートをもとにしてできたのが同年 7 月に提出したパラレルレポートである(11)。パラレルレポートの内容は，6 つの分野のワーキンググループで意見をまとめ，代表者会議で承認を得るという方法で意見を集約してきた。上述の法律専門家の団体である障害法研究会のメンバーが 6 つのワーキンググループに参加し，法律の専門家と意見を交換しながらレポートを作成してきたことは，レポートの質を高める大きな役割を果たしたと思われる。余談であるが障害法研究会の創設メンバーで筆者の知人である金美延（キム・ミヨン）氏が，2018 年の障害者権利条約締約

---

(9) NGO 報告書連帯の組織や活動の詳細は，유엔장애인권리협약 NGO 보고서연대（国連障害者権利条約 NGO 報告書連帯）『유엔장애인권리협약 NGO 보고서연대활동백서（国連障害者権利条約 NGO 報告書連帯活動白書）』(2015 年)。

(10) 英文は "SUBMISSION FOR THE LOIS ON THE INITIAL REPORT BY THE REPUBLIC OF KOREA"。障害者権利委員会のホームページ（https://tbinternet.ohchr.org/_layouts/TreatyBodyExternal/Countries.aspx?CountryCode=KOR&Lang=EN (as of 11 September 2018)）参照。

(11) 英文は "Parallel Report for the UN Committee on the Rights of Persons with Disabilities Submitted by Korean DPO and NGO Coalition for UN CRPD Parallel Report"。障害者権利委員会のホームページ（https://tbinternet.ohchr.org/_layouts/TreatyBody-External/Countries.aspx?CountryCode=KOR&Lang=EN (as of 11 September 2018)）参照。韓国語は，엔장애인권리협약 NGO 보고서연대（国連障害者権利条約 NGO 報告書連帯）・前掲注(9) 74-125 頁。

◇第22章◇　韓　国〔崔　栄繁〕

国会議において新たに障害者権利委員会委員に選出された[12]。

(2) NGO報告書連帯のレポートの主な内容

　NGO報告書連帯のパラレルレポートの内容を概観する。レポートは本編と資料編で構成され，本編は障害者権利条約1，2条から33条まで現状や課題を述べている92のパラグラフと，条文ごとの勧告，事例で構成されており，資料編は21の資料や説明文となっている。NGOのレポートの役割としては当然ではあるが，総じて政府報告は批判的であり大きな隔たりがある。

　例えば5条に関して，政府報告は上述の通り障害者差別禁止法とその実効性について法制度の説明と統計を載せている。一方でNGO報告書連帯のパラレルレポートでは，課題として，判例を事例として挙げながら障害者差別禁止法の実効性と司法の問題（パラグラフ7），障害差別的な法律上の条文（障害に係る欠格条項）の問題（パラグラフ8）などを挙げている。国家人権委員会の独立性や職務遂行の能力が疑問視され，2013年には障害差別案件は7193件申し立てがあり，そのうち3413件が却下され2741件が棄却されたと述べている。また都市間バスにノンステップバスがないとし，移動権の侵害により損害賠償を求めた障害者が敗訴した2013年7月15日のソウル中央地方裁判所の判例をあげ，裁判所の条約の理解と認識が足りず，差別に関する申立てについて消極的な解釈や決定を行ったと結論付けている。政府報告とは対照的な書きぶりである。そして勧告として，①韓国政府は実効性ある差別是正と救済の対案を作り，その中には国家人権委員会の役割の強化を含む多様な法的制度を備えること，②法律条文に障害差別規定，差別的慣行に諸般の措置をとること，としている。

　ほかの条項においても，12条では成年後見制度の廃止を勧告し，障害のみを理由とした自由の剥奪を禁じる14条では保護者や地方自治体の長などによる非自発的入院制度の廃止と精神障害者が地域社会で生活することができるよう保障することなどを勧告している。14条でも非自発的入院と人権侵害の事例が示されている。地域での自立生活とインクルージョンの権利を定めている19条では，障害の種別に関係なく必要な障害者に対して地域で生活できるようにパーソナル・アシスタンスなどの介助サービスを保障することや，増加する入所施設や入所者の問題について地域にインクルージョンのための自立生活

---

[12]　障害者権利委員会のウェブサイト（https://www.ohchr.org/EN/HRBodies/CRPD/Pages/Elections2018.aspx（as of 12 September 2018））参照。

政策を推進することと住宅や医療支援などの中長期計画を立案することを勧告している。教育条項である 24 条については，インクルーシブ教育の制度があるにもかかわらず個別化教育計画が形式的であり合理的配慮の提供も不十分であること，普通学校の中でも一般学級で学習している障害児が少ないことなどや重度の障害児は普通学校から特殊学校へ移る例などを挙げ，勧告として，障害のない人と同等の正規教育と生涯教育を保障することや，実質的で完全なインクルーシブ教育の実行のために障害種別と特性を考慮したオーダーメイド型の個別化教育計画とこれをもとにした評価の仕組みなどを備える教育課程を作り，教育権の保障のためのアクセシビリティを確保し合理的配慮の提供を行うことができるよう措置をとることとしている。

(3) 国家人権委員会の動き

国家人権委員会は，国内人権機関の在り方を定めた「国家機構の地位に関する原則」（国連決議 48 ／ 134。いわゆるパリ原則）に基づく人権機関であり，立法，司法，行政から独立した国家機関である[13]。韓国が批准した国際人権条約の実施状況を監視する役割を持ち，さらに障害分野については障害者差別禁止法の救済機関としての役割を持つため，国家人権委員会の動きを確認することは重要である[14]。

国家人権委員会は，2014 年 3 月と同年 8 月の 2 回，障害者権利委員会にレポートを提出した。1 回目のレポートは，2013 年 10 月に障害者権利委員会の事務局を担当する国連人権高等弁務官事務所（The Office of the High Commissioner for Human Rights （OHCHR））からの要請をうけて，障害者権利委員会の事前質問事項作成のための作業部会に向けて作成されたものである[15]。正式には「韓国における障害者権利条約の履行に関する情報」という名称であ

---

[13] 国家人権委員会の設置法たる国家人権委員会法の邦訳は，日本弁護士連合会人権擁護委員会「韓国における障害者差別禁止法視察報告」（2012 年）の資料編所収の崔栄繁仮訳を参照。以下，日本弁護士連合会ウェブサイト，at https://www.nichibenren.or.jp/library/ja/opinion/report/data/2012/opinion_120118_2.pdf（as of 8 September 2018）。

[14] 障害者差別禁止法と国家人権委員会については崔・前掲注(7)「韓国の障害者法制——障害者差別禁止法を中心に」32-34 頁。

[15] 内閣府「平成 26 年度障害者の権利に関する条約の包括的な最初の報告の検討プロセスに関する国際調査報告書」（4 - 3 各主体の検討プロセスへの対応）のウェブサイト（http://www8.cao.go.jp/shougai/suishin/tyosa/h26kokusai/h4_04_03.html（as of 11 September 2018））参照。

る⁽¹⁶⁾。また 2 回目のレポートは事前質問事項に対する政府回答がなされた後に「障害者権利条約の最初の政府報告に対する意見」（以下,「政府報告書への意見」）というタイトルで，障害者権利委員会第 12 会期の審査に合わせ 1 回目のレポートを補強し提出されたものである⁽¹⁷⁾。

「政府報告への意見」は主要な条文ごとに現状と課題と勧告に整理している。政府に対して NGO のレポートに比べれば批判的な調子は強くはないものの厳しい内容となっている。主な条項を簡単に紹介する。

差別禁止や救済において重要な条項である 5 条については，上記の NGO 報告書連帯ではかなりの分量の内容を備えているが，「政府報告への意見」は触れていない。自らの組織に関係することであるためなのか，理由は不明である。

法的能力に関する 12 条では，現状と課題で 290 以上の法律に後見制度を理由とした資格や雇用を否定する等の条項が含まれており，これは後見制度の立法趣旨を損なう問題であると述べ，勧告では，成年後見制度は障害者が自分で意思決定を行えるように運営されるべきであり，障害者を無能者として一方的に不適格とする既存の法的規定を廃止し成年後見制度の趣旨に合致する代替法を制定すべきである，としている。

19 条は，介助サービスと脱施設という 2 つの項目に分けて，現状と課題，勧告を記載している。介助サービスの部分では，2011 年の日本の厚生労働省に当たる保健福祉部の調査を引用し，生活支援が必要な障害者の中で 29%だけがサービスを受けることができるという例を挙げ，勧告において，現行制度上でサービスの対象者の資格を緩和し，サービスの認定方法について機能障害と活動に対するニーズへの必要性を勘案すべき，としている。脱施設に関しては，2012 年の国家人権委員会の調査結果を述べ地域生活に必要なサービス内

---

(16) "Information on the Implementation of the Convention on the Rights of Persons with Disabilities in the Republic of Korea"（NATIONAL HUMAN RIGHTS COMMISSION OF KOREA SUBMISSION TO THE UN COMMITTEE ON THE RIGHTSOF PERSONS WITH DISABILITIES 7MARCH 2014）。障害者権利委員会のウェブサイト（https://tbinternet.ohchr.org/_layouts/treatybodyexternal/Download.aspx?symbolno=INT%2fCRPD%2fIFN%2fKOR%2f16817&Lang=en (as of 8 September 2018)）を参照。

(17) "Opinions on the first National Report of Korea on the Convention on the Rights of Persons with Disabilities"（July 28, 2014）。障害者権利委員会のウェブサイト（https://tbinternet.ohchr.org/_layouts/treatybodyexternal/Download.aspx?symbolno=INT%2fCRPD%2fIFN%2fKOR%2f18083&Lang=en (as of 11 September 2018)）を参照。

容等を提示し，あるいは保健福祉部の調査も引用しながら住宅政策の改善の必要性を現状と課題で述べ，勧告で，地域移行における最初の段階で必要となる代替の住居や雇用支援を提供することや，障害の特徴を反映した住宅基準を導入し住宅提供する必要性などを述べている。

24条の教育条項では，障害者差別禁止法での教育分野の申し立ての内容について「授業や試験中に合理的配慮がない」（16.3％），「拒否（15.5％）」，「施設の利用が制限されている」（11.1％），「授業（9.0％）」，「障害学生のいじめ（4.6％）」などを現状と課題の例として挙げ，障害の種別と程度を考慮した教室や試験での提供合理的配慮の提供や，インクルーシブな教育環境における障害者の教育ニーズを満たす合理的配慮の提供を継続的に管理・監督体制の整備などを勧告として述べている。

3　審査の過程

上述の通り，韓国の審査においては，韓国政府，多数のNGO，国家人権委員会から多くのレポートが提出されていることもあり9月17日から18日にかけて行われた審査には，多数の韓国政府やNGO関係者が参加した。

まず，韓国政府の動きであるが，審査前後の期間で障害者権利委員会と委員と非公式に意見交換を行う，といったことは誤解を招くということでしなかったようである。審査時の政府代表団は26名であり，特筆すべきこととして各関連省庁の政府関係者のほか最高裁判所の判事も2名含まれている。政府代表団は総勢26名である。団長は駐ジュネーブ国連代表部大使，副団長は保健福祉部障害者政策局長が担った。さらに政府代表団とは別途，国家人権委員会から2名，国会議員1名が参加している[18]。

次にNGO報告書連帯である。同連帯は包括的かつ詳細な内容のパラレルレポート提出以外にも，審査期間中の障害者権利委員会委員に対するロビー活動も大変熱心に取り組んでいた。実に48名もの代表団を構成し，ジュネーブに乗り込んだのである。筆者もその場に居合わせており大きな刺激を受けた。また，NGO報告書連帯は審査期間中のロビー活動だけでなく，その事前の活動も活発に行っていた。障害関係のNGOの国際ネットワーク組織である国際障害同盟（International Disability Alliance）から人を招いて効果的なパラレルレ

---

(18)　内閣府・前掲注(15)（4-3各主体の検討プロセスへの対応）のウェブサイト（http://www8.cao.go.jp/shougai/suishin/tyosa/h26kokusai/h4_04_03.html（as of 11 September 2018））を参照。

◇第 22 章◇ 韓　国〔崔　栄繁〕

ポート作成のワークショップを開催し，あるいは，韓国を担当することになった障害者権利委員会の委員であるタイのモンティアン・ブンタン氏などを韓国に招請するなど，審査の事前の活動も体系的に行っている（障害者権利条約 NGO 報告書連帯（2015, 37-73 頁））。

　国家人権委員会は，国連人権高等弁務官からの要請を受け独自のレポートを提出した以外にも，障害者権利委員会の非公式な会合も含め積極的に参加し，国連人権高等弁務官事務所とも活発な意見交換を行った。障害者権利委員会からは様々なフィードバックや助言が提供され例えば上述の審査時の政府代表団の構成についての助言も含まれていた[19]。

III　総括所見

　総括所見は「肯定的側面」と「懸念事項・勧告」に整理されている。これはどの国に対する総括所見と同様である。肯定的側面では，2012 年 8 月 5 日に採択された障害児童福祉支援法の制定等の立法上の措置が取られたことや，障害者差別禁止法の存在，障害者政策の総合計画の発展に注目していることなどのほか，国家人権委員会の一連の審査のプロセスへの参画について歓迎している。焦点となるのは「懸念事項と勧告」である。

　「懸念事項と勧告」は A, B, C の 3 つの部分に分かれている。まず，「A．一般原則と一般的義務（General principles and obligations（権利条約 1 条〜 4 条））」では，障害者福祉法の障害の定義が医学モデルを採用していることに憂慮し，韓国政府がこうした障害者福祉法を検討し，これを本条約が擁護している障害に対する人権モデルと調和させることや福祉サービス提供方法である障害者福祉法の障害の審査や等級判定制度を見直し，障害者の性質や状況，ニーズを反映することと，福祉サービス，パーソナル・アシスタンス制度が精神障害者等を含む全ての障害者に拡大されることを確保することを勧告している。さらに障害者権利委員会に対して条件を備えれば個人通報を認める障害者権利条約選択議定書の批准を強く推奨している。

---

(19)　内閣府・前掲注⒂（4-3 各主体の検討プロセスへの対応）のウェブサイト（http://www8.cao.go.jp/shougai/suishin/tyosa/h26kokusai/h4_04_03.html（as of 11 September 2018））を参照。

次に「B. 特定の権利（Specific rights（同5条～30条））」での主な条項を見ることとする。

5条では，障害者差別禁止法の実効性について効果的に履行されていない点や救済の申し立ての大部分が解決されていない点を憂慮し，国家人権委員会の人的資源と独立性の増強・強化と訴訟における問題解決にアクセスできるようにするため，訴訟費用を減免し，障害者差別禁止法における法務大臣の是正命令の要件を緩めることを勧告している。

障害女性に関する6条では，障害者に関する法律と政策に性差別に関する内容が含まれていないことや，家庭内暴力や障害女性の保護施設の内外で障害女性に対する暴力を防止するための十分な措置が準備されていないこと等を憂慮し，ジェンダーの視点を障害法政策にメインストリーム化することと，障害女性に特化した政策の開発を勧告している。障害女性の選択とニーズによる効果的な生涯教育や，障害女性の妊娠中や出産への支援の拡大も勧告した。

成年後見制度が問題となる12条については，2013年から施行された成年後見制度において，後見人が「疾病，障害または老齢による心理的制約のために，業務を持続鉄器に管理することができない」人の財産・身上に対して意思決定を許容している点に憂慮を表明し，これらが条約12条や一般的意見1に反して意思決定を代理する方向に向かっていると指摘している。そのうえで，代理意思決定から個人の自律（自己決定）を尊重した「支援を受けた自己決定」へと転換を勧告し，この内容には，12条や一般的意見1に従って治療におけるインフォームド・コンセント，投票，婚姻，雇用，居住地の選択等，個人の権利に関する事が含まれる，としている。

障害のみを理由とした自由の剥奪を禁じる14条については，精神障害，知的障害を含む障害に基づく自由の剥奪を許容している現行法規定を撤回（repeal）し，すべての精神健康サービスを含むヘルスケアサービスが，自由なインフォームド・コンセントに基づくものであることを確保する措置を導入することを勧告している。また，障害者への公正な裁判と正当な法手続きを保証するための手続きの確立を勧告。障害者にも障害のない人と平等な条件で正当な法手続きを踏むことができるようにするため，刑事司法制度において裁判を受けるために不適切かどうか判定する制度の除外を勧告した。

19条については，効果的な脱施設戦略の欠如に懸念し，障害の人権モデルに立脚した効果的な脱施設戦略の開発とパーソナル・アシスタンスサービスを

◇第22章◇ 韓　国〔崔　栄繁〕

含む必要な支援を増やすことを強く勧奨し，介助者派遣のサービス量の決定において，機能障害の等級ではなく，活動の状況などの障害者のニーズを基礎すること，サービス利用における自己負担額については家族の収入ではなく障害者本人の収入に基づくべきと勧告した。

　24条については，インクルーシブ教育制度の存在にもかかわらず，普通学級に通っていた障害学生生徒が特別学校に戻ることについて懸念し，(a) 現行の教育におけるインクルージョン政策の実効性についての調査，(b) 学校や教育機関におけるアクセシブルな学校の環境と共に教室における支援技術やアクセシブルな教材やカリキュラムの提供によるインクルーシブ教育と合理的配慮の提供，(c) 教員や行政職員を含む職員研修の強化の3点を勧告している。

　さらに，「C. 特定の義務（Specific obligations）（同31条～33条）」についてである。33条に関連して，同条が求めている韓国政府内の調整機関としての障害者政策調整委員会が，障害者施策の発展と実施に関して十分な役割を実行することを確保し，条約の履行の効果的な監視のために国家人権委員会に適切な人的・財政的資源を提供することを勧告している。また条約履行の監視に，障害者とそれらを代表する団体の完全参加を確保するための法的規定を行うことを勧告した。

　総括所見の内容にはNGO報告書連帯のパラレルレポートと国家人権委員会の「政府報告書への意見」の内容が多く取り入れられている。韓国政府への総括所見の特徴としては，障害者政策総合計画の実施や障害関係法制度が整備されているため，法制度そのものの有無というよりは，法制度の方向性や実効性に主眼を置いたものになっている。その内容は，上述の通り法制度の見直しを求めた項目も多く，韓国政府にとって厳しい内容になっている。NGOと国家人権委員会の取り組みの結果と言えよう。

Ⅳ　おわりに

　以上，障害者権利委員会の総括所見までの動きを述べた。最後に今後の課題を述べる。

　まず留保していた25条(e)に関連して，2014年3月に商法の当該規定を改正したが，現在，留保撤回は行っていない。ちなみに，12条を含むその他の

条項については，留保も解釈宣言も行っていない。障害者権利条約の選択議定書も批准は行われていない。

総括所見の影響があった法改正としては，2016年5月30日，精神保健法が「精神健康増進および精神疾患者の福祉サービス支援に関する法律」（以下，精神健康福祉法）に大幅に改正された。保健福祉部の資料によれば，改正に至った背景として，精神障害者への人権侵害があげられているが，憲法裁判所の判断と障害者権利委員会からの総括所見も改正の背景として記載されている[20]。新法の内容は非自発的入院と退院手続きを多少厳格にしたもので，障害者権利委員会が求めている障害のみを理由とした非自発的入院制度の廃止には至っていない。精神科への非自発的入院者が60％を超える韓国の状況に精神健康福祉法という新法がどれだけの好影響を及ぼすのか注目したい。

国家人権委員会は，総括所見の周知とその実施促進のため，政府に対する政策勧告を行うとともに，韓国の次回の第2回，第3回の統合政府報告（2019年に提出）までに国家人権委員会は条約実施に関する5か年計画を策定する予定とのことであるが詳細は不明である。

韓国は5年の大統領一期制をとっており，大統領の政治的な意向が行政を含む国家機関の体制に大きく影響を与え，国家人権委員会も影響を受ける。現職の大統領は2017年5月9日，大統領選挙で当選し同年5月10日に大統領に就任した文在寅（ムン・ジェイン）氏である。今後の障害者施策の進展に文大統領の意向は大きな影響を与える事になる。関連して現在明確なのは国家人権委員会の「革新委員会」を設置し，改革に着手したことである。具体的な内容は明確ではないが，国家人権委員会の独立性を含む機能の強化は障害者権利委員会から総括所見において勧告されており，今後の展開が注目される。

最後に韓国の動きからみた日本の課題を述べたい。まず，内閣府の審議体である障害者政策委員会の審査への関与である。韓国は政府と国家人権委員会，NGOという3者が役割を果たしつつ，障害者権利条約の審査のプロセスを経て障害者施策を進める体制にある。日本の場合，立法，司法，行政から独立した条約履行の監視機関は存在しない。唯一，障害者政策委員会が監視機関とされている。障害者政策委員会は日本政府の障害者権利委員会への最初の政府報

---

(20) 2017年5月に保健福祉部より出された資料「精神保健法改正の背景および「精神健康福祉法」の主な内容」（정신보건법 개정 배경 및 「정신건강복지법」 주요내용）。

告に「障害者政策委員会意見」として報告書の本文に意見が掲載された[21]。このことはそれまでの人権条約の政府報告作成の歴史から見ると画期的であった。そこで次の課題になるのは，2020年に予定されている日本政府報告の審査にどれだけ関与できるのかである。さらに，韓国は審査の際に政府の関係者として裁判官も同行しており国会議員も参加している。司法，立法，行政の3権に加え，監視機関の関係者が審査の場に参加する意義は大きいと思われる。この点は大いに参考とすべきであろう。また，NGOの活動の面について，現在，日本障害フォーラムや日本弁護士連合会などがパラレルレポートを作成中であるが，韓国のNGOのレポート作成のプロセスや様々なロビー活動など，学ぶべき点は多い。法制度が似ている韓国のNGOのパラレルレポートや総括所見の内容についても大いに参考にしながら，障害者権利委員会の審査やその後の障害者施策を前進させるための取り組みを進めるべきだろう。

---

[21] 日本政府の最初の報告は以下，外務省のウェブサイト（https://www.mofa.go.jp/mofaj/files/000171085.pdf（as of 12 September 2018））を参照。

〈資料〉韓国への総括所見 (CRPD/C/KOR/CO/1)

崔　栄繁 訳

I．序

1．国連障害者権利員委員会（以下，委員会）は，2014年9月17日，18日に開催された（第12会期CRPD）第147回，148回会議において，韓国の最初の包括的な政府報告書を審議し，2014年9月30日に開催された第165回会議で以下の総括所見を採択した。

2．委員会が提示したガイドラインに基づいて韓国政府の最初の報告書が作成されたことについて歓迎の意を表し，また，委員会が提示したLOIsに対しての回答についても感謝する。

3．委員会は，締約国の代表団と開催した有益な対話について感謝し，多くの関連する政府省庁の代表によって構成された代表団を派遣した韓国政府に賛辞を送る。委員会は，国家人権委員会の独自の参加についても歓迎するものである。

II．積極的側面

4．委員会は，締約国が権利条約の多様な分野において進展が成され，2012年8月5日に採択された「障害児童福祉支援法」の採択を含む，権利条約と国内法の調和のとれた立法上の措置が取られたことに対して祝意を表する。委員会は，「障害者差別禁止及び権利救済に関する法律」（以下，「障害者差別禁止法」）の制定に感謝する。さらに，障害者政策発展5か年計画に進捗を歓迎する。

5．委員会は，締約国が特に仁川戦略の開始と履行を支援するための取り組みをはじめとする障害者の権利の向上のための国際協力分野への多大な措置に対して賞賛する。

III．主要な懸念分野と勧告

A．一般原則及び一般的義務（1条-4条）

6．委員会は，障害者福祉法が障害の医療モデルを参照していることに対して懸念する。

7．委員会は締約国に対し，障害者福祉法を見直し，同法を権利条約が支持する障害に対する人権アプローチに調和させることを勧告する。

8．委員会は，障害者福祉法上の新たな障害等級判定制度が，福祉サービスの提供に当たり，医学的評価にのみ依存しており，精神障害者を含む全ての類型の障害者のニーズを考慮し，網羅できていないことに懸念する。委員会は，この結果

新たな障害等級判定制度が障害等級により，障害者の福祉サービス及び活動サービス受給資格を制限していることを懸念する。

9．委員会は締約国に対し，障害者福祉法に伴う現行の障害の定義と障害等級制を見直し，それが障害者の性質や状況，ニーズに符合し，福祉サービスとパーソナル・アシスタンス制度が，精神障害者等を含む全ての障害者にそれらの求めに応じて拡大されることを確保することを勧告する。

10．委員会は，韓国政府が選択議定書を批准することを強く推奨する。

B．個別の権利（5条-30条）

平等及び無差別（5条）

11．委員会は，障害者差別禁止法の実効性の欠如について懸念する。委員会は特に救済をもとめる申立の多くが解決されていない事に懸念する。委員会は裁判所が自らに付与した命令権限を認識する必要があることに着目する。

12．委員会は締約国に対し，韓国国家人権委員会の人的資源と独立性を拡大することを勧告する。さらに，障害差別の被害者が司法を通じた救済へのアクセスのためのコストの免除あるいは削減及び障害者差別禁止法43条に基づく法務大臣の是正命令に対する要件緩和を勧告する。委員会はまた，韓国が障害者差別禁止法の効果的な履行の必要性及び裁判官に対して付加されている命令権に対する認識の必要性について，裁判官の意識を向上させることを推奨する。

障害のある女子（6条）

13．委員会は，障害者関係の法制度や政策にジェンダーの視点が取り入れられていないことに懸念する。委員会は，また，家庭内暴力の防止のための効果的な措置が欠如していることに懸念する。これは，障害者入所施設の内部と外部両方における女性障害者への暴力についても同様である。さらには，女性障害者及び障害のある少女が生涯教育プログラムに参加するのが困難であり，女性障害者の妊娠や出産機関の十分な支援を受けられていないことに懸念する。

14．委員会は締約国に対し，ジェンダーの視点を障害法政策にメインストリーム化し，女性障害者に特化した政策の開発を勧告する。また，障害者入所施設の内外で行われている女性障害者に対する暴力を解決するための効果的な措置をとり，特に性暴力及び家庭暴力の予防に関するプログラムを立案する際には，ジェンダーの視点を導入することを勧告する。また委員会は，女性障害者が，一般教育を修了したあるいはそれから排除されたということに関わりなく，女性障害者の選択とニーズによる効果的な生涯教育を受けることを確保することを勧告する。さらに女性障害者に対する妊娠中や出産時における支援を増やすことを勧告する。

意識の向上（8条）

15. 委員会は，締約国が条約の内容や目的について，政府機関の公務員や国会議員，マスメディアそして，一般社会に体系的で継続した広報と教育の提供ができていないことを懸念する。

16. 委員会は締約国に対し，権利の主体としての障害者の肯定的イメージを高めるための意識向上のキャンペーンを強化することを推奨する。特に締約国が政府の公務員や議員，マスメディア，一般社会に対して，権利条約の内容や目的についての体系的で継続的な広報と教育を行うことを勧告する。

施設及びサービス等の利用の容易さ（9条）

17. 委員会は，農村地域と都市部において，アクセシブルなバスやタクシーが少ないことに対して懸念する。また委員会は，建物に対するアクセシビリティの基準が最低限のサイズや容量，あるいは建物の築年数などによって制限されており，すべての公共の建築物にいまだに適用されていないことに懸念する。委員会はさらに，多くのウェブサイトに視覚障害者がアクセスできない状態であり，ウェブアクセシビリティが，知的障害者や精神障害者と同様に聴覚障害者といった障害種別ごとの要求を満たすには不十分な状況であることに懸念する。

18. 委員会は締約国に対し，障害者がすべてのタイプの公共交通機関を安全かつ便利に利用することを可能にするために，現行の公共交通政策を見直すことを勧告する。委員会は締約国に対し，権利条約9条と一般的意見第2号に従って，建物のサイズや容量，築年数などにかかわりなく，すべての公共設備や職場に対するアクセシビリティ基準を適用することを推奨する。また，委員会は締約国に対し，関連法令を修正し，全ての障害者が障害のない人との平等を基礎として，インターネットのウェブサイトから情報へのアクセスを可能とし，視覚障害者やその他の障害を持つ人のためにスマートフォンへのアクセスを促進することを勧告する。

危険な状況及び人道上の緊急事態（11条）

19. 委員会は，自然災害を含む危険な状況に対して，すべての障害者が利用可能なフォーマットで作成された具体的な戦略の欠如について懸念する。委員会は特に，「障害者，高齢者，妊婦等の便宜増進の保障に関する法律」に障害者の避難体制が盛り込まれていないことを懸念する。

20. 委員会は締約国に対し，自然災害の発生を含む危険な状況において，障害者の障害の特性を考慮した保護と安全を確保する普遍的な計画を採択，実施し，さらに，ユニバーサルなアクセシビリティ（利用のし易さ）と障害のインクルージョンを，すべての災害リスクの軽減政策とその実施のすべてのステージとレベルにおいて確保することを勧告する。

法律の前にひとしく認められる権利（12条）

21. 委員会は，2013年7月より施行された新たな成年後見制度について，後見人が「疾病や障害，あるいは年齢による精神的制約によって事務処理能力が持続的に欠如した状態にある者」の財産や個人的問題に関する決定を行うことが許可されていることについて懸念する。委員会はこうしたシステムが一般的意見第1号で説明している権利条約12条の規定とは異なり，支援を受けた自己決定ではなく，代替決定を継続して推進していることに注目する。

22. 委員会は締約国に対し，代替決定から，医学的治療におけるインフォームドコンセント（十分な説明による事前の同意），司法へのアクセス，投票，婚姻，労働そして自らの居住地の選択において，障害者の自律（自己決定）や意思，選考を尊重し，個人の権利に関して権利条約12条や一般的意見第1号を完全に充足する支援を受けた意思決定へ転換することを勧告する。また委員会は，締約国が障害者やそれらを代表する組織との協力し，全国，広域，基礎自治体のレベルにおいて，公務員や判事，社会福祉に関係するものを含むすべての関係者に対し，障害者の法的能力の承認と支援を受けた自己決定の仕組みについての教育（訓練）の提供を勧告する。

司法手続の利用の機会（13条）

23. 委員会は，政府が障害者に対して法的手続きについての合理的配慮（正当な便宜）を確保する障害者差別禁止法26条の実効性の欠如について懸念する。また委員会は，法曹関係者が障害者の権利について認識が十分ではないことについて懸念する。委員会は韓国の最高裁判所（大法院）が2013年に出版した「障害者への司法支援に関するガイドライン」に注目する。

24. 委員会は締約国に対し，障害者差別禁止法26条の効果的な履行の確保にさらなる努力を行うことを勧告する。また，警察関係者，刑務官，法律家，司法関係者のための訓練プログラムに，障害者に関する標準モジュール，手続きと年齢に適合的でジェンダーの観点からの合理的配慮（正当な便宜），司法への利用の機会の保障を含むことを勧告する。また，最高裁判所から出版された「障害者への司法支援に関するガイドライン」が法的に拘束力を持ち，効果的に実施されることを勧告する。

身体の自由及び安全（14条）

25. 委員会は現行の精神保健法における法的規定とその改定案について，障害を理由とした自由のはく奪が許容されていることに懸念する。また，委員会は精神障害者が自由や十分な説明による事前の同意（インフォームドコンセント）なしに長期間の施設収容を含め施設収容の割合が高いことについて懸念する。

26. 委員会は締約国に対し，精神や知的障害を含め障害に基づく自由のはく奪を

許容している現行の法的規定を見直し，精神医療サービスを含む医療サービスが当該障害者の自由で十分な説明と事前の同意に基づくものであることを確保する措置をとることを勧告する。また，委員会は法律が改正されるまで，病院や特別施設における障害者の自由のはく奪のすべてのケースが見直され，その見直しには抗告の可能性も含むことを勧告する。

27. 委員会は，韓国において裁判を受けることが適切ではないという宣言された障害者に対して，公正な裁判を受ける権利を保障するために実際に施行されている保護措置に関する情報が不足していることに対して懸念する。韓国政府からの情報によれば，こうした人たちに対する弁護人の選任と無罪申告以外に，裁判を受けることが不適切であると思われる人たちに対して制裁として課す実質的な措置についての情報が提供されていない。

28. 委員会は，公正な裁判と法的手続きが障害者に保障されることを確保する手続き的な便宜の確立を勧告する。また，裁判を受けることが不適切であるという宣言は他のものとの平等を基礎として障害者に対して法的手続きを許容するための刑事司法体系への転換を勧告する。

拷問又は残虐な，非人道的な若しくは品位を傷つける取扱い若しくは刑罰からの自由（15条）

29. 委員会は精神病院内部で，精神障害者が拘禁室，持続的な殴打や拘束，過度な投薬などを含む残酷で非人道的，品位を著しく傷つける取扱いを受けていることについて懸念する。

30. 委員会は締約国に対し，障害者に対して，残酷で非人道的で品位を傷つける取扱いや制裁を障害者に対して加える強制措置を廃止することを推奨する。施設収容が続く限り，障害者団体の代表を確保している外部の独立したモニタリング（監視）メカニズムを通じて，あらゆる形態の暴力や虐待から保護することを推奨する。

搾取，暴力及び虐待からの自由（16条）

31. 委員会は障害者が強制労働を含む暴力や虐待，搾取に直面し続けていることに懸念する。締約国が加害者へ制裁と被害者への賠償ができていないことについて，性的暴力や家庭内暴力の被害者以外に，障害者に対するシェルターがないことについて懸念する。

32. 委員会は締約国に対し，施設内外において障害者によって経験されているすべての暴力，搾取そして虐待について調査し，加害者が処罰され被害者が賠償を受け取ることを確保し，被害を受けた障害者のためのアクセシブルなシェルターを提供することを推奨する。委員会は，特に，締約国が障害者の強制労働についての調査を強化し，被害者に十分な保護を提供することを勧告する。

個人をそのままの状態で保護すること（17条）

33. 委員会は禁止する法的条項があるにも拘わらず，女性障害者の強制不妊手術のケースについて懸念する。さらに，この案件に関して締約国によって実施された調査の情報が欠如していることに懸念する。

34. 委員会は締約国に対し，家庭や地域社会，施設内部において女性障害者や障害のある女の子の権利についての認識を向上させることや強制不妊手術に対する効果的でアクセシブルな保護が提供されるメカニズムの確保によって，強制不妊手術の実施を根絶するための措置をとることを推奨する。委員会はまた，締約国が強制不妊手術の最近の又は現在進行している事例についての調査を実施することを勧告する。

移動の自由及び国籍についての権利（18条）

35. 委員会は「事理弁識能力が欠如し，国内滞在において補助（assistance）のない」精神障害者の入国を禁止している入国管理法11条や，障害を持つ移民に対する基本的な障害サービスを制限している障害者福祉法32条の規定について懸念する。

36. 委員会は締約国に対し，障害者が障害に基づいて韓国への入国する権利をはく奪されないことを確保し，基本的な障害サービスの制限から障害を持つ移民が自由になることを確保するために，入国管理法32条と障害者福祉法11条を見直すことを勧告する。

自立した生活及び地域社会への包容（19条）

37. 委員会は，入所施設やその居住者の増加からわかる通り，効果的な脱施設戦略が欠如し，地域における障害者をインクルージョンする効果的な措置が十分でないことに懸念し，また，パーソナル・アシスタンスサービスを含む全ての必要な支援サービスなど，地域におけるインクルージョンのための政策が欠如していることを懸念する。

38. 委員会は締約国に対し，障害の人権モデルに基づいて効果的な脱施設戦略を立案し，パーソナル・アシスタンスサービスを含む地域における支援サービスを十分に増やすことを推奨する。

39. 委員会は，障害者がパーソナル・アシスタンスサービスを受けるために支払う必要がある費用の額が，障害の特性や環境，障害者のニーズではなく機能障害の程度をベースにしており，また，障害者の収入ではなく，家族の収入をベースとしていることで，結果的にパーソナル・アシスタンスサービスの受給から一定の障害者は排除されていることを懸念する。

40. 委員会は締約国に対し，社会的補助プログラムを通じて，十分で公正な財政的支援を行い，障害者が地域で自立した生活を送ることができるようにすること

を勧奨する。委員会は特に，締約国が，サービスのための費用額は「機能障害の程度」ではなく，障害者の特性や状況，ニーズを基礎とし，また，彼ら彼女らの家族の収入ではなく，障害者の収入を基礎とすることを勧告する。

表現及び意見の自由並びに情報の利用の機会（21条）

41. 委員会は，韓国手話が締約国において公式言語として認められておらず，点字を公式文字として宣言している法案が国会に係留中であることを懸念する。また委員会は，放送物，特にテレビ番組，に対する障害者のアクセスを確保する規定において量についての基準があり，番組の質の確保についての基準がなく，手話や字幕，画面解説，読みやすい／理解しやすい内容を通じて，また，その他のアクセスフォーマットやモード，コミュニケーション方法による十分でアクセシブルな情報の提供ができていないことに懸念する。

42. 委員会は締約国に対し，韓国手話を公式言語として承認し，点字を韓国の公式文字として認める法案の採択を勧奨する。また，委員会は放送に対するアクセシビリティを保障する規定に，番組の質に関する基準を含め，手話や字幕，画面解説や読みやすい／理解しやすい内容，その他のアクセスフォーマットやモード，コミュニケーション手段を通じてアクセシブルで十分な情報の提供と共に含めることを確保することを同時に含めることを勧告する。

家庭及び家族の尊重（23条）

43. 委員会は，障害のある子供の家族に対して提供される支援サービスが重度の障害者がいる低所得の家族に限定されていることに懸念する。サービスの供給不足により，こうしたサービスでさえ不十分である。また委員会は，政府が障害児本来の家族より養子縁組した家族に対して補助金や援助を多く提供することで，本来の家族が障害のある子供を，特にさらに複雑にスティグマを押されたシングルマザーが遺棄することを助長し，子供の家族への権利を否定していることを懸念する。

44. 委員会は締約国に対し，シングルマザーを含む親に対して，障害のある子供が家庭内で養育するための法的基礎を提供し，包括的な政策を実施し，他の子供との平等を基礎として，家族に対する権利や地域社会への参加の権利を確保することを勧告する。

教　育（24条）

45. 委員会は，インクルーシブ教育政策があるにも拘わらず普通学校の障害のある児童生徒が特殊学校に戻ることを懸念する。また委員会は，普通学校に入学した障害のある児童生徒がそれらの機能障害に関するニーズに適切な教育を受けるこ

とができていないという報告に懸念する。
46. 委員会は締約国に対し，以下を勧告する：
(a) 現行の教育のインクルージョン政策の実効性について調査を行うこと
(b) アクセシブルな学校環境とともに，特に，教室における支援機器や支援，アクセシブルで十分な内容の教材やカリキュラムの提供によって，学校でのインクルーシブ教育と合理的配慮の提供において努力を強化すること
(c) 普通学級の教職員を含め，教育関係者への訓練の強化

健　康（25条）

47. 委員会は，最近改正された商法732条が，障害者が「精神的能力を有する」時に例外として保険加入を認めていることに対し懸念する。委員会は精神的能力に基づいた保険加入の拒否が障害者への差別を構成することを注視する。
48. 委員会は締約国に対し，「精神的能力を有する」障害者について例外的に保険加入を認める商法732条を削除し，生命保険に関する権利条約25条(e)の規定への留保を撤回することを推奨する。

労働及び雇用（27条）

49. 委員会は，最低賃金法が「労働能力が明らかに欠如している者」を最低賃金の適用から除外しており，労働能力の欠如と定義するためにどのように評価して規定するのか基準が明確にされていないという点に懸念する。さらに委員会は，この結果，障害を持つ労働者，特に精神障害を持つ者が最低賃金以下の報酬を受け取っており，また，開かれた労働市場に参入することが目的とされていない保護雇用の継続性について懸念する。
50. 委員会は締約国に対し，最低賃金法により最低賃金の適用から除外された障害者への保障のための補助的な賃金体系を導入し，保護雇用を終了させて権利条約の文脈において，障害者の団体と緊密に協議しながら，障害者の雇用を促進する対策を検討することを推奨する。
51. 委員会は，障害者のための割当雇用制度があるにもかかわらず，障害者の失業率，特に女性障害者のそれが障害のない人と比べ高くなっていることに懸念する。
52. 委員会は締約国に対し，女性障害者の雇用に特に注視しながら，雇用の差を縮小する措置を整備することを勧告する。委員会は特に，締約国が障害者に対する割当雇用制度の効果的な実施を確保し，同時にこの地域における達成度や結果について関連する統計の発行を確保することを勧告する。

相当な生活水準及び社会的な保障（28条）

53. 委員会は「国民基礎生活保障法」で，一定の財産や所得がある家族がいる当該障害者を最低限の生活支援（生活保護）から排除していることを懸念する。また，委員会は，生活保護の受給資格が現行の障害等級制度を基準にして，重度障害者に限定されていることを懸念する。

54. 委員会は締約国に対し，生活保護の支援を，障害等級や家族の収入や財産を基準とするのではなく，障害者個人の特性や状況，あるいはニーズを基準とすることを勧告する。

政治的および公的活動への参加（29条）

55. 委員会は多くの投票所が障害者に完全にアクセシブルではなく（利用が容易ではなく），選挙情報が様々な種別の障害に則して障害者に提供されていないことを懸念する。また委員会は，この分野に関して障害者が直面している障壁によって，障害者の政治活動への参加，候補者としての参加が低い水準であることに懸念する。

56. 委員会は締約国に対し，投票が障害に関わりなく全ての人に完全にアクセシブルであることを確保のための努力を重ねること，および，選挙情報がすべてのアクセシブルなフォーマットで提供されることを勧告する。さらに委員会は，締約国に対し，被選挙権において障害者の参加を促進するための特別の措置をとることを勧告する。また委員会は，ある種別の障害者に締約国が選挙権や被選挙権が否定している条項を見直し，障害種別に関係なしに投票権，被選挙権を付与することを勧告する。

文化的な生活，レクリエーション，余暇及びスポーツへの参加（30条）

57. 委員会は，締約国が全盲，視覚障害あるいは他のプリント資料へのアクセスが困難な障害者に対して発行物へのアクセスを許容する「視覚障害者およびプリントディスアビリティのある人々の出版物へのアクセスを促進するためのマラケシュ条約」に批准していないことに対して懸念する。

58. 委員会は締約国に対し，マラケシュ条約に可能な限り早期に批准し，履行するためのすべての適切な措置を採用することを推奨する。

C．特定の権利（31条-33条）

統計及び資料の収集（31条）

59. 委員会は，締約国による障害者に関する統計データが障害者の多様性が考慮されていないため，障害者に関する各政策への効果についての評価への言及ができていないことに懸念する。また委員会は，統計データがすべてのアクセシブル

なフォーマットにおいて作成され共有され得ていないことを懸念する。

60. 委員会は締約国に対し，性や年齢，障害，居住地，地理上の地域や政策の受益者別に分類したデータの収集，分析，詳細化を体系化することを勧告する。そして，それらの統計がアクセシブルなフォーマットでの情報提供を通じて，すべての障害者により自由でアクセシブルであることを勧告する。

国内における実施及び監視（33条）

61. 委員会は，保健福祉省障害者政策局が権利条約の全般的な履行に関する担当部局であり，障害者政策調整委員会が障害者に関するする基本政策の実施について調整し監視する機関であり，韓国国家人権委員会が権利条約履行に関して障害者政策調整委員会に対しアドバイスや意見具申を行う機関であることに注目している。しかしながら委員会は，障害者政策調整委員会が十分に機能しておらず，韓国国家人権委員会が権利条約の履行に関する効果的な監視を行うための十分な人的，財政的資源が欠如していることについて懸念する。

62. 委員会は締約国に対し，障害者政策調整委員会が障害者に関連する政策の効果的な発展と実施という役割を果たし，韓国国家人権委員会が権利条約の履行を効果的に監視するための十分な人的，財政的資源を提供することを勧告する。さらに委員会は，締約国が権利条約の履行の監視において，障害や障害者の代表的な団体の完全参加のための法定規定を行うことを勧告する。

Ⅳ．フォローアップと普及

63. 委員会は締約国に対し，同総括所見で提示した委員会からの韓国の実施を要請する。委員会は締約国が政府や国会のメンバー，関連各省庁の公務員，教育や司法の専門家などの地域の権威あるいは関連の専門家グループに対して，現代的なソーシャルコミュニケーション戦略を用いて，総括所見を普及することを勧告する。

64. 委員会は締約国に対し，政府報告書の準備において，市民社会組織，特に障害者団体を含めることを強く推奨する。

65. 委員会は同総括所見を，NGOや障害者の代表的な団体を障害者，その家族も含め，手話を含む公用語や少数言語でアクセシブルなフォーマットで広く普及し，それらを人権に関する政府のウェブサイトで利用できるようにすることを要請する。

Ⅴ．次回の報告書

66. 委員会は締約国に対し，2019年1月11日までに第2回と第3回の政府報告書を合体して提出すること，並びにそこに同総括所見の履行状況を含めることを要

請する。委員会は締約国に上述した政府報告書について，政府報告書の提出期限の最低1年前までに事前質問事項（List of Issues）を準備し，それについての回答が政府報告書の一部を構成する，という簡素化された報告手続きに基づいて提出ことを考慮することを要請する。

第23章 EU

引馬知子

I はじめに
――多様性の尊重と障害

　EU（欧州連合）は，EU条約に基づき6カ国で設立され，現在28カ国が加盟する政治経済的な統合機関である[1]。その究極の目的は，欧州地域に平和，繁栄，自由を保障し，また，世界の平和と安定に寄与することにある。具体的な課題としては，人権，経済，金融，労働，社会保護，環境などがあげられ，そのなかには，EUが国よりも効果的で効率的に扱い得る事項があると考えられている[2]。そうした事項について，EU域内では，加盟国が自主的に国家主権の一部をEU機関に移譲してEUに一定の権限を与えるという，世界に類のない仕組みを形成してきた。EU機関と加盟国は，互いに補完し合いながら一貫した方針のもとに，具体的な課題に対処していくのである。

　EUにはシンボルとしての旗，歌，記念日，モットー（標語）がある。旗は青地で平和と友好を，円環状に配置された金色の12の星は，完全，幸運，永遠を表している。歌[3]はベートーヴェンによる「歓喜の歌」で，記念日は，EUの誕生を意味するEU条約（ローマ条約：1957年）調印日である5月9日となっている。この日は，ヨーロッパ・デーとして平和と統合が祝われる。

---

(1) さらに加盟を希望する国々がある一方で，英国は国民投票の結果，加盟国として初めて離脱手続きを進めている。その対応への英国内およびEUとの合意形成は難航している。
(2) これは「補完性の原則」「比例性の原則」に基づいて判断される。
(3) 欧州の歌あるいはEU賛歌と呼ばれる。

◆ 第Ⅱ部 ◆　各論3〔国・地域別検討〕

　EUのモットーは,「多様性の中の統合 (united in diversity)」である。この多様性がもつ意味を, 欧州理事会[4]のヘルマン・ファン＝ロンパイ議長は, 現行のEU条約（ローマ条約→リスボン条約：2009年）の発効時に, 次のように表現している。

　「27の加盟国（2009年当時）は, 文学, 芸術, 言語のいずれも異なる。そして, それぞれの国に多様性がある。多様性は, 私たちの財産, 発展, 力の源である。EUは寛容と尊厳の模範であり, また, そうでなければならない。」[5]

　この, EUが価値を置く多様性には, 人の多様性が含まれている。5億1千万人を越えるEU市民の, 少なくとも6人に一人には何らかの障害がある[6]。EUはそのことを尊重し, 多様な人々が社会のさまざまな場面で力を発揮できる制度設計を目指すのである。現行の改正EU条約（リスボン条約）は, EUの価値が, 尊厳およびマイノリティの権利を含む人権の尊重, 多元主義と非差別にあることを新たに謳っている（同2条）。また, EUの目的が, 同価値の尊重とEUの人々の福利の向上にあり, このためにEUが, 社会的排除や社会的公正と保護等への取り組みを促進し（同3条）, 非差別のための措置をとるとした（リスボン条約（EU運営条約）19条も参照）。これらに加えて, EU基本権憲章（2000年）は, 第3章の平等において, 差別の禁止や障害者の統合 (integration of persons with disabilities) 等, 障害のある人の権利保障とインクルージョンに関係が深い内容を定めている（21条, 26条等）。同憲章は, EU統合の進展に伴い, 現行のEU条約（リスボン条約）に挿入されて法的効力を有するに至っている。

　EUによる, 障害のある人々の人権とあらゆる生活面における社会参加の確保を目指す法政策はこうしたなかで展開し[7], EUの貢献が国連の障害者権利

---

(4)　EU理事会とは別の機関。欧州理事会は, EU首脳会議やEUサミットとも呼ばれる, EUの政治的な最高意思決定機関。加盟国の首脳, 欧州委員会委員長らをメンバーとして, 全体的な政治指針と優先課題を取り決める。

(5)　外務省「EU（欧州連合）――多様性における統合」(http://www.mofa.go.jp/mofaj/press/pr/wakaru/topics/vol53/index.html (as of 25 July 2018) より引用。

(6)　EUの障害の出現率や社会的排除の状況については, COM (2010) 636及び, 引馬知子「障害者権利条約の今――欧州編（前編　EU加盟国の障害者の状況)」さぽーと (2014年) 7月号47～48頁等, 参照。

(7)　EUの障害法政策の1970年代からの進展については, 引馬知子「障害者の社会的排

条約との関係でも検討されるようになった。その上で，EU条約や障害に関連する既存のEU法政策（Ⅱ．3で後述）を根拠に，EUによる障害者権利条約の批准（正式確認）が実現したのである。

地域的な統合機関としてのEUが国連条約を批准したことで，EU域内の障害者の人権保障において何がうまれ，また課題となっているのだろうか。本書のテーマである国連の障害者権利委員会による審査は，これらを理解するにあたって大変に有用である。まず，EUと障害者権利条約の関係性を概観しつつ，同条約の履行に関わるEUの第一回報告やこれに関連する文書を確認し，EUに対する審査と総括所見について検討していきたい。

Ⅱ EUと障害者権利条約の履行に関わる枠組み

1 国連条約の策定とEUの批准

国連の障害者権利条約は，EUによって2010年12月23日に批准され，その30日後である2011年1月22日から，EUが宣言した範囲内においてEUを拘束している。これは，国連の人権条約を，国家ではない地域的統合機関が批准した，初めての事例である。このため，その履行や審査には，前例がない。

こうした状況にあってEUは2014年6月5日，障害者権利条約の履行に関わるEUの第1回報告を，同条約35条に従い，国連の事務総長を通じて障害者権利委員会に提出した。このEUの報告（CRPD/C/EU/1）は，締約国による政府報告と同様の位置づけにある。このため，障害者権利委員会第13会期は，EUに対する事前質問事項を採択し（CRPD/EU/Q/1），EUの審査が，2015年8月17日～9月4日にわたる第14会期において行われた。また，審査に先だって，EUは事前質問事項に対する回答を国連に提出している（CRPD/C/EU/Q/1/Add.1）。

締約国に対する審査とは一味異なる，EUに対する審査とその内容を理解するには，①EUが障害者権利条約を批准した経緯，②同条約における地域的統合機関の位置づけ，③同条約に対するEUと加盟国の権限の配分，④EUの同

除と人権保障——"合理的配慮"を軸として労働と社会保障を結ぶEU実践」荒木誠之・桑原洋子編『社会保障法・福祉と労働法の新展開』（信山社，2010年）178-182頁等，参照。

条約の履行に関わる仕組みについて知る必要がある。これらについて，まずは以下で確認していきたい。

　EUと国連の障害者権利条約との公式な関わりは，同条約の策定過程にまで遡ることができる。EUは，第56回国連総会（2001年12月）の決議に基づき開催された，国連条約の策定を検討する特別委員会のすべての回に地域的統合機関として参加した。第1回特別委員会（2002年7月～8月）が「障害者の権利と尊厳を確保し促進する新たな法的拘束力のある文書」の策定の方向性を示すと，EUの行政執行機関である欧州委員会は2003年1月，これにEUが積極的に関与すべきことと，この国際文書が含むべき原則等をEUの方針としてまとめた[8]。機をとらえた動きは，この法的文書の地域的統合機関による批准を可能としていく。

　EUの方針によると，EUの条約策定における積極的な参加理由として，主に4点があげられた。第一に，国連の新たな条約による障害者への非差別の重視は，EUの取り組みやアプローチと一致しており，法的効力を伴う国際的で効果的な制度の構築は，EUの障害法政策の目的を必然的に補完することである。第二に，EU条約（アムステルダム条約時：1997年）が規定した，EUによる障害に基づく差別に取り組む措置を可能とする13条（後のEU運営条約19条）や，この条項などを根拠に採択されたEUの2次法（規則や指令等）によって，EUには加盟国から既に障害分野の取り組みを行う権限が一定程度委譲されていたことである（後述の3．の権限分担も参照）。第三に，国連の新たな条約の内容と，EUの障害関連法規の規定内容に，一貫性を持たせていくためである。第四に，障害者の権利の向上を促すことにより国際社会への貢献を示すためである。

　あわせてEUは，当時，国連の新たな文書に関して，次の6つの原則を求めている。第一に，障害者が障害のない人に等しく基本的人権を有する原則を再確認すること，多様な状況にある障害のある個々人を考慮して，人権の実施基準がいかなる場合にも適用されるようにすべきことである。第二に，平等，尊厳，自由，連帯といった基本的な価値を，再確認することである。第三に，障害者への障害のない人との均等な取扱や，個々人の障害の差異に対して調整や

---

(8) COM (2003) 16 final の他，EUによる批准の詳しい経緯については，引馬知子「EUの正式確認」長瀬修・東俊裕・川島聡編『障害者の権利条約と日本―概要と展望』（生活書院，2012年）250-261頁等，参照。

◇第23章◇ＥＵ〔引馬知子〕

配慮（accommodation）を促すこと等により，障害を理由としたあらゆる形態の差別に取り組み，障害者が人権を平等かつ効果的に享受できるようにすることである。第四に，差別事例を検討し，差別に共通する事項や，障害者の多様性を考慮することである。また，障害に加えて，性別，民族や人種，宗教や信条，性的指向を要因とする複合差別に留意することである。第五に，国家が，障害のある人々に包括的な人権（政治的・市民的権利と経済的・社会的・文化的権利）を確保する行動を起こし，実効性のあるモニタリング制度と履行上の規則を確立することである。第六に，障害者権利条約の策定過程における障害当事者の参画を根本原則とし，あわせて障害関連団体や人権団体等のすべてのステークホルダー（利害関係団体）がこの過程に関わることである。このことが障害当事者の完全参加とインクルージョンにつながっていくとした。

欧州委員会はその後，国連の特別委員会にEUの代表として参加する権限の付与をEU理事会に求め，これが2004年5月に承認されている。一方，国連の第1回特別委員会も，特別委員会の提案が条約の正式案となるよう，障害関係のNGOと共に，地域的な機関（regional commissions）や政府間組織（inter-governmental organizations）を招くことを国連総会で推奨した。以後，欧州委員会はEUを代表して，EU理事会の人権に関する作業部会（COHOM）等と協議しつつ，障害者権利条約の策定に関わったのである。

2　地域的統合機関による批准

こうしたなかで障害者権利条約の策定過程においては，EUのような地域的統合機関が条約を批准し，条約の実施主体となる仕組みも埋め込まれていった。同条約には，「地域的統合機関（regional integration organizations）による署名を可能とし」（42条），「これに署名した地域的統合機関によって正式確認（formal confirmation）が行われなければならない」（43条），「当該の地域的統合機関は，その正式確認書（あるいは加入書）において，条約が規律する事項について自己の権限の範囲を宣言する。」（44条）と記されている。ここに記された正式確認とは締約国による批准と同義であり，地域的統合機関が条約に拘束されることを意味している。本稿では，欧州の多くの文献例にも慣い，地域的統合機関にも，正式確認よりも馴染みのある批准という用語を，便宜上，使っている。

あわせて，障害者権利条約における「締約国」についての規定（例えば36条等）は，地域的統合機関の権限の範囲内で当該機関について適用されることと

なった（44条）。このためEUには，締約国となるEU加盟国とは別に，EUとしてのフォーカルポイント（中央連絡先，担当部局）を指定するとともに，行政から「独立した機関」をパリ原則に即して設置し，監視の過程において当事者団体の参加をはじめとする市民社会の参加を確保しなければならない。さらに締約国と同様に，EUには同条約の履行に関わる報告の義務と審査が課されるのである。

3　EUと加盟国の権限　●●●

地域的統合機関について以上の規定を有する障害者権利条約は，第61回国連総会（2006年12月13日）において採択をみた。同条約は，人としてのあたり前の権利と自由を，障害者にも障害のない人と同じように認め，障害者が社会の一員として尊厳をもって生活できることを目的とする。その内容は，特別委員会での検討の結果，前述のEUが求めた原則にも合致して，人権アプローチをとるものとなった。自ずとEUは，障害者権利条約が署名のために開放された2007年3月30日，EU加盟27カ国中（当時）の22カ国とともに，同条約と選択議定書に署名した。その後EUは，批准に向けた一年余の準備期間を経て，前述のように2010年12月23日，国連に批准書を寄託した。

EUは批准書の寄託にあたり，EUと加盟国の双方が障害者権利条約における契約当事者となり，双方が混合した権限のもとに一貫した方法で，同条約が示す義務を果たし，権利を行使すると述べている[9]。EUによる批准の際の唯一の留保は，雇用及び職業上の均等待遇における，障害者権利条約27条1項における軍隊の適用除外である[10]。一方，選択議定書については，EU内の状況から署名はするも未批准となっている（2018年7月時）。

ここで述べられるEUと加盟国の混合した権限には，具体的には，①EUの排他的権限にある事項と，②EUと加盟国の共有権限にある事項，③加盟国の権限にある事項がある。①のEUの排他的権限にある事項は，障害者権利条約の履行に関わりEUのみに権限があり，同条約の締約国であってもEU加盟国には権限がない事項となる。国連の障害者権利委員会による審査においても，これに属する事項はEUに対してのみ審査が行われ，加盟国には審査が及ばな

---

[9]　2010/48/EC.

[10]　EUの法規である雇用均等枠組指令は，障害による非差別に関わり軍隊の適用除外を加盟国に認めている。このためEUには，軍隊と障害者の雇用上の均等待遇を規定する権限がなく，EUの批准において留保が出されている。

表1：障害者権利条約に対するEUの排他的権限事項と共有権限事項

【EUが排他的権限を持つ事項】
① EU共同市場における国家補助や関税
② 障害者権利条約の規定に関わるEUの公行政，EUの職員の採用，サービス条件，報酬，訓練等の規則，及び，これらの実施．
【EUと加盟国の共有権限事項】
① 障害による差別をなくす取り組み
② 人，モノ，サービス，農業資本，鉄道，道路，海運，航空における輸送
③ 税
④ 域内市場
⑤ 男女労働者の同一賃金，
⑥ 欧州を横断するネットワーク政策や統計

出典：2010/48/ECより筆者作成

い．逆に，③加盟国の権限に属する事項については，EUは基本的には審査の対象とはならない．

②に分類される共有権限にある事項と障害者権利条約との関わりは，少し複雑となっている．共有権限に属する事項は，障害者権利条約の特定の内容について，加盟国が権限の一部をEU法規に移譲している事項である．この場合，加盟国は，権限を委譲した範囲外において，独自の行動がとれる．国連の障害者権利委員会は，障害者権利条約の規定に照らして，EUと加盟国の権限配分と実際の法政策や現況を個別具体的に精査して，EUと加盟国のそれぞれを審査することとなる．

例えば，障害者権利条約の内容に関わり，EU加盟国が満たすべき最低基準をEU法規が定めている場合，障害者権利委員会は，このEU法とこれを置き換えた加盟国内法との一貫性やその下での加盟国の当該国内法の履行状況，履行を支援するEUの取り組みなどについて，EUと加盟国を審査する．同時に，EUが規定する最低基準以上の加盟国の取り組みについては，加盟国が審査される．

こうした共有権限事項の実例として，労働および職業上の均等待遇を定める，前出の「雇用均等枠組指令」があげられる．同EU指令の範囲において，EUは障害者権利条約5条の「平等及び無差別」や27条「雇用及び労働」等に関わり権限を有しており，これらに対するEUの履行状況が審査の対象となる．

表2

① 国連の障害者権利条約に関わる EU 法規（批准時）*⁾

1. アクセシビリティ ――「公共調達指令（2004/18/EC）」,「欧州地域開発基金・欧州社会基金・結束基金 EC 規則（No 1083/2006）」を含む15指令, 1決定, 1規則
2. 自立生活・ソーシャルインクルージョン・労働と雇用／就労――「雇用均等枠組指令（2000/78/EC）」,「一括適用免除委員会規則（No 800/2008）」を含む5指令, 4規則
3. 個人のモビリティ（移動可能性）――「障害者および移動に制限がある者の航空旅行に関する EC 規則（No 1107/2006）」,「運転免許指令（2006/126/EC）」を含む3指令, 6規則
4. 情報へのアクセス――「テレビ放送活動上の加盟国の規定を調整する指令（2007/65/EC）」を含む5指令
5. 統計と情報収集――「規則実施に関わる社会保護統計の欧州統合システムの EC 規則」を含む1指令, 4規則
6. 国際協力――「開発協力手段の財政制度に関する EC 規則（No 1905/2006）」を含む3規則

*）このリストは EU 理事会が 2009 年 11 月 26 日，EU の障害者権利条約の批准に関わる結論を出す際に作成され，批准時に国連に提出されている（全法規の記載は紙幅の関係から割愛）。

② 国連の障害者権利条約に関わる EU 関連諸政策

「雇用・労働」――加盟国間で調和のとれた雇用戦略を実施するための，加盟国と EU の協働

「教育」――教育の質を向上する EU による加盟国間の協力の奨励，および，必要な取り組みへの支援と強化

「職業訓練」―― EU の職業訓練政策を通じた，加盟国の関連分野の法施策の支援と強化

「経済的・社会的結束」―― EU による経済的および社会的結束を強化する行動の促進と，これを通じた EU 全域の調和のある発展

「国際協力」――加盟国の権限を侵害しない範囲内における，EU による域外の国々との協力政策，経済，財政，技術支援の開発

出典：①，②ともに，2010/48/EC より筆者作成

◇第23章◇ ＥＵ〔引馬知子〕

表3　国連の障害者権利条約に関わるEU法規（EUに対する審査後）*）

1．アクセシビリティ　―表2の1の立法を含む，33指令，2決定，23規則
2．自立生活・ソーシャルインクルージョン・労働と雇用／就労――表2の2の「一括適用免除委員会規則（No 800/2008）」**）を除く立法を含む，12指令，8規則，4決定
3．個人のモビリティ（移動可能性）――表2の3の立法を含む，7指令，11規則
4．情報へのアクセス――表2の4の立法を含む，8指令
5．統計と情報収集――表2の5の立法を含む，2指令，9規則，1決定
6．国際協力――表2の6の立法を含む，8規則，1決定，2パートナー協定
7．保健医療――「国境を越える保健医療サービスにおける患者の権利の行使に関する指令（2011/24/EU）」を含む，1指令，2規則
8．意識向上（啓発）――「欧州障害年2003に関わる2001年12月3日の理事会決定」を含む，3決定

＊）このリストは，「欧州障害戦略2010－2020」の中間報告の一環として，欧州委員会が2017年2月2日に公表した（国連には未提出。全法規の記載は紙幅の関係から割愛）。
＊＊）同委員会規則は，「一括適用免除委員会規則（No 651/2014）」に置き換えられている。

出典：SWD（2017）29 final より筆者作成

　実際の障害者権利条約の各々の条文に対するEUと加盟国の権限配分については，EUの第一回報告の各条文の履行に関わる記述を見ると，一定程度，把握できる。

　EUが国連に批准書を寄託した2010年の際に示した，EUの権限の範囲は，表1のとおりである。また，EUが障害者権利条約を批准する根拠ともなった，当時の同条約に関係するEUの障害関連法規は表2のとおりである。以上のEUの権限やEU法規と関連諸政策をみると，障害者権利委員会によるEUの審査の対象になり得る事項が，EUによる加盟国への協力や支援を含めて，かなりの範囲あることがわかる。換言すれば，障害者の権利やインクルージョンについて，EU地域ではEUと加盟国が幅広く協働する仕組みが形成されてきたのである。

　加えて表3は，EUに対する審査の後の2017年に，欧州委員会が障害者権利条約に関わるEUの障害関連法規を，新たに整理したものである（本章Ⅲ.4, Ⅳ.

を参照)。保健医療や意識向上(啓発)分野が追加され、EU の新旧の関連法規の包括的な把握が試みられている。関係法規は、相当な数に及んでいる。

4　履行の仕組み　●●●

　国連の人権条約を地域的統合機関として初めて批准した EU は、障害者権利条約の履行にあたり、フォーカルポイントとその機能、独立した機関、さらには EU 理事会・加盟国・欧州委員会の間の協力のあり方、共有権限事項における国連の監視・報告・諸会議における代表のあり方について、前例のない仕組みを定める必要があった。こうした仕組みは、EU が同条約に署名した後、批准に至るまでの 1 年余の間に検討され、これらは 2010 年 12 月 15 日に EU 理事会で合意されている。その内容は、EU と全加盟国の同条約に対する緊密な協力体制等を定める「行動規範 (code of conduct)」に記されている[11]。この合意があって、EU は年内の批准を目指した当初のロードマップに沿うべく、同年 12 月 23 日に国連に批准書の寄託ができたのである。

　「行動規範」が記すように、EU のフォーカルポイントは欧州委員会に置かれ、その中核は雇用・社会問題・インクルージョン総局にある障害部局が担うこととなった[12]。また、条約の履行を推進し、監視するための「独立した仕組み」については、欧州委員会が障害者権利条約 33 条 2,3 に従って、適切な時期に適切なあり方で、すべての EU 機関や団体等を視野に入れて提案することが盛り込まれた。その結果、欧州委員会は EU の「独立した仕組み」を、①欧州議会、②欧州オンブズマン、③ EU 基本権庁、④欧州障害フォーラム、⑤欧州委員会の 5 機関で構成することを提案し、EU 理事会は 2012 年 10 月 29 日にこれを承認している。

　この EU の「独立した仕組み」は、「EU 枠組み (the EU Framework)」と称される。議長と事務局はそれぞれ別の機関から選出し、2 年を任期に、少なくとも 1 年に 2 回以上の会合をもつこととされた[13]。その活動は透明性をもって行われ、情報や文書をアクセス可能な形式で、かつ EU の行政機関である欧

---

(11)　詳しくは、前出の 2010/48/EC 参照。

(12)　条約批准時は、障害部局は司法総局に置かれていた。その後、かつて所属していた雇用・社会問題・インクルージョン総局に戻った。どちらの総局のもとが望ましいかについては、EU 内で議論がある。

(13)　The EU Framework to promote, protect and monitor the UNCRPD operational provisions (発行年不記載) 等、参照。

◇第23章◇ EU〔引馬知子〕

州委員会の情報媒体とは一線を画して公表されなければならない。あわせて，同枠組みには，EU 加盟各国の「独立した仕組み」の取り組みを補完する役割も期待されることになった。

「EU 枠組み」は，2013 年から活動を開始し，後述の課題を抱えつつも，国連条約が求める姿に近づくための模索が続けられている。また，同枠組みは，国連の障害者権利委員会による EU の審査の事前質問事項の審議と建設的対話の際に，同委員会から聞き取りを受けている。

III EU の報告等と EU に対する審査

1 EU の報告とパラレルレポート

EU は，障害者権利条約の履行にあたり EU が講じた措置と，この措置によりもたらされた進捗に関する包括的な報告を，2014 年 6 月 5 日に国連に提出した。EU の第 1 回報告（CRPD/C/EU1，以下 EU の報告）は，フォーカルポイントである欧州委員会の障害部を中心に，関係部署や他の EU 諸機関が協力し合い，障害者権利委員会による指針（CRPD/C/2/3）に沿って作成されている。報告が対象とする期間は，同条約が EU に対して効力を持ち始めた 2011 年 1 月から 2013 年 12 月までである。

EU の報告は，I～VI の全 6 章の 76 頁にわたり，そのなかに 284 項目の記載がある。I は，はじめにとして，障害者権利条約を締結した EU の位置づけ，EU の法秩序（本章 I.3 参照），主要な統計情報として，EU における活動に制限のある人の割合や障害の出現率（本章冒頭参照）についてまとめている。II は，条約に対する一般義務（条約 1～4 条）を，III は，個別の権利に関する情報（条約 5～30 条）を，IV は，障害のある男児，女児，女性の状況に関わる情報（条約 6，7 条）を，V は，特定の義務に関わる情報（条約 31～33 条）をまとめている。VI は，EU の報告に特有の章として，EU の公行政における障害者権利条約の履行について記している。全体として，EU の報告は障害者権利条約の全条項に対する EU の状況や取り組みに触れ，条文によって内容に強弱はありつつも，非常に網羅的な内容となっている。EU の報告は，さまざまな角度からの検討が可能であるが，主要な論点は，以下 2 に示す国連の障害者権利委員会による事前質問事項を通して捉えられよう。

同時並行して，EU の報告に対して，EU レベルの障害団体や市民組織は，次のようにパラレルレポートを提出している(14)。欧州全体の障害者の利益を代表する欧州障害フォーラム（EDF）は，EU の報告の不足を補うとして，他の EU レベルの障害団体（自閉症ヨーロッパ，インクルージョン・ヨーロッパ，メンタルヘルス・ヨーロッパ，欧州ろう者連合 EU 等）と協力して包括的なパラレルレポートを提出した。欧州障害フォーラムは，欧州全体の障害者の利益の代表を目的とする EU レベルの主導的な障害組織であり，欧州各国を拠点とする障害者団体や非営利組織で構成されている。

　あわせて，EU の報告に対して特定のテーマに焦点をあてたパラレルレポートが，EU レベルの諸組織から出されている。例えば，欧州自立生活ネットワーク（ENIL）と欧州地域生活連盟（ECCL）は合同で，条約 19 条（自立生活）に焦点をあてたレポートを，欧州障害者社会サービス事業者協会（EASPD）はサービスセクターの視点からレポートを作成した。また，欧州自閉症協会や欧州精神医療ユーザー・サバイバーネットワークなどが，特定の障害種別の視点からレポートを提出している。

　パラレルレポートが全体として強調した点としては，少なくとも以下の 7 つがある。第一に，障害者権利条約の包括的な履行にあたり，すべての EU 機関(15)と加盟国が協働する戦略が不十分であること，第二に，EU による，障害者権利条約と障害者の権利に関わる社会に対する啓発が不足していることである。第三に，障害者や障害を代表する組織との協議について体系的かつ書式化された手続きがないこと，第四に，EU の独立した機関である「EU 枠組み」に十分な独立性，資源，資金がなく，同機関が効果的な役割を果たせていないことである。

　第五に，障害者の自由な移動を確保するために，交通，建築環境，非常事態におけるサービス，ICT（情報通信技術）などを含めた「欧州アクセシビリティ法（仮称）」を，加えて，教育，社会保護，保健医療等の雇用外の均等枠組を定める「均等待遇指令案」を，EU が速やかに採択すべきことである。第

---

(14)　障害者権利委員会の EU に対する審査の会期におけるホームページ（http://tbinternet.ohchr.org/_layouts/TreatyBodyExternal/SessionsList.aspx?Treaty=CRPD（as of 25 July 2018））参照。

(15)　欧州議会，欧州理事会，EU 理事会，欧州委員会，EU 司法裁判所，欧州会計監査院など。

◇第23章◇ ＥＵ〔引馬知子〕

六に，加盟国が，EUの欧州構造投資基金[16]を障害のある人の施設ケアの促進に使用している場合があり，これを改善し，同基金を障害者の地域における自立生活を促すサービスや支援に使うことである。第七に，EUは国際協力において最大のドナーであるものの，開発政策やプログラムを進める際のEUの障害に関わるインクルーシブな措置が，必ずしも適切ではないことについてである。

2　事前質問事項と回答　●●●

以上のEUの報告やパラレルレポートを受けて，障害者権利委員会の第13会期はEUに対する事前質問事項を採択した（CRPD/EU/Q/1）。この事前質問事項は，A 一般的原則と義務（条約1～4条），B 一般義務（条約5～30条），C 特定の義務（条約31～33条），D 障害者権利条約に対するEU諸機関の遵守（公行政として）に分けて，全45項目で構成されている。Aの一般原則と義務（条約1～4条）では，次の7点が指摘された。

第一点は，EUが選択議定書を批准する時期を示すこと，第二点は，EUが，障害者権利条約を履行するすべてのEU機関を含めた戦略をどのように進めているかを示すことである。第三点は，欧州議会，欧州委員会，欧州理事会，EU司法裁判所，EU専門機関における，EUのすべてのレベルの政策決定や実施に関わり，EUが，障害に関する権利に根ざしたアプローチへの理解を促し，これを活用するために，どのように実質的に取り組んでいるかを示すことである。第四点は，EUの統計である欧州所得生活状況調査における"活動制限"の定義に，「障壁」に直面する障害者を参照していく予定の是非についてである。これは障害の定義に社会モデルをどの程度組み込んでいけるかに関わるものといえよう。

第五点は，障害者に対する合理的配慮が否定された場合，雇用分野以外のすべての分野の社会参加に関わるEU立法が，これを差別として禁止するか否かについてである。この問いの背景には，EUの均等法とその下での合理的配慮の規定が，前述の雇用均等枠組指令以外には現在は明確にはない現状と，雇用分野以外を対象とする均等待遇指令案の採択が進んでいない状況がある。同様の指摘は，パラレルレポートでも出されている。第六点は，EUが，障害者権

---

(16) 欧州地域開発基金，欧州社会基金，結束基金，欧州農業農村振興基金，欧州海洋漁業基金からなる。EU域内の経済的，社会的，地域的格差の是正を目指して，プロジェクトへの資金提供が行われる。

利条約とEUの新規および既存の法規や政策との体系的な調和を保障しているか，あるいは保障する計画があるかについてである。第七点は，EUのすべての政策決定過程において，EUが障害者を代表する組織の積極的な関与を確保するとともに，これらの組織と緊密な協議を行い，さらにこれらの組織を財政的に支援しているかについてである。

Bの個別の権利（5条～30条）においては，障害者権利条約の20に及ぶ条項に焦点があてられている。紙幅から詳細は割愛するものの，その中には主に，①特定の条文に関わるEUによる履行の具体的な状況を問うもの，②EU内で提案が推奨されたり，既にあるEU立法案の進捗などを問うもの，③EUが拠出する障害のある人の支援につながる基金の活用状況を問うものがある。①の例としては，EUが目指す障害のある人の脱施設化への取り組みや，加盟国に対する雇用均等枠組指令に関わる違反手続きの進展と結果，障害のある女性や子どもたちに対するEUの措置の実際的な状況がある。加えて，アクセシビリティや公共調達，障害のある女性や女児への暴力などに関わるモニタリング体制などに関連した内容がある。②の例としては，EUによる欧州アクセシビリティ法案や雇用以外の均等待遇指令案の採択に向けた計画を示すことがあげられる。③の例としては，欧州構造投資基金が，障害のある人の地域におけるインクルージョンを確保するためにいかに使われているかがあげられる。

Cの特定の義務（条約31～33条）については，EUや欧州統計局を含む関係機関が，障害者権利条約や障害に関わる権利に根ざしたアプローチを用いてデータ収集を行うために，いかなるステップを踏んでいるかが問われている。あわせて，国際的な協力政策やプログラムが，全ての障害者にとってインクルーシブで利用可能になるような保障を，EUがいかに行っているかが問われた。また，「独立した仕組み」については，EUに対する監視の枠組みがパリ原則に基づく独立性を有しているか（Ⅱ.4「EU枠組み」参照），EUの障害者権利条約に関わる履行，監視，評価といった全過程において，障害者や障害者を代表する組織が，どの程度関与できているかが提起された。

Dの障害者権利条約に対するEU諸機関の遵守（公行政として）については，EU行政における職員の採用過程における平等や多様性に関わる監査，障害のある職員に対する合理的配慮に関わる公式な方針，障害のある子どもを持つ欧州諸機関の職員が差別されない取り組み，EU機関が採用している障害のある人の割合などが問われた。

◇第 23 章◇ EU〔引馬知子〕

　これらの事前質問事項に対して，EU は回答を，2015 年 7 月 8 日に書面で提出した（CRPD/C/EU/Q/1/Add.1）。この回答は，EU の多くの総局や諸機関の協力に基づいて作成されており，これにより初めて公に明らかとなった障害関係の資料やデータも多い。また，前述のパラレルレポートよりも多くの欧州レベルの障害団体や市民組織から，事前質問事項に対する意見や回答が寄せられている[17]。加えて，「人権国内機関の欧州ネットーワーク」も，審議に資するためにとしてレポート（勧告）を提出している。

3　EU に対する審査

　これらの過程を経て，障害者権利委員会の第 14 会期（2015 年 8 月 17 日〜9 月 4 日）の第 220, 221 回会合（8 月 27 日，28 日）において，EU の審査が行われた。同審査では，教育，労働，政治，司法，アクセシビリティ，移動，自立生活，人道援助，国際協力，さらには欧州 2020 や欧州障害戦略 2010-2020[18]等の，多岐にわたる EU 法規や政策，国際諸条約と EU との関係，及び，障害者権利条約の EU の実施や監視制度が討議された。

　同会期の EU の審査における建設的対話では，EU の雇用・社会問題・インクルージョン総局の総局長や障害部の部長をはじめとする EU の代表者が出席し，EU 加盟 28 カ国からの各代表者もオブザーバーとして参加した。また，EU 諸機関や多くの NGO 等の関係者が参加した。EU が国連による審査を重視していることにあわせて，地域的統合機関に対する国連の権利委員会による初めての審議への，関心の高さがうかがえる場となった。

　その後，EU の第 1 回報告に対する総括所見が，9 月 3 日にまとめられた（CRPD/C/EU/Q/1/Add.1，文書は 9 月 4 日付）。総括所見は，締約国にとられる形式と同様に，序，肯定的側面，主な懸念事項，フォローアップと普及，次回報告から構成されている。また，肯定的側面の記載においては，一般的原則と義務（1 条〜4 条），個別の権利（5 条〜30 条），特定の義務（31 条〜33 条）の他，欧州諸機関の条約の遵守（公的行政として）の項目が設けられている。以下，総括所見の内容を A．積極的な側面，B．一般原則と義務〔1〜4 条〕，

---

(17)　http://tbinternet.ohchr.org/_layouts/treatybodyexternal/TBSearch.aspx?Lang=en&TreatyID=4&CountryID=218（as of 25 July 2018）参照。

(18)　COM（2010）0630 final 及び，引馬知子「障害に関する EU 行動計画「欧州障害戦略 2010-2020」日本発達障害福祉連盟編『発達障害白書 2013 年版』（明石書店，2012 年）159 頁等，参照。

C．特定の権利（5条〜30条），D．特定の義務（31条〜33条），E．EU諸機関の遵守の順に，確認していきたい。

4　総括所見 ●●●

「積極的な側面」では，EUについて，主に次の4点が肯定的に評価された。第一に，国連人権条約を最初に批准した地域的機関となることで，EUが国際公法において先駆的な役割を果たしたことである。第二に，EU基本権憲章（本章はじめに参照）などが，障害のある人の均等待遇のために差別を禁止していることである。第三は，EUが，対外行動の拠出において，障害者の権利の確保を範疇に入れつつあること，「持続可能な開発目標ポスト2015」や災害マネジメントにおいて障害に関わるインクルージョンに対応し，「仙台防災枠組2015-2030」に関与していることである。第四は，EUの欧州構造投資基金2014－2020（Ⅲ.1を参照）が，障害者権利条約のEUによる批准を反映して，障害のある人の非差別，インクルージョン，アクセシビリティの向上に関わる実践を含んでいることである。

一方で，障害者権利条約の「一般原則と義務」におけるEUの課題としては，主に次の①〜⑥が指摘された。①として，EUが選択議定書を批准すべきこと，②として，障害者権利条約の規定とのEU法規の調和を確保し，その過程に障害のある当事者団体や人権団体が関与するために，EU法規の分野横断的かつ包括的な再検討を行うべきことである。また，同条約の履行のための戦略を，財政配分，時間的な枠組，監視制度を明確にしつつ，立てることである。③としては，欧州障害戦略2010-2020の中間評価を実施すること[19]，④としては，障害のある人やその団体との緊密な相談の上で，インクルージョンに関わる明確なガイドラインを用いて状況を把握すること，インパクト評価ガイドラインに，権利条約の遵守の評価を可能とする，包括的な検討項目を加えることである。⑤として，EU諸機関，EU関係庁（エイジェンシー）や団体間の「構造的な対話」を可能とする措置を，十分な独自財源を確保の上で講じることである。さらに，⑥として，EUの権限に関する宣言を定期的に更新することである。

障害者権利条約の「特定の権利」（5条〜30条）におけるEUの課題については，必ずしもEUに権限があるとは言い切れない事項も含めて，幅広い分野

---

[19] 欧州障害戦略2010-2020が作成された当初，同戦略の進捗状況を示す第1回の文書が2013年に，第2回の文書が2016年に出される予定になっていた。しかしEUの審査の時期までに，これらは出されていなかった。

◇第23章◇ ＥＵ〔引馬知子〕

を対象として，多くの所見や勧告が具体的に出されている。また，同条約の「特定の義務」（31条～33条）については，主に3点が課題としてあげられた。第一は，EUが，障害者やその団体と協力しながら，人権に依拠した指標システムを開発すること。あわせて，性別や年齢，都市や地方，障害種別といった視点を入れた，比較可能で包括的なデータシステムを構築することである。第二は，障害のある人をメインストリーム化する制度的なアプローチを確立することである。関連する制度ごとにフォーカルポイントを指定し，また，「持続可能な開発目標」において障害を包摂する取り組み等を行うことである。第三は，「EU枠組み」における欧州委員会の役割を見直すことである。すなわち，同枠組みからEU法政策の実施を担う欧州委員会を外し，パリ原則に則して「独立した仕組み」が機能するよう，資源を適切に与える提案がなされた。また，EUが，EU機関間の調整メカニズムをつくり，各諸機関にフォーカルポイントを指定することがあげられた。

最後に，EU機関内における障害者権利条約の遵守については，以下の事柄が指摘されている。

・EUのすべての障害のある職員や，障害のある家族がいる職員が，合理的配慮を受け，他の職員と平等な労使及び労働関係等を有すること。
・EUの裁判所において，司法へのアクセスを完全に保証し，法的能力の行使を含めて，身体的，手続き的なすべての障壁を取り除くこと。
・EUのすべての諸機関に関わるウェブサイトのアクセシビリティを確保し，障害のある人が選択できる手話，点字，文字サイズの調整，読みやすい版等々を通じて，利用可能な多様な形式で情報を提供すべきこと。
・EUの教育機関において，すべての生徒や学生らが，インクルーシブで質のある教育の権利を享受するため，合理的配慮の提供措置をとること。EUの教育機関が障害によって就学を拒否しない指針を採択すること。
・EUが，障害者権利条約に則して障害関連の医療保健ニーズに応えるよう，合同疾病及び保険制度を見直すこと。
・EU諸機関における障害者の雇用を促進すること。

以上の全ての指摘を踏まえて，国連の障害者権利委員会はフォローアップ等として，①欧州アクセシビリティ法の進捗，②EUの権限に関する宣言の更新，③EU枠組みの監視メカニズムについては，EUに12か月以内にその対応に

関わる情報を書面で提供するよう求めた（条約35条2参照）。さらに，総括所見における勧告等に対応しつつ，その内容がEU諸機関，加盟国，欧州委員会の関係部署の担当者，関係する専門家団体，メディアにおいて検討され，行動に移されて行くべきこと等がまとめられた。また，総括所見の内容を，人権に関わるヨーロッパのウェッブサイトなどを用いて，手話を含むEUの公用語，マイノリティ言語などの多様で利用可能な形式を用いて，非営利団体，障害団体，障害のある人々とその家族に伝えていくよう促している。以後の定期報告の準備にあたっては，市民社会団体，とりわけ障害者の団体の参画が奨励されることも確認されている。

IV　おわりに
── EUの対応と貢献

　EUの障害者権利条約の履行に対する国連の審査は，EUにどのような影響を与えたのだろうか。総括所見において特に速やかな回答が求められた，①欧州アクセシビリティ法（仮称），②EUの権限に関する宣言の更新，③「EU枠組み」の監視メカニズムに関わる指摘について，EUはいずれも一定の対応を行った。欧州委員会は①に関わり，懸案だった欧州アクセシビリティ法案をEU指令の形で2015年12月2日に公表し，EU理事会は同案に対する立場を2017年12月7日に採択した。これにより，早ければ2018年中の同法の採択を目指してEU理事会，欧州議会，欧州委員会等における審議が進んでいる。

　また，審査において指摘を受けた欧州障害戦略2010-2020の中間報告が，「欧州障害戦略の実施の進捗に関わる報告書」と題して，2017年2月2日に刊行されている。欧州委員会は同報告書において，国連による勧告を考慮しつつ，障害者権利条約のEUの履行状況を包括的に再検討している。その付録において，②のEUの同条約に対する権限の宣言の更新にも繋がり得る，障害者権利同条約に関係する最新のEU法規のリストが網羅的に記されている（表3参照）[20]。③の「EU枠組み」については，欧州委員会が離脱を申し出て，これ

---

[20]　欧州委員会担当部局における筆者の聞き取りでは，障害者権利条約に対するEUの権限に関する宣言について，国連に更新の届出をする予定は今のところない。これはEU法規が複雑かつ多岐にわたり障害者の生活全般に関わること，その精査に多くの労力を費やすよりも，障害者の権利を確保する実質的な取り組み内容に，より焦点をあて

◇第23章◇　EU〔引馬知子〕

が受け入れられた。これらに加えて，審査で指摘が出た欧州構造投資基金については，同基金の新たなサイクル（2014年～2020年）において，障害のある人のインクルージョンと地域生活の支援につながる基金の使用方針を明確にし，障害に関わる支援状況の追跡を可能とする等の改善が施されている。

　以上のように，EUは国連の指摘や勧告に向き合って，それらを活用したり，時に拠り所にして，EU域内全体で障害のある人々のインクルージョンのための法政策を進めようとしている。障害者権利条約のEUの批准によって，法的な効力を伴う地域的な履行システムが新たにうまれ，国連，EU，加盟国の緊密な協働が具体化した。さらに，このなかで実施されたEUに対する国連の審査は，地域的な履行システムの形成の現況と課題，改善点を，客観的に一定程度明らかにしたのである。改善点への対応は，人権保障や多様性を力に変える先駆的な取り組み，くわえて国連条約の遵守を促す履行システムの開発に繋がっていくだろう。

　一方で，EUのこうした取り組みの進展は，国連による人権アプローチの影響のみならず，多様な加盟国による政治経済的な協議の影響を受けることも，また事実である。EU諸機関は議論の継続を試みるものの，EUへの審査で課題となった，EUによる障害者権利条約の選択議定書の批准や雇用の分野以外の均等待遇指令が，近い将来に採択される見込みはあまりない。加盟国間の最終的な合意が困難な状況にあるからである[21]。また，「EU枠組み」のように，継続的かつ一貫性のある実務を行う仕組みと脚力不足が広く認識されていても，資源や資金が不十分であり続けている事柄や，指標や仕組みの開発なくしてEUによる統一的な措置が難しい事柄もある。EUは，障害者権利条約の批准によって，域内の加盟国や関係組織，障害のある人々やその家族等に，新たな貢献し得る地位を得た。しかし，その貢献の実際は，全加盟国間や様々な関係機関との連携のあり方と中身に左右されるのである。

　連携と合意形成に関わる課題を乗り越えるにあたり，全加盟国，EU機関，市民組織が参加する「障害ハイレベルグループ」などによる定例の議論の場や，互いの状況を把握し合う共通の資料や統計の作成[22]，共通の目標とガイドラ

　　るべきとの考えがある。
（21）　EUにおける事案の合意（採択）は，事項によって全加盟国の全会一致が必要なものから，特定多数決で決定できるものがある。
（22）　EUでは障害分野における全加盟国，EU機関，市民組織間の緊密な協力を促進す

インを設定し好事例の交換等を加盟国間で積み上げる開放型調整方式（OMC）等の実施は役立ってきた。これらの継続は，障害者権利条約の地域的な履行システムの改善を今度も促していくであろう。

　EU は 2017 年 11 月，「欧州社会権の柱」を，EU 市民が域内のどこにいても人間らしく生きる権利を守るための重要政策として採択した。人の多様性を尊重し，障害の有無に拠らない人の権利と社会参加の確保を目指す，EU 地域の前例なき取り組みは社会をいかに変革していけるのだろうか。総括所見へのさらなる対応とともに，2021 年 1 月 23 日までに提出が予定される次回 EU 報告が注目されよう。

　　るために，「障害ハイレベルグループ」が 2005 年に立ち上げられた。2008 年からは毎年，障害者権利条約の内容に則した共通の枠組みや特定のテーマに基づき，全加盟国等の状況，経験，好事例などを共有する会議を開催し，また報告書を刊行している。

〈編　者〉

長瀬　修（ながせ・おさむ）
　　　　立命館大学生存学研究センター教授

川島　聡（かわしま・さとし）
　　　　岡山理科大学経営学部准教授

障害者権利条約の実施
——批准後の日本の課題——

2018（平成30）年12月22日　第1版第1刷発行　7797-0101

編　者　　長瀬　修
　　　　　川島　聡
発行者　　今井　貴　稲葉文子
発行所　　株式会社　信　山　社
〒113-0033　東京都文京区本郷6-2-9-102
Tel 03-3818-1019　Fax 03-3818-0344
info@shinzansha.co.jp
出版契約 No.2018-7797-5-01010 Printed in Japan

Ⓒ編著者2018　印刷・製本／亜細亜印刷・牧製本
ISBN978-4-7972-7797-5-012-080-020 C3332
P532. 分類328.652.b101 社会保障（法）

JCOPY　〈(社)出版者著作権管理機構　委託出版物〉
本書の無断複写は著作権法上での例外を除き禁じられています。複写される場合は、そのつど事前に、(社)出版者著作権管理機構（電話 03-5244-5088、FAX 03-5244-5089、e-mail:info@jcopy.or.jp）の許諾を得てください。（信山社編集監理部）

● 読者のみなさまにお知らせ

　点訳データ,音読データ,拡大写本データなど,視覚障害の方のための利用に限り,本書内容を複製することを認めます。ただし,営利を目的とする場合はこの限りではありません。

● 本書のテキストデータを提供します

　視覚障害,肢体不自由などを理由として必要とされる方に,本書のテキストデータをCD-ROMで提供致します。200円切手と返信用封筒(住所明記)と下のテキストデータ引換券(コピー不可)を同封の上,下記の住所までお申し込みください。

● あて先

〒113-0033
東京都文京区本郷 6-2-9-102
信山社内『障害者権利条約の実施』テキストデータ係

テキストデータ
障害者権利条約の実施
引　換　券